REINHOLD BUSCH (HG.)

# Stalingrad

ARES VERLAG

**Reinhold Busch (Hg.)**

# Stalingrad

## Der Untergang der 6. Armee
## Überlebende berichten

ARES VERLAG

Umschlaggestaltung: Digitalstudio Rypka GmbH, Dobl, Thomas Hofer, www.rypka.at

Bildnachweis: Umschlagabb. Vorderseite: Archiv des Autors; Umschlagabb. Rückseite: Archiv des Autors; N. N. Grimm (oben)
Abb. Innenteil: Sofern nicht anders ausgewiesen, Archiv des Verlages oder Archiv des Verfassers. Karten S. 451, 452, 457 und 458: Hannes Limmer
Wir haben uns bemüht, bei den hier verwendeten Bildern die Rechteinhaber ausfindig zu machen. Falls es dessen ungeachtet Bildrechte geben sollte, die wir nicht recherchieren konnten, bitten wir um Nachricht an den Verlag. Berechtigte Ansprüche werden im Rahmen der üblichen Vereinbarungen abgegolten.

**Bibliografische Information der Deutschen Nationalbibliothek**

Die Deutsche Nationalbibliothek verzeichnet diese Publikation in der Deutschen Nationalbibliografie; detaillierte bibliografische Daten sind im Internet unter http://dnb.d-nb.de abrufbar.

**Hinweis**

Dieses Buch wurde auf chlorfrei gebleichtem Papier gedruckt. Die zum Schutz vor Verschmutzung verwendete Einschweißfolie ist aus Polyethylen chlor- und schwefelfrei hergestellt. Diese umweltfreundliche Folie verhält sich grundwasserneutral, ist voll recyclingfähig und verbrennt in Müllverbrennungsanlagen völlig ungiftig.

Auf Wunsch senden wir Ihnen gerne kostenlos unser Verlagsverzeichnis zu:

Ares Verlag GmbH
Hofgasse 5/Postfach 438
A-8011 Graz
Tel.: +43 (0)316/82 16 36
Fax: +43 (0)316/83 56 12
E-Mail: ares-verlag@ares-verlag.com
www.ares-verlag.com

ISBN 978-3-902732-05-7



Layout: Ecotext-Verlag, Mag. G. Schneeweiß-Arnoldstein, 1010 Wien
Gesamtherstellung: Druckerei Theiss GmbH, A-9431 St. Stefan
Printed in Austria

# Inhalt

# Vorwort des Herausgebers

Fast 70 Jahre nach dem Ende in Stalingrad hat das Interesse an diesem hochdramatischen Geschehen nicht nachgelassen. Die Faszination, die der Kampf um diese Stadt jahrzehntelang auf Menschen aller Kontinente – seien es Historiker, Militärs, Politiker oder Philosophen – ausgeübt hat und heute immer noch ausübt, ist erstaunlich. Man braucht, um ein Beispiel zu nennen, nur die lebhafte Diskussion im Internet in verschiedenen Foren zu verfolgen, in denen sogar junge Leute über Einzelheiten dieser Schlacht diskutieren und nach den Biographien der dort kämpfenden Soldaten suchen. Immer noch gelten Zehntausende von Soldaten als vermißt; die betroffenen Familien kommen nicht zur Ruhe; täglich werden in der gequälten Erde des ehemaligen Kessels neue Gräber gefunden. Seit dem Ende der Sowjetunion fahren regelmäßig Gruppen von Stalingradkämpfern oder deren Angehörige nach Wolgograd, wie die Stadt heute genannt wird, um dort den neuen Soldatenfriedhof Rossoschka zu besuchen oder um sich mit russischen Veteranen zu treffen. Nicht zuletzt wird die Liste der Bücher über dieses Thema jährlich länger.

Seit 2003 arbeite ich an einer Buchreihe mit dem Titel „Geschichte der Medizin – Die Ärzte von Stalingrad", von der bisher sieben Bände erschienen sind und die fortgesetzt wird. Darin habe ich es mir zur Aufgabe gemacht, die Erinnerungen ehemaliger Angehöriger der Sanitätseinheiten der 6. Armee zu publizieren und die Geschichte der Feldlazarette und Hauptverbandsplätze in Stalingrad zu rekonstruieren. Dieses Thema wurde in der Geschichtsschreibung fast vollständig vernachlässigt, obwohl Ende Januar 1943 der größte Teil der eingeschlossenen Soldaten mit Krankheiten, Verwundungen oder Erfrierungen ausgefallen war und in den Kellern der Stadt, in Notlazaretten, Verbandplätzen oder bei anderen Einheiten dahinvegetierte, erfror oder verhungerte.

Bei der Recherche nach bisher unveröffentlichten Berichten fielen quasi als Nebenprodukt weit mehr als einhundert Interviews, Manuskripte, Tagebücher und im Privatdruck erschienene Hefte und Bücher sowie Berichte an, die in verschiedenen Zeitschriften oder Kameradenblättern der in Stalingrad eingesetzten Divisionen abgedruckt und nur einem beschränkten Leserkreis zugänglich waren und die ich für eine Geschichte der Sanitätseinheiten ausgewertet hatte. Da ich den größten Teil davon für eine Buchveröffentlichung geeignet hielt, fragte ich beim Grazer Ares Verlag an. Dessen Verleger, Herrn Magister Dvorak-Stocker, danke ich dafür, daß er sich bereit erklärte, meine gesammelten Augenzeugenberichte zu publizieren. Diese Berichte wählte ich nach folgenden Gesichtspunkten aus: Bevorzugt wurden persönliche Erlebnisse, die nicht überlang, aber auch nicht zu kurz waren und vor allem nicht überwiegend die militärische Situation schilderten; der interessierte Leser sei für eine genaue Analyse der Kämpfe in Stalingrad auf das Standardwerk von Manfred Kehrig verwiesen[1]. Ferner wurden keine Erzählungen von Angehörigen der Sanitätseinheiten berücksichtigt, da diese in meiner Buchreihe „Die Ärzte von Stalingrad" ausführlich zu Wort kommen.

Ich habe mich bemüht, möglichst viele Dienstgrade vom einfachen Soldaten bis zum General zu Wort kommen zu lassen und ferner solche Schilderungen zu berücksichtigen, die in besonders eindrücklicher Weise das dramatische Geschehen in Stalingrad widerspiegeln.

Ein weiteres Problem ergab sich bei der Frage, inwieweit Berichte über die Kriegsgefangenschaft Berücksichtigung finden sollten, da viele der Autoren ihre Erlebnisse bis zur Heimkehr niedergeschrieben hatten. Ich habe mich entschieden, mich eng an das Zeitfenster Stalingrad zu halten und alle Berichte spätestens mit der Verlegung der Gefangenen aus den Todeslagern in der Umgebung der Stadt und den Transporten enden zu lassen. Eine Ausnahme bildet dabei der Bericht von Generalleutnant Rodenburg; er schildert exemplarisch das Schicksal eines angeblichen „Kriegsverbrechers", der willkürlich zu langjähriger Lagerhaft verurteilt wurde.

Es war nicht immer möglich, die Autoren, die mittlerweile fast alle verstorben sind, oder deren Familien ausfindig zu machen und die Genehmigung für eine erneute Publikation einzuholen; ersatzweise wurden die Herausgeber der Zeitschrift „Kameraden" und der Nachrichtenblätter verschiedener Kameradschaften darum gebeten – soweit sie noch existier(t)en –; der größte Teil der Divisionsgemeinschaften hat sich inzwischen aus Altersgründen aufgelöst. Aus den gleichen Gründen war es meist nicht möglich, die Biographien der in den Texten erwähnten Offiziere darzustellen; mit Ausnahme der Generäle bietet auch das Internet diesbezüglich nicht genügend Informationen. Häufig war es nicht einmal mehr möglich, die vollständigen Namen der jeweiligen Autoren und das Jahr der Niederschrift zu bestimmen.

Die Überschriften zu den einzelnen Beiträgen stammen zumeist aus meiner Feder, da die Autoren ihre Berichte oft mehr oder weniger stereotyp mit dem Titel „Stalingrad" versahen. Dabei bemühte ich mich bei der Vielzahl der Beiträge, die Überschrift dem Inhalt anzupassen und Wiederholungen zu vermeiden.

---

1 Manfred Kehrig: Stalingrad. Analyse und Dokumentation einer Schlacht. Beiträge zur Militär- und Kriegsgeschichte. Herausgegeben vom Militärgeschichtlichen Forschungsamt, München 1993.

Das Buch ist in drei Abschnitte aufgeteilt; der erste umfaßt alle Beiträge von Soldaten, die das Ende des Kessels nicht mehr erlebten, da sie vorher krank oder verwundet abtransportiert worden waren, sowie die der Piloten oder Flugzeugbesatzungen, die in den Kessel einflogen. Teil 2 stammt von denjenigen, die im Kessel in sowjetische Gefangenschaft geraten waren, und Teil 3 legt den Schwerpunkt auf die unsäglichen Leiden der Überlebenden der Todesmärsche und Todeslager.

Die Berichte wurden soweit wie möglich unverändert übernommen, wobei gelegentlich stilistische Korrekturen nicht zu vermeiden waren. Die eine oder andere Erzählung, vor allem bei der Aufzeichnung der Interviews, mußte zudem in eine zeitlich richtige Reihenfolge gebracht werden. Zum Zweck der flüssigen Lesbarkeit wurden alle gelegentlich wechselnden Zeitformen in den Texten einheitlich in die Vergangenheitsform überführt.

Ich habe versucht, für denjenigen Leser, der mit dem Geschehen in Stalingrad wenig vertraut ist, in einer kurzen Einleitung die Hintergründe dieser Schlacht zusammenzufassen. Dabei habe ich bewußt auf eine eingehende Erörterung der Lage, der Motive der Handelnden und insbesondere eine moralische Wertung verzichtet. Viele der Autoren in diesem Buch haben diesbezüglich Stellung bezogen, so daß sich der Leser selbst ein Bild machen kann.

# Einleitung

Nach der Niederlage vor Moskau im Winter 1941/42 verzichtete Hitler darauf, im Bereich der Heeresgruppe Mitte noch einmal einen Großangriff zu starten. Vielmehr wurde der Schwerpunkt der militärischen Operationen in den Südabschnitt verlegt. Hier hatten Durchbrüche der Sowjets auf Charkow im Mai 1942 mit einer empfindlichen Niederlage geendet, so daß der hier errungene Sieg die Zuversicht auf weitere Erfolge stärkte.

Hitler wollte gegen den Rat seiner Generäle zwei Ziele gleichzeitig erreichen, nämlich an der Wolga bei Stalingrad die Schiffahrt und damit die Zufuhr kriegswichtigen Materials aus Zentralasien und dem Kaukasus unterbinden und außerdem die Ölquellen im Kaukasusgebiet in die Hand bekommen. Aber allein die Ausdehnung eines Frontschlauches bis Stalingrad bedeutete die Entstehung einer Flanke von etwa 700 km. Deren Sicherung machte allein 50 Divisionen erforderlich; ganz zu schweigen von den Schwierigkeiten, die sich für den Nachschub ergaben. Das ganze Unternehmen hätte nur bei einem vollständigen Zusammenbruch der sowjetischen Fronten gelingen können, sprich: unter der Voraussetzung, daß sich die Rote Armee bereit gefunden hätte, sich Kampf und Vernichtung auszusetzen. Statt dessen zogen sich ihre Einheiten in die Tiefe des Raumes zurück. Als sich die Spitzen des XIV. Panzerkorps in der Zeit vom 19. August bis zum 2. September 1942 der Stadt näherten und die Wolga erreichten, krallten sich sowjetische Truppen in den Ruinen entlang eines Streifens des Flusses fest; von dort konnten sie nicht mehr vertrieben werden. Die eingesetzten deutschen Einheiten verbluteten während der nächsten Monate in mehreren Angriffswellen beim Kampf um die Ruinen der Häuser und Fabriken. Die Stadt versank in dieser Zeit in Schutt und Asche.

Am 19. November begann der sowjetische Großangriff von Norden und Süden auf die schwachen Flanken, die von ungenügend ausgerüsteten rumänischen, italienischen und ungarischen Armeen gesichert wurden. Er führte innerhalb von nur vier Tagen am 23. November zum Zusammentreffen der sowjetischen Stoßkeile bei Kalatsch und damit zur Einkesselung der 6. Armee. Damit drohte auch die in den Kaukasus vorgedrungene 4. Panzerarmee von der deutschen Front abgeschnitten zu werden.

Strategisch wäre es jetzt erforderlich gewesen, die 22 deutschen und 2 rumänischen Divisionen rasch zurückzuziehen – solange dies noch möglich war – bzw. deren Ausbruch aus dem Kessel zu befehlen, um die Front zu verkürzen. Der Oberbefehlshaber der 6. Armee, General Paulus[2], bat daher in einem Fernschreiben an Hitler um Handlungsfreiheit. Alle militärischen Berater des „Führers“ waren der Auffassung, daß es unmöglich sei, die 280.000 Mann im Kessel aus der Luft zu versorgen, und drängten auf Ausbruch. Schon wurde die 6. Armee verständigt, sich entsprechend vorzubereiten, als Göring am Morgen des 24. November – gegen den Rat seiner Experten – großmäulig mitteilen ließ, die Luftwaffe sei imstande, die eingeschlossene Armee zu versorgen. Damit war Hitlers Wunsch gerettet, die Stadt um jeden Preis zu halten – zum Entsetzen von Paulus und seiner Kommandeure, die resignierten. Allein General von Seydlitz[3] lehnte sich auf und forderte in einer Denkschrift vom 25. November den sofortigen Ausbruch. Paulus jedoch war nicht hart genug, sich einem Führerbefehl zu widersetzen, zumal Ungehorsam in seinen Augen, zum Prinzip erhoben, jede Führung zu zerstören drohte. Seydlitz fügte sich.

Trotzdem lief am 12. Dezember 1942 das „Unternehmen Wintergewitter“ zum Aufbruch aus dem Kessel halbherzig – d. h. mit ungenügenden Kräften – an. Sieben Tage später standen die Entsatz-Divisionen nur noch 50 km vom südwestlichen Kesselrand entfernt, als die Operation infolge zunehmender sowjetischer Gegenangriffe steckenblieb. Wieder wurden die Vorbereitungen zu einem Ausbruch aus dem Kessel gestoppt. Aber zu diesem Zeitpunkt war ein Gelingen schon fraglich geworden; es gab die ersten Hungertoten. Spätestens jetzt war klar, daß es einen Entsatz nicht mehr geben würde und das Schicksal der Eingeschlossenen besiegelt war, zumal sich die Front immer weiter vom Kessel entfernte

---

2 Friedrich Paulus (* 23. September 1890 Breitenau-Gershagen, † 1. Februar 1957 Dresden) war 1910 als Fahnenjunker ins Heer eingetreten, wurde 1911 zum Leutnant befördert und bei Kriegsende 1918 zum Hauptmann. Ende der 1920er Jahre im Stab der 5. Division in Stuttgart und Stabslehrgangsleiter. 1938 Chef des Generalstabes des XVI. A.K. und ab 1939 Chef des Generalstabes der Heeresgruppe 4 in Leipzig (später in 6. Armee umbenannt). 1940 als Generalleutnant Generalquartiermeister I und Stellvertreter des Chefs des Generalstabes des Heeres; arbeitete maßgeblich die Konzeption des Rußlandfeldzuges („Fall Barbarossa“) aus. Als General der Panzertruppen übernahm er am 5. Januar 1942 den Oberbefehl über die 6. Armee, wurde am 6. Januar 1943 zum Generaloberst und noch am 31. Januar 1943 zum Generalfeldmarschall befördert. Nach dem Attentat auf Hitler trat er dem BdO bei und war in Nürnberg Zeuge der Anklage. Nach seiner Entlassung aus sowjetischer Kriegsgefangenschaft am 17. November 1953 wohnte er bis zu seinem Tod in Dresden (→ Bildtafel XV).

3 Walther von Seydlitz-Kurzbach (* 22. August 1888 Hamburg, † 28. April 1976 Bremen) trat 1908 in das Heer ein. Im Ersten Weltkrieg 1917 Hauptmann, 1930 Major, 1936 Oberst, 1941 Generalleutnant. Am 1. Juni 1942 General der Artillerie, wurde er am 4. Mai 1942 Kommandierender General des LI. A.K. Vom 11. September 1943 bis 3. November 1945 war er Präsident des „Bundes Deutscher Offiziere“; er wurde dann aber am 8. Juli 1950 wegen angeblicher Kriegsverbrechen zum Tode verurteilt; dann aber zu 25 Jahren Gefängnis „begnadigt“. Erst am 6. Oktober 1955 wurde er aus sowjetischer Kriegsgefangenschaft entlassen.

und die Versorgung der 6. Armee zeitweise nicht einmal zehn Prozent der zugesagten Menge erreichte.

Von nun an ging es darum, die Verteidigung im Kessel zu organisieren und so viele sowjetische Kräfte wie möglich zu binden. Anfang Dezember 1942 kam es zu massiven Angriffen der Sowjets auf die westliche Kesselfront und den sogenannten Nordriegel; beide Stellungen konnten unter hohen Verlusten gehalten werden. Ein Ultimatum zur Kapitulation wurde von Paulus abgelehnt; danach erfolgte am 10. Januar 1943 der Großangriff auf den Kessel, der langsam von Westen nach Osten aufgerollt wurde. Verbissen wurden jetzt die letzten Verteidigungskräfte mobilisiert und „Festungs-Bataillone" aus Trossen und versprengten Einheiten gebildet. Der Verlust des letzten Flugplatzes Stalingradskij am westlichen Stadtrand am 23. Januar bedeutete endgültig das Ende aller Hoffnungen auf Rettung der Eingeschlossenen. Die Reste der 6. Armee zogen sich mehr oder weniger fluchtartig in die Trümmer der Stadt zurück. Am 26. Januar zog Paulus mit seinem Stab in den Keller des Kaufhauses Univermag am Roten Platz. Die Reste der 297. Infanterie-Division legten dann als erste ihre Waffen nieder und begaben sich in Gefangenschaft. Trotz der verzweifelten Lage, ausgehender Munition und Verpflegung und fehlender Aussicht auf eine militärische Wendung der Lage befahl Hitler das Ausharren bis zur letzten Patrone. Seydlitz befahl seinem Korps, die letzte Munition zu verschießen und den Kampf einzustellen, woraufhin er abgesetzt und sogar seine Verhaftung erwogen wurde. Am 27. Januar wurde der Kessel endgültig in einen Nord- und einen Südteil gespalten, die jetzt unabhängig voneinander kämpften.

Am 31. Januar begab sich Paulus mit seinem Stab und den dort eingesetzten Sicherungstruppen „persönlich" in Gefangenschaft, ohne eine Kapitulation zu unterzeichnen. Er weigerte sich den Sowjets gegenüber, die Einstellung der Verteidigung des Nordkessels zu befehlen, so daß dieser erst am 2. Februar aufgab.

Etwa 90.000 meist verwundete, kranke und halbverhungerte Soldaten, viele mit Erfrierungen, gerieten in Gefangenschaft; annähernd 147.000 waren gefallen, etwa 35.000 konnten ausgeflogen worden. Die meisten der Gefangenen gingen auf den Todesmärschen und in den Todeslagern um Stalingrad zugrunde; nur rund 6000 von ihnen sollten die Heimat wiedersehen.

Teil 1

# Verwundet und krank überlebt

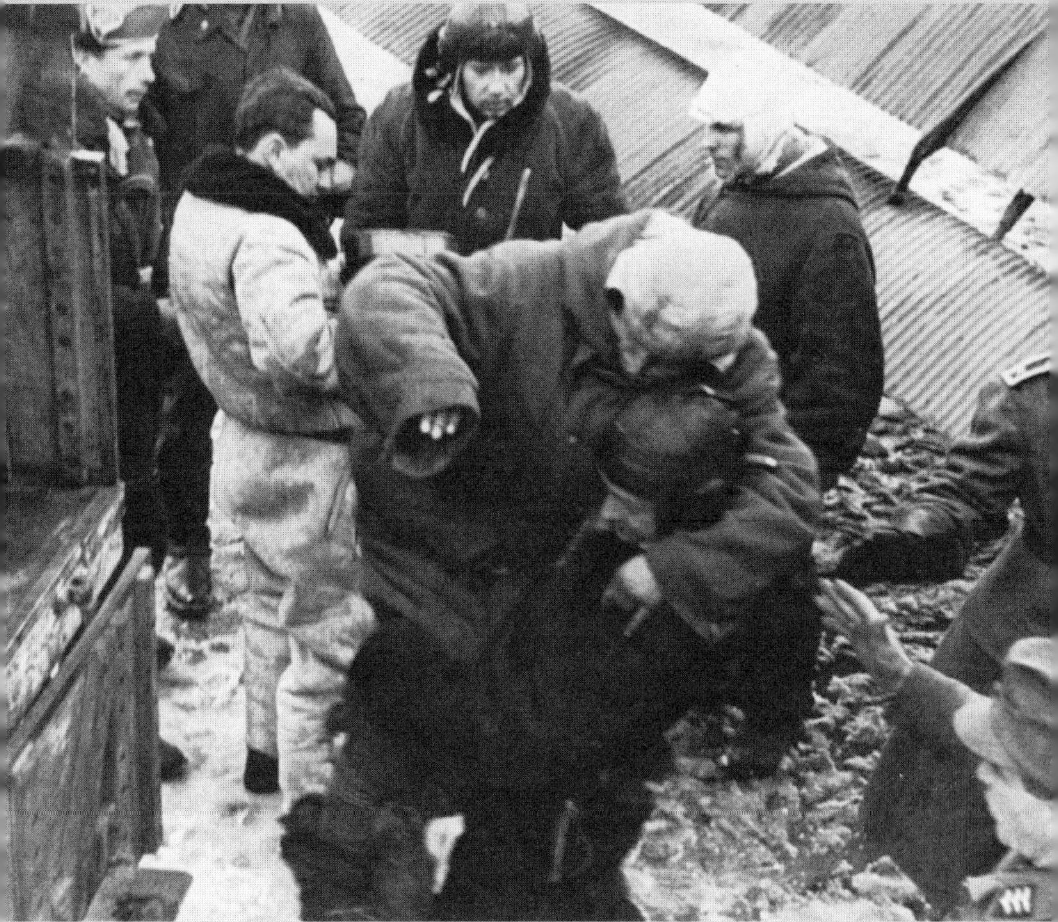

*Rostow Mitte Dezember 1942: Ein ausgeflogener verwundeter Angehöriger der 6. Armee wird zur weiteren Versorgung in einen LKW gelegt.*

## Michael Deiml:
## Letzte Landung im Kessel[1]

*Michael Deiml, wurde am 28. März 1918 in Auerbach/Oberpfalz geboren und verstarb am 9. Februar 2009 in Pegnitz. Als Kampfflieger ausgebildet, war er an Versorgungseinsätzen für die eingeschlossene 6. Armee beteiligt. Nach dem Ende des Krieges arbeitete er bis zu seiner Pensionierung als Polizeibeamter (→ Bildtafel III).*

Nach meiner Ausbildung zum Bordschützen und dann zum Bordmechaniker vom Dezember 1939 bis März 1940 bei der Großen Kampffliegerschule 4 in Thorn/Westpreußen und bei der Ergänzungskampfgruppe 3 in Krakau war ich vom 1. April 1940 bis zum 30. September 1940 beim Kampfgeschwader 55, dem „Greifengeschwader", eingesetzt.

Mit meiner ersten Besatzung flog ich 20 Einsätze gegen Frankreich und 9 gegen England. Diese Besatzung mit Flugzeugführer Leutnant Müller wurde im Frühjahr 1941 beim Einsatz gegen England von englischen Jagdfliegern tödlich abgeschossen, wobei sie in den Ärmelkanal stürzte. Da ich zu dieser Zeit stationär wegen einer Mittelohreiterung im Luftwaffenlazarett München-Oberföhring lag, wurde ich durch den Feldwebel Simon vertreten, der somit für mich starb.

Nach meiner Genesung bei der Genesenen-Kompanie der Kampfflieger-Sammelgruppe Quedlinburg kam ich am 1. Oktober 1941 wiederum zum Kampfgeschwader 55 zum Einsatz in Rußland. Hier kam ich zur 3. Gruppe, 7. Staffel, und bekam eine neue Besatzung. Mit dieser begann ich dann am 7. Oktober 1941 – meinen nunmehr 30. Feindflug – vom Flugplatz Kirowograd aus meine Rußlandeinsätze. Wegen meiner sehr vielen Fronteinsätze – es waren 387 Feindflüge – ist es mir nicht mehr möglich, diese einzeln zu kommentieren, jedoch will ich meine Teilnahme als Flieger am Kampf um Stalingrad etwas erläutern.

Nach den Kaukasus- und anderen Einsätzen ums Schwarze Meer begannen für mich die Kampfeinsätze im Raum Stalingrad mit meinem 139. Feindflug. Am 21. August 1942 flogen wir gleich zwei Angriffe um 6.30 und 13.40 Uhr ab Flugplatz Kramatorskaja in den Raum westlich Stalingrad mit Angriffen auf russische Truppen. Nach täglich mehreren Einsätzen verlegten wir am 23. August 1942 zum Flugplatz Morosowskaja. Am 24. August 1942 begannen wir die konzentrierten Bombenangriffe auf Stalingrad. Wir flogen um 6.30, 11.30 und 15.15 Uhr drei

1 Der Bericht wurde im Dezember 1999 verfaßt und vom Autor als Typoskript zur Publikation zur Verfügung gestellt. Außerdem lag als Dokumentation sein Flugbuch vor, das alle im Bericht angegebenen Feindflüge und die Landungen im Kessel belegt.

Einsätze im Hochangriff auf die Stadt, unter anderem auf den Bahnhof. Wie des öfteren bekamen wir starke Flakabwehr zu spüren. So flog ich mit meiner Besatzung unter Oberfeldwebel Dietrich bis zum 3. Oktober 1942 fast täglich von den Flugplätzen Kramatorskaja, Morosowskaja und Tazinskaja Einsätze in den Raum Stalingrad mit Stadtgebiet. Somit waren es vom 21. August bis zum 3. Oktober 1942 – 6 Wochen – 58 Feindflüge, bei denen wir jeweils zwei bis viereinhalb Stunden in der Luft waren. Unser Auftrag lautete: Bombenabwurf über den Zielgebieten. In der dortigen Kalmükensteppe gab es viele Schluchten; eine besonders große – wir nannten sie „Gratschital“ (nordwestlich von Stalingrad gelegen) – mußten wir wiederholt angreifen sowohl, um russische Truppen als auch deren Bereitstellungen und Nachschubbasis zu bekämpfen. Im „Gratschital“ waren die Russen sehr stark vertreten. Zur Unterstützung unserer Bodentruppen waren wir sehr oft zur Bekämpfung russischer Truppen eingesetzt, in der Regel erfolgten die Einsätze bei Tag. Andere Ziele im Stadtgebiet, wie Bahnhöfe, Industrieanlagen und Flugplätze, auch östlich der Wolga, griffen wir sowohl bei Tag als auch bei Nacht an. Wiederholt wurden wir von Flak und Jagdfliegern beschossen, wobei wir mehrfach Treffer im Flugzeug abbekamen. Zum Glück wurde bei diesen Einsätzen kein Besatzungsmitglied getroffen.

Erwähnen möchte ich besonders den letzten Feindflug mit meiner zweiten Besatzung (Dietrich); es war mein 196. Feindflug. Vom Flugplatz Kramatorskaja starteten wir mit unserem Flugzeug He 111 – Zulassungsnummer G1+BD, so die Beschriftung – am 2. Oktober 1942 um 20.45 Uhr. Gegen 23 Uhr erfolgte unser Nachtangriff auf Flugplätze östlich Stalingrads jenseits der Wolga. Bei gegen uns gerichteten Scheinwerfern wurden wir von russischer Flak beschossen, jedoch nicht getroffen. Durch den Ausfall unserer FT-Anlage, Funkempfänger „kurz“ und „lang“, hatten wir keine Standortbestimmung. Unsere Bodenstelle konnte uns aber hören, da unsere beiden Sender noch funktionierten. Wie wir später erfuhren, flogen wir nah an unserem Einsatzgebiet vorbei und nunmehr orientierungslos in der Nacht dahin. Schließlich faßten wir den Entschluß, Richtung Süden zu fliegen, um das Asowsche Meer zu erreichen, weil man bei Nacht auch Wasser und Land unterscheiden und sich somit am Küstenverlauf orientieren konnte. Da wir aber nicht wußten, wo wir uns befanden, waren wir auch besorgt, auf russisch besetztes Gebiet zu geraten. So rief der Beobachter, Leutnant Winkler, dem Flugzeugführer Oberfeldwebel Dietrich mehrmals zu: „Willi, flieg nach Westen, wir kommen sonst zum Iwan!“ Der Russe war damals allgemein gefürchtet. Nach einigem Hin und Her hielten wir aber trotzdem Kurs gegen Süden, denn das Flugbenzin wurde immer knapper. Gegen 4.30 Uhr erreichten wir die Küste des Asowschen Meeres. Als wir uns bei noch sehr düsterem Morgengrauen zurechtfanden, konnten wir die nächstgelegenen Flugplätze Nikolajew und Mariupol wegen Treibstoffmangels nicht mehr anfliegen. So mußten wir umgehend notlanden, und zwar mittels Bauchlandung auf einem Acker, 15 km nördlich von Berdiansk. Das Fahrwerk hatten wir schon ausgefahren, zogen es dann aber wieder ein. Bei einer Radlandung, wie vorgesehen, wären wir bei 150 km/h Landegeschwindigkeit in eine tiefer gelegene und von oben nicht sichtbare Feldstraße gerast, was beim Überschlagen der Maschine und entsprechender weiterer Folgen unser Tod gewesen wäre. Zu Fuß ging es dann etappenweise zurück zu unserem Einsatzflugplatz, zu dem wir nach einigen Tagen gelangten.

Im Oktober wurde unser Flugzeugführer, Oberfeldwebel Dietrich, als Fluglehrer zur 4. Gruppe – Ersatzgruppe des KG 55 – versetzt, und meine bisherige zweite Besatzung wurde aufgelöst. Wir übrigen Besatzungsmitglieder wurden zu anderen Besatzungen versetzt, weil es dort immer wieder zu Verlusten einzelner Kameraden kam. Zunächst ohne Besatzung, kehrte ich dann nach einem Urlaub im Dezember 1942 zu meiner Staffel nach Rußland zurück. Unsere Einsatzgruppe lag nun auf dem Flugplatz Nowotscherkassk. Als Aushilfe bei der Besatzung von Unteroffizier Püschel flog ich am 18. Januar 1943 im Tiefflug einen Angriff auf Truppen am südlichen Don östlich von Nowotscherkassk.

Danach kam ich zu meiner dritten Besatzung unter Unteroffizier Adrian. Ich war Bordmechaniker; Bordschütze Unteroffizier Werner Deiters, Funker Obergefreiter Werner Schubert, Beobachter Obergefreiter Willi König. Da unsere Truppen seit dem 22. November 1942 eingekesselt waren, flogen wir jetzt nur noch Versorgungseinsätze. Wir warfen unter anderem Verpflegungsbomben und Brotsäcke ab und holten bei Landungen im Kessel Verwundete, gelegentlich auch einen Kriegsberichterstatter und eine abgeschossene Flugzeugbesatzung, heraus.

Den ersten Einsatz mit meiner dritten Besatzung, zugleich meinen 198. Feindflug, flog ich am 12. Januar 1943. Mit der He 111, Zulassungs-Nr. G1+DS, starteten wir um 7.45 Uhr in Nowotscherkassk und landeten um 9.55 Uhr auf dem Flugplatz Pitomnik. Dort befanden sich in Massen verwundete deutsche Soldaten, außerdem Leute der Organisation Todt[2], fast alle etwas ältere Kameraden. Sie waren mit olivgrüner Uniform leicht bekleidet. Gefragt, warum auch sie im Kessel mit eingeschlossen worden waren, erklärten sie, sie seien zum Instandhalten auf der Straße von Kalatsch nach Stalingrad tätig gewesen. Nachdem wir einen Obergefreiten einer Heereseinheit abgesetzt hatten, der bestimmte

---

2 Organisation Todt – Abk. OT – war während des Krieges zu einer Riesenarbeitsorganisation angewachsen, die auch viele ausländische Arbeiter und Unternehmer zur Durchführung kriegswichtiger Bauarbeiten im Reich und in den besetzten Gebieten beschäftigte; benannt nach Fritz Todt (1891–1942), Ingenieur, 1933 Generalinspekteur für das Straßenwesen und 1940–42 Reichsminister für Bewaffnung und Munition.

Ersatzteile für Geräte seiner Einheit aus Deutschland holen sollte und sie nun mit uns in den Kessel gebracht hatte, begannen wir mit dem Entladen der Verpflegungsbomben, wobei uns die Männer der Organisation Todt halfen.

Danach entnahmen wir etwa 20 Säcke voller Brotlaibe aus dem Flugzeug und gaben sie dort ab. Nachdem wir acht verwundete Soldaten und einen Kriegsberichterstatter aufgenommen hatten, rollten wir zur Startbahn. Obwohl unser Flugzeug beim Hinflug durch schweren Flakbeschuß stark beschädigt worden war – das Leitwerk und der hintere Teil der Maschine waren mit etwa 50 Flakgeschossen durchsiebt –, war es noch flugtauglich! Da unser Flugzeug aber kein Transport-, sondern ein Kampfflugzeug war, mit Bombenschächten, Zusatztanks etc. im Innenraum, konnten wir nur acht Soldaten aufnehmen. Um 10.50 Uhr starteten wir in Pitomnik und landeten gegen 12.10 Uhr in Nowotscherkassk.

Nachdem Pitomnik am 15. Oktober 1943 von den Russen eingenommen worden war, stand uns nur noch der Flugplatz Gumrak zur Verfügung. Da die Landungen wegen der sehr schlechten Platzverhältnisse – Granateneinschläge, umherliegende Fahrzeug- und Waffenteile etc. – mit erheblichen Gefahren verbunden waren, konnten nur noch jeweils Einzelne unter großen Schwierigkeiten aufsetzen. Die eingesetzten Fliegergeschwader bekamen nun vom Führer-Sonderbeauftragten, Generalfeldmarschall Milch[3], den Befehl: „Es muß gelandet werden!" Durch laufende Verluste war unsere Kampfgruppe, 3. KG 55, von 27 auf 12 Besatzungen inzwischen deutlich geschwächt.

Zum Einsatz am 18. Januar mit dem vorgenannten Befehl „Landung in Gumrak" waren von den 12 Besatzungen nur noch drei einsatzklar; die restlichen fielen durch beschädigte Flugzeuge, Kranke usw. aus. Mit einem Klein-LKW wurden wir drei Besatzungen unter den Flugzeugführern Leutnant Georg Leipold, Unteroffizier Peter Adrian und dem Obergefreiten Heinz Danz von der Unterkunft zum Flugplatz Nowotscherkassk gefahren. Es herrschte eisige Kälte, tiefer als minus 20 Grad, in der Höhe kälter als minus 40 Grad. Auf der Hinfahrt sagte Oberfeldwebel Lochner aus Bad Berneck noch zu uns, er habe bei diesem Einsatz ein ungutes Gefühl. Am Flugplatz angekommen, wurden gerade die Motoren unserer Einsatzflugzeuge vom Bodenpersonal mit Warmluftgeräten angewärmt. Nachdem der erste Wart die Motoren abgebremst und das Flugzeug startklar gemeldet hatte, stiegen wir ein und rollten zur Startbahn.

---

3 Erhard Milch (* 30. März 1892 in Wilhelmshaven, † 25. Januar 1972 in Wuppertal) war 1939–1945 Generalinspekteur der Luftwaffe und 1941–1944 zugleich Generalluftzeugmeister. 1947 von einem amerikanischen Militärgericht lebenslänglich zu Gefängnis verurteilt; 1954 aus der Haft entlassen.

Mit unserer He 111, Zulassungs-Nr. G1+AR, starteten wir um 20.40 Uhr und setzten etwa gegen 22 Uhr auf dem Flugplatz Gumrak zur Landung an. Wir konnten aber nicht landen, sondern mußten durchstarten, weil Hindernisse auf der Landebahn lagen: An der dritten Lampe des Landepfades stand ein vermutlich beschädigtes Flugzeug und wich nicht von der Stelle. Diesen Vorgang wiederholten wir acht- bis zehnmal, wobei wir immer wieder das Fahrwerk ein- und ausfahren mußten. Somit konnten wir trotz Befehl nicht landen, da wir sonst in dieses Flugzeug gerast wären. Wir warfen dann sofort unsere Verpflegungsbomben ab, öffneten die Einstiegsklappe der Bodenwanne und warfen, bei eisigem Luftzug über der Bodenwanne stehend, unsere mitgeführten 20 Brotsäcke ab. In der Nähe fliegende russische Jäger wurden uns nicht zur Gefahr. Der Besatzung Danz ging es genauso wie uns, so daß auch sie nicht landen konnte. Die Besatzung Leipold kehrte jedoch von diesem Feindflug nicht zurück und ist seitdem vermißt. Ob sie von den von uns wahrgenommenen russischen Jägern abgeschossen wurde, ist mir nicht bekannt.

Ähnliche Hindernisse gab es dort bei unserem nächsten Einsatz am 20. Januar 1943, ebenfalls ein Nachteinsatz. Wir starteten mit einer He 111, Zulassungs-Nr. G1+ZR, um 1.30 Uhr in Nowotscherkassk und kreisten etwa eineinhalb Stunden um den Flugplatz Gumrak herum, ohne landen zu können. Wiederum warfen wir die Verpflegung ab und landeten nach knapp 4 ½ Stunden Flugzeit um 5.55 Uhr wieder in Nowotscherkassk. Da wir entgegen dem Befehl nicht gelandet waren, erstatteten wir einen schriftlichen Bericht, auf den wir jedoch keine Antwort bekamen. Bei einem Tageseinsatz nach Gumrak hätten wir bei einer Übersicht über den gesamten Flugplatz sicherlich eine Landemöglichkeit gefunden – wir wurden aber nicht mehr bei Tag eingesetzt!

Nach dem Verlust von Pitomnik hatten wir vom 17. bis zum 21. Januar 1943 zehn Einsätze sowohl bei Tag als auch bei Nacht – mit Abwurf von Verpflegungsbomben und Angriffen auf russische Truppen und deren Waffen und Artilleriestellungen, unter anderem in der Nähe unseres Flugplatzes Nowotscherkassk und östlich Rostow am Don. Nachdem auch der letzte Flugplatz Gumrak, etwa 10 km westlich von Stalingrad, am 21. Januar verlorengegangen war, konnte nur noch auf dem Notflugplatz Stalingradskij gelandet werden, der noch näher an der Stadtgrenze errichtet worden war. Diese Möglichkeit bestand nur noch am 22. und 23. Januar, als Stalingradskij noch nicht von den Russen eingenommen worden war. Am 22. Januar 1943 um 9.05 Uhr starteten wir in Nowotscherkassk mit unserer He 111, Zulassungs-Nr. G1+CR, und landeten um 10.45 Uhr auf dem bei uns Stalingradskaja genannten Notflugplatz. Dort angekommen, hatten wir einen sehr traurigen Anblick. Bei den eisigen Temperaturen, minus 30 Grad und tiefer, trafen wir unsere Soldaten leicht bekleidet, mit nur dünner Uniform, ausgehungert, zusammengefroren und fast regungslos an. Beim Abnehmen der Verpflegungsbomben und Ausladen der Brotsäcke sagte ein dort noch tätiger Hauptmann der Flak zu mir, daß er der letzten Maschine sein Testament mitgebe, das er in seiner Manteltasche bei sich hatte. Am folgenden Tage bei unserer letzten Landung war der Hauptmann nicht mehr zu sehen. Während dieses Aufenthaltes mußten wegen der eisigen Kälte die Motoren mit rotierenden Propellern eingeschaltet und in Betrieb gelassen werden, da keine Warmluftgeräte zum Anwärmen von erkalteten Motoren vorhanden waren. Außer der Verpflegung entnahmen wir auch noch Benzin aus einem unserer Tanks für die Fahrzeuge am Flugplatz, die keinen Kraftstoff mehr hatten. Von den vielen anwesenden Verwundeten konnten leider nur einige mitgenommen und ausgeflogen werden; außerdem mußten wir fünf Mann einer Flugzeugbesatzung mitnehmen, die im Kessel abgeschossen worden waren. Um 11.25 Uhr starteten wir und landeten glücklich um 12.55 Uhr wieder in Nowotscherkassk.

Nach dieser Landung mußten wir noch am selben Tag nach Stalino fliegen, wo unser Flugzeug mit Munitionsbomben, d. h. in Bombenhüllen verpackte Infanteriemunition, beladen wurde. Danach flogen wir um 16.30 Uhr ab Stalino in den Kessel und warfen für unsere Truppen diese Munitionsbomben ab. Um 19.50 Uhr waren wir wieder in Nowotscherkassk zurück.

Mit derselben Maschine starteten wir am 23. Januar 1943 morgens um 7.25 Uhr in Nowotscherkassk und landeten um 9.20 Uhr in Stalingradskij. Beim Ausladen der Brotsäcke fielen plötzlich rundum Schüsse von russischen Jagdfliegern. Ich sprang sofort aus dem Flugzeug und schoß mit einem Maschinengewehr, MG 15, auf die angreifenden Flieger. Zum Glück wurden weder unser Flugzeug noch wir Besatzungsmitglieder oder die um uns anwesenden Verwundeten verletzt. Ein zweiter Angriff der Russen während unserer Anwesenheit erfolgte nicht. In Eile luden wir weiter unsere Brotsäcke aus. Plötzlich hörten wir einen dumpfen Schlag, und als wir in diese Richtung blickten, sahen wir, wie ein Soldat ohne Kopf neben dem rotierenden Propeller am linken Motor unseres Flugzeuges umfiel. Von den Kopfresten war nur noch Blut am linken Fahrwerk zu sehen. Von zwei Feldgendarmen wurde der Tote weggebracht und identifiziert. Trotz der Aufregung für uns alle mußten wir schnellstmöglich den Rest abladen, da mit erneuten Fliegerangriffen der Russen zu rechnen war. Nun rollten wir mit acht Verwundeten zur Startbahn. Sehr viele von ihnen, auch diejenigen, die wir schon am Vortage gesehen hatten, mußten leider im Kessel bleiben, so auch ein Verwundeter mit Gipsarm, der mir schon am Tag vorher aufgefallen war und jetzt wieder nicht mitkam. Vor dem Start sagte Adrian zu mir, ich solle aussteigen und am Heck das Höhenruder des Leitwerkes zurechtbiegen, damit es nicht mehr klemmte. Es war zuvor bei der Landung durch den Aufschlag auf den etwa 30 bis 40 cm hohen festgefrorenen Schnee beschädigt worden. Nach dem Öffnen der Einstiegsklappe an der Bodenwanne stieg ich aus, ging an das hintere Ende unseres Flugzeuges und bog das Höhenruder zurecht. Währenddessen stieg ein Verwundeter bei geöffneter Einstiegsklappe in das Flugzeug. Als ich ihm folgte, sah er mich aufgeregt, wie um sein Leben ringend, mit dem Wusch an, ihn im Flugzeug zu belassen. Diesen Anblick kann ich nie vergessen. Obwohl wir schon voll beladen waren, ließ ich ihn in der Maschine und sagte dem in der Kanzel am Steuer sitzenden Unteroffizier Adrian, der zugleich Kommandant der Besatzung war, nichts von der zusätzlichen Anwesenheit dieses Verwundeten. Bei all diesen Ereignissen und Tätigkeiten waren wir 1 ½ Sunden auf dem Flugplatz, so daß wir um 10.45 Uhr den Rückflug antreten konnten. Während unserer Anwesenheit sahen wir dort kein weiteres deutsches Flugzeug. Ob nach uns noch welche gelandet sind und wieviele, weiß ich nicht. Fest steht jedenfalls, daß Stalingradskij am selben Tag verlorenging und das letzte deutsche Flugzeug Stalingrad verließ.

Vom 24. bis zum 29. Januar 1943 flogen wir noch sieben Einsätze mit Verpflegungsbomben, die wir im Kessel abwarfen, die letzten Einsätze in der Nacht vom 28. auf den 29. Januar. Mit unserer He 111, Zulassungs-Nr. G1+FR, starteten und landeten wir jeweils in Nowotscherkassk: am 28. 1. Start 20.55 Uhr, Landung 23.35 Uhr, Abwurf im Kessel etwa um 22.30 Uhr; am 29. 1. Start um 0.45 Uhr, Landung um 3.15 Uhr, Abwurf im Kessel etwa um 2.00 Uhr jeweils über dem südlichen, dem größten Kessel der Stadt. Die Mitte von Stalingrad befand sich schon in russischer Hand, und im Norden lag der kleinere Kessel. Wir mußten auf 300 Meter heruntergehen, damit die Verpflegung auch wirklich bei unseren Truppen landete. Im Tiefflug nach Osten, über Wolga und Kalmükensteppe auf Höhe gehend, flogen wir in 3500 Meter Höhe zu unserem Einsatzflugplatz Nowotscherkassk zurück. Der letzte Abwurf wurde noch vom Kessel aus per Funk bestätigt.

Ich war mit insgesamt 81 Feindflügen im Kampf um Stalingrad beteiligt. Davon waren 59 Angriffs- und Kampfeinsätze und 22 Versorgungseinsätze mit Ausfliegen von Verwundeten aus dem Kessel. Meine genannten Daten sind in meinen Flugbüchern dokumentiert, die ich noch besitze. Das fliegende Personal mußte diese Bücher führen, in die sämtliche Flüge und damit auch die Feindflüge eingetragen wurden. Diese Angaben wurden von den jeweiligen Dienststellen bestätigt.

Bei der Vielzahl meiner Feindflüge hatte ich mehrere lebensgefährliche Erlebnisse. Meine dritte Besatzung unter Unteroffizier Peter Adrian wurde am 5. März 1943 von russischen Jägern beim Dorf Marefa in der Nähe von Charkow tödlich abgeschossen – Aufschlagbrand. Wieder einmal war ich wegen Krankheit bei diesem Einsatz nicht dabei und wurde von Oberfeldwebel Ramsberger vertreten, der somit für mich starb. Die dritte der oben angesprochenen letzten drei Besatzungen unter dem Obergefreiten Heinz Danz stürzte am 10. August 1943 tödlich ab. Bei meiner letzten, vierten Besatzung unter Hauptmann Schmidt wurden im August 1943 bei einem russischen Jägerangriff der Funker neben mir im Flugzeug tödlich getroffen und der Beobachter verwundet. Ich kam trotz der zahlreichen Feindflüge nach fast vierjähriger Einsatzzeit von 1940 bis 1944 nach dem Krieg heil nach Hause.

56 Jahre später, am 12. Mai 1999, flog ich zum 82. Mal nach Stalingrad, jetzt Wolgograd, und zwar mit der Fluggesellschaft Condor, zur Einweihung des Soldatenfriedhofs Rossoschka am 13. Mai zu Christi Himmelfahrt durch den Volksbund Deutsche Kriegsgräberfürsorge.

## Wilhelm Eising: Als Kradmelder beim Divisionsstab[4]

*Wilhelm Eising war als Kradmelder beim Stab der 16. Panzer-Division in Stalingrad eingesetzt. Nach einem Heimaturlaub im November 1942 kehrte er nicht mehr in den Kessel zurück.*

Wir brachen am frühen Morgen des 24. August auf. In zwei bis drei Stunden hofften wir wieder an der Wolga zu sein. Noch bevor wir die Bahnlinie und den Tatarenwall erreicht hatten, stießen wir auf eine Einheit der 3. Infanterie-Division, die im Gefecht lag. Wir kamen nicht weiter; in der Nacht hatten russische Einheiten aus der Flanke den Versorgungsweg nach Stalingrad angegriffen und vollkommen blockiert.

Mit Unterstützung zweier Ju 88 konnte die Einheit der 3. Division den Weg öffnen. Wir passierten die freigekämpfte Rollbahn. Die Schlachtflieger hatten mit ihren Bordwaffen furchtbar gewirkt, aber ebenso furchtbar erschien uns folgendes Bild: Eine größere Nachschubeinheit war in der Nacht von den Russen aus der Flanke angegriffen und niedergemacht worden. Die LKW-Fahrer saßen erschossen in ihren Sitzen; Beifahrer, die noch versucht hatten zu fliehen, lagen erstochen oder erschlagen neben den Fahrzeugen. Wir fanden weder Verwundete noch Überlebende; die Fahrzeuge waren ausgeplündert und die Toten ihrer Habseligkeiten beraubt worden. Eine regelrechte Leichenfledderei hatte stattgefunden!

---

4 Der Bericht erschien in „Unsere 16.“, Folge 162, 41. Jhg., im Oktober 1993, in Folge 164, April 1994, und Folge 165, 42. Jhg., Juli 1994.

Auf dem weiteren Wege zu unserer Einheit stießen wir in der Nähe der Bahnlinie auf russische Panzer. Wegen der günstigen Geländeverhältnisse konnten wir noch rechtzeitig verschwinden. Später mußten wir noch zweimal feindlichen Gruppen ausweichen. Zwei von Stalingrad zurückfliegende Stukas griffen uns im Tiefflug mit Bordwaffen an; den nachfolgenden Stukas konnten wir uns noch früh genug mit Rauchpatronen bemerkbar machen. Unser gesamter Weg führte durch Feindgebiet. Kurz vor Dunkelheit erreichten wir die rettende Balka[5], unser zukünftiges Zuhause. Oberleutnant Heise erstattete Bericht. Im nachhinein erfaßten wir erst richtig, wieviel Glück wir auf dem Weg durch den vermeintlichen Korridor gehabt hatten.

Die Division lag eingeschlossen an der Wolga; alle Nachschubwege waren abgeschnitten. Im Osten zog sich die Front entlang der Wolga von Akatowa im Norden über Winnowka und Lataschinka im Süden. Hier bog sie vom Ufer landeinwärts gegen Rynok und Spartakowka (Traktorenwerk) ab. An dieser gefährlichen sogenannten Winkelstellung begann die Südfront, die sich bis nordwestlich des Steppendorfes Orlowka hinzog. Die westlich des Gefechtsstandes beiderseits der Milchfarm verlaufende Westfront war mit Reserven stützpunktartig besetzt. Die beherrschenden Höhen im Norden bis hin zur Wolga, die sogenannte Nordriegelstellung, wurden an diesem Tage genommen und befestigt. So stand die Division als Igel mit drei Fronten an der Wolga. Der Divisionsgefechtsstand befand sich im Herzen des Igels in einer Balka etwa ein Kilometer nördlich von Orlowka. An der schmalsten Stelle trennten nur zwei bis drei Kilometer die Süd- von der Nordfront. In der Balka war über Tag schon fieberhaft geschanzt worden. Winkelförmige Einmannlöcher, die in die Seitenwände der Balka gegraben wurden, boten sicheren Schutz. Auch der General[6] begnügte sich in diesen Tagen mit solch einem Erdloch.

Ende August brachte der Russe aus der Stadt Verstärkungen heran und griff mit überlegenen Kräften aus Rynok und Spartakowka die Südostecke – die Winkelstellung – an. Auch südwestlich von Orlowka, an der Nahtstelle zur 3. I.D. mot., die inzwischen nachgekommen war, entwickelten sich schwerste Kämpfe. Während des Dienstes beim

---

5 Balka, in die Steppe tief eingeschnittene schmale Schlucht, in deren Lößboden bewohnbare Höhlen gegraben werden konnten.

6 Kommandeur der 16. Panzer-Division war ab Juni 1940 Generalleutnant Hans-Valentin Hube (* 29. Oktober 1890 in Naumburg, abgestürzt am 21. April 1944); 1941 Verleihung des Ritterkreuzes, 1942 Ritterkreuz mit Eichenlaub und Schwertern und am 20. April 1944 Ritterkreuz mit Eichenlaub, Schwertern und Brillanten; zuletzt Generaloberst. Sein Nachfolger als Kommandeur der 16. P.D. wurde am 15. September 1942 Generalmajor Günther Angern (* 5. März 1893 in Kolberg, † 2. Februar 1943 in Stalingrad); 1940 Ritterkreuz und Deutsches Kreuz in Gold; am 21. Januar 1943 Generalleutnant (→ Bildtafel XVIII).

Befehlsbus hörte man nur sorgenvolle Nachrichten: bewährte Offiziere waren gefallen, die Kompaniestärken schrumpften. Der gesamte Igel umfaßte nur ein Tal und zwei begrenzende Höhen! Jedes kleine Zurückweichen konnte sich verhängnisvoll für die gesamte Division auswirken. Da die Nachschubwege unterbrochen waren, fehlten Sprit und Munition; jedoch warfen Transportflugzeuge Versorgungsbomben ab. Die Verwundeten konnten von der Sammelstelle am Hauptverbandplatz nicht zurückgebracht werden und lagen zudem noch im Feuerbereich. Selbst Geleitzüge unter Panzerschutz schafften den Weg nach Westen nicht.

Zwar wurde Rynok am 27. August genommen, mußte aber schon am folgenden Tage wieder aufgegeben werden. Ein Fahrzeugkonvoi mit Panzerschutz erreichte jedoch unsere Igelstellung. Der Versuch, die Schwerverwundeten zurückzutransportieren, scheiterte. Im Kräfteverhältnis kam eine Kompanie auf ein russisches Regiment. Franz Beerlage, mein Nachbar, sah keine Hoffnung mehr und malte alles in den dunkelsten Farben.

Über dem nördlichen Stadtgebiet griffen pausenlos unsere Flieger an; Hafenanlagen und Fabriken brannten. Die Qualmentwicklung war mitunter so stark, daß sich die Sonne verfinsterte. Am Wolgaufer ballerte die russische Flak, und der Himmel war mit schwarzen Wölkchen der krepierenden Granaten gesprenkelt. Der Russe griff nicht nur von Süden und Norden an; vom Strom her brachten auch Kanonenboote Verstärkung. Hier hatten die Pioniere einen schweren Stand, brachten den Russen aber große Verluste bei. Während einer Fahrt zu ihnen besuchte ich meinen Freund Horstkötter[7] aus Ochtrup von der 2. Pionier-Kompanie. Leider wurde mir einige Tage später von seinem Tod berichtet.

Wir Melder lagen am 1. September noch in winkeligen Erdlöchern, die mit Zeltplanen gegen Regen abgedeckt waren. Bunkerbau war angesagt; Gefangene, die zum Verhör gebracht wurden, halfen uns dabei. Für Brot und Zigaretten waren alle hilfreich und willig. Als sie jedoch beim Ausbau von Bahnschwellen aus dem nahegelegenen Bahndamm mit gezieltem Gewehrfeuer eingedeckt wurden, wagten sie sich nicht mehr aus der Deckung heraus. In Gefangenschaft wollten sie nicht auch noch von eigenen Kugeln sterben! Erst nach Anbruch der Dunkelheit war wieder mit ihnen zu reden. Unter ihnen befanden sich auch Arbeiter aus den Stalingrader Fabriken, die erst seit einigen Tagen Waffen trugen. Einen älteren Arbeiter schickte der Ic mit einem bestimmten Auftrag in die Stadt zurück.

Anfang September ließ die Kampftätigkeit an der Südfront zwischen Spartakowka und Orlowka nach. Die Russen schienen hier Kräfte abzu-

---

7 Der Kraftfahrer Heinrich Horstkötter (* 23. Juni 1912 in Brake) fiel lt. Kriegsgräberliste des Volksbundes am 22. September 1942.

ziehen, weil sich westlich von uns eine stärkere deutsche Armeegruppe dem Korridor und der Stadt bis auf zehn Kilometer genähert hatte. Auf einer am Befehlsbus angebrachten Karte, in die der Frontverlauf täglich mit Nadeln markiert wurde, verfolgten wir das Vorrücken dieser deutschen Verbände. In den Nächten erfuhr man durch die weithin sichtbaren Leuchtzeichen von der Frontänderung im Süden der Stadt, von wo schon Gefechtslärm zu hören war.

Die Versorgungsstraße zum Don war am 2. September zwar wieder frei, blieb aber weiterhin an den Flanken bedroht. Während bei der Truppe angesichts der sich nähernden Armeegruppe Hoth[8] Zuversicht aufkam, ahnten wir Melder aufgrund jüngster Nachrichten für die nächste Zukunft nichts Gutes. Aus dem Raum um Woronesch führte der Russe starke Kräfte heran. Unsere Führung rechnete mit schweren Kämpfen an der Nordriegelstellung, die der Russe in den folgenden Septembertagen mit vielfach überlegenen Kräften und mit dem Einsatz aller Waffen angriff. Der Horizont über den beherrschenden Nordhöhen war eine einzige schwarze Rauchwand. Ungeheuerlich war der Anblick der Stalinorgeln: Staubwolken von großer Höhe und Dichte erhoben sich und hüllten das Kampfgelände in schwarze Nacht, aus der die Einschläge hervorblitzten. Stärkste Panzerkräfte unterstützten die Angriffe der russischen Infanterie. Die Kompanien schrumpften zu kleinen Gruppen zusammen, und die Russen erzielten Einbrüche. Daher wurden von der Südfront Teile der Schützen-Regimenter in die Nordriegelstellung verlegt.

Oberleutnant Heise wurde beauftragt, alle verfügbaren Leute im Divisionsstab zu sammeln und in die entblößte Winkelstellung vor Rynok und Spartakowka zu schicken; ich begleitete ihn als Melder. Wir bezogen einen gut ausgebauten Kompanie-Gefechtsstand, in den uns ein Feldwebel der 64. einwies. Nur in großen Abständen konnten wir die Stellung belegen, oft nicht einmal auf Sichtweite, da Unterholz uns hinderte. Ein Angriff der Russen in dieser Situation wäre verhängnisvoll gewesen! Aus dieser Stellung bargen wir noch zwei Tote, die nachts vom Troß abgeholt wurden.

Während bei uns Ruhe herrschte, vernahmen wir vom Stadtrand her lebhaftes Treiben. Ständige Kettengeräusche ließen nichts Gutes ahnen; tagsüber störte der Russe mit Granatwerfern.

Das Vorgelände war mit Gestrüpp bewachsen und ließ nur begrenzte Sicht zu. Vom Gefechtsstand aber konnte man mit dem Fernglas gut

---

8 Generaloberst Hermann Hoth (* 12. April 1885 in Neuruppin, † 25. Januar 1979 in Goslar) hatte am 1. Juni 1942 den Oberbefehl über die 4. Panzerarmee übernommen, die von Süden her Stalingrad angriff. Im Dezember versuchte Hoth vergeblich, vom Süden her den Kessel von Stalingrad aufzubrechen. Im OKW-Prozeß 1946 wurde Hoth zu 15 Jahren Haft verurteilt, kam aber 1954 wieder frei (→ Bildtafel XIII).

beobachten. Vor uns lagen die Häuserblocks von Spartakowka; eine in der Mulde liegende Kolchose konnten wir nicht einsehen. Über der Stadt standen Mitte September hohe Rauchsäulen. Luftangriffe und die von Süden und Westen angreifenden Truppen setzten ihr Vernichtungswerk fort.

Mitte September wurde Oberleutnant Heise in die Balka zum Divisionsgefechtsstand zurückgerufen; auch ich bezog dort wieder meinen Graben. Der Kampflärm der von Süden vorrückenden deutschen Einheiten kam näher. Nachts kündeten Leuchtzeichen den Frontverlauf. General Hube verließ uns und wurde Korps-General.

Mittlerweile kannte ich zwischen Rynok und Orlowka jeden Bataillonsgefechtsstand. Die dort in den Kompanien eingesetzten Kameraden versorgte ich mit Post. Eines Abends begegnete ich auf dem Weg zum Gefechtsstand Hauptmann Goldmann. Nach Passieren einer mir bekannten B-Stelle bemerkte ich im Dämmerlicht sich am Horizont abhebende Gestalten. Ich fuhr näher heran, stieg ab und ging auf die Gruppe zu. Da ich mich nicht auf dem richtigen Weg fühlte, fragte ich nach dem Gefechtsstand des Hauptmanns. Plötzlich erkannte ich Russen vor mir! Die schienen die Situation aber nicht zu erfassen; ich verkroch mich hinter Gestrüpp, verweilte eine Zeitlang dort und konnte entkommen. Die Leute der B-Stelle hatten meinen Irrtum wohl bemerkt, konnten mich aber nicht mehr rechtzeitig warnen.

In einer anderen Nacht fuhr ich einen Kompanie-Gefechtsstand an, der unter einem abgeschossenen russischen Panzer eingerichtet worden war, und machte stundenlang Handgranaten scharf. Da ich von dort bis zum Hellwerden nicht wieder wegkam, mußte ich in der Frühe einen Angriff beim Regiment 64 mitlaufen. Einige Tage später erlebte ich ähnliches bei Orlowka.

Auch bei der Gruppe Hauptmann Goldmanns blieb mir ein Angriff nicht erspart. Ein in der Mulde liegender Kolchos war das Angriffsziel. Die Einheit erlitt herbe Verluste: Etliche mir gut bekannte Unteroffiziere und Feldwebel des Feldgendarmerie-Trupps fielen. Sie waren drei Wochen vorher zusammen mit Leuten aus den Trossen erstmalig bei den Schützen zum Einsatz gekommen.

Am Monatsende stand Orlowka im Mittelpunkt des Geschehens. Dieses Steppendorf, nur einige hundert Meter hinter der südlich von uns verlaufenden Bahnlinie gelegen, war von mehreren Balkas durchzogen und somit eine natürliche Festung. An einem schönen Herbstmorgen stürzten sich pausenlos Stukas auf den Ort, und Artillerie und Werfer bereiteten den Angriff vor. Der Ort konnte aber an diesem Tage nicht genommen werden. Am 30. September wiederholte sich das Schauspiel. Von unserem Gefechtsstand beobachteten wir, wie Orlowka am späten Nachmittag genommen wurde. Der Tag prägte sich in mein Gedächtnis:

Auf einer am gleichen Tag erhaltenen Postkarte aus der Heimat notierte ich: „Stukas über Orlowka, 30. 9. 42“.

Gegen Abend schickte mich Rittmeister von Alvensleben[9], Schlachtenbummler und Freund des Generals, ins zerbombte Dorf, um nach Ikonen zu suchen. Ich fuhr hin und glaubte den Ort feindfrei und geräumt. Die meisten Holzhäuser beiderseits der Hauptstraße waren zerstört. Weder sah ich Zivilisten noch deutsche Landser. Das Krad stellte ich in den Garten eines ansehnlichen Hauses. Ich schlich mich von einem Haus ins andere; überall herrschte Totenstille. Als ich die Straßenseite wechseln wollte, hörte ich plötzlich Gewehrfeuer, das mir galt; es pfiff bedenklich. Ich konnte mich hinter ein Haus retten. Da es bereits dämmerte, wartete ich die Dunkelheit ab, um zurückzufahren. Meine Fahrt war in der Balka nicht unbemerkt geblieben; unter den Offizieren gab es deswegen Ärger. Erst an den nächsten Tagen wurde Orlowka restlos gesäubert und galt als feindfrei.

Anfang Oktober waren noch einige Kameraden bei den Grenadieren eingesetzt. In der Nähe des Gefechtsstandes von Major Wota[10] traf mich ein Splitter, durchschlug die Hose und ritzte einige Zentimeter lang die Bauchdecke unterhalb des Nabels auf. Anfangs war es noch eine unbedeutende Wunde, die sich aber nach einigen Tagen entzündete und butterte [eiterte]. Ein Oberfeldwebel, ein Apotheker, der in der Balka nur 50 Meter entfernt beim Oberfeldarzt[11] Dienst tat, verarztete mich. Während dieser Zeit verbrachte ich in meinem Erdloch unbeschwerte Tage. Lediglich der morgendliche Besuch einiger Russenpanzer, die nicht weit von der Balka auftauchten, sorgte für Unruhe.

Da seit über sechs Wochen in den Schützenlöchern keine Ablösung erfolgt war, sahen die Kameraden sehr heruntergekommen aus; sie waren unrasiert, verdreckt und verlaust. Das hatte man früher in der Division selten gesehen!

Das neue MG 42 kam. Wir machten uns damit vertraut und mußten in der Balka an einem Pfahl die Wirkung dieser „Hitlersäge“ demonstrieren. Alle waren beeindruckt, nur der Munitionsverbrauch war enorm hoch.

In den ersten Oktobertagen kam der neue Divisionskommandeur, General Angern, in die Balka. Wir lernten ihn kaum kennen, weil er jeden

9 Udo von Alvensleben war Ib der 16. Panzer-Division.

10 Major Kurt Wota (* 19. Mai 1903 in Stolp, † 1943 im Offizierslager Jelabuga) war Kommandeur des I. Btl. des Panzergrenadier-Regiments 79 der 16. P.D. Auszeichnung: Deutsches Kreuz in Gold am 29. August 1942.

11 Oberfeldarzt Dr. Werner Gerlach (* 14. August 1903 in Zwickau, † 17. Februar 1982 in Ottobrunn) war Divisionsarzt der 16. P.D. Von 1943 bis 1953 in sowjetischer Kriegsgefangenschaft, war er nach seiner Heimkehr bis 1971 als HNO-Arzt in Nürnberg niedergelassen. Sein Buch „Das dunkle Tal“ wurde von mir bearbeitet und 2006 neu herausgegeben.

Tag unterwegs war und zu den Gefechtsständen fuhr. Für diese Fahrten genügte ihm auch schon mal ein VW-Kübelwagen. So hatte eines Tages Fritz Giltjes das Glück, ihn fahren zu müssen. Nur war dem Fritz nicht jeder Gefechtsstand bekannt, so daß die beiden schließlich dort landeten, wo die Schützen ihr Zuhause haben: unmittelbar beim Russen! Alles verlief jedoch gut, und der General bewies Humor. Oft lachten wir noch darüber; nur Fritz ärgerte sich sehr.

Am 10. Oktober erschien General Paulus auf dem Gefechtsstand. Danach erwarteten wir nichts Gutes! Franz Beerlage sah es richtig voraus, denn am 14. Oktober wurde noch einmal der Norden Stalingrads angegangen, und am Tage darauf entbrannte bei uns erneut der Kampf um Rynok und Spartakowka. Nach zweitägigem Ringen konnte der Westrand von Spartakowka unter hohen Verlusten genommen werden. Der Russe zog sich nach Rynok zurück, dem letzten verbliebenen Brükkenkopf. Hier aber blieben am Ortsrand alle Angriffe liegen. Die Verluste der Division waren hoch und erreicht worden war wenig.

An den folgenden Tagen setzte Regen ein; die Balka wurde zur Schlammwüste. Es war naßkalt, und schaudernd dachten wir an den Winter. In dieser zweiten Oktoberhälfte sammelte Oberleutnant Heise wieder Leute zu einem Kommando. Diesmal führte er uns aber nicht nach Rynok und Spartakowka, sondern wieder an den Don, wo Winterquartiere eingerichtet werden sollten. Wir fuhren über Orlowka, Gorodischtsche und am Tatarenwall entlang nach Stalingrad-Mitte.

Das Stadtzentrum durfte von Neugierigen nicht befahren werden. Da wir uns in einer Fahrzeuggruppe befanden, riskierten wir es und gelangten hinein. Wie in den Vorstädten waren auch hier die meisten Häuser aus Holz gebaut. Diese Häusermasse senkte sich von den Höhen zur Wolga hinab; die Stadtteile waren durch Schluchten oder Balkas getrennt. In der Mitte lag das alte Zarizyn; im Süden und Norden längs der Wolga befanden sich die Vororte mit den Industrie- und Hafenanlagen. Die Mitte der Stadt mit Hauptbahnhof und „Rotem Platz“ war ein einziger Trümmerhaufen, die Hochhäuser waren zerschossen und ausgebrannt. Hier und da zeugten halb stehengebliebene Kamine von eingeäscherten Holzhäusern. Die Bevölkerung befand sich auf der Flucht oder hatte in den Vorstädten in Ruinen, Kellern und Höhlen Zuflucht gefunden.

Wir fuhren über die Zariza in die südliche Stadt; an der Wolga fanden wir wieder ausgebrannte Hochhäuser. Auf unserem weiteren Weg sahen wir weitab den alles überragenden Getreidesilo und ringsum eine Trümmerlandschaft. Panzer- und Fahrzeugwracks säumten den Weg. In den vielen Schluchten waren Löcher in die Abhänge getrieben, und an den Balkawänden schachtelten sich Hütten und kleine Holzhäuser aus Trümmerresten. Die Höhlen waren mit ausgehängten Türen und Vorhängen abgeschirmt. Alte Leute, Frauen und Kinder, in Lumpen gehüllt, sah man an offenen Feuerstellen sitzen und sich aufwärmen. Alles war von einem undefinierbaren Geruch aus Brand, Abfall und Verwesung überlagert. An den Ausfahrtsstraßen sammelten sich die Leute und marschierten in kleinen Trecks Richtung Westen.

In Karpowka fuhren wir eine höhere Dienststelle an. Hier erhielten wir nähere Anweisungen für den Ausbau der Winterstellungen am Don.

Über Marinowka erreichten wir unser Ziel, einen Ort an einem kleinen Nebenarm des Don. Hier herrschte tiefster Friede. Die Bevölkerung wurde angewiesen, bunkergroße Erdlöcher auszuheben; die Arbeiten kamen aber nur schleppend voran. Nach einigen Tagen fuhren Fritz Giltjes und ich im VW-Kübel nach Stalingrad zurück, um Verpflegung zu holen. Über Nacht blieben wir in der Balka.

Die Kampftätigkeit im Divisionsbereich hatte sich inzwischen beruhigt. Aber keine helle Mondnacht verging, in der sich die russischen Nachtbomber nicht unangenehm bemerkbar machten; dann waren die als „Rollbahneulen“ oder „Nähmaschinen“ verschrieenen Flugzeuge in rollendem Einsatz – keine Minute ohne Motorenbrausen, ohne Pfeifen und Aufprall der Bomben. Oft wunderten wir uns, daß die Opfer nicht größer waren.

Nach einer solchen Nacht, die wir schon unzählige Male erlebten, verließen Fritz und ich die Balka, in der wir über acht Wochen in einem Loch unser Zuhause hatten. Wir fuhren in der Hoffnung an den Don zurück, daß im Winter die Kämpfe zur Ruhe kamen und die Winterquartiere in Ruhe bezogen werden konnten. Bevor wir uns Orlowka näherten, passierten wir noch einmal den Friedhof an der Bahnlinie, der in den letzten Tagen erschreckend angewachsen war. Täglich konnten wir hier die Leute von den Trossen beobachten, die ihre toten Kameraden abluden und beerdigten. Zum nahegelegenen Hauptverbandplatz führte ein ausgetretener Pfad, der von den Sanitätern herrührte, die des Nachts mit Tragen und Zeltplanen stetig diesen Weg zu gehen hatten.

Über Orlowka fuhren wir wieder auf Gorodischtsche zu. Ostwärts bzw. links ließen wir die Vorstädte Spartakowka, den Nordteil der Stadt mit dem noch umkämpften Traktorenwerk, die Geschützfabrik „Rote Barrikade“ und das Hüttenwerk „Roter Oktober“ hinter uns und fuhren an der Peripherie der Stadt entlang bis zur Ausfallstraße nach Kalatsch weiter. Auf dieser Vormarschstraße herrschte ein enorm reger Verkehr, hier offenbarte sich auch ein bis dahin nicht gekanntes Flüchtlingselend. Kurz vor Kalatsch bogen wir nach Süden ab und erreichten nachmittags erwartungsfroh unsere kleine Gruppe mit Oberleutnant Heise.

Mit dem üblichen Proviant hatten wir auch einige Liter Rotwein bekommen. In Ermangelung eines passenden Gefäßes hatte ich diesen Rotwein in einen in der Balka liegenden Wasserkanister gefüllt. Abends wurde Fritz Giltjes mit der Zubereitung eines Glühweins beauftragt.

Wir befanden uns schon in seliger Runde, als der letzte Wein von Fritz aufgekocht wurde. Als wir mit den Fingern auf dem Wein schwimmenden Schimmel und dunkle, feine Schmutzreste abwischten, trank Fritz, von Haus aus überempfindlich, nicht weiter mit. Nichts Gutes ahnend tranken wir aber doch aus, nur Oberleutnant Heise nicht. Er kommandierte den Fritz: „Alter Banause, sauf aus!“ Fritz, der vorher schon etwas geahnt hatte, trank unter Würgen. Als wir den Kanister näher untersuchten, stellte sich heraus, daß etliche eingetrocknete Mäuse auf dem Boden klebten! In der Balka hatten wir in den letzten Wochen eine unbeschreibliche Mäuseplage gehabt. Die Verpflegung hatten wir nur einigermaßen gesichert in verzinkten Munitionskästen aufbewahren können; offen herumliegendes Brot war in einer Nacht von den Mäusen aufgefressen worden.

Neben der Herrichtung von Quartieren stahlen wir uns noch Zeit, Fische aus den Nebengewässern des Don zu angeln. Irgendwann kam jemand auf den Gedanken, mit Handgranaten sei das nicht so aufwendig. Das klappte zwar, aber die dicken Fische lagen auf dem Grund des Gewässers. Wenn es auch nicht tief war, konnten die Fische nur tauchend heraufgeholt werden. Niemand wollte hinein, da es bereits nachts gefroren hatte und das Wasser sehr kalt war. Wir ließen das Los sprechen, das mich traf. Weil die Fische sehr glitschig waren, waren sie mit den Händen schlecht zu greifen, und ich brachte sie nur unter Zuhilfenahme meines zugebundenen Hemdes an Land. Für die nächsten Tage war gute Kost gesichert!

Anfang November führte mich der Weg zum Stabsquartier, das ich seit Makejewka nicht mehr gesehen hatte. Hier regierte unser Spieß, Oberfeldwebel Kohl. Ich glaubte nicht recht zu hören, als verkündet wurde, ich sei an der Reihe und könne in Urlaub fahren. Der Gruppe um Oberleutnant Heise werde man diesbezügliche Nachricht geben. Kurz und trocken wurde ich entlassen. Am anderen Morgen begab ich mich auf den Weg zum Bahnhof Tschir und landete nach sechstägiger Fahrt in meinem Heimatort.

Oberleutnant Gustav Heise und Unteroffizier Franz Beerlage blieben in Stalingrad vermißt.

## Andreas Engel:
## Ein bedrückendes Erlebnis[12]

*Andreas Engel, geboren am 24. Juni 1915 in Bebra, war Schriftsetzer und ab 1936 Berufssoldat. Mit dem Regiment 15 nahm er an den Feldzügen gegen Polen und Frankreich teil; in Stalingrad war er Feldwebel im Stab des I. Bataillons des Grenadier-Regiments 15, 29. Infanterie-Division (mot.).*

Am 18. oder 19. November lag das I. Bataillon des Grenadier-Regiments 15 in Balkas, in tiefen Gräben in der Steppe, ca. 60 Kilometer südlich von Stalingrad in Ruhestellung. Nach den schweren Kämpfen in und um die Stadt war es personell und materiell voll aufgefrischt worden. Wie man munkelte, sollte die Division in den Kaukasus verlegt werden, um an der Eroberung Astrachans teilzunehmen. Die Stimmung war gut; wir hatten Holz, Türen und anderes Baumaterial aus Stalingrad herangeschafft und uns recht wohnlich eingerichtet.

Das Vergnügen dauerte jedoch nicht lange. Ein überraschender Einsatzbefehl unterbrach unsere wohlverdiente Ruhe. In kürzester Zeit rückten die Gefechtsteile mit unbekanntem Ziel ab; die Trosse verblieben vorerst im Ruheraum. Ich selbst bekam vom Bataillonskommandeur, Major Müller von Berneck, der wenige Tage vorher das Bataillon übernommen hatte, den Befehl, am folgenden Tage mit einem LKW, beladen mit Wurfgranaten und MG-Munition, dem Bataillon zu folgen. Aus östlicher Richtung war starkes Artilleriefeuer zu vernehmen, das sich laufend verstärkte.

Am anderen Mittag fuhren der Stabsgefreite Michels und ich mit unbekanntem Ziel los. Als wir die Balka verlassen hatten, stellten wir zu unserem Erstaunen fest, daß unsere 29er-Artillerieabteilung schon hier in Stellung gegangen war und in die Richtung feuerte, in die wir befehlsmäßig fahren sollten. Da wir danach keinen deutschen Soldaten mehr sahen, fuhren wir mit äußerster Wachsamkeit weiter.

Plötzlich näherten sich zwei Jagdflugzeuge im Tiefflug. Ich war der Meinung, es handele sich um deutsche, denn ich erkannte deutlich das Balkenkreuz. Zu unserer Verblüffung schossen sie mit ihren Bordwaffen auf uns. Ich bekam einen Schlag an den linken Oberschenkel; daraufhin ließ ich mich instinktiv aus dem Fahrzeug fallen. Kamerad Michels hatte etwas an der Ferse abbekommen, auch er lag auf der Rollbahn. Da das Gelände abschüssig war, rollte das Fahrzeug zu unserem Glück weiter und blieb nach ca. 100 Metern stehen. Wie wir erleichtert feststellten, hatte die Munition nichts abbekommen.

12 Der Bericht erschien im „Falkenblatt", Mitteilungsblatt der 29. I.D., 1982, S. 10.

Von vorn näherte sich jetzt ein ungeordneter Haufen Soldaten in erdbraunen Uniformen. Unsere Annahme, es handle sich um Russen, bestätigt sich zum Glück nicht. Es waren Rumänen, die das Weite suchten. Sie verbanden uns notdürftig und fuhren unser Fahrzeug, bei dem lediglich der Kühler und die Reifen zerschossen waren, zu uns zurück. Auf unsere Bitte hin hoben sie uns ins Fahrzeug. Wir fuhren los, hielten alle 50 Meter und erreichten so unseren Troß.

Kamerad Wetzlar, unser Kraftfahrzeug-Staffelführer, brachte mich zum nächsten Verbandplatz. Nach zwei Stunden wurde dieser jedoch in aller Eile geräumt; über Kalatsch sollten wir abtransportiert werden. Diesen Ort erreichten wir nie, denn der Russe saß schon dort und hatte uns damit den Weg nach Westen abgeschnitten.

Die Sankafahrer machte kehrt und lieferten uns mitten in der Nacht bei der Armee-Verwundeten-Sammelstelle ab. Kaum hatte man mich auf Stroh gebettet, vernahm ich MG-Feuer. Wer noch laufen konnte, verließ fluchtartig die ungastliche Stätte. Wir waren nur noch wenige, die einem ungewissen Schicksal ausgeliefert schienen. Einem Feldwebel, der mit seinem Zug den Schutz der Verwundeten-Sammelstelle übernommen hatte, verdankten wir es, daß wir hier noch herauskamen. Mit Waffengewalt hielt er flüchtende Fahrzeuge auf und ließ uns verladen, und weiter ging die Fahrt in Richtung Osten.

Beim Verbandplatz der 100. Jäger-Division wurde ich abgeliefert. Hier lag ich bis nach Weihnachten in einem primitiven, kalten Schuppen. Mir ging es nicht gut: Durch unsachgemäße Behandlung der Wunde hatte sich eine Phlegmone [eine eitrige Infektionserkrankung der Weichteile] eingestellt. Die Verpflegung wurde immer geringer; jeden Tag eine Schnitte Brot und ab und zu etwas Pferdebrühe. Die Stimmung war entsprechend schlecht.

Nach Weihnachten kroch ich in der Hoffnung, ein vorbeifahrendes Fahrzeug unserer Division zu erwischen, aus dieser unwirtlichen Behausung. Wenn ich schon sterben sollte, dann bei den Kameraden unserer Einheit! Als sich ein Fahrzeug näherte, schleppte ich mich auf die Fahrbahn. Das Fahrzeug mußte wohl oder übel halten; es handelte sich um ein Nachrichtenfahrzeug der Flak. Der Truppführer, ein Wachtmeister, nahm mich bis zum nächsten Flugplatz mit.

Das Gedränge hier war unvorstellbar! Meine Hoffnungen sanken auf den Nullpunkt. Am anderen Morgen kam ein Flugzeug; nur mit Waffengewalt konnte der Ansturm auf die Maschine gestoppt werden. Als Nichtgehfähiger hatte ich jedoch das große Glück, doch noch einen Platz in der Maschine zu ergattern und ausgeflogen zu werden.

Etwas später landete unsere Maschine auf einem Feldflugplatz. Wir atmeten auf, denn mit russischen Jägern und Flak war wohl kaum noch zu rechnen. Der Kessel von Stalingrad lag wie ein wüster Traum hinter uns! Die Besatzung verließ die Maschine; Sanitäter erschienen und befreiten uns aus den Papiersäcken, in die man uns gesteckt hatte. Eine nahegelegene Steinbaracke nahm uns auf. Ein Offizier verpflichtete uns, nichts über unsere Erlebnisse und die Lage im Kessel verlauten zu lassen – dies sei Führerbefehl! Mich befremdete das, aber es interessierte mich nicht besonders, denn das Glück, draußen zu sein, überwog alles andere.

Essen, schlafen und nicht mehr frieren, das wollten wir! Das Essen ließ auch nicht lange auf sich warten. Bei nur noch 89 Pfund Lebendgewicht war auch keine Zeit mehr zu verlieren. Leider behielt ich das „Huhn mit Reis", auf das ich mich mit Heißhunger gestürzt hatte, nicht lange bei mir. Der schnellstens geholte Arzt „unterhielt" sich sehr laut mit dem Sanitäter, der es mir offensichtlich wider ärztliche Anordnung gereicht hatte.

Nach wenigen Stunden ging unsere Reise weiter in ein Luftwaffen-Feldlazarett. Unfaßbar der Luxus für einen Infanteristen – ich kam mir vor wie im Himmel! Entlaust, ein schneeweißes Bett und Verpflegung, die von Tag zu Tag besser wurde. Hier hätte ich es monatelang aushalten können, jedoch rückte die Front näher, so daß man uns schnellstens nach Stalino[13] schaffte. Hier entschied ein Arzt, ich sei nicht transportfähig. Da wurde ich munter, denn ich wollte vorsichtshalber „Land gewinnen". Mit Hilfe einer Krankenschwester, die vollstes Verständnis für meine Situation hatte, schaffte ich es, nach zwei Tagen in einen provisorischen Lazarettzug verladen zu werden, der aus notdürftig hergerichteten Güterwagen bestand. Pritschen waren eingebaut; in der Mitte stand ein Kanonenofen, um den ringsherum Steinkohlen geschüttet waren. Auf den vom Ofen etwas entfernten Pritschen hielt man es nicht lange aus, denn die Wärme erreichte sie nicht. Wer dazu in der Lage war, verlegte seinen Liegeplatz daher auf den Kohlenhaufen. Bald sahen wir aus wie die Mohren – aber wen störte das schon? Wie lange wir bis nach Kiew brauchten, konnte ich nicht sagen. Mancher gute Kamerad wurde unterwegs ausgeladen; die irdische Reise war für ihn beendet.

*Feldwebel Andreas Engel blieb nur kurze Zeit im Feldlazarett 505 in Kiew, dann wurde er im Lazarettzug über Krakau nach Oberschreiberhau im Riesengebirge transportiert, wurde dort im Teillazarett „Lehrerheim" von katholischen Schwestern aufopfernd gepflegt und traf im Juni 1943 bei der Genesenen-Kompanie in Kassel ein, mit der er einige Wochen später nach Italien zum II. Bataillon des Panzergrenadier-Regiments 15, seinem „alten Haufen", abgestellt wurde. Im Dezember 1944 wurde er erneut verwundet und im Lazarett Cortina d'Ampezzo*

13 Stalino, heute Donezk, liegt im Südosten der Ukraine. Hier lagen zahlreiche Kriegs- und Feldlazarette.

*behandelt. Nach dem Krieg arbeitete er bei der Stadtverwaltung Kassel; er starb am 30. Juli 2002 in Kassel.*

## Eitel-Heinz Fenske: Mit Dosen in den Hosen[14]

*Eitel-Heinz Fenske wurde am 8. August 1924 in Neuendorf (Freistaat Danzig) geboren, besuchte die Berufsfachschule in Marienwerder, trat am 1. April 1941 in die gehobene Beamtenlaufbahn ein und wurde am 1. Oktober 1941 außerplanmäßiger Regierungsinspektor. Am 5. Dezember wurde er eingezogen und in Allenstein zum Telefonisten und Funker ausgebildet. Am 13. Mai 1943 kam er zur 44. Infanterie-Division und am 18. Mai in Balakleja/Don als Nachrichtenmann zum Stab des III. Bataillons des Infanterie-Regiments 131.*

Es war vor Mitternacht des 17. November 1942. Es wurde kälter und kälter; der Mond machte die Nacht hell. Ab 22 Uhr hatte ich Dienst am Klappenschrank der Feldtelefonanlage des Bataillons und sollte voraussichtlich gegen 2 Uhr abgelöst werden. Bei den Leitungskontrollen zu den Gefechtsständen und sonstigen angeschlossenen Einheiten gab es keine besonderen Vorkommnisse.

Von den Kameraden bei den Kompanien wurde jedoch gemeldet, daß auffallend starke Motorengeräusche zu vernehmen waren. Hierauf verließ ich einen kurzen Augenblick meinen Posten, um mich selbst davon zu überzeugen – Meldung an den Adjutanten. Dann urplötzlich krachte es gegen 2 Uhr infernalisch links von uns bei der rumänischen 3. Infanterie-Division. Ein derartiges Feuer aus Artilleriegeschützen und Werfern, den gefürchteten Stalinorgeln, hatte ich noch nie erlebt! Der Vollmond machte das Geschehen für das bloße Auge sichtbar. Meine Kameraden von den Kompanie-Gefechtsstellen wollten alle gleichzeitig Meldung erstatten. Alle Klappen an meinem Telefonschrank fielen; ich konnte eine „Sammelantwort“ geben.

Unser Kommandeur wurde selbst wach und erschien bei mir; von unserem kleinen Hügel aus schauten wir uns das Inferno an. Wir sahen, daß sich die Feuerwalze langsam von den Laufgräben zu den Gefechtsständen verlagerte und daß sich die rumänischen Soldaten wie schwarze Ameisen absetzten – dieser Vergleich drängte sich auf, weil die rumänischen Soldaten dunkle Mäntel und schwarze Pelzmützen aus

14 Der Bericht wurde im 44. Mitteilungsblatt der Kameradschaft der ehemaligen Reichsgrenadier-Division „Hoch- und Deutschmeister“, Folge 173, Dez. 2003, veröffentlicht.

Karakul-Schafsfell auf dem Kopf trugen. Der Stoßkeil der Russen kam aus dem Raum Kletskaja und Serafimowitsch. Wir sahen unendlich viele Kettenfahrzeuge mit aufgesessener Infanterie, aber auch Pferdewagen mit angehängten Granatwerfern und Troß-Munitionsfahrzeuge unmittelbar nach der Feuerwalze. Der russische Vorstoß ging bis zum Don-Brückenkopf.

Am 19. November erhielt ich über Telefon von der 44. Infanterie-Division die Nachricht, die ich sofort an den Bataillonskommandeur weiterzugeben hatte: „... die deutschen Verbände der 6. Armee sind eingeschlossen, der Kessel von Stalingrad ist Tatsache! Das II./131 setzt sich in Richtung Südost ab und räumt seine Stellungen!"

Wir bauten unsere Nachrichtenzentrale ab, verstauten sie auf unsere pferdebespannten Troß-Wagen und nahmen alles mit, was uns wert erschien. Da ich als Telefonist mit weiß-grün-grauer Winterkleidung versorgt worden war, weil ich, oft allein auf mich gestellt, zerschossene Telefonleitungen zu reparieren hatte, besaß ich gegenüber meinen anderen Kameraden einen ganz besonderen Vorteil: einen mit Baumwollflocken gefüllten Anorak, der je nach Wetterlage graugrün oder weiß gewendet und über der Uniform getragen wurde. Dieser Tarnanzug hatte für mich nicht nur wegen der auf minus 40 Grad absinkenden Temperatur, ohne ein Dach über dem Kopf, eine überlebenswichtige Funktion.

Als wir bei unseren Absatzbewegungen an einem riesigen Verpflegungs- und Materialdepot vorbeikamen, ging fast jeder Landser in das Lager, um sich zu versorgen. „Warum hat man uns in den Wochen und Tagen zuvor nicht hieraus mehr versorgt?" war unsere Frage. Vom Wachpersonal wurden wir mit vorgehaltenen Waffen daran gehindert, das Lager zu betreten. Einige Mutige erklärten den Wachsoldaten, sie würden auf der Stelle erschossen, wenn sie nicht den Weg freimachten! Die Wachen verschwanden, der Weg war frei für uns. Die Raucher deckten sich mit Stangen und Großpackungen von Nil, Attika, Johnny und anderen Rauchwaren ein; französischer Cognac war ebenfalls ein Ziel. Welch eine Fehleinschätzung der künftigen Wochen!

Als nichtrauchender Soldat sah ich über diese „Leckerbissen" hinweg und füllte die Hosenbeine meiner Winterschutzkleidung mit portugiesischen Ölsardinen-Dosen auf, die an ihrer Unterseite mit einem Öffnerschlüssel versehen waren. Das sollte sich als ausgesprochener Glücksfall herausstellen. Zwei Flaschen Cognac im Brotbeutel waren die Zugabe. Ich dachte mir, wenn es weiter so kalt blieb wie jetzt, dann sei aufgetauter Schnee mit einem Schuß Cognac ein regelrechter Überlebenstrank.

So war es – für die nächsten Wochen hatte ich regelrecht vorgesorgt, denn Brot bekamen wir auch noch auf unserem Rückzug in Richtung Stalingrad in kleinen Mengen. Eine Dose Ölsardinen pro Tag sorgte für fettreiche Kost, um der Kälte besser zu widerstehen.

Am 21. November stieß ein russisches Reiter-Regiment bei Werchnaja-Businowka, unterstützt von Infanterieverbänden, gegen unsere neu aufgebaute Verteidigungslinie vor. Hätten wir nicht unsere Sturmgeschütz-Abteilung 177 gehabt, wäre es schlimm für uns ausgegangen. Die Kameraden waren einfach toll!

Am 23. November wurde die neue Hauptkampflinie im Golobajatal bei Ludsiyenskoje aufgebaut und der Don-Brückenkopf befestigt. Von meinem Kommandeur erhielt ich den Auftrag, die Lage dort zu erkunden und laufend Funkmitteilungen an meinen Kameraden beim Stab des Bataillons durchzugeben. Ich marschierte in Richtung Westen bis an den Don beim Akimaski und sah fast ausschließlich rumänische Versprengte, die sich auf eigene Faust, teilweise ohne Waffen, in Richtung Westen absetzten. Ich überquerte die von deutschen Pionieren erbaute Donbrücke; auf der Westseite standen vereinzelte Häuser. Es wurde Nacht. Da ich nur bei Tageslicht den neuen Bataillonsgefechtsstand wiedererkennen konnte, mußte ich mir ein Nachtquartier suchen. Ich quartierte mich im Obergeschoß eines Hauses ein, nahm meinen durchgeladenen und gesicherten Karabiner an mich und als Kopfkissen mein Sprechfunkgerät. Weil ich nicht wußte, ob ich den Rumänen trauen konnte, die zu Dutzenden im gleichen Haus Zuflucht genommen hatten, wurde es eine unruhige Nacht. Vor dem Einschlafen dachte ich noch: Würden sie mir meine Waffe, meine Schutzkleidung und mein Funkgerät mit Gewalt rauben oder mich gar umbringen? Als ich erwachte, stellte ich fest, daß ich noch alles besaß, was mir gehörte.

Meine Gedanken aber wanderten auch in Richtung Westen. Hätte ich Mut gehabt, wäre ich für mich alleine als Versprengter auf dem Weg zu den deutschen Truppen gewesen, die außerhalb des Kessels von Westen her gekommen waren. Ich entschied mich für die Rückkehr zu meinen Kameraden und zur Ausführung des Melder-Befehls, ging wieder über die Donbrücke nach Osten, erreichte am Nachmittag den Bataillonsgefechtsstand und berichtete über meine Erlebnisse. Unser Kommandeur wollte wissen, ob sich unsere Division über den Don in Richtung Westen absetzen könne. Alles nur Theorie!

Eine Gruppe von Soldaten erschien, unter ihnen einige Generäle. Urplötzlich erhielt ich den Befehl, mich dort einzufinden und über meine Erkundigungen zu berichten. Ich stand vor den Generälen von Seydlitz und Paulus. „Gefreiter Fenske, berichten Sie, was Sie gesehen haben!" Daraufhin schilderte ich ihnen meine Erlebnisse und die Situation an der massiven Holzbrücke. Später erfuhr ich, daß man seinerzeit plante, über diese Brücke in den Westen durchzubrechen.

Am 28. November wurde der Brückenkopf aufgegeben, und die Holzbrücke wurde von unseren Pionieren gesprengt. Trotzdem konnten die Russen über die Reste der Brücke das Ostufer erklimmen. Bei Baburkin wurde eine neue HKL [Hauptkampflinie] aufgebaut. Links von uns lag das Regiment 134, dann das I.R. 132 bzw. das, was noch übriggeblieben war. Die uns unterstellte Sturmgeschützabteilung 177 hielt uns die russischen Panzer vom Leibe; mit den Infanteristen wurden wir fertig. Der am 4. Dezember erfolgte große Panzerangriff der Russen wurde mit ihrer Hilfe abgewehrt. In vier Wochen wurden fast 100 T-34-Panzer abgeschossen! Wir starteten einen Gegenstoß in Richtung Höhe 124,5 bei Baburkin; unsere vorausfahrenden Sturmgeschütze wurden von den russischen Panzerabwehrgeschützen – „Ratsch-Bum" genannt – heftig beschossen. Dabei traf mich ein Splitter am linken Handgelenk, und plötzlich hatte ich eine eiergroße blutunterlaufene Beule. Als ausgebildeter Sanitäter handelte ich richtig, machte mit meinem scharfen Seitengewehr einen kleinen Stich, so daß das Blut abfließen konnte. Die verwundete Stelle hielt ich an die eiskalten Panzerplatten. Zu meinem Glück war der große Splitter nur ein Abpraller, sonst hätte ich meine linke Hand verloren.

Am Spätnachmittag des 12. Dezember starteten wir einen Gegenstoß, nachdem die Russen in unsere Stellungen eingebrochen waren. Ungefähr um 17 Uhr schlug plötzlich eine Granate etwa 100 Meter links von uns ein, eine zweite ca. 50 Meter rechts von uns, und die dritte traf unsere aus sieben Mann bestehende Kampfgruppe voll. Die Nacht um mich herum war still; ich hatte nur ein helles, lilafarbenes Licht gesehen und einen lauten Knall gehört. Als ich mir meiner Situation bewußt wurde, stellte ich fest, daß ich meine rechte Seite nicht mehr bewegen konnte. Ich kann nicht aufstehen, es hat minus 40 Grad, ich werde erfrieren, waren meine Gedanken. Totenstille um mich herum; von unserer Gruppe lebte nur noch einer, der aber nicht mehr sprechen konnte. War das nun mein Leben? Ich war doch erst achtzehn Jahre alt! Die 15 cm-Granate hatte volle Wirkung.

Plötzlich hörte ich das Schnauben eines Pferdes und leise Pferdekommandos. Ein Schlitten kam in unmittelbarer Nähe an mir vorbei. Als ich erkannte, daß es ein Deutsch sprechender Pferdeführer war, machte ich mich bemerkbar. Der Kamerad hielt an und fragte, wieviele noch am Leben seien. Ich entgegnete, außer mir würde nur noch einer leben, der sich röchelnd meldete. Der Kamerad brachte uns bis in die Nähe des Feldflugplatzes und lud uns in einer Unterkunft des Bodenpersonals ab.

Noch am Abend wurde ich verbunden. 48 Granatsplitter hatten meinen Körper auf der rechten Seite getroffen. Einige Tage später schwoll der Oberschenkel aus dem Verband heraus – Gasbrand, Blutvergiftung und Fäulnis am rechten Bein! Es gab nur zwei Alternativen: entweder Amputation des Oberschenkels oder Anlegen von Drainagen unter Einsatz starker Arzneien. Unterarzt Dr. Hubert Haidinger[15] hatte den Mut, den zweiten Weg zu wählen. So blieb mein Bein erhalten; ich behielt jedoch eine Peroneuslähmung. Was wäre mit mir Schwerstverwundetem bei einem Ausbruch aus dem Kessel geworden?

Weihnachten 1942 hatten die Russen das Geschütz- und Gewehrfeuer eingestellt. Die Sanis befestigten Wattefetzen auf Distelsträuchern und stellten diese als Christbäume auf. Wir erhielten eine Flasche Champagner und eine halbe Tafel belgische Schokolade – dazu die Hitler-Ansprache aus dem Lautsprecher. „Aufhören, Abdrehen!“ war von allen Seiten des Strohlagers zu hören. Unser Divisionspfarrer Czygan[16] schrieb für mich einen Brief an meine Schwester und meine Eltern, der im März tatsächlich daheim ankam.

Der 28. Dezember war der Tag meiner Erlösung. Wir wurden in sogenannte Lufttransportsäcke eingepackt, ca. zwei Meter lange, dreifachlagige Papiersäcke, damit wir bei minus 50 Grad in der Luft nicht erfroren. So, wie man lag, kam man in den Sack. Ein Sanka fuhr mehrmals von unserer „Panjehütte“ zum Flugplatz; erst die Verheirateten mit Kindern, dann die ohne, und wenn noch Platz im Flieger war, kamen auch die Ledigen an die Reihe. Es dauerte viele Stunden; unser Haus war fast leer, nur noch wenige Verwundete lagen verpackt auf dem Stroh. Schon meinten wir, wir kämen nicht mehr an die Reihe. Plötzlich wieder Motorengeräusche – waren es Russen oder der lang ersehnte Sanka? Er war es!

Es war schon dunkel, als unsere dreimotorige Ju 52 nach einer halben Stunde Flug auf dem Flugplatz Salsk landeten. Ein neues Stück meines Lebens begann. Mit Sankas wurden die 16 Verwundeten in eine große Lagerhalle gefahren, in der gähnende Leere herrschte. Sicherlich waren hier einmal Lebensmittel und sonstige Versorgungsgüter gelagert, die in den Kessel eingeflogen worden waren. Mehrstöckige Feldbetten standen zur Verfügung – gut für uns, denn wir waren im wahrsten Sinne des Worts „unter Dach und Fach“! Nach mehreren Wochen erhielten wir erstmals einen leichten warmen Eintopf, Tee und Brot. Die ärztliche und pflegerische Versorgung war ausgezeichnet und wohltuend. Meine Verbände, die schon viele Tage alt waren, wurden erneuert, die Drainagen am rechten Oberschenkel gesäubert, damit sich mein Körper wieder

15 Dr. Hubert Haidinger (∗ 27. Januar 1913 in Gunskirchen, † 8. Mai 2003 ebendort) war auf dem Hauptverbandplatz der 2. Sanitäts-Kompanie der 60. I.D. eingesetzt. In Stalingrad in sowjetische Kriegsgefangenschaft geraten, war er nach der Heimkehr als Medizinalrat in Gunskirchen niedergelassen. Ehrenbürger seiner Heimatgemeinde, war er jahrzehntelang Bundesobmann und Ehrenobmann des Stalingradbundes Österreich.

16 Richard Czygan (∗ 23. November 1892 in Cronau) war evangelischer Divisionspfarrer der 60. Infanterie-Division. Seit 30. Januar 1943 wird er bei Dmitrijewka vermißt; lt. Zeugenaussagen wurde er mit den Verwundeten des Lazaretts von sowjetischen Soldaten umgebracht.

regenerieren konnte. Dank Marevenil-Prontosil hatte ich keine erhöhte Temperatur; täglich erhielt ich zehn bis zwanzig große Tabletten, die ich kaum hinunterwürgen konnte. Auf einmal wurde es ganz still, es wurde gezischelt und geraunt, Unruhe kam in der Lagerhalle auf, es hieß: „Die Russen dringen nach Westen vor, der Einsatz-Feldflugplatz Salsk ist bedroht und wird in den nächsten Tagen geräumt!"

An einem frühen Morgen wurden wir in einen provisorischen Lazarettzug verladen. In einer Schule in Rostow, die in ein Lazarett umgewandelt worden war, wurden wir untergebracht. Es gab weißbezogene Betten und wieder warmes Essen! Viele meiner Kameraden konnten die Nahrung nicht behalten und gaben sie wieder von sich. Die Behandlung durch graue Sanitäter – keine Soldaten, sondern ältere, kriegsverpflichtete Männer mit dem Zeichen des DRK auf der Armbinde – und Militärärzte war sehr gut. Russische Ärztinnen waren ebenfalls im Einsatz; sie versahen Dienst als Krankenschwestern und Ärztinnen.

Als ich bemerkte, daß ich stark erhöhte Temperatur hatte, kam die mich betreuende, gutaussehende russische Ärztin mit Medikamenten zu mir, um das Fieber zu senken. Bei der Untersuchung wurde festgestellt, daß sich in meinem Körper eine Blutvergiftung breitmachte. Da ich immer schwächer wurde, entschlossen sich die Ärzte zu einer Blutübertragung. „Woher aber nehmen wir Blut, wenn wir keine Konserven haben?" fragten die, die um mein Bett herumstanden. Als sich mein Zustand schon bedenklich verschlechtert hatte, schob man eine Krankentrage neben mein Bett. Ich war nicht schlecht erstaunt, als sich die russische Ärztin auf die Trage legte und die Wehrmachtsärzte eine Transfusionsverbindung zwischen meiner „Lebensretterin" und mir herstellten. Als alles um uns herum still war, sagte sie in gut verständlichem Deutsch: „Armer Bubi, mußt du so leiden, ich helfe dir!"

Mein Zustand besserte sich schnell; meine „weiße Frau" kam oft an mein Krankenbett und tröstete mich mit den Worten: „Du wieder gesund und kommst bald heim!" Bis heute kann ich es nicht fassen, was sie für mich tat. Ich habe ein bis zwei Liter russisches Blut von einer schönen Frau in meinen Adern!

Zur Vorbereitung auf einen längeren Transport erhielt jeder Verwundete ein Brot und eine Konservendose mit eingekochtem Schweineschmalzfleisch. Es sollte zum Rostower Hafen gehen, wo Lazarettschiffe die Verwundeten der gesamten Südfront aufnahmen und über das Schwarze Meer und das Mittelmeer nach Italien oder Frankreich transportierten. Plötzlich wurde alles gestoppt, Brot und Fleischkonserven wurden wieder eingesammelt. Den Grund erfuhren wir einige Tage später: Russische U-Boote hatten zwei deutsche Lazarettschiffe torpediert, die voll mit Verwundeten beladen waren. Hunderte von deutschen, italienischen und rumänischen Soldaten ertranken. Fürchterlich – fast wäre ich dabeigewesen!

Dann kam die erlösende Nachricht: Die Bevölkerung von Wien und seiner Umgebung hatte einen „Lazarett-Hilfszug Wien“, bestehend aus 50 Güterwagen, in die dreistöckige Betten aus Holzpfosten und Gurtbändern eingebaut worden waren, mit Lebensmitteln, Bekleidung und Arzneimitteln gefüllt und mit zwei Lokomotiven auf die Reise geschickt; die Reste der 6. Armee sollten heimgeholt werden. Das Regiment Hoch- und Deutschmeister Nr. 134 war den Wienern ans Herz gewachsen. Die Entladung der Waren und die Verladung der Verwundeten dauerten einen ganzen Tag – auch ich war dabei! Sieben bis zehn Tage fuhren wir über Charkow und Lemberg bis nach Krzeszowice bei Krakau, das die Deutschen im Generalgouvernement „Reichshof“ nannten.

Täglich ungefähr um die Mittagszeit hielt der Zug; es war immer noch sehr kalt. Wir erhielten heißen Tee und einige Scheiben Brot. Niemand schaute nach unseren Verletzungen, ärztliche Behandlung und Pflege fanden nicht statt. Verstorbene Verwundete wurden ausgeladen und auf den jeweiligen Bahnhöfen einfach abgelegt.

Kaum vorstellbar: Die liegenden Verwundeten hatten keine Möglichkeit, Blase und Darm zivilisiert zu entleeren; jeder ließ es einfach zur Wand laufen. Glücklich die, die in der obersten, dritten Etage lagen. Man stelle sich den Gestank trotz der draußen herrschenden Kälte von minus 20 bis 25 Grad vor. In Krzeszowice angekommen, wurden wir in einer ehemaligen großen Schule untergebracht. In der Turnhalle, insbesondere den Duschräumen, wurden wir alle völlig entkleidet, d.h. mit großen Verbandsscheren wurde alles am Körper Getragene abgeschnitten, in große Behälter geworfen und verbrannt, leider auch mein Brotbeutel mit einem belichteten Film und anderen Souvenirs. Die stinkenden Uniformteile und das, was davon einschließlich der prächtig vermehrten Läuse übriggeblieben war, kamen in die Heizungszentrale. Danach wurden wir auf große Schragen gelegt, wie man sie in Schlachthäusern für die Enthaarung der gebrühten Schweine benötigt, mit Schmierseife eingeseift und mit Waschbürsten gesäubert. Anschließend wurden wir mit Anti-Läusemitteln an den behaarten Körperteilen und die Wunden fachgerecht behandelt und verbunden. Man kleidete uns in weiße Nachthemden und legte uns in Lazarettbetten. „Ist so die Vorstufe des Himmels?“ fragte nicht nur ich. Kurze Zeit später brachte ein hübsches polnisches Mädchen Weißbrote, schnitt große Scheiben ab, bestrich sie mit Butter und verteilte sie reihum. Dreizehn Männer aßen und aßen, bis nichts mehr ging.

Mit Worten war kaum zu beschreiben, was ich feststellte: Die Läuse hatten in der Vertiefung über dem Brustbein ein richtiges Loch in meine

Haut gefressen, weil ich nur meinen linken Arm bewegen und nicht an diese Stelle langen konnte, um sie zu vertreiben!

Neben mir lag der später in Deutschland bekannte Kammersänger Karl Schmidt-Walter, der sich nicht nur persönlich meiner annahm, sondern auch mehrmals am Tage herrliche Arien und Lieder aus Opern und Operetten sang. Er hatte einen Lungendurchschuß, der ihm viel zu schaffen machte, wollte aber den „Stalingradern" Freude bereiten.

Der März brachte mit der ersten Frühlingssonne die lang ersehnte Wärme. Weil ich mit Armkrücken gehen konnte, durfte ich auch in Schulhof und Garten. Nach guter Behandlung war ich dann auch bald für die Heimfahrt transportfähig. Nach einer Mittelohrentzündung hörte ich auf dem rechten Ohr noch weniger, denn durch den Detonationsknall am 12. Dezember 1942 war mein Trommelfell gerissen.

Man erklärte uns, wir dürften erst nach Deutschland heimfahren, wenn wir nicht mehr „lebende Skelette" und entsprechend „anschaubar" seien. Was mußte man essen, um von einem „Skelettgewicht" von 35 kg auf rund 70 kg zu kommen! Im Notlazarett ging es hoch her. Die Stalingrad-Überlebenden waren aufgepäppelt worden und konnten endlich mit einem Superlazarettzug „heim ins Reich" transportiert werden.

*Bis 1945 wurde der zuletzt zum Obergefreiten beförderte Fenske mehrfach in Lazaretten operiert und nicht mehr eingesetzt. Im Lazarett geriet er auch in amerikanische Kriegsgefangenschaft. Nach dem Krieg setzte er seine Laufbahn fort, zuletzt im höheren Dienst; bis zu seiner Pensionierung im Jahre 1979 war er Verwaltungsdirektor der Krankenhäuser des Landkreises Calw. Heute lebt er in Hengersberg im Ruhestand.*

## Joachim Feurich:
## Der Krieg war für mich schnell zu Ende[17]

*Joachim Feurich wurde am 2. Juni 1923 in Chemnitz geboren. Nach dem Abitur wurde er am 23. März 1942 zum Grenadier-Regiment 185 in Zwickau einberufen, nach der Grundausbildung dann zum Reserveoffiziersbewerber-Lehrgang. Als Gefreiter wurde er zur 94. Infanterie-Division Richtung Stalingrad in Marsch gesetzt (→ Bildtafel II).*

Am 23. Oktober waren wir endlich am Ziel; wir wurden in Tschir am Don ausgeladen. Hier endete auch die Eisenbahnlinie, die weiter nach Stalingrad führte, aber hinter Tschir zerstört war. Hier sah ich

17 Der bisher nicht veröffentlichte Bericht wurde mir als Typoskript vom Autor zur Publikation zugeschickt.

auch die ersten Granattrichter und machte mir so meine Gedanken. Es hieß auch, man solle Obacht geben, die Russen würden urplötzlich Feuerüberfälle mit weitreichenden Geschützen vornehmen. Ich konnte mir das nicht recht vorstellen; es geschah aber nichts Ähnliches.

Mit unserem Gepäck marschierten wir nun bis zum Ausbildungslager der 94. Infanterie-Division, der Einheit mit dem Sachsenschwerter-Symbol – wie sie auch auf Meissner Porzellan sichtbar sind. Hier wurden die frisch aus der Heimat eingetroffenen jungen Soldaten weiter ausgebildet, bis sie auf die einzelnen Truppenteile aufgeteilt wurden. Wir fanden uns nun auf der Ausbilderseite wieder, wir R.O.B.-Gefreite [R.O.B. = Reserveoffiziersbewerber]. Mit einem Mal waren wir Befehlsgeber geworden.

Ein Vorgeschmack von den Widrigkeiten in Rußland wurde für mich die Ruhr, die mich plötzlich befiel und die mich trotz der niedrigen Temperaturen unentwegt die Toilette aufsuchen ließ. Das war schon schlimm genug, doch die Toilette bestand ja nur aus einem quergelegten Balken über einer offenen Grube im Freien abseits des Lagers; [das war] alles andere, als zum längeren Verweilen geeignet. Der Kampf gegen Kälte und Ruhr wurde schließlich mit Medikamenten und Kohle gewonnen – es ging wieder aufwärts.

Stalingrad war wider Erwarten immer noch nicht voll in deutschen Besitz gelangt; die Kämpfe waren sehr verlustreich. So kam auch zwangsläufig für mich der Marschbefehl zur vorderen Stellung. Jetzt würde also die notwendige Frontbewährung erfolgen, die wir als Offiziersanwärter vorzuweisen hatten, wollten wir befördert werden.

Zusammen mit den anderen R.O.B.'s nahmen wir unser Sturmgepäck und Gewehr, und dann ging der Marsch zur Front los. Voller Tatendrang erreichten wir Kalatsch, bestiegen einen wartenden Zug – zufällig hatte er nur Munition geladen – und fuhren Richtung Stalingrad. Pioniere hatten die Bahntrasse von hier aus wieder repariert; sie war eingleisig. Wir waren noch weit weg vom eigentlichen Geschehen um Stalingrad, aber doch schon nahe genug, um das Grollen und Grummeln am Horizont zu vernehmen. Als ich es mir auf dem offenen Waggon einigermaßen bequem gemacht hatte, betrachtete ich interessiert die von Lattenrosten umgebenen großen Granaten und las auf einem Schild: „Nur auf Befehl des Führers zu verschießen!" Das waren also die berüchtigten „Stukas zu Fuß", wie sie im Landserdeutsch genannt wurden, Granaten mit der Eigenschaft, bei der Explosion kaum Splitter zu erzeugen, dafür aber eine Art Unterdruck, der in einer größeren Umgebung allen Lebewesen die Lungen zerriß. Es hieß, Stalin habe bei Einsatz dieser Granaten mit Giftgas gedroht, deshalb seien sie bisher auch nicht zum Einsatz gekommen.

Es war schon ein eigenartiges Gefühl, auf einem Munitionszug an die Front zu fahren, und doch hielt ich die Gefahr nicht für so groß, wie sie tatsächlich war. Wir rauchten sogar und blickten in den grauen Novemberhimmel. Dann hörten wir es und sahen es später auch: Ein einzelnes Flugzeug brummte am Himmel, und das Motorengeräusch verriet sofort den Russen. Der Zug nahm Fahrt auf, wurde schneller und schneller, und plötzlich sprangen wie auf Kommando alle Kameraden vom Waggon, überschlugen sich und hasteten nach rechts ins freie Gelände.

Mit mir war noch ein Kamerad auf dem Waggon geblieben; ich kann heute keinen plausiblen Grund dafür angeben. Das Flugzeug kam genau die Schienen entlanggeflogen, direkt auf unseren Zug zu. Es war ein älteres Modell, das allgemein „Nähmaschine“ genannt wurde, weil sein Motor das typische Tuckern einer Nähmaschine nachahmte. Seine Eigenheit war, plötzlich den Motor abzustellen und dann quasi als Segler sein Ziel anzupeilen. Das Flugzeug besaß keine Bombenabwurfvorrichtung; die Bomben an Bord wurden von Hand seitwärts aus der etwas geöffneten Kabinentür geworfen. Noch ehe der Einschlag erfolgte, setzte der Motor wieder ein, und das Flugzeug verschwand, so schnell es konnte.

Es war ein Vabanquespiel, das wir beide auf dem Munitionszug trieben, denn so ungenau könnte der Schütze gar nicht zielen, um uns nicht zu treffen. Auf jeden Fall würden wir aber die Bombe fliegen sehen können, das war mir klar. Aber was dann? Der Zug fuhr rasend schnell, und Zeit zum Überlegen war auch nicht mehr gegeben. Die Maschine flog über uns hinweg, ohne etwas abzuwerfen; wahrscheinlich waren nun keine Bomben mehr an Bord. Dann eröffnete er das Maschinengewehrfeuer auf unsere ins Gelände geflüchteten Kameraden, die weit hinter uns noch zu sehen waren. Den Zug hatte er unbeachtet gelassen, nicht einmal beschossen. Wir kamen uns wie Helden vor; mutig hatten wir der Gefahr ins Auge geblickt.

Gegen Abend erreichten wir Gumrak, Endstation vor Stalingrad; weiter ging die Bahnlinie nicht, denn die Stadt war noch nicht in deutschem Besitz. Immer wurde noch verbissen gekämpft. Wir kümmerten uns um das gesamte Gepäck, schafften es in das Gebäude und warteten auf unsere Kameraden, die den ganzen Weg nun zu Fuß zurückzulegen hatten. Müde und zerschlagen, doch ohne Verluste, kamen sie um Mitternacht an, mitleidig belächelt von uns beiden.

Gegen Mittag des nächsten Tages hieß es, das Gepäck aufzunehmen und zu marschieren. Zunächst ging es etwas nördlich, später dann weiter Richtung Osten. Jetzt war der Geschützdonner schon gut zu hören und die Kameraden wurden schweigsam; jeder hing seinen Gedanken nach. Über Gräben und flaches Gelände, durch Schluchten und an Granattrichtern vorbei ging es im Gänsemarsch immer weiter. Wir erreichten die Orlowka-Schlucht und bald darauf auch schon den Gefechtsstand des Regimentes 267, dem ich zugeteilt wurde.

Es war eigentümlich still an der Front im Nordriegel, wo ich mich nun befand. Als ich mich dann an diesem 19. November endlich beim Kompaniechef melden konnte, war es schon spät am Abend. Von Stalingrad hatte ich noch nichts gesehen. Das war ja auch nicht möglich, denn wir hatten uns ja von Westen her genähert und bildeten nun quasi eine Front nach Norden, rechts angelehnt an die Wolga, an der Stalingrad lag. Hier lagen wir am Hinterhang einer Schlucht quer zur Wolga; der Russe lag etwa 200 m gegenüber an einem ähnlichen Hinterhang einer anderen Schlucht.

An diesem Tage waren die Russen zum Großangriff angetreten und durch die Stellungen an der Nahtstelle einer rumänischen und einer italienischen Division durchgebrochen, waren weit nach Westen vorgestoßen und schwenkten dann nach Süden. Der Kessel von Stalingrad war entstanden, eine ganze Armee war umzingelt, wir waren praktisch gefangen wie in einem riesigen Sack. Doch davon wußte ich nichts und erfuhr auch erst viel später davon.

Der Kompanieführer war ein Leutnant; seinen Namen weiß ich nicht mehr genau. Ich meine, er trug den Namen Hirsch. Er war hocherfreut über mich als Verstärkung der auf zehn Mann zusammengeschmolzenen Kompanie. Er hockte in einem Unterstand und gab mir einen kurzen Lagebericht. Danach war es schon seit gestern eigentümlich still, und es war kaum ein Schuß gefallen. Weil ihm das verdächtig vorkam, sollte ich doch im Morgengrauen vor unserer Stellung Stacheldraht ziehen und zwei Mann dazu auswählen.

Die beiden Kameraden trugen Stahlhelme, als wir mit einer Rolle Stacheldraht, mit Holzpfosten und Hammer bestückt, vorsichtig aus dem Graben kletterten. Ich setzte meine Mütze ab, kam mir aber nicht recht heldenmäßig vor, als ich auch den Stahlhelm aufsetzte. Als nichts geschah, richteten wir uns auf und begannen, Pfähle in den harten Boden zu schlagen. Ich zeigte immer den nächsten Platz an; einer der Männer hielt den Pfahl, und der andere schlug ihn mit dem Hammer in den Boden. Wir glaubten schon, daß das alles von den Russen nicht bemerkt würde, als es mir plötzlich die Beine wegriß und ich auf den Boden fiel. Ich hatte gar keinen Schuß gehört, aber einen Schlag wie mit einer Peitsche am rechten Oberschenkel verspürt.

Blitzschnell hatten sich meine beiden Kameraden im Graben in Sicherheit gebracht, aber ich lag vor unserer Stellung praktisch im Niemandsland, glücklicherweise in einer kleinen Bodenvertiefung, denn nun ging die Schießerei erst richtig los. Es war eine verdammt kitzlige Angelegenheit für mich, denn ich konnte mein Bein ja nicht bewegen, also auch nicht kriechen. Dann hörte ich leise meinen Namen rufen und antwortete, ich sei am Bein verwundet worden. Es gelang den Kameraden, mich mittels eines Seiles, das sie mir zuwarfen, in den Graben zurückzuziehen.

Die Schießerei ging lustig weiter, daher hatte ich große Angst, nochmals getroffen zu werden. Aber alles ging gut, und schließlich landete ich im Unterstand beim Kompanieführer. Dort schnitt man mir die Hose auf und sah eine große blutige Wunde außen am rechten Oberschenkel, Stoffreste und Metallsplitter in der Wunde – ein „Heimatschuß", wie die Kameraden fast neidisch feststellten.

Damit war der Krieg für mich zu Ende, ehe er begonnen hatte. Aus dem Heldentum, das ich mir vorgenommen hatte, würde nun nichts werden; auch den Sieg über Stalingrad würde ich nun nicht mehr mit erkämpfen können. Dafür hatte ich mich wie ein Doofer benommen, hatte dem russischen Schützen das Bild von einem Vorgesetzten vorgegaukelt, den abzuschießen erste Pflicht für ihn war. Ich hatte eine vorzügliche Zielscheibe abgegeben, und es lag sicher nur an der Streuung des russischen Karabiners, daß er mich nur am Bein erwischt hatte. Dabei hatte ich gemeint, an diesem 20. November würde mir nur Glück winken, weil meine Tanzstundendame Anneliese vom Café Wenig in Chemnitz ihren 18. Geburtstag feierte. Denke ich heute darüber nach, dann war es tatsächlich ein Glückstag gewesen, doch damals sah ich alles ganz anders.

Als es dunkel wurde, kamen zwei Sanitäter mit einer Trage, packten mich darauf und trugen mich aus der vorderen Stellung nach hinten. Sie liefen dabei gebückt in den Gräben; weil die Trage zu lang war, hoben sie mich einfach damit über ihre Köpfe. So schwebte ich in Bodenhöhe, aber über den Gräben nach rückwärts und vermutete die vielen Gewehrschüsse als auf mich gezielt. Es traf mich aber keiner.

Unterwegs mußten wir einen Feuerüberfall der russischen Artillerie abwarten, die Sanitäter im Graben, ich oberhalb davon. Schließlich erreichten wir eine Sammelstelle für Verwundete. Ich wurde auf einen mit Stroh belegten Panjewagen zu anderen Verwundeten gelegt, und ein Russe, der für die Deutschen arbeitete, brachte das Gefährt in schnellem Tempo zum Hauptverbandplatz. Hier lagen viele Verwundete herum; ich kam dazu. Mein einziger Wunsch war, schnell eine Tetanusspritze zu bekommen, um den Wundstarrkrampf auszuschließen. Als ich die Injektion endlich erhielt, war da auch Kamerad Seurig aus Chemnitz, der mit mir im R.O.B.-Lehrgang in Zwickau gewesen war. Er trug den rechten Arm in der Binde, war also auch verwundet. Ich hörte ihn noch zuversichtlich sagen, er könne bald wieder mitmachen, die Verwundung sei nicht so schwer. Seurig sah ich hier zum letzten Mal, er gilt als in Rußland vermißt.

Irgendwann gelangte ich in einen Sanka, und die Fahrt ging westwärts. Nach einiger Zeit stoppte der Wagen plötzlich und ich hörte den Fahrer „Russen" murmeln. Der Wagen drehte sofort um und raste die Strecke zurück, die wir gekommen waren. Wir waren mitten in russische Truppen geraten; diese hatten aber in der Dunkelheit den deutschen Sanka nicht erkannt. Das war noch einmal gutgegangen!

Mit dem Sanka erreichten wir endlich Gumrak. Hier war im Bahnhofsgebäude der Operationsraum eingerichtet worden, hier wurde auch ich endlich behandelt. In Ermangelung von Betäubungsmitteln wurde meine Wunde so behandelt: Mit einer Verbandschere schnitt mir der Arzt die Fleischfetzen rings um das große Loch im Bein weg und pulte die Stoffreste und Metallteile raus. Ich bekam nur den ersten Schnitt mit, dann wurde ich brüllend vor Schmerzen ohnmächtig. Als ich dann wieder zu mir kam, war ich verbunden, mein Bein lag auf einer Schiene, und man brachte mich in einen Hilfslazarettzug. Er bestand aus Güterwagen – Viehwagen –, in die man in drei Stockwerken Holzpritschen montiert hatte, belegt mit Strohsäcken. Etwa 20 oder mehr Liegende fanden hier Platz. Ich lag im obersten Bett, direkt unter der Decke. Wenn ich mich aufrichtete, stieß ich mit dem Kopf oben an. Zu jedem Wagen gehörte ein Sanitäter, der neben dem Schiebetor seinen Tisch und Stuhl hatte. Ich trug meine Uniformjacke und darunter ein Unterhemd, am linken Bein einen langen Strumpf. Eine Wolldecke mußte mich vor der Kälte schützen, mehr gab es nicht. Der Zug konnte nicht gen Westen fahren, denn die Russen hatten ja den Kessel geschlossen. Das Ausfliegen blieb die einzige Möglichkeit, nach Hause zu kommen. Nur wenige hatten das Glück, die „richtige“ Verwundung erhalten zu haben, die dazu berechtigte.

Von nun an hatte ich Zeit in Hülle und Fülle, meinen Gedanken nachzuhängen. Die tägliche Verpflegung und alle fünf Tage das Verbinden im Bahnhofsgebäude waren die einzige Unterbrechung. Ab und zu hörte ich nachts die „Nähmaschine“ tuckern, näherkommen, den Motor abstellen und danach den Bombeneinschlag, mal näher, mal ferner, dann wieder davonfliegend. Es wurde langsam trostlos, denn die Verpflegung wurde rapide geringer; bald gab es nur noch einen Becher voll Brühe, in der kleine Brocken Pferdefleisch schwammen, dazu ein Stück gefrorenes Brot. Zigaretten erhielten wir nicht mehr; einmal hielt ich es nicht mehr aus. Ich bat den Sanitäter um den Tausch von drei Zigaretten gegen mein Fingernageletui, das ich noch besaß. Das half aber nur kurze Zeit.

Als ich wieder einmal zum Bahnhofsgebäude gebracht wurde, verband mich ein junger Arzt, dem meine sächsische Aussprache auffiel und der mir auf meine Antwort, ich sei Chemnitzer, versprach, mich auf die Liste für einen Flugzeugtransport aus dem Kessel zu setzen. Auf diese Liste wurden nur Schwerstverwundete gesetzt, die nicht mehr einsatzfähig werden würden. Dieser Arzt, der ebenfalls aus Chemnitz stammte und dessen Frau ich nach meiner Heimkehr davon unterrichten sollte, wo ich ihn zuletzt gesehen hatte, stellte fest, daß ich eine schwere Fleischwunde durch ein Explosivgeschoß erhalten hatte, das zufällig auf mein Taschenmesser getroffen und dort explodiert war. Diese Art von Gewehrgeschossen ähnelten Granaten, die beim Auftreffen auf eine feste Masse – wie zum Beispiel Knochen – explodierten und dadurch riesige Wunden rissen. Für mich war das wie ein Wunder, denn sonst hätte ich das rechte Bein vollständig verloren; es wäre glatt abgerissen worden. Den Korkenzieher, den man in der Wunde fand, habe ich längere Zeit aufbewahrt, schließlich aber verloren.

Als ich endlich am 5. Dezember abends abgeholt wurde, waren meine Leidensgenossen im Waggon zu Recht neidisch. Ich wurde auf einer Trage in einen Sanka zu anderen Verwundeten geladen, und ab ging die Fahrt zum Flugplatz. „Mach's gut, Kamerad, und glückliche Heimkehr!" hatten sie mir zum Abschied gewünscht. Welche Ironie war doch in dem Wort „Heimkehr" verborgen! Unterwegs fuhr unser Sanka in eine Schneewehe und stürzte auf die Seite. Wir fielen alle durcheinander, dann war lange Zeit Ruhe. Als schließlich die Tür aufgerissen und wir alle aus unserer mißlichen Lage befreit wurden, war viel Zeit vergangen. Ein anderer Sanka war gekommen, lud uns ein, und weiter ging die Fahrt. Als wir endlich am Ziel angekommen waren, bewahrheitete sich das Wort „Heimkehr", denn ich war wieder in Gumrak an meinem Waggon angelangt und wurde in mein leerstehendes Bett unter der Dekke gebracht. Da brach die Welt für mich zusammen; ich war grenzenlos enttäuscht und heulte in meine stinkige Decke. Alle Hoffnungen waren damit zerschlagen, und ich sah keinen Ausweg mehr.

In dieser aussichtslosen Lage betete ich das einzige Mal in meinem ganzen Leben um Hilfe in meiner Not. Was würden die Russen mit verwundeten Deutschen wohl anstellen, wenn sie in Gefangenschaft gerieten? Es war mir klar, daß wir entweder verhungern oder erfrieren oder kurzerhand erschossen würden.

Am nächsten Tag versuchte ich, dem Arzt im Bahnhofsgebäude eine Nachricht zukommen zu lassen, was aber nicht gelang. Hoffnung keimte in mir, er könne mich nochmals für einen Ausflug aus dem Kessel vorsehen. Doch ich mußte fünf Tage warten, ehe ich wieder zum Verbinden abgeholt wurde. Hier traf ich ihn schließlich an, und er versprach tatsächlich, einen zweiten Versuch zu machen, mich auf die Liste setzen zu lassen.

Zwei volle Wochen mußte ich warten. Immer fragte ich beim Verbinden, ob der Arzt anwesend sei. Er war es nicht, hatte wahrscheinlich gerade Ruhepause, wenn ich im Bahnhofsgebäude verbunden wurde. Meine Hoffnung sank immer tiefer und tiefer; ich war in einem jammervollen Zustand. Abgemagert und die Haut voller Grind von der Krätze, die wir alle bekommen hatten, schon seit langer Zeit nicht mehr gewaschen, das Bein auf einer Schiene festgebunden und voller Läuse; so packte mich die Niedergeschlagenheit über das unausweichliche schlimme Ende. Die

Verbände waren aus Kreppapier; Medikamente gab es nicht, und auch die Ärzte und Sanitäter verbreiteten keine aufmunternden Parolen mehr. Das Schlimmste waren die Läuse, die sich unter dem Verband eingenistet hatten und kompanieweise auf- und abmarschierten. Sie waren von dort nicht zu verjagen, weil ich ja keine Möglichkeit hatte, unter den Verband zu greifen. In der Beinwunde lebten weiße Maden, die den Eiter fraßen.

Am 19. Dezember kam doch noch einmal ein Sanka, lud mich ein und fuhr mich zum Feldflugplatz Pitomnik westlich von Gumrak. Kälte, Schnee und eisige Stürme waren unsere Begleiter. Wer sich im Freien aufhalten mußte, hatte keine Chancen, zu überleben. Man brachte mich in ein großes Zelt nahe der Rollbahn. Dort lag – wie in einer Sardinenbüchse eng nebeneinandergestapelt – ein Verwundeter am anderen; teilweise war Stroh geschüttet, teilweise war der blanke Boden sichtbar. Ich richtete mich etwas auf und sah im Flackerschein eines in der Mitte des Zeltes stehenden Ofens acht lange Reihen Liegender. Am anderen Ende hatte man mit dem Abtransport begonnen. Ich war also bei den letzten Soldaten, die heute ausgeflogen werden sollten oder konnten, falls genügend Flugzeuge landen würden. Ein Sanitäter packte mich in einen Papiersack, einem Zementsack sehr ähnlich. Das schützte mich etwas vor Kälte, denn die Decke war ja im Waggon zurückgeblieben. Die Flugzeuge hörte ich nicht ankommen; wenn sie aber abflogen, vermeinte ich das laute Aufheulen der Motoren zu vernehmen.

In dieser Nacht zum 20. Dezember brachten insgesamt 17 Flugzeuge Munition und Verpflegung in den Kessel; auf dem Rückflug nahmen sie die Verwundeten mit. Es dauerte lange Zeit, bis die Reihen vor mir abgeholt worden waren, aber schließlich war es dann doch noch soweit. Man trug mich auf einer Trage an der Stelle des Zeltes vorbei, wo Stunden vorher eine Granate der russischen Artillerie eingeschlagen war und den Stoff zerfetzt hatte. Die dort liegenden Verwundeten waren aber schon zum Flugzeug gebracht worden, so daß es keine Verluste gegeben hatte.

Der Flugzeugführer stand in der offenen Kabinentür und winkte ab, als man mich herantrug, doch dann zeigte er auf eine freie Stelle, und ich wurde als letzter in die Maschine geladen. Gleich darauf heulten die Motoren auf, das Flugzeug nahm Geschwindigkeit auf, und dann hoben wir von Pitomnik ab. Es war eine He 111, wie man mir später sagte, ein ähnlich sicheres Flugzeug wie die Ju 52. Mit der vorletzten Maschine dieser Nacht flog ich aus dem Kessel von Stalingrad, und die Kälte war viel größer als am Boden, denn ich lag ja auf blankem Metall.

Plötzlich erhielten wir einen Flaktreffer; die Maschine schaukelte etwas, dann flog sie wieder wie vorher. Ruhig und gleichmäßig brummten die Motoren. Ich drückte die ganze Zeit meinen linken Daumen; das hatte ich mir angewöhnt, wenn eine Sache Erfolg haben sollte. Das tat ich später auch lange Jahre noch.

Außerhalb des Kessels landeten wir in Tazinskaja (→ Bildtafel XIV) und wurden dort ins Bahnhofsgebäude gebracht. Es war schön warm, und es brannte Licht. Auf den Boden hatte man Matratzen gelegt; eine davon wurde meine Lagerstätte. Als erstes erhielten wir das sogenannte „Führerpaket“ für Stalingradkämpfer, ein Päckchen mit Zigaretten, Scho-Ka-Kola, Keks und Bonbons. Ich fand das ganz toll von unserem Führer, so an uns zu denken.

Man versorgte uns mit Getränken und Eßwaren. Notdürftig wurden die Verbände gewechselt. Ich schlief erschöpft ein, und als ich viele Stunden später erwachte, erfuhr ich, daß die Maschinen 15 und 17 von den Russen abgeschossen worden waren. Haarscharf war ich am gleichen Schicksal vorbeigeschrammt, wäre ich nicht doch noch in der Maschine 16 untergekommen! Zwar hatte ich mir Erfrierungen an den Füßen eingehandelt, die aber nicht so schwer waren, um Verstümmelungen zu hinterlassen.

Gegen Abend entstand große Unruhe unter den Ärzten und Sanitätern. Befehle wurden erteilt; es brach eine Hektik sondergleichen aus. Wir erfuhren jetzt, daß der Russe mit seinen Panzern kurz vor Tazinskaja stünde und daß die Verwundeten und das Pflegepersonal sofort abtransportiert werden müßten. Große Eile sei geboten.

Auf den Gleisen stand ein leerer Güterzug, der uns alle aufnahm. Ich kam in einer Waggonecke zu liegen, wieder auf nacktem Boden und neben mir dicht an dicht andere Kameraden. Irgendwann ging die Fahrt rechtzeitig los, bevor die Russen kamen. Als der Zug einmal hielt, wurden die Türen wieder aufgerissen und weitere Verwundete stiegen zu, die gehen konnten. Sie mußten sich zwischen uns drängen, denn Liegeplätze waren nicht mehr verfügbar.

Wir erfuhren, daß ein Lazarett hier in der Nähe ebenfalls schnellstens verlegt werden mußte, um nicht in russische Hände zu fallen. Dann ging die Fahrt weiter. Verpflegung hatten wir mitbekommen, daran mangelte es nicht. So vergingen die Stunden, und ich verlor das Gefühl für Tag und Nacht. Im Waggon war es immer dunkel. Nur das Rattern der Räder und das Wimmern derer war zu vernehmen, die starke Schmerzen hatten und die Schwellenstöße verspürten. So fuhren wir am Heiligen Abend durch die Nacht. Die Stimmung im Waggon zu schildern, ist mir nicht möglich. Ich weiß nur, daß plötzlich ein Kamerad begann, Weihnachtslieder zu singen. Es war ein seltsamer Kontrast zum Rattern der Räder, dem Klappern der Waggontür, dem Fluchen und Schluchzen vor Schmerzen, dem lauten Beten Gläubiger, dem Stöhnen und Wimmern. Obwohl ich wenig Schmerzen verspürte, ergriff mich doch das Leid; die Rührung übermannte mich, und ich heulte hemmungslos vor mich hin. Konnten wir doch noch rechtzeitig entwischen? Wohin ging die Fahrt? Würde ich jemals wieder nach Hause kommen? Was sollte mit uns hilflosen Menschen geschehen? Alle diese Gedanken vermischten sich zu absoluter Trostlosigkeit. Doch der Sänger erreichte schließlich, daß wir alle ruhiger wurden, und vereinzelt sang da und dort einer mit.

Die Fahrt endete am nächsten Morgen in Stalino. Hier wurden wir ausgeladen und mit Sankas durch die Stadt zu einem Krankenhaus gefahren. Hier herrschte emsiges Treiben, obwohl es noch früh am Morgen des 1. Weihnachtstages war. Man trug mich in einen Waschraum, zog mir die wenigen Klamotten aus und packte mich in eine Badewanne mit warmem Wasser. Mein geschientes Bein blieb außerhalb. Dann kam eine junge Russin und reinigte mich von all dem Dreck der letzten Wochen, rieb mir ein stinkendes Antikrätzmittel ein und zog mir ein weißes Nachthemd an. Dann trug sie mich vorsichtig zu einem Bett und legte mich hinein; mein Gewicht war auf knapp 50 kg gesunken, ich war ein Leichtgewicht geworden und konnte daher von der jungen Russin auf die Arme genommen werden. Es war ein unbeschreibliches Gefühl der Geborgenheit. In dem weißen Bett mit Kopfkissen und Zudecke fühlte ich große Dankbarkeit. Mein Schicksal hatte sich schlagartig verbessert.

*Nach seiner Genesung wurde Joachim Feurich als Leutnant in Italien eingesetzt und geriet dort im April 1945 in amerikanische Kriegsgefangenschaft. Nach dem Krieg arbeitete er als Vertreter und Verkaufsleiter. Er verstarb am 5. November 1992 in Michelstadt.*

## Erich Franke:
## Mit dem Krad dem Kessel entronnen[18]

*Unteroffizier Erich Franke war von November 1940 bis zu seiner Gefangennahme im Januar 1945 Abteilungs- und Kradmelder der I. Abteilung des Panzer-Regimentes 2 der 16. Panzer-Division und machte den Vormarsch auf Stalingrad mit. Nach einer Diphtherie-Erkrankung wurde er im September 1942 in einem Kriegslazarett in Poltawa behandelt.*

Am 23. September wurde ich aus dem Lazarett entlassen und mußte mich auf der Frontleitstelle in Charkow melden. Mein Marschbefehl lautete: Raum nördlich Stalingrad. Wie ich dorthin kam, blieb mir selbst überlassen. Zunächst fuhr ich mit der Bahn. Vor Losowaja hatten Partisanen einen Munitionszug gesprengt, so daß die Strecke für ein paar Stunden unterbrochen war. Ich versuchte nun, auf der Rollbahn mit einem LKW weiterzukommen. Abends kam ich in ein Dorf, in dem es auch ein Kino gab. Ich ging hinein. Neben mich setzte sich ein Flieger-

18 Der Bericht erschien in „Unsere 16.“, Folge 184, 47. Jhg., April 1999, S. 6–7.

Unteroffizier. Wir kamen ins Gespräch, und ich erfuhr, daß es hier einen Feldflugplatz gab. Hier lagen ein paar Staffeln Ju 52, also Transportmaschinen. Ich fragte den Fliegerunteroffizier, wohin die Maschinen flogen. Antwort: Stalingrad und Kaukasus! Meine Frage folgte sofort, ob man da mitfliegen könne. Er nahm mich mit auf den Flugplatz und zeigte mir einen Erdbunker, in dem der diensthabende Offizier saß. Ich klopfte an, grüßte und trug meine Bitte vor. Er zögerte, dann sagte er: „Jede Maschine hat sechs Fässer Benzin geladen. Wenn Sie das Risiko eingehen wollen, dann auf eigene Verantwortung!" Er machte mich noch einmal auf die Gefahr aufmerksam, daß Maschinen schon von russischen Jägern angegriffen worden waren. Aber ich wollte so schnell wie möglich zu meiner Einheit, und das war jetzt eine einmalige Gelegenheit.

Am anderen Morgen um 6 Uhr – es war der 29. September 1942 – starteten drei Ju 52 Richtung Stalingrad, jede beladen mit sechs Fässern Sprit, und ich dazwischen drin. Es ging alles gut; nach zwei Stunden Flug landeten wir auf dem Feldflugplatz Gumrak, 35 km westlich von Stalingrad. Ich hatte Glück: An einer Wegkreuzung traf ich ein Fahrzeug meiner 16. Panzer-Division. Der Fahrer des Schwimmwagens nahm mich mit bis in unmittelbare Nähe meines Panzer-Regimentes. Die I. Abteilung lag in einer Balka in Erdbunkern, acht Kilometer nordwestlich vom nördlichen Stadtrand – eine trostlose Steppenlandschaft. Nachdem ich mich bei meinem Abteilungskommandeur, Major Graf Strachwitz[19], zurückgemeldet hatte, bezog ich einen Bunker, aus dem gerade ein Kamerad in den Urlaub gefahren war.

In unserem Kampfabschnitt innerhalb der nördlichen Riegelstellung war der Druck von Norden sehr groß. Es gab Fronteinbrüche, die immer wieder bereinigt werden mußten. Das kostete täglich Tote und Verwundete. Nachts kamen immer die leichten Nachtbomber U2 – in der Landsersprache „Nähmaschinen" –, die uns nicht zur Ruhe kommen ließen. Die Steppenlandschaft mit ihrer Einöde, das Störfeuer, die plötzlichen Schlachtfliegerangriffe der IL 2, die Wachsamkeit, jeden Moment einen Angriff abwehren, die nächtlichen Bombenabwürfe und das Hocken bzw. Liegen in Erdbunkern von zwei Quadratmetern belastete die Nerven sehr. Hinzu kam Mitte Oktober naßkalter Regen. Das Wasser lief in unseren Erdbunker; mit einer Büchse schöpften wir es wieder hinaus.

19 Hyazinth Graf Strachwitz (* 30. Juli 1893 in Groß Stein, † 25. April 1968 in Trostberg) war 1921 Führer eines Freikorps in Oberschlesien. 1940 Major, 1942 Oberstleutnant, 1944 Generalmajor, 1945 Generalleutnant. Er war einer der höchstdekorierten Offiziere der Wehrmacht: 1941 Ritterkreuz, 1942 Ritterkreuz mit Eichenlaub, 1943 Ritterkreuz mit Schwertern und 1944 Ritterkreuz mit Schwertern und Brillanten; 1943 Deutsches Kreuz in Gold; dreizehnmal verwundet. 1943/44 beim militärischen Widerstand. Nach dem Krieg militärischer Berater des syrischen Präsidenten.

Die Nächte wurden kälter. Ein großer Eimer wurde zu einem „Ofen“ umgebaut. Vom 6. bis zum 7. November wurde es plötzlich sehr kalt; das Thermometer fiel auf minus 15 Grad – für uns ein zusätzlicher Gegner. Das Hauptproblem war das Feuerholz. LKWs fuhren in das fünf Kilometer entfernte Dorf Orlowka und holten Bretter und Balken von zerschossenen Häusern. Ich als Kradmelder konnte bei meinen Ordonnanzfahrten zum Regimentsstab immer mal einen kleinen Umweg über Orlowka machen und meinen Beiwagen mit Holz volladen. Die Kälte nahm zu; das Thermometer sank am 12. November auf minus 20 Grad.

Am 17. November wurde noch ein sinnloser Angriff gegen den Ort Rynok gefahren, wobei wir Ausfälle durch Minen hatten. Schon Ende Oktober hatte ich meinem Abteilungs-Adjutanten, Leutnant Graf Ledebur[20], Motorschaden – Zylinder und Kolben – an meinem Krad gemeldet. Alle 10 bis 20 km mußte ich die Zündkerzen herausschrauben und säubern, weil sie verölt waren. Endlich, am 18. November, durfte ich nach Kalatsch am Don in die Divisionswerkstatt W3 zurückfahren. Zum Glück wurde mit der Reparatur nicht sogleich angefangen. Das bedeutete drei Tage später für einen Kameraden und mich die Rettung aus dem Kessel!

Am 20. November gab es frühmorgens Alarm in der W3. Uns wurde gesagt, der Russe sei im Nordwesten bei den Rumänen durchgebrochen und stoße mit starken Kräften in Richtung Südost vor. Es wurde eine Alarmeinheit, überwiegend aus Werkstattleuten, gebildet, die wenig Kampferfahrung hatten. Wir, die wir mit unseren Fahrzeugen in der Werkstatt waren, wurden in die Alarmeinheit eingegliedert.

In der folgenden Nacht wurde 500 Meter nördlich von Kalatsch Stellung bezogen. Die Brücke über den Don in unmittelbarer Nähe war noch in Ordnung, aber die Donhöhenstraße, also das Westufer des Don, war an dieser Stelle schon in russischer Hand.

Zwei Panzerabwehrgeschütze, die ebenfalls in der Werkstatt waren, wurden mit in Stellung gebracht. In der Morgendämmerung des 21. November hörten wir von der Donhöhe herunter zur Brücke Kettengerassel von Panzern, das kein Ende nehmen wollte. Endlich Ruhe! Alle Landser und ich – es werden 130 bis 150 gewesen sein – waren sich im klaren: Das ist die Ruhe vor dem Sturm. Es würde ein ungleicher Kampf werden, den nur wenige überleben würden. Unsere Bewaffnung bestand aus Gewehren, Pistolen und den beiden Pak-Geschützen. Die nervliche Belastung war in diesen Minuten ungeheuer.

---

20 Franz Eugen Graf von Ledebur (* 13. April 1919 in Krzemusch) war zuletzt Hauptmann im Panzer-Regiment 2 und fiel am 11. Januar 1944 bei Stephanowka; Deutsches Kreuz in Gold am 27. Februar 1942.

Gegen acht Uhr war es soweit. Der „Zauber“ begann mit dem zu erwartenden Panzerangriff von 20 bis 30 T-34. Die Pak-Bedienung, nur zwei Mann je Geschütz, ließ die Panzer bis auf 250 Meter herankommen; dann eröffnete sie das Feuer. In ganz kurzer Zeit wurden sechs T-34 abgeschossen; zwei davon brannten. Dann bekam das eine Pak-Geschütz einen Volltreffer, das andere wurde von einem T-34 überrollt. Die Panzerbesatzungen sahen und merkten, daß für sie keine Gefahr mehr bestand, und versuchten nun, unsere Löcher mit ihren Ketten zuzuwühlen. Auf meinem Loch stand auch ein T-34 und drehte sich einmal um seine eigene Achse. Hier kam uns der Frost zugute, der schon seit 14 Tagen herrschte, denn die Erde war schon einige Zentimeter tief gefroren. Die Panzer rollten dann weiter nach Kalatsch. Jetzt folgte die russische Infanterie. Das war die einzige Gelegenheit, bei der wir uns mit unseren Gewehren für kurze Zeit verteidigen konnten. Als es nun beim Gegner nicht vorwärts ging, setzte er Granatwerfer gegen uns ein, die uns erhebliche Verluste brachten. Danach erfolgte ein erneuter Angriff seiner Infanterie, dem wir nicht mehr standhalten konnten. Wir mußten uns über eine 500 Meter lange ebene Fläche zurückziehen, um in die ersten Häuser von Kalatsch zu kommen, die dann wieder etwas Schutz boten.

Was ich da erlebte, sah und hörte, läßt sich nicht mit Worten ausdrücken; es war einfach grauenhaft und bleibt mir unvergeßlich. Ich war einer von denen, die die ersten Häuser von Kalatsch erreichten. Durch Höfe und Gärten schlug ich mich bis zur Werkstatt durch. Die Straßen wurden von den Panzern beherrscht. Sobald sich ein Fahrzeug zeigte, wurde es zusammen- bzw. in Brand geschossen. Mein Beiwagenkrad stand noch so da, wie ich vor drei Tagen angekommen war. In einer Blechdose machte ich ein Benzinfeuer und stellte es unter den Motorblock, denn das Öl im Motorgehäuse war durch die Kälte so steif, daß sich der Kickstarter kaum durchtreten ließ. In diesem Moment kam mein Kamerad ebenfalls auf Schleichwegen auf den Werkstatthof. Sein PKW war in Reparatur und nicht fahrbereit. Er fragte mich, was ich vorhabe. „Ich will versuchen, durch das von russischen Panzern eroberte Stadtgebiet von Kalatsch durchzukommen und dann am Ostufer des Don in südlicher Richtung weiter. Es ist eine gefahrvolle Fahrt ins Ungewisse, aber was wollen wir weiter machen!“ „Gut, nimm mich mit“, und er stieg in meinen Beiwagen. Es wurde eine abenteuerliche Fahrt, aber es war der einzig richtige Weg aus dem Kessel!

So fuhr ich auf dem Ostufer des Don in Richtung Süden über Logowsky, Potemkinskaja, Krasnojarskij bis zu einer Brücke bei Zimljanskaja. Zum Glück hatte zwei Tage vorher unser Troß die Brücke passiert, und anhand der taktischen Zeichen an meinem Krad ließ mich der Feldgendarmerie-Posten auch übersetzen. Durch Hinweisschilder fand ich zur Troßeinheit meines Regimentes abseits der Rollbahn in einem Dorf.

In der Silvesternacht von 1942 auf 1943 mußten wir unsere Unterkunft überstürzt räumen, denn der Russe hatte schon einige Tage zuvor mit starken Kräften seinen Vorstoß auf Rostow begonnen. Hier endet mein Erlebnisbericht über Stalingrad.

## Otto Gemünden: Der Pilot, der mich in den Kessel flog, flog mich auch wieder raus[21]

*Otto Gemünden wurde am 30. Mai 1914 in Ingelheim am Rhein geboren. 1935 wurde er als Wehrpflichtiger zum Flak-Regiment 8 in Fürth eingezogen und war im Zweiten Weltkrieg an fast allen Fronten eingesetzt. In Stalingrad kämpfte er im Flak-Regiment 37 (mot.) der 9. Flak-Division. Am 30. September 1942 wurde er zum Oberwachtmeister befördert und am 17. Oktober 1942 mit dem Ritterkreuz ausgezeichnet. In der Begründung hieß es: „Wachtmeister Otto Gemünden zeichnete sich bei Abwehr stärkster feindlicher Panzerangriffe gegen die Riegelstellung nördlich Stalingrad am 30. September 1942 durch hervorragende Tapferkeit aus. Durch geschicktes taktisches Verhalten und unter voller Ausnützung der Feuerkraft seines Geschützes vernichtete er mit 35 Schuß innerhalb von 20 Minuten 21 feindliche Panzer, davon 10 amerikanischer Herkunft. Nachdem drei Mann gefallen und weitere vier Mann verwundet waren, er selbst durch Granatsplitter an Hand und Schenkel verletzt, hat er allein die letzten noch angreifenden drei Feindpanzer abgeschossen." Zur Belohnung durfte Otto Gemünden auf Sonderurlaub nach Hause. Der Oberingelheimer Rat verlieh ihm den Ehrenring der Stadt. Dann mußte er zurück an die Front (→ Bildtafel III).*

Am 28. November stand wieder meine Abreise bevor, die Luftangriffe in der Heimat nahmen ständig zu, von der Front kamen keine guten Nachrichten – Stalingrad wurde damals mehrmals genannt. Es war deshalb ein schwerer Abschied, aber die Pflicht ging vor, und ich wollte wieder zu meinen Kameraden.

Schon am 5. Dezember kam ich in Morosowskaja an und erfuhr, daß der Kessel Stalingrad bereits geschlossen sei und von hier aus der Luft

21 Der Bericht ist dem Bericht des Autors „Mehr Luftangriffe in der Heimat – keine guten Nachrichten von der Front" und „Der Pilot, der mich in den Kessel flog, flog mich auch raus" in der Rhein-Main-Presse Ingelheim, Nov. 1992, S. 10, ferner den Erinnerungen des Autors (Typoskript, S. 35–44) entnommen. Beide Berichte wurden mir vom Autor zur Veröffentlichung zur Verfügung gestellt.

versorgt werde. Meine Ankunft wurde zur Division General Pickert[22] gemeldet, und ich bekam die Erlaubnis, mit der nächsten Gelegenheit einfliegen zu können. Da ich schon immer Optimist war, hatte ich auch keine Minute den Gedanken, daß der Kessel keinen Bestand mehr haben könnte. Für mich war es vorrangig, wieder zu meinen Kameraden zu kommen.

Mir blieb dann die Wahl, entweder von Morosowskaja mit einer Ju 52 zu fliegen oder mit einer He 111. Aus verständlichen Gründen entschied ich mich für die He 111. Noch am selben Tag wurde ich nach Tazinskaja gebracht und kam dort gerade zu einer Einsatzbesprechung zurecht.

An diesem Tag herrschte leichtes Schneetreiben, und über Pitomnik war leichter Nebel gemeldet. Der Kommandeur vertrat die Ansicht, nicht zu fliegen und besseres Wetter abzuwarten. Doch die Piloten waren einstimmig der Meinung, daß sie die Kameraden dort drinnen nicht im Stich lassen konnten; sie brauchten Verpflegung und Munition, und vor allem müßten die Schwerverwundeten herausgebracht werden.

Ich wurde mit einem Piloten bekanntgemacht, der mir gleich riet, vor allem Brot und einige Konserven mitzunehmen. Alles war reichlich zu bekommen, und so packte ich in eine Zeltplane ein, was ich nur tragen konnte. Start und Flug verliefen problemlos, und nach einer Stunde empfing mich General Pickert auf dem Flugplatz Pitomnik.

In seinem Kübelwagen nahm mich der General zum Regimentsgefechtsstand mit. Auf der Fahrt überlegte ich, ob ich ihm wohl von meinem Verpflegungsvorrat etwas anbieten könne; immerhin war es für einen Oberwachtmeister etwas ungewöhnlich, einem General ein Stück Brot anzubieten! Mit ein wenig Überwindung sprach ich ihn dennoch an und reichte ein Brot nach vorne, das er dann auch sofort mit seinem Fahrer teilte. Dies machte mir eigentlich erst den Ernst der Lage klar.

Beim Regimentsgefechtsstand empfing mich Oberst Wolff[23] sehr herzlich, und mit meiner mitgebrachten Sonderverpflegung gelang es mir auch, doch ein wenig Freude zu bereiten. Noch am selben Tag ging es zur I/49 Major Gaidus. Auch da wurde ich zwar freudig begrüßt, doch ein gewisses Unbehagen war auch nicht zu übersehen. Meine Mitbringsel an Verpflegung wurden gerne angenommen, ohne jedoch auf den Gesichtern etwas Freude erkennen zu lassen. Nach einer Weile eröffnete mir Major Gaidus, daß meine erste Batterie nicht mehr bestehe, da sie

---

22 Generalmajor Wolfgang Pickert (* 3. Februar 1897 in Posen, † 19. Juli 1984 in Weinheim) war vom 25. Juni 1942 bis zum 27. Mai 1944 Kommandeur der 9. Flak-Division, danach Kommandierender General des III. Flakkorps. Auszeichnungen: 1943 Ritterkreuz, 1944 Ritterkreuz mit Eichenlaub; 1942 Deutsches Kreuz in Gold.

23 Oberst Wilhelm Wolff wurde am 12. Januar nach dem Ausflug General Pickerts aus dem Kessel dessen Nachfolger als Kommandeur der 9. Flak-Division und geriet mit ihr am 31. Januar in sowjetische Gefangenschaft.

in einer Bereitstellung von T-34 überrascht worden war und nur wenige Männer überlebt hätten. Mit den Resten an Mannschaft sei die 3. Batterie unter Führung von Leutnant Cablitz[24] aufgefüllt worden.

Diese Nachricht traf mich zutiefst. Kameraden, mit denen ich größtenteils zusammengewesen war, alles gemeinsam unternommen hatte, sollte ich nicht mehr sehen? Ich konnte es einfach nicht fassen und hatte irgendwo immer noch die Hoffnung, den einen oder anderen wiederzutreffen. Meine Beförderung zum Leutnant durch den Abteilungskommandeur ging bei der allgemeinen Niedergeschlagenheit völlig unter. Als ich dann in den nächsten Tagen zu meiner größten Freude doch verhältnismäßig viele wiedersah, allerdings in sehr schlechter Verfassung, ging es mir etwas besser.

Unsere Batterie wurde nach Westen bei Dmitrijewka gegen Luft- und Erdziele eingesetzt. Mit der Munition mußte man sparsam umgehen, und nur auf lohnende Ziele durfte geschossen werden. Die Front blieb ziemlich ruhig. Kleine Bunker wurden für die Geschützbedienungen gebaut, in denen man einigermaßen Schutz nicht nur gegen Beschuß und Fliegerbomben, sondern noch weit mehr gegen die Kälte finden konnte. Ein kleiner Kanonenofen konnte nur mit Steppengras beheizt werden, was einerseits sehr mühsam war und die Männer ständig in Bewegung hielt, andererseits von relativ geringem Nutzen war, da er kaum Wärme abgab. Für den indirekten Beschuß richteten wir eine vorgezogene B-Stelle ein. Dazu war ein abgeschossener KW I im freien Gelände ein einigermaßen sicherer Platz. Ein Beobachter der Artillerie hatte dort schon ausgebaut; ich räumte mir den obersten Ausguck ein und konnte bei ihm Stellung beziehen.

Eine Telefonverbindung zur Feuerstellung war bald hergestellt, und mit Leutnant Cablitz besetzten wir den Posten wechselweise nur am Tag. Das bedeutete, im Morgengrauen zu Fuß etwa 2 km durch den Schnee und am Abend den gleichen Marsch zurück und den ganzen Tag in dem eisigen Koloß zubringen. Dann kam noch ein Beobachter für Haubitzen hinzu; wir stimmten uns auf die vor uns liegende Ebene gut ab und schossen uns auf die wenigen markanten Punkte ein. Bei meist klarer Sicht konnten wir am Horizont die feindlichen Stellungen gut beobachten und bekamen auch einige wenige Schuß für Störfeuer frei. Unsere Hin- und Rückwegspur zwischen B-Stelle und Feuerstellung war selten zu erkennen, da sie fast immer verweht wurde. Eine Schneedecke von etwa 30 cm bedeckte die Steppe; das Telefonkabel half oft, den kürzesten Weg zu halten.

---

24 Oberleutnant Fritz Cablitz (* 27. September 1917 in Mannheim) fiel lt. Kriegsgräberliste des Volksbundes am 21. Januar 1943 in Stalingrad.

Weihnachten war nahe, die Verpflegung wurde immer weniger und alle Männer hatten Läuse. Auch ich verspürte dieses scheußliche Jucken, obwohl ich mich fast täglich im Schnee fast nackt wusch. Wo die Biester sich am liebsten aufhielten, mußten mir die Männer erst zeigen, und so suchten wir künftig bei jeder Gelegenheit auch die Nähte nach Nissen ab.

Am 24. Dezember trafen mit der üblichen geringen Verpflegung zusätzlich ein paar Bonbons und außerdem 6 bis 8 Christbäumchen ein, kunstgerecht zusammengefaltet. Sie waren aus grünem Papier hergestellt, das man auseinanderspreizen konnte; darauf waren dünne Kerzchen angebracht, und eine Schachtel Streichhölzer wurde mitgeliefert. An diesem und auch am nächsten Tag war die Front absolut ruhig; wir besetzten auch die B-Stelle nicht. Bei Dunkelheit ging ich von Bunker zu Bunker, zündete die Kerzchen an und konnte mit dem Weihnachtswunsch mitteilen, daß eine Panzereinheit frisch aus der Heimat im Anmarsch sei. Obwohl wir uns an diesem Heiligen Abend alle in einer sehr wehmütigen Stimmung befanden – die Gedanken der Männer waren nicht schwer zu erraten –, wurde das Lied „Stille Nacht, Heilige Nacht" doch von allen mit viel Inbrunst gesungen.

In den Tagen davor hatten sich die Gerüchte verdichtet, daß General Hoth von Südwesten her im Vormarsch sei. Zuvor hatte ich auf meiner B-Stelle schon Gefechtslärm aus dieser Richtung hören können. Es kam dann auch der Befehl, daß Vorbereitungen insbesondere bei den Fahrzeugen zu treffen seien. Wirklich fahrbereit waren aber eigentlich nur noch die Henschel-Zugmaschinen, Volkswagen-Kübel und ein Opel-Lastwagen.

Auch in den folgenden Tagen blieb die Front ruhig. Wir bezogen wechselweise, auch einmal mit Unterbrechung, unsere B-Stelle. Es war, ohne nachlässig zu sein, möglich, an einem Tag die B-Stelle nicht zu besetzen, denn wir hatten uns, zusammen mit der Artillerie, so gut abgestimmt und eingeschossen, daß im Bedarfsfall auch diese das Feuer leiten konnte und umgekehrt ebenso.

Am 13. Januar 1943 ging ich in der Morgendämmerung meinen Weg zur Feuerleitstelle in den KW I und mußte dabei am Ortsrand von Dmitrijewka, unweit von einem Berg aus Leichen von Freund und Feind, vorbei. Man hatte sie dort zusammengetragen, weil sie wegen des hartgefrorenen Bodens nicht begraben werden konnten. Bei welchen Kampfhandlungen und zu welcher Zeit dies geschehen war, konnten wir jedoch nie in Erfahrung bringen.

Nach etwa einer Stunde traf mich ein ungeheurer Schlag und ich wurde von meinem Sitz gerissen. Als ich mit Mühe meinen Platz wieder einnahm und das Fernrohr einrichtete, kamen am Horizont in rascher Fahrt Panzer mit aufgesessener Infanterie auf uns zu. Sofort eröffnete ich das Feuer mit vier Geschützen und lag auch mit dem ersten Überfall sehr gut. Die aufgesessenen Infanteristen sprangen sofort ab und nahmen Deckung. Da sie mit weißen Tarnhemden bekleidet waren, konnte man sie kaum noch erkennen.

Bei einem zweiten Treffer auf unsere B-Stelle verlor ich das Bewußtsein und fand mich am Boden des Panzers KW I wieder; wieviel Zeit inzwischen vergangen war, wußte ich nicht. Wieder kletterte ich hinauf und konnte am Ausblick erkennen, daß links und rechts von mir T-34 vorbeifuhren und feuerten. Ich verließ meinen Platz und rief meine Kameraden, erhielt jedoch keine Antwort. Zwei lagen regungslos in den seitlich führenden Laufgräben.

Von der offenen Ebene herkommend, ohne jede Deckung, stand wenige Meter vor mir, auf Dmitrijewka zu, ein T-34. Ich kroch dahinter, und als er anfuhr, hielt ich mich am Aufbau fest und konnte so recht gut auf der Kettenspur laufen. Die abgesessene russische Infanterie war noch weit zurück, und da ich ebenfalls eine weiße Tarnung über meiner dicken Bekleidung trug, wurde ich nicht erkannt.

Nach etwa 1000 Meter – die ersten Häuser waren fast in Sicht – setzte ich mich nach rechts ab, wo mir eine Balka bekannt war, die ich bald erreichte. Völlig erschöpft setzte ich mich unter eine unterspülte Strauchwurzel.

Als ich wieder zu mir kam, lag ich in einem Bunker der Artillerie, weit unten am Ausläufer der Balka. Einige Soldaten standen um mich herum, und auf einem Kanonenofen dampfte ein großer Aluminiumtopf mit Kaffee, von dem ich auch sogleich einen Becher voll bekam. Auf meine Frage, wie ich denn hierhergekommen sei, bekam ich zur Antwort, daß mich Infanteristen hier abgeliefert hätten, die aber längst weitergezogen seien.

Ich studierte meine Karte, ließ mir meinen Standort erklären und konnte feststellen, daß ich nicht allzuweit von der Verbindung bzw. Luftlinie zwischen Geschützstellung und Protzenstellung entfernt war. Blut hatte ich im Gesicht, auch mein weißer Tarnüberzug war voller Blut, aber eine Verletzung war nicht zu entdecken. Watteanzug, Übermantel und Tarnzeug hatten mich bei dem Beschuß und den Stürzen offensichtlich geschützt.

Ich machte mich also auf den Weg und war noch nicht weit gegangen, da fand ich an der Fahrspur ein Telefonkabel. Bei Neuschnee oder starken Verwehungen hatten wir oft von der B-Stelle aus das Kabel aufgenommen und es verfolgt, wobei wir es durch den Handschuh gleiten ließen. Das Atmen fiel mir sehr schwer; nur mit äußerster Energie konnte ich mich wach halten. Nach einer Weile kam tatsächlich eine Zugmaschine und fuhr vorbei, ohne mein Winken zu erkennen. Eine zweite folgte mit dem gleichen Ergebnis. Erst die Besatzung einer dritten erkannte mich, hielt an, und ich wurde von unserem besten Fahrer, Unteroffizier Dick, aufgenommen.

Bald war ich im Unterstand meiner Batterie. Es war Spätnachmittag, und alle Männer mußten zum Infanterieeinsatz. So blieb ich allein mit den beiden Russen zurück, die ich mit ihrem LKW am Don gefangengenommen hatte und die mich dann mit sehr viel Aufmerksamkeit betreut hatten. Zwei Schachteln Zigaretten der Marke „Eckstein" rauchte ich, obwohl mir das Atmen sehr schwer fiel.

Am 15. Januar 1943 wurde ich in der Frühe zum Regimentsarzt gebracht, der einen Lungenriß diagnostizierte. Mein Regimentskommandeur, Oberst Wolff, und der Arzt brachten mich zum Flugplatz Gumrak und sprachen mit dem leitenden Arzt am Truppenverbandplatz, der mich zum Ausflug einteilen sollte, mit dem Vermerk, eine äußere Verletzung sei nicht erkennbar. Große Lazarettzelte waren überfüllt mit Schwerverwundeten. In den zerschossenen Häusern und Erdbunkern waren die noch Gehfähigen untergebracht; ein Sanitäter, der ständig im Einsatz war, machte mir sein Lager frei, denn ich war am Ende meiner Kräfte.

Auch in den nächsten Tagen war jeder Schritt nur in Begleitung eines Sanitäters oder eines ebenfalls verwundeten Kameraden möglich. Als ich einmal mit dem Sanitäter den Bunker verlassen mußte, um einem menschlichen Bedürfnis nachzukommen, lag unmittelbar vor unserem Ausstieg ein Panjepferd, scheinbar durch Fremdeinwirkung zu Tode gekommen. Einige Männer machten sich darüber her, die Weichteile herauszuschneiden. Einem von ihnen war es gelungen, und er hielt ein Stück Fleisch mit beiden Händen und bemühte sich, ein Stück davon abzubeißen. So schnell konnte er allerdings gar nicht essen, wie das Blut an seinen Händen und im Gesicht gefror. Diese schreckliche Szene hat mich noch sehr lange Zeit verfolgt.

Tage vergingen. Weder nachts noch am Tage hörten wir Flugzeuge landen und starten. Das Wetter war sehr kalt, und häufiges Schneetreiben verhinderte jeden Flugverkehr. Nur die russische „Nervensäge" warf ab und zu Bomben auf den Platz.

Unser Bunker war ein etwa zwei Meter tiefes Erdloch, in der Breite ebenfalls ungefähr zwei Meter, und hatte eine Länge von drei Meter. Die Decke bestand aus Bahnschwellen und Erdaufschüttung. Außer mir waren darin weitere zehn Mann untergebracht. Am 18. Januar 1943 kam morgens erstmals ein Arzt, fragte aber lediglich, wer von uns noch keine Ausflugsbescheinigung vom Chefarzt habe; er nahm die Personalien der Männer auf, die noch nicht im Besitz dieses Dokumentes waren, so auch meine. Am Nachmittag kam er wieder, konnte aber keine Angaben darüber machen, ob ein Transport oder Ausflug möglich sei.

Mittlerweile kam die Front näher; man konnte den Gefechtslärm schon deutlich hören. Ich überprüfte meine Pistole, denn für mich war klar, daß ich nicht in Gefangenschaft kommen wollte. Im letzten Licht betrachtete ich lange ein kleines Bild meiner Frau Bertl und meines Jungen. Dabei kam ich zu dem Entschluß, daß ich nicht aufgeben und alles versuchen würde, die beiden wiederzusehen. Ich sicherte die Pistole, stieg von meinem Lager und verkündete: „Ich werde bei Dunkelheit auf das Rollfeld gehen. Wenn eine Maschine kommt, ist's gut, wenn nicht, ist mein Ende dort draußen." Mit einer Kartentasche, meinen Fotos und einer Decke umgehängt verließ ich den Bunker.

Einer rief: „Ja, Sie mit dem Ritterkreuz werden mitgenommen, aber wir?" Ich gab zurück: „Wenn ich fliege, fliegt Ihr auch!" Daraufhin kamen alle, sich gegenseitig stützend, hinterher. Es war bitterkalt. Über das Rollfeld, das wir bald erreichten, fegte der Schnee; sonst war der Himmel klar. Im Mondschein erkannte ich eine He 111, darunter stand ein Mann. Vor den anderen, die teilweise beinverletzt waren, hatte ich mittlerweile einen Vorsprung. Ich öffnete meinen Mantelkragen, damit man das Ritterkreuz sehen konnte, sprach den Mann an, meiner Ansicht nach der Pilot, und fragte ihn, ob er ausfliege und ob ich mitkommen könne. „Natürlich kommst Du mit", meinte er, „aber der General Hube wird geholt für das Führerhauptquartier, es kann noch lange dauern. Lauf noch mehr zum Rollfeld hin, es kommen noch Maschinen. Wenn nichts ist, komm wieder her!" Woher ich die Kraft nahm, läßt sich nicht erklären.

Ich war noch nicht 300 Meter gegen den Wind gelaufen, da kamen mir drei Männer entgegen. Auf Armlänge von mir sagte der Mittlere: „Mensch, bist Du wieder da?" Es war der Pilot, mit dem ich Anfang Dezember in den Kessel geflogen war! Nach kurzer Überlegung, ob er sich bei der Flugleitung melden solle, unterließ er es, und wir gingen zur Maschine. Da stand sie, die He 111! Der Bordmechaniker meldete, die Maschine sei voll, wir könnten sofort starten. Doch mittlerweile waren auch die anderen zehn Männer angekommen und standen um mich herum. Der Pilot befahl: „Macht die Klappe auf, die kommen mit!" Widerwillig wurde geöffnet, die ersten wurden hinein- bzw. hinaufgeschoben. Dann wurde von innen geschrien, es ginge nichts mehr, alles sei voll. Der Pilot stieg hinauf, dirigierte einige in den hinteren Rumpf, und unter Jammern und Stöhnen wurden neun Mann hineingestopft, dann fiel die Klappe zu. Mit einem Hauptmann, der eine Kopfverletzung hatte, stand ich noch draußen. Wir wurden auf die Tragfläche gehoben und in die Kanzel geschoben. Der Hauptmann mußte an der Seitenwand stehen; ich wurde auf den Beobachterplatz gelegt.

Mehrere Versuche, die Motoren anzuwerfen, schlugen fehl. Schon spürte man, daß die Kraft des Anlassers nachließ. Der Bordmechaniker meinte zum Piloten: „Wir steigen aus, es kommen ja noch Maschinen!" Daraufhin der Pilot: „Raus, ankurbeln!"

Zwei Mann klappten ein Gestänge auseinander, drehten einmal, zweimal, nichts! Der Pilot rief dem verwundeten Hauptmann zu, hinter ihm sei ein roter Knopf, er solle doch mal sehen, ob er eingedrückt sei – er war es. Wenige Faustschläge genügten und der Knopf sprang heraus. Erneutes Drehen mit der Kurbel, gleichzeitig Starterhilfe durch den Piloten. Der linke Motor sprang an und lief, der rechte wurde zugekuppelt und lief ebenfalls! Ein Aufatmen ging durch die Reihen!

Als die beiden Männer dann wieder an Bord waren, wurde noch einmal der fast wolkenlose Himmel abgesucht, und die Maschine rollte an. Da stand doch tatsächlich ein Soldat mit einer Flagge im offenen Rollfeld und winkte in eine Richtung. Wir drehten hinein, hofften noch einen Moment; die Motoren heulten auf, und [wir] lösten uns schon leicht, als vor uns eine Jagdmaschine stand – eine Tragfläche zeigte schräg nach oben. Da ich auf dem Beobachterplatz lag, konnte ich dem Piloten genau ins Gesicht sehen. Er lehnte sich, den Steuerknüppel fest an sich ziehend, zurück, sein Gesicht war angespannt. Ich wartete eigentlich nur darauf, daß es gleich krachen würde – nichts dergleichen geschah! Wir müssen gerade noch darüber hinweggestreift sein.

Als wir etwas Höhe gewonnen hatten, reichte mir der Pilot eine Tafel Schokolade und deutete nach unten, wo man die russischen Linien mit ziemlich vielen Lagerfeuern erkennen konnte. Bei diesem Anblick war mir nun absolut klar, daß mit einer Befreiung meiner Kameraden nicht mehr zu rechnen war. Mich einigermaßen zu beherrschen, erforderte meine ganze Kraft; ich vergrub mein Gesicht in den Händen, um die Tränen zu verbergen. Nicht nur fliegerisches Können hatte diesen Piloten ausgezeichnet, sondern [auch] die Einstellung und das Verhalten als Mensch und Kamerad!

Die Landung erfolgte im Morgengrauen auf dem Flugplatz von Nowotscherkassk. Ohne die Möglichkeit, mich von dem Piloten zu verabschieden, ihm Dank zu sagen für seine heldenhafte und aufopferungsvolle Leistung, wurde ich mit dem Krankenwagen nach Rostow am Don gebracht und dort noch am selben Tage zur Untersuchung. Zuvor durften wir im Verpflegungslager zugreifen. Mit einem Kommißbrot setzte ich mich in eine Ecke; ohne Messer verzehrte ich dieses total.

Eine Schule war als Feldlazarett eingerichtet. Am darauffolgenden Tage besuchte mich ein Oberst der Flakartillerie, der dort das Materiallager leitete. Er teilte mir mit, daß ich sofort mit einer Maschine nach Dnjepropetrowsk weiterfliegen könne, er habe dorthin einen ständigen Pendelverkehr für den Transport von Geräten und Ersatzteilen.

„Wir wollen jedoch nichts falsch und übereilt machen", meinte er. Ich solle deshalb zuerst zum leitenden Arzt gehen, der mich auf Unbedenklichkeit untersuchen solle. Der Arzt allerdings erklärte mir: „Wenn Sie sich den Tod holen wollen, dann können Sie fliegen!" Meine Entgegnung, ich sei doch gerade erst aus dem Kessel geflogen und habe es gut überstanden, nützte nichts. Er bestand darauf, daß ich mit dem Lazarettzug fahren müsse, und zwar liegend.

Dabei blieb es, und am 28. Januar 1943 landete ich in Warschau im Reserve-Lazarett IV.

Wie wir später erfuhren, wurden alle Verwundeten aus Stalingrad vor dem Reichsgebiet festgehalten, um zu vermeiden, daß die schrecklichen Ereignisse dort in der Bevölkerung bekannt wurden. Zu meinem Lungenriß bekam ich noch das Wolhynische Fieber; absolute Bettruhe war die Folge. Zusammen mit dreißig Offizieren, alle aus dem Kessel kommend, lag ich in einem großen Raum. Auf Führerbefehl sollten wir bestens versorgt werden; so bekamen wir neben Zigaretten auch Zigarren in Glasröhrchen, Schokolade, Pralinen und viele Dinge mehr – allesamt Dinge, die wir zwar als kleines Wunder ansahen, aber rauchen durften und wollten wir nicht; Süßigkeiten interessierten auch nicht, und die Stimmung war gereizt. Die Schwerverwundeten stöhnten oft nächtelang. So habe ich einen Oberleutnant nie vergessen, dem das Geschlechtsteil abgeschossen worden war; er fand darin Trost, laut Gebete und Absätze aus der Bibel vor sich hinzusprechen.

Nach etwa zehn Tagen ließ mein Fieber nach, ich verspürte Besserung, und schon machte man mich zum Sprecher und Stubenältesten.

*Nach vorübergehender Versetzung zur Führerreserve war Otto Gemünden Zugführer beim Bewerbungs-Regiment Zingst, später Batteriechef und Leiter eines Schießlehrgangs für Fahnenjunker. Nach seiner Beförderung zum Oberleutnant am 1. Juni 1943 sechs Monate Lazarettaufenthalt; am 1. Mai 1944 wurde er zum Hauptmann befördert. Im Herbst 1944 wurde er mit einer Flak-Einheit im Raum Burgenland eingesetzt. Im Januar 1945 Einsatz im Raum Ostrau. Nach der Kapitulation am 8. Mai 1945 geriet er in sowjetische Kriegsgefangenschaft, die er in Sibirien verbrachte und aus der er im Juni 1948 entlassen wurde. Otto Gemünden verstarb am 8. Dezember 2007 in Ingelheim.*

# Josef Goblirsch:
## Kampf um Höhe 102 und Bahnhof[25]

*Josef Goblirsch wurde am 15. März 1921 in Haid/Böhmerwald geboren. Direkt nach dem Abitur meldete er sich 1940 zur Wehrmacht. Als Artillerist machte er den Frankreich- und Rußlandfeldzug als Soldat und Unteroffizier mit. Im Jäger-Regiment 54, 100. Jäger-Division, war er im September 1942 an der Don-Front eingesetzt.*

Ab dem 13. September 1942 wurde unsere 100. Jäger-Division aus der Don-Front herausgelöst, um zur Vorbereitung des Angriffs an den Ostrand von Stalingrad verlegt zu werden. Die 6. Armee war bereits am 28. August in den Nordteil der Stadt eingedrungen und stand am nächsten Tag an der Wolga. Als Vertreter des Kompaniechefs, Oberleutnant Helmut Maul, der als Regimentsadjutant eingesetzt war, führte ich die Teileinheiten der Stabs-Kompanie und den Reiterzug nach Stalingrad. Zur Marschgruppe gehörte auch die Veterinärgruppe des Regimentes. Stabsveterinär Dr. Hantel hatte zur Volksbelustigung sein Reitpferd mit einem Kamel vertauscht, das seinen Panjewagen zog und sich mit Steppengras als Nahrung zufriedengab.

Wir erreichten nach der Ablösung aus der Don-Front am ersten Marschtag die Rollbahn nach Osten, die durch die Kalmükensteppe zum Donknie führte. Pralle Sonnenstrahlung trieb den Schweiß aus den Poren. Staub legte sich auf Pferde und Fahrzeuge und ließ unsere Gesichter hellgrau mit schwarzen Nasenlöchern, Lippen und Augenlidern maskenhaft erscheinen. Die Verpflegung knirschte sandig zwischen den Zähnen.

Alle ersehnten die Kühle der Nacht. Bis sie hereinbrach, überflogen uns unablässig Ju 52, die wahrscheinlich Verwundete westwärts und Versorgungsgüter ostwärts transportierten. Sie donnerten nur wenige Meter über den Marschkolonnen der Rollbahn, weil die schwerfälligen Maschinen nur so vor den angreifenden Il 2 einigermaßen sicher sein konnten, fuhr doch in jeder Einheit der Kolonne ein schußbereites Zwillings-Flieger-Maschinengewehr mit.

Abseits der Rollbahn schlugen wir ein Biwak für die Nacht auf. Zur Körperreinigung und zur Pferdepflege liefen wir in der Badehose umher, aber unmittelbar nach dem Sonnenuntergang mußten wir uns warm kleiden, um nicht zu frieren und bei den hohen Kältegraden nicht

25 Der maschinengeschriebene Bericht wurde von Josef Goblirsch an Hand von Tagebuchaufzeichnungen und 16 Feldpostbriefen aus der betreffenden Zeit verfaßt und dem Herausgeber mit Schreiben vom 10. September 2003 zur Verfügung gestellt.

zu erfrieren. Die Zelte waren rasch aufgebaut; eine Gefechtssicherung durch zwei Doppelposten genügte. Alle durften ruhen und schlafen.

Die nächtliche Eiseskälte drang jedoch bald in die Zelte ein und erreichte zuerst die Füße der Schlafenden. Die Wolldecken halfen nur wenig. Kontinentales, warmes Steppenklima! So begann bereits vor dem Wecken das Leben in den Zelten. Beim Aufstehen stieß man an die durch die Atemluft hartgefrorene Zeltbahn. Der erhoffte warme Schluck aus der Feldflasche funktionierte auch nicht, denn der Tee war zu Eis geworden. Gut, daß die Feldküchen bereits unter Feuer standen und heißes braunes Wasser, genannt Kaffee, reichen konnten!

Unsere Kameraden Pferde standen mit gesenkten Häuptern reglos herum. Trotz der Pferdedecken hatte auch sie der Kälteschock der Nacht überrascht. Ihre Nüsternhaare trugen dicke Rauhreifbüschel, selbst ihre Augenwimpern waren weiß angereift. Sie hatten nun so steife Sprunggelenke, daß sie erst nach der Erwärmung durch die Sonne bewegt werden durften, um Muskelrisse zu vermeiden.

Im Osten sahen wir im Morgenrot eine dicke schwarze Rauchwolke aufsteigen, die sich in großer Höhe aufpilzte und eine weiße Kappe überzog: brennende Öllager im Wolga-Hafen. Mit dem Reiterzug vor der Stabs-Kompanie überquerte ich die Pionierbrücke über den Don. Wie alle Nord-Süd-Ströme Asiens hatte auch der Don ein steiles West- und ein flaches Ostufer. In der jenseitigen Flußaue wurde uns ein Biwakplatz zugewiesen.

In der Nacht waren unablässig die sattsam bekannten Flugmotoren der „Nähmaschinen" zu hören. Ab und zu rauschte eine Bombe herunter, die wahrscheinlich der Pionierbrücke galt. Wie man bisweilen hörte, wurden die Bomben bei abgestelltem Motor mit der Hand aus den alten, leichten Doppeldeckern geworfen. Unglücklicherweise zerfetzte ein Splitter Musikmeister Füllings Zelt und köpfte obendrein die Zeltstange. Er wurstelte sich unter Fluchen aus der Zeltbahn und begann bei Mondlicht ein Deckungsloch zu graben. Am frühen Morgen im Augenblick der Meldung der Abmarschbereitschaft war das Loch endlich fertig! Die ausgeschlafenen Lacher ärgerten ihn.

Anhand der Stalingradkarte mit aufgedruckten Planquadraten und Nummern für die Zielübermittlung an unsere Bomber informierte ich mich selbst und die Kompanie über die vor uns liegende Großstadt. Nach einem weiteren Tagesmarsch wurden wir in einen Bereitstellungsraum des Regiments am Südende Stalingrads eingewiesen. Hier wurden wir aber zum Angriff nicht mehr gebraucht, konnten unsere Pferde in einer Siedlung unterbringen und uns außerhalb mit Tischen und Stühlen aus den nur mit Kleiderläusen und Wanzen bewohnten Lehmhütten „häuslich" einrichten. Die Kleiderläuse hielten sich besonders gut versteckt in den Nahträndern der Wäsche auf; sie übertrugen das gefährliche Fleckfieber und das Fünftagefieber, auch Wolhynien- oder Schützengrabenfieber genannt.

Erstmalig sah ich hier den Kommandeur, Oberst Pavicic[26], und einige Offiziere seines kroatischen Infanterie-Regiments 369 unserer 100. Jäger-Division bei der Befehlsausgabe. Tags darauf wurden wir etwa 30 km nach Norden in die Nähe der Stadtmitte an den Westrand Stalingrads verlegt.

Auf dem Marsch auf der Steppenhochebene zwischen Don und Wolga begleiteten uns das dumpfe Grollen der Schlacht und die Sicht auf die schwarzen Qualmwolken der brennenden Öllager im Hafen der Stadt. Nach Überwinden einer kleinen Anhöhe sah man ein Meer niedriger Häuser. Dazwischen ragten Hochbauten und Fabrikschornsteine heraus; dahinter wand sich das in der Sonne glitzernde breite Band der Wolga, und jenseits dahinter lag eine dunstige Ebene. Während im Südteil der Stadt Ruhe herrschte, standen über der Stadtmitte Qualmwolken, aus denen ein riesiger Silo hervorragte.

Der Nordteil der Stadt lag in dunkle Wolken gehüllt. Brennendes Öl und Detonationswolken fallender Bomben bildeten eine dicke Rauchschicht über den Häusern. Darüber schwebten zahllose kleine weiße und dunkle Wölkchen; die russische Flak schoß, was die Rohre hergaben.

Mit einbrechender Dunkelheit erreichten wir den Westrand der Stadt. Vor den schwelenden Bränden konnten wir die Silhouetten der Häuser erkennen. Der Himmel war von zahllosen Scheinwerfern erhellt, und die deutsche Flak, deren Geschoßsplitter über unsere Köpfe surrten, feuerte auf die russischen Bomber. So wie der Tag offenbar der deutschen Luftwaffe gehörte, war die Nacht die Domäne der russischen Luftflotten. Auch jenseits der Wolga blitzten Scheinwerfer auf; manche wiesen durch „Nicken" des Lichtstrahls ihre Nachtbomber auf Ziele am westlichen Wolgaufer ein.

In diesen Hexenkessel zwischen Stadtmitte und Nordteil zog also unsere Division, führte ich meine Marschkolonne durch die Steppe nach Norden. Vom Pferdesattel aus fotografierte ich die westlichen Ränder der über 60 km langen und bis zu 5 km breiten Industriestadt an der Wolga. Nach Umgehung der umkämpften westlichen Stadtteile näherte ich mich, aus der Steppe kommend, die auch hier direkt an den Ortsrand anschloß, mit der Regiments-Stabs-Kompanie dem unübersichtlichen Häusermeer.

Die erste Einsatzaufgabe unserer Regimenter sollte die Eroberung der ganz Stalingrad beherrschenden, einzigartigen Höhe 102 sein – des Ma-

26 Oberst Viktor Pavicic hatte im Juli 1942 als Nachfolger von Oberst Mesic das 369. (kroatische) Infanterie-Regiment übernommen. Am 15. Januar ließ er sich ausfliegen; dies wurde vertuscht.

majew-Kurgans[27]. Diese von zwei zylindrischen Wassertürmen südlich des höchsten Punktes gekrönte Höhe war schon einmal am 14. September erobert worden, am 16. September aber schon wieder an die Russen verlorengegangen. Nun sollte unsere Division diese Aufgabe ausführen.

Wir wußten, daß es ein schwerer Waffengang gegen einen harten, unberechenbaren Feind werden würde. Seine rigorose Kampfweise hatten wir schon mehrmals kennengelernt. Wir kannten auch die maßlose Brutalität der Rotarmisten gegen sich selbst und ihresgleichen: Wer zurückwich oder verwundet wurde, bekam von den Politkommissaren einen Kopfschuß! Das aufgesetzte Spitzbajonett der Russen diente vornehmlich zum Erstechen eigener oder feindlicher Verwundeter, nur fallweise zum Nahkampf. Einzelne Gefangene wurden gefoltert, bis sie Aussagen machten, anschließend erschossen. Fielen zahlreiche Gefangene an, wurden ihnen Soldbücher, Schriftsachen und Karten sowie alles Brauchbare wie Bekleidungsstücke, Stiefel usw. abgenommen und sie auf einen Sammelplatz getrieben, wo sie vom Wachpersonal noch einmal rigoros „gefilzt" wurden, bevor man sie dem Hunger und ansteckenden Krankheiten überließ. Die großartigen Versprechen und den Berichten über Erfolge an den Fronten auf den zahlreich herumliegenden Passierscheinen, nachts von Flugzeugen abgeworfen oder mit der Artillerie in Propagandagranaten verschossen, glaubte niemand.

Unsere Trosse und Pferde zogen in einer Balka unweit des Fliegerhorstes Gumrak unter, dem späteren Hauptverbandplatz der 6. Armee und Landeplatz der Versorgungs- und Sanitätsflugzeuge. Damit sollten wir unsere Pferde letztmalig gesehen haben. Wahrscheinlich wanderten sie alle in die Feldküche in ihrer Nähe, denn später reichte der Verpflegungsnachschub durch die Luftwaffe nicht aus. Unsere Pferde waren jetzt nur auf dürres Steppengras angewiesen, bis es hoffentlich Getreide aus dem zu erobernden Silo in Stalingrad gab.

Mit der Kompanie bezog ich feste Häuser am Westrand der Stadtmitte beim Regimentsgefechtsstand, um die Einsatzbefehle des Kommandeurs rasch ausführen zu können. Der Russe hatte unsere Bewegungen erkannt und als Ziel für seine schweren Raketensalvengeschütze ausgemacht; [es handelte sich um] Katjuschas – von uns Stalinorgeln genannt –, die auf der Wolgainsel standen. Außerhalb der Häuser war die Luft stets „eisenhaltig". Über der Stadtmitte hielten sich in der Windstille die Qualmwolken; Brand- und Verwesungsgeruch erfüllte die Luft.

Wir mußten bald erkennen, daß auch unser festes, mit Kalkanstrich versehenes, auffälliges Haus als Zielpunkt registriert war, und bauten einen Erdbunker im Wirkungsschatten des Gebäudes. Hier konnten uns die Stalinorgeln nicht mehr nervös machen; wir hörten ihre Abschüsse

27 Benannt nach dem Khan Mamaj (14. Jh.) der „Goldenen Horde".

und konnten uns rechtzeitig verkriechen. Zudem war die Splitterwirkung nicht sehr groß, und es gab viele Blindgänger.

Die Russen hatten versucht, die Splitterwirkung ihrer Orgelgeschosse zu erhöhen, indem sie kurze Eisenstangen an deren Spitze schweißten, um einen Sprengpunkt etwa einen Meter über dem Auftreffpunkt zu gewährleisten. Dabei gab es geradezu lustige Blindgänger: nicht detonierte Granaten auf einem Stiel, je nach Bodenbeschaffenheit 10 bis 50 cm senkrecht über der Erde wackelnd. Der durch die Eisenstange weich gewordene Aufschlag aktivierte den Zünder nicht. Später beobachtete ich den „Truppenversuch" nicht mehr. Beim Essenbereiten vor den Unterständen wurde trotz unserer Aufmerksamkeit ein Sanitäter durch Splitter getötet und ein zweiter schwer verwundet. Täglich gab es Ausfälle durch Granatsplitter.

Tote Russen mit einschnürenden Gürteln zwischen aufgequollenen Körpern und Russenpferde lagen aufgedunsen mit hochgereckten, gespreizten Beinen auf unserer breiten Gumrak-Straße und verbreiteten üblen Geruch. Nachts schlichen oft Zivilisten der vermeintlich entvölkerten Stadt aus ihren Schlupfwinkeln hervor, um den Kadavern, die bereits von den zahllosen Ratten angefressen worden waren, im Lichte von Bränden und Leuchtgeschossen Fleischbrocken zu entreißen und damit rasch wieder in den Ruinen zu verschwinden. Die Wohnbereiche der Stadt hatten keine Keller.

Die Russen beerdigten ihre Gefallenen nicht. Sie warfen sie in Granattrichter oder Gräben. Schon aus Gründen der Hygiene begruben wir die auf unserer Seite herumliegenden Toten. Sie bekamen ihr Gewehr mit dem aufgepflanzten Bajonett auf ihr Grab gesteckt und als Zeichen für ein Russengrab ihren Stahlhelm auf den Gewehrschaft gestülpt.

Am 27. September um 3 Uhr begann die Bereitstellung, um 5 Uhr das Vorbereitungsfeuer unserer Artillerie, das der Russe sofort mit einem wahnsinnigen Abwehrfeuer erwiderte. Schon in die Bereitstellung einer Balka schlug die Salve einer Stalinorgel ein, tötete 15 Jäger und verwundete etwa 100 Kameraden zweier Nachbar-Kompanien. In meiner Einheit gab es nur einige Leichtverwundete. Das nahezu stumme Verhalten verwundeter oder sterbender Kameraden hatte mich nur am Anfang des Krieges beeindruckt, jetzt nicht mehr.

Um 6 Uhr 30 griffen wir im Rahmen unseres Regiments an. Erstes Angriffsziel war die unmittelbar nördlich vor uns liegende Höhe 102, früher ein beliebtes Ausflugs- und Freizeitziel der Stalingrader Bevölkerung. Von dieser beherrschenden Höhe konnte man fast die ganze Stadt und den Schiffsverkehr auf der Wolga kontrollieren. Sie war durch Bomben und Granaten umgeackert und reichlich mit Blut getränkt. Wir konnten uns auf den härtesten Widerstand gefaßt machen.

Der Reiterzug – natürlich ohne Pferde – und der Radfahrzug – natürlich ohne Fahrräder – waren hierfür zu einer Jäger-Kompanie unter meiner Führung als „Reiterzug“ zusammengefaßt und dem II. Bataillon des 54. Jäger-Regiments unterstellt worden.

Nach erheblichen Ausfällen kamen wir nur 200 Meter voran. Die Ausfälle häuften sich, aber schließlich hatten wir das erste Angriffsziel um 9 Uhr erreicht, eine Balka etwa 100 Meter vor den Wassertürmen. Ununterbrochenes russisches Granatwerferfeuer hielt uns am Boden; der Einsatz von Stukas und Bomben nützte kaum. So wurde um 13 Uhr „Eingraben!“ durchgegeben. Der verbissene Widerstand des sowjetischen Schützen-Regiments 269 verhinderte ein weiteres Vorgehen. So sehnten wir, in den Granattrichtern und runden verlassenen Deckungslöchern der Russen kauernd, kleine Splitterwunden verbindend, den Einbruch der Dunkelheit herbei.

Am Abend sahen wir unser Ende nahen. Wir beobachteten zehn Feindbomber im Osten auf unsere Stellungen zukommen. Gleichzeitig erschienen eigene Jäger und schossen im Handumdrehen die Hälfte ab. Der Rest drehte ab, ohne die Bomben losgeworden zu sein, und verschwand über die Wolga, die von der Höhe aus gut zu sehen gewesen wäre, wenn man es gewagt hätte, den Kopf über die Ränder der Granattrichter zu heben, in denen wir Deckung gefunden hatten. Eigene Artillerieschläge verbesserten unsere Lage nicht. Etliche Kameraden meiner Einheit waren schon gefallen, viele verwundet. Die Sanitäter waren wie wir alle überfordert und sehr erschöpft: Schießen – Springen – Eingraben – Befehle im unheimlichen Kampflärm durchrufen – Erreichtes Ziel – Munitionsnachschub – Verwundetennest – Zerschossene Fernmeldekabel erneuern – Ein paar Bissen essen – Aus der Feldflasche Tee trinken – Russische Gegenstöße zusammenschießen. Im Dunkel der Nacht wurden wir von einer kampfstarken Jäger-Kompanie zur personellen und psychischen Auffrischung abgelöst. Der Radfahrzug war auf eine Kampfstärke von nur 30 Prozent, also nur zehn erschöpfte Kameraden, zusammengeschrumpft.

Den nächsten Tag erlebten die Reste meiner Einheit im ehemaligen Quartier hinter den ehemaligen Bereitstellungsräumen an der Straße nach Gumrak.

Wir bekamen mit, daß sich auf den zur Wolga verlaufenden Hang von 102 und das dahinterliegende Stadtviertel ab 6.30 Uhr ein ungeheurer Bombenregen ergoß. Stukas stürzten mit heulenden Sirenen hinab; aus den Schächten der He 111 fielen Bomben aufgereiht wie an einer Perlenkette. Die Granaten der eigenen Artillerie heulten unablässig über uns hinweg auf die Ziele am Hang zwischen 102 und dem Bahndamm ostwärts davon. Nach langem Werfereinsatz hörte man Infanteriefeuer, auch Handgranaten. Aber trotz allergrößter Anstrengungen mit hohen Verlusten konnten weder Wassertürme noch Höhe genommen werden.

Nach zwei Tagen bekam ich – leider unerfahrenen – Personalersatz, während nebenan der Kampf um 102 und den Nordteil des Bahnhofs mit unverminderter Härte weitertobte. Vor allem die Kroaten unserer Division konnten sich am nächsten Tag bis an den Bahndamm ostwärts 102 vorschieben.

Bald wurde unser ganzes Bataillon abgelöst. Meine Kompanie war total erschöpft, der Radfahrzug auf zehn Soldaten dezimiert. Nun wurden wir im Rahmen des II. Bataillons zur Unterstützung des Angriffs gegen den Nordteil des Hauptbahnhofs eingesetzt. Dieser Angriff zielte auf eine Umfassung der starken Verteidigung der Russen auf der Höhe 102. Am Bahnhof waren wir dann am 28. September, meist zwischen den brennenden Eisenbahnzügen angreifend, bis an den Beginn des „Tennisschlägers“, einer geformten Eisenbahnschleife, mit Artillerie- und Luftwaffenunterstützung nach Norden auf dem Bahngelände von Bombentrichter zu Bombentrichter kämpfend, vorgerückt. Um weitere unverhältnismäßige Verluste zu vermeiden, wurde der Angriff nach dem Gewinn der Nordbrücke abgebrochen und zur Verteidigung übergegangen. Am selben Tag konnte auch die berüchtigte Höhe 102 genommen werden, so daß der Zusammenhang der eigenen Einheiten wiederherzustellen war.

Nun grub ich mich mit meiner Kompanie an der Nordbrücke ein, also am „Stiel“ des berühmt-berüchtigten „Tennisschlägers“ im Industriegelände. Der Angriff kam auch am folgenden Tage, trotz massiver Artillerieunterstützung, nicht mehr in Schwung. Da kam der Befehl zur Änderung der Gefechtsart. Vor uns verteidigte der Feind auf dem Gelände des Tennisschlägers, in und an der Ruine des Stellwerks Nord und in den Ruinen der Metallurgischen Fabrik Lasur.

Mit dem Vorausbefehl bekam ich auch neue Karten mit eingezeichneter Feindlage. Der stets um uns und die Pferde besorgte Furier, der Obergefreite Hans Moosburner[28], kam trotz des ständigen Splitterregens vom Troß aus der Balka zu mir in den Gefechtsstand. Er meldete, daß noch alle Reitpferde gesund, aber schwer abgemagert waren und daß der Hafer zur Neige ginge. So unterschrieb ich mitten im Kampf-

28 Hans Moosburner (* 7. Dezember 1919 in Bogenberg) wurde im Januar 1943 bei einem Stoßtruppunternehmen am Rücken verwundet und nach einem Lazarettaufenthalt in der Nacht vom 10. auf den 11. Januar von Pitomnik nach Salsk ausgeflogen. Nach einem Lazarettaufenthalt in Rostow wurde er mit dem Lazarettzug über Berlin nach Königswusterhausen gebracht. Später mit dem neu aufgestellten Regiment in Albanien eingesetzt, geriet er bei Kriegsende in sowjetische Gefangenschaft und mußte nach Überstellung in polnische Gefangenschaft bis Ende 1946 im Bergwerk Zwangsarbeit leisten. Heute lebt er in Bogenberg an der Donau (mündliche Mitteilung Hans Moosburners vom 8. März 2011 an den Herausgeber).

geschehen eine Bestätigung, daß er aus dem zunächst hart umkämpften und dann eroberten Getreidesilo mit einem Panjefahrzeug Pferdefutter holen durfte. Als Gefangenem hätte meine Unterschrift die Todesstrafe oder mindestens 25 Jahre Arbeitslager in Sibirien bedeutet.

Im Rahmen des II/54 erhielt ich jetzt – von meinem Regimentsmelder, dem Gefreiten Franz Rechberger[29] überbracht – den schriftlichen neuen Auftrag, die derzeit erreichte Stellung mit den Jäger-Teilen der Stabs-Kompanie in der Hauptkampflinie taktisch zu verbessern, auszubauen und zu verteidigen. Rechter Nachbar war die Pionier-Kompanie unseres Regiments unter Leutnant Kühnfels[30], der bis zum Wolgaufer die Stellung zu halten hatte. Als linker Nachbar auf dem ansteigenden Hang zur Höhe 102 verteidigte Oberleutnant Geisberg[31] mit seiner ausfallgeschwächten 4. Jäger-Kompanie. Der Bataillonskommandeur hatte mit seinem Stab etwa 500 Meter hinter der HKL seinen Gefechtsstab in einer großen, etwa 300 Meter langen Kanalröhre aufgeschlagen. Seine Röhre untertunnelte den Nordteil des Verschiebebahnhofs und mündete in die Wolga, wo am Westufer noch die Russen saßen, also in derselben stinkenden, mit Brettern, das heißt Türen und Toren ausgelegten, dicht mit Ratten bevölkerten Röhre. „Lieber erstunken als erfroren oder erschossen", heißt es halt bei Soldaten schon immer. Um den Iwans von der Wolga her keinen Zutritt zu erlauben, wurde der Kanal nach Osten hin verbaut.

Trotz der guten Deckung gegen Sicht und Waffenwirkung hätte ich es in dieser stinkenden Röhre keinen Tag lang ausgehalten, denn alle näheren Geschoßeinschläge beschallten in nervenaufreibender Weise diesen Betontunnel, in dem mehr Ratten als Soldaten wohnten. Und eine Feuerpause kannte der Russe nicht. Ständig „regnete" es Sprenggeschosse aller Kaliber. Raketen der Stalinorgeln schlugen ein, und nachts fielen zusätzlich Splitter-, Spreng- und Brandbomben der ratternden „Nähmaschinen".

Der „Duft" ständig brennender Karbidlampen mischte sich mit dem Gestank der stehenden Abwässer und verpestete die Atemluft in der Röhre unerträglich. Man war dort sozusagen eingesperrt, bekam keine frische Luft und hatte keine Sicht auf das Gefechtsgeschehen außerhalb der „Bataillonsröhre". Der Bataillonskommandeur, ein Hauptmann, Reserveoffizier wie ich, war im Zivilberuf Professor, wenn ich mich recht entsinne.

---

29 Siehe den Bericht von Franz Rechberger, S. 267 ff.

30 Dr. Rudolf Kühnfels (* 19. August 1917 in Reigersfeld/Kosel, † 17. Februar 1994) war als Oberleutnant Kp.-Chef im Jägerregiment 54. Auszeichnung: Ritterkreuz am 9. Dezember 1944.

31 Oberleutnant Werner Geisberg (* 24. August 1917) überlebte Stalingrad und verstarb am 3. September 2009 in Köln.

Da war ich mit meinem Gefechtsstand, nahe am Feind, schon eher zufrieden. Er hatte eine, wenn schon nicht bomben-, so doch kugelsichere Abdeckung nach oben: eine vierachsige, hochbeinige Güterzug-Diesellokomotive. Die Fächer zwischen den Bahnschwellen ließen sich leicht ausschaufeln, denn sie waren nicht geschottert und bestanden wie der ganze Boden in Stalingrad aus Löß. So war jedem Spatenstich ein voller Erfolg beschieden. Mein Gefechtsstand bot gute Sicht auf die Umgebung und in das Feindgelände, außerdem hatten wir unbehinderte Verständigungsmöglichkeiten untereinander und vor allem guten Schutz vor eisenhaltiger Luft und gegen Regen. Die Stahlgleise boten beiderseits sichere Gewehrauflagen aus nahezu vollständiger Deckung. Weil der Lößboden gut stand, konnten in der Deckung seitliche Löcher als Ablagen für Waffen, Geräte sowie Funk- und Fernsprecher geschaffen werden. Auch als Ruhelager war das Erdloch gut herzurichten; man brauchte nur den Boden für die ausstreckungsbedürftigen Beine maßgerecht zu verlängern.

Eine ordnungsgemäße Latrine hatten wir nicht geplant, weil der Latrinengang lebensgefährlich war. So war jeder auf den „Spatengang" angewiesen. Das „kleine Geschäft" wurde außerhalb des Unterstandes erledigt, das „große Geschäft" nahm der Spaten auf, der dann ausgeschleudert und im Sand gereinigt wurde.

Für den Infanteristen war der Spaten nach dem Gewehr das zweitwichtigste Handwerkszeug. Er diente gegenüber dem zu langen Russenbajonett als Waffe im Nahkampf, als Schaufel beim Deckungsbau und Herrichten einer guten Gewehrauflage, als Beil beim Fällen von Stämmen und Abschlagen von Ästen zur Schaffung eines Schußfeldes, zum Gewinnen von Tarnmaterial, zum Aufbrechen von Türen und Fenstern im Ortskampf, als „Bratpfanne" zum Garen von Fleisch und Bereiten von Eierspeisen, als Schreibunterlage für den Meldeblock und auch, bei eisenhaltiger Luft im Freien, für jeden sogenannten Spatengang im Kampfstand. Wobei man darauf achten mußte, daß beim Ausschleudern nicht „unabsichtlich" ein Nachbarkampfstand besudelt wurde.

Gleich am ersten Abend versuchte ich meine Notdurft abseits einer Stellung in der Mitte eines abgesprengten, auf dem Nachbargleis mit den Rändern nach obenliegenden Halbzylinder-Personenwagen-Stahldaches zu verrichten. Kaum begonnen, hörte ich drohende Abschüsse schwerer Granatwerfer. Es blieb mir nicht einmal Zeit, die Hose wieder ganz hochzuziehen, bevor ich unter meine schützende Lokomotive schlüpfte. Gleichzeitig trafen auch die Granaten ein, und das Stahldach meiner Notlatrine war mit Splittern durchsiebt, wie ich später feststellen konnte.

Von meinem Loch aus hatte ich gute Sicht unter den Radachsen der Lokomotive hindurch nach vorne auf den Unterbau der Nordbrücke und weiter über die ebene Gleisfläche des „Tennisschlägers“ bis zu den Stellungen der Russen vor und in den Ruinen des Werkes „Lasur“. Rechts, also in südlicher Richtung, sah ich den ausgebrannten Güterzug auf dem ansteigenden Gleis stehen, das über die Nordbrücke vor meine Lokomotive führte. Dieser Güterzug markierte die rechte Grenze zur Pionier-Kompanie des Leutnants Kühnfels. Der ausgebrannte Zug bot gute Sicht und Wirkungsmöglichkeit für unsere Scharfschützen und die Wechselstellungen für eines unserer flankierenden Maschinengewehre. Beiderseits konnte ich die nähere Umgebung, dabei auch die etwa zehn Meter flach ansteigenden Bahndämme überblicken. Die Höhe 102 und unsere Stellungen an ihrer Ostflanke konnte ich nicht sehen. Aber auch von keinem anderen Geländepunkt aus hätte ich alle Stellungen meines Abschnittes beobachten können. So war ich stets auf Zurufe und das Telefon angewiesen, dessen offen verlegte Leitungen aber sehr oft von Splittern zerhackt wurden.

Zwei Schwellen hinter mir hatte sich mein Melder und Fernsprecher eingegraben, dahinter der Sanitäter mit einem Deckungsloch für sich und einem zur Verwundetenversorgung; dahinter kam der Kompanietruppführer Oberjäger Kastner mit einem Melder. Unter den ersten und folgenden Personenwagen des ausgebrannten Zuges auf dem oberen Gleis hatte sich unser Zielfernrohrschütze mehrere Stellungen eingerichtet.

Der für die ganze Nordfront, den Bahnhof und die Höhe 102 entscheidende Geländeteil war die Nordbrücke, die in einer Entfernung von 40 Metern von meinem Gefechtsstand die drei nach Norden führenden Gleise schräg überquerte. Wenn der Feind diese Brücke als rechtwinkligen Eckpfeiler unserer Front besaß, konnte er mit Flachfeuer und B-Stellen fast das gesamte Bahnhofsgelände beherrschen und unserer Verteidigung bis zur Wolga und an der Höhe 102 „in den Magen sehen“. Dementsprechend zog dieses Brückengelände nicht nur das schwere Feuer, sondern auch das fast tägliche Anrennen der Russen auf sich.

Mit Panzern konnten sie nicht kommen. Schon die auf den Bahnkörpern kreuz und quer liegenden Stahlmasten und die bis zu acht Meter tiefen Trichter der Stukabomben machten das Vorgelände für jede Art von Fahrzeugen unpassierbar. Infanteristen konnten sich hingegen gut verstecken, in die Trümmerwelt ungesehen einsickern und sich von Deckung zu Deckung vorarbeiten.

Unsere Maschinengewehre, die die Russen als „Hitlersägen“ und „elektrische Gewehre“ bezeichneten, hatten viel zu tun. Insbesondere die beiden sich flankierenden MG's, die an den Brückenpfeilern frontal gut gedeckt eingebaut waren, waren die Ziele der russischen Stoßtrupps. Ich „schrie“ fast täglich vergeblich um Minen zum Schutz unserer Stellungen.

Eines Nachts brachten die Russen an die ausgebrannte Ruine des bekannten und von unseren Posten unter Dauerbeobachtung stehenden Stellwerkes einen leichten Panzer in Stellung, wahrscheinlich einen SU 76. Wollten sie damit unsere Maschinengewehre herausschießen? Wir schoben unser „Panzeranklopfgerät“, eine 20 mm-Pak, aus seiner Deckung direkt in den Leuchtkörperschatten unserer Brücke und warteten das erste Büchsenlicht ab. Dann schossen wir mit Leuchtspur. Ich betätigte mich als Ladeschütze, und schon beim ersten Schuß stieß mich die zurückspringende Kanone in den Sand zwischen den Gleisen. Nach einigen weiteren Schüssen stellten wir das Feuer ein, schoben die Kanone wieder in ihre Deckung und verrollten uns keine Minute zu spät, denn die Granatwerfersalven waren schon unterwegs. Nachdem der Qualm der Granaten wieder die Sicht auf das Stellwerk und seinen Panzer freigab, sahen wir, daß sich dort nichts verändert hatte. Der Panzer blieb auch am nächsten und an den folgenden Tagen dort stehen, schoß aber nicht. Hatte unser „Anklopfgerät“ gewirkt? Nur das bekannte Steilfeuer und das Flachfeuer aus Gewehren und Maschinengewehren ärgerten uns unablässig.

Am folgenden Tage brachte uns der Melder vom Regiment, der Gefreite Franz Rechberger, eine noch nie gesehene Waffe. Wir hatten nun einen Panzerabwehr-Karabiner mit ungewöhnlich dickem und langem Lauf für die schweren 7,65 mm-Hartstahlpatronen. Das Gewehr wurde im Stehen geschossen. Hierfür hatte es ein langes Zweibein als Vorderunterstützung. Beim Abschuß mußte ein zweiter Mann den Schützen an den Schultern gegen den gewaltigen Rückstoß stützen. Ich selbst schoß damit ein paarmal auf Panzer, ohne daß wir eine Wirkung feststellen konnten – außer an meiner geprellten Schulter.

Eines Abends kam ein telefonischer Befehl vom Regiment: „Der Goblirsch soll eine eigene Spionin mit einem wichtigen Auftrag in Rufweite vor die Russenstellungen bringen!“ Ich meldete Bedenken an. Unseren auf wenigen Metern gegenüber liegenden Todfeinden konnten wir doch unter keinen Umständen vertrauen! Daraufhin hieß es: „Befehl von der Armee!“ Und: „Goblirsch ist mir persönlich dafür verantwortlich!“ „Augen verbinden?“ „Nein!“

In der darauffolgenden Nacht sollte die Dame an derselben Stelle im Niemandsland zwischen den Fronten, wo ich sie losgelassen hatte, von mir wieder abgeholt werden. Früher als erwartet wurde ich in den Gefechtsstand gerufen. Die Feindwerfer schossen wieder so fleißig, daß ich im seichten Wassergraben neben den Gleiskörpern immer wieder Deckung nehmen mußte, bevor ich die „Bataillonsröhre“ erreichte. Inzwischen hatte man gelernt, von den unterschiedlich laut tönenden Abschußknallen auf den Zielbereich zu schließen. Wir Alten wußten also immer sehr zuverlässig, ob wir gemeint waren oder ob der Segen einer

Nachbarkompanie galt. Personalersatz oder höhere Besucher hatten diese Geschicklichkeit noch nicht erworben und warfen sich oft zu unnötig in den Graben.

Der Posten vor der nach außen mit Zeltbahnen und einem Splitterschutz abgedeckten Röhre meldete: „Vorsicht, Herr Leutnant, da drinnen stinkt es wie in einem französischen Puff!“ Er konnte doch nicht den bekannten Fäkaliengeruch meinen? Ich betrat die Röhre und meldete mich beim Kommandeur. Hier saß eine bildhübsche junge Dame, geschminkt, parfümiert und in weißem Pelz gekleidet im grellen Licht der Karbidfunzeln.

Bei Dunkelheit zog ich mit der Dame los. Im Wassergraben neben den Gleisen ließ ich sie vor mir hergehen und ertappte mich, wie ich am Abzug der gezogenen Pistole herumspielte. Dabei überlegte ich angestrengt, ob ich das lebensgefährliche Spiel mitmachen sollte oder bei einem nächsten Gefechtslärm ... Niemand könnte mir etwas unterstellen, dachte ich. Doch bald verdrängte ich solch „böse“ Gedanken. Schon waren wir an meinem Gefechtsstand eingetroffen; der Kompanietruppführer meldete mir aus der Dunkelheit seines Unterstandes mit lauter Stimme, die die Dame erschrecken ließ: „Keine besonderen Vorkommnisse!“ So, nun kannte sie nicht nur den Gefechtsstand des Bataillons, sondern auch meinen, der durch die Lokomotive deutlich gekennzeichnet war.

Durch Granat- und Bombentrichter kletternd, erreichten wir wie befohlen die „Rufweite“. Die Dame kauerte sich in einen Bombentrichter neben verwesende Russen, und ich arbeitete mich zurück. Es fiel mir auf, daß der Iwan offenbar eine Feuerpause eingelegt hatte. Trieb die „Dame“ ein Doppelspiel und verriet nun unsere Stellungen und Gefechtsstände an die Russen? Vertrauensselige deutsche Soldaten! Würde das Unternehmen unser Blut kosten?

Ja, wie befürchtet geschah das dann auch gleich ab dem nächsten Tage. Die gezielten Feuerüberfälle auf unsere Gefechtsstände häuften sich wie nie zuvor. Der Eingang zur Röhre wurde durch schwere Artillerietreffer verschüttet; ein danebenstehender Telefonmast, der vielleicht den Zielpunkt markierte, wurde dabei umgelegt. Das war aber noch nicht alles!

In der folgenden Nacht ersparte ich mir die Abholung der Agentin, um mein Leben nicht aufs grausame Spiel zu setzen, indem ich selbst in eine Falle geriet. Mit unseren Fernrohren konnten wir auch im grellen Schein der Leuchtkörper keine pelzbekleidete Dame im Niemandsland ausfindig machen.

Der schwerste Angriff auf unsere Brückenstellung wurde durch einen gewaltigen Feuerschlag mehrerer Kaliber am frühen Morgen des folgenden Tages vor Sonnenaufgang eingeleitet. Bereits nachts waren mehrere Kompanien vor unsere Stellungen eingesickert, ohne daß es unser schlecht und viel zu weit liegendes Artilleriefeuer verhindern konnte.

Wie auf einen Schlag begann nun das durchdringende, eher kläglich klingende „Urrää“ und kam näher. Unsere vier Maschinengewehre schossen Dauerfeuer, daß die Rohre glühten. Die Russen hatten gewiß viele Tote und Verwundete. Trotzdem kam die graue Menschenmasse näher. Meine Leitungen zum Bataillon und zum Regiment waren zerschossen. Der Funk war so schwach, daß er den fast taub machenden Kampflärm nicht durchdrang.

So lud ich meine Signalpistole mit roter Patrone, um Sperrfeuer der Divisionsartillerie anzufordern. Neben meiner Lokomotive stehend sah ich im Schein des Stahlgewitters im selben Augenblick mehrere Russen unter der Brücke hindurch auf die Lokomotive „Urrää“-schreiend zustürmen, aus ihren Maschinenpistolen Dauerfeuer schießend. Ihr Anführer rannte dem Haufen voraus und gab auf mich einen Feuerstoß ab, der mich aber nicht voll traf. Ich verspürte nur einen starken Schlag auf meiner Hüfte, stolperte zur Seite, was wahrscheinlich bewirkte, daß auch der folgende Feuerstoß mich wieder nicht traf und ich Bruchteile einer Sekunde Zeit hatte, meine rote Leuchtfallschirmpatrone statt gegen den Himmel intuitiv auf den Russen vor mir abzufeuern. Ich traf offenbar seinen Bauch, bevor er erneut auf mich zielen konnte. Er brach zusammen. Sein Trupp suchte vor unserem Gewehrfeuer Deckung an den Brückenpfeilern und stürmte und schoß nicht weiter. Eine Kugel hatte, wie sich später herausstellte, meine Voigtländer-Kamera zerfetzt, die ich während des ganzen Krieges in der linken Feldblusentasche mitführte.

Eine alte Beobachtungsweisheit: Wenn der Führer ausgeschaltet ist, bricht der Angriff der Gruppe zusammen. Da lagen nun einige der Todfeinde tot oder verwundet in meiner Stellung; etwa 20 weitere waren eingebrochen, weitere stießen offenbar nicht nach. Die beiden Maschinengewehre an den Brückenpfeilern schossen nicht mehr. Meine Reservegruppe hatte ich bereits eingesetzt.

Ich meldete dem Bataillonskommandeur mit Melder die Lage und bat um Hilfe. Das flankierende Feuer der Kompanien Geisberg von links und Kühnfels von rechts lag gut auf den Russen in den Granattrichtern des Tennisschlägers. Unsere Artillerie schoß inzwischen wieder, leider viel zu weit. Wir hatten ja keinen Vorgeschobenen Beobachter (VB) der Artillerie. Nun befahl endlich der Bataillonskommandeur dem Leutnant Kühnfels die Herausgabe seiner Reservegruppe für einen Gegenstoß bei mir. Ich wartete in der Auffangstellung, die die Russen noch nicht angegriffen hatten. Es dauerte eine Ewigkeit, bis sich der Gruppenführer mit seinen paar Pionieren hinten herum angeschlichen hatte.

Während dieser Zeit machte sich mein Oberjäger Kastner mit einer Kiste geschärfter Handgranaten auf den Weg. Er sollte die feindfrei gebliebene, weil unter dem Gewehrfeuer unserer braven Nachbarn liegende Krone der Brücke erreichen, indem er über den Bahndamm robbte und kroch und die eingebrochenen Russen umging.

Mit ihm war abgesprochen, sich versteckt zu halten und erst bei Beginn des beabsichtigten Gegenstoßes die einzelnen Handgranaten von der Brücke auf die Russen fallen zu lassen. Ich sah seine Handzeichen auf der Brücke, und wer von uns noch unverwundet und beweglich war, sprang mit mir aus der Deckung, stürmte vor und schoß und brüllte „Hurrah", was das Zeug hielt. Die Russen wehrten sich zunächst, gerieten aber bald in Panik, als sie merkten, daß hinter ihnen Handgranaten detonierten, die der unbemerkte Kastner unablässig, gleichsam als Handgranaten-Sperrfeuer, von der Brücke auf die Russen warf. Offensichtlich waren sie noch immer ohne Führer und damit hilflos.

Der Großteil von ihnen floh nach rückwärts und geriet in Kastners Handgranatenfeuer. Wer von ihnen davonkam, rannte wahrscheinlich in die Maschinenpistolen der eigenen Kommissare zurück. Einige warfen die Gewehre weg und liefen zu uns über. Damit war der ganze Angriff abgeschlagen, denn auch die folgenden Gruppen des russischen Stoßtrupps konnten sich nicht mehr vor unseren Stellungen halten und sprangen von Deckung zu Deckung in die Ruinen des metallurgischen Werkes zurück. Von allen Gefangenen erfuhren wir später, daß alle zurückfliehenden Rotarmisten, auch wenn sie verwundet waren, von eigenen Soldaten auf der Stelle erschossen wurden.

Noch standen fünf junge, stattliche mongolische Rotarmisten, die sich ergeben hatten, in Reihe angetreten neben meiner Lokomotive. An den Abzeichen war zu erkennen, daß es sich um Offiziersanwärter, also Elitesoldaten, handelte. Sie wurden von meinem Melder aus der Deckung heraus bewacht; ihre Abholung war angefordert. Sie wollten aber nicht abtransportiert werden, weil ihre Politoffiziere sie unterrichtet hatten, daß die Deutschen alle Gefangenen zuerst folterten und anschließend erschossen – so wie es auch bei der Roten Armee allgemein üblich war.

Nach dem zurückgeschlagenen Russenangriff mußte ich rasch durch die Stellung laufen, um zu sehen, was überall geschehen war. Alle vier Maschinengewehrschützen an der Brücke waren, wie es aussah, durch Bajonette im Nahkampf getötet worden. Vor ihren Stellungen lagen tote Rotarmisten, unter der Brücke weitere, durch Kastners Handgranaten getötete Mongolen. Eigene Verwundete waren von den Russen wahrscheinlich zurückgeschleppt oder getötet worden.

Einer unserer Maschinengewehrschützen, Hans Rothe oder Rotte, gab noch Lebenszeichen mit der Hand. Ich zog den Kameraden aus der zerstörten Stellung in den Splitterschutz der Brücke. Er hatte sehr viel

Blut verloren. Ich schnallte ihm den Stahlhelm ab, legte seinen blutüberströmten Kopf auf meinen Unterarm und schrie nach dem „Sani" und einer Trage. Der Kamerad ganz leise und kraftlos: „Wasser!" Ich hielt ihm meine Feldflasche mit Tee an den Mund, konnte aber nicht wahrnehmen, ob er schluckte. Dann lallte er seine letzten Worte: „Schreib Mutter ... Jesus ... Mutter ... Jesus!" Ich schloß ihm die Augen. Wir beklagten fünf Gefallene und einige Verwundete, die alle im Geschoßhagel unter Mithilfe von Gefangenen zurücktransportiert werden mußten.

Der Ärger des russischen Führers[32] über den mißlungenen Stoßtruppangriff drückte sich alsbald in einem gewaltigen „Granatwerfersegen" aus. Da hörte man schon die zahlreichen Abschüsse. Ich kroch in mein Gefechtsstandloch unter die Lokomotive und schrie die noch immer aufrecht stehenden, auf ihre Abholung wartenden Gefangenen an, sie sollten im Graben Deckung nehmen. Sie schüttelten die Köpfe und blieben in Protesthaltung aufrecht stehen, bis die Salven herunterkamen. Keiner überlebte. Ging es noch grausamer? War aus einer solchen Haltung die Wirksamkeit der sowjetischen Politoffiziere zu vermuten?

Nach der Wiederherstellung der Verbindungen beschwerte ich mich beim Regiment über die unzulängliche und ungenaue Unterstützung durch die Divisionsartillerie. Am Nachmittag brachte mir Oberleutnant Maul[33] vom Regiment als Nachersatz einige Soldaten, die ich den Gruppen zuteilte. Außerdem wollte er sich ein Bild von den Geschehnissen des Vortages und des Vormittages machen.

Ich berichtete über die „Dame" und die Abwehr des Stoßangriffs. Dann beobachteten wir gemeinsam durch die Splitterlöcher eines Eisenbahnwagens, der allein auf dem Nebengleis knapp vor der Nordbrücke stand. Dabei bekam ich als ehemaliger Artillerist und VB den Auftrag vom Artilleriekommandeur, künftig als Aushilfs-VB mitzuwirken, denn er habe keine Leute mehr, die schießen könnten. Ich nahm den Auftrag an und gab gleich in Anwesenheit des staunenden Oberleutnants das erste Feuerkommando für das neue Einschießen eines Sperrfeuers direkt vor unsere Stellungen. Bald mußten wir aber eine enttäuschende Gewißheit erleben: Der erste Schuß orgelte über uns hinweg; der Einschlag war jedoch kaum zu hören, geschweige denn zu sehen. So ließ ich einen Doppelzünder für einen hochgezogenen Sprengpunkt laden. Der war nun über dem Stellwerk gut zu sehen, also mußte doch die Entfernungseinstellung stimmen!

---

32 Wie es sich bei der Begegnung 1996 in Andorf herausstellte, handelte es sich um den damaligen Major und späteren Obersten Alexander Smirnow, mit dem sich aus der gegenseitigen Todfeindschaft später eine großartige Kameradschaft entwickeln sollte (Anmerkung von Josef Goblirsch).

33 Oberleutnant Helmut Maul (∗ 18. März 1913) verbrachte seinen Lebensabend in Plön und verstarb dort im Herbst 2010.

Der nächste Aufschlagzünder mit gleicher Seite und Entfernung schlug überraschend unmittelbar vor unserer Brücke ein. Ich ließ die Einstellungen an der Haubitze kontrollieren und erfuhr dabei, daß die Geschütze völlig ausgeschossene Rohre hatten und schon lange „wie ein Kuhschwanz“ schossen. Voller Enttäuschung versprach mir der Oberleutnant, die Luftwaffe „anzubohren“, sobald er den Regimentsgefechtsstand erreich habe.

Bevor er ging, regte er an, den Oberjäger Kastner, der schon das Sturmabzeichen, die Nahkampfspange und die Eisernen Kreuze I. und II. Klasse hatte, zur Verleihung des Ritterkreuzes vorzuschlagen. Er hatte entscheidenden Anteil daran, daß der wichtige Eckpfeiler der Verteidigung des Regiments zurückerobert werden konnte.[34]

Tags darauf meldete sich überraschend der Luftwaffen-Verbindungsoffizier der Division an meinem Funkgerät: „Sie bekommen zweimal 50 Vögel. Geben Sie das Planquadrat!“ Ich: „Danke, Planquadrat 60!“ „Ich wiederhole ... bleiben Sie ständig am Funkgerät, sagen Sie die genaue Lage der ersten Bomben ... wir melden Ihnen die Eintreffzeit!“

Nach etwa einer Stunde – unsere Stellungen lagen gerade wieder unter Artilleriebeschuß – meldete sich die Luftwaffe mit der Eintreffzeit 11.15 Uhr. Es flogen die ersten Rotten Ju 87-Sturzkampfbomber an. Die russische Flak auf der Wolgainsel schoß wie besessen; auf unsere Stellungen regnete es Splitter. Genau über uns kippten die ersten Maschinen zum Sturzflug ab. Wir meinten schon, die kämen mit dem bekannten Sirenengeheul direkt auf uns zugestürzt, und drückten unsere Köpfe in die Deckung. Wenige Meter über uns klinkten nacheinander die Maschinen vier Bomben von ihren Tragflächen aus, bevor sie im Steilflug abdrehten. Die Bomben rauschten über uns hinweg direkt in die Russenstellungen in dem Werk „Lasur“. Sofort meldete ich über Funk die hervorragende Trefferlage.

Nach einer weiteren Kurve der nächste An- und Sturzflug der Stukas. Diesmal wurde die schwere Sprengbombe vom Rumpf der Flieger gelöst. Die Dicken sausten im Pfeifton in das Ziel, das nun im Detonationsqualm verschwand. Die russische Flak tobte weiter aus allen Kalibern. Ihre Splitter schlugen surrend in die Erde und krachend auf die Blechteile der zerschossenen Eisenbahnzüge. Dichte Rauchwolken hüllten uns ein. Unsere Augen brannten. Es wurde dunkel. Das Bersten der Bomben erschütterte die Luft und machte uns fast taub. Nach kurzer Pause hörten wir den Anflug der zweimotorigen Ju 88 mit noch größerer Bombenlast. Durch den Qualm konnten wir die Maschinen aber nicht sehen.

---

34 Er erhielt gemeinsam mit Leutnant Kühnfels noch im Kessel von Stalingrad das Ritterkreuz, bevor er wenige Tage danach fiel (Anmerkung von Josef Goblirsch).

Der Wind kam aus Nord, und mit ihm bewegte sich die Rauchwolke über uns hinweg. Wir stellten uns vor, daß auch die Ziele von oben nicht mehr zu erkennen waren und die Bomben einfach in die Qualmwolke hinein ausgelöst würden, unter der wir uns jetzt befanden. Wir gerieten fast in Panik, weil wir uns einbildeten, die Bombendetonationen kämen näher. Manchmal erkannten wir durch den dichten Rauch hindurch schon rote Detonationsblitze. Ich schrie durch den Funk: „Die werfen zu kurz!" Der Detonationslärm verhinderte, daß mein Schrei aufgenommen werden konnte. Da, endlich ein Rückruf: „Wir sind fertig. Keine eigenen Verluste. Viel Soldatenglück, Herr Leutnant. Ende!"

Vor Infanterieangriffen hatten wir in den nächsten Tagen Ruhe. Um so öfter beharkten uns Artillerie und Stalinorgeln. Eine Granate traf meine Lokomotive. Ihre Splitter zerschlugen den Öltank. Lange dünne Ölfäden rannen von oben herab und erreichten mein Deckungsloch. Ehe ich mich darum kümmern konnte, stand ich in einer schwarzen Öllache. Meine Uniform saugte sich voll, und das unrasierte Gesicht wurde schwarz und klebrig, bevor ich mich vor dieser klebrigen Brühe in Sicherheit bringen konnte. Mit meinem Krimskrams zog ich in das Deckungsloch meines Melders um, worüber sich dieser nicht besonders erfreut zeigte. In dem Ölfilm auf Haut und Uniform blieb der ständig durch Sprenggeschosse und Wind aufgewirbelte Staub haften, so daß die strapazierte Haut beim Abwischen heftig protestierte. Zwar gab es genügend Wischlappen; abgerissene Uniformfetzen gefallener Russen waren notgedrungen geeignet, aber Wasser fehlte.

Eines frühen Morgens gab es hinter unserer Stellung in Richtung Bataillonsgefechtsstand einen heftigen Infanterie-Feuerzauber. Unüberhörbar waren das langsame Hämmern der russischen Maschinenpistolen und die schnellere Schußfolge unserer Maschinenpistolen. Dazwischen hörte man Detonationen von Handgranaten. Was war geschehen? Die Russen hatten zum Einsickern hinter unseren Stellungen die an der Wolga offenen Kanalrohre benutzt, waren dann unbeobachtet aus den Kanaldeckeln am Bahnhof herausgekrochen und hatten sich gesammelt, um unsere Gefechtsstände, womöglich auch den unseres Bataillons, der vermutlich von der „Dame" verraten worden war, auszuschalten. Der Überfall wurde wahrscheinlich von der Bataillonsreserve bereinigt. Jedenfalls hörte ich nichts mehr von diesem in Stalingrad fast alltäglichen Ereignis.

Eines Nachts gab es eine Überraschung: Artilleriegranaten schlugen in unsere Stellung ein, die einen sehr dumpfen, noch nie gehörten Detonationsknall erzeugten. Was war das nun wieder? Ich kroch aus der Deckung und sah sich vor und hinter mir haushohe, leuchtende Funkenfontänen nach jedem Aufschlag ausbreiten. Der Funkenregen erzeugte weißen, leuchtenden Nebel. Phosphor! Bevor ich „Gasmaske auf, Durchrufen!"

brüllte, hatte ich schon heftig geatmet und rang nun um Atemluft. Ich kroch in das Deckungsloch und zog die Gasmaske über mein bärtiges Gesicht; natürlich war sie ohne Hautkontakt undicht.

Schon kam ein Soldat in Panik schreiend den Bahndamm heruntergestürzt und vor mein Deckungsloch. Am ganzen Körper und auf dem Stahlhelm hatte er phosphoreszierende Flecken. Er streckte mir die helleuchtenden, brennenden Hände, mit denen er wohl vorher einige Phosphorspritzer von seiner Uniform hatte abwischen wollen, unter Jammern unter die Lokomotive. Bevor ich mich bemühen konnte, ihm die Gasmaske aufzusetzen, verstummte sein Schreien. Er bekam Schüttelfrost und fiel in Ohnmacht. Der Sanitäter zog ihn in Deckung, wo er nach Stunden starb, ohne wieder zu Bewußtsein gekommen zu sein. Wegen des starken Feuers konnte er nicht rechtzeitig abtransportiert werden; das konnte ich aber seinen Eltern nicht mitteilen.

Noch am Morgen nach dem Überfall mit weißem Phosphor klagten alle, die den leuchtenden Nebel eingeatmet hatten, über Brustschmerzen und brennende Augen; viele husteten. Wir erbrachen Schleim und bekamen wäßrigen, weißgrauen Durchfall. Doch war man schon daran gewöhnt, auf solche „Kleinigkeiten" wenig zu achten. Auch den zunehmenden Kräfteverfall nahm man als normal hin, waren doch unsere Körper durch die Mangelverpflegung schon seit Wochen erheblich geschwächt worden.

Viele Soldaten erkrankten plötzlich an Gelbsucht und starkem, weißem Durchfall. Hohes Fieber stellte sich ein. Manche Soldaten begannen zu phantasieren, wurden bewußtlos und mußten nachts abtransportiert werden. Die Phosphorvergiftung erkannten wir damals nicht als Ursache dieser Erkrankung und beschuldigten das mangelhafte, oft verdorbene Essen, die ranzige Butter und das unreine Wasser. Von den überlasteten Ärzten, meist Chirurgen, waren meine Schmerzen und leuchtenden Durchfälle bei den kurzen Aussprachen auch nicht als Vergiftung erkannt worden.[35]

Mich erwischte es am 16. Oktober: drei Granatsplitter, zwei am Kopf und einer im linken Unterarm, aber nicht schlimm; Pflaster war kaum erforderlich. Vielleicht hätte ich noch einige Tage und Nächte, auch mit Schüttelfrost und Fieber, in der Stellung ausgehalten, wenn ich nicht das dringende Bedürfnis gehabt hätte, mich zu waschen und vielleicht zu rasieren. So übergab ich die Kompanie meinem Kompanietruppführer – für einen oder zwei Tage, wie ich dachte. Nach meiner Abmeldung beim Bataillonskommandeur in der Kanalröhre – „gute Besserung, kommen Sie bald wieder!" – ging ich über den Hauptbahnhof.

---

35 In der gesamten Stalingrad-Literatur habe ich bis 1999 keinen Hinweis auf diesen Giftgasüberfall am Metallurgischen Werk gefunden (Anmerkung Josef Goblirsch).

Auf der breiten Bahnhofstraße kam ich an einer 20 mm-Zwillings-Fla vorüber, als gerade eine Il 2 aus der Sonne zum Angriff auf diese Fla abkippte. Auf dem Stadtplatz schlugen ihre Geschosse in meiner Umgebung ein. Zwischen zwei Gleisen der Straßenbahn, die in der Stadt nicht in die Straße, sondern mit dem Unterbau nur aufgesetzt waren, fand ich Deckung. Mein Glück: Zwischen den Gleisen liegend traf mich kein Splitter. Die Il 2 stieß immer weiter herunter; die Fla schoß Dauerfeuer und traf die Maschine, so daß diese eine Tragfläche verlor. Danach dauerte es kaum eine Sekunde, bis Fla und Flugzeug in einem Feuerball verschwanden. Nur die abgeschossene Tragfläche flatterte seltsam wiegend auf die Straße herunter. Dann lief ich weiter und kam am Roten Platz an einem ausgebrannten Russenpanzer vorüber. Im Regimentsgefechtsstand, der in einer tief eingeschnittenen Schlucht lag, traf ich nur den Stabsarzt an. Er untersuchte mich nur kurz, gab mir eine Spritze und schickte mich, in Decken gehüllt, auf dem nächsten Lastwagen zum Hauptverbandplatz der Armee in Gumrak. Diagnose: akute Leberentzündung, Verdacht auf Herzmuskelentzündung. Auf dem Wege sah ich den Oberleutnant Maul auf dem Motorrad. Wir winkten uns auf der staubigen Straße, die unter Beschuß lag, nur kurz zu.[36]

Gumrak bot ein Bild des Grauens: Berge amputierter Gliedmaßen, alles mit Zentnern von Chlorkalk überworfen; tagsüber Luftangriffe durch Schlachtflieger; nachts kam der unvermeidliche „U. v. D" mit seinen Bomben; Ratten, die operierte Verwundete anfielen; überarbeitete Operateure; Bauchverwundete, auf den Barackengängen liegend, „aussortiert" und nur noch mit Morphium ruhiggestellt. Ich war so apathisch geworden, daß ich das alles nicht mehr richtig aufnahm. Meine verschmutzten Splitterverletzungen wurden versorgt und verbunden. Ich mußte viel Prontosil schlucken und Tee trinken. Alle paar Minuten ging es mit Fieber aufs eiskalte Häuschen; es kam nur milchiges Wasser. Manchmal, besonders nachts, erreichte ich das Häuschen erst gar nicht, bis es losging. Meine Leber trat immer stärker hervor, Brust und Oberbauch schmerzten.

Ständig landeten und starteten unsere Junkers-Sanitätsflugzeuge von der Steppen-Startbahn. Nachts bombardierten die Russen aus großer Höhe Gumrak, ohne viel Schaden anzurichten.

Am 23. Oktober 1942 hob eine überlastete Ju 52 voller Verwundeter[37], als Sanitätsflugzeug mit dem Roten Kreuz gekennzeichnet, nur mit Mühe von Gumrak ab. Im Tiefflug ging es stark schüttelnd über den Don. Verwundete froren in der klappernden Wellblechkiste, wimmerten

---

36 Damals ahnte ich noch nicht, daß ich von ihm nach 13 Jahren in Hammelburg die Unteroffiziers-Lehr-Kompanie der Infanterieschule als Kompaniechef übernehmen würde (Anmerkung Josef Goblirsch).

37 Mit dem Verfasser dieser Zeilen an Bord.

und jammerten unablässig. Über der Steppe griffen überraschend drei Il 2 an und durchschossen den Flugzeugrumpf. Wir hatten keinen Bordschützen. Der Pilot rief in den Laderaum nach einem MG-Schützen. Ich wühlte mich über die Verwundetenkörper zum MG-Stand durch und kletterte zitternd in den eisigen Luftstrom hinaus. Eine Gurttrommel war bereits eingelegt, und ich lud mit klammen Fingern durch. Die Il 2 kamen, von hinten schießend, bis auf wenige Meter heran. Meine Leuchtspur ging vorbei. Unser Sanitätsflugzeug mit dem Roten Kreuz wurde wieder getroffen und es gab nun Doppelverwundete an Bord.

Der Pilot zog die Maschine tief über den mit Rauhreif oder Schnee bedeckten Steppenboden, auf dem schon etliche abgeschossene, meist ausgebrannte Ju 52 lagen. Nun war ich schußbereit. Die Schlachtflieger kamen wieder von hinten in Reihe rasch näher. Ich sah die Maschinengewehre des ersten Flugzeugs aufblitzen und hielt mit Leuchtspur auf Zielmitte. Es drehte unbeeindruckt dicht über meinem Kopf ab. Auf das zweite schoß ich Dauerfeuer, bevor es selbst losballerte. Ohne zu schießen stieg es steil hoch; meine Leuchtspur lag im Ziel, von der gepanzerten Unterseite spritzten Querschläger ab. Hatte ich getroffen? Die dritte Maschine drehte vorzeitig ab, ohne anzugreifen.

Der Spuk war verschwunden und ich, fast zu Eis erstarrt, kletterte in die Maschine zurück. Den Lobschrei des Piloten hörte ich noch, bevor ich schlotternd in Apathie verfiel. So konnten wir endlich in Taganrog am Schwarzen Meer landen, und die Verwundeten versorgt und in einen bereitstehenden Lazarettzug umgeladen werden. Noch immer hatte ich Schüttelfrost, Durchfall und starke Schmerzen im Oberbauch. Die ärztliche Versorgung war ausgezeichnet, die Sanitäter flink und sehr hilfsbereit. Leider erbrach ich nach jedem Versuch, etwas zu mir zu nehmen. Ich verschlief fast die ganze Fahrt.

Über die neu erstellte Dnjepr-Brücke ging es nach Kiew und weiter nach Krakau. Der ganze Zug fuhr in die Entwesungsstation ein. Der Ablauf war minutiös vorbereitet: Abgeben der gesamten Kleidung und der persönlichen Sachen und Verlassen des Zuges. Sanitäter halfen bei der Körperpflege, beim Haareschneiden, Rasieren, beim Dampfbad und bei der Dusche. Auf der anderen Seite der Station stand ein neuer Lazarettzug. Bevor wir ihn bestiegen und in unsere ausgeschilderten Betten kletterten, bekam jeder seine Sachen entwest zurück und ein neues Nachthemd dazu. Um den Hals hing jedem ein Schild mit Dienstgrad, Name, Diagnose, Tag der Entlausung (3. November 1942), Lazarett, gez. Dr., Unterschrift, Unterarzt, wachhabender Arzt. Ich lag im ersten Wagen in der unteren Reihe neben einem „Kopfschuß", dessen Haupt nur zwei Pflaster trug. Er konnte viele Witze erzählen. Die Kugel sei ihm zwischen Auge und Nase eingedrungen und am Hinterkopf wieder ausgetreten. Ja, so ein Glück beim millionsten, sonst absolut tödlichen Kopfschuß!

Der Zug „verlor" in Breslau, Leipzig, Dresden, Würzburg und Augsburg jeweils ein bis zwei Wagen. Der letzte, in dem auch ich lag, wurde in Füssen ausgeladen. Im Sanka ging es am 6. November in die verschneite Bergwelt in das attraktive Lazarettdorf Hohenschwangau, wo im Jägerhaus schon mein Bett ausgeschildert war: „Leutnant Goblirsch, Ikterus". Die reizenden Krankenschwestern waren sehr behilflich. Noch vor Tagen Stalingrad und Gumrak, jetzt Alpsee und Hohenschwangau, das mußte auch erst verkraftet werden!

*Nach seiner Genesung wurde Josef Goblirsch mit der neu aufgestellten 100. Jäger-Division auf dem Balkan und in Ostpreußen eingesetzt und 1945 heimgeschickt. Nach kurzer amerikanischer Kriegsgefangenschaft und tschechischer Zwangsarbeit, aus der er nach Bayern floh, studierte er in Würzburg Pädagogik und trat 1956 in die Bundeswehr ein. 1980 wurde er als Oberst pensioniert; bis 1987 war er Direktor im Europäischen Institut für Sicherheitsfragen (EIS) in Brüssel. Zahlreiche militärfachliche Studien und Veröffentlichungen. Er lebt heute in einem Seniorenheim in Bad Boklet.*

## Wilhelm Grosse:
## Soldaten vom Nachschub als Frontkämpfer[38]

*Dr. Wilhelm Grosse war in Stalingrad Kommandeur des Munitions-Bataillons der 16. Panzer-Division. Er nahm bei seinem Ausflug die Stalingrad-Madonna von Dr. Kurt Reuber mit aus dem Kessel. Nach dem Krieg war er Zahnarzt in Herne. Dr. Wilhelm Grosse wurde am 4. Mai 1898 in Herne geboren. Er nahm schon nach dem Abitur als Freiwilliger am Ersten Weltkrieg teil und studierte ab 1919 Zahnmedizin in Göttingen. Danach ließ er sich als Zahnarzt in Herne nieder. Als Major kommandierte er den Troß der 16. Panzerdivision, mit der er am Kampf um Stalingrad teilnahm. Nach seiner Genesung übernahm er eine Zahnarztpraxis in Gemünden und kehrte bei Kriegsende nach Herne zurück, wo er bis 1965 als Zahnarzt in eigener Praxis arbeitete. Seinen Lebensabend verbrachte er in Münster. Er verstarb am 7. November 1974 in Herne.*

Das Munitions-Bataillon mit seinen zehn Kolonnen, die Anfang November 1942 aus Zweckmäßigkeitsgründen zu sechs großen Munitionskolonnen zusammengelegt wurden, lag am 21. November zwischen

38 Auszug aus einem Brief an Oberst Höfer vom 12. Februar 1943, publiziert in „Unsere 16.", Ausg. 107, 28. Jhg., Januar 1980. Der Bericht gibt die Ereignisse zeitnah wieder, wobei sich Dr. Grosse an seine Tagebuchnotizen hielt (→ Bildtafeln VIII–X).

Don und Wolga im Woroschilowa-Lager bei Karpowka und im Raum etwa sechs Kilometer westlich davon verteilt. Die Unterkünfte waren schlecht, wurden aber im Laufe der nächsten Wochen besser ausgebaut. Sie bestanden größtenteils aus Bunkern; nur sehr wenige kümmerliche Häuser standen uns zur Verfügung.

Seit Mitte Oktober arbeitete ein starkes Vorkommando von etwa 60 Mann an den Winterunterkünften von Rubeschyn, einem Dorf, das etwa 90 km südlich von Marinowka lag, der Unterkunft des Versorgungs-Regimentsstabes am Don.

Bis zum 21. November war der Einsatz des Regiments entsprechend dem harten Einsatz der Division pausenlos. Für die Zeit seit dem 25. August ergibt sich für den Stalingradeinsatz, d. h. bis zum Beginn des Kessels, eine Gesamtzahl von etwa 6000 Tonnen Munition, die in diesem Zeitraum allein von unserem Bataillon gefahren wurde.

Man konnte diese Leistung, die übermenschliche Anforderungen an unsere Fahrer stellte, nicht hoch genug werten, zumal die Fahrzeuge durch die ungeheure Beanspruchung der LKWs und dem fast völligen Fehlen der nötigsten Ersatzteile von Tag zu Tag schlechter wurden. Diese Fahrer besaßen ein so hohes Pflichtgefühl, daß man immer und immer wieder davon sprechen muß. Tag und Nacht fuhren sie unter den schwierigsten Verhältnissen ihre Munition nach vorn, und wenn sie mal für Stunden zur Ruhe kamen, dann galt der größte Teil ihrer Ruhezeit ihren LKWs. Ungewaschen und unrasiert ging es sofort nach Rückkehr in die Unterkunft in die I-Staffel, um die notwendigsten Schäden beseitigen zu lassen. Das war auch stilles Heldentum, und man konnte vor diesen Fahrern nur allergrößte Hochachtung haben.

Seit Dezember stiegen die Verluste, weil von da an die Versorgungstruppen immer mehr zur Verteidigung der „Festung Stalingrad“ herangezogen wurden.

Am Vormittag des 21. November bekamen wir den Befehl, einen Marsch von etwa 300 Kilometern vorzubereiten. Kein Mensch ahnte, wohin es gehen sollte. Die ganz großen Optimisten meinten: „Aha, 300 km weiter von hier wird der erste größere Verladebahnhof sein – wir kommen nach Deutschland!“ Man glaubte allzugern an diese Möglichkeit, aber daraus wurde nichts. Es kam nicht einmal zur Durchführung der Vorbereitungen für diesen Marsch. Die Befehle überschlugen sich, und bald sickerte dann auch die Nachricht durch, daß der Russe an verschiedenen Frontabschnitten, vor allem nördlich von uns, mit starken Kräften zum Angriff angetreten war.

Am 22. November war Totensonntag. Schon in aller Frühe wurde Alarmbereitschaft befohlen; jede Einheit im rückwärtigen Gebiet richtete sich zur Verteidigung ein. Die Organisation der Verteidigung in unserem Raum, der unmittelbar an den Feldflughafen grenzte, übernahm der stellvertretende Kommodore dieses Geschwaders, Major Dr. Kupfer[39]. Ich konnte ihm 3,5 cm-Paks zur Verfügung stellen, die sich zufällig in dem mir zugestellten Werkstattzug befanden. Inzwischen waren russische Panzer und Infanteriekräfte zwischen Marinowka und Ssowetzki aufgetaucht. Tatsache war: Der Ring um uns schloß sich, die von Norden und südlich Stalingrad durchgestoßenen Russen hatten Kalatsch erreicht. Ich zog sämtliche Kolonnen des Bataillons, die sich in diesem Augenblick nicht gerade außerhalb des Kessels befanden, im Woroschilowa-Lager zusammen. Wir waren etwa 200 Mann stark, mit 80 LKW einschließlich der Wirtschaftsfahrzeuge.

Im Laufe des Nachmittags erhielt das Bataillon vom Versorgungs-Regiment folgenden Befehl: Munitions-Bataillon verlegt am 23. November um 5 Uhr nach Peskowatka, bricht beim Feind durch, entsprechend früher. Um 20.30 Uhr erfolgte ein russischer Feuerüberfall auf unser Lager mit Panzern und Maschinengewehren. Es herrschte völlige Dunkelheit. Aus allen Richtungen wurde geschossen, so daß sich kein Mensch auch nur annähernd ein Bild dieser verworrenen Lage machen konnte. Hier konnte nur eins entscheidend sein: die 80 LKW nicht dem sinnlosen Beschuß und der Vernichtung auszusetzen. Entsprechend dem am Nachmittag durchgegebenen Regimentsbefehl gab ich Order zum sofortigen Abrücken nach Peskowatka. Abgesehen von einem Verwundeten und einigen Fahrzeugdurchschüssen kamen wir unversehrt am 23. November um 5 Uhr in Peskowatka an.

Unterkunft fanden wir in schnell hergerichteten Erdlöchern. Das Wetter war kalt und diesig; im Laufe des Tages kam es zu einer gewaltigen Ansammlung von Fahrzeugen in und um den Ort. Russische Flieger beschossen uns tagsüber mit Bordwaffen, wobei es einige Verwundete gab. Auch Bomben wurden reichlich abgeworfen.

Am 26. November setzte nach ruhiger Nacht gegen 3 Uhr 30 lebhaftes Artillerie- und MG-Feuer ein. Die Russen kamen über den zugefrorenen Don und griffen Peskowatka an, das durch Kräfte anderer Divisionen verteidigt wurde, die bereits Verteidigungsstellungen um den Ort bezogen hatten. Das Versorgungs-Regiment verlegte am frühen Morgen des 26. November nach Bezugspunkt 438, zwei Kilometer nördlich von Nowo-Aleksejewskij. Nach dem Wirrwarr der vorhergehenden Tage hatte man jetzt den Eindruck, als ob die Bewegungen bereits wieder Ordnung und Planmäßigkeit beherrschten.

---

39 Dr. Ernst Kupfer (∗ 2. Juli 1907 in Coburg, abgestürzt am 6. November 1943) studierte vor dem Krieg Jura (Promotion 1937) und trat 1928 in die Reichswehr ein. 1934 Oberleutnant, 1939 zur Luftwaffe; 1940 Major, Stukaflieger. 1941 schwerst verwundet. 1942 Major; 1943 Kommodore des Stukaverbandes Kupfer. Oberstleutnant, 1944 posthum Oberst. Auszeichnungen: 1941 Deutsches Kreuz in Gold, Ritterkreuz, 1944 Ritterkreuz mit Schwertern zum Eichenlaub (posthum). Über 600 Feindflüge.

Im Laufe der nächsten Tage wurde überall die vorgesehene Hauptkampflinie bezogen. Mit voller Überlegung wurde der Westriegel erheblich vom Don abgesetzt, um sich dem hoch gelegenen Donufer zu entziehen. Als Unterkunft diente uns ein Panzergraben, der zuletzt vornehmlich als Latrine benutzt worden war. Wir lagen etwa vier bis fünf Kilometer hinter dem Westriegel und erlebten hier die täglichen Angriffe der Russen, die sich besonders auf diesen Riegel konzentrierten. Artillerie, Stalinorgeln und Flieger belästigten uns Tag und Nacht. Mehrere Male bezogen wir unsere Verteidigungsstellungen, die wir erfreulicherweise stark besetzen konnten. Das im Raum 438 zusammengezogene Versorgungs-Regiment stellte eine Gefechtsstärke von 600 Mann dar, mit 30 MG und zwei 3,7 Paks. Für letztere standen uns nur Panzer-Sprenggranaten zur Verfügung.

Am 4. Dezember nahm uns gegen 10 Uhr ein durchgebrochener russischer Panzer unter Feuer. Ganz zufällig wurde ein deutscher, beschädigter Panzer von einer Zugmaschine etwa 100 Meter vor dem Russen abgeschleppt. Es gab ein kurzes Feuergefecht: Der Russe brannte, die Besatzung stieg aus und wurde vernichtet.

Nachdem in tagelanger, harter Arbeit die Erdlöcher soweit ausgebaut waren, daß sie dürftigen Schutz gegen Schnee und Sturm boten, kam der Verlegungsbefehl nach Dubininski. Allmählich machten sich die gekürzten Verpflegungsrationen bemerkbar. Es gab 200 Gramm Brot pro Tag – und Pferdefleisch. Die Einschränkungen wurden tapfer ertragen; jedenfalls herrschte allgemeine Zuversicht. Man konnte es sich einfach nicht denken, daß man hier eine ganze Armee vor die Hunde gehen ließ! Gewiß, zwei Versuche, uns zu entsetzen, schlugen im Laufe des Dezember fehl, aber wir ließen den Mut nicht sinken. Die Haltung der Männer war gut und oft genug bewundernswert. Not und Entbehrung sollten uns nicht kleinkriegen! Immerhin hatten wir es noch nicht so schwer wie die Kameraden in der ersten Verteidigungslinie. Und doch trat von Tag zu Tag etwas dazu, das uns die Lage immer klarer vor Augen führte: die Not der Verwundeten und Kranken. Die Feldlazarette mit ihren dürftigen Unterbringungsmöglichkeiten konnten nur schwere Fälle aufnehmen. Alles andere wurde rücksichtslos abgewiesen, aber wohin? Die meisten schleppten sich wieder zur Truppe zurück, elend vor Hunger und Kälte. Niemand gab ihnen zu essen, denn man wurde ja selber nicht satt. Hier und da wurde so ein armer Teufel mal für eine Nacht aufgenommen und durchgefüttert, aber am nächsten Morgen mußte er weiter. Hilflos, elend und verdreckt versuchte er, seine Truppe wieder zu erreichen und schleppte sich durch den Schnee und den eisigen Steppenwind. Da floß manche Träne, und man stand dabei und konnte nicht helfen. Solche und ähnliche Tragödien erlebten wir täglich. So schwer das auch war: Man mußte sich hart dagegen machen; das Herz mußte ausgeschaltet werden, nur noch mit dem Kopf durfte man denken, klar und eiskalt – nur so ging es.

Die Gesichter der Kameraden wurden schmäler, mancher wurde wortkarg. Die Unterhaltung floß nicht mehr in altem Tempo, Kartenspiel wurde zu einer verkrampften Angelegenheit, zumal nach Anbruch der Dunkelheit, wenn der „Iwan vom Dienst", die Nervensäge, immer und immer wieder seine Bomben ablud. Er hatte es ja in den mondhellen Nächten und bei den mangelhaften Tarnungsmöglichkeiten für Bunker und Fahrzeuge so einfach!

Noch einmal ging es in die hartgefrorene Erde, als wir am 11. Dezember nach Dubininski verlegten. Nach zwei Tagen waren die Bunker notdürftig ausgebaut; sie boten immerhin Schutz gegen Kälte und Schnee. Die Kälte nahm zu, wir hatten Temperaturen zwischen 20 und 30 Grad minus. Allmählich wurde auch das Holz knapp, das wir bisher in Verbindung mit Munitionsfahrten aus Stalingrad holten. Nur zu bestimmten Stunden des Tages durften wir die Bunker heizen. Ein schwarzer Handel mit Pferden und Brennholz entwickelte sich; gegen einen Holzbalken konnte man bei Beziehungen zu pferdebespannten Einheiten ein Pferd eintauschen. Besser, man schlachtete die armen Tiere rechtzeitig, bevor sie verendeten, denn zu fressen gab es für sie doch nichts mehr.

Allmählich rückte das Weihnachtsfest näher. „Vielleicht ist bis dahin der Kessel auf", dachten die meisten. Und dann würde es Post und Weihnachtspäckchen geben, die sich vor den Toren des Kessels für uns ansammelten, und dann war da der Heilige Abend! Kein Päckchen war gekommen, die Ju's und He's brachten ab und zu einen Luftpostbrief mit – das war alles! Und doch wurde dieses Weihnachtsfest in seiner Art zu einem solch starken Erlebnis, an das man nur mit einem Gefühl des Schauerns zurückdenken kann. Nie hatte ich ein Weihnachtsfest mit einer solch tiefen Ergriffenheit erlebt wie dieses! In jedem Bunker herrschte Weihnachtsstimmung. Die Männer hatten aus dem grauen, häßlichen Steppengras, das sie unter dem Schnee weggeholt hatten, Weihnachtskränze hergestellt. In dünne Streifen geschnittenes Zigarettenpapier, etwas Watte, hier und da ein Stückchen rotes oder gelbes Band, das man irgendwoher gezaubert hatte, waren die Mittel, um diese nüchternen grauen Kränze zu schmücken. Aus kleinen Beständen Weizenmehl, die noch hier und da in den Feldküchen lagerten, wurde für jeden etwas Gebäck hergestellt. Aus der Panzersonderausstattung gab es pro Kopf eine Packung Scho-Ka-Kola. Aufgesparte Zigaretten wurden ausgegeben, und so wurde jeder beschert. Wenn es auch nicht viel war – die Freude war riesengroß. Für die Offiziere hatte ich aus russischen Kartuschenhülsen Teller treiben lassen, die sehr schön geraten waren. Um 14 Uhr trat der Stab an; ich hielt eine Weihnachtsrede.

Die Tage vergingen, die Russen griffen immer wieder an, meistens am Westriegel. Aber auch an den übrigen Kesselfronten nahmen die Angriffe zu. Abend für Abend warfen russische Flieger ihre Bomben ab und forderten so manches Opfer, aber wir blieben hart und zuversichtlich.

In der Nacht vom 29. auf den 30. Dezember bekam ich eine sehr schmerhafte Nierenkolik, die drei Stunden anhielt und erst nach zwei Morphiumspritzen erträglich wurde. Bis zum 2. Januar wiederholten die Koliken sich noch viermal; eine Nierenbeckenentzündung trat hinzu. Die beiden mich behandelnden Oberärzte Dr. Reuber[40] und Dr. Schmidt[41] hielten den Transport in ein rückwärtiges Lazarett mit entsprechender fachärztlicher Abteilung für dringend erforderlich. Dieser Ansicht schloß sich auch der Chefarzt des Feldlazaretts der 100. leichten Division an, der die Bescheinigung über die Notwendigkeit des Abtransportes mit Flugzeugen über den Flugplatz Pitomnik ausstellte.

Am 6. Januar um 10.40 Uhr startete ich mit einer He 111 nach Nowotscherkassk, 40 Kilometer ostwärts von Rostow. Diese letzten Tage vor meinem Abtransport waren wohl die schwersten meines Lebens. Auf der einen Seite bestand die Aussicht, dieser Hölle von Stalingrad infolge schwerer Erkrankung entgehen zu können; auf der anderen Seite tat sich folgende Überlegung auf: Du verläßt jetzt in schwerster Not deine Kameraden, für die du verantwortlich bist, die du liebgewonnen hast! Ich geriet in einen so starken Zwiespalt, daß ich am Vormittag des 6. Januar ernsthaft überlegte, die Abtransportmöglichkeit auszuschlagen und zu bleiben. Aber wem konnte ich in diesem schwerkranken Zustand noch nützen? Ich war nur noch ein unnützer Esser und eine Belastung für die anderen, vor allem dann, wenn es zu einer Bewegung kommen würde. Nein – ich durfte jetzt in mein Schicksal nicht mehr eingreifen!

Es gab einen herzlichen Abschied von meinen Kameraden und gegenseitige gute Wünsche für die Zukunft. Dann brachte mich der Wagen zum Feldflugplatz Pitomnik.

---

40 Oberarzt Dr. med. Dr. theol. Kurt Reuber (* 26. Mai 1906 in Kassel, † 20. Januar 1944 im Offizierslager Jelabuga) studierte nach dem Abitur Theologie und neben seiner Pfarrstelle in Wichmannshause zusätzlich Medizin in Göttingen. Weihnachten 1942 schuf er die berühmte Stalingrad-Madonna, die sein Kommandeur Dr. Grosse mit aus dem Kessel nahm (→ Bildtafel I, IX).

41 Dr. Hans-Jürgen Schmidt (* 6. Oktober 1909 in Berlin; † am 19. Februar 1943 im Lager Krasnoarmeisk) studierte in Berlin Medizin und war Kinderarzt; ab Herbst 1939 bei der 16. P.D.

# Werner Halle:
## Vorstoß auf den Süden Stalingrads[42]

*Werner Halle war Unteroffizier in der 10. Kompanie des Infanterie-Regiments 71 (mot.) der 29. Infanterie-Division.*

Schwerste Kämpfe lagen hinter uns. Tage, ja Wochen standen wir nun in ununterbrochenem Einsatz. Unser Hauptangriffsziel hieß Stalingrad.

Die Russen hatten zwischen Don und Wolga Feldbefestigungen angelegt, die es uns nicht leicht machten, dieses tiefgegliederte Befestigungssystem zu nehmen. Jede Stadt, jedes Dorf, jedes Waldstück und selbstverständlich jede Höhe war zur Verteidigung eingerichtet. Das Gelände war zu einer einzigen Festung unterwühlt worden. Wir erkannten oft zu spät, ja meist erst auf kurze Entfernung die Einmannlöcher, die Bunker, die mit tiefen Laufgräben miteinander verbunden waren. Die Abwehrstellungen waren von den Russen stark besetzt, und ihre Feuerkraft war gewaltig. Wir Infanteristen erlebten von Tag zu Tag aufs neue den erbitterten Widerstand. Ja, der Russe kämpfte mit einem Fanatismus, der schon an das Unmögliche grenzte. Wie oft erlebten wir in diesen Tagen auch den Terror ihrer Kommissare, die hier unerbittlich waren, das Äußerste wagten und Menschenleben kaum achteten! Die Verluste der Russen erreichten erschreckende Zahlen.

Aber auch uns nahm es schwer mit. Die 10. Kompanie des Infanterie-Regiments 71 zählte zur Zeit noch etwa Zugstärke. Kompanieführer und Zugführer kannten wir nur noch ganz selten. Wir hatten viele schwere Verluste zu beklagen, für uns „kein allzu gutes Zeichen mehr“. Ein jeder von uns – es klingt hart, es war aber so – konnte nun daraus schließen: Wer von uns ist der nächste?

Dennoch, unser Ziel Stalingrad stand kurz vor uns. Stalingrad verlieh uns Infanteristen, die wir nun schon seit Jahr und Tag im Osten gekämpft hatten, ein Bewußtsein von Kraft, das uns immer wieder nach vorne riß.

Wir schrieben den 8. September, es begann zu tagen. Schon standen wir wieder in schweren Kämpfen den Russen gegenüber. Unsere Waffen, Artillerie und alle nur erdenklichen Feuerwaffen, griffen in stetem Zusammenwirken ein und hielten böse Ernte unter den Verteidigern. Aber der Russe gab nicht auf. Überall schlug uns das Abwehrfeuer entgegen. In direktem Beschuß von zwei Stalinorgeln, die in einer Mulde kurz vor uns in Stellung standen, wurden wir unter Feuer genommen. Für uns

42 Der Bericht wurde in der Zeitschrift „Falke“, Kameradenblatt ehemaliger Angehöriger der 29. I.D., Weihnachten 1960 veröffentlicht.

gab es hier nur eine Rettung: volle Deckung! Und schon zischten die Geschosse mit furchtbaren Dröhnen und Rauschen über unsere Köpfe hinweg.

Die unserer Kompanie zugeteilte 2 cm-Fla bewährte sich hier auf das beste und vernichtete auf kürzeste Entfernung Besatzung und Geschütze. Der Weg war wieder einmal frei – aber wie lange?

Richteten wir unsere Augen gen Himmel, so sahen wir unsere Flieger, Geschwader auf Geschwader, seit frühem Morgen in ununterbrochenem Einsatz. Für uns ein stolzes Gefühl, aus der Luft unterstützt zu werden. Jetzt standen wir vor einer Höhe, natürlich feindbesetzt. Auch hier drangen wir in die feindlichen Stellungen ein. Immer das gleiche Bild: Tote, Verwundete und Gefangene, die aus den Stellungen zögernd hervorkrochen. Wir hatten uns schon daran gewöhnt. Dann schauten wir von der Höhe herab. Noch vier bis fünf Kilometer, und Stalingrad und die Wolga lagen vor uns. Ein herrlicher Anblick, diese Stadt mit dem gewaltigen Strom! Sie war in Rauch und Qualm gehüllt.

Nach schnellem Vorstoß erreichten wir gegen Abend des 9. September den Bahndamm der Eisenbahnlinie Kuporosnoje-Stalingrad, wo wir in Stellung gingen. In dieser Nacht machten wir sehr viele Gefangene von teils motorisierten, tcils bespannten Einheiten. Den Aussagen der Gefangenen konnten wir entnehmen, daß der Russe in Unkenntnis der derzeitigen Lage von Beketowka aus der Stadt Verstärkungen zuführen wollte. Ja, sogar Panzer mischten sich unter uns im Glauben, Stalingrad sei noch frei. Sonst hätten wir kaum ohne jeglichen Schuß diese Gefangenen so schnell einbringen können. In dieser Nacht erhielten wir wieder einmal nach langer Zeit warmes Essen von unserer Feldküche.

Doch das Härteste stand uns noch bevor. Rechts und links von uns steigerte sich von Stunde zu Stunde der erbitterte Kampf mit dem Russen. Auch er wußte: Es ging um die letzten Kompanien. Das größte und letzte Ziel lag dicht vor unseren Augen; die Entfernung vom Bahndamm bis zur Wolga betrug etwa 500 bis 700 Meter. Dieses Stück mußte noch genommen werden. Wir selbst lagen mit nur noch wenigen Kameraden in den Schluchten, die zur Wolga hinführten. Hier hatte unsere III/71 die Hauptkampflinie bezogen, rechts und links mit Anschluß an unsere Nachbar-Bataillone. In den frühen Morgenstunden versuchten unsere Truppenteile nach mehrmaligen schweren Angriffen, die Wolga zu erreichen. Im mörderischen Abwehrfeuer blieb der Angriff immer wieder stecken. Die Verluste bei uns waren groß. Auch im Süden der Stadt hatten sich die Russen zu hartnäckiger Verteidigung eingerichtet. In den Straßen vor uns befanden sich tiefgestaffelte Kampfhindernisse. Dazwischen lagen Stahlbunker, Widerstandsnester, Drahthindernisse, Betonbunker mit Panzerkuppeln, und gleich so gestaffelt, daß ein Angriff auf die eine Verteidigungsstellung stets von flankierenden Stellungen unterstützt werden konnte. Kurz gesagt: jedes Holzhaus eine Festung!

Am 10. September erhielten wir, die 10. Kompanie, vom Bataillonskommandeur, Major Stürber[43], folgenden Einsatzbefehl: Stalingrad-Süd nehmen und zugleich das Wolgaufer erreichen. Für uns wenige Infanteristen bedeutete das einen großen Auftrag, wohl den bislang schwersten! In dieser Nacht machte wohl kaum einer von uns die Augen zu. Die Kompanie bestand nur noch aus zwei Gruppen; ich war Zugführer. Im Morgengrauen bezogen wir lautlos unsere Ausgangsstellungen am Bahndamm zwischen Beketowka und Stalingrad.

Um 9 Uhr war Angriffsbeginn. Noch war Zeit für etliche Zigaretten. Kein Wunder, daß die Aufregung unter uns groß war! Punkt 9 Uhr hörten wir ein Dröhnen in der Luft; Stukas kreisten über uns, und schon war es soweit. Mit Sirenengeheul warfen sie ganz dicht vor uns Bombe auf Bombe in den Feind. Damit ebneten sie uns den Weg zur Wolga. Wir selbst steckten dabei unsere Köpfe in den Dreck, vor uns nur Rauch und Pulverdampf. Jetzt war für uns die Zeit da: Im Sturmangriff ging es den ersten Häusern zu. Starkes Abwehrfeuer aus den Befestigungen fiel in unsere beiden Gruppen.

Nur mit ganz wenigen von meinen Leuten erreichte ich die ersten Häuser. Nun, auf uns ganz allein angewiesen, brachen wir im Nahkampf im Umkreis von etwa 500 Metern den Feindwiderstand, machten Gefangene und stießen nach schwersten Nahkämpfen bis zur Wolga durch. Endlich erblickten wir – als die ersten deutschen Soldaten im Süden Stalingrads – vom Steilufer aus den gewaltigen Strom, der hier wohl über einen Kilometer breit war. Gleichzeitig sicherten wir uns und standen abwehrbereit. Wie waren wir stolz, diesen Auftrag erfüllt zu haben! Um 10 Uhr konnten wir Major Stürber vom III. Bataillon melden: „Auftrag ausgeführt, befohlene Ziele erreicht!"

Mit nur ganz wenigen Leuten hielten wir trotz starker Feindangriffe bis zum Einbruch der Dämmerung unsere gewonnene Stellung. Dann endlich erhielten wir zwei Kompanien von Pionieren als Verstärkung und konnten damit das gewonnene Gelände halten. Für diesen Einsatz wurden alle Leute ausgezeichnet.

Da wir nur noch wenige Leute waren und jeder gebraucht wurde, konnte ich keinen Mann entbehren. Kurz entschlossen schickte ich einen zehnjährigen Russenjungen mit einer wichtigen Meldung zum Bataillonsgefechtsstand zurück. Nach Einweisung und Richtungsangabe überbrachte er trotz feindlichen Feuers die Meldung. Für uns wäre das nicht

43 Major Vitus Stürber (* 6. April 1902 in Hundeszell) bekam als Kommandeur des III. Btl. des Grenadier-Regiments 71 am 29. Dezember 1942 das Ritterkreuz verliehen. Stürber wird seit dem 1. Februar 1943 vermißt. Im Verzeichnis Kriegsgräbersuche des Volksbundes wird er als Oberleutnant geführt.

möglich gewesen, denn ein einzelner von uns wäre kaum einige Meter weit gekommen und im Feindfeuer liegengeblieben.

Drei Tage lang hielten wir dem Druck der Russen stand und behaupteten die vorgeschobene Stellung. Am vierten Tag in der Frühe wurde der Druck immer stärker, und die für uns unübersehbaren Wellen der Russenmassen, von Beketowka aus vorrückend, immer unheimlicher. Näher und näher kamen sie und schnürten uns in unserem Kreis immer enger und enger ein. Trotz aller Abwehr konnten wir den ununterbrochenen Angriffen der russischen Infanterie nicht standhalten. Gegen 8 Uhr früh erzielte der Russe einen Einbruch in unseren rechten Flügel. Hier standen unsere Pioniere in schwerem Nahkampf. Für uns alle bedeutete das die langsame Aufgabe unserer Stellung, denn die Russen griffen jetzt gleichzeitig von allen Seiten heftig an. Für uns gab es hier wohl kaum eine Chance, lebend zur Hauptkampflinie zurückzufinden. Um jeden Straßenzug, um jedes Haus wurde erbittert gekämpft, die Russenmassen erdrückten uns förmlich. Da wir nun schon von allen Seiten eingeschlossen waren, versuchten viele von uns nur noch den einen Ausweg: zurück zur HKL! Diese war nicht weit und schien dennoch unmöglich zu erreichen sein.

Schwere Verluste stellten sich ein, und nur ganz wenige verließ das Glück nicht. Um mit dem Rest der Gruppe nicht in Gefangenschaft zu geraten, entschloß ich mich, mit noch 15 Mann zur HKL durchzustoßen. Im Nahkampf Mann gegen Mann – fast war es schon ein Spießrutenlaufen – versuchten wir das Unmögliche. Nur zwei Mann kamen durch – ich war dabei! So opferte sich unser vorgeschobener Stützpunkt an der Wolga, bis zum Äußersten kämpfend.

Nach Zusammenstellung aller noch verfügbaren Kräfte vom Troß und von Leichtverwundeten, vereint mit unserem Kradschützen-Bataillon, griffen wir unter Führung unseres Majors Stürber am nächsten Tag erneut Stalingrad-Süd an. Hier schafften wir durch unseren Einsatz, daß wir tief in die Stadt vorstießen und damit den Russen endgültig weiter einengten. Dann konnten wir mit den anderen Verbindung aufnehmen, die schon in die Stadt vorgedrungen waren. Nach zehntägigem Einsatz erhielten wir dann unsere wohlverdiente Ruhepause und wurden herausgezogen.

# Karl Wilhelm Hoffmann: Ausflug von Verwundeten[44]

*Karl Wilhelm Hoffmann wurde am 14. März 1922 in Werdohl geboren. 1940 meldete er sich freiwillig zur Luftwaffe und wurde zum Co-Piloten ausgebildet.*

Etwa Mitte 1942 wurde meine Fluggruppe – sozusagen Schulklasse – der Flugzeugführerschule C 19[45] von Ohlau, wo wir auf Flugzeuge von über 10 Tonnen Gewicht umgeschult worden waren, zum Flugplatz Breslau-Gandau verlegt, weil unser Flugplatz in Ohlau überbelegt war. Etwa Mitte August 1942 wurde die Hälfte der Gruppe urplötzlich nach Wiener Neustadt befohlen; von dort fuhren wir etwa 340 jungen Flugzeugführer aus ganz Deutschland dann in zwölftägiger Fahrt in geschlossenen Güterwagen über Lemberg–Kiew und Aleksandrowka bis nach Jassinowataja, wo wir am 1. September eintrafen, um hier an der Front die für den Flugzeugführerschein notwendigen 20.000 Kilometer zu erfliegen. Dieser Riesenverschiebebahnhof mit 200 nebeneinanderliegenden Gleisen lag 15 km von unserem Bestimmungsort entfernt, dem Flughafen Josowka gleich neben der Großstadt Stalino. Wir eingebildeten Schnösel – schließlich waren wir doch sogenanntes fliegendes Personal! – weigerten uns zunächst, diese 15 Kilometer zum Flugplatz zu marschieren und verlangten wenigstens einen LKW, um gefahren zu werden. Man „pfiff uns" etwas und ließ uns bei Affenhitze marschieren. Ich war damals noch Gefreiter.

In Jusowka angekommen, wurde ich mit sechs anderen Freunden der 1. Staffel des 1. KG z. b. V. 172[46], der sogenannten „Gruppe Hammer"[47], zugeteilt (erst nach Stalingrad wurden Transportgeschwader als TG 1 oder TG 2 bezeichnet). Diese Einheit gehörte zum IV. Fliegerkorps Richthofen in Stalino. Untergebracht wurden wir in Häusern ehemaliger Bergarbeiter, die praktisch nur aus einem großen Wohnraum mit einem primitiven Kachelofen in der Mitte dieses Raumes bestanden.

Am Tage darauf hatte ich – dessen Sorgen bis dahin nur darin bestanden hatten, die einzelnen Verabredungen mit Breslauer Mädchen gut auseinanderzuhalten – mein erstes Schockerlebnis. Wir waren irgendwo

44 Der Bericht wurde von Herrn Hoffmann am 11. September 2003 als Typoskript an den Herausgeber gefaxt. An einigen Stellen wurde der Text durch mündliche Angaben des Autors vom 31. März 2011 ergänzt.

45 Die Buchstaben kennzeichnen den Unterricht auf einer bestimmten Klasse von Flugzeugen. Normalerweise war mit A und B die Ausbildung beendet; die Schule C war für den Unterricht auf schwereren Maschinen vorgesehen (Anmerkung des Autors).

46 Kampfgeschwader zur besonderen Verwendung.

47 In Deutschland gab es nur fünf Transportgeschwader. Ein Geschwader hatte 4 Gruppen zu je 48 Flugzeugen (Anmerkung nach Angaben des Autors).

in der Steppe nahe eines Hauptverbandplatzes gelandet, und mein erster Flugzeugführer, ein Lüdenscheider mit Namen Koch, gab mir den Auftrag, mich um die „Ladung", d.h. um die Schwerverwundeten, zu kümmern. Zusammen mit einem offenbar völlig abgebrühten Sanitäts-Oberfeldwebel ging ich die Reihe ab, in der die Schwerverwundeten auf Tragen offen in der Hitze der Steppe lagen. Die Verbände wurden von Fliegen umschwärmt; kaum einer schien bei Bewußtsein. Die Selektion war grausam, aber wohl nötig. Der Oberfeldwebel sah sich den Verwundeten an und sagte den begleitenden Krankenträgern: „Nee, den laßt liegen!" Ob der arme Hund vielleicht doch bei Bewußtsein war und dieses Todesurteil verstand oder nicht, schien ihm gleichgültig zu sein. Einigen hob er die Augenlider an und konstatierte: „Ist schon tot, liegenlassen!" Bei Schußbrüchen meinte er: „Der lohnt sich, einladen!" Später aber hatte ich noch schrecklichere Erlebnisse.

Als Stalingrad noch nicht eingeschlossen war, lehrte mich mein Flugkapitän, den Flugplatz in Pitomnik, eine nicht betonierte Graspiste, obschon einige Kilometer von der Wolga entfernt, nicht zu hoch anzufliegen, weil die „Weiberflak" – eine Batterie, die nach einem Ondit der Landser ausschließlich von Frauen bedient wurde – auf der Wolgainsel angeblich auch horizontal schießen würde. Unser Material, also auch unsere Motoren, war damals bis zum Gehtnichtmehr „ausgelutscht"; so kam es, daß wir nach Ausfall von nur einem der drei Motoren in der Steppe notlanden mußten. Wir hatten keine Zeit mehr, unseren Standort über Funk durchzugeben. Aufgrund der unendlichen Weite der Steppe wurden wir drei Tage lang von zwei Fieseler Störchen[48] gesucht und danach halb verhungert gefunden, denn die drei Tonnen schwere Ladung stand auf unserer Freßkiste im Flugzeugrumpf.

Freunde von einer Fernaufklärer-Staffel hatten rechts und links unseres spitzen, nach Stalingrad reichenden Stoßkeils die Zangenbewegung des sich aufbauenden sowjetischen Gegenangriffs beobachtet und hatten uns Bilder gezeigt, die das belegten. Wir brauchten keine Generalstäbler zu sein, um zu wissen, wem dieser Aufmarsch galt, den man natürlich in der Wolfsschanze[49] auch kannte. Es wunderte uns daher überhaupt nicht, daß wir am 19. November erfuhren, die Russen seien durchgebrochen. Wir waren abends auf einem Flugplatz unweit des heute so oft zitierten Grosny gelandet. Meine Ladung, die am Vorabend noch nicht ausgeräumt worden war, mußten wir mit Mistgabeln in den schwarzen Schlamm werfen. Ein Jammer war das, denn wir waren bis unters Dach mit weißen Leder-Pelzmützen beladen. Die Russen hatten wohl

48 Gemeint ist die Fieseler Fi 156, das Standard-Kurier- und Verbindungsflugzeug der deutschen Luftwaffe im Zweiten Weltkrieg.

49 In der Wolfsschanze bei Rastenburg/Ostpreußen befand sich das Führerhauptquartier.

wegen unserer damals noch herrschenden Luftüberlegenheit einen Tag mit fürchterlich schlechtem Wetter für ihre Offensive ausgesucht.

Die drei Stunden bis Perelosowskaja – im Kessel gab es noch mehrere Feldflugplätze, nur waren das keine Nachschubplätze – flogen wir in 20 Meter Höhe. Auf diesem Platz lagen Nahaufklärer FW (Focke-Wulf) 189, die zu unserer Überraschung vom Durchbruch der Russen noch nichts gehört hatten. Sie hatten wegen des Wetters nicht fliegen können, da Nahaufklärer nicht blind fliegen konnten. Allerdings habe es in der Nacht im Nordosten schwer gerummst, meinten sie, wir sollten doch erst einmal in Ruhe zum Essen kommen; nein, Verwundete gebe es weit und breit nicht. Ihnen und auch uns fielen bald die Löffel aus der Hand, als wir durch die Barackenfenster erkannten, daß da draußen ganze Trupps Leichtverwundeter, also noch Gehfähiger, über die dünne Schneedecke auf den Flugplatz zu humpelten. Die Landser waren medizinisch noch unversorgt. Die Schwerverwundeten lagen draußen: Wie so oft bei dem Rette-sich-wer-kann war es mit der vielgepriesenen Kameradschaft nicht weit her. Wir beluden unsere Ju 52 bis zum Stehkragen – 25 bis 30 Mann –, denn die konnten ja alle sitzen. Hingegen hätten wir wegen des geringen Bodenplatzes nur bis zu 12 Schwerverwundete liegend transportieren können. Als wir starteten, sahen wir, daß die Nahaufklärer alle Motoren ihrer Maschinen schon angelassen hatten. Zwei FW 189, die nicht flugklar waren, wurden gesprengt. Weil unser Funker die Frequenz der Landebake von Stalino vergessen hatte – dort besaßen wir ein schon damals hochmodernes GCA-Landesystem, das seitliche Abweichungen von der Zentrallinie der Landebahn anzeigte –, mußten wir mit dem letzten Sprit mit unseren Verwundeten bei 20 Meter Wolkenhöhe eine Notlandung bauen.

Danach war ich noch zweimal in Stalingrad. Das war noch ziemlich zu Beginn der Einschließung, als wir noch am Tage fliegen konnten und keine brisante Situation entstand. Auf dem Flugplatz Pitomnik lief noch ein relativ normaler Betrieb; der Platz hatte ja einen Funk-Peiler, so daß er nach damaligen Maßstäben im Blindflug erreichbar war. Natürlich nahmen wir jetzt nur noch Schwerverwundete mit; die Verladung wurde durch Feldjäger kontrolliert, „Kettenhunde" genannt. Ich führte einige kurze Gespräche mit den Landsern, die die Verwundeten brachten. Die meinten treu und blauäugig: „Der Führer wird uns hier schon wieder heraushauen!" Beim Rückflug wurden per Funk die Anzahl der Verwundeten und der Grad der Verletzung durchgegeben. Wir erlebten nie, daß wir nach der Landung länger als zehn Minuten bis zum Eintreffen der Sankas warten mußten. Der letzte Einsatz in Stalingrad war am 15. Dezember 1942.

Das Fliegen war jetzt Sache des Kapitäns; ich durfte nur zuschauen. An ein Abwehrfeuer der Russen kann ich mich nicht erinnern; er wich wohl den gelegentlich bekanntgegebenen Standorten von russischen Flakbatterien aus. Mit russischen Jägern hatten wir zu diesem Zeitpunkt noch keine Probleme. Die Flugstrecke von Stalino nach Pitomnik war so lang, daß wir auch vor der Einschließung schon ein 200-Liter-Faß Sprit in Pitomnik nachtanken mußten. Jetzt, nach der Kesselbildung, mußten wir das Faß selbst mitbringen, denn in Pitomnik gab es natürlich kein Benzin mehr.

In der verbliebenen Zeit flog ich noch weit öfter in den Kaukasus und in die Elista-Steppe. Ich sah die von den Russen gesprengten Öl-Bohrtürme von Maikop. Da wäre eine Armee von eineinhalb Millionen zu versorgen gewesen, die in höchster Gefahr war, von den Russen bei Rostow abgeschnitten zu werden.

Etwa um den 10. Dezember herum kam der absurde Befehl, wir 340 Co-Piloten hätten zurück „ins Reich“ zu fahren, um auf den Blindflugschulen den Blindflugschein zu machen. Bodenlos war unser Erstaunen, als wir zu unserer alten Flugzeugführerschule zurückkamen und feststellen mußten, daß unsere zu Hause gebliebenen Kameraden zwar von schweren Kämpfen bei Stalingrad gehört hatten, aber erst von uns erfuhren, daß die 6. Armee eingeschlossen war. Immerhin: Wenn es überhaupt etwas Positives in einem Krieg zu leisten gibt, schreibe ich mir auf mein „Haben-Konto“, daß ich mithalf, vielleicht 70 oder 80 der insgesamt 24.910 ausgeflogenen Landser zu retten. Zu den 1200 Mann fliegenden Personals, die fielen, zählte leider auch mein „Käpt’n“. Im Stalingradeinsatz gingen 588 Flugzeuge verloren, darunter 280 Ju 52.

*Hoffmann wurde gegen Kriegsende zum Feldwebel befördert. Am 2. Mai 1945 flog er mit einem Kleinflugzeug von Schwerin nach Neuenrade und entkam so sowjetischer Gefangenschaft. Bis zu seiner Pensionierung arbeitete er als Polizeibeamter, danach als Journalist. Heute lebt er in Sundern-Langscheid am Sorpesee.*

# Gustav Kaminski: In letzter Minute[50]

*Der Obergefreite Gustav Kaminski war Angehöriger der Nachrichtenabteilung der 60. Infanterie-Division (mot.).*

Nach meinem Heiratsurlaub im Herbst 1942 erreichte ich mit der Bahn den Knotenpunkt Tschir. Hier herrschten große Unruhe und ein ziemliches Durcheinander, ohne daß wir wußten, was genau los war. Nach vielem Suchen fand ich den Meldekopf der 60. Infanterie-Division (mot.) und wurde zu einer Sammelstelle für Urlauber verwiesen. Von hier wurden wir – eine größere Zahl von Urlaubern – gegen 17 Uhr auf LKW weiter in Richtung Stalingrad bis Pitomnik gefahren, wo wir gegen Mitternacht ankamen. Ich hatte keine Lust, noch den Rest der Nacht dort zu bleiben, und machte mich sofort zu Fuß auf den Weg zu unserem in der Nähe liegenden Troß der Nachrichtenabteilung. Am Morgen meldete ich mich beim Spieß zurück und erfuhr dabei, daß wir in der letzten Nacht gerade eingeschlossen worden waren. Am Nachmittag nahm mich der Spieß mit nach vorne zu meinem Funktrupp. Dort gab es erst einmal in der Folgezeit den üblichen Funkbetrieb mit den Einschränkungen, vor allem hinsichtlich der Versorgung, die der Kessel mit sich brachte.

Eines Morgens zwischen Weihnachten und Neujahr mußten wir antreten. Der Kompaniechef gab den Befehl bekannt, daß die entbehrlichen Leute unserer Kompanie zur Infanterie abgestellt werden müßten. Insgesamt 14 Mann von der 1., der 2. Kompanie und der leichten Kolonne, darunter auch ich, sollten schnellstens die überflüssige Ausrüstung abgeben. Schon mittags landeten wir in der Feuerstellung einer schweren Batterie unseres Artillerie-Regimentes, das aber für diese 15 cm-Geschütze keine Munition mehr hatte. Hier wurden wir noch einmal kurz in die Handhabung eines Maschinengewehres eingewiesen.

Am nächsten Mittag – wir hatten gerade unser karges Süppchen gelöffelt – gab es Alarm. Wir bestiegen sofort die Fahrzeuge und fuhren in Richtung Hauptkampflinie. Bei beginnender Dunkelheit wurde ich beim Infanterie-Regiment 120 einer Kompanie zugeteilt. Im großen und ganzen waren die folgenden Tage in unserer Stellung noch verhältnismäßig ruhig. Am späten Nachmittag des 14. Januar 1943 erhielten wir den Auftrag, einen Gegenstoß in begrenztem Rahmen zu machen, um den Russen, der sich in der Nacht zuvor ziemlich dicht an unsere Stel-

50 Der Bericht erschien in der nicht publizierten Divisionsgeschichte der 60. I.D. (S. 134–137), deren Typoskript mir zur Verfügung gestellt wurde. Vollständiger Name und Lebenslauf des Verfassers wurden nicht genannt.

lung herangeschoben hatte, wieder hinauszudrücken. Wir hatten dies auch schon ein gutes Stück geschafft, als plötzlich die russische Artillerie Sperrfeuer schoß. Ein Granatsplitter riß mir einen Teil des Vorderfußes ab. Ich blieb liegen und konnte erst später unter großen Mühen zurückkriechen; in dieser Zeit erfror der Rest des Vorderfußes.

Gegen 20 Uhr – ich war gerade wieder in der Stellung angekommen – stellte ich fest, daß der Vorderfuß schon fast schwarz gefroren war. Ein Verbinden der Wunde war nicht möglich. Am Abend des 15. Januar humpelte ich noch bei Dunkelheit ohne Verband, nur mit einer zerschnittenen Decke um den Fuß gewickelt, zum Kompanie-Gefechtsstand. Aber auch hier konnte mir der Arzt den Fuß nicht verbinden, weil weder Mull- noch Papierbinden vorhanden waren.

Auf einem Schlitten brachte man mich zum Hauptverbandplatz. Hier bekam ich eine Tetanusspritze und eine Decke zum Schlafen, sonst nichts an ärztlicher Versorgung. Am Morgen des 16. Januar hieß es dann, daß dieser Verbandplatz geräumt werden müßte, weil russische Panzer durchgebrochen seien. Diejenigen, die nicht mehr laufen konnten, wurden auf LKW geladen; der Rest mußte die Strecke zu Fuß bewältigen. Vor der Abfahrt sagte man uns noch, es sei jedem freigestellt, zu seiner Einheit zurückzukehren. Der Grund war wohl, daß keinerlei Versorgung mehr möglich war, weder ärztlich noch versorgungsmäßig.

Als wir gegen Abend in Gumrak ankamen, waren wir noch zu zweit auf dem LKW, alle anderen waren unterwegs ausgestiegen. Ursprünglich hatte ich dies auch vor, doch es hatte Schneetreiben eingesetzt, und ich hatte überlegt, daß ich dann immerhin noch 5 bis 6 km bis zu meiner Kompanie hätte humpeln müssen; aber wer sagte mir, daß sie noch da war? In Gumrak fragten wir nach dem Absteigen vom LKW nach dem Lazarett. Der Fahrer zeigte nur in eine unbestimmte Richtung.

Wir fanden das Lazarett auch, aber es hatte weder Dach noch Fenster – eine Ruine! Was wir vor und in diesem „Lazarett" sahen, war entsetzlich! Tote Soldaten lagen im Schnee vor dem Haus, in den Fluren oder in dem, was man so nennen konnte. Im Hause hörten wir die Verwundeten schreien, beten, singen oder schon still daliegen. Ich sagte meinem Kameraden, ich wolle hier nicht liegenbleiben, denn dann könne ich auch gleich draußen umkommen. So gingen wir wieder hinaus. Kaum waren wir 30 Meter von dem Gebäude entfernt, als dieses von russischer Artillerie getroffen wurde.

Bei der Suche nach einer Deckung verlor ich meinen Kameraden aus den Augen und war nun allein, ohne zu wissen, wie es weitergehen sollte. Ich wußte nur, daß ich die Nacht nicht draußen bleiben durfte! Ich nahm alle Kräfte zusammen und humpelte, so gut ich konnte, in den Ort zurück bzw. das, was man noch einen Ort nennen konnte. Aber auch dort war alles zerstört, nur der Bahnhof schien heil zu sein. Ich dachte, das könne meine Rettung sein, doch als ich vor dem Bahnhof stand, stellte ich das gleiche wie vorher beim Lazarett fest: Es war eine Ruine! Auch hier lagen wieder viele tote deutsche Soldaten im Schnee. Ich weiß nicht mehr, was mir da so durch den Kopf ging; irgendwie wollte ich unter den Rest des Daches gelangen und fand in der Ruine eine Tür, die sich aber nicht öffnen ließ. Drinnen hörte ich ein Schreien und Toben. Ich versuchte es mit einem Eingang in den Keller, doch ein Feldgendarm hielt mich am Arm fest und sagte, ich könne da nicht hineinkommen. Oder wolle ich, wie die da drinnen, erfrieren? Er gab mir den Rat, mir lieber einen Erdbunker zu suchen.

Da stand ich nun einsam in diesem Inferno! Durch die Verwundung und den Hunger war ich sehr schwach geworden, bekam aber den Rat des Feldgendarmen doch noch mit. Ich fand ein Erdloch, in dem ich mit 11 Soldaten, von denen offensichtlich nur noch zwei gesund waren, mehr hockte als lag. Mit Hilfe eines dieser jedenfalls äußerlich gesunden Kameraden schleppte ich mich dann in den nächsten Tagen zweimal zur kaum 500 Meter entfernten Landebahn des Flugplatzes, um doch noch das Glück zu haben, ausgeflogen zu werden, aber es kam kein Flugzeug.

Ich hatte keine Hoffnung mehr, aus diesem Hexenkessel herauszukommen. Meine Kräfte ließen mehr und mehr nach, denn seit meiner Verwundung am 14. Januar hatte ich, wie wohl viele andere auch, nur von Resten von Knäckebrot und Schneewasser gelebt. Am 21. Januar machte ich nochmals morgens allein den Versuch, zum Landeplatz zu kommen, aber wieder bot sich keine Möglichkeit.

Am Abend dieses Tages wollte ich mit Hilfe eines Kameraden noch ein letztes Mal mein Glück versuchen, aber es hatte sich bereits Fieber eingestellt, und das Bein war so dick geworden, daß ich nicht mehr darauf stehen konnte. Ich konnte nicht mehr! Auch die anderen kamen ohne Erfolg von ihren Versuchen wieder zurück, von einem Flugzeug mitgenommen zu werden, wollten aber in der Nacht noch einmal hinaus auf den Landeplatz. Alle hatten wir uns hingelegt, soweit das unter diesen Bedingungen möglich war. Ich konnte nicht schlafen – das Fieber stieg.

Gegen 24 Uhr verließ einer unsere Erdhöhle, weil er, wie er mir sagte, großen Hunger habe und versuchen wolle, irgendwie etwas Eßbares zu bekommen. Die ganze Zeit war es draußen schon totenstill – kein Schuß fiel, kein Artillerieeinschlag war zu hören, kein Motorenlärm –, wie die Ruhe vor dem Sturm. Da erklang plötzlich das Brummen von Flugzeugmotoren, es hörte sich aber so an wie eine russische „Nähmaschine“ für den Nachteinsatz. Kurze Zeit danach war es wieder still.

Doch jetzt ging alles sehr schnell: Jemand kam die Stufen zum Erdbunker heruntergelaufen und rief: „Los, kommt schnell heraus, keine zwanzig Meter von hier steht ein Flugzeug, eine He 111, die nimmt uns mit!“ Wie ich dann aus dem Bunker herausgekommen bin, weiß ich nicht mehr. Ich stolperte und taumelte – bereits mit hohem Fieber – hinaus in die Nacht und erkannte tatsächlich eine Maschine, die ganz in der Nähe mitten in den Trümmerbereichen des Flugfeldes mit laufenden Motoren stand. Ein Wunder, daß diese Maschine hier an einer völlig „falschen" Stelle hatte landen können, weit entfernt von der üblichen und auch ausgelegten Landestelle, an der es in den letzten Tagen immer entsetzlich turbulent zuging, wenn Maschinen landeten und starteten. So aber waren wir die einzige Gruppe Soldaten, die in der Nähe der Heinkel waren. Schon stürzten die ersten in die Maschine, deren Motoren weiterliefen, während irgendwelches Material ausgeladen wurde. Ich stolperte, fiel hin und sah schon jede Chance schwinden, noch mitzukommen – und dies in dem Moment, wo ich schon dicht vor dem Flugzeug war!

Die Motoren dröhnten stärker. Ich glaubte, jetzt sei alles aus und vorbei – da geschah ein Wunder an Kameradschaft: Der Bordschütze in der Bodenwanne stürzte zu mir heraus, riß mich hoch, hob mich auf seine Schultern, schleppte mich rasch zur Bodenluke in der Bodenwanne und schob mich mit einem harten Ruck hinein – ein Werk von Sekunden, während die Motoren immer kräftiger wurden und das Flugzeug bereits zu rollen begann. Der Schnee stob, und der Bordschütze konnte sich gerade auch noch mit letztem Schwung in die völlig verstopfte Bordwanne quetschen; seine Beine hingen bei dem anschließenden Startvorgang noch eine Zeitlang heraus! Als wir anrollten, konnte ich schemenhaft Haufen von Soldaten sehen, die auf den Schneeflächen des Rollfeldes von der regulären Landefläche her zu uns herüberliefen. Für diese war es zu spät; für uns, die wir in dieser startenden Maschine saßen, war es wohl das Glück des Lebens.

Eins weiß ich heute: Als die Maschine hochstieg, sagte ich: „Gott sei Dank!" Daß ich noch mitkam, verdanke ich dem selbstlosen Einsatz dieses mir unbekannt gebliebenen Bordschützen, der alles – sein Leben – riskierte, um mich Krüppel noch in das Flugzeug hineinzubekommen! Was mögen sich doch im Raum Gumrak für Tragödien [im Kampf] ums Überleben abgespielt haben!

Ich wurde nach Nowotscherkassk geflogen und dort in einem Durchgangslazarett zum ersten Mal seit meiner Verwundung acht Tage vorher ärztlich versorgt! Hier setzten erst wieder die Wundschmerzen ein, nachdem der Frost aus dem Fußstumpf zu weichen begann. Noch am selben Abend wurde ich mit einem Lazarettflugzeug weiter nach Stalino geflogen und von dort mit einem Lazarettzug nach Lemberg gefahren. Hier wurde mir im Februar 1943 der Rest des Vorderfußes abgenommen. Im Juli 1944 mußte der Fuß ganz amputiert werden.

# Friedrich Wilhelm Klemm:
## Mit der letzten Maschine aus Stalingrad[51]

*Friedrich Wilhelm Klemm wurde am 4. Februar 1914 geboren. Er war bis März 1942 Bataillonskommandeur des 3. Btl./Infanterie-Regiment 267. Danach wurde er, für einen Generalstabslehrgang vorgesehen, als O1 – Ordonnanzoffizier des Ia – zur 94. Infanterie-Division versetzt. Nach Auflösung dieser Division landete er als Hauptmann bei einer Artillerieabteilung und wurde dort bei einem Russenangriff am 17. Januar 1943 schwer verletzt. Er hatte wochenlang bei minus 25 Grad Kälte in einem selbst ausgehobenen Erdloch zugebracht, war völlig verdreckt und hatte fast nichts mehr zu essen.*

Eiskalt wehte der Steppenwind über das Vorfeld von Stalingrad. Er wirbelte den nicht mehr menschenähnlichen Gestalten den trockenen Schnee in die hohlen Gesichter. Es war der Morgen des 23. Januar 1943. Eine große deutsche Armee lag in den letzten Todeszuckungen. Für die Masse der stumpf dahinschwankenden, ausgemergelten und völlig entkräfteten Soldaten gab es keine Rettung mehr.

Bis vor wenigen Stunden gehörte auch ich zu dieser hoffnungslos dem Untergang verdammten Schar. Da fand mich der Quartiermeister des Armeeführers mit hohem Wundfieber in einem verlassenen Bunker, rüttelte mich aus meinen Träumen und schleppte mich zum Chef des Stabes der 6. Armee[52]. Dort erhielt ich den Ausflugschein und die Marschrichtung zum letzten Behelfsflugplatz am Südwestrand von Stalingrad.

Vier Stunden bewegte ich mich nun schon auf zwei Händen und einem Bein durch knöchelhohe Schneemassen meinem Ziel entgegen. Der zerschossene rechte Oberschenkel bereitete mir bei jeder Bewegung heftige Schmerzen. Weiter, weiter rief einem das letzte bißchen Lebenswille zu, aber der erschöpfte Körper konnte nicht mehr. Seit Monaten täglich nur ein Stück Brot; in den letzten Tagen fehlte auch dies noch. Dazu die seelische Belastung dieses ersten furchtbaren Zusammenbruches unserer Truppe. Ermattet blieb ich auf einer kleinen Schneewehe liegen und wischte mir mit dem zerschlissenen Mantelärmel den Schnee aus den

---

51 Der Bericht wurde mir vom Verfasser mit Schreiben vom 11. November 2003 als Typoskript seiner unveröffentlichten Lebenserinnerungen (S. 309–317) zur Publikation zugeschickt.

52 Stellv. Quartiermeister der 6. Armee war Oberstleutnant Werner von Kunowski (∗ 12. Februar 1907 in Lauban, Niederschlesien, † 10. März 1947 im Offizierslager Krasnogorsk). Chef des Stabes der 6. Armee war Generalleutnant Arthur Schmidt (∗ 25. Oktober 1895 in Hamburg, † am 5. November 1987 in Karlsruhe). Er geriet zusammen mit Paulus am 31. Januar 1943 in sowjetische Kriegsgefangenschaft, aus der er erst 1955 nach Verurteilung zu lebenslänglicher Haft entlassen wurde. Auszeichnungen: 1942 Deutsches Kreuz in Gold, 1943 Ritterkreuz.

Augen. Hatte diese Anstrengung überhaupt noch einen Sinn? War es nicht besser, gleich Schluß zu machen? Für einen Schwerverwundeten hatten die Russen nur einen Kolbenschlag übrig! In ihren Fabriken und Bergwerken brauchten sie nur gesunde Arbeitskräfte.

Heute morgen hatte mir allerdings der Chef des Stabes meine dunklen Pläne ausgeredet. „Versuchen Sie doch, zum Flugplatz zu kommen", sagte er, während er meinen Ausflugschein unterschrieb, „Schwerverwundete werden sicher noch ausgeflogen. Zum Sterben haben Sie immer noch Zeit!" Und so war ich losgekrochen. Vielleicht gab es doch noch eine Rettung aus diesem von Mensch und Natur zum Hexenkessel verwandelten Stück Erde. Aber wie unendlich weit war doch für einen Menschen eine Wegstrecke, wenn er sie in der Fortbewegungsart eines Reptils zurücklegen mußte! Doch was war das dort am Horizont für ein schwarzes Gewimmel? War es tatsächlich der Flugplatz oder eine Fata Morgana des überreizten Fiebergehirns? Wieder raffte ich mich hoch, immer drei bis vier Meter, und dann verschnaufen. Nur nicht liegenbleiben! Dann ginge es mir ebenso wie den vielen, an denen ich eben vorbeigekrochen war. Auch sie wollten sicher nur einen kurzen Augenblick ausruhen auf ihrem hoffnungslosen Marsch nach Stalingrad hinein. Doch die Erschöpfung ließ sie einschlafen, und die grausame Kälte sorgte dafür, daß sie nicht mehr aufwachten. Fast könnte man sie beneiden. Sie hatten keine Schmerzen und keine Sorgen mehr.

Nach etwa einer Stunde war der Flugplatz erreicht. Dichtgedrängt lagen, saßen und standen die Verwundeten herum. Keuchend arbeitete ich mich bis zur Mitte des Platzes vor. Auf einem Schneehaufen richtete ich mich auf. Das Schneetreiben hatte nachgelassen. Ich sah bis auf die breite Straße hinter dem Platz; sie führte nach Stalingrad hinein. Vereinzelte Gestalten schleppten sich mühsam dem Stadtrand zu. Dort, in den verwanzten Bretterbuden dieser sogenannten Stadt, erhofften sie sich Schutz vor Kälte und Sturm. Die Masse der Truppen schien vorbei. Hunderte aber erreichten dieses Ziel nicht mehr. Ihre gefrorenen Leiber waren die Meilensteine auf dieser fürchterlichen Rückzugsstraße.

Längst hätte der Russe alles überrannt haben können. Aber er war stur und legte täglich nur seine befohlenen Strecken zurück. Warum sollte er sich auch eilen? Entrinnen konnte ihm keiner mehr. Wie eine riesige Herde trieb er diese zusammengeschlagenen Menschen aus allen Himmelsrichtungen der Stadt zu. Die wenigen, die vielleicht noch mit Maschinen der Luftwaffe herumflogen, zählten nicht. Der Russe schien sie uns zu gönnen. Er wußte, daß es alles Schwerverwundete waren. Neben mir auf einer Zeltbahn zwei Mann. Der eine schien einen Bauchschuß zu haben, dem anderen fehlten beide Arme. Am gestrigen Tage sei eine Maschine ausgeflogen; seitdem aber habe das Schneetreiben das Landen unmöglich gemacht, erzählte mir der Armlose mit trübe blickenden Augen. Von überall her drang verhaltenes Stöhnen über den Platz. Hin und wieder ging ein Sanitätsdienstgrad über den Platz, aber auch er konnte hier meistens nicht mehr helfen.

Erschöpft sank ich auf meinem Schneehaufen zusammen und fiel in einen unruhigen Schlaf. Doch die Kälte ließ mich bald wieder aufwachen. Zähneklappernd sah ich mich um. Da kam ein Inspektor der Luftwaffe über den Platz. Ich rief ihn an und fragte ihn nach den Ausflugsmöglichkeiten. Er erzählte mir, daß schon vor drei Stunden ein Funkspruch aufgefangen worden sei; drei Maschinen sollten gestartet sein. Sie würden Verpflegung abwerfen; ob sie landen würden, sei ungewiß. Ich zeigte ihm meinen Ausflugschein. Kopfschüttelnd erklärte er ihn für ungültig – nur die Unterschrift des Generalarztes[53] berechtige zum Ausflug. „Gehen Sie doch hin und sprechen Sie mit ihm“, sagte er zum Schluß, „es sind nur 500 Meter, dort drüben in der Schlucht …“

Nur 500 Meter! Noch einmal diese Anstrengung. Jede Bewegung bereitete neue Schmerzen. Schon bei dem bloßen Gedanken wurde ich schwach und sank wieder in meinen Halbschlafzustand zurück. Ich sah plötzlich mein Heim, meine Frau, meine Tochter und darüber gebeugt die verzerrten Gesichter gefallener Kameraden. Da stürzte auch schon ein Russe auf mich los, hob den Kolben und schlug zu. Schmerzerfüllt fuhr ich hoch. Ein Sanitäter hatte mit seinem Fuß an mein zerschossenes Bein gestoßen. Da standen noch drei mit einer Tragbahre. Sie hatten wohl die Aufgabe, die Toten vom Rollfeld zu tragen. So wollte er sich überzeugen, ob ich noch lebe. Kein Wunder, denn das eingefallene, blutleere Gesicht mochte eher einem Toten als einem Lebenden ähneln. Der kurze Schlaf hatte mich etwas gestärkt. Ich ließ mir von ihnen den Weg zum Sanitätsbunker beschreiben und wollte nun doch diesen Gang wagen. Mit letzter Kraft schleppte ich mich fort. Wieder verging scheinbar eine Ewigkeit, dann saß ich vor dem Generalarzt. Ich meldete ihm den Vorfall und erhielt seine Unterschrift. „Diesen Gang hätte der Ochse Ihnen ersparen können“, sagte er beim Unterschreiben, „die Unterschrift der Armee genügt auch!“ Anschließend schickte er mich in den Nachbarbunker. Die Sanitäter wollten mir meinen alten Verband abnehmen, aber ich ließ es nicht zu. Eine prickelnde Unruhe trieb mich aus dem warmen Bunker wieder fort. Nach mühevollem Schluchtenklettern gelangte ich wieder auf den Flugplatz. Ich suchte den Inspektor und fand ihn auch in der Nähe meines Schneehaufens wieder. Nun seien meine

53 Armeearzt war Generaloberstabsarzt Dr. Otto Renoldi (* 9. Oktober 1886 in Essen, † 1. April 1967 in München). Auf Befehl von Paulus war er in den Kessel eingeflogen worden. Bereits am 24. Januar geriet er als erster General in der Nähe des Flugplatzes Stalingradskij in sowjetische Kriegsgefangenschaft (angeblich hatte er sich auf der Flucht verirrt), aus der er erst am 9. Oktober 1955 entlassen wurde.

Papiere in Ordnung, stellte er fest. Daß er ein Ochse sei, hatte ich ihm wohlweislich verschwiegen; vielleicht war es meine Lebensrettung.

Noch während unserer Unterhaltung erdröhnte plötzlich der Flugplatz unter dem Motorengetöse mehrerer Maschinen. Waren es Russen oder unsere Retter? Alles reckte die Köpfe zum Himmel. Noch sah man nur schemenhafte Bewegungen in dem lichten Wolkenschleier. Von unten wurden Leuchtkugeln geschossen. Da stießen sie wie riesige Raubvögel nieder. Es waren deutsche He 111! Immer tiefer zogen sie ihre großen Kreise. Würden die nur Verpflegungsbomben abwerfen, würden sie landen, um noch einmal eine kleine Zahl dieser armen zerschossenen Menschen einzuladen? Das Blut raste einem in den Adern, und trotz der Kälte wurde einem heiß. Ich öffnete meinen abgeschabten Mantelkragen, um besser aufblicken zu können. Alle Mühsal und Not der letzten Tage, Wochen und Monate waren vergessen. Dort oben winkte die Rettung, eine allerletzte Möglichkeit der Heimkehr! Im Unterbewußtsein dachte wohl jeder so. Man hatte uns also noch nicht abgeschrieben und vergessen, man wollte helfen. Wie bedrückend war das Gefühl des Vergessenseins!

Doch nun war alles mit einem Schlage anders. Zuerst ging ein erlösendes Aufatmen über die Lippen jedes einzelnen. Dann wimmelte der große Flugplatz plötzlich wie ein zerstoßener Ameisenhaufen. Wer laufen konnte, lief; wohin, wußten sie selbst nicht. Sie wollten da sein, wo die Maschinen landeten. Auch ich wollte auf, aber schmerzerfüllt sank ich nach einem ersten Versuch wieder zurück. So blieb ich hochaufgerichtet auf meinem Schneehügel sitzen und sah diesem scheinbar sinnlosen Getobe zu. Zwei Maschinen setzten zur Landung an und rollten schwerlastig und federnd etwa 100 Meter von mir aus. Die dritte kreiste ruhig weiter. Wie ein weiter, breiter Strom strömte alles auf die beiden gelandeten Maschinen zu und verdichtete sich bei ihnen zu einem dunklen, wogenden Knäuel. Kisten und Kartons wurden aus den Flugzeugrümpfen ausgeladen. Es ging in rasender Eile; jeden Augenblick konnte ja der Russe diesen letzten deutschen Luftstützpunkt besetzen. Keiner hätte es ihm verwehren können.

Auf einmal trat Ruhe ein. Auf der mir am nächsten stehenden Maschine wurde ein Sanitätsoffizier sichtbar und verkündete mit erstaunlich klarer Stimme: „Wir verladen nur sitzfähige Schwerverwundete, und zwar in jeder Maschine einen Offizier und sieben Mann!“

Einen Augenblick war es totenstill in weiter Runde, dann aber schwoll ein tausendfaches Stimmengewirr zu einem orkanartigen Brausen an. Nun ging es um Leben oder Untergang! Jeder wollte unter den acht Glücklichen sein. Einer stieß den anderen zurück. Flüche der Zurückgedrängten wurden laut; Schreie der Zertretenen hallten über den Platz. Ruhig sah der verladende Sanitätsoffizier diesem Treiben zu; er schien es gewöhnt zu sein. Da fiel ein Schuß, und wieder ertönte seine Stimme. Er sprach abgewandt von mir; ich konnte ihn nicht verstehen. Ich sah aber, wie gleich danach einige sich von der Maschine wendeten und lautlos dort, wo sie gerade standen, niedersanken. Aus der Menge waren durch andere Sanitätsoffiziere die zu Verladenden ausgewählt worden.

Völlig mein Schicksal vergessend, saß ich auf meinem Schneehaufen. Nach den vielen Wochen des stillen Dahindämmerns nahm mich dieses plötzlich so pulsierende Leben vollkommen in seinen Bann. Ehe mir so recht klar wurde, daß nun an meine Rettung nicht mehr zu denken war, hob mich ein heftiger Luftstoß fast von meinem Sitz. Erschrocken wendete ich mich um und sah wenige Schritte von mir die dritte Maschine. Sie war von hinten herangerollt. Beinahe erfaßte mich ihr riesiger Propeller. Starr vor Schrecken kam ich zu keiner Handlung. Schon jagten auch von allen Seiten Hunderte auf mich zu. Wenn es noch eine Rettung gab, dann war sie hier zu finden! Massen stürzten zusammen, wurden heruntergetreten, andere stürmten darüber hinweg. Daß nicht auch ich in die Erde getreten wurde, verdankte ich nur der Nähe des todbringenden, noch immer laufenden Propellers. Doch nun hielten die Feldgendarmen die Herandrängenden auf. Langsam beruhigte sich das Bild. Schon flogen Kartons und Kisten auch aus dieser Maschine auf den hartgefrorenen Erdboden. Aber keines der verhungernden Geschöpfe kümmerte sich um diese langentbehrten Lebensmittel. Alles wartete gespannt auf die Einladung. Und da kletterte auch der Einladeoffizier auf die Tragfläche. In der nun eintretenden Stille hörte ich nun, fast über meinem Kopf, die entscheidenden Worte: „Ein Offizier, sieben Mann!" Mehr sagte er nicht. Wie er sich aber nun über die Tragfläche nach vorne wendete, erkannte ich meinen Inspektor, den Mann, der mich den überflüssigen Gang zum Generalarzt hatte tun lassen, und er erkannte mich. Mit einer einladenden Handbewegung rief er mir zu: „Ach, da sind Sie ja, kommen Sie her!" Und, wieder abgewandt, folgten ganz geschäftsmäßig die Worte: „Und nun noch sieben Mann!" Entgeistert mußte ich auf meinem Platz gesessen haben, aber nur für den Bruchteil einer Sekunde, dann war ich hoch, erfaßte die Tragfläche und hangelte mich bis zur Einladeluke herum. Ich nahm noch wahr, wie die Herumstehenden stumm Platz machten und mich Lumpenbündel vorbeiließen. Wahnsinnige Schmerzen durchrasten meinen Körper. Ich wurde in die Maschine gehoben. Der Lärm um mich ging in ein wohltuendes Rauschen über; ich verlor die Besinnung. Sicher waren es nur kurze Minuten, denn als ich zu mir kam, hörte ich den Inspektor „fünf" zählen. Also fünf waren verladen. „Sechs ..., sieben ...", eine Pause. Einer brüllte: „Zusammenrücken!" – und weiter wurde gezählt. Wir schoben uns in- und übereinander. „Zwölf" klang es nach einer Weile, „dreizehn ..., vierzehn ..., fünfzehn“ – Schluß! Krachend wurde die Stahlblechtüre zugeschlagen. Acht sollten herein, und 15 waren es geworden!

Noch einmal sollten 15 Menschen der Hölle von Stalingrad entkommen. Tausende mußten zurückbleiben. Wir fühlten durch die Stahlwände die starren Augen dieser verzweifelten Kameraden auf uns gerichtet. Grüßt uns die Heimat, mochten ihre letzten Gedanken gewesen sein. Sie sprachen sie nicht aus, sie winkten auch nicht, sondern wendeten sich ab und wußten, daß ihr furchtbares Schicksal besiegelt war. Wir flogen der Rettung zu, sie gingen einer jahrelangen, todbringenden Gefangenschaft entgegen.

Das gewaltige Dröhnen der Motoren rüttelte uns aus unseren schweren Abschiedsgedanken. Waren wir denn eigentlich schon gerettet? Die nächsten Minuten würden es zeigen! Die Maschine hoppelte über den unebenen Boden. Die Propeller rasten in den höchsten Touren. Jede Faser unserer Körper vibrierte mit. Dann flaute der Lärm plötzlich ab. Wir schienen zu wenden. Das gleiche Manöver wiederholte sich. Da wurde das Zwischenfenster zur Führerkanzel aufgeschoben, und der Flugzeugführer rief herein: „Wir sind überladen – einige müssen aussteigen!“ Unser heißes Glücksgefühl war mit einem Schlage dahin. Eiskalt trat die Wirklichkeit wieder an uns heran.

Aussteigen! Wer sollte das bestimmen? Abwartend sah mich der junge Flugzeugführer an. Ich war der Dienstälteste, ich sollte entscheiden, ich sollte aussteigen lassen! Nein – das konnte ich nicht! Wer von denjenigen, die gerade gerettet wurden, sollte in diese sinnlose Vernichtung zurückgestoßen werden? Kopfschüttelnd wandte ich mich dem Flieger zu, und trocken kam es über meine Lippen: „Aus dieser Maschine steigt keiner mehr aus!“ Ich hörte das erleichterte Aufatmen der unter mir Sitzenden. Ich spürte, daß sie alle so dachten, wenn auch kein Laut der Zustimmung oder Ablehnung hörbar wurde. Dem Piloten aber trieb die Aufregung den Schweiß aus allen Poren. Er wollte noch etwas einwenden, aber beim Anblick dieser zu allem entschlossenen Gesichter schwieg er und wandte sich seinen Instrumenten zu. Seine Kameraden in der Führerkanzel mochten ihm zugerufen haben: „Versuch es doch noch einmal!“ Und er versuchte es! Wohl selten sprachen 15 Soldaten so ernsthaft mit ihrem Herrgott, wie wir in diesen entscheidenden Minuten.

Wieder donnerte der Motor sein Sturmlied, in der ausgefahrenen Spur der anderen beiden Maschinen jagte der schlanke, mattgraue Luftriese dem Platzende zu. Da, man spürte plötzlich den unbeschreiblichen Druck in der Magengegend: Das Flugzeug verließ den Erdboden. Langsam gewann es an Höhe, kurvte noch zweimal über den Platz und drehte dann nach Südwesten ab.

Was war das aber da unter uns? Nicht mehr die grauen Elendshaufen der zurückgelassenen Kameraden? Nein – es waren braune, uniformierte Soldaten. Der Russe marschierte dem Flugplatz zu! Nur noch kurze Zeit, und auch wir wären nicht mehr davongekommen[54]. Erst in diesem Augenblick wurde einem der furchtbare Ernst der Stunde klar. Es war wirklich die letzte Rettung aus höchster Not! Nur wenige Sekunden blieben wir dem Russen sichtbar, dann nahm uns die schützende Wolkendecke auf.

## Willi Kreiser: Als Bordschütze mitgenommen[55]

*Willi Kreiser, geboren am 25. Oktober 1914, absolvierte vor dem Krieg eine kaufmännische Lehre. In Stalingrad war er Leutnant und Führer der 1. Schwadron der AA 100 der 100. Jäger-Division in Stalingrad. In sowjetischer Gefangenschaft unrechtmäßig zu 25 Jahren Lagerhaft verurteilt, kehrte er als einer der Letzten aufgrund von Adenauers Verhandlungen heim. Danach war er in Ulm als selbständiger Kaufmann bis 1982 tätig und verstarb dort am 5. August 1998.*

Ende September 1942 wurden wir an der Nordriegelfront vor Stalingrad eingesetzt; die Russen griffen pausenlos Tag und Nacht erbittert an. Hier erlebten wir schon einen Vorgeschmack von dem, was noch kommen sollte. Anfang Oktober standen wir auf den westlichen Anhöhen der Stadt und schauten auf die Häusermassen hinunter, die sich am Westufer der Wolga ausdehnten. Das silberne Band des Stromes war zu sehen. In der Stadt wurde heftig gekämpft; Artilleriefeuer wummerte unablässig, Stukas waren im Einsatz. Riesige Brände schwelten, große Öltanks standen in Flammen.

Wir bezogen in leerstehenden Holzhäusern Quartier. Schon in der ersten Nacht wurde der Ortsteil von russischen Bombern angegriffen, und wir hatten Verluste. Um Schutz vor den Bombensplittern zu haben, verkrochen wir uns unter die Fußböden, denn Keller gab es dort

54 Es könnte sich um den Start der letzten Maschine aus dem Kessel gehandelt haben. Auch durch eine in der Zeitschrift „Kameraden“ veröffentlichte Suchanzeige konnte diese Frage nicht abschließend geklärt werden. Allerdings gibt es noch einen Bericht von Leutnant Krausse (bei Piekalkiewicz, S. 411/12), der in der Dämmerung startete, aber nur neun Verwundete mitnahm. Schon einige Minuten später rollten sowjetische Panzer über den Flugplatz Stalingradskij! An diesem Tag sollen nur drei He 111 gelandet und gestartet sein; möglicherweise waren das diese drei hier angeführten Maschinen, darunter möglicherweise auch die von Deimling.

55 Der Bericht erschien Weihnachten 1987 im Nachrichtenblatt der 100. Jäger-Division.

nicht. Tagsüber beschoß uns die schwere russische Artillerie von jenseits der Wolga. Auf unser Drängen hin wurden wir vom Stadtrand weg in eine Balka westlich vom Stadtrand verlegt. In die Wände dieser Schlucht bauten wir uns Unterstände und warteten auf den Einsatzbefehl. In der Nacht zum 24. Oktober wurden unsere Vorkommandos eingewiesen. Je weiter wir in die Stadt gelangten, desto größer die Gebäude, aber auch die Zerstörungen.

Der 24. Oktober war ein sonniger Herbsttag und mein 26. Geburtstag. Als Geburtstagsgruß schoß mir ein russischer Panzer eine Granate unter dem Stuhl hindurch, auf dem ich ahnungslos gesessen hatte – also volle Deckung für den Rest des Tages! Nachts rückten wir in unseren Abschnitt der Hauptkampflinie; ich wies meine Züge ein und richtete den Schwadrontrupp in einem Splittergraben als Gefechtsstand ein. Die HKL selbst verlief entlang eines Bahndammes. Tagsüber kämpften Artillerie und Luftwaffe, nachts die Stoßtrupps. Stukas setzten ihre Bombentreffer in die nahen Fabrikhallen oftmals nur 200 Meter von uns, so daß wir ständig die Leuchtkugeln abschießen mußten, um nicht getroffen zu werden.

Die HKL war leicht zu übersehen; schwieriger war es beim Nachbarn, da sie dort genau in der Straßenmitte verlief. Die eine Häuserreihe befand sich in unserer Hand, die andere im Besitz der Russen. Oft war die Front so verzahnt, daß man sich nachts leicht verirren konnte. So kamen in der zweiten Nacht auch zwei Iwans mit ihren Suppentöpfen zu unserem Verpflegungswagen und waren erstaunt, bei der für sie falschen Feldpostnummer zu sein! Die Nächte hindurch wurde auf beiden Seiten mit Stoßtrupps vorgefühlt. Am Tage X sollten nach Trommelfeuer der Artillerie und Luftwaffeneinsatz Infanterie und Pionierverbände zum Großangriff ansetzen, bis zur Wolga durchstoßen und die letzten Russen dort vom Westufer vertreiben.

Am 26. Oktober setzte nach unheimlicher Stille um 10 Uhr früh der Feuerorkan der gesamten deutschen Artillerie ein. So etwas hatten wir noch nie erlebt! Nach dreißig Minuten hörte es schlagartig auf. Hinter uns auftauchende Infanterie übersprang unsere Stellungen, überquerte in kurzem Gefecht den Bahndamm und drang in Richtung Wolga weiter. Wir glaubten, daß nach diesem Trommelfeuer drüben kein Mensch mehr am Leben sein könne. Nach einiger Zeit stiegen an der Wolga unsere Leuchtkugeln auf; jetzt warteten wir darauf, die Stellung ans Wolgaufer vorverlegen zu können. Das Ziel war erreicht – die Schlacht um Stalingrad zu Ende? Beileibe nicht! Kaum einen der Soldaten, die vorgestürmt waren, sahen wir lebend wieder. Zu Beginn des Trommelfeuers hatten sich die Russen in vorbereitete Keller und Bunker verkrochen, dann von der deutschen Infanterie überrollen lassen und diese aus ihren Positionen hinter deren Rücken abgeschossen.

Gegen Abend erhielt ich den Befehl, einige hundert Meter vorzugehen und bei verstärktem Feindwiderstand eine neue HKL aufzubauen. Von der Wolga zurückkehrende Kameraden sollten wir aufnehmen, jedoch trafen kaum welche ein – sie waren fast alle gefallen! So stieß ich bis zu einem noch von den Russen besetzten freistehenden Gebäude vor, einer Schule. Links und rechts davon konnten wir noch ein kurzes Stück vorstoßen, dann mußten wir halten und Stellung beziehen, da kein Anschluß an die eigene Linie vorhanden war. Ich forderte Artillerieunterstützung auf die Schule an, aber die Sprenggranaten detonierten schon beim Berühren der Mauer. Meine Züge wies ich in Stellungen auf drei Seiten um die Schule ein und suchte einen Gefechtsstand in einem Kartoffelkeller.

Für den kommenden Tag erwarteten wir einen neuen Angriff deutscher Truppen Richtung Wolga, aber es waren keine mehr vorhanden. Daher mußten wir uns eingraben und unsere Stellungen viele Wochen lang halten. Die Front war erstarrt! Der Russe hatte Nachschubschwierigkeiten, weil er alles nur nachts per Schiff in seinen Brückenkopf am Westufer der Wolga über den Strom schaffen konnte. Wir aber mußten jede Granate Tausende Kilometer mit Bahn und Kraftfahrzeug aus Deutschland heranbringen.

Meine Züge und deren Gruppen bauten sich feste Stützpunkte. Alles, was wir an Waffen und Munition finden konnten, auch russische MG's mit Munition, holten wir heran. So verfügten wir in meinem Abschnitt über die dreifache Feuerkraft; nur so war es möglich, den Abschnitt wochenlang zu halten. Die Russen bauten die Schule zur Festung aus. Jede Nacht waren sie am Werk, die Fenster bis auf kleine Schießscharten zuzumauern. Mit einer Pak versuchten wir vergeblich, die Scharten zu zerstören.

Unsere Stellungen lagen oft nur auf Handgranaten-Wurfweite auseinander. Der Iwan versuchte, geballte Ladungen, die er an lange Stangen gebunden hatte, in unsere Stützpunkte zu schieben. Die ganze Nacht rumste es. Wenn ich meine Stellungen entlangkroch, warfen die Russen Handgranaten nach mir. Sie hatten beobachtet, daß ich hinter einem kleinen Stadel immer zu verschnaufen pflegte. Drüben hörte ich den Abschuß eines leichten Granatwerfers; gleich darauf zischte mir die Wurfgranate vor die Füße. Wäre es kein Blindgänger gewesen, hätte ich diese Zeilen nicht mehr schreiben können.

Nachdem sich der Ring um uns geschlossen hatte, saßen wir in einem Kessel. Das Absetzen vom Feinde war durchdacht, alles für den Ausbruch vorbereitet. Auch unser Abschnitt wußte genauestens Bescheid. Zur Stunde X sollte sich die Schwadron lautlos aus den Stellungen zurückziehen, bis auf wenige, die dabei die Russen unter MG-Feuer halten sollten. Mein Abteilungskommandeur wurde zum Divisionsgefechtsstand befohlen; fieberhaft warteten wir diese Nacht. Gegen Morgengrauen läutete das Feldtelefon. Ich nahm den Hörer: Hitler hatte den Ausbruch der 6. Armee aus dem Kessel verboten! Die Nachricht traf uns alle wie ein Keulenschlag. Munition mußte jetzt gespart werden, und die Verpflegung wurde von Tag zu Tag immer knapper und schlechter.

Die Russen wurden immer stärker und traten aus der Schule zum Angriff auf uns an, den wir jedoch blutig zurückweisen konnten. Dabei half mir die Bedienung eines unserer Granatwerfer. Eine Stunde lang jagten sie Granate auf Granate hinüber. Als der Werferführer eine neue ins Rohr werfen wollte, noch bevor die alte das Rohr verlassen hatte, lagen alle drei Mann tot neben ihrem durch Rohrkrepierer zerrissenen Werfer.

Ein Befehl der Division traf ein: Kein Offizier darf nachts mehr schlafen – stets Alarmbereitschaft! Tagsüber lag ich auf dem Dach eines halbzerstörten Holzhauses, beobachtete durch eine Ritze mit dem Fernglas die russischen Bewegungen, die immer mehr zunahmen, und machte mit meinem Fotoapparat ab und zu Aufnahmen – Erinnerungen an diese traurige Zeit an der Wolga. Hinter der exponierten HKL bereiteten wir eine befestigte, verkürzte Auffangstellung vor, denn man konnte ja nicht wissen ...

Eines Nachts beobachtete ich freistehend, wie drüben beim Russen ein größeres Holzhaus brannte. Dabei vergaß ich, daß ich durch den Feuerschein hell beleuchtet wurde. In einem kleinen Bahnwärterhäuschen lag ein leichtes MG; der Schütze nahm mich aufs Korn. Haarscharf fegte eine Garbe über meinen Kopf, und eine Kugel riß mir die Bergmütze auf.

Über unserer Armee stieg das Gespenst des Hungers auf; die täglichen Brotrationen wurden immer geringer. Zum Glück konnte ich meinen Männern täglich eine kräftige Fleischsuppe bieten. Unser Troß war motorisiert gewesen, aber wir hatten noch einen zweiten Troß mit bespannten russischen Panjefahrzeugen zusammengestellt. So hatte ich zwölf Pferdchen zur Verfügung, die nun in die Feldküche wanderten.

Eines Abends brachte mir der Melder vom Kommandeur ein Päckchen mit dem EK I; der Weg zu mir war dem Kommandeur selbst zu gefährlich! Es schneite und wurde kalt; in den Unterständen wurden Öfen angeheizt, aber der Iwan schoß auf jede aufsteigende Rauchfahne. Daher mußten wir tagsüber nicht nur hungern, sondern auch frieren. Mit meinem Schwadron-Trupp hauste ich noch immer in dem Kartoffelkeller, den wir vor Wochen bezogen hatten. Oben am Eingang hatten wir Gerümpel angehäuft, um Granaten frühzeitig zur Detonation zu bringen. Eines Morgens wurde der obenstehende Posten von einer schweren Granate getroffen; seine letzten Worte galten der Mutter zu Hause. Danach stellte ich keinen Posten mehr auf.

An einem kalten Morgen griff der Russe erneut an. Die meisten meiner MG-Besatzungen schliefen noch, durch die ständigen Nachtwachen erschöpft und übermüdet. Der russische Einbruch gelang. Mit meinem Schwadrontrupp baute ich in der vorbereiteten Stellung rückwärts eine neue auf und versuchte, alle Gruppen in dieser Linie zu sammeln. In der Aufregung vergaß ich den russischen MG-Schützen, der diesmal richtig traf! Eine Kugel durchschlug die linke Schulter, die zweite den Arm. Während ich verbunden wurde, befahl ich meinem Zugführer, den Rest der Schwadron in der neuen Linie zu sammeln. Aber auch den jungen Leutnant erwischte es schon nach wenigen Minuten mit einem komplizierten Oberarmdurchschuß. Der Sanitätsunteroffizier hatte kurz zuvor beim Verbinden einen Kopfschuß erhalten; daher funkte ich um Hilfe. Bald erschien der Reservezug mit einem Leutnant, den ich einwies. Dann machte ich mich, von Haus zu Haus springend, auf den Weg zum Abteilungsgefechtsstand. Dort gab es einen Arzt, der mich verband und mir eine Morphiumspritze gab.

Abends fuhr mich ein russischer Kriegsgefangener mit einem Schlitten zurück zum Troß der Schwadron. Das Morphium wirkte; ich schlief ein und rollte in einer Kurve in den Schnee. Hätte der Russe nicht aufgepaßt und mich wieder eingeladen, wäre ich wohl im Straßengraben erfroren!

Da der Hauptverbandplatz der Division überbelegt war, wohnte ich zunächst beim Troß der Schwadron und ging nur zum Verbinden hin. Der Troß hauste am Stadtrand in einer Balka, wohl primitiv, aber ruhig und sicher vor Fliegern und Artillerie.

Weihnachten verbrachten wir mit einem Kiefernzweig, an den wir ein paar selbstgebastelte Sterne aus Staniol hängten. Unsere Gedanken waren bei den Kameraden vorne und den Lieben in der Heimat. Der Iwan „verschönte“ uns den Weihnachtsabend durch schlagartig einsetzendes Artilleriefeuer über unsere Köpfe hinweg. Die Wunde an meiner Schulter war einigermaßen verheilt, die Schulter selbst aber steif geworden. Den linken Arm konnte ich nicht mehr heben, daher besorgte ich mit dem rechten den ganzen Schreibkram für die Schwadron. Mein Nachfolger in der Stellung vorne, ein österreichischer Leutnant, war durch Kopfschuß gefallen; nun führte ein junger Infanterie-Leutnant, der noch eingeflogen worden war. Aus den täglichen Wehrmachtsberichten erfuhren wir, daß die deutsche Wehrmacht immer weiter von der Wolga nach Westen zurückgedrängt wurde und man uns „Festung Stalingrad“ nannte. Die Nachschubbasen rückten somit immer weiter weg; die langsamen Ju 52, die uns versorgen sollten, wurden über dem russischen Korridor wie auch viele He 111 abgeschossen. Bald reichten die Flugzeuge nicht mehr zum Abtransport der vielen Verwundeten.

Da mein Arm im Kessel nicht kuriert werden konnte, erhielt ich von den höchsten Sanitätsstellen die Ausfluggenehmigung. An einem bitterkalten Wintermorgen Mitte Januar versuchte ich es und verabschiedete mich von meinen Troßkameraden. Viele gaben mir Briefe in die Heimat mit und schenkten mir ein paar Stückchen trockenes Brot für den Weg; das Wertvollste, was sie besaßen.

Zunächst mußte ich zum Divisionsstab 100, der in einem Dörfchen am Stadtrand 10 km vom Troß entfernt lag. Zwei Landser, die verwundet in die gleiche Richtung wollten, gesellten sich zu mir. Russische „Ratas" bemerkten uns, und eine stieß wie ein Habicht auf uns drei kleine Marschierer. Wir wurden mit Bordwaffen beschossen, so daß wir auseinanderspritzten. Ich mußte ein kleines Bächlein überqueren und nahm an, daß mich die Eisdecke tragen würde. Aber in der Mitte brach ich ein und stand bis über die Knie im kalten Wasser. Die „Rata" flog wieder an. Mit letzter Kraft sprang ich aus dem Bach und erreichte eine kleine Heuhütte, in der ich notdürftig Rettung fand. Meine Stiefel waren voll Wasser gelaufen; wenn ich mir bei der Temperatur von minus 25 Grad nicht die Füße erfrieren wollte, mußte ich aus den nassen Sachen raus. Im Sturmschritt marschierte ich los und erreichte ein Bauernhaus, aus dem Rauch aufstieg. Eine deutsche Funkstelle war darin einquartiert. Die Leute rissen mir die angefrorenen Stiefel von den Füßen; ich zog mich aus und wickelte mich in ein paar Wolldecken. Mein nasses, vereistes Zeug kam in den Ofen; die Stiefel darübergehängt, war nach zwei Stunden alles trocken. Durch diesen Zwangsaufenthalt kam ich erst gegen Mittag beim Divisionsstab an, wo ich die Stimmung sehr gedrückt fand. Die Herren sahen die ausweglose Lage wohl noch klarer als die Truppe selbst! Ich meldete mich ab und bekam ein ganzes Bündel von Briefen für die Heimat mit, meist Abschiedsbriefe.

Am Nachmittag marschierte ich Richtung Pitomnik und kam erst bei Dunkelheit an. Am Rande des Flugplatzes standen ein paar große Zelte, die voller Verwundeter waren. Über dem Platz kreisten ständig russische Jagdflieger, die Alleinherrscher über dem Kessel. Wenn unsere Ju 52 und He 111 nachts landeten, mußte die Landebahn kurz beleuchtet werden; dann fielen sofort russische Bomben. Stutzig machte mich, daß in der Nähe MG-Feuer zu hören war. Nur eine einzige Ju startete in dieser Nacht, beladen mit Schwerverwundeten. An der Maschine standen Ärzte mit gezogener Pistole und paßten auf, daß kein Unberechtigter mitflog. Ich hörte auch kein weiteres Flugzeug mehr landen.

Das MG-Feuer nahm zu. Morgens betraten die Sanis schon mit Stahlhelm und Bewaffnung die Zelte und erklärten, der Russe habe nachts den Rand des Flugplatzes erreicht, der nun leider aufgegeben werden müsse. Am Stadtrand bei Gumrak werde ein neuer eingerichtet. Wir sollten versuchen, mit den laufend fahrenden LKW dorthin zu gelangen. Ich kletterte auf einen mit Planen bedeckten [LKW], der langsam anfuhr. Wieder war es ein klarer Tag, so daß der Himmel über uns voller „Ratas" war, die sich mit Eifer auf die LKW stürzten. Immer wieder mußten wir hinabspringen und Deckung suchen. Da wir so nur wenige Kilometer weit gekommen waren, entschloß ich mich, zu Fuß weiterzugehen.

Vor mir lag ein großes Schneefeld mit leichter rumänischer Flak in Stellung; sie hatten die „Ratas“ verjagt. Plötzlich sah ich rechts ein Flugzeug einschweben und vor mir auf dem Schneefeld landen. Ich ging hin: Es war eine mit Brot und Granaten beladene He 111! Ein LKW brauste heran, um die wertvolle Fracht zu übernehmen. Im Nu sammelte sich eine Handvoll Verwundeter, die den Piloten baten, mitfliegen zu dürfen. Durch Zufall standen wir auf einem kleinen Notflugplatz, der erst am Morgen eingerichtet worden war. Der Pilot bedauerte, so viele nicht mitnehmen zu können, meinte aber, es würden sofort zwei weitere He 111 landen. Daher lief ich ein Stück die Landebahn entlang; etwa 50 Meter hinter mir landete die zweite und 10 Meter vor mir die dritte Maschine, auf die ich jetzt zuging. Die Besatzung stieg aus, und eine Entladekolonne raste heran. Ich fragte den Piloten, und er meinte, wenn ich das unbesetzte dritte Bord-MG unten hinten bedienen könne, könne ich mitfliegen. Nun, schießen mußte man ja mit der rechten Schulter, so daß ich mich sofort bereit erklärte. Kaum war die Maschine entladen, begann die rumänische Flak zu schießen, weil drei russische Flieger über dem Platz kreisten. Bomben fielen in unserer Nähe; wir warfen uns zu Boden. Zum Glück wurde unsere Maschine nicht getroffen. Eilig kletterte die Besatzung hinein. Sollte die Maschine nicht von russischen Bomben getroffen werden, mußte sie sofort starten! Auch ich kletterte hinein; atemlos sprangen noch sechs Leichtverwundete heran und wurden mitgenommen. Damit war die He voll, die Einstiegsluke wurde geschlossen und der Pilot gab Vollgas. Diese letzten zwanzig Minuten waren für immer die entscheidensten meines Lebens. Der Bordschütze erklärte mir das MG; ich lag in der Bodenwanne aus Plexiglas, mein MG im Anschlag.

Die Maschine stieg schnell. Das Bild unter mir werde ich nie vergessen! Im strahlenden Schein der Wintersonne lag da unten die verwüstete, unglückliche und schicksalsschwere Stadt. Man sah das breite Band der Wolga und aus allen Richtungen marschierende deutsche Soldaten, die dem Stadtzentrum zustrebten. Dort mußte sich schließlich alles rettungslos zusammenballen.

Unsere drei Flugzeuge, die alle glücklich und unversehrt vom Boden abgehoben waren, schlossen sich zur engen Formation zusammen. Schon blitzte es unter uns auf, als wir den ersten russischen Flakgürtel durchflogen. Links und rechts von uns bildeten die detonierenden Granaten kleine, weiße Wolken. Was würde geschehen, falls sie uns trafen? Keiner von uns hatte einen Fallschirm! Die Wölkchen wurden größer – anscheinend überflogen wir schwere Flakstellungen. Dann wurde es langsam ruhiger. Unbeirrt hielten unsere drei schnellen Maschinen dicht aufgeschlossen den Kurs nach Westen. Unter uns dehnte sich das von den Russen zurückeroberte Gebiet zwischen Wolga und Don. Gerade versuchte ich, nach Bodentruppen Ausschau zu halten, da ratterte über mir ein MG los. Verdammt – ein russischer Jäger im Anflug von hinten, keine harmlose „Rata", sondern eine englische Spitfire! Ich schoß, was rausging, denn jetzt kam's darauf an! Auch die beiden anderen Heinkel 111 schossen Abwehrfeuer. Die russischen Leuchtspurgeschosse fegten an uns vorbei; aber unserem vereinten Abwehrfeuer gelang es, die Spitfire auf achtbare Entfernung zu halten. Sie vollführte die tollsten Flugmanöver, um unseren Leuchtspurgarben zu entwischen. Unser Bordschütze oben warf mir neue Munitionstrommeln herunter. Die Spitfire drehte ab; Gott sei Dank war sie allein geblieben.

Nach etwa zweistündigem Flug über russisch besetztes Gebiet gerieten wir erneut in heftiges Flakfeuer; die HKL wurde überflogen. Nach etwa 350 Kilometern näherten wir uns jetzt einer größeren Stadt; es war Nowotscherkassk in der Nähe von Rostow. Unsere Maschinen setzten zum Gleitflug auf den Platz unter uns an. Eine Unmenge dreimotoriger Ju 52 stand dort, die Versorgungsflugzeuge für Stalingrad. Der Boden näherte sich rasend, unsere Maschine setzte im Schnee auf und rollte aus. Nachdem sie zum Stehen gekommen war, schoß der Pilot eine rote Leuchtkugel zum Zeichen, daß er Verwundete aus Stalingrad an Bord hatte. Zwei Sankas brausten heran – wir waren der Hölle entronnen, waren gerettet! Dieser Tag meines Fluges aus dem Kessel in die Freiheit war der 16. Januar 1943.

## Arthur Krüger:
## Das Ende des Danziger Infanterie-Regiments[56]

*Arthur Krüger wurde am 12. Juni 1920 in Danzig geboren. 1938 trat er als Freiwilliger in die Wehrmacht ein; ab Juni 1939 diente er im Polizei-Regiment 1 eines Landespolizei-Regiments in der „Kampfgruppe Eberhart", später in der 8. Kompanie/Infanterie-Regiment 120 (mot.) der 60. Infanterie-Division und machte mit ihm den Frankreich- und den Griechenlandfeldzug mit. Ab Juni 1941 war er beim Rußlandfeldzug dabei; in Stalingrad Unteroffizier (→ Bildtafel I).*

56 Publiziert im Internet zwischen 2003 und 2008 in mehreren verschiedenen Briefen und Beiträgen, die von mir in eine zeitlich korrekte Reihenfolge gebracht wurden; mit freundlicher Genehmigung des Verfassers.

Vieles wurde erzählt von den Geschehnissen des Krieges, von Taten und Untaten. Viele Berichte handeln vom Hören und Sagen ehemaliger Offiziere, die dann am Ende des Krieges wieder freiwillig zur Bundeswehr gingen: Sie hatten wohl vom Krieg und vom Soldatsein noch nicht genug. Nur selten kam ein Landser, ein Infanterist zu Wort, der jahrelang vorne im Graben lag. Wir, die sogenannten Frontschweine, die wie Schweine vorne im Dreck lagen, hatten keinen Putzer, der uns das Wasser zum Rasieren und Waschen in unsere Stellung brachte. Wir waren stolz auf unsere Siege und auch stolz, deutsche Soldaten zu sein! Wir glaubten fest an unseren Sieg. Im Juli 1941 wurde der Stalin-Befehl bekannt: Tod den deutschen Okkupanten, schlagt sie tot, wo immer ihr sie findet! Da war es kein Krieg mehr. Sie schossen wie die Irren auf unsere Sanitäter, auf unsere Sanitätsfahrzeuge; es war fast nicht möglich, Verwundete und tote Kameraden zu bergen. Junge Offiziere, die von Krieg und Front und der Kampfweise der Russen keine blasse Ahnung hatten, sprachen von den russischen Untermenschen, vom Führer, von Geheimwaffen und vom Endsieg. Wir wenigen alten Landser glaubten nicht mehr an den ganzen Blödsinn. Für uns war klar: Den Krieg konnten wir nicht mehr gewinnen. Also blieb uns nichts weiter übrig, als unsere Haut so teuer wie möglich zu verkaufen.

Ende Juni 1942 waren wir nach der Schlacht bei Charkow wieder einsatzbereit, und es ging bei Kalatsch über den Don wieder auf Jagd, den Russen hinterher. Unsere Aufgabe war es, mit den Panzern durchzubrechen und den Feind von den hinteren Verbindungen abzuschneiden. Wir waren zu weit vorgestoßen; die Infanterie kam nicht nach. Der Befehl lautete: „Einigeln!" Wir warteten auf Benzin und auf die Fußtruppen. Weit und breit war kein Haus, kein Baum und Strauch zu sehen. Nur einige Dromedare, die sich nicht zurückgezogen hatten, leisteten uns Gesellschaft.

Bald war die Verbindung wieder hergestellt. Wir hatten wieder Benzin und Verpflegung, und weiter ging es in Richtung Stalingrad. Wir wunderten uns, daß wir keinen T-34-Panzern mehr begegneten, sondern Ami-LKW und Ami-Panzern, und hörten, daß die Amis über Wladiwostok die Russen mit Kriegsmaterial versorgten. Meine Mannschaft erbeutete ein kleines Ami-Kettenfahrzeug, und wir verluden darauf die schweren Teile unseres schweren Granatwerfers. Während unsere Truppe mit der Einkesselung von Stalingrad begann, stießen wir mit der 16. Panzer-Division im Norden durch und erreichten die Wolga. Dort bezogen wir dann die sogenannte Nordriegelstellung und wehrten alle Angriffe ab.

Der Kampf um Kalatsch und Stalingrad war äußerst verlustreich. Unsere Kompanien waren meist nur noch 30 bis 50 Mann stark. Unsere Hauptkampflinie war lückenhaft besetzt; wir warteten auf Ersatz. So dicht wie möglich waren wir an die Russen herangegangen, oft bis

100 Meter, um nicht von der Stalinorgel beschossen zu werden, die einen Streubereich von 250 Metern hatte. Um uns zu beschießen, würden sie ihre eigenen Leute treffen. Außerdem hatten sie gute Scharfschützen[57] – sich am Tage zu bewegen, war Selbstmord.

Nachts gruben wir wie die Irren und bauten unsere Stellungen aus. Die ausgehobene Erde wurde auf eine Zeltbahn geschüttet und weit hinter unserer Stellung verteilt; Munition und Essen wurden nach vorn gebracht. Auch kam vereinzelt Ersatz, Fahrer und Leute vom Troß, meist unerfahren und schlecht ausgebildet. Wegen des Fehlens der Schützen war ich mit meiner schweren Granatwerfer-Gruppe mit noch zehn Mann in einer Lücke in Stellung gegangen. Vor uns lagen eine Minensperre und der Russe. In meiner Gruppe hatte ich noch vier Obergefreite, alte Kämpfer, mit denen ich schon lange zusammen war. Wir hatten uns mit unseren Werfern gut eingeschossen. Aufgrund unserer guten Beobachtung konnten wir den Feind überall erreichen.

Links von uns befand sich der Gefechtsstand der 5. Kompanie, der ich mit meinen Werfern unterstellt war. Rechts lag eine Gruppe schweres Maschinengewehr meiner Kompanie in Stellung. Bei der Schützen-Kompanie kam es zu Ausfällen durch Kopfschüsse. Sie hatten Gewehre mit Zielfernrohr und konnten damit wegen mangelnder Ausbildung nicht richtig umgehen. Ich ließ mir von ihnen ein Gewehr herüberwerfen und schaltete den Scharfschützen aus.

Einige Kameraden kamen auch aus den Lazaretten und aus dem Urlaub zurück. Mit den Essenholern gelangten sie in unsere Stellung; mit ihren Gedanken waren sie wohl noch in der Heimat. Daher hörten sie unseren Warnruf „Achtung, Scharfschützen, Kopf runter!“ nicht.

Sie kamen nicht mehr zum Einsatz. Wir wurden abergläubisch; es hieß: Wer in den Urlaub fährt, der stirbt. Sorgen brauchten wir uns aber keine mehr zu machen, da es jetzt Urlaubssperre gab.

Immer wieder versuchten die Russen, mit kleineren Angriffen herauszufinden, wie stark unsere Abwehr noch war. Sie wurden regelrecht von unserem Abwehrfeuer niedergemäht. Dann hörten wir die immer schwächer werdenden Hilfeschreie der Sterbenden. In meine Stellung kamen drei Überläufer. Ich fragte sie: „Warum helft ihr euren Verwundeten nicht?“ Sie antworteten: „Verbunden werden nur die, die weiterkämpfen können. Wer zurückgehen kann, dem wird geholfen; wer nicht, der bleibt liegen!“

Weit hinter den russischen Stellungen hörten wir alle Nächte Kettengeräusche der Panzer. Wir fühlten es: Dort braute sich etwas zusammen. Dann hörten wir es schon: Der Russe ist mit starken Kräften bei den

57 Die Rekordliste der 50 erfolgreichsten sowjetischen Scharfschützen listet etwa 15.000 deutsche Soldaten auf, die allein von ihnen erschossen wurden.

Rumänen durchgebrochen; auch die italienische Front wackelte. Bei Kalatsch hatte er den Don erreicht, und wir waren eingeschlossen. Erst einmal machten wir uns keine Sorgen. Unsere Division war schon des öfteren einmal eingeschlossen, war aber immer wieder herausgekommen. Ich glaube, daß ohne diese Hoffnung, ohne dieses Vertrauen, der Kampf bis zum bitteren Ende in Stalingrad nicht möglich gewesen wäre. Dann jedoch wurden Verpflegung und Munition knapp; wir waren schwach und ausgepumpt. Die großen Strapazen und das unmenschliche Leben hatten uns zu Greisen gemacht. Erst am 27. November wurden wir durch den Divisionsbefehl von der Einkesselung unterrichtet. Nun begann für uns die bittere Zeit.

Die uns versprochene Befreiung blieb aus, und wir wurden unserem Schicksal preisgegeben. In uns war eine verbissene Wut; wir fühlten uns verraten und verkauft. Unsere Gegner versprachen uns Tod und Verderben. „Wollt Ihr Hunde ewig leben?" und anderes schrien die russischen Lautsprecher. Wäre es nicht so gewesen[58], viele von uns in unserer so aussichtslosen Lage hätten die Gefangenschaft und nicht den Heldentod gewählt. Junge Männer von 20 Jahren starben an Schwäche; Fleckfieber und Läuse plagten uns. Nur Verwundete kamen noch aus dieser Hölle raus. Der Wunsch war ein Tod ohne Schmerzen. Einige verletzten sich, um so als Verwundete ausgeflogen zu werden, andere drehten durch, sprangen aus der schützenden Stellung hinaus und wurden von den Scharfschützen erschossen. Nur wer die Nerven behielt, konnte überleben. Einige setzten sich aus Panik, Hunger und Verzweiflung ab und gingen zurück. Vielleicht glaubten sie, so aus dem Kessel hinauszukommen. Sie wurden aufgegriffen, erschossen, oder sie kamen in die Strafkompanie zum Minenräumen.

Wir glaubten bei Gott nicht mehr an einen Sieg und hofften nur noch auf ein Überleben. Bisher war es noch möglich gewesen, daß der, der es am nötigsten brauchte, abends mit der Feldküche zurückging; er konnte eine Nacht durchschlafen und sich tagsüber von dem wochenlangen Dreck befreien, der sich überall, auf Uniformen und dem Körper, festgesetzt hatte. Durch die Kälte war die Geruchsbelästigung nicht ganz so schlimm, aber das Gefühl, wie ein Schwein im Dreck gelegen zu haben, ließ niemanden los. Die Wäsche wechseln und in Ruhe einen Brief nach Hause schreiben, das waren wichtige Tätigkeiten, die uns wenigstens wieder etwas zivilisierter erscheinen ließen. Am Abend kam er dann wieder mit der Feldküche, die immer von unserem Hauptfeldwebel begleitet wurde, in die Stellung zurück. Von ihm erfuhren wir dann die letzten Neuigkeiten.

58 Nämlich daß der Gegner Tod und Verderben verhieß.

Vollkommen verlaust und verdreckt lebten wir wie die Ratten in unseren Löchern, schlimmer als die Menschen in der Steinzeit. Unsere Hauptbeschäftigung war, die lästigen Läuse zu knacken. Nachdem ich in einem Ärmel meiner Feldjacke 100 dieser Viecher zerdrückt hatte, hörte ich auf zu zählen. Abends beim Essensempfang drangen ein paar Russen in eine Schützenstellung ein, fraßen den Schützen das Kochgeschirr leer, kackten es voll und zogen sich dann zurück. Außer dem Essen gab es keine Verluste; auch so etwas gab es im Krieg! Natürlich gab es bei den Gefechtsständen der Einheiten Bunker, Heizung, Wasser und Latrinen. Wenn nicht gerade die Artillerie schoß, konnten sich die Kameraden dort auch frei bewegen. Noch besser lebte man beim Troß. Dort war der Hunger lange nicht so groß wie bei uns; darum sind wohl auch nur wenige von uns übriggeblieben, die auch über diesen Unterschied reden könnten.

In einer Nacht fuhr ein russischer Panzer T-34 durch unsere Linien und blieb stehen. Unser Oberfeldwebel Wiartalla räucherte die Besatzung aus und nahm sie gefangen. Mit seinen Leuten, ehemaligen Panzerfahrern, fuhr er in die russische Panzerbereitstellung. Dort knackte er drei russische Panzer und kehrte unversehrt zum Bataillonsgefechtsstand zurück. Für diese Heldentat erhielt er das Ritterkreuz[59]. Das wiederholte sich noch mehrmals.

Ich glaube, es geschah an einem späten Nachmittag am 30. bzw. 31. November, als wir Panzerketten rasseln hörten. Da kamen sie heran: Ich zählte zehn T-34. Sie rasten über unsere Stellungen und wurden hinten von unserer Panzerabwehr empfangen. Mit Abstand kamen die Soldaten in Bataillonsstärke und wollten in unsere Flanke einbrechen. Wir ließen sie auf Schußnähe heran, dann brach die Hölle los! Der Angriff brach in unserem Kreuzfeuer zusammen; unsere Panzer rückten mit Infanterie heran und ergänzten unsere Ausfälle.

Ich wurde am Kopf und an der linken Schulter verletzt und wurde zurück zum Kompaniegefechtsstand gebracht, der in der Balka beim Bataillonsgefechtsstand untergebracht war. Dort wurde ich von unserem Sanitäter erstversorgt und dann zum Kompaniechef und unserem Hauptfeldwebel gerufen. „Lieber Krüger, wir möchten Sie hier nicht verlieren, aber Sie sind leichtverwundet und hätten die Möglichkeit, hier herauszukommen. Sie sind seit 30 Monaten ohne Urlaub! Sie waren der Erste, der in Urlaub fahren sollte, sobald ein Ersatz für Sie eintrifft. Leider aber haben wir hier für alle Urlaubssperre. Aber hier ist Ihr Urlaubsschein; er ist aber nur außerhalb des Kessels gültig! Hier haben Sie etliche Post, die beim Postamt abzugeben ist. Da Sie Danziger sind und vielleicht dorthin fahren und hoffentlich auch dort ankommen, ist

59 In der Liste der Ritterkreuzträger fand ich diesen Namen nicht.

hier ein versiegelter Umschlag, den Sie bei der Standortkommandantur abgeben müssen. Sie melden sich im Lazarett bei unserem Divisionsarzt Dr. Haidinger!“[60] Dort wurde ich wirklich bestens versorgt und ebenso noch mit Briefen nach Österreich versehen; Haidinger war Österreicher.

Ich hatte genaue Verhaltensanweisungen bekommen und begab mich im Morgengrauen zum Flugplatz Gumrak. Dort angekommen, sah ich die vielen Schwerverwundeten, die auf ihren Tragen lagen und auf ihre Verladung warteten. Viele blieben zurück und warteten auf die nächsten Flugzeuge. Für mich war es unmöglich, an Bord zu gelangen, und so wartete ich wohl auch zwei oder drei Tage und zwei eiskalte Nächte. Als erstes durften nur Schwerverwundete an Bord, das galt auch für mich. Ich hatte die Hoffnung schon aufgegeben.

Am Morgen des darauffolgenden Tages sah ich abseits von der Verladepiste eine Ju stehen. Dorthin begab ich mich und kam mit dem Piloten ins Gespräch; er war ein Feldwebel und Ex-Infanterist. Er sagte mir, daß er mit einem Rad in einen Bombentrichter gefahren sei und auf ein Kettenfahrzeug warte, das ihn herausziehen solle. Da nur Schwerverletzte mitdürften, sagte ich ihm auch, daß ich als Leichtverwundeter keine Mitflugerlaubnis erhalten habe. Er ging zurück zur Maschine, kam dann wieder und fragte, ob ich mit einem Maschinengewehr schießen könne, denn er habe keinen Bordschützen mehr. „Natürlich“, antwortete ich, „ich komme von einer Maschinengewehr-Kompanie und war dort Ausbilder und Gruppenführer!“ „Dann kommst Du mit auf meine Maschine als Bordschütze, wenn ich startklar bin!“ Das war meine Rettung aus Stalingrad; es muß am 2. Dezember gewesen sein.

Nachdem seine Maschine mit den Verwundeten übervoll war, hoben wir auch glücklich ab und gelangten unbehelligt aus dem Kessel. Als wir über den Don flogen, meinte der Pilot: „Wir müssen höher gehen, denn dort unten ist die Hölle los!“ Dort war eine große Panzerschlacht im Gange, aber wir kamen verhältnismäßig schnell darüber hinweg. Wir landeten glücklich auf einem Flugplatz, wo ich mich von dem Krankentransport trennte.

Ich war einer der Letzten meiner Kompanie, die Stalingrad lebend verließen. Von meinen Kameraden, mit denen ich vorn im Einsatz war, hat keiner Stalingrad überlebt. Der Rest, der noch im Januar in der Nordriegelstellung lag, wurde von Panzerketten zermalmt. In Gefangenschaft gerieten nur drei vom Troß: Der Hauptfeldwebel, der Sanitäter und der Verpflegungs-Unteroffizier. Es starben den sogenannten Heldentod unser Kompaniefürer Oberleutnant Kessler und 56 Unteroffiziere und Mannschaften. Der Rest verreckte in russischer Gefangenschaft. Stalingrad hat sich tief in unserer Seele eingebrannt, läßt uns nicht mehr

60 Dr. Haidinger war als Unterarzt nicht Divisionsarzt!

los und hat unser Leben beeinflußt. Auch heute noch, nach mehr als 65 Jahren, kehren unsere Gedanken immer wieder dorthin, wo unsere Jugend, unsere Hoffnung und unsere besten Kameraden starben.

*Nach 20 Tagen Genesungsurlaub wurde Arthur Krüger nicht wieder in den Kessel eingeflogen und im Raum Stalino, danach bei der Wiederaufstellung der 60. Division in Südfrankreich eingesetzt. Danach geriet er nach den Kämpfen in Italien und Ungarn 1945 in Österreich in amerikanische Gefangenschaft. Er lebte zuletzt in Feltre/Italien und verstarb am 13. Januar 2009 an den Folgen eines schweren Sturzes.*

## Franz Kumpf:
## Als Störungssucher in Stalingrad[61]

*Franz Kumpf absolvierte vor dem Krieg eine Lehre zum Friseur. In Stalingrad war er Angehöriger des Stabes des Infanterie-Regiments 194 der 71. Infanterie-Division. Nach dem Krieg eröffnete Franz Kumpf in Flechtorf bei Lehre einen Frisiersalon. Seinen Lebensabend verbrachte er in Lehre, wo er vor einigen Jahren verstarb.*

Auf dem Vormarsch in Richtung Stalingrad wurden auch wir immer weniger. Ich selbst hatte öfter Gefangene als Helfer bei mir. Eines Abends bekam ich einen großen Auftrag. Mein Vorgesetzter übergab mir zwölf Gefangene, um eine telefonische Verbindung zum Bataillons-Gefechtsstand herzustellen. Ich hatte große Bedenken und fühlte mich auch nicht sicher. „Einen Deutschen möchte ich haben!" „Wen soll ich Ihnen geben, ich habe keinen!" war die Antwort. „Außerdem verstehen Sie sich am besten mit den Russen." Darauf wußte ich keine Antwort. Ich fragte die Russen in ihrer Sprache: „Habt ihr Wasser und Brot?" Ein Kopfschütteln und „nein" war die Antwort. Ich zeigte ihnen, daß ich auch nichts hatte. „Kommt schnell her, vielleicht finden wir Wasser und Brot bei einem Toten!"

Nach Erfüllung des Auftrages kehrte ich mit den Gefangenen zum Gefechtsstand zurück. Da ich an Händen, Füßen und im Gesicht von eitrigen Geschwüren befallen war, kam ich bei unterwegs gefundenen Gefallenen auch zu Verbandsmaterial.

Eines Tages fand ich ein Paar Hausschuhe aus Tuch, die ich schnell gegen meine Stiefel austauschte. Die Hausschuhe gaben nach, so daß ich sie mit Draht an meine Hose binden mußte, damit sie einen Halt beka-

61 Der Bericht wurde in „Das Kleeblatt", Mitteilungsblatt der ehemaligen Angehörigen der 71. Infanterie-Division, 139. Folge, Nr. 2/30. Jhg., April 1986, abgedruckt.

men. Immer, wenn ich einen Sanitäter erblickte, sagte ich: „Komm hilf mir!“ „Habe kein Verbandszeug“, kam es zurück. „Aber ich habe welches“, gab ich zur Antwort. Daraufhin riß er den Schorf ab und gab Jod drauf. Nun endlich hatte ich Linderung, und mit Hilfe von Kameraden konnte ich mich selbst verbinden.

Allmählich rückten wir an Stalingrad heran. Der russische Soldat Alex, Fernsprecher, war lange mein Helfer; wir verstanden uns gut. Er wollte sogar ein Gewehr haben. Ich sagte ihm, eines sei genug; falls ich verwundet werde, solle er meines nehmen, um uns zu verteidigen. Auch die Patronen zeigte ich ihm. Immer wieder kam es vor, daß Essen für meinen Helfer fehlte. Dann teilte ich meine Portion mit ihm.

Eines Nachts mußte eine Leitung zum Ortsanfang von Stalingrad gelegt werden. Eine Straße mit Kopfsteinpflaster war zu überqueren. Ich gab Alex den Auftrag, das Kabel wegen der Panzer einzugraben. Wenn er damit fertig war, sollte er sich schlafen legen und auf mich warten. Unterdessen mußte ich die Leitung zum Gefechtsstand fertigstellen, aber mein Kabel reichte nicht. In meiner Not suchte ich verzweifelt nach Kabel und fand beim Abtasten der Erde mit bloßen Händen russische Leitungen. Damit flickte ich Stück für Stück die wichtige Verbindung zum Gefechtsstand zusammen. Frohen Mutes ging's dann schnell am Kabel entlang bis zu meinem Helfer Alex. Im Straßengraben geduckt, schaute ich nach allen Seiten und rief nach ihm. Schon wurde ich ungeduldig. An ein Weglaufen glaubte ich nicht, denn sonst hätte er ja nicht so vorbildlich das Kabel zwischen die Pflasterfugen gelegt; das war eine Arbeit, zu der ich körperlich zu diesem Zeitpunkt nicht imstande war. Unter Begleitung von Infanteriefeuer und Leuchtkugeln setzte ich mein Rufen fort. Ein Kanaldeckel öffnete sich; ich verfolgte die Gestalt mit dem Karabiner in der Hand und stellte zu meiner Freude fest, daß es Alex war. „Wieder etwas dazugelernt“, dachte ich, „im Notfall in einen Kanal!“

Alex hatte einen Wunsch, denn während meiner Abwesenheit hatte er eine russische Küche entdeckt. Da er nicht lockerließ, sagte ich: „Schnell, sehr schnell!“ Er schwang sich über einen Bretterzaun, und im nächsten Augenblick klatsche ein russischer Kanister herüber. Rasch geöffnet, fühlte sich der Inhalt wie Pudding an. Mit beiden Händen brach ich mir ein großes Stück heraus. Einen besonderen Geschmack spürte ich nicht – es war wohl Hirse oder Mais, Hauptsache, etwas Eßbares. Alles Eß- und Trinkbare war ein Geschenk des Himmels. Auf dem Weg in unsere Schlucht jammerte ein russischer Verwundeter. Ich faßte Alex am Arm und sagte: „Da, ein russischer Kamerad!“ Er sprach mit ihm, dann packte er mich am Arm, um weiterzugehen.

Im nächsten Morgengrauen ging der Angriff weiter. Alex wurde zu einem anderen Bautrupp versetzt. Es war schon hell geworden; die Leitung zum Gefechtsstand war zerschossen, und wir sollten stadteinwärts los. Als wir eine Strecke zurückgelegt hatten, kam uns unser Kamerad, der Störungssucher Gerblich, mit Alex entgegen. Ich merkte bei Gerblich den Erschöpfungszustand und rief: „Hier rein in diesen tiefen Bombentrichter!" Dieser sichere Schutz, für eine kleine Pause genutzt, gab mir die Gelegenheit, unterwegs gefundenes Brot mit meinem Seitengewehr in Stücke zu schneiden und untereinander zu teilen. Plötzlich sagte Gerblich: „Diesen Russen erschieße ich!" Ich war erschüttert, da ich wußte, daß Gerblich erst vor wenigen Tagen zu uns gekommen war und seine Nerven bei diesen Strapazen in so einer lebendigen Hölle durchgegangen waren. Sofort sagte ich zu Alex: „Der Kamerad erschießt dich nicht, seine Nerven sind kaputt! Ich spreche mit dem Feldwebel, und morgen bist du wieder bei mir." Ich reichte ihm meine Hand; er hatte verstanden. Nach kurzer Verabschiedung suchte jeder nach unseren Kabeln, Kamerad Gerblich in Richtung Wolga und ich stadtauswärts.

Beim Weitergehen gelangten mein Kamerad Wilhelm Hönnige[62] und ich auf eine Asphaltstraße mit Bürgersteig. Uns überkam große Unsicherheit, denn Brände, Blech und Drähte versperrten den Weg, Leuchtkugeln und Infanterie-Gefechtslärm da und dort. Ich beschloß, eine Leitungsprobe durchzuführen, während Wilhelm die Sicherung übernahm. Ich hängte den Apparat um den Hals und drückte mein Seitengewehr bei einem Bäumchen auf dem Bürgersteig in die Erde. Gerade hatte ich mit wenigen Worten meine Leitungsprobe beendet, als Wilhelm mir zurief: „Russen kommen!" „Nicht schießen!" gab ich zurück. Deckung konnte ich nicht nehmen, da mich große Flächen mit Blech und Draht umgaben. Ich nahm meinen Karabiner, der am Baum lehnte, entsicherte ihn und drückte ihn fest an meine Hüfte, den Finger am Abzug. Im Schattenspiel des Feuers erkannte ich mir gegenüber den ersten Russen. Da und dort unterstrichen Leuchtpatronen, Qualm und Gestank die traurige Gegenwart. Mein Freund von der anderen Seite war nähergekommen, und zwar mitten auf die Straße. Er ging drei bis vier Schritte, schaute sich um und ging weiter. Ich dachte bei mir: Angst habt ihr auch! Bei jedem Schritt, den er machte, drehte ich mich mit. Falls ich erkannt wurde, war er verloren, denn seine MP hatte ich genau im Auge. Wenige Schritte von mir erkannte ich jetzt den zweiten Russen, drehte mich nach links und zielte mit großer Ruhe auf seinen Körper. Er machte noch einige Schritte und blieb dann stehen. Ich versuchte einen Blick zu Wilhelm, der aber nicht zu sehen war. Er hatte sich wohl auf der nahen Straßenkreuzung neben einer Art Verkehrshäuschen in Deckung begeben. Jetzt erschienen noch zehn weitere, alle mit Maschinenpistolen bewaffnete Russen. Zwar hatte ich mich zur Verteidigung entschlossen, wäre aber bestimmt

---

62 Wilhelm Hönnige stammte aus Heilbronn und war wohl Weinbauer (Angabe von Franz Kumpf).

nicht Sieger geworden! Falls sie mich erkannt hatten, sollten einige mit mir gehen. Bis heute verstehe ich nicht, daß sie so nah waren und mich nicht erkannt haben sollten! Oder wollten sie mir nichts tun, weil ich auch nicht geschossen hatte? Es waren ja nur noch drei Meter Abstand! Mir kam auch der Gedanke, sie anzusprechen, aber die Maschinenpistolen gefielen mir nicht so recht …

Die Begegnung war vorerst vorbei; meinen Wilhelm fand ich an der vermuteten Stelle. Nun ging's weiter, das Kabel in der Hand. Die Russen hatten uns vorsichtiger werden lassen. Jetzt blieb ich öfter stehen und prüfte die Umgebung nicht nur mit den Augen. Ohnehin war ich ja schon an alle Geschosse und Leuchtzeichen gewöhnt.

Was erblickten wir da auf einmal? Einen LKW mit Unterwäsche! Schon mehrere Tage war ich ohne Unterhose und -hemd. Diese waren in der Steppe so dreckig und voller Läuse gewesen, daß ich sie nicht länger hatte ertragen können und weggeworfen hatte. Bestimmt war das ein Fehler, denn die Oberbekleidung war in gleichem Zustand gewesen. Nachts wurde es schon kalt, und da hatte man das Gefühl, als ob man Blechhosen trüge. Da kam dieser Fund gerade recht: Eine Unterhose wurde gleich unter das Koppel gesteckt. Ich wühlte noch den Haufen durch, um etwas Hemdsärmeliges zu finden. Was ich fand, war zwar nicht das Gewünschte, ähnelte eher einer Jacke, wanderte aber auch unter das Koppel. Weiter ging's zum Gefechtsstand. Dort fragte ich gleich nach dem Kameraden Gerblich. Man sagte mir, er sei mit seinem Helfer von der Störungssuche nicht zurückgekommen. Ich bat um etwas Wasser; der Störungssucher Klaus Neusius reichte mir seine Feldflasche. Nach einem großen Schluck hatte ich das Gefühl, als ob alles in mir verbrennen würde. Mit Entsetzen stellte ich fest, daß die Flasche mit sehr starkem Wodka gefüllt war! Es brannte noch lange wie Feuer, da mir niemand Wasser geben konnte.

Eines Vormittags kam Neusius mit zwei Karabinern zurück und äußerte erhitzt: „Wilhelm liegt am Bahnhof und ist wohl tot!" Sofort lief ich los, faßte eine Krankentrage und begab mich mit vier Gefangenen zum Bahnhof. Scharfschützen erschwerten uns den Weg. Wilhelm lag zwischen den Gleisen auf dem Bauch; die Wunde war zwei Hände groß. Ich drückte die Trage an seine Seite, so vorsichtig wie möglich, und es gelang mir mit den russischen Helfern, ihn in derselben Lage auf die Trage zu legen. Nach wenigen Metern begann der steile Bahndamm. Der lose Sand erschwerte den Transport, außerdem flogen uns die Kugeln um die Ohren. Kniend und kriechend schoben wir die Trage vorwärts. Wilhelm, von Schmerzen gequält, schrie mit abrollenden Bewegungen, was ich jedoch verhindern mußte. Ich sagte zu ihm: „Liegenbleiben, du kommst jetzt zum Arzt!" Immer wieder drückte uns der Beschuß zu Boden, denn es war Tag mit Feindsicht. Doch endlich erreichten wir das

Farbenhaus, den Regimentsgefechtsstand, wo sich ein Sanitäter befand. Wir legten ihm Wilhelm zu Füßen. In Schweiß gebadet, lehnte ich mich an die Wand und schaute auf die große Wunde. Als ich merkte, daß sich Fliegen darauf setzten, bat ich den Sanitäter um Abhilfe. Er legte daraufhin eine größere Fläche Gaze auf die Wunde. Wilhelm hob den Kopf; ich legte ihm einen Mantel darunter und fragte ihn, ob es besser sei. Es kam keine Antwort – meine Hilfe war beendet.

Auf Störungssuche bei Nacht hatte ich ein schauriges Erlebnis in Stalingrad. Mit den Händen tastete ich die Erde ab und suchte mein Kabel. Gleichzeitig mußte ich auch den Blick nach oben richten, da wir wegen Abhörgefahr Doppelleitungen und alles hochgelegt hatten. Oft lag Geröll usw. vor den Füßen; daher hatte ich mir eine neue Gangart zugelegt: Ich hob die Füße so hoch wie nur möglich. Plötzlich trat ich auf etwas und brach ein. Mein erster Gedanke war: Es handelt sich um einen Toten. Als ich einen Schritt weitergehen wollte, hing ein Brustkorb an meinem rechten Bein! Mit einem Stoß wie beim Fußball war ich wieder befreit. Ich mußte weiter nach der Störung suchen und fand zum Denken keine Zeit.

Eines Tages kam ich aus Richtung Wolga mit Steigeisen auf den Schultern, denn bei Tage mußte die Leitung hochgelegt werden. Als ich den Tunnel zum Bahndamm durchschritten hatte, kam mir ein offenes Auto entgegen und stoppte. Darin saßen lauter braun Uniformierte mit Hakenkreuzbinden. Sie sagten, sie möchten die Wolga fotografieren. „Ja, ja, gleich hier durch den Bahndamm. Es ist aber Feindsicht", entgegnete ich. Dieses gehört, machten sie sofort eine Kehrtwendung – eine Staubwolke, und weg waren die tapferen Parteimänner! Zum Sterben sind ja nur wir da, dachte ich.

Einmal mußte ich den Zahnarzt aufsuchen und dazu bis in die Schluchten von Pitomnik. Die Praxis befand sich in einer kleinen Holzhütte. Mit einigen Kameraden saß ich in dem einzigen Raum; ein Stuhl und eine Bank waren vorhanden. An allen Ecken und Wänden konnte man Durchschüsse und die Wirkung von Granatsplittern feststellen. Heulende Flugzeuge und MG-Geknatter stellten die Begleitmusik, als der gute Zahnarzt ruhig mit dem Fußpedal den Bohrer in Schwung setzte und versuchte, uns von wahnsinnigen Zahnschmerzen zu befreien. Mitten in dieser Schießerei mußte der Zahnarzt diese heikle Arbeit durchführen! Heute noch möchte ich ihm dafür meinen aufrichtigen Dank sagen.

Eines Tages wurde ich vom Gefechtsstand angerufen, der sich im Gefängnis der Stadt befand, ich solle unserem Kommandeur Roske[63] die

63 Dipl.-Ing. Oberst Fritz Roske (* 20. Januar 1897, † 25. Dezember 1956) übernahm am 26. Januar als neuer Kommandeur die 71. Infanterie-Division und wurde einen Tag später zum Generalmajor befördert. Aus der Gefangenschaft wurde er erst 1955

Haare schneiden. Ich meldete mich bei seinem Burschen, Obergefreiten Schaberhorn, der eine Zelle für sich hatte. Beim Eintritt in diese Zelle glaubte ich meinen Augen nicht zu trauen: Vor ihm stand eine Anzahl Torten! Ich sagte zu Schaberhorn: „Wo gibt's denn so was? Wir haben nur knapp zu essen, und hier?" „Dies habe ich noch aus Frankreich mitgebracht!" „Lüge nicht, eine Torte ist für mich, sonst bringe ich euch an den Pranger", erwiderte ich. „Nein, das geht nicht, denn der General kommt", brachte er heraus. „Der ißt dann eben eine Torte weniger, ich teile sie sowieso mit meinen Kameraden", erwiderte ich, lief sofort los und holte Kochgeschirr und Wäschebeutel. Nach der Rückkehr schob der Bursche einen großen Eisenriegel vor die Tür, damit niemand diesen Handel beobachtete. Er schob mir eine Torte zur Seite, ich gab ihm 20 Mark für diese Rarität. Ein Viertel verzehrte ich selbst in großer Eile mit Hilfe meines Seitengewehres, den Rest quetschte ich in das Kochgeschirr. Der Obergefreite meldete jetzt dem Kommandeur, der Friseur sei da. Beim Eintritt machte ich eine kurze Meldung, suchte eine Sitzgelegenheit und sagte in freundlichem Ton: „Bitte, Herr Oberstleutnant" – der Salon war eröffnet. Ich bat den Kommandeur um ein Handtuch als Umhang und begann mit meiner Arbeit. Während meines Wirkens befahl mir Roske, zwei Tage mit noch zwei weiteren Kameraden zum Kaufhaus zu gehen und dort den Kameraden die Haare zu schneiden. Zurück bei meinen Kameraden legte ich meine Beute auf den Tisch; mit Hilfe des Seitengewehres holte ich die Torte aus dem Kochgeschirr, teilte sie in vier Häufchen und meinte, sie sollten nur schnell essen, sonst müßten noch mehr Häppchen gemacht werden. Ich dachte mir: Vielleicht war dies das letzte süße Häppchen gewesen.

Gleich am nächsten Tag suchte ich wie befohlen das Kaufhaus auf, um Haare zu schneiden. Auf dem Hinweg gab es einzelne Schüsse auf mich. Ich dachte vor mich hin: Laßt mich in Ruhe, ich gehe doch nur zum Haareschneiden! Die beiden Kameraden waren bereits eingetroffen; im Keller des Hauses befand sich unser Salon. Später wurde dieser Keller Gefechtsstand und Quartier von Generalfeldmarschall Paulus. Dieses Gebäude, aus starkem Beton, und den Weg dorthin kannte ich genau, weil Fernsprechverbindungen hinführten. Wir hatten 32 Leitungen in Funktion zu halten und waren so nicht arbeitslos.

Bei einer Störungssuche traf ich ein Häuflein russischer Gefangener. Sie waren gut gekleidet; meine Kleidung war sehr zerschlissen: Teile der Feldbluse fehlten, die Hose war in noch viel schlechterem Zustand. Mir kam der Gedanke, eine von den guten Hosen zu erwerben. Ich sprach einen Russen an und sagte: „Hose weg!" Er schaute mich an und mach-

entlassen. Auszeichnungen: 19. Dezember 1941 Deutsches Kreuz in Gold, 20. Januar 1943 Ritterkreuz.

te mit, als ich begann, meine Hose auszuziehen. Wir tauschten das gute Stück; sie paßte gut, nur die Farbe gefiel mir nicht so recht.

Nun war ich selbst in Gefahr gekommen. Es dauerte nicht lange, bis ich von einem unbekannten Kameraden von hinten mit einem Karabinerkolben mit den Worten „Geh weg, du Iwan!" in den Rücken gestoßen wurde. Mit dieser Kleidung, dazu noch mit zwei verschiedenfarbigen Stiefeln, fuhr ich in den Urlaub. Hauptfeldwebel Mank gab mir einen Erlaubnisschein für eine vollständige Neueinkleidung in der Heimat. Von Stalingrad bis nach Hause wurde ich zweimal entlaust. Der Bus nach Sebnitz war mit stehenden Leuten dicht gefüllt, aber der Sitzplatz neben mir blieb leer. Die guten Heimatbürger schämten sich wohl, sich neben einen so zerlumpten Frontsoldaten zu setzen. Laut sagte ich: „Sie dürfen sich ruhig zu mir setzen, ich sehe zwar nicht besonders gut aus, aber ich bin einer der wenigen, die die Chance hatten, mit heilen Knochen aus Stalingrad in Urlaub zu fahren!" Da reckten sich alle Köpfe zu mir.

## Herbert Kuntz:
## Mein letzter Flug in den Kessel[64]

*Herbert Kuntz wurde am 15. Februar 1915 in Dieflen/Saar geboren. Er war ein begnadeter Flieger, dem am 14. März 1943 für seine Leistungen bei der Versorgung des Kessels von Stalingrad als Oberleutnant das Ritterkreuz verliehen wurde. Im Sommer 1943 war er Staffelchef und Ausbildungsleiter für junge Besatzungen künftiger Kampfflieger. Insgesamt kam er auf über 450 Feindflüge.*

20. Januar 1943, Einsatzbesprechung beim Kommandeur der I./K.G.100. „Pitomnik ist, wie bekannt, in russischer Hand und jetzt bereits Jägerbasis vom ‚Iwan', gespickt mit Flak. Also Abstand halten! Unser Versorgungsabwurfplatz Bahnhof Gumrak ist wieder behelfsmäßig zu einem Landefeld hergerichtet worden. Die Landung in der Abenddämmerung und mehr noch der Start wieder heraus werden schwierig sein. Es ist jedem Flugzeugführer freigestellt, nach eigenem Ermessen zu handeln!"

Fahl zeichneten sich unten ruinenhafte Straßenzüge von Stalingrad im grauen Schnee ab. Breit und träge trennte die Wolga beide Ufer. Grelle Punkte glitzerten auf, hier, da, dort, einzeln und in Gruppen. Und an anderer Stelle kurz danach im gleichen Rhythmus Einschläge auf Ein-

64 Der Bericht wurde dem Buch „Kampfgeschwader 100 Wiking" von Ulf Balke (S. 136–138) entnommen und mir von Herrn Dipl.-Ing. Gaenshirt aus Freiburg zur Verfügung gestellt.

schläge. Russische Artillerie trommelte auf die zusammengeschrumpften Stellungen der 6. Armee.

Über Pitomnik spielte sich ein Drama ab. Einige Flugzeugbesatzungen, bunt durcheinandergewürfelt an die Front geworfen, hastig von irgendwo herbeikommandiert, abkommandierte Heimatfluglehrer, kaum flügge gewordene Flugschüler und herausgezogene Piloten irgendwelcher Verbände kreisten mit der alten Ju 52/3m über dem Platz. Der Russe hielt die Landebahn unter vollem Licht und schoß grüne Leuchtkugeln, die Aufforderung zu landen. Einige Maschinen landeten in der Tat – in ihr Verderben! Den Irrtum erkennend, versuchten einige zu fliehen. Zu spät, kaum einer entkam. Uns war ihre Funkfrequenz unbekannt – dem Russen sicher nicht –, so daß wir sie daher weder rufen noch warnen konnten. Zum ersten, aber gleich auch zum letzten Mal sahen sie Stalingrad von oben und verwechselten Pitomnik mit Gumrak. Nach zermürbendem Anflug, mehrere hundert Kilometer über Feindesland, bedrängt von Jägern und Flak, die meisten von ihnen „Greenhorns" an der Front, glaubten sie sich endlich am Schutz gewährenden Ziel über dem hell erleuchteten Flugplatz. Wahrscheinlich hatte ihnen der Russe noch auf der eigenen Frequenz Funkpeilungen gegeben.

Wie sollten sie auch erkennen, daß die drei winzigen grünen Lichter, hier unter uns, dicht am Stadtrand von Stalingrad, in Wirklichkeit den richtigen Landeplatz, nämlich Gumrak, markierten! Freilich, in unserem Luftraum hätten sie bei näherem Hinsehen vielleicht die eigenen Flugzeugwracks dort unten, Junkers Ju 52 und Heinkel He 111, erkannt, welche die schmale Landegasse säumten, mühselig zur Seite geschleift, so auf ihre Art Zeugnis ablegend, daß nunmehr die deutschen Versorgungsflieger hier landen mußten.

Im Tiefflug brauste ich darüber hinweg, erkannte Gruppen von Landsern, in aufkeimender Hoffnung heraufblickend. Sie winkten müde. Noch hatte ich Hemmungen, die Landung zu wagen. Man mußte ja auch wieder heil herauskommen, eine reine Aufopferung nutzte niemandem! Etwa 50 Meter breit war heute die hindernisfrei geschaufelte Bahn, 24 Meter maß die Spannweite der He 111. Verdammt nahe also, diese bleichen Flugzeugtrümmer am Rand!

Vielleicht knapp 800 Meter nur war die Bahn lang, doch 1500 Meter war die He 111 normal gewohnt, wenn sie sich beladen erheben sollte. Die Landung war, wie gesagt, freigestellt. Die Entscheidung jedoch fiel schnell und unkompliziert. Soeben rollte einer meiner Kameraden unten aus und seine Maschine blieb heil. Sogleich kurvte ich hinterher und gab meiner Besatzung, Funker und Bordwart, den Entschluß bekannt. Seitenwind erschwerte etwas den Anflug; wir setzten weich mit 100 km/h im Schnee auf. Mehrfach wippte die Maschine, doch wir rollten ohne Kopfstand durch die Schneewehen. Nun drehten wir zur Seite weg. Sogleich kam ein Pulk von Landsern auf uns zu gehumpelt. Damit keiner den Propellern zu nahe kam, stellte ich die Motoren ab. Lieber hätte ich sie ja durchlaufen lassen; sicher ist sicher! Meine übrigen Kameraden landeten ebenfalls glatt. Schnell entluden wir die mitgebrachten Lebensmittel – viel zu wenig. Mit knapp einem halben Dutzend He 111 vertraten wir wieder einmal die ganze Luftwaffe des „eisernen Marschalls". Keine Zeit war zu verlieren. Eine Traube von Verwundeten drängte sich um den Einstieg am Rumpf unserer Maschine, stumm und ergeben. Anfangs, vor knapp zwei Monaten noch, von Pitomnik aus, durften wir nur sechs Mann mitnehmen, das heißt, nach ausdrücklicher, gedankenloser Vorschrift. In Wirklichkeit nahmen wir meist bis zu neun Verwundete mit, heimlich eben. Hier ging es heute ums Ganze. Alle konnten nicht mit, das stand fest. Und wir waren die letzten Maschinen, die in Stalingrad landeten! Wer übrigblieb ... Auf den ich in der Runde mit dem Finger zeigte, dem war das Leben geschenkt. Diese schreckliche Macht!

Mein Funker Walter Krebs meldete, daß keiner mehr reinging, der Rumpf sei vollgepfropft voll. „Aufpassen, daß wir nicht zu schwanzlastig werden!" rief ich ihm zu. Über die Tragfläche kletterte ich zur Kanzel auf meinen Sitz hin, mein Beobachter, Oberfeldwebel Hans Annen, auf seinen. Ein Verwundeter hatte hinter uns auf dem Behelfssitz zwischen den Bombenschächten Platz genommen und lächelte uns an, das heißt, die Augen schienen so. Ich ließ die Motoren an. Beruhigend knatterten die ersten Zündungen. Der aufregende Lärm im Rumpf wurde übertönt. „Habt ihr hinten alle Luken dicht, Walter?" fragte ich über das Bordtelefon zur Besatzung zurück. „Nein, wir können nicht, warte noch!" Der Verwundete zwischen uns wurde ganz in die Kanzel hineingeschubst. Sofort hatte ein anderer seinen Platz inne. Krampfhaft hielt sich dieser fest, um dem Druck der ständig Nachschiebenden standzuhalten. Es half ihm nichts, auch er wurde in die Kanzel hineingedrückt. Todesangst und aufglühende Hoffnung, noch mitzukommen, waren hier die Triebkraft der in der offenen Bodenluke Zusammengedrängten. Mit dem Kopf schon im Rumpf der Maschine standen sie mit den Füßen noch auf dem Boden, und die Motoren liefen bereits! Nebenan auf der Bahn startete wieder einer meiner Staffelkameraden. Nur schwerfällig kam seine He 111 hoch. Jetzt waren wir noch die Vorletzten hier unten. Die in die Kanzel hineingepreßten Verwundeten nahmen mir die Sicht zur rechten Seite. Beim Start würde sie mir fehlen.

Die drei grünen Markierungslampen waren vom aufgewirbelten Schnee der bereits gestarteten Maschinen zugeweht. Doch da hinten am Ende der Bahn blinkte es grün auf! Ein Landser stand dort und winkte mit der Taschenlampe. Er war unser Richtpunkt, unser ganzer Leuchtpfad. Ich ging zum stärkeren Vorwärmen mit der Drehzahl der Motoren eine Stufe höher; im Start brauchte ich ihre ganze Kraft. Schnee stob auf.

Im eisigen Propellerwind krümmten sich einige Gestalten und wendeten sich von uns ab, hin zur letzten He 111 nebenan, zur dortigen Traube an der Einstiegsluke. Wieder ein Artillerieschlag in der Nähe! Ich zwang mich zur Ruhe, überprüfte noch einmal alle Instrumentenanzeigen und Hebelstellungen und sammelte mich nochmals für einige Sekunden.

Gashebel nach vorn! Über 3000 PS peitschten die Luftschrauben; schwerfällig rollten wir an. Schnee stob hoch, hüllte uns ein und nahm mir im Augenblick jede Sicht nach vorn. Doch nur wenige Sekunden, dann hatten wir die eigenen Wirbel überholt. Auf über 150 km/h mußte die über 15 Tonnen schwere Maschine beschleunigt werden, um sich vom Boden loslösen zu können. Nur träge kletterte der Fahrtmesser hoch – zu langsam! Fast die Hälfte der knappen Bahnlänge hatten wir schon hinter uns. Wir waren stark schwanzlastig. Rasch trimmte ich nach und mußte doch mit starker Hand das Steuer weiterhin nach vorne drücken, um endlich den Sporn, das Rumpfende, hochzubekommen. Jetzt beschleunigte sich die Fahrt besser. Der brave Infanterist am Bahnende winkte weiterhin eifrig grün mit seiner Taschenlampe. Artillerieeinschlag. Kamen wir noch frei? Zum Abbrechen des Startes war es schon zu spät, das gäbe grausigen Bruch. Alles auf eine Karte! Unter dem Dröhnen der Motoren vibrierte die Maschine, ächzte das Fahrwerk durch die Schneewehen, doch mehr und mehr übernahmen die Tragflächen das Gewicht. Jetzt! Ein scharfer Ruck am Höhensteuer – wir waren frei vom Boden. Im letzten Augenblick hatte sich der Soldat mit seinem Licht hinwerfen müssen. Schemenhaft sah ich sein Gesicht. Wir flogen. Dank für deine Hilfe, unbekannter Obergefreiter, wie ruhig und pflichtbewußt warst du! Wie magst du uns nachgeschaut haben, mir und meinem Staffelkameraden, der nach mir als allerletzter startete – zurück in den Westen, in Richtung Heimat.

Noch im Bereich der deutschen Stellungen kreisten wir hoch auf 2000 Meter, um der russischen Flak nicht allzu nah vor die Rohre zu kommen. Der Rest des Fluges war Routine. Unser Einsatzhafen lag in der Nähe von Rostow am Asowschen Meer. So weit waren wir zurückgedrängt, nachdem wir am Weihnachtsabend Morosowskaja vor den russischen Panzerrudeln verlassen mußten. Vergeblich hatten wir ihre wütenden Angriffe mit Bomben und Bordwaffen zu hemmen versucht.

In der Nacht landeten wir in Nowotscherkask. Aus der Bodenluke krochen die Verwundeten, noch einer und noch einer, 15 Mann! Verfroren, elend, gerettet. Keiner sagte ein Wort. Wozu auch? Mein Beobachter Hans Annen drückte mir die Hand. Ich wußte schon, demnächst würde ich das Ritterkreuz bekommen. Vor einem Jahr, als wir uns noch mit dem Tommy balgten, seinen Kriegsschiffen, Häfen, Jägern, Flakstellungen und Flugplätzen, von London über Malta bis zum Suezkanal, hart aber fair, übermütig oft, an unseren Sieg glaubend, da hätte ich mich unbändig gefreut. Dumpf ahnten wir die Unabwendbarkeit der großdeutschen Niederlage. Lähmende Zweifel, ob das Recht auf unserer Seite war. Das Symbol auf unserem Leitwerk hatte auf einmal ein ganz anderes Gesicht. Doch als Leutnant hatte ich die Haltung zu wahren und militärische Tugend vorzuleben.

Zum letzten Mal kreisten wir über Stalingrad. Dichter Nebel hüllte die Steppe ein. Ein Funkfeuer, dessen unsichtbare Strahlenrufe den Nebel durchdrangen, ermöglichte die Standortbestimmung. Keine Flak schoß. Aus 2000 Meter Höhe begann ich tiefer zu kurven, nach den Instrumentenanzeigen steuernd, tiefer und tiefer. Immer noch keine Erdsicht, alles grau in grau, undurchdringlicher Nebel. Wo sollten wir unsere Ladung abwerfen? Noch 100 Meter zeigte der Höhenmesser, 80 Meter – das Äußerste, was ich wagen durfte, denn seine Anzeige konnte nicht genau sein, da er auf den Luftdruck des weit entfernten Starthafens eingestellt war. Jetzt! Für eine Sekunde huschte grauweiß ein Stück ausgebranntes Schlachtfeld unter uns durch. Wir waren dicht über dem Boden! Ich riß die Maschine zurück in den Nebel, in die sichere Höhe. Erst hinterher kam der Schreck. Bodenberührung in voller Fahrt war gleich Stichflamme! Blind mußten wir unsere Ladung abwerfen, Brot. Mochte es manchem braven Landser eine Stärkung geworden sein für den langen Marsch.

Die in Stalingrad Gebliebenen – alle waren sie unsere Brüder! Man kann sie nicht vergessen.

*Herbert Kunz war zuletzt Hauptmann der Reserve und überlebte den Krieg. Bis ins hohe Alter von 82 Jahren war er als Segelfluglehrer tätig. Er verstarb am 26. August 1998.*

*Sein ehemaliger Flugschüler Hans Gaenshirt (ebenfalls Flugzeugführer auf der He 111) ergänzt den Bericht*[65]*: „Nach einer Landung in Nowotscherkassk wurde der ‚Gefechtsbericht' abgegeben. Der Techniker (1. Wart) betankte die Maschine nochmals, das Bombenpersonal der technischen Truppe belud die Maschine mit den 250 kg-Versorgungsbomben, die von unten in die acht Bombenschächte hochgehievt werden mußten. Bis die Besatzung bei Nacht wieder zum Flugzeug zurückkam, waren dann diese Arbeiten abgeschlossen, die Besatzung – fünf Mann – stieg ein, und der Flugzeugführer rollte zum Start. In die Maschine stieg man meist durch die Bodenwanne ein, krabbelte dann unter dem Funkersitz durch in den schmalen Gang (ca. 50–55 cm breit) zwischen den Bombenschächten, in denen die Bomben eingehängt waren. In dem kleinen Raum unter dem Funkersitz, der für Bordmechaniker und Bord-*

65 Brief von Dipl.-Ing. Hans Gaenshirt, Freiburg, vom 31. Januar 2004 an den Herausgeber.

*schütze noch übrigblieb, damit diese die beiden Seiten-MGs bedienen konnten, mußten sich die Verwundeten zusammenkauern und konnten nur zum Teil zwischen den Bombenschächten nach vorn kriechen, um jede auch noch so kleine und unpraktische Aufenthaltsmöglichkeit in der Kanzel auszunutzen.“*

## Jochen Löser:
## In der Nordriegelstellung[66]

*Jochen Löser wurde am 3. April 1918 in Weimar geboren. 1936 trat er als Fahnenjunker in das I.R. 68 in Brandenburg ein. Als Leutnant im Infanterie-Regiment 230 der 76. Infanterie-Division wurde er als Bataillons-, später als Regimentsadjutant im Frankreich, Balkan- und Rußlandfeldzug eingesetzt. Es folgte der Marsch auf Stalingrad; als Oberleutnant war er bei den Kämpfen in der Nordriegelstellung dabei.*

Es kam dabei darauf an, zwischen Kotluban-Schlucht und Nordrand Stalingrad zu verteidigen, um die Bewegungen unserer Panzertruppen zu decken, koste es, was es wolle. Der Russe versuchte, in sehr harten Kämpfen diese Deckung zu durchschlagen. Am 5. September bauten wir am Abend unsere Verteidigung auf, mitten in der leeren und öden Steppe, ohne Markierungspunkte, ohne Baum und Strauch. Glücklicherweise war es ein schöner, heller Herbst. Nachts aber war es so dunkel, daß es schwer war, sich zurechtzufinden, so daß wir uns an den Fernmeldestrippen orientieren mußten. Wir hatten die Aufgabe, die kleinen Erhebungen in der Steppe herauszufinden, weil die ja als B-Stellen für unsere Artillerie in Frage kamen, und nahmen Verbindung mit unseren Nachbar-Divisionen auf.

Am Abend mußte ich als Regimentsadjutant auf die Suche nach den Bataillonen gehen, weil die Orientierung so schwer war, daß wir sie kaum fanden; ich marschierte an der Telefonstrippe entlang. Das war ein großes Glück für den Führer des III. Bataillons, der sehr schwer verwundet am Ende dieser Strippe lag.

Der Kampf um Stalingrad war nicht haßerfüllt, aber ein Kampf, der mit äußerster Erbitterung geführt wurde. Haß erlebte ich in keinem Falle. So trugen auch russische Gefangene Oberleutnant Buhl zurück, der danach versorgt werden konnte; der Draht hatte ihn gerettet! Der

66 Der Bericht ist dem Buch „Bittere Pflicht. Kampf und Untergang der 76. Berlin-Brandenburgischen Infanterie-Division“ von Jochen Löser, Osnabrück 1988, entnommen. Mit freundlicher Genehmigung des Biblio Verlages.

Regimentskommandeur, Oberst Abraham[67], ein Offizier, der die Herzen der Männer stets gewann und der die Namen aller Soldaten seines Regiments kannte, setzte seine Musiker zum Bunkerbau ein. Er schickte seinen Pionierzug zum Donufer zurück, um Baumstämme zu fällen und als Deckung zu besorgen. Seine Vorsicht erwies sich am nächsten Morgen als begründet, denn der Russe setzte sehr viele Jagdbomber ein, und wir bekamen in der Kotluban-Schlucht, die gut auszumachen war, mehrere Bombenteppiche. Glücklicherweise hatten wir unter unseren Zelten einige Gräben gegraben und konnten hier Deckung suchen.

Von diesem Tage an griff der Russe meistens in den frühen Morgenstunden nach sehr heftiger Artillerievorbereitung mit starken Kräften, mit einzelnen Stoßtrupps, auch bis in die Nacht hinein an. Täglich hatten wir in unserem Gefechtsstreifen den Angriff von mindestens zwei Divisionen zu ertragen; die Division wies alle Angriffe ab. Vom 7. bis zum 25. September waren diese pausenlosen Angriffe eine starke Nervenbelastung für alle. Glücklicherweise griff der Russe aber stets an der gleichen Stelle, nach dem gleichen Schema und meist zur gleichen Zeit an, angeblich auf Stalins persönlichen Befehl.

Viele von uns bekamen das lästige „Ostfieber"; wir hatten alle gelbe, käsige Gesichter und waren dabei sehr müde und tränig. Besonders mußte man sich dabei überwinden, auch als Stab jeden Morgen um 4 oder 5 Uhr mit seinem Melder aus dem Bunker zu eilen, das Gewehr zu nehmen und die Russen abzuwehren, die beim Nachbar-Regiment einzelne Einbrüche erzielt hatten. Die Kompaniestärken des Regiments 178 waren zum Teil auf nur noch zwei Soldaten abgesunken!

Das Regiment kämpfte mit seinem Gefechtsstand in vorderster Linie. Aus unseren Musikern und Schreibern hatten wir einen kleinen Stoßtrupp gebildet, der dann jeweils nach der Abwehr eines Angriffes antreten mußte, um Gefangene zu machen, wenn die russischen T-34-Panzer sich von ihrer Infanterie trennten und zurückfuhren. Das führte soweit, daß wir, etwa 15 Offiziere, Unteroffiziere und Mannschaften, einen Haufen von etwa 70 Gefangenen bei unserem Gefechtsstand sitzen hatten. Als sie plötzlich erkannten, wie wenige wir waren, mußten wir sie schleunigst abschieben. Diese Kämpfe nahmen die Division und das Regiment sehr stark mit; wir kämpften tatsächlich bis zur letzten Patrone

67 Erich Abraham (* 27. März 1895 in Marienburg, † 7. März 1971 in Wiesbaden) nahm als Leutnant am Ersten Weltkrieg teil. 1935 Wiedereintritt in das Heer; 1938 Oberstleutnant, 1940 als Oberst Kommandeur des I.R. 230. Nach seinem Ausflug aus Stalingrad Kommandeur der 76. I.D. Als Kommandierender General des LXIII. Armeekorps geriet er 1945 in amerikanische Gefangenschaft, aus der er 1947 entlassen wurde. Auszeichnungen: 7. März 1942 Deutsches Kreuz in Gold, 13. November 1942 Ritterkreuz, 1944 mit Eichenlaub.

– noch schlimmer bis zur letzten Nervenkraft, und an Schlaf war nicht zu denken.

Mit den abgekämpften Resten des Infanterie-Regiments 203, die unserem Regiment unterstellt wurden, gelang es, den Nordriegel zu halten und die Versorgung nach Stalingrad, das Heranbringen neuer Truppen zu ermöglichen. Die Kampfstärken der Kompanien betrugen oft nur noch 25 Soldaten; viele der Besten fielen.

Mein Bursche, der Gefreite Max Gens, „Vergolder" aus Berlin, der mir schon seit eineinhalb Jahren treu diente, hatte alle Hände voll zu tun, denn er mußte abwechselnd für den Kommandeur und mich Stullen holen oder Sturmgeschütze heranbringen. Diese drei Sturmgeschütze unter Hauptmann Koch haben sich wacker gehalten, und ihnen verdankten wir letzten Endes, daß wir überhaupt den Nordriegel halten konnten. Die geschätzte Kampfstärke der Division betrug nur noch 5000 Soldaten, davon etwa 1000 Hiwis[68].

Am 29. September wurden die Reste unserer Division aus dem Nordriegel abgelöst; wir konnten es kaum glauben. Wir wurden aufgefüllt. Was hieß das? Die jungen Soldaten, die eine dürftige Ausbildung in der Heimat erhalten hatten, wurden in Reih und Glied aufgestellt; die Hauptfeldwebel der ausgekämpften Truppe, zusammen mit den Kommandeuren, traten vor das Glied. Listen wurden herausgeholt und die Soldaten eingeteilt. Für diese jungen Kameraden muß es schon ein besonderes Erlebnis gewesen sein, in der Steppe von Stalingrad durch wakker, aber furchtbar aussehende Krieger auf Listen erfaßt, herausgerufen, nach dem Beruf gefragt und eingeteilt zu werden. Sie waren alle sehr jung, sahen recht blaß aus, und wir, ohne es uns anmerken zu lassen, waren alle sehr skeptisch, ob sie nun für die vielen Verwundeten und Toten ein vollwertiger Ersatz sein könnten. Oberst Abraham erkannte diese für die Jungen so schwierige Situation. Er ging durch die Reihen, sprach sie an, persönlich und menschlich. Ich glaube, daß diese Begegnung der jungen Kameraden mit dem alten Truppenkommandeur doch sehr wesentlich [dafür] war, daß sie sich zum ersten Mal in einer Truppe zwar nicht zu Hause, aber willkommen geheißen fühlten.

Die Rast war sehr kurz; es wurde ausgebildet, und bereits am 9. Oktober wurden wir erneut im Nordriegel eingesetzt. Dieses Mal lag der linke Flügel unserer Division am Don. Das Wetter war noch sehr schön und klar. Ich wurde Kommandeur des III. Bataillons und war froh und glücklich, endlich ein Bataillon zu bekommen, das Füsilier-Bataillon

68 Abkürzung für „Hilfswillige". Das waren sowjetische Kriegsgefangene, die sich bereiterklärt hatten, in der Wehrmacht zu dienen, meist als Fahrer, Krankenträger, Reinigungspersonal usw. Zunächst sollte ihr Anteil an der Truppe 10 Prozent nicht überschreiten, teilweise stieg er aber auf 30 Prozent und mehr. Am Kriegsende waren zwischen ein und zwei Millionen Sowjetbürger als Hiwis oder Soldaten auf deutscher Seite eingesetzt.

230. Wir wurden in sehr günstigen Stellungen eingesetzt, an schroffen Schluchten, wo wir unsere Gefechtsstände und schwere Waffen hatten, dabei sehr viele Beute-Granatwerfer mit passender Munition. Diese schweren Waffen setzten wir wie eine Batterie ein und hatten eine sehr gute Verbindung mit der III. Abteilung des Artillerie-Regiments 176, deren Beobachtungsstellen wir nutzen konnten. Die Angriffe in dieser Zeit waren nicht schwer. Dank unserer „Waffenorganisation" konnten wir die Russen auch mit unseren schweren Waffen immer sehr schnell abweisen, so daß mein Bataillon wenig Verluste hatte. Der Russe legte seine Angriffe immer mehr auf den linken Flügel der Armee an den Don.

Am 22. oder 24. November kamen die Befehle von Regiment und Division: Wir sind eingeschlossen, der Führer hat befohlen, die Festung Stalingrad zu halten. Wie es der Deutsche gerne macht, schoben wir das Ganze auf das Versagen unserer Bundesgenossen. Die jungen Offiziere sahen den Grund darin, daß die Rumänen eben nördlich des Don nicht so gehalten hatten, wie wir es in der Nordriegelstellung fertiggebracht hatten. Wir sahen das damals gar nicht so dramatisch; unser Divisionskommandeur besuchte mich in meinem Gefechtsstand, teilte mir nüchtern die Lage mit und sagte: „Wir haben doch schon oft solche Situationen erlebt – Sie haben sich hier schön eingerichtet. Sie haben eine ganz ausgezeichnete Stellung. Ihr Brandenburger werdet das schon machen, ich habe selbst keine Sorgen!" Wir glaubten ihm das auch, denn wir hatten ja schon ähnliche Situationen in kleineren Verhältnissen und vielleicht sogar härter am eigenen Leibe erlebt. Daher nahmen wir es zunächst ziemlich gelassen hin, obwohl wir weniger gelassen zusahen, wie unsere Verpflegung immer weniger wurde. Zu diesem Zeitpunkt waren die Kämpfe auch noch nicht so hart; in meinem Streifen gab es nur einige Einbrüche. Eines Nachts nahm der Russe einen Stützpunkt weg; im nächtlichen Gegenstoß holten wir ihn unter meiner Führung mit Sturmgeschütz-Unterstützung zurück. Der für mich vorgesehene Bataillonsführer-Lehrgang in Antwerpen und die Kommandierung zum Generalstabslehrgang fielen wegen der Einschließung aus.

Mein Freund, Hauptmann „Kulli" Müller, flog freiwillig in den Kessel ein, um zu seinen Männern zurückzukehren. Bei einer Erkundung verirrten wir uns im Nebel, überschritten dabei die eigene dünne Hauptkampflinie feindwärts und führten dabei ein ernstes Gespräch über den Sinn und Unsinn unseres Auftrages und das Leiden unserer Männer. Er wußte, was auf ihn zukam: Einen Tag später, nachdem wir zu unseren Kameraden zurückgefunden hatten, wurde er vermißt – ein sehr tapferer und menschlich vorbildlicher Offizier und Kommandeur. Von uns vier Fahnenjunkern aus Brandenburger Tagen war er der letzte, den ich verlor.

Die Verpflegung wurde immer dünner: täglich zwei Scheiben Brot und dünne Pferdefleischsuppe. Genauso erging es den Russen auch; sie kamen nachts an unsere Feldküche und holten sich einen „Schlag“. Wir jagten sie weg, erschossen sie aber nicht. Brennholz gab es in der Steppe nicht. Die Männer hatten zwar noch ihre einigermaßen ausgebauten kleinen Unterstände und Stellungen, aber kein Holz. Sie halfen sich, indem sie nach vorne krochen, die russischen Holzminen ausbauten und die Ladung und das Holz verbrauchten, nachdem der Zünder ausgebaut war. Das beweist, wie verzweifelt die Situation war.

Besonderen Spaß machte uns die Betreuung durch die Piloten der sechs Jäger, die im Kessel stationiert waren und von dort noch Einsätze flogen. Sie hatten ein Patenschaftsverhältnis mit meinem Bataillon, marschierten jeden Abend an und brachten etwas aus ihren Verpflegungsrationen. Flieger waren ja immer besser versorgt als die Infanteristen.

Wir hatten das Weihnachtsfest hinter uns gebracht und waren ohne Informationen von oben, so daß wir nicht wußten, was aus uns werden sollte. Unsere Munition besaßen wir noch, aber keine größeren Mengen. Nachrichten konnten wir keine empfangen, da man uns die Röhren unserer Tornisterfunkgeräte herausgenommen hatte, und man verbreitete die Parole: „Soldaten, haltet aus, der Führer haut euch raus!“ Diese Parole war quasi symbolisch für das, was mit uns Soldaten da geschah. Die Soldaten hatten tapfer und treu und in vollem Vertrauen gekämpft; nun wurden bei uns allen Zweifel gehegt, nicht so sehr, weil wir erschöpft waren, sondern [weil wir] keine Informationen bekamen. Eine Truppe kann nur richtig geführt werden, wenn man ihr ehrlich und vernünftig und klar sagt, was los, wie die Lage ist! Häufig wurde ja in Rußland auf dem „Landserdienstweg“ auch die große Lage eher bekannt als von oben. Aber auch auf diesem Wege war jetzt nichts mehr zu erfahren; er blieb stumm und still. Für uns Truppenoffiziere begann der große Zweifel an unserer Führung – nicht so sehr, weil wir eingeschlossen und in einer Notlage waren, sondern deshalb, weil man uns die Nachrichteninformation nahm.

Am 10. Januar griff der Russe mit neuen, frischen Kräften an und erzielte einen Einbruch bei unserer Nachbar-Division, der 44. Hoch- und Deutschmeister-Division. Nun begann für die Truppen, die außerhalb der Stadt eingesetzt waren, der schwere Weg in Richtung Stalingrad. Kilometerweise setzten wir uns ab. Wir hatten uns notdürftige Schlitten gebaut, die letzten Verpflegungsvorräte im Brotbeutel und besaßen praktisch nur noch Munition in der Waffe ohne größere Versorgungspakete dafür.

Auf dem Rückzug traf ich zwei Männer, die zu den wichtigsten Persönlichkeiten und Kameraden der Division gehörten: den Divisionskommandeur, Generalleutnant Rodenburg[69], der dort versuchte, seine Division von vorn zu führen, und den katholischen Divisionspfarrer Kayser, der dort auf dem Hauptverbandplatz Rossoschkatal die etwa 200 Verwundeten betreute. Es war an einem sehr kalten und frostigen Tage mit herrlicher Schneelandschaft und klarer Sonne. Mein Bataillon war noch etwa 140 Soldaten stark mit noch drei Kompaniechefs. Wir marschierten in einer Reihe; eine Kompanie sicherte. Auf diesem Rückmarsch kamen wir durch ein kleines Dorf in der Mitte einer Kolchose. Dort erblickte ich die Flagge eines Lazarettes und stellte fest, daß es unser alter Hauptverbandplatz war. Dieser war in einer langen Kolchose mit Ställen etwa in Kreuzform etabliert. An einer Wegekreuzung stand mein Divisionskommandeur, hielt ein Gewehr hoch und holte mich heran. Er gab mir den Auftrag, dieses Dorf zu verteidigen und mit ihm zusammen zu versuchen, die vielen, schon teilweise in Flucht befindlichen Truppen, die alle auf Stalingrad zu marschierten, anzuhalten und bei dieser Verteidigung mit einzusetzen. Uns beiden gelang es nicht; die fremden Soldaten zogen an uns vorbei. Sie ließen sich zwar in Gruppen sammeln; kaum aber hatte man ihnen den Rücken zugedreht, versuchten sie, wieder auf die Marschstraße zu gelangen und nach rückwärts zu marschieren. Ich setzte nur die Soldaten meines eigenen Bataillons rings um den Hauptverbandplatz ein, wo wir Stellung bezogen.

Am selben Nachmittag hatte ich beim „Einigeln" meines Füsilier-Bataillons 230 in der Kolchose Bol Rossoschka mit Pfarrer Josef Kayser[70] ein einmaliges, unvergeßliches Erlebnis: Über einen Hügel, der im Schnee und Sonnenschein gleißte, kamen Hunderte von Soldaten den Vorderhang herunter und stürmten mit Gewehren und Hurra-Rufen die Stellungen der Russen, die sich dort zur Einschließung bereitstellten. Es waren die noch überlebenden Artilleristen des Artillerie-Regiments 176

69 Siehe den Bericht von Generalleutnant Carl Rodenburg (S. 348 ff.).

70 Joseph Kayser (* 22. November 1895 in Schmallenberg, † 21. April 1993 in Lippetal-Hoverstadt); Teilnehmer am Ersten Weltkrieg, danach Bergbaustudium, Dipl.-Ing. Anschließend Studium der kathol. Theologie; Priesterweihe 1931 in Paderborn, danach Vikar an der Propstei Dortmund und Seelsorger beim Freiwilligen Arbeitsdienst in Staumühle. 1933 Vikar und nebenamtlicher Militärseelsorger in Höxter, wo er wegen staatsfeindlichen Verhaltens durch die Gestapo verhört wurde. 1939 kathol. Divisionspfarrer der 76. Infanterie-Division. Im Januar 1943 übergab er deren Hauptverbandplatz an die Rote Armee und schloß sich in sowjetischer Kriegsgefangenschaft dem „Nationalkomitee Freies Deutschland" an. Am 8. Dezember 1945 kehrte er nach Deutschland zurück und arbeitete beim Suchdienst mit. Er war Pfarrvikar in Dortmund-Kirchhörde, danach Pfarrer in Bosseborn/Krs. Höxter und wurde 1954 Anstaltsgeistlicher im Landeskrankenhaus Lippstadt-Eickelborn; den Ruhestand verbrachte er im St. Ida-Altenheim Lippetal-Hoverstadt. Kayser, dessen umfangreicher Nachlaß im Archiv des Militärbischofs in Berlin zur Verfügung steht, war als „der Pfarrer von Stalingrad" berühmt.

unter Führung ihres voranstürmenden Kommandeurs, Oberst Boeck[71]. Nachdem sie ihre Geschütze wegen Munitionsmangels hatten zerstören müssen, unternahmen sie ihren letzten Angriff – zu Fuß! Viele fielen, kaum einer kehrte später in die Heimat zurück. Oberst Boeck und Hauptmann von Rotzmann[72] erhielten noch in den letzten Tagen des Kessels das Ritterkreuz.

Wir richteten uns in der Nacht dann rings um dieses Dorf ein und bildeten einen kleinen Igel. Plötzlich hörte ich Motorengeräusche und sah in der Dunkelheit ganz schwach gegen den Schnee die Umrisse eines Lastwagens, der kurz vor mir hielt. Den Fahrer, der ausstieg, hielt ich für einen unserer Troßfahrer. Da mein Adjutant, Oberleutnant Nichtweiß[73], durch einen Oberschenkelschuß verwundet worden war, wollte ich für seinen Abtransport sorgen und sprach diesen Fahrer an. Wir standen uns auf drei Meter gegenüber, als er auf russisch antwortete, seine Maschinenpistole zog und abdrückte. Ein Klicken – Versager! Ich zog meine Pistole, vergaß in der Aufregung zu entsichern, und entsprechend kam auch keine Wirkung. Wir standen uns stumm und fassungslos gegenüber. Er machte dann auf der Hinterhand kehrt, marschierte zu seinem LKW und fuhr ab. Ohne uns auf eine Rauferei einzulassen, ging ich wieder in meinen Bunker. Auch das war ein Beweis, daß dieser Kampf ohne Haß, jedoch mit Erbitterung geführt wurde.

Zurück in meinem Bunker, sah ich eine seltsame Szene: Mein Brotbeutel lag auf dem Tisch und wurde gerade von einem rumänischen Soldaten, also einem Bundesgenossen, und einem russischen Soldaten, den wir gefangengenommen hatten, sowie meinem Burschen ausgeräumt. Als ich diese drei so friedlich kauen sah, den Russen noch mit seinen Waffen (!), mußte ich herzlich lachen. Wir vertilgten dann zu viert den Rest aus dem Brotbeutel. Eine kleine Szene, die zeigt, daß Hunger und Kälte oft schlimmer waren als der eigentliche Feind!

Nun stand ich in dem Konflikt: Sollst du den Befehl deines Divisionskommandeurs ausführen und den Ort verteidigen, oder sollst du dich auch in Richtung Stalingrad absetzen? Ich hielt einen kleinen Kriegsrat mit meinen Kompaniechefs, die mir rieten, uns abzusetzen. Es traf ein versprengter Funktrupp der Artillerie ein, der meldete, er habe den Auftrag, mich beim Kampf um diesen Ort zu unterstützen. Das und die

71 Wilhelm Boeck (* 15. März 1897 in Gartz, seit 23. Januar 1943 vermißt und 1953 für tot erklärt) wurde 1939 Kommandeur der II. Abt. des Artillerie-Regiments 6 und später des A.R. 176. Ritterkreuz am 20. Januar 1943.

72 Fritz Joachim Freiherr von Rotzmann war Kommandeur der I. Abt. des A.R. 176; Ritterkreuz am 3. Januar 1943, zuletzt Beförderung zum Major.

73 Johannes Nichtweiß (* 10. Juni 1914 in Frankfurt/Main, † 14. Juni 1958 in Rostock) studierte 1933–1935 an der PH Bonn; 1939 zur Wehrmacht. Ab 1944 Lektor und Assistent an Antifa-Schulen in der SU. 1949–1952 Dozent für Geschichte; 1956–1958 Ordinarius für Geschichte der Neuzeit in Rostock.

Pflicht, die Verwundeten des Hauptverbandplatzes zu schützen, gaben den Ausschlag. Im Duell mit einem russischen Schützen von Kellerloch zu Kellerloch erhielt ich einen Schuß durch die Kokarde meiner weichen Feldmütze; er war wohl wie ich kein Scharfschütze.

Inzwischen hatte der Russe uns eingeschlossen; seine Infanteristen lagen mit leichten Waffen etwa 300 bis 400 Meter entfernt rings um das Dorf. Einige Verwundete mit Beinschüssen hatten im Kolchosenausgang ein leichtes MG in Stellung gebracht, beteiligten sich an diesem Kampf und verteidigten sehr tapfer. Auch den nächsten Tag hielten wir noch aus, packten dann aus eigenem Entschluß am Abend die Verwundeten auf, die sich noch bewegen konnten, und brachen aus dieser Umschließung aus – [es war] mehr ein Durchschleichen als ein Ausbrechen. Pfarrer Kayser und ein Arzt blieben bei den Verwundeten, die sich nicht mehr bewegen konnten und von den Russen gefangengenommen wurden.

Wir brachten so noch etwa 30 bis 40 Leichtverwundete mit heraus, so daß ich froh war, daß mein Bataillon danach noch 120 Soldaten zählte. Wir krochen in Erdbunker und wurden am nächsten Morgen erneut eingesetzt, wobei wir auf dem Schnee ohne Deckung lagen. Jeder hatte noch etwa fünf Schuß Munition. Mein alter, guter Freund Jupp Holl, bis dahin Fernmeldeoffizier, war treu an meiner Seite; mein Bursche, Max Gens, hatte sich die Füße angefroren und sollte ausgeflogen werden, wollte aber nicht und [stattdessen] lieber bei seinem Kommandeur bleiben. Wir kämpften am 19. Januar in dünner Linie, jeder mit noch vier bis fünf Schuß im Gewehr. Bei ziemlich hartem Granatfeuer wurde ich an der rechten Hand verwundet, konnte aber die Stellung nicht verlassen und blieb dort bis zum Abend, an dem mein Bataillon, die Reste eines ganzen Regiments, noch eine Stärke von zwei Offizieren und 40 Soldaten hatte! Mit einem LKW wurde ich nachts zum Flugplatz Gumrak gebracht und dort am Rande des Flugfeldes abgeladen. Mit Max Gens, der mir inzwischen den Schal von seinen Beinen um meine Hand gewickelt hatte, lag ich da.

Die Sonne schien nicht mehr; es war sehr dunstig, Schnee, fast Dunkelheit. Ich sah die erste Maschine, eine He 111, ein Kampfflugzeug, im Matsch und dieser Schneemilch landen. Sie überschlug sich, weil zur gleichen Zeit russisches Artilleriefeuer einsetzte. Ein Flakoffizier war als Leiter des Ausfluges dort eingesetzt. Wir warteten einen Tag, bis wir ausgeflogen werden konnten, legten uns in den nächsten Krater und sahen nun zu, was geschah. Weitere He 111 landeten, soweit sie nicht zerstört wurden. Pakete, Kommißbrote, Verpflegung und etwas Munition wurden herausgeworfen. 50 bis 80 Mann stürzten sich auf diese Maschinen, die vielleicht 10 bis 12 Verwundete mitnehmen konnten. Feldjäger versuchten umsonst, sie zurückzuhalten. Nachdem die ersten 11 hineingestopft worden waren, wurde die Klappe zugemacht. Die Maschinen starteten im russischen Artilleriefeuer mitten in der Traube dieser Soldaten, die sich zum Teil an die Tragflächen hingen, wüste Flüche ausstießen, völlig verzweifelt waren und mehr einer Meute gehetzter Tiere und Wölfe glichen. Für uns beide war es unbegreiflich, wie wir jemals in eine solche Maschine gelangen sollten!

Daher lagen wir den ganzen Tag in diesem Loch; ein Feldwebel stieß noch zu uns, der mit einem Beinschuß aus meinem Bataillon kam. Uns dreien gelang es endlich in den Morgenstunden des dritten Tages, am 20. Januar, als immer weniger Flugzeuge landeten und die meisten Verwundeten schon resigniert hatten, durch den Einsatz des jungen Flak-Offiziers, der die Ausflüge bestimmte, an eine Maschine heranzukommen. Sie landete etwas abseits an einer Stelle, an die sonst keine andere kam, und daher auch keine größeren Menschenmengen [vorhanden waren]. Ich stopfte meinen Burschen Maxe hinein und wurde noch als letzter hineingestoßen. Über mir hing ein völlig verdreckter Unteroffizier, der aus einer Halswunde blutete und nun in der Waagerechten stehen mußte, um nicht zu verbluten. Ich stützte mich mit Händen und Füßen gegen ihn und lag in einem Bombenschacht.

Ein Wunder geschah – die Maschine startete! Mehr nahmen wir nicht mehr wahr, denn wir waren alle so erschöpft, daß wir sofort einschliefen. In Stalino wurden wir ausgeladen und von der Luftwaffe hervorragend betreut. Erst hier im Lazarett konnte ich versorgt werden; inzwischen hatte ich eine V-Phlegmone und eine Erfrierung und hätte dadurch fast die Hand eingebüßt. Schweizer Ärzte operierten sie dann in Krakau[74] so, daß sie nicht amputiert zu werden brauchte. Wir Stalingradkämpfer durften dann auf Anordnung Hitlers nicht in die Heimat gebracht werden; wir sollten keinen unmittelbaren Bericht von den Leiden in Stalingrad geben können, sondern wurden in die Karpaten gebracht, um uns da auszukurieren.

*Für seinen tapferen und persönlichen Einsatz erhielt Hauptmann Löser am 3. Oktober 1942 das Deutsche Kreuz in Gold und am 26. Januar 1943 das Ritterkreuz. Es folgten ein Jahr Lazarettaufenthalt und der gleichzeitige Besuch der Kunsthochschule Weimar. Nach einer Generalstabsausbildung und Beförderung zum Major war Löser bis Kriegsende an der Kriegsakademie Hirschberg tätig. 1956 trat er in die Bundeswehr ein und war maßgeblich an der Entwicklung der neuen Heeresstruktur*

74 Die Schweizer Ärzte gehörten zur 4. Schweizer Ärztemission an die Ostfront. Diese Missionen waren von maßgeblichen Schweizer Kreisen als humanitäres Angebot an Hitler initiiert worden, um das Reich von einem Angriff auf die Schweiz abzuhalten. Das Personal dieser 4. Mission – ca. 80 Teilnehmer – war aufgrund des sowjetischen Vormarsches von den Einsatzorten Stalino, Charkow und Rostow zurückgezogen worden und in der letzten Einsatzwoche in Krakau tätig.

*beteiligt. 1958–1971 war er als Stabschef einer Division, Referent im Verteidigungsministerium und Kommandeur einer Panzerbrigade eingesetzt. 1971 wurde er als Brigadegeneral Chef des Stabes des I. Korps, dann als Generalmajor bis zu seiner Pensionierung 1974 Kommandeur der 1. Panzer-Division in Hannover.*

## Erich von Lossow: Tagebuch aus Stalingrad[75]

*Major Erich von Lossow (geb. am 31. März 1914) trat 1933 als Berufssoldat in die Reichswehr ein. Seit April 1942 war er Kommandeur der Nachrichtenabteilung der 371. Division.*

**22. 11. 42** Der Russe ist gestern bei der 20. Rumänischen Division von Zaza angreifend über Plowitoje durchgebrochen und operiert gleichzeitig im großen Donbogen mit starken Kräften nach Süden, wo leider auch nur Rumänen und Italiener stehen. So wird bei uns schon die Parole laut, die man den Italienern spöttisch nachsagt: „Avanti – der Rückzug!“ Unser I c meint allerdings, es wären nur 6000 Russen und 90 Panzer durch. Nachmittags jedoch werden bereits ein Bataillon und eine Batterie auf LKW verladen und nach dem Süden abtransportiert. Abends stößt der Feind bis Abganerowo, wo wir Mitte August so viel Blut gelassen haben und schwere Kämpfe hatten. Sieben Nachschub-KfZ mit fünf Tonnen Schokolade, Kaffee, Drops und anderen Panzer-Sonderverpflegungen fallen in seine Hand und waren für uns gedacht. Pfui! Damit ist unsere südliche Nachschubbahn und -basis abgeschnitten – es wird ernst!

**23. 11.** Die widersprechendsten Meldungen jagen sich. Das Korps weicht aus, unsere Nachbar-Division geht zurück; wir geben ein weiteres Bataillon mit einer Batterie und die Panzerjägerabteilung nach rechts ab. Meine 1. Kompanie, eben verlaust vom langen Schanzen vorne zurückgekehrt, zieht wieder in die vorderste Linie vor. Nachmittags Meldung, der Russe sei tief in unserem Rücken entlang des Don nach Kalatsch durchgebrochen; südlich von uns greift er nach Zybenko hin an. Regiment Veith wird herausgezogen und in die Anfangsstellung bei Z. abgesandt. Die großangelegte Zangenoperation mit dem Ziel der Abschnürung des deutschen Keiles, dessen ostwärtige Spitze Stalingrad ist, wird jedem offenbar. Abends hört Leutnant Prell als LdN ein Gespräch zwischen unserem neuen OB, General Paulus – wir sind jetzt der 6. Armee

75 Das Tagebuch wurde mir freundlicherweise von Frau Hilde v. Lossow zur Veröffentlichung überlassen. Der erste Teil vom 9. 7. bis 21. September 1942 wurde weggelassen; bis zum 22. 11. besteht eine Lücke, in der keine Einträge erfolgten.

unterstellt – und dem Kommandierenden General mit. Beide sind der Meinung, daß wir zurückgehen und Stalingrad aufgeben müssen, sonst würden wir abgeschnürt. Es besteht bereits keine Fernsprechverbindung mehr zur Heeresgruppe und damit zum Führerhauptquartier. „Ich riskiere dann natürlich meinen Posten", sagte der OB. Er hätte durch Funk die Lage gemeldet, der Führerentscheid könne erst morgen kommen. Wir versorgen uns nur noch aus uns selbst; die Verpflegung wird um die Hälfte gekürzt, Post geht nicht mehr ab, die eben abgefahrenen Urlauber werden irgendwo abgeladen und der kämpfenden Truppe zugeführt.

**24. 11.** Nun sind wir zum ersten Mal im Kessel; nur eine sehr kleine Lücke ist noch im Südwesten, für uns aber nicht zu erreichen, da wir gerade am entgegengesetzten Ende stehen. Die Armee wird von 100 Ju 52 aus der Luft versorgt. Um 9.30 Uhr kommt ein Fernschreiben vom Korps. Ich lese es bei der Vermittlung gleich mit: Umgehend auf volle Beweglichkeit und weitgesteckte Marschziele mit allen Mitteln einstellen. Planvolles Zusammenstellen alles dessen, was auf den beweglichen Fahrzeugen mitgenommen werden muß. Vorbereitung der Vernichtung alles nicht mitzuführenden Gerätes, Gepäcks, von Akten und Kraftfahrzeugen. Das heißt also Rückzug und Aufgabe von Stalingrad! Wir sind alle zerknirscht, denn nichts ist deprimierender als das Vernichten all dessen, was man aufgebaut hat und das Aufgeben einer mit viel Blut, Opfern und enormen Anstrengungen erkämpften Stellung. In Afrika stehen wir in der Defensive, in Westafrika steht der Amerikaner und vor Stalingrad, das zum Mythos zähen Kampfes geworden ist, sollen wir zurück? Wir begreifen es nicht, denn dadurch gefährden wir die Kaukasusfront und damit den Erfolg dieses Sommers und Herbstes. Mittags Besprechung beim Ia, Oberstleutnant Kleikamp[76], über zu ergreifende Maßnahmen, anschließend habe ich die Chefs und Sachbearbeiter bei mir und befehle: Es gehen mit: die Hälfte der Kfz des Stabes, der 1. und 2. Kompanie, die Masse des Gerätes der Kompanien. Die Kolonne wird aufgelöst, übriges Personal zur 1. Kompanie, Akten und Vorschriften zur Vernichtung vorbereiten, auch alle nicht mitzunehmenden Kfz und Bespannfahrzeuge. Defekte Waffen vernichten, Munition an den Mann ausgeben, alte Bekleidung vernichten, dafür neue ausgeben. Als Offizier Gepäck höchstens ein Koffer. Aufgesparten Hafer ausgeben, nicht einspannfähige Pferde schlachten und den Hilfswilligen zu essen geben, diese geschlossen beim bespannten Zug mitführen. Nützt einer die Situation aus oder meutert, erschießen. Marketenderware an Leute ausgeben.

76 Helmut Kleikamp (* 28. April 1901 in Ottendorf b. Dresden, † 6. 1. 1985 in Marburg/Lahn) wurde am 1. 4. 1942 Oberstleutnant und Ia im Stab der 371. I.D.; 1942 Oberst und Chef der Abtlg. für Generalstabs-Personalien im Oberkommando der Wehrmacht. 1945 Generalmajor; bis 1948 Gefangenschaft. Auszeichnungen: 1944 Deutsches Kreuz in Gold.

Gerät an Kompanie verteilen, drei kleine Feldküchen abgeben, dafür eine große empfangen, Teile des Fernsprechnetzes abbauen usw. Alles hängt von der Zuteilung des kaum mehr vorhandenen Betriebsstoffes ab, insgesamt wird mir abends von der Division nur für die Hälfte der Kfz Kraftstoff genehmigt. Ein Teil der Pferde ist jenseits des Don im Erholungsheim, so daß ich auch nicht alle Bespannfahrzeuge mitbekomme.

**25. 11.** Es ist große Zeit, denn die ist ja immer nur, wenn's beinahe schiefgeht, wenn man jeden Augenblick fürchten muß: Jetzt ist alles vorbei. Da zeigt es sich: Mut ist gut, aber Zähigkeit und Gelassenheit sind besser. Gestern wurden vorm Korpsabschnitt 13 Panzer abgeschossen; der Russe drückt nun zu uns herauf nach Woroponowo, er will uns ganz abschließen. Bei unserem rechten Regiment greift er auch schon an; seine Schlachtflieger amerikanischer Herkunft kommen frech in niedrige Höhen herunter und beharken uns – nur ein Pferd wird getroffen, durch Bomben werden Leitungen zerstört. Alles arbeitet fieberhaft; 1600 Gespräche zählt meine Vermittlung. Aber die Front hält, er kommt nicht weiter. Unter den Leuten kursieren wilde Gerüchte; ich lasse aber den Bunkerbau fortsetzen, gebe Anweisungen, was im Hinblick auf Weihnachten gemacht werden soll, und so bleibt alles im alten Gleise und verhältnismäßig ruhig. Ich selbst aber komme keinen Augenblick von dem Gedanken los, daß mein heißersehnter Urlaub in Frage gestellt ist, da vorläufig überhaupt keine Verbindung nach rückwärts besteht. Nicht einmal Post kann weggehen, so daß mein Frauchen vielleicht den Dezember ohne jede Nachricht von mir dasitzt und wartet, und dazu braucht es sicher noch mehr Kraft als hier zum Aushalten. Vielleicht kann ich einmal einem landenden Flugzeug, das ins „Drüben" fliegt, etwas mitgeben, aber bisher sah ich nur Russen fliegen. Großen Kummer macht es mir, mein gemütliches, mit aller Liebe eingerichtetes Haus anzünden zu müssen und alle Bücher, Briefe, einen Teil der Wäsche und die Gänse hierlassen bzw. schlachten zu müssen. Abends beratschlagen wir, was wohl alles zu retten bzw. mitzuführen wäre. Vorher wollen wir uns aber an den aufgesparten Weinen und Sekt noch einmal richtig gütlich tun.

**26. 11.** Einige Schlachtflieger greifen unseren Gefechtsstand an, einige Bomben fallen zwischen die Bunker; kein Schaden. Auf abgeworfenen Flugzetteln lesen wir die russische Sondermeldung: „Durchbruch in 30 km Breite und 70 km Tiefe. Deutsche Truppen in Stalingrad abgeriegelt. Kalatsch genommen, ebenso Abganerowo und damit die einzigen Versorgungsbahnen. 7 Divisionen aufgerieben, 11 zersprengt, 13.000 Gefangene, 360 Geschütze erbeutet. Die Offensive der Sowjettruppen wird fortgesetzt." Obwohl der erste Teil sachlich fast richtig ist, kann uns das nicht erschüttern. Der Führer wird uns schon nicht im Stich lassen, nachdem er befohlen hatte: Aushalten! An die Hilfswilligen wird nur mehr ¼ Mittagskost ausgegeben, kein Brot, nur einmal Kaffee. Seitdem arbeitet ein Großteil nur mehr mit halber Kraft. Im Dorf werden die Alten höhnisch, seit der Ortskommandant weg ist; sie müssen etwas gewittert haben oder haben direkt Nachricht durch Spitzel. Nachmittags wird eine Kabelleitung fünfmal durchschnitten; niemand ist zu fassen.

Am Abend wissen wir es: Wir sind eingeschlossen, dem Feind war es geglückt, die Zange bei Kalatsch zu schließen; unsere ganze 6. Armee sitzt im Kessel. Es ist zunächst ein bedrückendes Gefühl zu wissen, daß im Rücken, vorne, links und rechts der Feind sitzt, und die Vorstellungen der Allround-Verteidigung und des konzentrischen Angriffs des überstarken Gegners sind keine Stunde völlig zur Ruhe zu bringen. Da man den Männern noch nichts sagen sollte, herrscht nur mehr Unsicherheit. Der Ortskommandeur von Werchne-Jelschanka, zur 94. Division gehörend, türmt nach rückwärts und gibt die vorhandenen Lebensmittel an die Bevölkerung ab, statt unseren dort hausenden Landsern eine Freude damit zu machen. Ein Abteilungskommandeur wurde nur durch unseren Ia am Sprengen seiner Geschütze gehindert. Bei uns ist man erfreulich ruhig. Meinem Vorschlag, der Division im Dezember den Decknamen „Amboß“ zu geben, begegnet der Ia mit den Worten: „Dann schon lieber Hammer!“ Wir einigen uns aber endlich auf „Wolfsschlucht“.

**27. 11.** Nach einer luftgestörten Nacht wacht man auf und hat als ersten Gedanken: eingeschlossen, Kessel, abgeschnitten von der Heimat! Und als logistische Folgerung: Also keinen Urlaub – dafür infanteristischer Einsatz. Fernspruch des Oberbefehlshabers gibt die Parole zum Durchhalten aus, der Führer haut uns raus! Abends ist der Aufruf des Führers an uns eingetroffen. Er sagt etwa: „Der Feind ist im Rücken der deutschen Truppen durchgebrochen und versucht, das Bollwerk Stalingrad wieder in seinen Besitz zu bringen. Mit mir sind in diesen schweren Stunden die Gedanken des ganzen deutschen Volkes bei Euch. Ihr müßt die mit so viel Blut eroberte Position Stalingrad unter allen Umständen halten! Was in meiner Macht liegt, geschieht alles, um Euch in Eurem heldenhaften Ringen zu unterstützen. Adolf Hitler.“ Die Aufrufe werden den Leuten bekanntgegeben, das stärkt das Selbstbewußtsein und mindert die Gerüchtemacherei.

**29. 11.** 1. Advent. Wir haben uns schon an die neue Lage gewöhnt. „Unser Herzogtum“ oder „Kesselonien“ nennt man unsere eingeschlossene Armee, die 17 Infanterie- und zwei Panzer-Divisionen umfaßt. Auf der Lagekarte des Ic ersehe ich die Feind-Divisionen, die uns umschlossen halten: 37, gegliedert in 6 Armeen. Ein Fernschreiben macht auf die Möglichkeit russischer Luftlandeoperationen aufmerksam – das würde uns noch fehlen! Ich gebe meinen faulen, kranken und unzuverlässigen Russen ab, da die Verpflegung mit allen Reserven bis etwa 10. Dezember reicht. Ich genehmige jedesmal selbst, was gekocht werden darf. Es gibt zum ersten Mal Pferdefleisch von zwei bei der 1. Kompanie verendeten Pferden. Es ist ein richtiger Kreislauf: Die Pferde bekommen zu wenig Futter, sterben an Schwäche, werden geschlachtet und verfuttert, aber meiner Tanja soll das nicht blühen! Die 1. Kompanie läßt durch russische Weiber Brot backen; Weizen wird geliefert. 18 Brote sind die Tagesleistung; es schmeckt sehr gut. Zur Feier des 1. Advents packe ich das entzückende Frauchen-Päckchen aus und empfange abends meine Chefs, von denen einer sich wegen seiner schweren Gelbsucht allerdings schnell wieder hinlegen muß. Es gibt Tee, zwei Torten mit Pudding- und Marmeladenaufstrich, von einem Gefreiten selbstgebacken. Ich habe mit dem Rest vom Münchner Adventskranz selbst einen neuen aus Kiefern gebunden, Weihnachtsservietten ausgelegt und kleine Engel aufgestellt; es gibt Nüsse, und in der Ofenröhre schmort ein Apfel! Obwohl die Kerzen brennen, kommt keine rechte Fröhlichkeit auf. Der Doktor[77] ist sehr krank, Ziersdorf mußte seine Verlobung an Weihnachten absagen und weiß mit mir nicht, ob die Briefe ankommen werden; und alle bedrückt die heutige schwere Verwundung Leutnant Handwerks, der bei meiner Infanterie-Kompanie als Zugführer eingesetzt ist. Er war beim Bataillonsgefechtsstand zur Befehlsausgabe gewesen und wurde dort 10 Meter neben Hauptmann Wulf von einer Granate eines schweren Granatwerfers getroffen. Mit den Worten „Scheiße, Volltreffer!“ sackte er zusammen. Um 22 Uhr trennen wir uns, nachdem ein russischer Flieger noch Brandbomben und Sprengbomben 100 m vor meiner Villa abgesetzt hatte, aber nur zwei mit Hilfswilligen belegte Bunker der ersten Kolonne traf, wobei ein Russe getötet wurde.

**1. 12.** Die heftigen Angriffe auf das „Herzogtum“ sind fast überall abgewiesen worden. Unsere Luftwaffe ist aktiv. Der Feind versucht, den Kessel zu halbieren, damit er uns besser verspeisen kann. Gelingt nicht; unser OB Paulus wird vom Führer zum Generalobersten befördert. Leutnant Handwerk ist auf dem langen Weg zum Hauptverbandplatz gestorben; der 1. Offizier der Abteilung; er war überaus einsatzbereit und 1939 von seiner Wahlheimat Südamerika nach Deutschland gekommen, um sein Vaterland mit verteidigen zu können. In treuer Erfüllung dieser Pflicht starb er den Heldentod. Wir können ihn vorerst wegen der großen Entfernung zum HV-Platz nicht besuchen und sein Grab schmücken. Die ganze Nacht durch war er auf dem Panjefahrzeug

77 Abteilungsarzt war Assistenzarzt Dr. Burkhart Angermann (∗ 11. August 1917 in Stettin, † am 18. April 1990 in Hagen); Medizinstudium 1936–1942 in Göttingen, danach Einberufung zur Wehrmacht. Er geriet in Stalingrad Ende Januar 1943 in sowjetische Kriegsgefangenschaft, aus der er am 9. Juni 1948 entlassen wurde. Nach seiner Weiterbildung zum Lungenfacharzt arbeitete er von 1955–1982 als Allgemeinarzt in seiner Hagener Praxis. Mit Dr. v. Lossow verband ihn eine lebenslange enge Freundschaft. Ich kannte ihn persönlich und veröffentlichte seine Stalingrad-Erinnerungen im 1. Band von „Stalingrad. Zurück aus der Hölle“, S. 39–125; Berlin 2006.

transportiert worden, da es keinen Sprit mehr gibt. Vielleicht hätte er sonst gerettet werden können. Auch sonst hat meine Infanterie-Kompanie hohe Verluste. Die Männer sind meist wegen Kopf-, Hals- und Armschüssen ausgefallen. Der Russe hat drüben nur einige Scharfschützen, die allerdings sehr wachsam sind. Sie haben ihr Gewehr fest eingespannt und auf das Grabenstück gerichtet, durch das unsere Ablösung kommt und geht und, da der Graben nicht tief genug ist, von einigen Geländepunkten eingesehen werden kann. Erscheint nun ein deutscher Stahlhelm über einer Delle, so zählt der Russe nur mehr die Sekunden, bis der Deutsche weiter vorne ankommt, und zieht dann ab. Ich lasse den Graben einschaufeln und das MG verlegen, aber es ist schwer zu schanzen, wenn der Feind nur 100 Meter entfernt ist. Unsere Männer sind auch zu gleichgültig und naturverbunden. Auf meine Frage, wieviele Russen U. schon abgeschossen hätte, antwortet er mir: „Es ist nicht ausgeschlossen, daß schon welche getroffen wurden!“ Und wir haben schon einen Gefallenen und acht Schwerverwundete.

**2. 12.** Auf dem Flugplatz Pitomnik, von dem die Ju's starten, befinden sich über 2000 Kranke und Verwundete, die in die Heimat zurückwollen. Bei Kontrollen stellte es sich heraus, daß einige dicke Verbände angelegt hatten, ohne verwundet zu sein; einer hatte sich in Panikstimmung verstümmelt. Soweit ist es also schon gekommen! Aber sie waren nicht von unserer Division. Die im Süden geflohenen Rumänen werden bei uns auf die Regimenter verteilt; sie kommen ohne Waffen und Schanzzeug und stehlen uns Verpflegung weg. Der Dolmetscher eines rumänischen Regiments meldet dem Ia als besonderes Vorkommnis: „Derr Kommandeur warr heite in Stellung vorn, um zu sehen nach Moral von Rumänen!“ – unsere lieben Brüder. Unsere Urlauber, 56 an der Zahl, und alle nach den besetzten Ostgebieten Kommandierten kommen natürlich bei dieser Lage nicht zurück; sie fehlen uns schmerzlich. So machen mein Adjutant und ich die Arbeit vom Zahlmeister, Inspektor, Ingenieur, die alle nicht hier sind; dazu hat der Doktor eine schwere Gelbsucht und liegt ziemlich lethargisch.

**4. 12.** Das Regiment 669 hat vier Überläufer; sie machen einen kriegsmüden Eindruck und sagen, sie könnten es nicht glauben, daß wir eingekesselt sind, da die Russen nicht weiter angreifen. Nachts wird der Soldat Pollack, als er auf Posten steht, von den Bolschewisten angeschlagen und hinübergeschleift. Die Schleifspuren sind im Schnee deutlich zu sehen. Ein eingesetzter Spähtrupp erhält nur lebhaftes Feuer und kehrt unverrichteter Dinge zurück. Die Brotportionen werden auf 200 g gekürzt, auch mittags gibt es nur die Hälfte. Die Pferde haben kein Futter mehr, sie fressen Lehm und Baumrinde; täglich wird eins geschlachtet. Meine elf Weihnachtsgänse fressen eines Vormittags die einzige Ente im Stall an, nachdem sie sie getötet haben. Daraufhin gebe ich den Chefs je eine Gans als Weihnachtsgabe schon jetzt ab und lasse eine für den 2. Advent schlachten. Leutnant Helget muß als Nachrichtenoffizier von 669 abgegeben werden, da die NO's Zugführer in einem aus den Versorgungstruppen neu aufgestellten Bataillon werden. Ich besetze nun auch schon Bataillons-Vermittlungen und stelle eine Funkstelle und zwei zum Bataillon für [die] Verbindung zur Kompanie! Meine Infanterie-Kompanie hat wieder drei Gefallene durch Scharfschützen; alles Kopfschüsse! Bisherige Ausfälle der Abteilung durch Feindeinwirkung: 16 Gefallene, 73 Verwundete.

**6. 12.** 2. Advent. Es hat viel geschneit; der Ausblick aus meinem Fenster ist herrlich, dabei ist es warm, so daß man ohne Mantel gehen kann. Vor der Front von 669 ertönt aus den russischen Gräben eine deutsche Stimme im Lautsprecher: „Hier spricht der Soldat Pollack. Mir geht es gut, die Verpflegung ist besser als bei euch. Kommt herüber!" Dann geht sie im einsetzenden Feuer der MG unter. Entweder ein Dolmetscher oder der deutsche Soldat, den man dazu nach allen möglichen Quälereien zwang. Mittags essen Dummer und ich die fette Gans, ein seltener Bissen in den mageren Zeiten, aber wir sind wieder einmal vollkommen satt. Dazu haben wir Blasmusik von 670, die eigentlich zuerst beim General spielen sollte und die Prell zu mir schickte zu einem kleinen Ständchen. Der Tisch war adventlich geschmückt, zwei Päckchen von Frauchen erfreuen mich tief; sie durften erst heute geöffnet werden, obwohl sie Deblin schon im November im großen Paket mitbrachte. Der schmiedeeiserne Leuchter und die Kachel schmücken mein Jagdhaus vortrefflich. Fotos bringen mich allzu nah zur Heimat, obwohl es besser ist, nicht zu viel zu denken. Denn noch ahnt mein Frauchen nicht, daß ich nun nicht zum Fest komme, und uns beiden fällt eine Märchenwelt zusammen, nachdem wir seit Wochen nur in Vorfreude und Jubel lebten. Aber wer konnte ahnen, daß wir hier eingekesselt würden? Für's Herzl wird dies erste Weihnachten allein sehr bitter. Ich komme vor Arbeit nicht viel zum Nachdenken. Abends Funkspruch von „außerhalb": „Seid unserer Hilfe gewiß! Von Manstein, Generalfeldmarschall."[78] Alles atmet auf, alles sieht wieder licht aus.

---

78 Generalfeldmarschall Erich von Lewinski gen. Manstein (* 24. November 1887 in Berlin, † 9. Juni 1973 in Irschenhausen) war während der Kämpfe um Stalingrad Oberbefehlshaber der Heeresgruppe Don und somit der direkte Vorgesetzte von Paulus. Er galt als überragender Stratege, ausgezeichnet mit Ritterkreuz, Eichenlaub und Schwertern. Am 30. März 1944 wurde er von seinem Kommando enthoben, nachdem er versucht hatte, Hitler den Oberbefehl über das Ostheer abzunehmen. Bei Kriegsende kam er in britische Gefangenschaft und wurde 1949 in Hamburg von den Engländern in einem Kriegsverbrecherprozeß schuldig gesprochen; danach verbrachte er dreieinhalb Jahre im Zuchthaus Werl, wo er sein Buch „Verlorene Siege" schrieb. Später engagierte er sich beim Aufbau der Bundeswehr.

**12. 12.** Im netten Kameradenkreis feiern wir alle Dummers 22. Geburtstag. Er hat mit seltenen lukullischen Genüssen bis jetzt gespart, und so gibt es Kartoffelsalat, Debreziner Würstchen, Gänseschmalz, Toast, Keks u. a. Das ist um so erfreulicher, als die Brotrationen pro Tag auf 200 Gramm heruntergesetzt werden. Pferde werden am laufenden Band geschlachtet; das Fleisch schmeckt ganz ordentlich, wenn man es als Klopse verabreicht und zubereitet. Verpflegung, Betriebsstoff und Munition kommen nicht nach; es werden zu viele Ju's abgeschossen. Abends fällt Unteroffizier Markmann durch Granatwerfer bei der Infanterie-Kompanie. Beim rechten Regiment gelingt den Russen ein Einbruch von 400 Metern, da die Grabenbesatzung kehrt machte und ausriß. Es fehlt am Widerstandswillen und an Führerpersönlichkeiten. Bei Aksai, wo wir Anfang August waren, tobt eine Schlacht unserer Befreiungsarmee gegen die vor unserer Front und aus Beketowka abgezogenen Russen.

**15. 12.** Um 10 Uhr höre ich auf meiner Mithörleitung zum Ia, daß ich mit der Führung der Kampfgruppe Muff, ehemals II. Bataillon des Grenadier-Regiments 669, betreut werde, und melde mich anschließend beim Ia. Mir wird erklärt, daß Hauptmann Muff das I. Bataillon übernehmen soll, da man dort evtl. offensiv werden will, weil die „Befreier" vom Süden kommen. Da es keine Bataillonskommandeure mehr gäbe, sei man auf mich verfallen; die Nachrichtenabteilung hätte noch die meisten Offiziere und wäre noch am ordentlichsten instand. Mittags packe ich mit gemischten Gefühlen meinen Koffer, räume mein hübsches Haus auf und packe alles in Kisten; abends schreibe ich an Frauchen, nachdem ich mich von meinen erschrockenen Herren vorläufig verabschiedet habe und an Rex und Dummer meine Weisungen gegeben habe. So wechselt man im Kriege von einem Tag auf den anderen, vom Abteilungskommandeur zum Kommandeur einer Kampfgruppe, von der Nachrichtentruppe zur Infanterie, vom Jagdhaus zum Erdloch, vom Divisionsgefechtsstand zum Schützengraben, 30 m vor dem Feind. Aber ich halte mich an Bismarcks Wort: „Ich bin Gottes Soldat, und wo er mich hinschickt, da muß ich gehen"; ich glaube, daß er mich schickt und mein Leben zuschnitzt, wie er es braucht.

**16. 12.** Nun bin ich also Infanterist. Um 7 Uhr melde ich mich bei meinem neuen Regimentskommandeur, Oberst Rüger[79], und fahre dann zur Kampfgruppe Muff[80] weiter, die ich übernehmen soll. Muff begrüßt herzlich, weist mich ein und geht mit mir durch die Gräben. Am Grabeneingang bei Utech liegt als erstes ein toter Soldat; er ist von meiner Abteilung und sollte als Melder zum Bataillon laufen. Der evangelische

79 Oberst Dr. Friedrich Rüger war Kommandeur des I.R. 669 der 371. I.D.

80 Hauptmann Hans-Ulrich Muff (* 1. Januar 1916 in Karlsruhe) wird seit dem 18. Januar 1943 zwischen Beketowka und Pestschanka vermißt. Er wurde noch zum Major befördert.

Pfarrer ist auch im Graben; er besucht die Soldaten, hat sein Grammophon mit und spielt Toccata und Fuge von J. S. Bach. Darüber pfeifen die bolschewistischen Kugeln.

**17. 12.** Nachts war die erste Schweinerei. Um 4 Uhr schlichen sich 5 Russen an den rechten Flügel des rumänischen Zuges, drei blieben vor den spanischen Reitern liegen, zwei robbten weiter und kamen auf den rumänischen Gefechtsstand zu. Da einer der Posten gerade weg war, wollte ihn der andere holen, lief also in seiner jämmerlichen Angst auch weg; die Russen sprangen hinzu, holten das MG aus dem Stand, ließen ihre zwei Maschinenpistolen dort und entkamen, nachdem sie noch Handgranaten geworfen hatten, in ihren weißen Schneeanzügen über den Bahndamm. Die Rumänen sollen nun vor ein Kriegsgericht gestellt werden; es ist ein trauriges Pack! Und das sind unsere im Radio so gepriesenen Hilfsvölker und Bundesgenossen! Ich habe etwa 100 in der „Kampfgruppe von Lossow“, darunter einen Capitano Sindjorzano, der die Granatwerfer führt und ordentlich ist, und einen Leutnant.

**18. 12.** In der Dämmerung schleichen zwei halbwüchsige Jungen von Stalingrad her durch die Schlucht an meinen Stellungen vorbei. Sie werden angerufen, hereingezogen und zu mir gebracht. Angeblich wollten sie ihre Schwester in Beketowka besuchen. Sie sind 13 Jahre alt, völlig verwahrlost und machen einen verschlagenen Eindruck. Über das Regiment werden sie an den Ic abgegeben, dem sie nach längerer Zeit gestehen, sie hätten 14 Tage Ausbildung von einem Offizier genossen und folgenden Auftrag gehabt: Wo sind die Rumänen? Wo nicht beaufsichtigte arbeitende Gefangene? Welche taktischen Zeichen sieht man an Wegekreuzen? Wo laufen Fernsprechleitungen zusammen? Die beiden Burschen hatten diesen Auftrag eben erledigt und wollten zurück. Für 13jährige Kerle immerhin eine beachtliche nationale Leistung! Da sie als Agenten gelten, werden sie erschossen. Für meine zwei Soldaten versuche ich eine kleine Sonderzuteilung herauszuschlagen. Sonst sollte es Urlaub oder Sonderverpflegung in solchen Fällen geben, aber das ist im Kessel ja alles Makulatur: Nichts wird bewilligt. Schließlich bringt mir der Oberst zwei eigene Schachteln Zigaretten. Man müßte viel mehr und schneller zwischen Belohnung und Maßregelung wechseln können, um die Leute zu erziehen. Denn auch mit Strafen kann man hier kaum einschreiten. Schläft ein Posten zum Beispiel im MG-Stand, so kann man ihn nur in die Rippen schlagen, was mit „Mißhandlung Untergebener“ im Frieden bezeichnet und geahndet wird. Schreie ich ihn an, so hört es der Russe und wirft Handgranaten oder schießt. Löse ich den Posten ab und sperre ihn ein, so erfreut er sich der Ruhe und Sicherheit. Lasse ich ihn länger Posten stehen, so kann ich die Verantwortung nicht übernehmen, wenn der übermüdete Mann den heranschleichenden Gegner nicht hört und mir der Russe plötzlich im Graben sitzt. Bekehre und ermahne ich ihn aber, so hört er dabei nichts Neues und reagiert in seiner Gleichgültigkeit gar nicht darauf. Es ist ein Problem!

**19. 12.** Meine Stellung ist etwa 1000 Meter lang, beginnt im Ortsteil Kuporowsno am Ende der Landzunge, zieht sich durch das Gewirr von Mauerresten, Zäunen und Hütten zum Bahndamm und geht diesen 100 m entlang und dann ins freie Gelände hinaus. Eingesetzt sind rechts die Kompanie Utech mit vorwiegend Männern der Nachrichtenabteilung, eine 5er-Pak und SWG-Gruppe rückwärts, in der Mitte ein rumänischer Zug, links die 6. Kompanie/669, Leutnant Silberberg, und eine 3,7 cm-Pak; 300 Meter rückwärts der Reservezug unter Wachtmeister Gieseke und der rumänische Granatwerferzug mit zwei rumänischen, zwei russischen 8,2 cm-Granatwerfern unter Capitano Sindjorzano. Am Viadukt steht mein Pionier-Sprengtrupp, der eine im Bahnkörper liegende Sprengladung elektrisch entzünden kann, wenn ein Panzerzug anrollen sollte. Im Bahndamm befinden sich die B-Stellen meines vorgeschobenen Artilleriebeobachters, der Infanteriegeschütz-Kompanie und der Granatwerfer. Stärke der gesamten Stellung etwa 220 Mann einschließlich der Rumänen. Rechts schließt das I. Bataillon, Hauptmann Ruff, an; links hinter uns liegen eine Radfahrabteilung und ein Reserve-Bataillon der 71. Infanterie-Division in herrlicher „Sonntagsstellung" in drei Linien hintereinander. Diesen kann nicht viel passieren, denn wir liegen wie Gefechtsvorposten davor und dazu noch tiefer, so daß sie über uns hinwegschießen können. Fast unbehelligt vom Feind bauen sie in unserem Rücken ihre Gräben aus, während ich allein im linken Abschnitt täglich drei Ausfälle habe. Meine Kampfgruppe ist 4 Offiziere, 15 Unteroffiziere und 85 Mann stark. Dazu kommen etwa 120 Rumänen. Davon sind im Graben eingesetzt zwei Offiziere, 8 Unteroffiziere, 60 Mann und 50 Rumänen, also insgesamt 120 Mann, die den Südrand von Stalingrad halten. Dahinter steht nur noch vereinzelt mal eine Pak oder eine Batterie, und ist der Russe durch diese durch, kann er theoretisch bis nach Deutschland marschieren – wenn man nicht schnell etwas vorschiebt wie z. Zt. im Donbogen, wo er die Italiener weiter nach Westen schob, so daß unsere „Befreiungsarmee" dort aufgehalten und in Auffangstellungen festgehalten wurde. Damit wird es wohl Ende Januar werden, bis der Kessel geöffnet sein wird.

**21. 12.** Den gestrigen Vormittag habe ich den russischen Beobachter im „Roten Haus" von meiner B-Stelle aus durch das Scherenfernrohr beäugt. Er hat sich in die Hauswand ein Loch geschlagen, steht selbst im Dunkeln, leitet sein Granatwerferfeuer und betätigt sich auch als Scharfschütze. Da juckt's mich doch in den Fingern, ihm eins auszuwischen! Durch Betteln bekomme ich vom Regiment 6 Schuß zugebilligt und leite mit dem IG-Chef das Feuer. Der erste Schuß liegt, da das Rohr noch kalt ist, viel zu kurz. Die nächsten aber hauen um das Haus herum ein, und ich glaube beobachtet zu haben, daß ein Russe, der eben durch den Graben ging, etwas von unserem Segen abbekam. Leider mangelt es so an Munition, daß man stets erst anfragen muß und nur auf lohnende Ziele geschossen werden darf. So müssen wir bald abbrechen, ohne das Haus selbst getroffen zu haben. Aber schön war's doch!

**22. 12.** Nachts schrillt der Apparat neben mir. Leutnant Silberberg vom linken Abschnitt bringt eine Hiobsbotschaft: Ein russischer Spähtrupp hat sich an den MG-Stand am Stichgraben herangeschlichen, als der deutsche Posten gerade im Bunker nebenan war, um Handschuhe zu holen. Der Russe hat Handgranaten geworfen; dabei krachte der Bunker zusammen, drei Verwundete. Den rumänischen Posten holte er hinaus und schleifte ihn mit. Es wurde zwar heftig geschossen, aber nichts vom Spähtrupp erhascht. Der Rumäne ward niemals wieder gesehen.

**24. 12.** Nun ist der Heilige Abend gekommen, aber die Weihnachtsstimmung fehlt ganz. Ich denke den Tag über an meine Liebsten, die im Zuhause geborgen wohl etwas fröhlicher dieses märchenhafte Fest feiern werden. Sieben Monate bin ich nun von Euch getrennt; wir haben es uns anders gedacht und hofften auf gemeinsame Urlaubswochen. Aber wir müssen uns in diesem harten Krieg umsehen, was noch an Schönem, Begeisterungswertem und Gutem bleibt, und dürfen nicht traurig sein, wenn die großen Anforderungen an uns gestellt werden. So gehen meine Gedanken trotz des fehlenden äußeren Rahmens doch immer wieder glücklich zu meiner heiligen kleinen Familie. Wir leben und sind alle gesund; das ist das schönste an diesem Fest, das wir schon dreimal miteinander feiern durften. Gibt es auch keinen Frieden auf Erden und den Menschen ein Wohlgefallen im Kampf, so lese ich doch abends in der Weihnachtsgeschichte die lakonischen Worte „Fürchtet Euch nicht!", und das soll mein Weihnachtsspruch in diesem Jahre sein. Auf dem Tisch habe ich mir mit dem Adventskranz, dem Transparent, zwei Engelchen und den Bildern meiner Lieben einen kleinen Weihnachtstisch gerichtet. Vormittags kommen meine Herren und bringen mir Cognac, Brot, Keks, Schokolade, Zigaretten und ein Tablett mit Gläsern aus Granatschutzkappen – aber hübsch, nichts Kriegerisches zu erkennen! Vom General bekomme ich mein Kommandeurspaket als Kommandeur der Nachrichtenabteilung mit Steinhäger, Schokolade, Kirschkompott und Zigarren, während mir der Oberst als seinem Kampfgruppenkommandeur ebenfalls eine Pulle schenkt. So ist der Tisch bald voll. Nachmittags suche ich die Männer im Graben auf; sie stehen wie schon immer, Posten sind übermüdet und verdreckt und halten sich nur mit äußerster Willensanstrengung. Die Freude über die Pakete, von denen jeder eins bekommt, ist besonders groß, da sich Eßwaren darin befinden und auch etwas Rauchbares dabei ist. Dabei stelle ich mit Genugtuung fest, daß die Nachrichtenabteilung ihre Männer weit besser versorgt und betreut als die Infanterie, Panzerjäger oder Artillerie. Das ist gerade jetzt bei nur 200 g Brot und Pferdefleisch mit Wassersuppe besonders wichtig. Die Abteilung hatte von früher Marketenderwaren eingespart und jetzt aus organisiertem Weizen Brot und Kekse gebacken. Als ich vom Gang durch die Stellung nach Hause komme, spielen sie im Radio gerade „Stille Nacht" und „O du fröhliche". Ich packe die Frauchenbriefe und das kleine Testament aus und will mir's gerade etwas gemütlich machen, als gegen 4 Uhr der Apparat klingelt und ich die überlaute Stimme Utechs höre: „Der Russe sitzt bei mir im Graben!" Das ist also unsere Weihnachtsüberraschung! Ich gebe bewußt gelassen den Befehl, festzustellen, wo und wie, alarmiere den Reservezug, die Granatwerfer und den Artilleriebeobachter und bespreche mit dem rechten Bataillon, Hauptmann Muff, wie von dort ein Gegenstoß angesetzt werden könnte. Nach ½ Stunde ist alles geklärt: Der Russe war mit etwa 6 Mann in Schneehemden aus seinem Sappengraben[81] – in etwa 30 m Entfernung von uns – zu unserem Graben geschlichen und dort hineingesprungen. Unteroffizier Klier von meiner Nachrichtenkolonne ging gerade dort zu seinem Bunker, schrie Alarm und wollte zur nächsten Waffe springen, als er von der Maschinenpistole eines im Graben stehenden Russen Feuer bekam und mit Durchschüssen im Oberschenkel zusammenbrach. Der nächststehende MG-Posten warf nun Handgranaten, so daß die Russen wieder aus dem Graben kletterten. Da erfaßte sie aber auch unser MG-Feuer; sie sprangen zu ihrem Graben zurück. Einer schrie getroffen auf; einen anderen schleppten sie verwundet mit. Ein zweites Mal werden sie heute nicht kommen. Ich setzte noch einige Granatwerferschüsse auf die russische Sappe, dann ist dort Ruhe. Bei uns aber bleibt die Alarmbereitschaft die Nacht über bestehen, denn es ist wahrscheinlich, daß die Bolschewisten unseren Heiligen Abend noch öfter stören werden. So bleibe auch ich wach, trinke Bohnenkaffee, klöne mit Wolter, zünde Kerzen an, lese Briefe, die mich bis zum 1. Dezember erreichten, und träume mich nach meinem unsagbar schönen Paradies in München. Was wird Klaus Peter für große Augen machen vor unserem Weihnachtsbaum, und seine so innig geliebte Mutti wird ihre Gedanken hierher nach Stalingrad schicken, und sie treffen sich mit meinen in aller Liebe, gerade weil ich keine Post bekommen kann. Ich trete vor die Türe meines Bunkers; es ist sternenklar. Über mich pfeifen MG-Schüsse hinweg; von der Stellung her hört man Granatwerfereinschläge. Das ist also eine richtige Kriegsweihnacht; aber nächstes Jahr feiern wir es sicher zu Hause, und dann werde ich Dir, Liebste, von diesen Tagen erzählen, wo wir uns abends stets eine „stille Nacht" wünschten.

81 Der Begriff Sappe stammt aus dem Französischen und bedeutet: Laufgraben zur Verteidigung und zur Deckung vor feindlichen Geschossen.

**25. 12.** Die Nacht verlief doch noch ruhig. Aber der Nachmittag bringt doch wieder üble Dinge. Zwei Rumänen laufen im Abstand von ein bis zwei Stunden zum Feind über. Der eine wird von uns noch erkannt und mit Handgranaten beworfen, auch getroffen, der andere überhaupt nicht gesehen, da der Nachbarposten döst. Beide kommen aber in den russischen Graben. Da sie unser Stellungssystem verraten werden, lasse ich die Ablösungszeiten, Essensausgabe usw. ändern und befehle, daß der Kompanie-Gefechtsstand trotz des gefrorenen Bodens verlegt wird. Um die MG-Stände werden künftig spanische Reiter als Drahthindernisse gelegt, um dem Russen das Eindringen und den Rumänen das Überlaufen zu erschweren. Abends weigert sich noch einer unserer Bundesbrüder, auf Posten zu ziehen, bevor er nicht eine Suppe bekommen hat. Er wird zu Sindjorzano geschickt und dort verprügelt. Ob es dadurch besser wird? Diese Leute haben am 20. November alles Hab und Gut verloren und keine Winterbekleidung, kaum gute Schuhe, keinen Troß und sehr viel Hunger. Ich befehle, daß die Rumänen dieselbe Verpflegung bekommen wie die deutschen Soldaten und tausche unzuverlässig erscheinende Rumänen aus. Leider stiehlt ein Landser auch noch etwa 200 Mark aus einem Bunker, so daß es viel Ärger am 1. Feiertag gibt.

**26. 12.** Dafür ist der 2. Feiertag um so erfreulicher. Morgens laufe ich 1 ½ Stunden durch den knirschenden Schnee und beißenden Ostwind zur Abteilung. In meinem Haus bade ich herrlich in heißem Wasser und ziehe mit Genuß die frischgewaschene Wäsche an. Es sind feierliche Zeremonien für ein Frontschwein. Anschließend empfangen mich meine zwei Getreuen in ihrem Bunker zum Gänsebraten mit Erbsen, Rotwein und Pudding. Es ist ein Gedicht und schmeckt nochmal so gut von Porzellantellern und auf weißer Tischdecke. Im Horizont des Infanteristen beginnt doch hier beim Divisionsstab eigentlich schon die Etappe. Man lebt nicht stündlich in Gefahr, überrumpelt zu werden oder aus dem Graben geholt zu werden. Von Dummer bekomme ich einen von Russen geschnitzten Holzleuchter in sehr hübscher Form; ich bringe jedem ein Büchel mit, das mir Frauchen in vorsorglicher Weise im Adventspaket mitschickte. Nachdem ich noch alle Herren kurz gesprochen habe, muß ich leider zu bald aus dieser jetzt so festgefügten Kameradschaft und dem liebgewordenen Kreis zurück zu meiner Kampfgruppe.

Der Russe hat drüben anscheinend abgelöst. Er schießt an ganz neuen Punkten, von neuen Ständen zu neuen Zeiten. Die Scharfschützentätigkeit nimmt zu; drei Männer fallen an einem Tag im Graben, als sie etwas zu hoch kommen. Den Russen sticht der Hafer, er muß wieder mal gedämpft werden. Aber unsere Landser sind übermüdet und haben nicht die Geduld, sich wie ein Jäger auf Anstand zu legen, bis sich vielleicht in zwei bis drei Stunden ein Russe unvorsichtigerweise zeigt.

Auch haben wir keine Zielfernrohre wie er drüben und nicht so viele Leute. Seit einigen Tagen häufen sich die geschwollenen Beine. Gesichter erschrecken: Es ist die Feldnephritis, durch Erkältung der Nieren hervorgerufen. Die Leute müssen alle weg, 22 in vier Tagen. Der Unterarzt kann, wie meist in dringenden Fällen der Medizin, nicht helfen. Die Diagnose ist nicht einwandfrei, es könnte auch etwas anderes sein usw. Die ärztliche Versorgung ist hier vorne überhaupt skandalös. Ein Verwundeter mit Bauchschuß lag nach zwei Tagen noch im Regimentsrevier, ohne operiert zu sein! Als ich einmal mit dem Oberst durch die Stellung gehe, liegt am Grabeneingang im Schnee ein verwundeter Rumäne mit Kopfschuß. Ich denke, er ist tot, da es Nacht ist und weit und breit kein Mensch zu sehen ist. Aber er röchelt noch. Der herbeigeholte Sanitätsgefreite meint, er hätte zwei Rumänen den Auftrag gegeben, den Verwundeten zurückzutransportieren. Er hat das jedoch nicht überwacht; vielleicht haben ihn die Rumänen gar nicht verstanden, jedenfalls geschah nichts. So pietätlos und gleichgültig ist der Soldat hier schon geworden, es ist ein Jammer! Die guten Männer sind tot, die Führer sind schlechter denn je, die Kriegsmüdigkeit ist im Wachsen begriffen. Wir treten ins Jahr 1943 des Weltkrieges. Da haben wir Offiziere eine gewaltige, leider nicht von jedem erkannte oder gemeisterte Aufgabe. Aber bei mir soll Schwung in den Laden kommen! Zuckerbrot und Peitsche! Nur so kann man noch führen und indem man seine Persönlichkeit einsetzt und nicht die Schulterstücke!

**29. 12.** Wie verläuft denn nun ein Tag beim Kampfgruppenkommandeur? Früh um 3 ¼ Uhr geben die Kompanieführer die Frühmeldung durch, die der mit im selben Bunker wohnende Adjutant, Leutnant Wolter, an das Regiment weitergibt. War nichts Besonderes los, ist alles gut, und man schläft um 4 Uhr wieder ein. Hatte der Gegner jedoch ein Unternehmen gestartet, so gibt es erst noch lange Aussprachen über das „wo und wie so etwas überhaupt möglich ist", und ähnlich wird man dann vom schlaftrunkenen Regimentsadjutanten gefragt. Bis 8 oder halb neun schläft's sich dann wieder gut, denn morgens ist es verhältnismäßig ruhig und die Luft nicht so eisenhaltig. Nach der Rasur rösten auf der Herdplatte bereits die ein bis zwei Scheiben Kommißbrot. Das Rösten des Brotes ist hier aus einer Notwendigkeit entstanden, weil das Brot meist eiskalt ist. Andere Leute und der Landser haben dazu morgens keinen Aufstrich; anders als ich, der ich noch von meinem treusorgenden Frauchen zwei Dauerwürste, Marmelade und gesparte belgische Konserven in der Freßkiste habe. So gibt's Schwarzbeermarmelade auf's Brot; es schmeckt herrlich frisch nach deutschem Wald und nach mehr! Aber die tägliche Brotration ist 200 Gramm, das sind genau vier Schnitten, und so kann man sich nicht mehr als zwei zum Frühstück leisten. Anschließend spreche ich mit Wolter durch, was wir heute alles arbeiten wollen: Silberberg muß endlich einmal einen Laufgraben vom Viadukt zu seinem Gefechtsstand ausheben. Täglich fallen dort Leute, die zum Essen oder Wasserholen gehen, denn die russischen Scharfschützen sehen die ganze Schlucht entlang, und so hat diese Kompanie dauernd flankierendes Feuer im Rücken und ist wie abgeschnitten. Dann müssen Spanische Reiter als Sperriegel vor der eigenen Stellung gelegt werden, die Schanzkommandos sind für nachmittags anzusetzen, die B-Stelle auszubauen, neue Spanische Reiter durch den Reservezug zu fertigen, die Fernsprechleitungen hochzulegen, Verbindung mit dem linken Nachbarn aufzunehmen, Kranke auszuwechseln, Verwundete und Gefallene abzutransportieren, gefundene Munition sicherzustellen usw. Inzwischen ist die Sonne etwas stärker in ihrer Bestrahlung geworden; der Schnee knirscht, aber man kann ohne Mantel in Rock, Pullover und Skihose laufen, und so gehe ich meinen täglichen Rundgang; zuerst zum Reservezug, den Wachtmeister Gieseke von meiner Funkabteilung vortrefflich zusammenhält und täglich eine Stunde im Gelände und eine Stunde am MG ausbildet. Die Rumänen haben ihn für einen Orden vorgeschlagen; das Regiment will ihn gern als Offizier übernehmen. Ich lehnte das bisher ab, weil ich von einem Offizier gerade nach den Erfahrungen dieses Krieges viel mehr verlange, als daß er nur voll seine Pflicht tut. Er muß einwandfrei im Charakter sein, Menschen in Zeiten der Not oder Panik vorbildlich führen; er muß von einem heiligen inneren Feuer beseelt und von der Begeisterung für das Gute und das Kämpferische getragen sein; eine heitere Gelassenheit muß ihn gefährlichste Situationen meistern lassen, und sicher und stolz muß er sich dem Glauben an die Notwendigkeit des Schicksals hingeben und einen braven Soldatentod zu sterben fähig sein. Wer kann das von uns? Wer kann das besonders von unseren jungen, kaum erzogenen Leutnants? Deshalb müssen an den Offizier härteste Anforderungen gestellt werden, und es ist keinem geholfen, Durchschnittsmenschen zum Offizier zu machen. Besser, der Mann bleibt ein guter Unteroffizier, als er einer jener lauwarmen, unbedeutenden Leutnants wird, die heute die Armee bevölkern. Die Infanterie denkt darin natürlich anders, schon weil durch die großen Verluste kaum mehr aktive Offiziere da sind, die noch etwas verlangen. Mit Gieseke bespreche ich also Verpflegungsfragen, Ausbildung, Bau von Hindernissen und meinen Plan, stets einige Männer zur „Erholung“ aus dem Graben zum 200 m rückwärts liegenden Reservezug zu geben. Dort haben sie wenigstens einmal Wasser, können sich besser entlausen und die Nacht durchschlafen. Nach sechs Tagen sollen sie dann wieder in die Stellung und anderen bewährten Soldaten Platz machen. Der Oberst, dem ich das schon meldete, ist sehr begeistert davon, aber von selbst kommt man da vorne nicht auf solche Ideen. Es ist alles so entsetzlich gleichgültig und unbeweglich bei unserer Infanterie. Auch als ich jetzt weitergehe und an der Latrine vorbeikomme, sehe ich wieder ein solches Musterbeispiel infanteristischer Sturheit. Da steckt doch dicht neben dem Lokusbrett im Boden ein Blindgänger, eine russische Wurfgranate, und niemand denkt nur daran, das gefährliche Geschoß zu entfernen, obwohl man den Ort ja dauernd benützt ... bis eben nachts einmal ein Uneingeweihter drauftritt! Auf meine Beanstandung bekomme ich die typische Antwort: „Der ist schon hier seit Übernahme des Abschnittes!" Dann komme ich bei meinen schweren Granatwerfern vorbei und muß Hauptmann Sindjorzano durch den Dolmetscher Bescheid stoßen, weil er gestern, als ich ihm 15 Schuß freigab, sofort alle abschoß, statt in unregelmäßigen Abständen auf längere Zeit verteilt zu schießen. So geht der Russe bei den ersten Abschüssen in Deckung und kommt nach fünf Minuten, wenn alles vorbei ist, über die dummen Nazis grinsend, wieder heraus. Sindjorzano macht seine obligatorischen tiefen Bücklinge und versichert mit südländischen Gesten und loderndem Blick, daß so etwas nicht mehr vorkommen werde. Man darf aber, wie bei den Italienern, nichts davon halten. Die herumstehenden rumänischen Soldaten grüßen stramm, als ich, ihr Capitano, weitermarschiere. Sie wissen, daß ich an ordentliche Leute gern ein paar Zigaretten verteile.

In der tief eingeschnittenen Schlucht, die zur Wolga führt, liegen neue Einschläge russischer Granatwerfer, besonders vor und bei der eigenen Granatwerferstellung und wo abends die Essensausgabe stattfindet. Wahrscheinlich haben die zwei rumänischen Überläufer diese Orte verraten. Die Schlucht führt Wasser, das jedoch durch eine dicke Eisschicht abgedeckt ist, so daß man mit Schlittschuhen besser vorankäme als mit genagelten Schuhen. Vor dem Viadukt, in dem schon wieder die Explosivgeschosse der russischen Scharfschützen knallen, suche ich erst den Pionier Ohmke auf, der von hier aus den Bahndamm in die Luft sprengen soll, wenn der Feind darüber kommt. Ich kontrolliere den Glühzündapparat, der friedensmäßig im Lederetui steckt, statt griffbereit zu sein, und muß den Pionier gewaltig anpfeifen, weil er nicht weiß, wie stark seine Ladung ist und [weil er] keine Skizze ihrer Lage im Gelände hat. Bis morgen soll er sie mir beschaffen, mir außerdem täglich melden, ob die Zündschnur in Ordnung ist. Er ist überrascht, so aus seinem Schlaf geschreckt zu werden. An der B-Stelle, oben im Bahndamm, ist auch manches nicht in Ordnung. Das letzte Stück des Weges ist vom Russen eingesehen, so daß er die ablösenden Posten und allen Verkehr zur B-Stelle beobachten kann. Eine erkannte B-Stelle hat aber nicht mehr viel Sinn. Ich hatte deshalb befohlen, einen Graben auszuheben, durch den man gedeckt herauskommen kann; nun sehe ich aber, daß in der vergangenen Nacht dort nicht gearbeitet wurde. Da muß erst wieder ein Donnerwetter einsetzen, damit sie wenigstens nicht tagsüber bauen, wo ihre hohen Pelzmützen über dem Bahndamm von den Russen zu sehen sind. Meine B-Stelle ist den ganzen Tag teils von der Artillerie, teils von den IG-Leuten besetzt und kann über den 20 Schritt entfernten Wohnbunker fernmündlich erreicht werden. Sie liegt unter den Schienen, über die nur das mit Kalk gestrichene Scherenfernrohr hinausragt. Dort stehe ich nun ein bis zwei Stunden und beobachte immer wieder die russische Linie vor meinem Abschnitt, das jenseitige Wolgaufer, die eigene Stellung und den russischen Verkehr um Beketowka. Man muß sehr viel Geduld haben an der Schere, man muß wie ein Jäger lauern, aber das Beobachten macht mir viel Spaß. Man lernt das Sehen, und es wird auch nie langweilig: ganz links stehen die Hindernisse meines linken Nachbarn, dann kommt die berüchtigte Schlucht, durch die man in meinen linken Abschnitt kommt und an deren Ende die Landzunge liegt. Ganz genau sieht man die Schießscharten der russischen Scharfschützen und ihr Grabensystem. Und da entdecke ich auch in einer Scharte einen Posten durch seine Bewegung. Er ist etwas zu weit nach vorn getreten, während er zuerst völlig im Dunkel seines überdachten Standes verborgen war. Um ihn abzuschießen, müßte man sich offen auf den Bahndamm legen und wäre dann dem Feuer seines Zielfernrohrgewehres mörderisch ausgesetzt. Aber ich will, wenn erst der Graben tiefer ist, eine Schießscharte in den Bahndamm bauen lassen. Vorerst rufe ich Oberleutnant Jenssen links an, der ihm einige MG-Salven entgegenschickt, worauf er verschwindet. Das ist schon ein Erfolg, denn wenn man nichts unternimmt, wird er drüben noch frecher. Übrigens sind auf der Landzunge an der frischen, auf den Schnee geworfenen Erde ein neu geschanzter Graben und ein neuer Bunker zu erkennen, und auch die Schießscharten haben sich vermehrt; er schanzt dort jede Nacht; ob er etwas vorhat? Über die Schlucht geht eine Straßenbrücke, die gesprengt ist, und ein schmaler Steg, den man – allerdings vom Feind eingesehen – beturnen kann und so zum vorderen Graben des linken Nachbarn kommt. Unten in der Schlucht liegt ein eigener Riegel mit Minen, über deren Wirksamkeitsgrad jetzt niemand mehr etwas weiß; sie wurden nämlich Anfang Oktober schon gelegt. Ich bitte den Pionierkommandeur deshalb um genauen Minenplan und um Einweisung in die Lage der Minenfelder vor meinem Abschnitt durch einen Offizier. Rechts der Schlucht sieht man nun im Vordergrund das Grabensystem meines linken Abschnitts, einzelne Bunker, MG-Stände, Grabenstücke inmitten der Mauerreste, Lattenzäune und Hausruinen des Vorortes Kuperosnoje. Völlig unabsichtlich ist dieser Ortsteil auch geländemäßig ein Auf und Ab, und dahinter sitzt im selben Ort in anderen Mauerresten 30 bis 50 Meter entfernt der Russe. Im sogenannten „Roten Haus“ hat er eine B-Stelle, die er ständig besetzt hält und von der aus er in unseren Graben hereinsieht und -schießt. Das Haus konnte noch nicht zusammengeschossen werden, obwohl es schon oft versucht wurde, und jetzt habe ich keine Munition mehr für solche Ziele. Zum Haus führen Gräben, durch die ich schon oft Russen laufen sah. Auch heute stehen wieder zwei Russen dort, der eine hinter einem Fenster, der andere hinter einem durch Herausnehmen eines Ziegelsteines entstandenen Loches. Man sieht es nicht auf Anhieb; nur durch langes Beobachten ihrer Wege, Gewohnheiten und Bewegungen kann man sie erkennen, und das kann tagelang dauern, wie auch der Waidmann immer wieder auf seinen Anstand geht. Hinter dem Ort erkennt man an den Rümpfen von zwei versenkten Motorbooten die Wolga, die wegen der Steilheit des Ufers nur zur Hälfte einzusehen ist. Sie ist vollkommen zugefroren und befahrbar. Am gegenüberliegenden Ufer sieht man die Russen offen herumlaufen; dort sind auch SMG-, Pak- und Artilleriestellungen. Die Entfernung bis dorthin ist etwa 2000 Meter. Am Bahndamm entlangvisierend, erscheint hinter einem mittleren Abschnitt über dem Sturmgeschütz der russische Sappengraben, der auf Utechs Graben zugeht, vor dem Einbruch der Russen im Oktober deutsch war und mit meinem rechten Grabensystem Verbindung hatte. Dieser Teil ist jetzt halb aufgefüllt, und dort steht ein russischer Maschinenpistolenschütze etwa 30 m vor Utechs Graben, um den wir Spanische Reiter gesetzt haben. Man erkennt die rauchenden eigenen und russischen Bunker, meinen ganzen rechten Abschnitt, den Nachbarabschnitt und sieht das gesamte Gelände nach rechts ein, abgeschossene russische Panzer, eigene Stellungen, das „Sanatorium", wo der Russe sitzt, die russischen Wege zur Front, wo er mit kleinen Abteilungen marschiert, mit Schlitten und LKW fährt, und im Hintergrund Beketowka, die Stadt, die zur endgültigen Sicherung Stalingrads unbedingt in unserer Hand sein müßte und die uns jetzt zum Verhängnis geworden ist. Denn dort hat der Russe seinen starken Brückenkopf gebildet, dort karrt er Tag und Nacht seine Reserven und den Nachschub heran. Um in diese Stadt zu beobachten, gehe ich nun am Bahndamm entlang in die „Lederfabrik" im linken Abschnitt, von deren Ruinendach sich ein weiter Blick nach Süden auftut. In Beketowka rauchen die Schornsteine, arbeiten die Fabriken und exerzieren die Russen wie im Frieden. Ja, ich würde es nicht glauben, wenn mir der Landser an der B-Stelle nicht selbst das Scherenfernrohr einstellen würde. Da sehe ich sie auf einem großen, schneebedeckten Platz inmitten der Stadt zusammenstehen in Gruppen und Kompanien. Es ist ein Jammer, daß wir so wenig Munition haben, daß wir nicht schießen können; die Entfernung beträgt ja nur drei bis vier Kilometer. Das kann sich auch nur der Russe erlauben, in jedem Monat seine vorne eingesetzten Truppen abzulösen und sie hinten in Beketowka aufzufrischen, neu zusammenzuschweißen, zu entlausen, besser zu verpflegen und ruhen zu lassen. Bei uns hat *eine* Garnitur den Bewegungskrieg seit Juli 1942, den Kampf um Stalingrad ab September und jetzt den nervenzerrüttenden Grabenkampf seit Ende Oktober zu bestehen, dazu unter großen Entbehrungen.

Als ich die Eisentreppe in der Lederfabrik herabsteige, treffe ich zu meinem Entsetzen deutsche Soldaten, die von alten, völlig verrotteten Rindsfellen etwas Fleisch oder Schwarte abkratzen. Dabei stinkt das Zeug erbärmlich und sollte sicher schon im Sommer zu Leder verarbeitet werden. Auf meinen Einwand, sie würden krank davon, schauen sie mich nur verständnislos an, als ob sie sagen wollten: Dann gib uns doch etwas anderes! Als ich auf dem Heimweg über den Bahndamm springe, ballert auch schon das russische MG auf, das ihn bestreicht, und ich ducke mich schnell hinter die Ruinen des Fabrikgeländes, bis ich zu meiner B-Stelle weiterlaufe. Dort hatte ich anfangs immer auf einem Schneehaufen gestanden und dann gerade durch ein Mauerloch gucken können – bis der Schnee schmolz und ich gewahr wurde, daß ich auf einem Haufen toter Russen gestanden hatte! Es berührt mich aber nicht. Gott sei Dank sind sie alle hartgefroren und stinken deshalb nicht. So stelle ich mich denn auch auf einen Schädel und kann so gerade das Mauerloch erreichen. Ich kann ihnen nicht helfen. Um 13 Uhr komme ich mit Riesenappetit zum Gefechtsstand zurück, um zu erfahren, daß wir kein Brot bekommen und die 200 Gramm rückwirkend vier Tage gelten. Von jetzt an gibt es nur noch 50 g pro Tag! Es mehren sich die Zeichen, daß noch härtere Tage kommen und eine Entsetzung immer unwahrscheinlicher wird. Da das Essen erst gegen halb 4 Uhr kommt, schreibe ich nach Hause, obwohl ich schon lange nicht mehr mit dem Ankommen der Post rechne. Habe ich doch selbst seit 6. November die letzte zusammenhängende Post; nur ein Luftpostbrief vom 1. Dezember hat mich – wohl ein Zufall – noch erreicht …

*Hier endet das Kriegstagebuch von Major von Lossow. Fünf Tage später, am 3. Januar, wurde er im vorderen Graben angeschossen und so schwer am Bein verletzt, daß er das lebensrettende Glück hatte, am 7. Januar aus dem Kessel geflogen zu werden. Von seiner Abteilung entkamen dem Inferno nur vier Männer: er selbst, Dr. Angermann nach achtjähriger Gefangenschaft als körperlich Schwerbehinderter, der 22jährige Adjutant Dummer mit schwerer Verwundung nach langer Gefangenschaft und der Schmied mit zwei abgefrorenen Füßen. Erich v. Lossow studierte nach dem Krieg Zahnmedizin, promovierte zum Dr. med. dent. und arbeitete 1953 bis 1983 in München in der eigenen Zahnarztpraxis. Er starb am 21. Januar 1998 in München.*

# Paul Pieper:
## Ich glaubte kaum noch an meine Rettung[82]

*Paul Pieper, Jahrgang 1923, von Beruf Schuhmacher, kam am 19. November 1942, dem ersten Tag des Kessels, zu seiner Einheit, der 3. Kompanie des 71. Regimentes der 29. Infanterie-Division. Paul Pieper wurde am 10. Mai 1923 in Georgsmarienhütte geboren. Er absolvierte eine Schuhmacherlehre, die er vor dem Krieg beendete. 1942 wurde er nach Lingen zur Ausbildung für die 29. Infanterie-Division eingezogen.*

Am 1. Januar 1943 gab es einen schweren Angriff, bei dem an diesem Tage fast meine gesamte Einheit vernichtet wurde. Wir standen am Westrand des Kessels, zur Steppe hin, auf freiem Feld. Mit einem Kameraden lag ich in einem Bombentrichter, der etwa ½ Meter tief war. Ich wurde am Arm verwundet – er war steif und geschwollen, ich konnte ihn nicht mehr bewegen; der Kamerad neben mir war sofort tot.

Am Tage konnte man die Stellung nicht verlassen, weil sofort Beschuß erfolgte, sobald man gesehen wurde. Ein Sanitäter unserer Einheit, den ich nicht kannte, besah sich die Verletzung, gab mir eine Bescheinigung, daß ich ausfliegen durfte, und schickte mich weiter zu einem Truppenverbandplatz. Dort arbeitete ein Arzt, der einen Gitterschienenverband mit Papierbinden anlegte; es handelte sich um eine Schußfraktur im linken Ellbogengelenk. Obwohl ich nicht mehr kampffähig war, wurde mir trotz der Schiene ein Gewehr in die Hand gedrückt, weil die Russen kamen. Irgendwann landete ich aber endlich auf dem Hauptverbandplatz [HVP] unserer Einheit, der sich in der Nähe von Gumrak befand. Wir lagen in einer Ruine, auf Stroh; dort verbrachten wir erst einmal ein paar Tage. Da lagen wohl so an die hundert Leute. Es war kalt, denn geheizt werden konnte natürlich nicht. Einmal kam ein Trupp von Ärzten mit Sanitätern durch und guckte sich das Elend an; es wurde auch mal danach gefragt, was man denn hätte. Gemacht haben sie gar nichts, denn sie hatten ja auch nichts! Es gab nichts mehr zu essen, und mein Nachbar sagte zu mir: Tun wir so, als ob wir draußen austreten wollen, und hauen ab! Das wurde wahrscheinlich zu meiner Rettung.

Mit dem Kameraden zusammen verließ ich dann den Verbandplatz und begab mich mit ihm zum Flugplatz, um eine Gelegenheit zu finden, auszufliegen. Flughafen konnte man das ja nicht nennen: es war eine freie Fläche, mit Löchern; viele Soldaten lagen da herum, meist Schwer-

82 Telefonische Angaben Herrn Paul Piepers vom 27. Juni 2003, die von mir unter weitgehender Belassung der Wortwahl in Berichtsform gebracht wurden. Nach seiner Genesung kam er in Italien zum Einsatz, wo er 1945 in britische Gefangenschaft geriet, die er bis 1948 in Ägypten verbrachte. Danach arbeitete er als Schuster. Seinen Lebensabend verbringt er in Ahaus.

verwundete; ich würde sagen, Tausende! Die lagen hier im Freien, auch Tote, Erfrorene; kein Mensch kümmerte sich mehr um sie. Die Toten konnten ja nicht mehr begraben werden. Das war besonders schlimm, denn niemand hatte mehr die Kraft, in dem tiefgefrorenen Boden zu graben.

Ich verlor den Kameraden, der mit mir vom HVP gekommen war. Tagelang bemühte ich mich, irgend etwas zu essen zu bekommen. Dabei schlief ich fast immer draußen im Freien. Zum HVP wollte ich nicht wieder zurück. Ich war nicht immer am Flugplatz; ich sah Flugzeuge, die abgeschossen wurden, kaum daß sie aufgestiegen waren. Einmal beobachtete ich eine Ju, die gerade aufgestiegen war; da tauchten russische Jäger auf und schossen sie ab, so daß sie auf die Erde stürzte. Da war dann nichts mehr zu machen! Das Flugfeld war voller Bombentrichter und abgestürzter Flugzeuge. Es gab Feldgendarmen, die bewachten ein Haus, ich glaube mit Lebensmitteln und Paketen, die per Post gekommen waren. Einmal fand ich ein Feldpostpaket und machte mich sofort darüber her, weil es abseits lag.

Eines Tages fand ich am Abend am Flugplatzgelände eine Stelle, an der Qualm aus der Erde aufstieg. Ich wurde neugierig, kam näher und fand dort eine Flak-Einheit, die sich einen Unterstand gebaut hatte, einen richtigen Keller, in dem ein offenes Feuer brannte. Ich ging hinein und fand die Leute, in Wolldecken gewickelt, um das Feuer herum. Sie erlaubten mir, mich zu ihnen zu setzen. Endlich wollte ich einmal richtig schlafen und war dann auch sofort weg. Nach einigen Stunden weckten mich die Kameraden und sagten mir, es seien ein paar Flugzeuge gelandet, ich hätte doch die Ausflugbescheinigung und sollte unbedingt hingehen. Ich hatte schon aufgegeben, wollte nicht mehr und dachte bei mir: Das klappt sowieso nicht, es gibt wieder einen großen Andrang. So glaubte ich nicht mehr daran, setzte mich dann aber trotzdem in Bewegung; die Kameraden gaben mir noch eine Wolldecke mit und zeigten mir noch die Richtung.

Es war eiskalt, vom Steppenwind flog mir die Decke weg; meine warme Bekleidung hatte ich ja abgeben müssen. Von meiner Einheit hatte ich noch einen schönen warmen Kampfanzug bekommen; die anderen besaßen ja nur die dünnen Mäntel. Somit war ich gut versorgt, aber alles, was gegen die Kälte geschützt hatte, hatte ich abgeben müssen, weil ich ja nicht mehr kampffähig und somit für die Kriegführung wertlos war.

Die Decke war nun weg, ich war entmutigt und enttäuscht, aber dann stieß ich tatsächlich auf die Flugzeuge, womit ich schon nicht mehr gerechnet hatte. Merkwürdigerweise befanden sich jetzt kaum Verwundete hier; offenbar hatte noch niemand etwas mitbekommen! Zwei Bomber waren gelandet, He 111. Es war der 20. Januar 1943. Von dem

Gedränge, welches sonst immer auf dem Flugplatz herrschte, war überhaupt nichts zu bemerken, denn wenn ein Flugzeug ankam, stürzte sich normalerweise alles darauf.

Der Pilot erschien, und inzwischen hatten sich doch noch ungefähr 20 Leute angesammelt; mehr hätte die Besatzung auch nicht mitnehmen können. Der Pilot meinte: Hoffentlich komme ich mit dieser Ladung hoch! Wenn ihr alle drin seid, versuche ich es! An der Bodenklappe, wo sonst die Bomben abgeworfen wurden, mußten wir einsteigen. Als wir dann endlich alle hineingeklettert waren, wurde die Klappe von innen wieder zugemacht. Wir saßen sehr eng aneinandergedrängt; mit dabei waren noch ein paar Rumänen, was uns zunächst nicht aufgefallen war. Sie nicht mit hineinzulassen, wäre auch äußerst gemein gewesen. Es gelang dem Piloten, mit der Maschine abzuheben. Die He 111 war total vereist und innen ganz kalt, denn es war überhaupt eine eisige Nacht, insgesamt wahrlich kein Luxusflug! Man konnte nichts sehen, denn es war noch dunkel; nur vorn an Bord brannte ein schwaches Licht. Ich weiß nicht, wie lange wir geflogen sind, es ging jedenfalls bis Nowotscherkassk.

Wir konnten es kaum begreifen, lebend herausgekommen zu sein; einige weinten, andere wollten sich bei den Fliegern, nur drei Leuten bedanken. Schließlich wurden wir in ein Gebäude geführt, wo wir etwas zu essen bekamen, das war herrlich!

Zu guter Letzt kam irgendein Offizier von der Luftwaffe und sagte: „Nachher fliegt eine Maschine weiter nach Stalino, ich suche mir die Leute raus, die mitfliegen dürfen!“ Klein und bescheiden saß ich in der Ecke, und er fragte mich, wie alt ich eigentlich sei. „Neunzehn“, sagte ich. „Na, dann kommst Du auch mit!“ So machte ich an einem Tag zwei schöne Flüge.

In Stalino gab es ein richtiges Lazarett, dort wurde ich erst einmal ein paar Wochen behandelt. Ein Schweizer Arzt kümmerte sich um mich, wohl Chef der Station. Wir lagen da in sauberen Betten, und der Schweizer Arzt kam jeden Tag zur Visite, sah sich die Leute an, und die fit waren, durften dann weiterfahren. Wir, die wir noch nicht so weit waren, sagten dann: Und der Kelch ging an uns vorüber! Aber nach drei Wochen war ich auch an der Reihe und kam nach Lemberg und von da weiter nach Schlesien. Ich wunderte mich damals, wieso hier Schweizer Ärzte waren. Dieses Lazarett muß wohl im Februar geräumt worden sein.

## Friedrich Randhagen:
## Ich entkam über die Donbrücken[83]

*Friedrich August Randhagen wurde am 21. Juni 2012 in Roßleben geboren. Nach seiner Schulzeit absolvierte er eine Lehre als Schmied; danach war er im Reichsarbeitsdienst (RAD) tätig. Ab 1939 war er als Stabsgefreiter Angehöriger der Werkstatt-Kompanie des Panzer-Regiments 2, 16. Panzer-Division. Nach dem Krieg schloß er eine Ausbildung an der Bergbauschule Eisleben ab und wurde 1953 im Kombinat Eisenhüttenstadt Schichtleiter; ab 1958 arbeitete er als Steiger in Trusetal/Thüringen. Ab 1962 war er in Roßleben zuständig für die technischen Anlagen im Kalibergbau. Den Ruhestand verbracht er ab 1979 in Roßleben und verstarb am 18. Juni 2005 in Querfurt (→ Bildtafel II).*

In meinem Bericht möchte ich den letzten Tag vor der Einkesselung von Stalingrad aus meinem eigenen Erleben schildern. Mit Erreichen der Wolga nördlich von Stalingrad wurden sofort durch die Divisionsführung Maßnahmen eingeleitet, für den bevorstehenden Winter Unterkunftsräume zur Instandsetzung sämtlicher Kraftfahrzeuge zu schaffen.

Die Stadt Kalatsch war bereits mit allen Versorgungsdiensten der Armee belegt. Demzufolge mußten andere Räume erkundet werden, die nicht immer günstig zum Einsatzort lagen, aber der Winter ließ keine langen Überlegungen zu. Unser Regiment zog daher südlich von Kalatsch in Potemkinskaja ein. Es gab keine großen Gebäude; in den vorhandenen Häusern fanden die Kameraden zwar Unterkunft, für die Fahrzeuge bzw. die Ausrüstung aber mußten erst Boxen bzw. Bunker gebaut werden.

Da ich bei meiner Feuerwerkerausbildung auch in Sprengtechnik ausgebildet worden war, wurde ich zum Vorkommando abgestellt. Zu diesem Zeitpunkt herrschten bereits Minusgrade, so daß viel Sprengarbeit erforderlich war. Vom Einsatz des Regiments wurden wir laufend unterrichtet. Die benötigten Ersatzteile für die Panzerkampfwagen konnten nicht bereitgestellt werden. Hauptsächlich fehlten Panzermotoren, Getriebe sowie Kettenantriebe. Alle Zugkraftwagen, 18-Tonner, wurden eingesetzt, um noch kampffähige, nicht mehr fahrbereite Panzer in die Stellung zu rangieren, damit die schweren Waffen noch genützt werden konnten. Es zeigte sich, daß die Versorgung der gesamten Armee mit den dringend benötigten Ersatzteilen nicht mehr gewährleistet war.

Da der Don als größtes Wasserhindernis nur über wenige Brücken zu überwinden war – eine 32-Tonnen-Brücke nördlich von Kalatsch sowie

83 Der Bericht wurde in „Unsere 16.“, Folge 181, 46. Jhg., im Juli 1998 veröffentlicht.

vier leichtere Brücken in Kalatsch und südlich bei Zymlanskaja –, hatten rumänische Pioniere eine Pontonbrücke gebaut, die aber nur von leichten Fahrzeugen genutzt werden konnte. Da ja alle russischen Flüsse in Richtung Westen Steilufer haben, befand sich unser Bereitstellungs- und Einsatzraum östlich des Don, also der Steppe zugewandt.

Am 18. November erhielt ich den Befehl, mit dem Verpflegungs-LKW, einem Opel Blitz, einem Dreitonner, und dem Unteroffizier Hilpert zum Verpflegungsamt nach Kalatsch, zum Feldpostamt und zum Regimentsgefechtsstand nach Stalingrad zu fahren. Die allgemeine Lage war sehr angespannt und auch sehr unruhig. Es sollte die letzte Fahrt sein, ehe die Falle zuschnappte. In Kalatsch erfuhren wir, daß die schwere Brücke nördlich bereits gesperrt war. Wir mußten also östlich des Don einen Umweg fahren. Die Rollbahn führte entlang vieler Friedhöfe der im Einsatz befindlichen Divisionen. Der sich ständig mehr verstärkende Gefechtslärm schwerer Waffen ließ nichts Gutes ahnen.

Als wir bereits bei Dunkelheit in Kalatsch ankamen, konnten wir nur bei der Divisions-Veterinär-Kompanie noch Fleisch und Wurst empfangen. Die Bäckerei-Kompanie war bereits abgehauen. Mit gewaltigem Druck waren die russischen Panzer auf der Donhöhenstraße auf Kalatsch vorgestoßen, um in den Besitz der Brücken zu gelangen. Die Handlungen des Gegners wurden aus der Luft unterstützt; Flugzeuge warfen ständig Leuchtraketen und Bomben auf jedes sich bewegende Lichtzeichen. Ab und zu wurde ganz kurz einmal volles Licht aufgeblendet. Dabei bemerkten wir russische Soldaten auf der Rollbahn, aber ohne Waffen. Unser Plan stand fest: mit Vollgas ohne Rücksicht auf Verluste durchfahren! Mit unserer Bewaffnung, je eine 0,8-Pistole, hatten wir keine große Chance.

Als wir ungewollt kurz halten mußten, stellten wir fest, daß es rumänische Soldaten waren. Ohne Waffen, die meisten barfuß bei minus 10 bis 12 Grad, wollten alle mitgenommen werden. Zu unserem Glück hatte der LKW einen geschlossenen Aufbau; dadurch konnte sich niemand unkontrolliert als blinder Passagier einschleichen. Lediglich zwei hatten sich auf den vorderen Kotflügeln festgesetzt. Durch das schnelle Fahren und wegen der vielen Bodenwellen der Rollbahn sprangen sie dann doch ab. Die rumänische Armee, am Brückenkopf südlich Stalingrads eingesetzt, hatte dem gewaltigen Druck des russischen Durchbruchs nachgegeben; sie ließen alles stehen und liegen und liefen davon. Mit seinen aus dem Brückenkopf und von Norden vorstoßenden Truppenteilen schloß der Gegner den Ring um Stalingrad.

Als wir mit dem LKW gegen 23 Uhr bei unserem Kommando eintrafen, herrschte noch friedliche Ruhe. Weitab von der Front fühlte man sich noch relativ sicher. Gegen 3 Uhr gab es dann Alarm: Alles verladen und fertigmachen zum Abmarsch! Als alles bereitstand – ich hatte meinen Klöckner-Deutz-Allrad allein beladen müssen –, wurde ich einem Himmelfahrtskommando zugeteilt. Ich mußte einen anderen LKW übernehmen, einen Opel Blitz, der bereits beladen war, unter anderem mit 150 Wattejacken, 200 Paar Filzstiefeln, 50 Paar Schneeketten und je 10 Stück Sauerstoff- und Azetylenflaschen. Was die anderen LKW geladen hatten, wurde aus Zeitmangel nicht bekanntgegeben. Mit sechs Fahrzeugen unter dem Kommando eines Unteroffiziers ging es ab zum Treffpunkt, von dem aus die Einschleusung in den Kessel erfolgen sollte.

Mit dem defekten LKW erreichte ich den Treffpunkt nicht, das Fahrzeug blieb wegen Kupplungsschaden liegen. Die Einheiten hatten ja auch nicht die besten Fahrzeuge bereitgestellt. Der Unteroffizier, mein Beifahrer, stieg auf einen anderen LKW um und gab mir den Auftrag, den Schaden zu beheben und dann zu folgen. An der Kupplung waren zwei Finger abgebrochen, aber woher sollte ich ein solches Ersatzteil nehmen? Ein vorbeifahrender I-Trupp der Armee Hoth hatte Erbarmen mit mir. Trotz 20 Grad minus war mein LKW nach fünf Stunden wieder fahrbereit – aber die Durchfahrtsschneise in den Kessel [war] geschlossen.

Als ich mich am folgenden Tage bei meinem Vorkommando zurückmeldete, mußte ich sofort auf mein vorheriges Fahrzeug umsteigen und mich der bereitstehenden Abmarschkolonne anschließen. Für unsere Einheit begann die Fahrt gen Süden in Richtung Zymljanskaja zu dem noch einzigen Übergang über den Don.

Die sehr schwache Pontonbrücke der rumänischen Armee war durch die hohe Belastung eingesunken und lag 40 cm unter der Wasseroberfläche auf Grund. Einweiser hatten die Fahrtrichtung mit Pfählen gekennzeichnet. Auf der anderen Seite des Flusses ging es durch den Schlamm hinauf auf die Donhöhenstraße. Der Allradantrieb meines LKW zeigte sich verläßlich; außerdem hatte ich noch einen Kübelwagen im Schlepp, welcher mit einem Luftabwehr-Zwillings-MG ausgerüstet war, aus Mangel an Benzin jedoch im Schlepp gezogen werden mußte.

Nach der Überquerung des Don bezog unser Kommando unter der Führung von Oberleutnant Soltmann abseits der Rollbahn Unterkunft in einem kleinen Dorf. Hier sollte abgewartet werden, bis der Befehl eintraf, wo sich die Restteile sammeln sollten. Die russische Armee war mit ihrer Kampfstoßkraft auf Stalingrad an der weiteren Verfolgung unserer versprengten Einheiten nicht interessiert. Nur mit kleinen Kosaken-Kavallerietrupps wurde ständig Unruhe erzeugt.

Da sich das Jahr 1942 dem Ende zuneigte, wurde alles unternommen, die Fahrzeuge gegen die eisige Kälte zu schützen, aber einsatzbereit zu halten. Die Batterien wurden ausgebaut und in den Häusern untergebracht, das Kühlwasser abgelassen und die Fahrzeuge mit Schilfmatten eingepackt. Unser Spieß, Stabsfeldwebel Werner, ein alter Haudegen, hatte dazu einmal die Worte geprägt: „Das euch anvertraute Fahrzeug ist eure Heimat – haltet es immer einsatzbereit!“

Da die Verpflegung eingeteilt werden mußte, wurde mit Hilfe der ansässigen Bauern in dem zugefrorenen Flußarm mit Hilfe von Sprengladungen gefischt. In den Kirchen der Dondörfer hatte die russische Armee große Vorräte von Raps und Getreide eingelagert. Für Silvester wurde pro Mann ein Liter selbstgebrannter Schnaps vorgesehen, dazu aus der eisernen Reserve eine Schachtel Scho-Ka-Kola. Die Ausgabe konnte nicht mehr erfolgen. Für 18 Uhr war Befehlsausgabe angesagt, anschließend sollte das vorbereitete Geschenk ausgegeben werden. Es kam alles anders als gedacht.

Stalingrad blieb eisern eingeschlossen, und die Entlastungsarmee Hoth hatte einen anderen Auftrag erhalten. Der Gegner setzte nun zur Verfolgung der deutschen Truppen an und drohte mit seinen Kräften, unter anderem mit Panzern, die noch offene Rollbahn in Richtung Schachty abzuschneiden und erneut einen Kessel zu bilden. Für unser Kommando gab es statt einer Befehlsausgabe mit anschließender Silvesterfeier den Befehl: „Rette sich, wer kann!“ Die Verwirrung war so groß, daß ein jeder versuchte, aus dem Dorf herauszukommen und die noch offene Rollbahn zu erreichen. Für meinen Diesel-LKW erhielt ich nur 20 Liter Benzin und zwei Liter Öl. Ich hatte aber insofern noch Glück, daß ich noch 50 Liter leichtes Waffenöl in einer Kanne mitführte. Dieses wurde noch aufgetankt – der Diesel hat es verarbeitet!

In dieser Situation, die man nur als Chaos bezeichnen konnte, war es einem jeden selbst überlassen, eigenmächtig zu handeln. Der LKW wurde nun schnellstens einsatzbereit gemacht; auf die Vorderräder wurden noch Schneeketten aufgezogen, von dem MG-Kübel die zwei Maschinengewehre abgebaut und verladen. Unter der Ölwanne wurde ein kleines Feuer entzündet, um den ausgekühlten Motor zu erwärmen. Wir waren noch lange nicht am Ziel; eine Brücke mußte noch überwunden werden.

Aus den umliegenden Dörfern entlang der Rollbahn waren Leicht- und Schwerverwundete unterwegs, soweit sie noch laufen konnten, um per Anhalter den Westen zu erreichen. Ohne Winterbekleidung, ja fast nur in dünner Lazarettbekleidung bei minus 20 Grad bewegten sich diese Verwundetenkolonnen seitlich entlang der Straße – ein Bild des Grauens, das ich mein Leben lang nicht vergessen konnte. Mein Beifahrer und ich entschlossen uns dann trotz der explosiven Ladung, so viele verwundete Landser wie möglich mitzunehmen. Die Verwundeten waren für uns die Rettung beim Passieren der Brücke in der Stadt.

Eine Feldgendarmerie-Streife holte noch jeden einsatzfähigen Kameraden aus den Fahrzeugen. Sie wurden zu Einsatzgruppen zusammengestellt; ein zugeordneter Offizier befehligte diesen Haufen, in dem keiner den anderen kannte – ins Ungewisse! Meinen Beifahrer verwandelte ich daher mit drei Verbandpäckchen zum Schwerverwundeten, damit er bei diesem Soldatenklau nicht mitgenommen wurde. An diesem Brückenübergang spielten sich Szenen ab, die man mit Worten nicht beschreiben kann.

Das Eis des Flusses war noch nicht so dick, um mit dem Auto darüberfahren zu können. Viele versuchten es trotzdem, brachen in der Mitte der Strömung mitsamt ihrem Fahrzeug ein und versanken total im Fluß.

Die auf der Ladefläche meines LKW befindlichen Verwundeten waren der Freigabeschein zum Überqueren der Brücke. Auf der anderen Uferseite standen Sankas, die die Verwundeten übernahmen. Da der Fluß auch hier nach Westen Steilufer hatte, mußte ich mit meinem Allradfahrzeug zwei Sankas im Schlepp den Berg hinaufziehen. Erst als diese oben abgehängt und die auf der Ladefläche fast erfrorenen Verwundeten umgeladen worden waren, konnte ich meine Fahrt nach Schachty fortsetzen. Dort befreite ich meinen Beifahrer von seinem provisorischen Verband.

All das vorstehend Geschilderte spielte sich in der Silvesternacht vom 31. Januar 1942 zum 1. Januar 1943 ab.

## Josef Rosner:
## Die Hölle von Baburkin[84]

*Josef Rosner war MG-Schütze in der 2. Kompanie des I. Bataillons des Grenadier-Regiments 134 der 44. Infanterie-Division. Nach der Heimkehr lebte er in Zurndorf/Burgenland, wo er vor einigen Jahren verstarb.*

Immer, wenn ich etwas über Stalingrad lese, dringt aus meinem Inneren diese furchtbare und gnadenlose Zeit ins Bewußtsein, die ich im Kessel von Stalingrad verbringen mußte. Ich habe den ganzen Feldzug in Rußland mit dem ersten furchtbaren Kriegswinter mit viel Schnee und minus 35 Grad Kälte und den Schlachten in Kiew und Charkow mitmachen müssen. Als die Russen am 19. November 1942 bei Kalatsch durchbrachen und vier russische T-34 die Donbrücke besetzten, über die der ganze Nachschub der 6. Armee ging, mußten wir uns zurückziehen, die Russen-Infanterie mit leichten Granatwerfern dicht hinter uns. Acht Tage keinen Schlaf; wir schliefen im Marschieren! Regimentskomman-

84 Erschienen im Mitteilungsblatt der Kameradschaft der Angehörigen der ehemaligen 2. Wiener Division sowie der 44. Infanterie-Division, später Reichs-Grenadier-Division „Hoch- und Deutschmeister"; Folge 153, Dez. 1998, und „Kameradschaft Stalingrad", 2002/03. Beide – verschiedenen – Berichte wurden hier zusammengefaßt.

deur war Oberst Arthur Boje[85], Bataillonskommandeur Major Eberhard Pohl[86].

Bei Baburkin hatte die „Organisation Todt" Stellungen ausgegraben: MG-Stand, Laufgräben und je Gruppe ein Bunker ohne Dach. Wir bezogen die Stellungen, waren aber vor Müdigkeit gleich eingeschlafen. Da sprang der Horchposten Steiner in den MG-Stand und schrie: „Herr Unteroffizier, die Russen kommen in Marschordnung auf uns zu!"

Gleich ging die erste Fallschirm-Rakete von unserem MG-Stand hoch: alles schwarz von Russen! Die eröffneten gleich das MG-Feuer. Auch wir feuerten mit unseren MG's, jede vierte Kugel Leuchtspur im Gurt. Der Fallschirm ging aus, die Russen rückten vor, blieben aber fast alle im Feuer unserer MG's liegen. Im Morgengrauen sahen wir fünf Russen, die nur 30 Meter vor unseren MG's lagen, alle mit Handgranaten in der Hand und zum Einwurf in unsere Stellung bereit.

Oberst Boje kam mit seinem Schwimmwagen vorbei und lobte: „Das habt ihr gut gemacht!" Es waren zwei Bataillone Russen, und es war gut, daß wir in den ausgegrabenen Stellungen lagen, denn vor uns war freies Feld, so daß kein Russe durchkam! In den nächsten Tagen bekamen wir starkes Granatwerferfeuer auf unsere Stellungen. Unsere Scharfschützen hatten sich hinter dem toten Russen verschanzt und lauerten auf einen gut gezielten Schuß.

So vergingen die Tage, Weihnachten kam heran. Wir waren nur mehr vier Mann in unserer Gruppe. Einen Tag vor Heiligabend banden wir vor unserem Bunker auf den Karabiner von Bartl, der gefallen war, mit ein paar Schnüren aus Steppengras Staniolpapier auf. Am Heiligen Abend fiel kein einziger Schuß rund um den Kessel, soweit man sehen und hören konnte. Da kam plötzlich unser Major Pohl mit seinem Adjutanten durch den Laufgraben. Er tröstete uns und rief mit Tränen in den Augen: „Daß Ihr noch den Weihnachtsabend erlebt habt!" Wir aber dachten an alle unsere Verwandten, Väter und Mütter, weit in der Heimat …

Die Russen stellten Lautsprecher auf, und es erklangen deutsche Weihnachtslieder. Dann kam noch ein Durchspruch mit dem Lautsprecher: „Österreichische Austrizi, kommt rüber in die Rote Armee! Hitler hat den Krieg verloren! Jede Minute stirbt ein deutscher Soldat im Kessel!" Es kam dann ein Melder durch, der sagte: „Das ist alles Propaganda, wir werden in ein paar Tagen befreit!" Nichts traf ein.

Danach ging es weiter: Drei Stunden beim MG-Stand – drei Stunden Schlaf im Bunker. Der war nur mit Zeltplanen abgedeckt; am Boden

---

85 Arthur Boje (* 3. August 1895 in Berlin, † 18. April 1981) nahm als Leutnant am Ersten Weltkrieg teil. 1935 zum Heer; zunächst Btl.-Kommandeur. 1940 Kommandeur des I.R. 134. Bis 1955 in sowjetischer Gefangenschaft. Auszeichnung: Ritterkreuz am 5. Februar 1942.

86 Siehe Bericht Eberhard Pohl, S. 252–267.

hatten wir Steppengras und die Mäntel der Gefallenen ausgebreitet. Die Kälte ging durch und durch. Seit Oktober hatten wir keine Stiefel und keine Wäsche gewechselt, und die Läuse machten uns zu schaffen.

Am nächsten Tage hatten wir schon wieder starkes Granatwerferfeuer. Die Verpflegung wurde immer geringer. Durch das starke Schneegestöber konnten die Ju 52 nicht in den Kessel einfliegen. Das meiste Essen gab es nur mehr von den halbverhungerten Pferden, die unter dem Schnee lagen. Pferdesuppe von Schneewasser …

Es kam der Januar 1943. Die Russen verstärkten wieder ihre Angriffe; am 8. Januar flogen wieder die Flieger über die Stellungen um den ganzen Kessel; auf ihren Flugblättern stand: „Österreichische Kameraden! Kommt heute noch rüber in die Rote Armee! Wenn nicht, holen wir Euch am 10. Jänner mit unseren Waffen." Ich stand im Höllenkessel bei Baburkin am MG-Stand und hielt treu Wacht. Am Himmel standen Tausende von Sternlein, die auf den einsamen MG-Schützen herableuchteten. Ich dachte an meine geliebte Heimat, die so weit im Westen lag, und ich dachte auch an meine geliebte Freundin, die im Leithatal im Burgenland auf einem Hof arbeitete.

Morgens am 10. Januar – die Sonne ging rot auf – hörten wir rund um den Kessel ein Trommelfeuer, wie ich es den ganzen Rußlandfeldzug noch nicht erlebt hatte. Tausende von Granaten prasselten auf unsere armseligen Stellungen nieder – es war die Hölle auf russischer Erde! Wir waren nur mehr 13 von unserer Kompanie und hatten die letzten Gurte verschossen; die MG-Kisten waren alle schon leer. Wir hatten weder Nachschub noch Munition, noch Essen bekommen. Aber vorne am MG-Stand im Schußfeld kamen jetzt die T-34-Panzer mit aufgesessener Infanterie, alle mit Maschinenpistolen, die Trommel mit 72 Schuß. Hinter den Panzern kam ein Bataillon Mongolen. Zwei Panzer fuhren auf Minen, die Raupen wurden weggesprengt. Oberst Boje, unser Regimentskommandeur, setzte fünf Sturmgeschütze gegen die T-34 ein. Wir lagen dazwischen; ich verschoß acht Gurt, dann hatte ich Ladehemmung.

Da kam ein Mongole durch den Laufgraben und warf mir eine Handgranate direkt vor mein MG; ich bekam Splitter an beiden Händen und am rechten Auge. Er hielt mir die Maschinenpistole vor und schrie: „Stoi!" Hatte etwa auch er Hemmung oder war seine Trommel leer? Ich hatte noch zwei Schuß in meiner Pistole, schoß ihn nieder, schmiß mich unter die Toten, die schon dort lagen, und stellte mich tot. Schon waren die anderen Russen da, überrannten mich und warfen Handgranaten in den Bunker.

Als es Nacht wurde, robbte ich aus dem Graben und schlich im Licht einer Fallschirmrakete gebückt weiter, vorbei an den abgeschossenen, noch brennenden Sturmgeschützen. Alle waren tot! Um 12 Uhr erreichte ich eine Flak-Einheit; die Kameraden verbanden mich und gaben mir nach vier Tagen ein warmes Essen. Ein Leutnant erschien und fragte mich nach meiner Einheit. „134., I. Bataillon – sammeln im Rossoschkatal!"

Dort traf ich Oberst Boje und Major Pohl. Wir waren nur noch 80 Mann, die sich am 11. Januar dort versammelten und den Ort Gontschara besetzten. Alle hatten Erfrierungen und waren verwundet. Die Russen hatten ihre Panzer alle außerhalb des Kessels eingesetzt, doch zwei russische Bataillone Infanterie mit leichten Granatwerfern griff uns an. Wir kämpften uns Haus für Haus zurück. Storva hatte gegen die Angriffe der Russen nur eine russische Maschinenpistole. Am Ortsende kam Oberst Boje mit zwei Vierlingsgeschützen, die mit Leuchtspur in die Häuser feuerten; diese gingen in Flammen auf. Die meisten Russen verbrannten.

Wir mußten uns weiter zurückziehen. Auf dem Hauptverbandplatz lagen Hunderte von Schwerverwundeten, für die es keinen Ausflug mehr gab, da die Ju 52 durch Flakfeuer und russische Jäger, „Ratas", abgeschossen wurden. Es gab auch kein ordentliches Essen mehr, nur eine dünne Suppe, bestehend aus Schneewasser und den Resten verhungerter und gefrorener Pferde. Am 19. Januar kamen wir nach Gumrak, da kam der Befehl: „Kampfgruppe Boje Rückzug zum Stadtrand von Stalingrad an den von Gumrak drei Kilometer entfernten Flugplatz Stalingradskij!" Storva, ein Wiener, Stöckl und ich konnten uns kaum mehr auf den Beinen halten, wir waren verwundet und standen vor dem Erfrieren. Vier Monate lang hatten wir keine Wäsche mehr gewechselt; bei minus 35 Grad Kälte trugen wir noch immer unsere Sommerstiefel. Mühsam krochen wir in die Fliegerbunker von Stalingradskij. „Das ist das Ende!" dachte ich mir ebenso wir meine Kameraden.

Aber dann kam es doch noch anders. Am 20. Januar um 14 Uhr schrie ein Soldat von der Flugwache in den Bunker: „Wer noch gehen kann, soll mitkommen, es sind Flieger gelandet!" Von drei Bunkern bewegten sich Jammergestalten auf die Flugzeuge zu. Als wir bei den He 111 ankamen, schossen die Russen mit der 10,5 cm-Artillerie auf die Maschinen. Eine He 111 wurde in Brand geschossen. Die Bordschützen konnten Storva und mich als 14. noch in eine Maschine ziehen, die das Flakfeuer durchfliegen und sich gegen die russischen Jäger behaupten mußte. Glücklicherweise überstanden wir alles und konnten außerhalb des Kessels gut landen. Von dort kamen wir – wir wogen nur mehr 40 kg! – mit Viehwaggons nach Krakau zur Entlausung. Man brachte uns nicht sofort in die Heimat, sondern in ein Lazarett nach Zakopane. Dort entfernte man mir die Granatsplitter und behandelte die erfrorenen Hände und Füße, wobei mir die Zehen abgenommen werden mußten. Bereits am 10. Februar wurde ich als geheilt zur Genesungs-Kompanie nach Strebersdorf entlassen.

## Otto Schäfer:
## Als Infanterist ganz vorne[87]

*Otto Schäfer wurde am 27. Juli 1923 in Hagen-Eckesey geboren und lernte vor dem Krieg Autolackierer. Im April 1942 wurde er zur 76. Division eingezogen und absolvierte den Grundwehrdienst in Köln (→ Bildtafel II).*

Nach acht Wochen hieß es schon: ab nach Rußland. Wir fuhren durch Polen und Ungarn, wurden dann ausgeladen und marschierten hinter der Truppe her; der Russe hatte sich zurückgezogen, so daß wir gar nicht so schnell mitkonnten. Wir trugen Knobelbecher. Nach langem Marsch hielten wir eine Rast und fielen vor Müdigkeit einfach um; da erschien plötzlich ein General und schiß uns zusammen: Die Gewehre müßten aufgestellt werden usw. Endlich kamen wir zu der Einheit, der wir zugeteilt worden waren, einer schweren Maschinengewehr-Kompanie. Unser General hieß Rodenburg. Unter uns befanden sich viele Berliner; die Kaserne unseres Ersatzhaufens war ja in Potsdam. Wir marschierten Tag und Nacht. Ich erinnere mich noch an den durchdringenden Blick eines Obersten, der trug ein Monokel und schiß uns an, wir fielen zu häufig beim Laufen um.

Dann hörten wir schon die erste Knallerei. Die Kämpfe wurden härter, weil wir in Richtung Stalingrad marschierten. Auf dem Vormarsch in der Steppe gab es schon die Bombardierungen durch die russischen Flugzeuge. Auf dieser Rollbahn nach Stalingrad sahen wir drei LKW, das weiß ich noch, die Munition geladen hatten. Da war die ganze Fläche weg, das Führerhaus war ein Sieb und die Russen hingen herunter und brannten noch.

Nachts lagerten wir dann praktisch auf dem Feld; jeder machte sein Bett mit dem Spaten. Ich war zu faul und dachte: Am nächsten Morgen geht's ja sowieso wieder weiter. Dann merkte ich jedoch schnell, wie diese Nähmaschinen kamen und man sich doch ein bißchen tiefer eingraben mußte. Was ich da an Erde umgegraben habe, da hätte ich eine ganze Ecke bauen können!

Danach ging es zur Kotluban-Schlucht. Dort wurden wir beschossen, da war nur Granatfeuer! Schließlich wurde es etwas ruhiger, so daß

87 Der Bericht beruht auf einem Interview, das ich mit Herrn Otto Schäfer am 10. Oktober 2003 in seiner Wohnung in Hagen geführt habe.

wir als Sicherung zu einem Regimentsgefechtsstand beordert wurden. Abends kamen wir an und hatten keinen Graben, sondern wurden einer Geschütz-Kompanie zugeteilt und ringsum in die Bunker eingewiesen.

Ich war MG-Schütze im letzten Glied. Als es zu einem Gefecht kam, schlief ich in meinem Loch. Morgens kam mein Zugführer Unteroffizier Karger, ein Riese aus Berlin, und rief: „Schäfer! Den ganzen Morgen greift der Russe an, und der Kerl pennt noch!“ Links und rechts lagen meine Kameraden schon tot umher; ich hatte nichts davon gemerkt. Zu der Zeit hatte ich einen Anfall von Ruhr, ich war angezogen und mußte mich wieder ausziehen und protzte dann ab, zog mich wieder an, und der schrie immer noch: „Munition nach vorne!“ Das konnte ich nicht mehr aushalten, und die nächste Sendung ging in die Hose – Durchfall. Danach kam ich rauf und brachte vier Kästen Munition hoch auf eine Anhöhe. Mein Unteroffizier befand sich links von mir, vor mir ein Gefreiter. Ich setzte die Munition ab. In diesem Moment erhielt der Gefreite einen Durchschuß, ich sah hinten ein Loch, da kam das Geschoß raus; der Unteroffizier sagte gar nichts, er war sofort tot, er hatte einen Steckschuß im Herzen. Die beiden wurden nach unten getragen; ich lief wieder nach oben und holte die Munition – schnell ging das alles. Jetzt kam mir ein weiterer Schütze entgegen, der hatte das Auge verletzt und sagte: „Es ist keiner mehr da, du mußt jetzt ran!“ Als ich oben stand, fand ich die Zieleinrichtung zerschossen; ich fragte: „Wo sind denn die Russen?“ „Da laufen sie doch alle!“ Ich hatte gedacht, das seien Unsere gewesen. Die Sonne schien so, die Helme blitzten. Dann schossen wir zu zweit die ganze Gegend ab. Von fern sahen die Massen der Russen aus wie schwarze Wolken; wenn man da reinhielt, dann fielen so und so viele. Nun war ich ja nicht so erfahren im Schießen, weil ich immer nur Munition getragen hatte, daher war mir jetzt der Lauf durch die Hitze festgeklemmt. Ein Kamerad ging weg und holte mir einen Asbestlappen; in der Zeit hatte ich, weil die Russen noch näher kamen, den Lauf schon herausgerupft – Läufe lagen da jede Menge – den nächsten reingeschoben und wieder heißgemacht und wieder ausgewechselt. Da kam mein Oberleutnant, Haberland hieß der, der brachte mir den Lappen, da kriegte er einen Schuß, drehte sich um und war sofort tot. Deshalb vergesse ich diesen Namen nicht mehr.

Dann gruben wir uns an dieser Stelle ein. Abends schaute ich noch einmal nach: Ach, was lagen da viele Russen! Danach kriegten wir eine Woche lang nur Granatfeuer. Wir hatten das Loch „so schön“ eingeteilt, daß ein Schlag uns rundherum treffen konnte; ein schweres Maschinengewehr ist ja ein markanter Punkt. Wir saßen immer geduckt und dachten, paßt auf, der nächste Treffer, der sitzt! Und das acht Tage lang. Von meiner Stellung aus konnte ich auch den Flugplatz von Pitomnik sehen.

Dann wurden wir dort abgezogen und wieder aufgefüllt, und es ging nach hinten. Wir wurden insgesamt dreimal aufgefüllt, so lange wie ich dabei war, weil so viele Kameraden gefallen waren! Wir wurden im Wehrmachtbericht genannt, und wenn man da genannt wurde, bedeutete das hohe Verluste. Irgend jemand mußte sich wohl meinen Namen gemerkt haben, denn ich mußte für den Rest des Bataillons vortreten, es wurde eine Lobrede gehalten und ich bekam meine Auszeichnung ins Buch eingetragen; die Orden waren nicht da. Es ging dann weiter, und wir bauten eine Front für ein Winterquartier. Das war wirklich tadellos: Sämtliche Gräben, von einem zum anderen, waren tief gebaut; wir hatten einen Bunker mit einem Ofen, wo man ein Brot drauf rösten konnte, Pfannen an der Wand usw.; alles schön eingerichtet. Das war im November. Kämpfe hatten wir dann in diesen Winterquartieren keine.

Eines Tages kam ein Tagesbefehl: Wir sind eingeschlossen, wir müssen die Front verkürzen; zurück, alles kaputtmachen. Das taten wir dann; in der Nacht schneite es noch. Wir mußten die Stellungen räumen und lange marschieren, dabei schliefen wir sogar im Stehen ein. Es hatte geheißen, die Stellungen seien schon alle fertig, dabei waren sie nur an der Stelle eingezeichnet, zu der wir nachher hinkamen. Nach zwei Tagen sahen wir schon am Horizont: Da war alles schwarz vor Russen! In einer verlassenen Stellung fand ich einen Sack Körner, den nahm ich mit, da ich ihn vielleicht einmal gebrauchen könnte. Nun mußten wir uns verdammt schnell eingraben, weil die Russen ja sofort anrückten. Rechts von uns, ungefähr einen Kilometer weg, befand sich ein großer Wall, da lagen die Granatwerfer. Die kassierten die Russen als erstes. Ich sollte noch einen Befehl dorthin bringen, daher stellte ich mich dumm, so daß ein anderer gehen mußte. In diesem Moment griffen die Russen an und kassierten alle. Da wäre ich schon weggewesen! Dadurch, daß die Russen jetzt eine Stellung nach der anderen einnahmen, rückten sie immer näher zu uns heran. Wir wollten Verbindungsgräben schaffen zum nächsten Gewehr, das neben uns lag, aber es war immer so eisig, daß wir nicht vorwärtskamen; aber dadurch hatten wir Bewegung.

Wir gruben uns immer tiefer ein; der Feldwebel hatte sich da so ein Bett gebaut, die anderen haben gesessen. Dann wurden die Kameraden durch Ausfälle reduziert, weil sie erschossen wurden. Eine Granate schlug genau vor unseren Gewehren ein, einem Kameraden wurde der Kopf abrasiert, der fiel in die Kapuze. Wir schleppten ihn fort. Es lag hoher Schnee, und wir waren völlig fertig – wir hatten ja kaum etwas gegessen –; am Anfang war es noch einigermaßen gegangen, weil noch Pferde vorhanden waren und es daher Fleisch gab. Hinterher gab es nur noch ein paar Hirsekörner in Wasser, eine Scheibe mit Marmelade, Wurst und Butter, dann war man fertig! Das war's, mindestens seit Oktober; im Juli hatte es noch genug gegeben. Aber eigentümlich: Rauchwaren waren genug vorhanden. Damit wurden die Truppen versorgt, damit sie zufrieden waren. Wenn die Russen mal angriffen, standen wir den ganzen Tag da und rauchten an die hundert Zigaretten. Das minderte den Appetit! Es machte auch ein bißchen wärmer. So überrollten die Russen dann die Front von rechts nach links, peu à peu.

Wenn wir abends das Essen bzw. die Suppe holten, dann mußten wir nach hinten laufen; wir konnten uns dann an den gefallenen Kameraden orientieren, daß wir auf dem richtigen Weg waren. Die lagen da, die Taschen der Kameraden ausgeraubt, weil man das Geraubte zum Überleben brauchte.

Eines Tages gab es Schneesturm, da kriegten wir den ganzen Tag über kein Essen, denn die Essenholer fanden uns nicht und wir sie auch nicht. Ich weiß noch, wenn wir damals immer zusammen Essen holen gingen, dann durfte keine Mondnacht sein, dann wurden wir abgeschossen. Einmal, als ich nicht dabei war, kam ein anderer Essenholer zurück, unserer hatte einen Kopfschuß erhalten. Ich saß da und sagte, soll ich mal gucken, vielleicht ist noch was in diesem Kochgeschirr! Ich lief los und fand in jedem eiskalten Kochgeschirr einen Knochen vor. Mein Kamerad hatte schon die Tasse in der Hand, denn er hatte das Geschirr schon ausgeräumt. Es waren Tragekanister von der Hauptküche; das Essen wurde dann in Kochgeschirr abgefüllt, dann hauten wir damit nach vorn ab. Die Kochgeschirre wurden an der Hand gebracht, denn wir wurden ja immer weniger. Der Kamerad, das weiß ich noch, war Berliner, hatte sechs Kinder und konnte sich das Essen so einteilen, daß er immer noch etwas übrig hatte. Wir saßen da rum und guckten dann zu. Als er dann gefallen war, war die Stimmung irgendwie verändert, und ich dachte: Guck doch mal nach, im Brotbeutel, ob da noch etwas drin ist! Es fand sich noch eine Fleischdose, die nahm ich an mich und aß sie dann so nebenbei, als ich draußen auf Posten stand. So überlebte ich Stalingrad. Später organisierte ich für unseren Bunker Körner. Die aßen wir zunächst roh, damit wir etwas zu Kauen im Mund hatten, das war schon wichtig. Dann nahmen wir die Handgranaten, drehten den Stiel ab und nahmen die Zündung heraus und rösteten die Körner mit dem Pulver, das wir verfeuerten. Allerdings hatten wir dann keine Handgranaten mehr. Mit dieser Methode konnte man auch Wasser in Kochgeschirren erhitzen, damit wir uns damit waschen konnten; das tat uns gut.

Weihnachten erlebte ich in der Kompaniestellung; es wurden Pakete verschenkt. Irgendwo ergatterte ich ein Stück Brot und zog mich allein in einen verlassenen Bunker zurück. Ich war froh, daß ich einmal durchschlafen konnte, und hatte mir brennbares Material geholt, das ich in einer Ecke anzündete.

Silvester wurde draußen geknallt. Die Russen lagen nahe vor uns und wollten uns immer erzählen, wir sollten rüberkommen, Pakete seien da usw. Als Antwort schossen wir dann immer mit dem Maschinengewehr hinüber. Niemand war bereit, in Gefangenschaft zu gehen, außer wenn es keinen anderen Ausweg mehr geben sollte, dann vielleicht. Wir wußten, wie bestialisch die vorgingen! Deshalb erschossen sich ja auch viele Kameraden vorher. Heute wissen wir ja, was die Gefangenen alles erdulden mußten: von 100.000 auf 6.000, das ist ja eine Menge! In unserer Einheit dienten auch russische Hiwis, die auf dem Vormarsch immer hinten waren. Ich hatte meine Feldflasche immer schnell leer, weil ich so eine trockene Leber habe. Dann bin ich immer zu den Hiwis gegangen und habe mir von denen etwas einschütten lassen. Sie wurden genauso behandelt, als wenn sie Deutsche gewesen wären. Sie waren aber nur beim Troß eingesetzt.

Läuse hatten wir auch; ich zerkratzte mir derart die Beine, daß ich hinterher gar keinen Stiefel mehr anziehen konnte. Der Sani schickte mich dann zum Arzt, ich sollte mir Salbe holen. Das war mein Glück, denn der Arzt schickte mich daraufhin zum Verbandplatz. Zu diesem Zeitpunkt war ich da schon ziemlich runtergekommen, hatte Furunkel an den Beinen und im Gesicht. Der Arzt schickte mich mit dem Bus zum Lazarett; das befand sich in einer großen Scheune, die eine Dreiviertelstunde vom Flughafen entfernt war. Da lagen mindestens eintausend Verwundete, alle so in Reihen rund herum im Stroh, ohne Decken, nur mit Mänteln bedeckt. An den Ecken waren für die sehr schwer Verletzten mit Bauchschuß ein paar Betten aufgestellt, da sie nicht im Stroh liegen konnten. Es war warm da drin; waschen konnte man sich nicht und kam kaum zum Schlafen. Neben meinem Lager befand sich der Operationstisch. Er war mit einer Zeltbahn zu uns abgeteilt; da wurde dann Tag und Nacht operiert. Ich hörte immer die Schreie, bis die Patienten dann Narkose gekriegt hatten und betäubt waren, und ich hörte natürlich auch, wie gesägt wurde!

Weil ich noch etwas Zeit hatte, bevor der Bus kam, der mich zum Flugplatz brachte, lief ich da mal so herum, um mich umzusehen. In einer Ecke draußen lagen die Beine und Arme auf einem Haufen, aber keine Leichen. Ich muß noch sagen: Bevor ich ins Lazarett gekommen war, sah ich einen großen Platz, auf dem viele tote Pferde herumlagen; die hatte niemand weggeschafft. Als wir noch in der Stellung waren, wo ich die Körner gefunden hatte, traf ich einmal Rumänen, die sich aus so einem Pferd etwas herausgeschnitten hatten. Da zog ich ein paar Rubel raus, und sie gaben mir etwas von dem Fleisch ab, das wir sofort an einer Feuerstelle brieten. Bevor die Russen kamen, konnte man dort in verlassenen Bunkern noch etwas finden.

Acht Tage lag ich in diesem Lazarett, das war Ende Dezember; Weihnachten war inzwischen vorbei. Ich erinnere mich noch daran, wie ich dort umhergeirrt war. Ich muß noch die Episode mit dem Kameraden erzählen, der einen Bauchschuß hatte; ich glaube, das war ein Offizier. Er sprach mich im Lazarett an und sagte: „Komm her, hier hast Du mein Essen! Ich kann nicht essen, ich kriege nichts runter, ich darf nichts essen, dann tut mir alles weh!" Da war ich sehr froh und suchte ihn am nächsten Tag gleich noch einmal auf. Jedoch, er sagte nein, jetzt ist ein anderer an der Reihe! Wenn das Essen in dieser Scheune verteilt wurde, dann saßen da alle, die Deckel offen, und jeder bekam seinen Schlag in den Deckel. Das Essen war gut und reichlich, besser als bei der Truppe. Es kam aus einer großen Wanne, und wenn dann alle Portionen ausgegeben waren, hieß es: „Feuer frei!" Dann stürzten sich alle hin und leckten mit dreckigen Händen alles raus. In diesem Lazarett arbeitete auch eine russische Zivilistin, die uns bediente; sie holte immer eine Blechdose, in die man hineinpinkeln konnte, und säuberte hinterher alles. Einmal versuchte ich, in einem Socken Läuse zu zählen, und hörte bei 150 auf. Die Läuse konnte ich richtig krabbeln hören, so viele hatte ich. Das Ekzem bildete sich aber allmählich schon etwas zurück, obwohl man mich nicht behandelte. Ich lag einfach nur so herum.

Es war am 8. Januar – am 10. ging ja die Offensive los –, da hieß es auf einmal, fertigmachen zum Abflug! 50 Verwundete, 50 von der Inneren Abteilung oder 25. Sie wurden abgezählt, waren bereit, in den Bus einzusteigen; auf einmal kam der Sani zu mir und sagte: „Mach Dich fertig, zieh Dich an, Du fliegst mit raus!" Ich: „Es gibt doch zuerst noch Essen?" Antwort: „Wer rausfliegt, der kriegt kein Essen mehr!" Ich machte mich fertig, kam raus und sah da mehrere Kanister mit Pudding. Rasch nahm ich mein Kochgeschirr, den Pudding rein; da sah mich der Sani und sagte: „Was meinst Du, wenn ich das melde, fliegst Du nicht raus! Das wird jetzt verteilt!" Ich lief hinterher und bat: „Laß mir doch ein bißchen drin!" Ich muß sagen, der Sani war gutmütig! Ich wollte ihm meine Uhr für eine Scheibe Brot verscherbeln, aber er meinte: „Ich habe schon so viele Uhren!" Kameradschaftlich war das nicht gerade.

Ich wunderte mich, daß es da überhaupt noch einen Bus gab. Wir fuhren etwa eine Dreiviertelstunde und kamen dann am Flugplatz an. Da stand nichts, kein Haus, nur große Zelte. Ich fragte, wo hier der Ofen sei. „Nee, hier liegen genug Decken, da könnt Ihr euch mit zudecken!" „Und wann kommen die Flugzeuge?" „Ja, das liegt am Wetter! Wenn es nicht gut ist, kommt keins!" „Wie lange liegt man hier denn?" „Das kann acht Tage dauern, kann auch schnell gehen!" Wir schlüpften rein in das Zelt und zogen uns dann die Decken über, um uns zu wärmen. Es gab eine Riesenmenge an Decken. Die waren so verlaust, daß wir sie zur Seite warfen und umherliefen, bis es uns warm genug war. Gegen Morgen hörten wir dann Fluggeräusche. Jemand rief: „Rauskommen!", und dann durften wir zu den Flugzeugen. Die Rollbahn war eine einzige Eisfläche. Das Flugzeug war eine He 111. Mehrere von uns stiegen ein. Vor mir standen zwei Ungarn oder Rumänen, die noch ihre Waffen bei sich hatten, die ließen sie einfach mit rein. Sie landeten hinten im Schwanz der Maschine. Das Flugzeug hatte eine Plexiglaskanzel; ich hatte Angst, draufzutreten, aber man sagte, das sei sicher. Da stieg ich dann ein, merkte, daß ich nicht bei den Ungarn ankam und fiel plötzlich in den Schacht hinein, die Beine hoch, und blieb darin hängen. Es war der Bombenschacht! Hätte die Besatzung die Klappe geöffnet, wäre ich beim Flug rausgefallen!

Beim Abflug merkte ich, daß wir Beschuß erhielten, aber die Maschine wurde nicht getroffen, Gott sei Dank! Wir hörten es jedoch krachen. Es ging über 350 km Luftlinie, und ich konnte gar nicht glauben, daß es bei der Ankunft wieder etwas zum Essen gab. Der Flugplatz, mit einem Fliegerquartier, war ganz anders ausgestattet als die Infanterie! Sie steckten uns Brote zu; ich aß zwei Brote, ohne etwas zu trinken. Dann wurden wir auf einen Personenzug verladen, in dem wir die nächsten neun Tage saßen, bis wir Wasser in den Beinen kriegten, weil wir keinen Platz hatten, so vollgedrängt war der Waggon. Unterwegs stiegen immer noch weitere Soldaten zu, die noch sauber angezogen waren, teilweise aber mit Gelbsucht, und wir waren noch verlaust und verdreckt. Einige legten sich oben ins Netz. Danach hatten alle Läuse!

Als wir Krakau erreichten, wurden wir in einem Auffanglager entlaust. Dort durften wir auch in großen Räumen in der Wanne baden. Das fand ich so herrlich, daß ich nicht mehr raus wollte. Meinen Schorf von den Beinwunden konnte ich dabei abstreifen. Als ich aus der Wanne stieg, kippte ich plötzlich um und wurde ohnmächtig. Als ich wach wurde, lag ich im Krankenhaus, ich glaube, das hieß Marienhospital. Da gab es tolles Essen! Ich hatte immer noch das Gefühl, daß ich kratzen mußte, aber die Läuse waren weg! Einige Kameraden hatten Kopfläuse, denen haben sie Packungen gemacht, bis sie verschwanden. Aber ich durfte meine Haare behalten. Dann aß ich Tag und Nacht, mittags mindestens 5 Schläge, und nahm in den nächsten Wochen ungefähr 43 kg zu! Dennoch hatte ich immer noch Hunger; ich wurde einfach nicht satt. Normalerweise wog ich so an die 70 kg.

In diesem Krankenhaus arbeitete auch ein Arzt aus meiner Heimatstadt Hagen! Hier wurde ich auch noch punktiert, da man dachte, ich habe Wasser im Bauch, aber sie konnten nicht viel Flüssigkeit herausholen. Es hieß, alle Stalingrader kämen noch zur Erholung, und tatsächlich schickte man mich noch nach Zakopane, einen schönen Ort in den Bergen südlich von Krakau. Ein junger Arzt hier schickte mich noch in die Nähe von Wien in ein Lazarett, wo ich aber kaum behandelt wurde. Dorthin lud ich noch meine Eltern ein.

*Otto Schäfer wurde dann in Italien und erneut in der Ukraine eingesetzt. Dort wurde er im Juli 1944 als Gefreiter und Zugführer verwundet und im Herbst aus der Wehrmacht entlassen. Nach dem Krieg arbeitete er als Autolackierer und legte 1962 die Meisterprüfung ab. Er wohnt immer noch in seiner Heimatstadt Hagen.*

## Helmut Spieth: Zurück über den Don[88]

*Helmut Spieth, geb. am 7. Mai 1920 in Esslingen, absolvierte 1937 bis 1939 eine kaufmännische Lehre und wurde im November 1939 zur 35. Infanterie-Division eingezogen. Beim Vormarsch auf Stalingrad war er Angehöriger des Nachrichten-Regiments 4 der 4. Panzerarmee. Nach dem Krieg arbeitete er als kaufmännischer Angestellter. Heute lebt er im Ruhestand in Baltmannsweiler.*

Es war im November 1942, südlich von Stalingrad, als wir, meine Kameraden Egon Solke[89] aus dem Sauerland und Wastl – Sebastian Graßl – vom Königsee, in der Steppe am Rande einer Balka unsere Zeltbehausung vor dem kommenden Winter durch einen kleinen Bunker verbesserten. Das Bauholz beschafften wir uns aus dem zerstörten Stalingrad. Wir befanden uns in einer trostlosen Landschaft, ausgedörrt, ohne Strauch, ohne Baum, ohne Wasser.

Als Angehörige der Nachrichten-Nahaufklärungs-Kompanie – einer Abhör-Spezialeinheit – des Nachrichten-Regiments 4 der 4. Panzerarmee bestand unsere Aufgabe im Abhören und Aufklären des feindlichen Funkverkehrs im Nahbereich. Teile unserer Armee, auf dem Weg zum Kaukasus, waren aus der Kalmükensteppe zur Verstärkung der 6. Armee in Richtung Stalingrad zurückbeordert worden.

Es ergab sich, daß ich am 18. November mit dem Kameraden Wastl zur Kompanie, etwa 40 km westlich unseres Standortes, zurück mußte. Dabei überquerten wir die Straße und Bahnlinie von Rostow nach Stalingrad zwischen Abganerowo und Tinguta nach Sety, einem kleinen Gehöft mit ein paar Häusern in der Steppenlandschaft, aus dem ausgetrockneten Flußlauf der Donskaja-Zariza. Als wir an diesem Tag unseren Bunker verlassen hatten, um nach Sety zu kommen, waren die Vorbereitungen der Russen für eine Gegenoffensive großen Ausmaßes

88 Der Bericht erschien in der Zeitschrift „Kameraden“, KA 3/2011; mit Genehmigung des Autors.

89 Wehrmachtshelfer Egon Solke (* 28. November 1920 in Limbergen) wird seit dem 3. Februar 1943 vermißt. Der Obergefreite Sebastian Graßl (* 2. Februar 1907 in Ramsau) verstarb lt. Kriegsgräberliste am 2. Oktober 1945 im Gebiet Astrachan.

nicht zu erkennen. Unser Nachschub an Munition, Treibstoff und Winterbekleidung hinkte nach und sollte am 17. November abgeschlossen sein.

In der Nacht zum 20. November gab es Alarm. Vorbereitete Stellen mußten neu besetzt werden. Mit zwei Kameraden und einem Maschinengewehr bezog ich ein Schützenloch östlich von Sety. Zunächst war alles ruhig, bis wir plötzlich am Horizont, von Südwesten kommend, vier Panzerspähwagen ausmachten. In der Annahme, aus dieser Richtung könnten nur eigene Fahrzeuge kommen, sahen wir der Entwicklung gelassen entgegen. Nachdem wir aber unseren Irrtum an den aufgemalten roten Sternen entdeckt hatten, erschien auch schon ein Melder mit dem Befehl zum sofortigen Rückzug.

Dazu war es aber schon zu spät; die Russen hatten uns entdeckt und schnitten uns den Rückzug ab. Somit blieb nur die Möglichkeit, nach Norden auszuweichen. Glücklicherweise hatte das ausgetrocknete Flußbett einen steilen Uferabfall von ungefähr zwei Metern. Auf der anderen Seite stieg das Gelände leicht an. Die Panzerspähwagen fuhren bis zur Uferkante und schossen aus allen Rohren. Mit letzter Kraft schleppten wir uns den Hang hinauf, eingedeckt von den Garben der Russen. Mir bleibt es unerklärlich, wie wir aus diesem Feuerhagel lebend und ohne Schrammen herausgekommen waren! Hatten die Russen sich zum Frühstück schon ausreichend mit Wodka versorgt und nahmen es mit dem Zielen nicht mehr so genau?

Hinter der Anhöhe gelangten wir außer Sichtweite und versuchten, die Kompanie wieder zu erreichen. In der Steppe war die Orientierung ohne Anhaltspunkt aber schwierig. Da tauchte vor uns erneut ein Schützenpanzer auf, diesmal mit Balkenkreuz. Die Besatzung war auf Erkundung und konnte uns die notwendigen Hinweise für unsere Marschrichtung geben. Dabei muß man bedenken, daß wir keine Kenntnis von der Lage hatten und nicht wußten, wo Freund und Feind waren.

Am späten Nachmittag erreichten wir ohne Zwischenfälle in Businowka unsere Einheit. Die Ruhezeit war kurz, denn am Abend mußten wir am Ortsrand eine Vierlingsflak absichern. Die Nacht war kalt und kurz; russische Panzer waren wieder im Anmarsch.

In der Dämmerung erfolgte die Absatzbewegung, da ja keine Panzerabwehrwaffen vorhanden waren. Die Russen setzten nur zögernd nach. So konnten wir unsere Fahrt Richtung Kalatsch fortsetzen, in der Annahme, dort über die Donbrücke das Westufer zu erreichen. Vor Kalatsch stießen wir auf ein großes Verpflegungslager und wollten uns noch ausreichend versorgen. Dazu kam es aber leider nicht mehr, da wir bemerkten, daß wenige hundert Meter vor der Einmündung auf die Hauptstraße russische Panzer standen. Also, nichts wie weg, quer durch die Steppe! Das Gelände war voll flüchtender Soldaten. Sie sprangen auf die Fahrzeuge, auf Trittbretter und Motorhauben – das reinste Chaos!

Als wir die Hauptstraße erreichten, waren die Russen schon hinter uns. Sie schossen aber nicht, sondern drückten die fliehenden Fahrzeuge im Fahren einfach in den Graben. Unser Gefährt, das ohnehin eine dicke Rauchwolke nach sich zog, war ihnen offenbar der Mühe nicht wert. Die Panzer folgten nicht nach; es fiel kein einziger Schuß – eine unbegreifliche Situation. Wir befanden uns nur wenige Kilometer von Kalatsch entfernt, und die Russen hätten die Stadt ohne wesentliche Behinderung besetzen können. Entweder hatten sie dazu den Befehl nicht oder es fehlte ihnen an Sprit und Munition.

Der Stoßkeil der Russen aus dem nördlichen Donbogen war schon im Raum Kalatsch; diese Lage war uns aber nicht bekannt, als wir den Ort erreichten. Kurz nach den ersten Häusern ging es durch die Furt eines ausgetrockneten Flußbettes; danach war die Fahrt zu Ende, der Motor streikte. Ich hatte noch Gelegenheit, die im Fahrzeug befindlichen Funkgeräte einer Artillerieeinheit zu übergeben, dann, ohne die aktuelle Lage wahrzunehmen, ins nächste Haus zu gehen und zu schlafen.

Morgendlicher Fahrzeuglärm brachte uns schnell in die Wirklichkeit zurück. Der Tumult war darauf zurückzuführen, daß die Brücke über den Don, einige hundert Meter vom Stadtrand entfernt, in der Nacht von den Russen überschritten worden war. Über diese Brücke fuhren am frühen Morgen zehn deutsche Panzer, eigentlich russische Kampfwagen, die in die Hände der 71. Division gefallen waren. Man hatte sie umgestrichen, aber für das Balkenkreuz fehlte die Farbe. Jedermann kannte sie, auch die zum Brückenschutz eingesetzten Kräfte. Plötzlich knallte es dann auf der Donhöhe, und MG-Salven zerrissen die Stille. Dann wurde erkannt, daß es nicht die Beutepanzer waren, sondern die Russen! Nach einem kurzen, heftigen Gefecht gelangten Brücke und ein Brückenkopf in russische Hand. Alles strömte nun durch den Ort in südliche Richtung. Auf einem LKW, voll mit Benzinkanistern, fand ich Platz, ein lohnendes Ziel für eine Panzergranate! Aber wir kamen unbehelligt davon. Die Reste der Kompanie hatten wieder zusammengefunden. Die Kälte, mit eisigem Wind aus dem Osten, machte sich bemerkbar. Auf dem offenen LKW war die Gefahr des Erfrierens groß, so daß wir uns gegenseitig beobachteten, damit niemand einschlief.

Wir waren der Stoßrichtung des 13. mechanischen Korps entgangen. Das Weihnachtsfest erlebten wir in Krasny Kut, ein paar Häuser am zugefrorenen Don. In diesen Tagen erreichte uns der letzte Funkspruch von Kameraden aus dem eingeschlossenen Stalingrad. Die Stromquellen waren erschöpft; kaum einer erlebte das Ende. Sie galten alle als „in Stalingrad vermißt".

In den ersten Tagen des neuen Jahres überschritten wir den zugefrorenen Don zwischen Rostow und Bataisk, von da ging's nach Taganrog und dann später in den Raum Dnjepropetrowsk, wo die Einheiten der 4. Panzerarmee wieder aufgefrischt wurden. In den Wochen davor hatten wir von den dramatischen Ereignissen, die sich auf beiden Seiten des Don und an der Wolga abgespielt hatten, recht wenig mitbekommen.

Mein Kamerad Egon Solke, der im Bunker verblieben war, gilt seit dem 3. Februar als vermißt. Wastl Graßl kam mit Gelbsucht ins Lazarett nach Millerowo. Er überlebte den Krieg.

## Hans Staudinger: Beim fliegenden Bodenpersonal[90]

*Hans Staudinger wurde am 16. Februar 1920 in Bad Wimsbach, Bezirk Wels/Oberösterreich geboren. Im Februar 1940 wurde er zum Reichsarbeitsdienst eingezogen, am 15. Oktober 1940 zur Luftwaffe nach Fels am Wagram. Bei der Flieger-Nahaufklärungsstaffel Henschel 126 nahm er bis Februar 1943 am Rußlandfeldzug teil.*

In Wels wurde die 2. Gruppe Immelmann, 6. Staffel, aufgestellt. Kommandeur des Geschwaders war Oberst Rudel[91]. Mit der Bahn ging es im Juni 1942 nach Kursk-Schischigry Richtung Woronesch am Don, dann über Kupjansk–Millerowo–Tazinskaja–Morosowskaja–Oblinskaja–Tschirskaja, wo wir bei Kalatsch über den Don nach Karpowka gelangten. Von hier aus bombardierten unsere Ju 87 pausenlos Stalingrad. Am 19. November brach der Feind an zwei Frontabschnitten durch, und am 22. waren wir im Kessel von Stalingrad eingeschlossen.

Das fliegende und technische Personal wurde nach Tazinskaja ausgeflogen; wir vom Bodenpersonal mußten antreten, und es wurde ein „Bataillon Immelmann“ auch mit anderen Luftwaffenangehörigen aufgestellt. Als Metzger sollte ich ja zur Küche kommen; ich wollte aber lieber bei meinen Kameraden bleiben. Nun ging es zur Hauptkampflinie. Die Russen hatten sich an der Bahnlinie Kalatsch–Stalingrad verschanzt,

90 Der Bericht erschien im Dezember 1998 beim „Stalingradbund Österreich“, Nr. 39, 14. Jahrgang.

91 Hans-Ulrich Rudel (* 2. Juli 1916 in Konradswaldau/Schlesien, † 18. Dezember 1982 in Rosenheim) war Stuka-Pilot und einziger Träger der höchsten Verleihungsstufe des Ritterkreuzes mit goldenem Eichenlaub, Schwertern und Brillanten. 1936 Eintritt in die Luftwaffe; 1941 als Oberleutnant zum Stukageschwader 2 „Immelmann“, dessen Führung er 1944 als Oberst übernahm. Kein anderer Schlachtflieger erreichte mehr als die von ihm geflogenen 2530 Einsätze. Wegen Unterschenkelamputation erteilte ihm Hitler persönlich mehrmals Flugverbot, das er mißachtete. 1945–1946 in amerikanischer Kriegsgefangenschaft. Später Militärberater mehrerer lateinamerikanischer Diktatoren.

wir aber lagen auf freiem Feld mit einem MG 42 in Erdlöchern. Zum Essen gab es sehr wenig, etwas Pferdefleisch und Suppe mit Brot.

Ende November schaute ich mich vor unserem Erdbunker um und zählte vor uns etwa 70 Stalinorgeln, die um 8 Uhr in unserem Abschnitt das Feuer eröffneten. In der Nacht bei minus 30 bis 40 Grad Kälte mußten wir in der Nähe die russischen Stellungen auskundschaften.

Zu Weihnachten bekam ich von meiner Schwester ein Kilo-Paket mit gefrorenen Äpfeln, die wir sofort mit Heißhunger verzehrten. Am 8. Januar lagen wir immer noch in unserer Stellung und wurden täglich von den Russen mit Musik und Nachrichten berieselt: „Lauft über, ihr bekommt jeden Tag einen Laib Brot, und vergeßt das Kochgeschirr nicht. Wenn ihr euch nicht ergebt, dann werdet ihr vernichtet!"

Am 10. Januar begann der große Angriff der Russen. Unsere Küche, bei der ich hätte sein sollen, bekam einen Volltreffer ab: Alle sechs Soldaten waren tot. Wir wollten die Kameraden verscharren, doch da kam die Durchsage: „Alles liegen und stehen lassen – die Russen kommen!" Wir flüchteten über den völlig zugefrorenen Fluß Karpowka. Mein Kamerad Bardasch und ich besaßen jeder drei Decken, mit denen wir uns vor der Kälte schützten. Ich lag auf einer Böschung mit dem Karabiner im Anschlag, als plötzlich etwa zehn Meter vor mir ein Russe lag und mit einer russischen Maschinenpistole auf uns beide zielte. Beide hatten wir noch nicht geschossen; ich wollte doch nach Hause zu meiner Mutter kommen. Die Russen schossen ohne Unterbrechung mit den Granatwerfern auf uns. Ein Geschoß schlug bei uns ein; mein Kamerad Bardasch wurde in der Bauchgegend schwer verwundet, und ich bekam Splitter ins linke Bein. Ich gab Bardasch noch eine meiner Decken ab. Als er weggetragen wurde, sagte ich zu ihm: „Grüß meine Eltern, wenn Du nach Hause kommst!" Er wurde doch noch ausgeflogen, denn nach dem 10. Januar wurde kein liegender Schwerverwundeter mehr ausgeflogen.[92]

Am 14. Januar gelangte ich nach Pitomnik. Was ich dort sah, war grauenhaft! Man sagte zu mir: „Verschwinde nach Gumrak!" Dort wurde mir in einem Zug-Waggon ein Schlafplatz zugeteilt. Am 19. Januar humpelte ich zum Flugplatz, wo für uns Verpflegungsbomben abgeworfen wurden, von denen ich mir zwei Kommißbrote herausnahm. Ein Feldgendarm hatte mich beobachtet und schrie mich an. Der starke Nebel war mein Glück – ich rannte schnell zu einem Tankwagen, der zu unserer Staffel gehörte. Der Kraftfahrer, ein Kölner, versteckte mich; dafür gab ich ihm ein Brot ab.

Unterdessen landete eine Ju 52, um die Hunderte von Landsern herumstanden; natürlich wollte jeder mitfliegen. Ein Leutnant stand mit

92 Falls ein solcher Befehl vorlag, wurde er sicher nicht befolgt, denn viele Berichte erwähnen den Ausflug von liegenden Schwerverwundeten.

zwei Pistolen in der Luke und rief herab: „Leute, seid vernünftig, es fliegen noch 25 He 111 ein, ihr kommt alle hinaus!" In diese Ju 52 stieg ein ranghoher Offizier ein, dem zwei Koffer nachgetragen wurden. Die Maschine startete allein mit diesem Offizier! Nach dem Krieg erfuhr ich, daß es sich um General Hube gehandelt hatte, der im Ersten Weltkrieg den linken Arm verloren hatte und auf Befehl von Hitler ausgeflogen worden war. Danach zog fürchterliches Wetter auf, und keine einzige Maschine landete mehr.

Am 22. Januar um 9 Uhr vormittags traf ich am Bahnhof Gumrak Sepp Rieß aus Mattighofen, mit dem ich zusammen in Fels am Wagram die Rekrutenausbildung absolviert hatte. Er hatte eine schwere Verwundung zwischen den Füßen und konnte nicht mehr laufen. Als Funker aber wußte er, daß der Flugplatz Gumrak mit dem heutigen Tage aufgegeben werden würde. Als wir den Flugplatz erreichten, war kein Mensch zu sehen. Wie bereits des öfteren, hatte ich wieder Glück: Eine He 111 landete und rollte auf uns zu. Kisten mit Hartwurst wurden ausgeladen. Aus den Erdlöchern bewegten sich 30 bis 50 Soldaten auf die Maschine zu, jeder wollte mitfliegen. Der Fliegeroberleutnant befahl, daß zuerst die Verwundeten antreten sollten; ich durfte als sechster einsteigen. Mit 15 Mann und vier Mann Besatzung flogen wir ca. 500 Kilometer nach Stalino-Makejewka. In Deutschland lag ich drei Monate im Krankenhaus, bevor ich meinen Urlaub erhielt. Später wurde geschrieben, daß es vom Bataillon Immelmann in Stalingrad keine Überlebenden gegeben habe.

Auch mein Bruder Hermann[93] war mit der 100. Jäger-Division in Stalingrad eingeschlossen und wurde verwundet ebenfalls ausgeflogen. Leider fiel mein jüngster Bruder mit siebzehneinhalb Jahren im Oktober 1944 an der Weichselfront.

*Nach seiner Genesung wurde Staudinger wieder von seiner Staffel angefordert und kam nach Charkow und Bjelgorod. Später geriet er im Sudetenland in amerikanische Gefangenschaft. Nach dem Krieg war er Fleischer und Gastwirt in Gunskirchen und verstarb dort 2003.*

93 Hermann Staudinger, * 14. April 1923 in Bad Wimsbach, war Fleischer und Gastwirt in seinem Heimatort und verstarb dort am 14. Februar 2006.

# Adolf Voss:
## Meine Verwundung rettete mir das Leben[94]

*Dr. jur. Adolf Voss wurde am 4. Dezember 1911 in Hagen geboren. Nach dem Studium in Lausanne, Berlin, München, Königsberg und Münster legte er 1937 das Juristische Staatsexamen ab. Vor dem Studium lebte er längere Zeit in Paris und Lausanne. Wegen „politischer Unzuverlässigkeit" wurde 1939 seine Ernennung zum Referendar abgelehnt. Aufgrund seiner umfassenden Sprachkenntnisse, auch in Englisch, Italienisch, Spanisch und Russisch, wurde er als Sonderführer im Rang eines Leutnants nach Bulgarien kommandiert und machte mit der 79. Infanterie-Division den Frankreichfeldzug mit. Danach wurde er zur 16. Panzer-Division versetzt, mit deren Kommandeur, General Hube, er eine persönliche Freundschaft schloß. Zur Vervollkommnung seiner russischen Sprachkenntnisse wurde er Anfang 1941 zum Osteuropa-Institut in Breslau kommandiert.*

Der Einmarsch in Rußland vollzog sich innerhalb von Tagen. Die Russen hatten unter den deutschen Gefangenen gewütet: Diese lagen im Feld mit abgeschnittenen Geschlechtsteilen, mit Beilen in den Rücken geschlagen – alles ganz furchtbar! Oberst Müller, unser Ia im Stab der 16. Panzer-Division, sagte zu mir: „Voss, es sind so viele Deutsche ermordet worden, wir müssen uns revanchieren. Suchen Sie jetzt 300 Russen unter den Gefangenen – keine Ukrainer – aus, die müssen aus Rache gegenüber dem, was unseren Gefangenen geschehen ist, umgelegt werden. Wir müssen das an die Truppe weitergeben!" Ich erwiderte: „Herr Oberst, ich nehme Ihren Auftrag entgegen!" Mit einer Aufstellung russischer Namen einschließlich der Familienverhältnisse, Kinder etc., nach denen ich gefragt hatte, kehrte ich zu ihm zurück und sagte: „Herr Oberst, wollen Sie das bitte unterschreiben!"

Er tat es nicht. Zwar war er ein Schärfling mit roten Streifen an den Hosen, aber im Stab der 16. Division gab es noch Menschen, von denen ich einige Namen nennen könnte. Auf dem gesamten Vormarsch der Division von Breslau bis Stalingrad erlebte ich keine Verbrechen der Wehrmacht, wie sie in der Ausstellung dargestellt wurden; in diesem einen Fall konnte ich sie sogar verhindern. In der Division war ich überall beliebt, weil ich immer alle darüber informierte, was ich wußte.

In Charkow vernahm ich einmal einen russischen General. General Hube wollte immer wissen, was ich von den Gefangenen erfahren hatte. Er wollte mich auch zu einem „richtigen" Offizier machen. Da mich die

94 Dem Bericht liegt ein Interview zugrunde, das ich am 29. März 2003 mit Herrn Dr. Voss in seiner Wohnung in Hagen führte.

Panzerspäh-Kompanie interessierte, fuhr ich als Leutnant von Stalino bis Stalingrad mit einem Spähtrupp, obwohl ich nie in einem Panzerspähwagen gesessen hatte. Zwar diente ich in Stalingrad noch mit ein wenig Dolmetschen, aber letzten Endes war hier für mich als Dolmetscher nichts mehr zu tun, denn wir hatten einige russische Hiwis, die mir beim Übersetzen halfen. Mit zweien von ihnen stand ich in besonderem Kontakt.

Mein Kommandeur der Aufklärungsabteilung in der 16. Panzer-Division hieß Dörnemann. An der Nordfront lagen uns die Russen gegenüber. Der Divisionsstab mit Hube und seinen Offizieren befand sich in einer Balka. Über mich fuhren auch Panzer hinweg. Ich wurde zu einer Einheit kommandiert, die die Nordfront ausbauen und verteidigen sollte. Von der Stadt Stalingrad, die südlich von uns lag, sah ich nur ein paar riesige Rauchwolken. Gelegentlich ging ich von der Kampflinie aus bis zur Wolga, wo ich oft Weintrauben und andere Früchte holte.

Durch einige Urlaube in Münster bekam ich Kontakt mit Dr. Portmann, dem Sekretär von Bischof von Galen. Den hatte ich im Studentenheim kennengelernt und dessen Einkassierung durch die Nazis verhindert. Galens Predigten nahm ich mit an die Front und verteilte sie dort; auch General Hube und seine Offiziere waren daran interessiert. Es kam auch zu einem Gespräch über den Bischof, bei dem Rittmeister von Alvensleben meinte: „Graf von Galen ist eine Gentleman vom Scheitel bis zur Sohle!“ Durch diese Gespräche im Stab kamen auch die Probleme in der Heimat zur Sprache. Ich hatte den Eindruck, daß es in diesem Stab von General Hube eigentlich keine Nationalsozialisten gab. Hube flog ja später von Stalingrad zu Hitler zum Obersalzberg, um ihm dort die Wahrheit über Stalingrad zu sagen. Nachdem er Hitler verlassen hatte, lief [Martin] Bormann[95] hinter ihm her und sagte, er solle noch einmal kommen. Hube aber meinte, er habe alles gesagt, was zu sagen sei. Beim Rückflug vom Obersalzberg kam er zu Tode. Er konnte selbst fliegen; ob es ein Unfall war oder ob er sich das Leben genommen hatte, blieb unaufgeklärt.

Eines Tages, Ende November 1942, kam der Kommandeur, mit dem ich ein gutes Verhältnis hatte, an die Nordfront. Er brachte ein Bandmaß aus Leder mit und wollte damit feststellen, wieviele Meter es von dem Loch, in dem wir lagen, bis zum nächsten waren. Wir kamen ins Gespräch, und er fragte, wer mal hinüberspringen würde. Ich sagte: „Ich springe!“ Eigentlich war das unsinnig, diese Entfernung ausmessen zu wollen, und noch größerer Unsinn, dazu hinüberzuspringen, denn die Russen lagen uns gegenüber, und wir konnten ihre Stahlhelme sehen.

95 Martin Bormann (* 17. Juni 1900 in Wegeleben bei Halberstadt, † 2. Mai 1945 in Berlin) war Leiter der Parteikanzlei der NSDAP im Rang eines Reichsministers.

Auf dem Weg zurück bekam ich einen Schuß in den Hals, der mir das Leben retten sollte. Durch dieses Ereignis machte ich die Lebenserfahrung, daß im Sinn oft Unsinn liegen kann, auch beim Militär, aber auch Sinn im Unsinn, nämlich [im konkreten Fall] der, daß mein Leben gerettet wurde.

Dörnemann sorgte dann dafür, daß ich mit einem Sanka abtransportiert wurde. Von der vorderen Stellung wurde ich zum Hauptverbandplatz der 16. Panzer-Division gebracht, wo die Wunde ausgeschält [provisorisch versorgt] wurde. Danach wurde ich in ein Feldlazarett geleitet, wo die Wunde aber dilettantisch behandelt wurde. Auf dem Bauch robbte ich dann über ein riesiges Stoppelfeld zu einer Ju 52 und fand tatsächlich noch eine Ecke in der Maschine. Irgendwie gelangte ich hinein; es lagen schon einige Verwundete darin. Ich war glücklich, als ich dann in Stalino ankam. Von dort ging's mit dem Güterzug acht Tage direkt bis Ulm, wo meine Verletzung operiert wurde. Als ich aus der Narkose erwachte, fragte ich: „Wo ist denn das Geschoß?" „Ja, das konnten wir nicht rausnehmen!" Und so ist es bis heute noch drin. Leider war der Nerv mitgetroffen worden, so daß es zu einer Plexuslähmung [Lähmung eines Rückenmarknervengeflechts] kam.

*Im April 1944 wurde Dr. Voss ins Führerhauptquartier nach Rastenburg kommandiert, dann wegen seiner russischen Sprachkenntnisse nach Berlin zum Generalstab des Heeres, Abteilung Fremde Heere Ost. Ende 1944 wurde er aufgrund seiner Kriegsverletzung aus der Wehrmacht entlassen. Erst 1952 konnte er sein Assessor-Examen ablegen und arbeitete später als Rechtsanwalt und Notar in Hagen, wo er am 30. November 2005 verstarb.*

## Helmut Walz: Nahkampf im Traktorenwerk[96]

*Helmut Walz, geb. am 22. August 1922, absolvierte eine kaufmännische Lehre und wurde 1941 zur Wehrmacht eingezogen. Nach dem Krieg baute er einen Großhandel für Eisenwaren und Sanitärgegenstände mit 350 Mitarbeitern auf. Er lebt heute in Pfinztal-Berghausen (→ Bildtafel II).*

96 Der Bericht wurde in der Zeitschrift „Kameraden", KA 1 und 2, 2011, S. 35/36, veröffentlicht. Er beruht auf einem Interview, das Frau Agnes Moosmann, Tübingen, im Jahre 2005 mit Helmut Walz in ihrem Hause geführt und niedergeschrieben hat.

Ich war im Sommer 1942 Schütze in der 7. Kompanie des Infanterie-Regiments 577 der 305. Infanterie-Division und gerade 20 Jahre alt, als unsere Einheit bei Charkow in den Kampf geworfen wurde. Dort war eine große Kesselschlacht im Gang. Das war unsere Feuertaufe. Danach ging es weiter in Richtung Südosten; wohin genau, wußte niemand.

Natürlich fragten wir bei jeder Gelegenheit unsere Vorgesetzten, erfuhren aber nichts. Unser Leutnant hieß Hennes[97] und stammte aus Sulzbach. Unser Divisionskommandeur war Generalleutnant Oppenländer[98].

Den Feind unter Kämpfen zurückzudrängen und immer weiter voranzukommen, war die Devise. Ich gehörte zu einer Vorausabteilung zu Pferde.

So waren wir, oft unter harten Kämpfen, bis Stalingrad gekommen; das war im September 1942. Noch wohnten viele Zivilisten in der Stadt. Wir kamen in einem Kinderheim unter, das außen weiß verputzt und immer noch mit Kindern belegt war. Mit den Kindern und deren Betreuungspersonal gab es keine Probleme. Man verstand und duldete sich. Die Stadt und ihre großen Industriewerke aber wurden wiederholt und heftig von unseren Stukas angegriffen; diese setzten ihre Bomben haargenau ins Ziel. Sie kannten wohl auch die Lage des großen Kinderhauses, denn nie wurden dieses Haus und die Kinder von Bomben getroffen.

Wir kamen weg und ins Traktorenwerk, das von deutschen Soldaten besetzt war. Dort waren die Kämpfe ungeheuer hart und erbarmungslos geworden. Wir hatten innerhalb der Barrikaden aber auch einen Treffpunkt für „Gemeine" und Unteroffiziere, wo wir uns am Abend, wann immer es möglich war, mit gewisser Regelmäßigkeit betranken.

Dieser Treffpunkt wurde nun jedoch kaum noch besucht. Die Ausfälle waren enorm. Viele meiner Kameraden vom I.R. 577 waren gefallen oder verwundet, immer wieder in bösen Nahkämpfen; aber der 17. Oktober 1942 war die Hölle! Ich beobachtete, wie ein Leutnant an einem MG stand und ein neues Ziel avisierte. Da stolperte er plötzlich und fiel um. Lauter Gefechtslärm, Geschrei und allgemeine Panik verhinderten, daß die MG-Besatzung das mitbekommen hatte; alle rannten kopflos über ihn hinweg, über sein Gesicht, und zertrampelten ihn. Ihr verzweifelter Kampf ging pausenlos weiter. Ich wurde Teil einer MG-Besatzung, und auch wir kämpften uns weiter hinein in die Traktorenfabrik. Ne-

---

97 Oberleutnant Hermann Hennes (* 5. April 1921 in Würzburg) fiel lt. Kriegsgräberliste des Volksbundes am 17. Oktober 1942 bei Kurmen.

98 Kurt Oppenländer (* 11. Februar 1892 in Ulm, † 17. März 1947 in Garmisch-Partenkirchen) wurde im Ersten Weltkrieg Oberleutnant und danach von der Reichswehr übernommen. 1938 Oberst, 1941 Generalmajor. Im April 1942 übernahm er das Kommando über die 305. Infanterie-Division, das er zum 1. 11. 1942 wegen einer schweren Erkrankung abgab; nach einer anderen Version wurde er seines Kommandos enthoben. 1943 Generalleutnant, 1944 in die „Führerreserve" versetzt. Auszeichnungen: 1942 Deutsches Kreuz in Gold und Ritterkreuz.

ben mir befand sich mein Kamerad Schappel, der das MG trug. Als ich ein paar Einschläge von Geschossen und Querschlägern in der Nähe bemerkte, warf ich mich zu Boden und schrie: „Deckung, Schappel!"; aber der lief weiter und verschwand in einem großen Bombentrichter. Ungeachtet der Feuersalven kroch auch ich zu diesem Krater. Da lag mein Freund, verwundet, Nase und Mund voller Dreck. Ich putzte ihn ab und schaute nach seiner Verletzung. Als ich seine Jacke öffnete und die Verletzung entdeckte, ahnte ich, daß er das nicht überleben würde. Blut und Luftbläschen blubberten aus einer weiten Öffnung. Ein Schuß war von hinten nahe des Rückgrats durch sein linkes Schulterblatt und durch die Lunge gegangen und vorn auf der rechten Seite des Oberkörpers wieder ausgetreten. Es sah aus, als ob sein Inneres nur durch die Uniform zusammengehalten würde. Ich verband ihn, so gut ich konnte; eigentlich wickelte ich ihn komplett zusammen, die Binden zum Teil auch über die Uniform.

„Der Krieg ist vorbei, nicht wahr, Helmut?", stöhnte Schappel. „Ja, Schappel, der Krieg ist vorbei. Ich verspreche Dir, ich werde Dich abholen; bleib hier ruhig liegen. Ich schaue nach einem Arzt, Du bist schwerverwundet! Hörst Du die Luft?" „Ja", antwortete er.

Ich verbesserte seinen Verband und legte ihn danach noch bequemer hin. Dann nahm mich der Kampfeslärm wieder auf, und ich hörte fremde Laute aus einem Unterstand, etwa fünf Meter vor mir. Russen! Ich kroch hinter ein Stück Ziegel- und Mauerwerk und rief ihnen zu, sich zu ergeben. Nichts geschah. Da entsicherte ich eine Handgranate und warf sie in den Eingang des Unterstandes, ein Erdloch. Es gab eine dumpfe Explosion, und dann kletterte ein Sowjetsoldat heraus, dem Blut aus Nase, Ohren und Mund sickerte. Kein Mediziner hätte daran gezweifelt, daß das ein Zeichen einer schweren inneren Verletzung war. Daher glaubte ich mich auch sicher, daß mir keine Gefahr drohe, und ging aus der Deckung. Da zog der Verwundete eine Pistole und richtete sie auf mich.

Wir standen nur wenige Meter auseinander. „Ich wollte Dich nicht töten!" rief ich, begriff aber sofort, daß es hier nur darauf ankam, wer schneller war. Im selben Moment versuchte auch ich, nach meiner Pistole zu greifen, als ich plötzlich Sterne vor meinen Augen sah; starr und verwundert, was da los war, wollte ich nach einem Kameraden rufen, konnte aber nicht sprechen. Während ich nach meinem Mund tastete, fühlte ich da eine Menge Blut und darin zerbrochene Zähne. Die Sowjetkugel hatte Ober-, Unterkiefer und das Kinn zerschmettert. Der Soldat hatte mir ins Gesicht geschossen. Als einer meiner Kameraden sah, was sich zugetragen hatte, fiel er in eine solche Rage, daß er sich mit seinem ganzen Gewicht von oben auf den Sowjetsoldaten warf, ihn zu Boden stampfte und auf ihm herumtrampelte, bis er sich nicht mehr regte.

Leutnant Hennes verband mir die Wunde notdürftig und legte mich wieder in die Deckung eines Granattrichters. Als er sich wieder erheben wollte, sah er einen bewaffneten Russen herankommen. Plötzlich flog ihm der Stahlhelm vom Kopf; ein Scharfschütze hatte ihn aus einer anderen Richtung gezielt am Kopf getroffen. Mein Leutnant sah auf mich herunter, strich sich über das Gesicht, stolperte dann zurück und fiel kopfüber zu mir in den Krater. Tot! Mit Entsetzen sah ich, wie ihm Gehirnmasse aus der Schädeldecke quoll. Eine klare Flüssigkeit rann mit heraus, jedoch kein Blut.

Das alles geschah in der Nähe eines Bahndammes. Durch Stalingrad führten viele Gleise, auf den Schienen waren oft Güterzüge abgestellt. Unter diesen kroch ich nun hindurch. Dahinter lag ein Graben, und neben ihm auf der Straße fuhren SPW von der 14. Panzer-Division. Man sah mich kriechen und stoppte: „Kamerad, wir bringen Dich zum Verbandplatz!“; sie nahmen mich in ihrem Wagen mit. Dort aber entschied ein Sanitäter gleich: „Da können wir nichts machen – sofort zum Hauptverbandplatz!“

Die Kameraden, von der 14. Panzer-Division fuhren mich also sofort weiter zum HVP, obwohl auch sie völlig am Ende ihrer Kräfte waren. Der mich untersuchende Arzt – er stammte aus Stuttgart – stellte fest: „Der muß gleich noch operiert werden, er schwillt schon an!“ Das bedeutete, daß die Wunden später sonst nur sehr schwer zu versorgen gewesen wären. Also wurde mein Gesicht noch am Abend um 23 Uhr notdürftig zusammengeflickt. Daß sie doch rasch noch meinen Kameraden Schappel holen sollten, konnte ich nicht sagen. Aber ich glaube, daß ihn der Tod zu diesem Zeitpunkt schon erlöst hatte.

Damit war der Krieg für mich zwar vorerst vorbei, aber der Preis war hoch! Ende Oktober wurde ich nach Stalino geflogen, wo man mich aus meiner mit Blut und Dreck verschmierten Uniform befreite und mich gründlich wusch und säuberte. Die Lücken in unseren Reihen waren so enorm, daß ich wohl zum fast letzten Überlebenden meiner Abteilung geworden war. Jedenfalls wurde meine Kompanie nach meiner Verwundung aufgelöst.

Es folgten viele weitere Operationen, um mir Ober- und Unterkiefer so zu richten, daß ich wieder etwas essen, später auch wieder kauen und sprechen konnte. Dann erhielt ich das schwarze Verwundetenabzeichen und wurde hier und dort in der Verwaltung beschäftigt. Letztlich sollte ich eine Sonder-Gasmaske angepaßt bekommen, um wieder kriegsverwendungsfähig zu werden. Die Sonderanfertigung schien größte Schwierigkeiten zu bereiten, denn ich hatte immer wieder Marschbefehle nach verschiedenen Städten zu irgendwelchen Gasmasken-Herstellern in der Tasche. Am Ende wußte niemand, wie so eine Maske zu fertigen sei und wohin mit mir, so daß ich meine Marschbefehle wiederholt zu Kurzbesuchen zu Hause nutzte.

Eines Tages hatte ich jedoch das Gefühl, daß mich ein Feldwebel auch ohne Sonder-Gasmaske „kv“ schreiben wollte. Kurzerhand nahm ich meine damals noch schlechtsitzende Gebiß- und Kieferprothese heraus. Der Feldwebel erschrak bei meinem Anblick derart, daß er ein „kv“ nicht mehr in Betracht zog. Die schwere Verwundung heilte jedoch erst nach vielen Jahren und durch die Kunst der Kieferchirurgen so gut, daß heute nur noch einige wenig auffallende Narben zu sehen sind.

## Helmut Wegmann:
## Mein Engel war eine russische Ärztin[99]

*Helmut Wegmann wurde am 3. Dezember 1940 zur Wehrmacht eingezogen, zunächst zum Infanterie-Ersatz-Bataillon 105 in Heidelberg und am 3. Oktober 1941 als Rechnungsführer zur 198. I.D. nach Rußland versetzt. Am 15. April 1942 kam er zur 3. Kompanie des Panzergrenadier-Regimentes 79 und nahm am Kampf um Charkow teil.*

Am 27. August 1942 schrieb ich an meine Familie: „Sind nun bereits über den Don und stehen kurz vor der Wolga in der Nähe von Stalingrad.“ Weiter hieß es in einem Brief vom 30. August: „... und zwar sitze ich in einem Schützenloch 5 km vor Stalingrad. Die Wolga können wir mit unseren Augen erblicken. Die Gegend hier ist einfach trostlos; eine riesige Sandsteppe. Schlimmer kann es auch in Afrika nicht sein. Daß es hier natürlich harte Kämpfe gibt, kann man verstehen. Eine solche Stadt gibt man nicht kampflos her. Das Schlimmste hier sind aber die Flieger. Man ist hier keine Minute sicher. Weder bei Tag noch bei Nacht. Nachts ist es besonders schlimm. Da kommen sie in rauhen Mengen und werfen ihre Bomben.“ Das waren die ersten Eindrücke und Erlebnisse in den ersten beiden Wochen.

Die 16. Panzer-Division hatte die Aufgabe, eine Nordfront zu bilden, einmal zur Stadt Stalingrad und zweitens gegen Norden. In den ersten Tagen erhielten wir einen Tagesbefehl von Adolf Hitler mitgeteilt, der darauf hinwies, daß Stalin eine große Anzahl von Divisionen aus Richtung Saratow in Marsch gesetzt habe. Wir hätten also mit einem starken Angriff zu rechnen.

Die ständigen Bombenabwürfe – Splitterbomben – dezimierten unsere Fahrzeuge ganz gewaltig. Durch die Splitter wurden die Kühler

99 Der Bericht wurde im Divisionsblatt „Unsere 16.“, Folge 195 und 196, 50. Jahrgang, im Januar und April 2002 veröffentlicht.

unserer LKW beschädigt, so daß sie nicht mehr fahrbereit waren. Wir waren gezwungen, in den Balkas, Einschnitten in der Steppe, unsere Fahrzeuge so abzustellen, daß die Motorhauben in Sandnischen untergebracht werden konnten. Die kämpfenden Truppen schufen sich Schützenlöcher, um einen Teilschutz zu haben. Ich weiß nicht mehr, wieviele solcher Schützenlöcher ich geschaufelt habe! Die Kämpfe waren so heftig, daß wir mehrmals am Tag unsere Stellungen verloren und auch wieder zurückholten. Die Verluste waren so erheblich, daß ich mehrfach einen Kameraden weggeschossen bekam. Abends erhielten wir wieder „menschlichen Nachschub“. Dabei war ein vollkommen unerfahrener Leutnant. Er wurde mir zugeteilt. Bereits am nächsten Tag bekam er in meinem Schützenloch einen tödlichen Splitter in die Brust. Die meisten Verluste hatten wir, wenn wir wegen der Übermacht der Russen unsere Stellungen verlassen mußten. Die Kameraden fielen wie die Hasen bei der Treibjagd. Wir merkten jetzt den angekündigten Druck aus Richtung Saratow.

Meine stolze Kompanie, die 3./Panzergrenadier-Regiment 79, war nach rund drei Wochen Kampf von ca. 150 Mann nur noch 20 Mann stark. Als Gefreiter war ich einer der „höchsten“ Dienstgrade. Unsere Kompanie wurde aufgelöst und in der Folge als Bataillonsreserve eingesetzt.

Waren unsere bisherigen Kämpfe schon furchtbar, so begann jetzt im wahrsten Sinne die Hölle! Bei Tag und Nacht waren wir eingesetzt, um Kameraden zu befreien, die von den Russen in kleinen Gruppen eingeschlossen worden waren. Das waren – so muß man es sagen – grausame Nahkämpfe, und immer wieder Verluste. Schon im September hatten wir Nachschubprobleme. Munition und Verpflegung wurden knapp. Der Nachschub kam in unregelmäßigen Abständen. Waschen und Rasieren: Fehlanzeige. Am schmerzlichsten traf uns, wenn unsere Kameraden fielen oder verwundet wurden. Wie oft konnten wir bei einem Rückzug, auch wenn dieser nach kurzer Zeit wieder ausgeglichen wurde, die Gefallenen nicht beerdigen oder die Verwundeten nicht ärztlich versorgen!

In dieser für mich schlimmsten Phase meines Lebens faßte ich ein Gelöbnis: Ich beschloß, daß ich in einer friedlichen Zeit für Menschen zur Nächstenliebe zur Verfügung stehen würde, sollte ich dieser Hölle entrinnen und die Heimat und meine Familie wiedersehen.

Es war der 25. September 1942. Wieder waren Kameraden in größerer Zahl eingeschlossen. Um die gesamte Linie zu halten, mußte dieser eingeschlossene Teil wieder zurückerobert werden. Ein Hauptmann teilte meine Gruppe zum Einsatz ein. Wir bestiegen die Schützenpanzer mit dem Ziel, die russischen Besetzer im Nahkampf auszuschalten. Wenn wir die russischen Stellungen erreichten, sollten wir mit abgezogenen Handgranaten abspringen und diese Stellungen wieder einnehmen.

Es war etwa 17 Uhr, als wir den Angriff starteten. Die untergehende Sonne stand tief im Westen, also hinter uns, weil die Richtung unseres Angriffs im Osten Richtung Wolga lag. Der Angriff erfolgte in Keilform. Sofort nahmen uns die Geschütze von der Wolgaseite her unter Beschuß, weil wir durch die tiefstehende Sonne deutlich erkennbar waren. Nach wenigen Minuten schon hatten drei Schützenpanzer Volltreffer erhalten. Die Fahrzeuge waren verloren, aber auch die Menschen! Der verantwortliche Hauptmann stoppte daraufhin sofort den Angriff; wir fuhren wieder in die Ausgangsstellung. Die Nacht verbrachten wir auf offenem Feld bei den Schützenpanzern. Als die Dämmerung nahte und als die Sonne diesmal von Osten das Kampffeld beleuchtete, wurde der Angriff erneut gestartet.

Die Angriffsposition war die gleiche, doch durch die Sonne im Osten und einen leichten Dunst waren wir für die russischen Geschütze zunächst nicht so leicht auszumachen. Wir gelangten bis zum angegebenen Ziel ohne Beschuß. Ich gab die Anweisung, Karabiner um den Hals zu hängen und die Handgranaten vorzubereiten. Für den weiteren Fortgang, bei einem eventuellen Nahkampf, hatten wir Gewehrmunition in den Taschen verstaut. Etwa 20 Meter vor dem russischen Schützenloch gab ich den Befehl: „Handgranaten abziehen und nach der Detonation abspringen!" Die Schützenpanzer sollten sich dann zurückziehen. Nun begannen auch die russischen Geschütze von der gegenüberliegenden Seite das Feuer zu eröffnen. Als ich abgesprungen war, schlug direkt neben mir ein Treffer ein, wobei ein Splitter die in meiner Hosentasche befindliche Schachtel Gewehrmunition traf und zur Explosion brachte. Ich verspürte einen starken Schlag auf der Rückseite meines linken Oberschenkels, brach zusammen und war in Rauch verhüllt. Ich schrie: „Ich brenne!", weil ich der Meinung war, ich sei von Leuchtspurgranaten getroffen worden. Erst als der Rauch verzogen war, sah ich, daß meine Zehen bzw. das ganze Bein nach hinten standen. Wieso, war mir zunächst noch unklar. Außer mir wurde der Fahrer eines anderen Schützenpanzers durch den Sehschlitz mit einem Gewehrschuß in den Kopf getroffen; er war sofort tot. Sein Fahrzeug wurde aus dem Kampf genommen und sollte mit dem Gefallenen zum Verbandplatz fahren. Da ich der erste Verwundete bei diesem Einsatz war, legte man mich neben den getöteten Fahrer. So war ich innerhalb einer halben Stunde in einem Feldlazarett. Wo das lag oder [wie] die Bezeichnung [lautete], habe ich nie erfahren.

In einem Versorgungszelt wurde ich zunächst verarztet. Das linke Hosenbein wurde aufgetrennt und abgezogen. Erst jetzt erkannte ich, was geschehen war. Durch die Explosion meiner Gewehrmunition war der Oberschenkelknochen auseinandergerissen und das Bein verdreht worden. Aus der Wunde wurden acht Gewehrhülsen herausgezogen.

Jetzt wußte ich genau, was passiert war. Die weitere Behandlung sollte in einer Operation am späten Abend erfolgen. Nach der Vorbetreuung schrieb ich einen Brief an meine damalige Freundin und spätere Ehefrau.

Die große Operation erfolgte noch am Tag meiner Verwundung, dem 26. September 1942. Das Personal im Operationszelt – genau wie im Film „Der Arzt von Stalingrad" – sagte mir später, daß der Eingriff vier Stunden gedauert habe. Das verdrehte Bein wurde wieder gerichtet, die Außenseite des Oberschenkels aufgeklappt und mit einer Drainage versehen. Dies war notwendig, weil durch die Explosion der Munition Pulver, Dreck und vieles mehr in den Oberschenkel eingedrungen war; das bedeutete: viel Eiter! Es dauerte viele Monate, bis die Eiterung aufhörte. Außerdem wurde versucht, Reste der Geschoßhülsen zu entfernen. Noch heute sind noch mindestens 100 kleine und kleinste Splitter im Oberschenkel. Bei der Operation konnte die Hälfte des zertrümmerten Oberschenkels, der bei der Verdrehung des Beines in die Eingeweide gedrückt worden war, infolge meiner körperlichen Schwäche nicht entfernt werden. Das erfolgte erst im Herbst 1943 im Julius-Spital Würzburg bei einem nicht einfachen Eingriff.

Nach der Operation wurde ich in einem Lazarettzelt mit 40 bis 50 Patienten untergebracht. Man sagte mir, es handele sich um die Zelte, in denen 1936 in Berlin bei der Olympiade die Sportler untergebracht worden waren.

Die Verantwortliche in meinem Zelt war eine russische Ärztin aus Charkow. Ich erfuhr, daß sie sich der Wehrmacht zur Verfügung gestellt hatte, um ihren Lebensunterhalt zu sichern. Mit meinen 22 Jahren befand ich mich im Zustand der Unsauberkeit, aber sie merkte, daß ich von dem Frühstück am Morgen des 27. September nichts gegessen hatte. Ich hatte keine Kraft, etwas zu heben oder etwas zu tun, was Kraft erforderte. Beim Rundgang durch das Zelt bemerkte sie sofort meinen Zustand. Sie setzte sich auf den Rohrrahmen des Bettes und fütterte mich wie ein Kind, das Hilfe braucht. Das geschah bei jedem Essen.

Etwa nach zwei Wochen sagte sie mir, daß sie jetzt als Begleiterin und Dolmetscherin dem höchsten Generalarzt an der Stalingradfront zugeteilt worden sei. Ihrer Vertretung bedeutete sie, der bisherige Zustand der guten Versorgung solle weiter gewährleistet werden. Trotz der neuen Aufgabe behielt sie ihren Sitz in diesem Feldlazarett. Bei jeder Fahrt, die etwa zwei bis drei Tage dauerte, verabschiedete sie sich, um sich bei ihrer Rückkehr sofort nach meinem Befinden zu erkundigen. Meinen Wunsch, einmal etwas anderes, zum Beispiel Saures, zu essen, organisierte sie auf ihre Art.

Nach etwa fünf Wochen erklärte sie mir, daß ich bei diesem Fieber – immer über 39 Grad – keinen Transportgips erhalten könne. Das war für mich natürlich Veranlassung, bei jeder Temperaturmessung bei

37,5 Grad haltzumachen; damit war auch mein „Engel“ zufrieden. So konnte ich am 8. November nach Hause berichten: „Endlich habe ich es geschafft! Heute morgen bekam ich meinen Transportgips, so daß ich in ein bis zwei Tagen zunächst mit dem Flugzeug bis Stalino und dann weitertransportiert werde. Werde also bald wieder in Deutschland sein!“

Bevor ich zum Flugplatz transportiert wurde, verabschiedete ich mich im liegenden Zustand von der Ärztin mit Dank für Hilfe und Fürsorge.

Jetzt waren wir am Flugplatz, doch kein Flugzeug war zu sehen. Nach etwa einer Stunde flog eine italienische Maschine den Flugplatz an. Statt zu landen warf die Besatzung die Ladung mit Fallschirmen ab und verschwand. Niemand konnte sagen, ob noch Flugzeuge kamen oder nicht. Dem Sanka-Fahrer blieb nichts anderes übrig, als zum Feldlazarett zurückzufahren. Nun hatte ich kein Bett mehr; Platz fand ich nur noch auf dem Fußboden. Auch mein „Engel“ war enttäuscht. Später kam die Ärztin noch einmal zu mir und sagte, am nächsten Morgen werde sich ein Geleitzug mit Panzerschutz nach Tschir auf den Weg machen. Es würden auch einige Sanitätsfahrzeuge dabei sein. Wenn ich es wagen wolle, könne ich mitfahren. Für mich galt: Der Spatz in der Hand ist besser als die Taube auf dem Dach.

So ging es am nächsten Morgen ab. Der Fahrer des Krankenwagens erklärte uns, er müsse tempomäßig innerhalb des Geleitzuges mithalten und könne keinesfalls Rücksicht auf uns nehmen. Die Fahrt ging quer durch die Landschaft auf und ab. Mein Mitfahrer und ich konnten uns nur durch Schreien Erleichterung verschaffen, wenn die Schmerzen zu schlimm wurden. Zwischen Stalingrad und Tschir lag mitten an der Strecke ein Hügel, der täglich mehrmals den Besitzer wechselte; da mußten wir durch. Durch die Scheiben des Fahrzeugs konnten wir einen kleinen Ausblick wagen. Es war verheerend: Massen ausgebrannter deutscher und russischer Panzer lagen im Gelände; schlimmer noch: die vielen Opfer im freien Feld. Heute steht hier ein russisches Denkmal.

Somit kamen wir in Tschir an, die letzte Bahnstation am Don vor Stalingrad. Hier wurde der deutsche Nachschub in Hallen aufbewahrt, solange es möglich war. Mit dem nächsten leeren Güterzug fuhren wir Richtung Dnjepropetrowsk. In jedem Waggon befanden sich fünf liegende Verwundete und etwa 20, die sich bewegen konnten. Unterwegs erlitten wir noch durch Sabotage einen Unfall; eine Bombe lag unter einer Schiene und explodierte. Dadurch sprang die Lokomotive aus den Schienen. Dabei wurden insbesondere die liegenden Soldaten herumgeworfen. Mein Gipsverband hielt, bei den anderen Verletzten jedoch brach der Gips. Später stellte sich heraus, daß ich einen sehr widerstandsfähigen Alabastergips erhalten hatte. Das war für mich in diesem Fall ein großes Glück. Hatte ich es auch meinem „Engel“ zu verdanken?

So ging die Fahrt weiter nach Lemberg. Es war Sonntagabend. Die Umstände im Güterzug wie Verpflegung oder auch der Notdurft bei solch einer Strecke kann sich jeder selbst vorstellen! Am Montagvormittag kamen wir in eine Klinik, in der über die weitere Versorgung entschieden wurde. Als die Ärzte meine Wunde im sogenannten Fenster sahen, trafen sie nach einer Wundreinigung die Entscheidung: sofort in die Heimat.

*Am 28. November 1942 traf Helmut Wegmann im Julius-Spital in Würzburg ein. Nach mehreren Operationen, die ihm die Amputation ersparten, wurde er am 27. Juli 1944 aus der Wehrmacht entlassen. Sein in Stalingrad gegebenes Versprechen erfüllte er durch ehrenamtliche Tätigkeit in der Kirche und im sozialen Bereich.*

## Karl Wolf:
## Die schwersten Tage meines Lebens[100]

*Der aus Perchtoldsdorf stammende Karl Wolf diente in der Nachrichten-Abteilung der 44. Infanterie-Division.*

Viel ist bereits über Stalingrad geschrieben worden, auch ich mußte noch als Nachrichten-Soldat viele Berichte über das Erlebte wiedergeben.

Am 16. November 1942 kam ein Meldekradfahrer von unserer Abteilung zu mir und meldete sich von der Werkstättenabteilung zurück. Er berichtete von der großen Unruhe bei den italienischen, ungarischen und rumänischen Divisionen, die auf unserer Seite gegen die Russen kämpften. Sie lagen am großen Donbogen; seine Auen waren denen der Donau ähnlich. Man sprach auch davon, daß russische Truppen das Sumpfgebiet, das besonders stark zugefroren war, bei ca. minus 35 Grad überschritten hätten.

Bei einer Meldung an meine vorgesetzte Dienststelle wurde alles als Gerücht abgetan. Wir mußten aber in der Zeit vom 17. auf den 18. November überrascht die wahre Lage erkennen.

Waren die Russen doch mit gewaltiger Übermacht in dieses nur schwach besetzte Gebiet, also in unseren Rücken in Richtung Manolin, Warsehnaja, Dopruskaja, Popow, Surowikino und Tschir, eingedrungen.

Mit besonderer Sorgfalt hatten wir unsere Stellungen in den vorhergehenden Wochen als Winterstellungen ausgebaut, da wir den Befehl

---

100 Der Bericht erschien im Mitteilungsblatt des Stalingradbundes Österreich, Nr. 5–7, 3. Jhg., 1985.

erhalten hatten, dieses Gebiet zu halten. Jede freie Minute war dazu benützt worden, die Erdlöcher so groß auszuschachten, daß acht Mann darin Platz finden konnten. Nun mußten wir in aller Eile befehlsgemäß unsere Stellungen räumen! Da wir nicht alle uns zugewiesenen Fahrzeuge und Kriegsgeräte mitnehmen konnten, wurde der Rest vernichtet. Der Befehl lautete, die Einheiten hätten sich in Richtung Stalingrad zurückzuziehen. Die Kälte betrug minus 35 Grad; die Nächte begannen um 14 Uhr[101], sie waren sternenklar, doch herrschte Dunkelheit; nie war der Mond zu sehen. Die Wege, auf denen wir zu den befohlenen Punkten marschierten, waren von Munition, Kolonnen von Fahrzeugen – ohne Benzin – und anderen Trossen und Geschützen aller Kaliber umsäumt, die auf diesem Weg nicht mehr vorwärts gebracht werden konnten. Wir sahen riesige Mengen voller Verpflegungsmagazine, die zur reichlichen Verpflegung der hier operierenden Truppen aufgestapelt waren, damit es nicht wieder zu einem Verpflegungsdilemma wie im ersten russischen Kriegswinter 1941/42 kommen sollte. Wir sahen unübersehbare Mengen von Weihnachtspaketen aus der Heimat, die kurz vorher auf Lastzügen hierher gebracht worden waren. Wehmütig mußten wir zusehen, wie diese mit Liebe und unter Entbehrung gemachten Pakete voll Heimatgrüßen den Flammen übergeben wurden. Ähnliches geschah mit den Vorratslagern, der aufgestapelten Munition, den massierten Kraftfahrzeugen. Nichts durfte genommen werden. Dadurch gab es im Kessel von Beginn an außergewöhnliche Verpflegungsschwierigkeiten. Vieles war in den einzelnen Einheiten von vornherein vernichtet worden. Die meisten Soldaten standen nur mit geringem Gepäck und leeren Brotbeuteln in der Kampflinie.

Die Nachrichtenverbindungen der einzelnen Einheiten waren äußerst schwierig, war doch das gesamte Fernsprechnetz vieler Divisionen zugrunde gegangen und die Funkgeräte nur bedingt einsatzfähig. Es sei hier noch erwähnt, daß fast alle Flugzeuge schon vor der Einkesselung mit den dazugehörigen Kriegsgeräten und Kraftstoff zum großen Teil unversehrt den Russen in die Hände gefallen waren. Aufgrund unserer seit Jahren erfolgten Siege wollten wir es anfangs nicht glauben, daß es kein Entrinnen geben sollte.

In der von uns bezogenen Hauptkampflinie gab es keine Objekte. Jeder mußte sich so gut wie möglich in der beinhart gefrorenen Erde mit dem Spaten oder dem Bajonett ein Schützenloch graben. Mit übermenschlichem Selbsterhaltungstrieb und dem Wunsch, ein wenn auch nur spärlich schützendes Loch für kurze Zeit sein eigen zu nennen, wühlte man im Hagel der Gewehr- und Maschinengewehrgarben, der

101 MEZ; in Stalingrad war es zu diesem Zeitpunkt 16 Uhr; dann begann die Dunkelheit.

zunächst nur wenig durch anderes Geschützfeuer verstärkt war, ein Loch, das oft trotz mühevoller Arbeit vieler Stunden nicht größer als 50 cm breit, 170 cm lang und oft nicht tiefer als 10 bis 15 cm war.

In den frühen Morgenstunden des 23. November waren besonders an der Westfront im Raum von Baburkin, Karpowka, Bol- und Mal-Rossoschka ohrenbetäubende Motorengeräusche von Flugzeugen zu hören. Es versteht sich von selbst, daß sich die Augen aller an diesem Kampfabschnitt gelegenen Soldaten dahin richteten. Mit Freude sahen wir in geringer Höhe die uns sehr vertrauten Ju 52, He 111 und Ju 88 heranbrausen, um die sich wesentlich schnellere Jagdflugzeuge bewegten. Auffallend für uns war nur die Stille. Von nirgendwoher wurde das Feuer eröffnet. Wir selbst waren im Glauben, es seien bereits Einheiten, die uns den gewünschten Entsatz oder Nachschub an fehlender Verpflegung und Kriegsmaterial bringen sollten. Wie mit einem Magneten emporgezogen erhoben sich die Soldaten und winkten freudig den Flugzeugen zu. Waren sie doch ein Hoffnungsschimmer für die Zukunft! Kaum aber hatten diese Geschwader unsere Stellungen erreicht, in denen wir nur äußerst notdürftig untergebracht waren, öffneten sich ihre Schächte, und auf uns flogen die vernichtenden, an der Front bekannten Molotow-Cocktails, eine gefürchtete Waffe für die Erdtruppe. Dazu kamen Bomben aller Kaliber, die aus den Ju 88 und He 111 abgeworfen wurden. Uns war sofort klar, daß es sich um deutsche Maschinen handelte, die die Russen erbeutet hatten. Dieser Vorgang wiederholte sich mehrere Male.

Es gab ein unmenschliches Sterben der Soldaten. Die Schreie der Verwundeten, die Arme und Beine verloren hatten oder sonst schwerverletzt worden waren, waren auch für uns, die schon reichlich Kriegserfahrungen hatten, sehr zermürbend. Man versuchte wie immer, allen Kameraden, mit denen man seit Jahren Schulter an Schulter gekämpft und Freud und Leid geteilt hatte, Hilfe zu bringen. Aber was nützte dies alles! Gab es doch kaum einen Bunker, in dem man hätte operieren können, war doch das Verbandszeug längst verbraucht. Essen war keines mehr vorhanden. Ab und zu hatte noch der eine oder andere die sogenannte eiserne Ration, die meist schon angegriffen war, einem anderen gegeben. Man versorgte die Männer so gut wie möglich, suchte Verbindung aufzunehmen, wo ein Verbandplatz aufgeschlagen werden könne, gab es doch ab und zu einen Arzt, doch ohne oder nur mit wenigen Medikamenten. Oft bemühte sich ein Arzt, Hände und Füße, die nur noch an Fleischfragmenten hingen, abzunehmen, aber ohne die vorgeschriebenen Sicherungsmaßnahmen und Vorkehrungen beachten zu können.

In einer Schlucht von Baburkin wurde ein provisorischer Verbandplatz errichtet, weil dort der Hauptangriffspunkt des Feindes lag. Man amputierte hier, wußte jedoch bald nicht mehr, was man mit den Operierten anfangen sollte. Es gab keinen Platz, sie unterzubringen. Und so waren sie, da man sie nicht wärmen konnte, nach wenigen Stunden erfroren. Es blieb nichts übrig, als sie zu den schon in Haufen herumliegenden Toten zu legen.

Nachdem sich die Zahl der Toten außergewöhnlich gemehrt hatte, begann man, eine Schlucht um Baburkin mit diesen Verstorbenen und Gefallenen zu füllen. Bei allen diesen Kampfhandlungen war es natürlich nicht möglich, jeden einzelnen der Gefallenen und Verstorbenen namentlich zu erfassen. Waren es doch meist nicht die eigenen Kameraden, sondern die Nächstbesten, die den Toten zum Massengrab von Stalingrad schafften oder schaffen ließen. Zehntausend Mann lagen hier zur letzten Ruhe! Es war auch nicht möglich, sie mit Erde zu bedecken, war doch der Boden beinhart gefroren. Man überließ dies einer späteren Zeit. Die Luftangriffe mit deutschen Flugzeugen hielten längere Zeit an. Dazu gesellte sich noch das Feuer der verschiedensten schweren und leichten Artillerie und Stalinorgeln.

Die russischen Panzer hatten leichtes Spiel und fuhren in großen Mengen über unsere spärlichen Schützenlöcher. Die russischen Panzerfahrer hatten bald herausbekommen, daß man unsere abgekämpften, hungrigen und erschöpften Männer in den Löchern auf keinen Fall mit Granat- oder MG-Feuer heraustreiben konnte. Man überfuhr daher diese Stellungen und führte über den Schützenlöchern Drehbewegungen durch, was zur Folge hatte, daß die darin liegenden Männer von den schweren Ketten zermalmt wurden.

In den darauffolgenden Tagen konnte man des öfteren mehrere Ju 52 in beträchtlicher Höhe heranfliegen sehen, die in den Kessel von Stalingrad einflogen und auf den Flugplätzen Pitomnik oder Gumrak landeten und Verpflegung und Kriegsmaterial brachten; es kam aber nur ein Bruchteil. Von Tag zu Tag wurde ihre Zahl geringer; Tage hindurch landete überhaupt kein Flugzeug infolge starken Nebels. Wir mußten mit Entsetzen zusehen, wie oft Maschinen mit dem kostbaren und notwendigen herangeflogenen Gut abgeschossen wurden. Das gleiche Schicksal wurde manchen im Kessel aufsteigenden Flugzeugen zuteil, die Verwundete geladen hatten. Ich selbst war Augenzeuge, als 14 Ju 52 mit Verwundeten an Bord und Soldaten, die sich am Leitwerk anklammerten, abgeschossen wurden und kein einziger von ihnen am Leben blieb. Dieses wiederholte sich sehr oft. Ein andermal war es eine Condor-Maschine[102], die über 70 Verwundete aufgenommen hatte und schon nach geringer Höhe wie ein Stein zu Boden fiel. Auch hier überlebte niemand.

Die ersten Dezembertage waren für unsere Division als schwarz zu bezeichnen. Wurde doch eine Kompanie nach der anderen von den anstürmenden Feinden aufgerieben! Die Kämpfe nahmen von Tag zu Tag

102 Gemeint ist die Focke-Wulf 200.

an Heftigkeit zu; ein Ausruhen gab es überhaupt nicht. An Verpflegung bekamen wir nach 14 Tagen etwas Brot und Wurstkonserve. Es war gerade so viel, daß ein jeder Mann eine dünne Schnitte mit ca. 50 Gramm und ¼ Eßlöffel Konservenwurst bekam.

Am Heiligen Abend 1942 erlebten die Frontsoldaten, die wohl viel Entbehrung und Leid tragen mußten, die schwerste Stunde. Nicht nur, daß sie bereits fast vier Wochen hungernd, frierend und ohne Post aus der Heimat und ohne irgendwelche Aussicht auf Erfolg pflichtgetreu ihren Dienst befehlsgemäß und auf sich allein gestellt leisteten, sie wurden auch noch bei Einbruch der Dunkelheit von den russischen Lautsprechern, die man hart an die deutschen Linien herangeschoben hatte, durch Sprecher aufgefordert, sich zu ergeben – der Kampf sei sinnlos und bereits verloren. Man sicherte uns freien Abzug in die Gefangenschaft zu und versprach uns warme Stuben und Essen. Alle diese Worte waren für den Feind zu 99 Prozent aussichtslose Aufrufe!

Dann kam das Schwerste: Man spielte uns am Heiligen Abend die Weihnachtslieder „Stille Nacht", „O Tannenbaum" und noch einige andere Heimatlieder und Märsche vor. Es gab kaum einen Soldaten, der da nicht seine Gedanken in der Heimat und nur einen Wunsch gehabt hätte: „Ich möchte meine Lieben in der Heimat noch einmal sehen!" Es soll auch nicht verschwiegen bleiben, daß es kaum jemanden gab, dem nicht die Tränen in den Augen standen. Waren wir doch nicht nur dort, um uns unserer eigenen Haut zu wehren, wir mußten doch auch unsere Pflicht für unsere Frauen, Kinder und Eltern erfüllen! Wir wußten, daß gerade an diesem Tag, zur selben Stunde, die Gedanken unserer Lieben in der Heimat bei uns waren. Zu dieser Stunde gab es auch keine Kampfhandlungen. Es herrschte äußerste Gefechtsstille auf beiden Seiten. Das gleiche spielte sich auch am Altjahrestag ab. Um Mitternacht gab es noch auf beiden Seiten die uns schon bekannten Salutschüsse. Ein Schreiben an die Verwandten aus dem Kessel war sinnlos, wußten wir doch, daß keine Post hinausbefördert werden konnte, weil doch jedes Flugzeug, das eingeflogen war, vorerst verwundete Kameraden auszufliegen hatte.

Am 1. Januar wurden wir von den russischen Einheiten abermals mit einem enormen Geschützfeuer belegt. An den folgenden Tagen gab es Aufrufe der Russen in allen Variationen. Auch Flugzettel wurden abgeworfen, die ziemlich genaue Angaben über die Gefallenen und Verstorbenen, über die abgeschossenen Flugzeuge und unsere noch vorhandenen Vorräte enthielten. Die Aufrufe, uns zu ergeben, nahmen kein Ende. Mit wachsendem Nachdruck gaben die Russen bekannt, daß sie am 10. Januar mit der völligen Vernichtung der im Kessel von Stalingrad sich Befindenden beginnen würden.

Zu diesem Zeitpunkt erfolgte tatsächlich der angekündigte Großangriff der russischen Armeen. Eingeleitet wurde er mit einem langanhaltenden Belegen der deutschen Abwehrfront mit allem erdenklichen Geschützfeuer. Dann folgten pausenlos Luftangriffe, anschließend überrollten starke Panzereinheiten unsere Abwehrlinien, besonders die Schützenlöcher, um die darin Liegenden zu überrollen; schließlich die unübersehbaren Angriffe der russischen Infanterieeinheiten. Diesen gelang es, schrittweise den Kessel einzuschnüren und die in ihm Befindlichen, kaum Erkennbaren zu zermürben.

Das Unglück brachte es mit sich, daß auch unsere Feldküche durch einen Bombentreffer unbrauchbar geworden war. In letzter Zeit war ohnedies nichts mehr darin gekocht, sondern, wenn überhaupt, nur verschmutzter und mit Blut getränkter Schnee geschmolzen worden, damit wir wenigstens ab und zu einen lauwarmen Becher Schneewasser ohne Inhalt bekommen konnten.

Unsere Reihen lichteten sich von Stunde zu Stunde stark. Alles, was noch gehen und kriechen konnte, lag in den Abwehrstellungen, angefangen vom General bis zum jüngsten Mann. Nur selten traf man noch einen Kameraden aus der eigenen Einheit. Alles verlief kreuz und quer; die Nachrichtenverbindungen konnten nur mehr mit den wichtigsten Stellen und Punkten aufrechterhalten werden. Es half kein Schreien, Kommandieren, Anschaffen und Anordnen mehr; alles war nur mehr darauf ausgerichtet: Hilf dir selbst, dann hilft dir vielleicht Gott! An allen Ecken und Enden sah man verlassene und zerstörte Unterstände und auch schon unbrauchbare Kraftfahrzeuge oder ähnliches, die den Soldaten als Unterkünfte dienten, in Flammen.

Ich mußte an diesem 10. Januar nach einem Nahkampf den Zahnstationsbunker aufsuchen, da man mir zwei Zähne eingeschlagen hatte und der Zahnnerv freilag. Es hieß nur: „Setzen's Ihna!" Ein mit dem Fuß betriebener Bohrer wurde an den Zahn gesetzt, der Nerv wurde ohne Betäubung gezogen. Ich glaubte, das ganze Gehirn sei mit dabei! Es ging aber schnell; die Löcher wurden provisorisch geschlossen. Dabei sagte der Dentist zu mir: „Ich weiß nicht, habe ich Sie nicht schon einmal in Zivil gesehen?" Reden konnte ich nicht. So sah ich mir den Mann genauer an und sagte schließlich nach der Behandlung: „Sind Sie nicht aus Perchtoldsdorf?" Kaum gesagt, erfolgte schon die Antwort: „Ja, ich bin der Ratzenberger[103] neben der Kirche!" Da krachte es neben dem Bunker, eine Bombe war gefallen, wir konnten nicht mehr sprechen. An die Zahnbehandlung in der Schlucht von Baburkin denke ich noch oft. Ratzenberger kam nicht mehr in die Heimat ...

103 Ein Unteroffizier Franz Gustav Ratzenberger (* 21. Dezember 1911 in Wien) verstarb lt. Kriegsgräberliste am 11. April 1943 im Lager Beketowka.

Immer wieder erfolgten Aufrufe der Russen, uns zu ergeben, sämtliche Waffen, Geräte und Kraftfahrzeuge unbeschädigt zusammenzutragen. Dann sollten wir uns sammeln und Generaloberst Paulus sollte an einer bestimmten Stelle durch Parlamentäre die noch überlebenden Soldaten übergeben. Nur wenige dachten daran, in Gefangenschaft zu gehen: Dazu hatten wir genug gesehen und erlebt – kaum zu schildern –, wenn wir Kampfabschnitte verloren und wieder zurückerobert hatten. Da lagen die Unseren in bestialischer und sadistischer Weise gemartert und verstümmelt, Hände und Füße abgeschlagen, Augen, Mund und Unterleib bis zur Unkenntlichkeit hergerichtet, Bajonette in Kopf oder Brust; erschöpfte, bis zur Unerkennbarkeit Abgemagerte, Verwundete, kriechend, halbnackt, mit abgerissenen Beinen, Händen oder fehlenden Unterleibsteilen!

Dies alles mußten wir sehen; niemand konnte den um Hilfe rufenden, schon längst nicht mehr bei Sinnen lebenden Kameraden helfen, gab es doch fast keine Hilfsmittel mehr. Kameraden, die im letzten ärgsten Schmerz nach Mutter, Frau oder Kindern riefen und noch etwas sagen wollten. Betende, Fluchende und vor Schmerz und Leid sich Gebärdende! Kein Mensch konnte bei einer Kälte von minus 45 Grad helfen. Es waren auch keine Einzelfälle, daß die anrollenden Panzer die Dahinkriechenden überrollten. Alle diese Männer waren in Richtung Gumrak und über die Schluchten in die Stadtmitte von Stalingrad unterwegs, aber nur wenige erreichten das Ziel. Nirgends gab es Verpflegung oder wärmende Kleidung. Wenn auch viele Ju 52 und 88 oder He 111 einflogen, sie erreichten ihr Ziel kaum. Meist flogen die Verpflegungsbomben in die russischen Vormarschstellungen. Ab und zu fielen auch uns solche Bomben in die Hände, aber wir hatten keine Kraft mehr, sie zu öffnen und mußten sie liegenlassen. Die Luftabwehr der Russen war sehr stark geworden; im Tiefflug wurde alles angegriffen, was sich regte. Auch die gefangenen Russen, die sich zwischen uns bewegten, die Rumänen und Kroaten erlebten das gleiche Schicksal. Aber all dieses konnte unseren Kampfwillen bis zum letzten Atemzug nicht brechen, obwohl wir wußten, was uns bevorstand. Auch waren wir genau darüber unterrichtet, welcher Kampfwille und Ausdauer bei den Männern außerhalb des Kessels herrschten, die die Russen aufzuhalten versuchten, und daß die Front dahinter in schnellen Märschen hinter den Donez zurückverlegt wurde, so daß damit für uns keine Hoffnung mehr vorhanden war.

Kaum am Flugplatz Gumrak angelangt, waren wir wieder beim Morgengrauen mit gräßlichen Bildern konfrontiert: Männer verklemmten sich in die Leitwerke und wollten so dem Kessel entrinnen; kaum in geringer Höhe, fielen sie wie Steinklötze zu Boden. Schon waren wieder die russischen Jäger am Werk; die Folgen des Abschusses der mit Verwundeten beladenen Flugzeuge sind einfach nicht zu beschreiben. Auch in den folgenden Tagen war hier die Hölle auf Erden, und die Bilder des Grauens stehen heute noch mit furchtbarer Deutlichkeit vor mir, als hätte ich alles erst vor Stunden erlebt.

Am 18. Januar überschütteten die Russen bereits ab 6 Uhr früh den gesamten südlichen und westlichen Frontabschnitt mit einem furchtbaren Trommelfeuer, bei dem sie uns wieder mit allen Kalibern eindeckten. Pausenlos prasselten die Bomben und Granaten auf uns nieder, und man durfte den Kopf nicht heben, ohne das Leben zu riskieren. Wir hatten schwere Verluste; wieder konnte niemand den Verwundeten und Schreienden helfen, wieder folgten von Panzern unterstützte Massenangriffe der Russen. Aber trotz allem wurden die Feinde unter hohen blutigen Verlusten abgewehrt und viele Panzer vernichtet.

Um 16 Uhr setzte neuerlich Trommelfeuer ein. Es war sehr finster; man konnte kaum etwas sehen. Auf den Verbandplätzen sah es furchtbar aus. Zu Hunderten starben die Kameraden, Russen und Flüchtlinge an ihren Verwundungen oder Erfrierungen. Pausenlos hagelte es Bomben hernieder. Im Raum von Gumrak waren der Bahnhof und hunderte Eisenbahnwaggons zertrümmert und lagen mit toten und zerrissenen Soldaten in der Gegend herum, das gleiche auch in Verwundeten- oder Gefangenenlagern. Zu Hunderten waren die toten Kameraden oder Russen zu schützenden Mauern aufgeschichtet. Es gab keinen Menschen mehr, der Hilfe und Pflege leisten oder Medikamente geben konnte. Das Erdreich war aufgewühlt, die Eisenbahnschienen standen verbogen und gespensterhaft; dazwischen zerschellte Flugzeuge, Geschütze, Kraftfahrzeuge, Panzer, Waggons. In den Lagern befanden sich in mehreren Etagen die Verwundeten, die sich kaum bewegen konnten. Von den oberen Etagen rannen Kot, Urin, Eiter und Blut auf die Darunterliegenden, die kaum wußten, wo sie waren und wie es um sie bestellt war. Kein schmerzstillendes Medikament, kein Verband konnte gereicht werden. Der Gestank war bestialisch – ganze abgefrorene Fleischteile an Füßen und Händen gaben die wegstehenden Knochenteile frei. Dann sah man Soldaten an irgendeinem Fleischfragment kauen.

Die furchtbarsten Situationen gab es dann, wenn sich Soldaten in ihrer Hilflosigkeit selbst den Gnadenschuß gaben. Viele Tausende baten darum, aber es gab kaum einen Kameraden, der einem darum bittenden Schwerstverwundeten diesen Wunsch erfüllte. Sie starben allein, mutterseelenallein, wohl aber nach Kräften rufend: „Was habe ich nur getan, daß ich so leiden muß und meine Lieben nicht mehr sehen darf!" Ich schäme mich nicht, es auszusprechen: Vielen machte ich ein Kreuzzeichen, weil es mich mein Glaube so gelehrt hatte. Ein Rasten, Ruhen oder Schlafen gab es nicht.

Am 23. Januar 1943 waren wir mit den Russen so ineinander verkeilt, daß kein Soldat den anderen mehr beachtete. Kolonnen von eigenen und russischen Verwundeten schoben sich in die gleiche Richtung, auf Zeltplanen oder Decken liegend, Kameraden, mit denen man jahrelang Freud und Leid geteilt hatte, jetzt nur hoffend, dem Massaker zu entrinnen oder Hilfe zu finden. Die eisige Kälte und die Stürme machten den Soldaten, die bis zum Skelett abgemagert waren, schwerstens zu schaffen. Die Hände blieben an den Metallteilen kleben und froren an. Die Gewehre dienten den Soldaten in erster Linie als Behelfsmittel zum Gehen und als Stütze, egal ob sie sich aufrecht, kniend oder kriechend weiterbewegten. Zu Hunderten waren nur mehr die Silhouetten plattgewalzter Kameraden, aber auch Russen, Rumänen und Kroaten am Boden zu sehen.

Es gab nur wenige, die nicht von den Krankheiten Ruhr, Malaria, Typhus, Wolhynienfieber, Gelbsucht, Lungen- und Rippenfellentzündung befallen waren. Jeder Mensch kann sich vorstellen, wie die Kameraden aussahen, die ständig der Kälte ausgesetzt waren und keine Hilfe oder Betreuung hatten, keine Socken, keine Unterhosen oder Hemden zum Wechseln besaßen und dies alles seit Wochen und Monaten am Körper trugen. Alles war mit Blut, Eiter, Urin oder Kot durchnäßt. Die Läuse, egal wo immer sie sich befanden, verursachten großes Unbehagen. Rotlauf und Krätze waren kaum mehr wegzudenken.

Das trug natürlich dazu bei, daß die Soldaten erschöpft zusammensackten, bewegungsunfähig wurden und an Ort und Stelle in die ewige Heimat entschliefen. Viele dieser Geschöpfe, die hier der Heimat, dem Vaterland und ihren Lieben alles gaben, hatten oft ein Bildchen der Frau, der Kinder, von Braut und Eltern oder ein Heiligenbild in den Händen. Was mag wohl in den Gehirnen in den letzten Tagen, Stunden oder Minuten vor sich gegangen sein? Vieles kann ich mir vorstellen, gehörte ich doch selbst zu ihnen. Alle jene von der kämpfenden Truppe, die die Heimat wiedersehen durften, können nur von einem Wunder oder einer Schicksalsfügung sprechen, ohne ein böses Wort über den Gegner zu verlieren, der eben auch in der gleichen Situation war. Es gab auch viele im Kessel, die kaum Hunger litten, genügend Bekleidung hatten und sich pflegen konnten.

Nach dem Nachlassen der mörderischen Kämpfe war es vielen bewußt, daß ein Einschlafen den sichersten Tod bedeutete. Wer noch bei Sinnen war, versuchte sich zu bewegen; ebenso wurde versucht, bei den Gefallenen noch etwas Wärmendes an Bekleidung, Schuhwerk oder Kopfbedeckung zu finden. Auch russischen Frauen, Männern und Kindern im Kessel erging es nicht anders.

Da ich noch ein Funkgerät bei mir hatte, konnten wir noch Berichte und Meldungen empfangen und waren daher etwas [darüber] informiert, was außerhalb des Kessels vor sich ging. Die Kämpfe gingen fast bis zur Gänze zu Ende; so konnte man noch ein eigenes Flugzeug sehen, das Verpflegungsbomben abwarf und fallweise auch landete. Das Sterben ging weiter, das Massengrab raffte im schnellen Tempo die Männer an sich, ob alt oder jung. Die peitschenden Schneestürme bei tiefer Temperatur deckten Kamerad, Freund und Feind, Kriegsmaterial oder Schützenlöcher und Bunker einheitlich zu.

Viele unserer Kameraden trugen Kleidungsstücke von Ungarn, Rumänen, Italienern, sogar von Russen. Gesprochen wurde kaum. Die Kampfhandlungen waren zu Ende, die Russen kümmerten sich nicht um Gefangennahme der gegnerischen Soldaten, höchstens um jene, die ihnen beim Vormarsch im Wege waren. Sie wurden zur Seite gestoßen, die am Boden Liegenden oder Daherkriechenden niedergetrampelt oder überfahren. Ab und zu hörte man Schüsse von Gewehren, Pistolen, Maschinengewehren, Granatwerfern oder Artillerie. Man konnte nicht mehr feststellen, von wem sie abgegeben wurden und wem sie galten. Sicher führten manche Schüsse zum Freitod. Viele schrien vor Schmerz und Verzweiflung, viele hatten den Verstand verloren und waren nicht zu beruhigen, viele schnitten entsetzliche Grimassen, weil sie nicht mehr bei Sinnen waren. Zu diesem Zeitpunkt war ja jedem bereits klargeworden, daß ein Entsatz oder ein Entrinnen kaum mehr möglich waren.

Wie ich wieder in die Heimat kam, kann ich nur aufgrund der Erzählung von zwei Kameraden aus meiner Heimat wiedergeben, die nur deswegen vom Leiden und Sterben in Stalingrad verschont geblieben waren, weil ich sie zwei Tage vor der Einkesselung auf Heimaturlaub geschickt hatte. Beide Nachrichtenmänner erzählten, sie seien auf einem in der Nähe gelegenen Feldflugplatz eingeteilt worden, wohin schon früher Verwundete aus dem Kessel gebracht worden waren. Hier seien Hunderte von toten Kameraden gelegen, auch einige, die sich gelegentlich noch bewegten. Beide hatten ihr Augenmerk auf die gelb eingefaßten Schulterstücke und Spiegel gerichtet; ich war einer der wenigen von solchen Verwundeten. Sie erkannten mich nicht, lag ich doch steif bei der eisigen Kälte im Schnee, wußten aber – im Kriegshandwerk geübt –, ich konnte nicht tot sein, da sich die Gliedmaßen noch abbiegen ließen. Daher war ich der richtige Fall, um aus dem Auffanglager gebracht zu werden. Man wickelte mich in eine Decke und brachte mich zu einem Eisenbahntransport, der nach Brest-Litowsk geführt werden sollte. Dabei sahen sie auch den Inhalt meiner Taschen an und riefen, als sie die Aufzeichnungen im Soldbuch sahen: „Das ist ja unser Alter!“

Später begleiteten sie mich bis Wien. Mein Gesundheitszustand war nach 41 im Kessel von Stalingrad erlittenen Verwundungen so schlecht, daß der diensthabende Arzt meiner Frau erklärte, sie müsse sich auf das Schlimmste gefaßt machen; sie werde wegen meiner Kopf- und Rückenverletzungen nur Leid zu ertragen haben. Die Verwundungen heilten rasch, ebenso auch Rotlauf und Diphtherie. Mein Gewicht von 38 kg nahm bald zu, und im August 1943 konnte ich bereits mit zwei Stöcken das Spital verlassenen.

Meine Darstellungen wird nur jener verstehen können, der es selbst oder ähnliches erleben mußte. Sicher ist, daß man all dieses Leid und furchtbare Sterben nirgends festhalten konnte. Unseren Lieben in der Heimat waren diese entsetzlichen Bilder Gott sei Dank erspart geblieben.

Teil 2

# Bis zum bitteren Ende

*Eine deutsche Geschützbedienung im Gefecht gegen sowjetische Einheiten*

## Gottfried von Bismarck:
## Im Januar in den Kessel eingeflogen[1]

*Gottfried von Bismarck wurde am 8. Januar 1921 geboren. Nach dem Abitur 1939 kam er zunächst zum Arbeitsdienst, war im Polenfeldzug Bausoldat, wurde ab Oktober 1939 beim Infanterie-Regiment 9 in Potsdam ausgebildet und dann zum I.R. 178 der 76. Infanterie-Division versetzt. Nach dem Frankreichfeldzug Kriegsschule; im Januar 1941 Leutnant. Danach Ausbildungstruppe in Rumänien und Rußlandfeldzug.*

Das bedeutete für uns Infanteristen ca. 950 Kilometer Fußmarsch in Staub oder nach dem kleinsten Regenguß in tiefem Schlamm, schwer belastet mit der gesamten Kampfausrüstung; Marschleistungen bis zu 70 km am Tag!

Viele von uns Soldaten konnten beim Marschieren schlafen, sie wurden in die Mitte der Kolonne genommen und so bei Kurven in die richtige Richtung geschubst. Auch ich konnte im Laufen schlafen. Da ich aber als Zugführer vor der Kolonne marschieren mußte, hatte ich zur Richtungsgebung den Schwanz des Pferdes des vor mir reitenden Kompaniechefs in der Hand.

Massiven Widerstand leisteten die Russen eigentlich nur an den Flußübergängen. So stießen wir schnell – zu schnell – bis ins Donezbecken vor, wo uns der frühe Wintereinbruch überraschte und der Vormarsch zum Erliegen kam. In diesem Rußlandwinter 1941 gab es abwechselnd harte Abwehrkämpfe und relativ ruhige Zeiten. Beides war schwer, denn bei uns fehlte im Gegensatz zu den Russen jegliche Winterausrüstung, und das bei Temperaturen von bis zu minus 30 Grad. Die Ausfälle durch Erfrierungen waren erheblich, dafür bekamen diejenigen, die diesen Winter durchgestanden hatten, eine Medaille, den sogenannten „Gefrierfleischorden“[2].

Im Frühjahr 1942 traten wir dann aus der Winterstellung an und kamen nach großen Märschen und einigen erbitterten Kesselschlachten bis an den Don. Am 21. August erzwang unser Regiment 178 bei Wertjatschij den nördlichen Brückenkopf über den Don, aus dem heraus dann unsere Panzer – trotz heftigster Gegenwehr der Russen – in wenigen Tagen bis an die Wolga nördlich von Stalingrad vorstießen.

Meine 76. Division hatte im September im sogenannten Nordriegel zwischen Don und Wolga in einem Steppengebiet mit tief eingeschnittenen Schluchten Stellung bezogen und diese in mühseliger Kleinarbeit

1 Privatdruck anläßlich der Präsentation einer vom Militärhistorischen Institut herausgegebenen Dokumentation „Stalingrad. Ereignis – Wirkung – Symbol“, o. J. Mit freundlicher Genehmigung von Frau Ehrengard von Bismarck, Aachen.

2 Gemeint ist die Medaille „Winterschlacht im Osten 1941/42“ („Ostmedaille“).

gut ausgebaut. Durch ein doppeltes Schützengrabensystem konnten alle Kampfstände von den Unterständen aus erreicht werden. Vor der Stellung lagen ein sechsfacher Minengürtel und Stacheldraht, hinter der Stellung hatten wir abgeschossene russische Panzer T-34, deren Turm noch in Ordnung war, zur Panzerabwehr eingegraben. Wir hatten das Gefühl: Hier sind wir sicher, hier kann der Russe uns nichts anhaben.

In Stalingrad selbst begann der Kampf Mann gegen Mann, Haus um Haus, um jeden Quadratmeter – ein Kampf am Westufer der Wolga, wo sich die Russen auf einem zum Schluß nur 300 m breiten, aber zur Wolga hin steil abfallenden Streifen eingegraben und festgeklammert hatten. Wegen der Enge des Raumes war ein Einsatz von schweren Waffen hier kaum möglich. Dieser Streifen konnte bis zum Schluß nicht erobert werden, da es nicht gelang, den russischen Nachschub zu unterbinden – [es war] ein Kampf, bei dem es oft zu grotesken Situationen kam. So besuchte ich einmal einen befreundeten Kompaniechef, in dessen Abschnitt ein Haus stand, wo die Deutschen im Keller, die Russen im Parterre und die Deutschen wiederum im 1. Stock ihre Stellungen hatten. Wegen des herannahenden Winters wollte keiner das Haus zerstören, aber auch keiner seine errungene Position aufgeben. Ein Kampf, der am Tage erbittert geführt wurde, der aber auch seine menschlichen Züge hatte. So herrschte jede Nacht in stillschweigender Übereinkunft eine Art Waffenstillstand, um Verwundete zu bergen und die kämpfende Truppe zu verpflegen.

Ein wesentliches Problem für uns als bespannte Einheit war die winterfeste Unterbringung und Futterversorgung der Pferde. In der kahlen, dürren Steppe – kein Baum, kein Strauch – war dies nicht möglich; auch das Holz zum Bau unserer Unterstände mußte über Hunderte von Kilometern von jenseits des Don herangeschafft werden. Unsere Pferde wurden also, bis auf ganz wenige, die für die Versorgungsfahrzeuge notwendig waren, über den Don zurückgebracht. Die katastrophale Folge dieser Maßnahme war, daß später bei der Bildung des Kessels und des dadurch notwendigen Einschwenkens der Flanken fast alle schweren Waffen verlorengingen, weil sie mangels Bespannung nicht bewegt werden konnten.

Da im November 1942 in unserem Abschnitt an der Flanke von Stalingrad relative Ruhe herrschte, wurde von der Armee die während des Vormarsches bestehende Urlaubssperre aufgehoben – es gab also Urlaub! Ich wurde für Weihnachten ausgelost, doch da kam ein älterer Reserveoffizier und bat mich, mit ihm zu tauschen. Er war mit seinem Urlaub sofort dran, hatte aber gerade Nachricht bekommen, daß seine Tochter Weihnachten heiraten wollte. Ich war bereit zu tauschen; als praktischer Soldat sagte ich mir: Was Du hast, hast Du. Wer weiß, ob es Weihnachten noch Urlaub gibt und ob Du dann überhaupt noch lebst? Also, top – und ab nach Hause! Schon zwei Tage später, am 15. November, saß ich im Urlauberzug von Kalatsch, der Endstation der Bahn Richtung Stalingrad; die Eisenbahnbrücke über den Don war noch zerstört.

Am 19. November, also nur vier Tage später, begann der Großangriff der Russen, und am 22. war die 6. Armee eingeschlossen. Ich verlebte vier Wochen lang einen wunderschönen friedlichen Urlaub auf unserem Gut. Es war das letzte Mal, daß ich mein pommersches Zuhause erleben konnte.

Da die Lage um Stalingrad in Presse und Rundfunk verschwiegen wurde, hatten weder ich noch die unteren militärischen Dienststellen und schon gar nicht die Bevölkerung eine Ahnung von der sich anbahnenden Katastrophe. Wäre mein Ersatz-Bataillon in Potsdam, das ich vor meiner Abreise an die Front aufsuchte, auch nur gerüchteweise über die wahre Lage informiert gewesen, hätte es mit Sicherheit versucht, mich zurückzuhalten. Dazu gab es aber auf Grund der fehlenden Information keine Veranlassung. Also nahm ich am 14. Dezember nach Urlaubsende den Urlauberzug ab Berlin Richtung Osten.

Als unser Zug in Charkow hielt, kam der Befehl: „Offiziere und Mannschaften der 6. Armee aussteigen! Offiziere zur Führerreserve!" Wir hatten keine Ahnung, was das bedeutete, aber so langsam wurde ruchbar, daß in Stalingrad „etwas nicht in Ordnung" sei. Wir trugen das mit der stoischen Ruhe altgedienter Soldaten; daß die 6. Armee eingeschlossen sein könnte, war für uns undenkbar!

Nach einigen Tagen in Charkow [erfolgte die] Verlegung der Führerreserve nach Rostow am Don, wo bereits Gerüchte von einem Kessel in Stalingrad im Umlauf waren. Dort bekam ich einen Marschbefehl als Verbindungsoffizier zur rumänischen Armee. Zusammen mit etwa 40 anderen Offizieren, die Marschbefehle zu den unterschiedlichsten Dienststellen hatten, wurden wir von Rostow per Zug in Richtung Osten in Marsch gesetzt; ich auf der Suche nach der rumänischen Armee. Eine genaue Ortsangabe, wo sich der Armeestab befinden könne, bekam ich nicht. Wie sich später herausstellte, gab es ihn zu diesem Zeitpunkt auch gar nicht mehr, geschweige denn eine rumänische Truppe! Alle Rumänen – soweit sie nicht eingekesselt waren – befanden sich unter Zurücklassung aller Waffen und Geräte auf panischer Flucht in Richtung Westen.

Bereits in Tschir, etwa 280 km vor Stalingrad, wurden wir mit dem Befehl angehalten, aus der Besatzung dieses Zuges eine Kampfgruppe zur Verteidigung des Ortes zu bilden. Das Verhältnis von Mannschaften zu Offizieren dieser Kampfgruppe war etwa 6:1; die Offiziere – unabhängig vom Dienstgrad als Zugführer eingesetzt – trugen die schwersten Waffen, die uns zur Verfügung standen, nämlich ihre Pistolen. Die Unteroffiziere und Mannschaften hatten nur ihre Seitengewehre. Bei den Mannschaften handelte es sich im wesentlichen um Angehörige der Nachschubeinheiten der 6. Armee: Bäcker, Pferdepfleger, Fahrer; also um Soldaten ohne jegliche Fronterfahrung, was diesen Einsatz noch sinnloser machte. Das war am 23. Dezember.

Auch am nächsten Tag kampierten wir mangels anderer Unterkünfte auf dem Bahnhof in unserem Gott sei Dank geheizten Zug und hielten die sogenannten Verteidigungsstellen rund um Tschir besetzt. Zu irgendeiner Feindberührung kam es nicht. Wir hatten keinen Schimmer von der militärischen Großlage; uns wurde aber klar, daß nicht einmal hier, 280 km *vor* Stalingrad, eine funktionsfähige Abwehrfront bestand. Dies wurde uns auch von einem Verwundetentransport bestätigt, der an diesem 24. Dezember – es war Heiligabend und keiner von uns hatte daran gedacht! – aus Richtung Osten auf dem Nachbargleis einlief. Es waren die letzten Verwundeten, die noch aus dem Kessel nach Morosowskaja ausgeflogen und dort in Güterwagen umgeladen worden waren; wenige Stunden, bevor der Flugplatz von den Russen eingenommen wurde.

Als ich die ausgemergelten und nur notdürftig versorgten Verwundeten auf Stroh in den Güterwagen sah, fiel mir plötzlich mein Weihnachtsbaum ein, den mir meine Mutter für das Weihnachtsfest in der Steppe mitgegeben hatte und den ich in einem großen Sack gegen jede Vernunft bis hierher mitgeschleppt hatte. Es war kalt, klirrender Frost, aber windstill. So konnten wir die Kerzen auf dem eilends auf dem Bahnsteig aufgestellten Weihnachtsbaum anzünden. Die Soldaten und auch die Verwundeten, soweit sie laufen konnten, versammelten sich zunächst zögernd um den Weihnachtsbaum; die anderen schoben die Türen der Güterwagen auf. Ganz leise begannen einige „Stille Nacht, Heilige Nacht“ zu summen, andere fielen ein. Es wurde ein rauher, ergreifender Chor. Danach war es eine Weile still, ganz still. Wir alle waren mit unseren Gedanken ganz weit, weit weg, zu Hause. Doch dann stimmte einer „Oh du fröhliche, oh du selige, gnadenbringende Weihnachtszeit“ an, und alle fielen nahezu inbrünstig ein. Hoffnung, trotz allem, machte sich breit. Selten haben mich ein Weihnachtsabend und die christliche Botschaft so bewegt und mit soviel Zuversicht erfüllt wie in dieser Nacht.

In den nächsten Tagen spielten wir dann ein bißchen – man könnte sagen – Krieg, einfach um festzustellen, wo wer ist. Ich erinnere mich an zwei Spähtruppunternehmen, eines auf einer völlig vereisten Straße mit einem Opel P4, mit vier Offizieren besetzt. Bewaffnung: vier Pistolen. Zum anderen mit einer Lok mit russischem Lokführer, russischem Heizer plus drei Offizieren zur Aufklärung auf der Bahnlinie gen Osten. Auch dies war ein total unsinniges und auch nicht ganz ungefährliches Unternehmen, da die Russen nachts mit der sogenannten „Nähmaschine", einem ganz langsamen Flugzeug, unterwegs waren. Immerhin brachten wir zwei volle Tankwagen mit Sprit mit.

Am 30. Dezember erhielt ich einen neuen Marschbefehl: zurück zur Heeresgruppe Don in Nowotscherkassk, dort Meldung bei der Registratur, wo eine Anforderung meiner Division aus dem Kessel vorlag, bei der praktisch alle Offiziere des alten Stamms ausgefallen waren. Nach dem turbulenten Hin und Her der letzten Tage war ich froh, wieder zu meinem alten Haufen zu kommen, auch wenn der zur Zeit eingekesselt war. Die Vorstellung, die Situation könne kritisch oder gar hoffnungslos werden, kam mir gar nicht, noch dazu, da ich davon ausging, daß noch laufend Offiziere eingeflogen wurden.

Mein Flug war für den nächsten Tag festgesetzt. Bei der Durchsicht der Stellenbesetzung des Stabes entdeckte ich, daß ein mir gut bekannter Vetter meiner Schwägerin, Alexander Stahlberg[3], persönlicher Ordonnanzoffizier bei Manstein war. Ich rief ihn an und er sagte: „Komm schnell, der Feldmarschall macht Mittagsruhe." Wir waren gerade beim fröhlichen familiären Klönen, als plötzlich – unerwartet früh – Manstein erschien. Ich meldete mich; er fragte nach dem Woher und Wohin. Auf meine Antwort „von der sogenannten Abwehrfront auf dem Weg nach Stalingrad" hakte er ein: „Was meinen Sie mit ‚sogenannte' Abwehrfront?" Auf meine vorlaute Gegenfrage „Wollen Sie es genau wissen, Herr Feldmarschall?" befahl er mich zum Abendessen in die interne Stabsrunde, um Bericht zu erstatten. Es war das einzige Mal, daß ein Leutnant in diese hehre Runde eingeladen wurde.

Diesen Abend erwähnt Manstein in seinem Buch „Verlorene Siege" wie auch Stahlberg in „Die verdammte Pflicht". Stahlberg schreibt, daß mich „preußisch-soldatische Pflichterfüllung" veranlaßt habe, in den Kessel zurückzufliegen. Das klingt zwar gut, ist aber falsch. Ich war Soldat, hatte einen Befehl und mußte Folge leisten.

Am nächsten Morgen wurde ich zum Flugplatz gebracht und einer He 111, einem Bombenflugzeug, zugeteilt. Die Bombenschächte waren voll mit Brot und Munition und die Tragflächen voll mit Benzin für die Fahrzeuge im Kessel. Der Flugplatz war eine einfache Wiese ohne feste Start- und Landebahn. Wegen der Unebenheit des Platzes und der extremen Überladung brach kurz vor dem Abheben das Fahrwerk weg, und wir schlidderten Hunderte von Metern auf dem Bauch weiter. Wie durch ein Wunder begann die Maschine nicht zu brennen; die drei Mann Be-

---

3 Alexander Stahlberg (* 12. September 1912 in Stettin, † 9. Januar 1995 auf Schloß Bloemersheim) war 1933 Adjutant von Reichskanzler a. D. Franz von Papen. 1938 als Leutnant zur Wehrmacht; als Ordonnanzoffizier Mansteins war Stahlberg, Vetter von Oberst Henning von Treskow, Mitglied des militärischen Widerstands. Zuletzt Hauptmann. Nach Kriegsende in kaufmännischen Berufen tätig.

satzung und ich waren unversehrt. Also zurück zur Flugleitung, zum nächsten Versuch.

Hier traf ich einen mir bekannten Fliegeroffizier, der sagte: „Du bist ja verrückt, in den Kessel einzufliegen! Ich habe einen Kurierflug nach Berlin. Komm mit, wir trinken heute abend bei Kranzler Kaffee.“ Erst hier wurde mein preußisch-soldatisches Pflichtgefühl auf die Probe gestellt. Ich lehnte ab und war pünktlich zum zweiten Startversuch zur Stelle.

Wir flogen als Verband mit drei Maschinen, aber ohne Begleitschutz. Jagdflugzeuge standen nicht mehr zur Verfügung. Wir wurden von russischen Jägern angegriffen und die beiden anderen Maschinen offenbar getroffen. Sie landeten nicht, sondern warfen nur ihre Ladung ab. Wir dagegen landeten. Sobald eine Maschine ankam, belegten die Russen den Platz mit Artilleriefeuer. Es war daher keine Zeit zu verlieren. Also schnell raus, ausladen, Verwundete rein, und schon ging's wieder ab. Es war höchst gefährlich, sich auf dem oder in der Nähe des Flugplatzes aufzuhalten, weil es durch das Abwerfen der Ladung – auch Brot ist gefroren ziemlich hart – viele Verluste gegeben hatte. Ich beeilte mich also, wegzukommen. Sicher war ich einer der letzten Offiziere, die eingeflogen wurden. Wenige Tage später wurde auch dieser Flugplatz von den Russen eingenommen.

Ich wurde zu meiner Division gebracht, meldete mich beim Kommandeur und richtete ihm auftragsgemäß von Manstein aus, die Lage sei „miserabel, aber nicht hoffnungslos“. Er verbot mir strikt, diese Lagebeurteilung des Oberkommandierenden der Truppe publik zu machen. Ich erklärte ihm, daß ich mich nicht an sein Verbot halten könne. Ich hielte es für unredlich und psychologisch falsch, in dieser Situation der kämpfenden Truppe etwas vorzumachen.

Nachts wurde ich dann zu meinem Regiment an die Front gebracht, wo es sich – 30 km westlich von Stalingrad in der Steppe – eine notdürftige Verteidigungslinie aufgebaut hatte. Das Regiment bestand nur noch aus zwei Bataillonen mit je zwei Kampfgruppen. Außer dem Regimentsadjutanten traf ich keinen Offizier des alten Stammes mehr an. Wir waren also noch sechs Offiziere – Sollstärke 45.

Ich übernahm eine Kampfgruppe mit etwa 30 Mann; mein Vorgänger war am Tag zuvor schwer verwundet worden. Von meinem alten Pionierzug traf ich niemanden mehr, sie waren alle gefallen. Es war schwierig, eine Truppe von Soldaten zu führen, die man nicht kannte und mit denen man nur nachts Kontakt aufnehmen konnte, weil sie zu zweit oder dritt in Schützenlöchern auf der flachen, tiefverschneiten Steppe lagen. Man konnte sich nur bewegen, wenn kein Mond schien oder es bewölkt war. Verpflegung – wenn es welche gab – wurde nachts herangebracht und im Kampfgruppen-Gefechtsstand ausgegeben, einem mit Flugzeugteilen abgedeckten Loch, das durch Abbrennen eines Telefonkabels beleuchtet wurde. In unseren gut ausgebauten Stellungen saßen jetzt die Russen; wir dagegen auf der freien Ebene, wo wir uns mühsam Löcher in den tiefgefrorenen Boden gebuddelt hatten – und das bei gut einem Meter Schnee und minus 15–20 Grad Kälte.

Wie war die Situation im Kessel, was hatte sich in Stalingrad während meiner Abwesenheit in den letzten sechs Wochen geändert? Die Truppe war inzwischen total ausgehungert, Verpflegungsreserven waren nicht vorhanden. Durch die Luft konnte die Armee nicht annähernd ausreichend versorgt werden. Die Rationen wurden langsam immer geringer, und schließlich mußte jeder selbst sehen, wie und wo er etwas Eßbares fand.

Die ohnehin verzweifelte Situation der Verwundeten und Kranken wurde dadurch zusätzlich erschwert. Es fehlte auch alles zur medizinischen Versorgung Notwendige: Verbandstoffe, Medikamente, Narkosemittel, von heizbaren Unterkünften ganz zu schweigen. Wer krank oder verwundet war, hatte im Kessel kaum eine Überlebenschance. Darum versuchte jeder Verwundete, soweit er auch nur kriechen konnte, sich einen Platz in einem Flugzeug zu erobern, notfalls mit brutaler Gewalt. Dabei spielten sich auf dem Flugplatz grausige Szenen ab. Das von den Flugzeugen abgelassene Benzin reichte nicht einmal aus, um die paar noch einsatzbereiten Panzer einzusetzen. Auch für die Sankas gab es keinen Sprit mehr. Verwundete mußten, soweit möglich, auf Schlitten geborgen und transportiert werden. Die letzten noch vorhandenen Pferde reichten weder zum Transport noch als Verpflegungsreserven aus.

Was aber das Gravierendste war: Es gab inzwischen praktisch keine Munition mehr, weder für leichte noch für schwere Waffen. Die Artillerie, soweit überhaupt noch vorhanden, mußte für jeden Schuß die Genehmigung ihrer Division einholen. Die Aussicht, unter diesen Umständen einen russischen Angriff abwehren zu können, mit dem wir täglich rechneten, war äußerst gering.

Das also war Stalingrad am 4. Januar 1943: keine Möglichkeit, sich notdürftig aufzuwärmen, keine Überlebenschance für Verwundete, kaum Munition, keine Waffen zur Abwehr russischer Panzer, keine Aussicht auf Entlastung von außen. Es war und bleibt ein Wunder, daß die Truppe unter diesen Umständen überhaupt noch bereit war zu kämpfen!

Am 8. Januar wurde ich 22 Jahre alt, am 10. Januar begann das Ende. Der Feind griff massiv von Norden her an. Es gelang uns, unsere Stellungen einen Tag lang zu halten. Dann brach der Russe neben uns durch, und wir mußten uns, um nicht abgeschnitten zu werden, vor den stark nachdrängenden feindlichen Truppen zurückziehen, Nacht für Nacht ein Stück weiter nach Osten, auf Stalingrad zu. Am Tage konnte die eine Hälfte meiner Gruppe schlafen; die andere mußte versuchen, uns die nachdrängenden Russen vom Leibe zu halten. Bei den nächtlichen

Rückmärschen wurde jedes stehengebliebene Fahrzeug nach etwas Eßbarem untersucht. Wenn man Glück hatte, fand man etwas, das man an seine Leute verteilen konnte. Aber wenn es etwas zu verteilen gab, wuchs meine Kampfgruppe schnell auf eine Stärke von über 100 Mann an. In der Dunkelheit war es schwierig, die eigenen Leute herauszufinden. Die Verwundeten schleppten wir auf provisorischen Schlitten durch den tiefen Schnee mit uns. Sonst nichts; für alles andere reichten unsere Kräfte nicht mehr aus.

Nacht für Nacht diskutierten wir, ob und wie man sich nach Westen durchschlagen könne. Ich wußte, wie weit entfernt die nächsten deutschen Truppen waren, und hielt daher jeden Versuch – allein oder in Gruppen – für völlig aussichtslos. Hunderte von Kilometern tiefverschneite Steppe, kaum Möglichkeiten, sich zu verstecken, keine Möglichkeit, irgend etwas zu essen aufzutreiben, und durch den monatelangen Hunger keinerlei Kraftreserven, um einen derartigen Gewaltmarsch durchzustehen. Wir gaben die Idee auf. Einzelne versuchten es trotzdem; keiner kam durch.

Mittlerweile war uns allen klar, daß jeder von uns, der überlebte, mit russischer Gefangenschaft rechnen mußte, aber keiner sprach offen darüber. Wir alle hatten die erschreckenden Bilder der endlosen Kolonnen ausgemergelter, apathischer, schicksalsergebener russischer Kriegsgefangener vor Augen, und keiner von uns konnte und wollte sich vorstellen, daß auch wir bald in einer solchen Kolonne dahinziehen würden.

Der Kessel war inzwischen in drei Teile gespalten, Flugplätze gab es nicht mehr und damit auch keinen Nachschub. Nachts warfen Flugzeuge noch Verpflegungsbomben ab. Wer sie fand, gab nichts davon ab. Ein Großteil fiel in russische Hände.

Am 31. Januar kapitulierte der Südkessel mit Paulus, der einen Tag vorher noch zum Feldmarschall befördert worden war und zum „Kampf bis zur letzten Patrone“ aufgerufen hatte. Wir im Nordkessel hielten noch aus.

Es war schon makaber, als wir im Keller eines zerstörten Hauses in den Ruinen von Stalingrad unsere eigene Grabrede hörten. Es war die berühmte Rede von Göring, in der er uns mit den Spartanern verglich, die bei der Verteidigung einer strategisch entscheidenden Landenge gegen die persische Übermacht bewußt ihr Leben opferten, um den überlegenen Feind aufzuhalten. Als Göring zum Abschluß dieser Rede die letzte Botschaft der gefallenen Termophylenkämpfer zitierte: „Wanderer, kommst Du nach Sparta, verkündige dort, Du habest uns liegen sehen, wie das Gesetz es befahl.“, da wußten wir, daß man uns endgültig abgeschrieben hatte. Eine ganze Armee – sinnlos geopfert! Wir konnten es nicht fassen! Die Verbitterung war grenzenlos ...

Am 2. Februar war es endgültig aus. Man schoß einfach nicht mehr. Die Gefangennahme ging friedlich vonstatten, ohne jede Ausschreitung der kämpfenden Truppe. Stillschweigendes Verständnis mit dem unterlegenen Feind? Beide Seiten waren zu Tode erschöpft und froh, daß es endlich, endlich zu Ende war.

*Ende Dezember 1949 wurde Gottfried von Bismarck in einem Schnellverfahren unter fingierten Anklagen zu 25 Jahren Arbeitslager verurteilt. Begründet wurde das Urteil mit der Annahme, daß auf dem Gut der Familie in Pommern sowjetische Kriegsgefangene gearbeitet hätten. Er mußte daraufhin fünf harte Jahre, im wesentlichen untertage, Zwangsarbeit leisten. Erst 1955 kam er durch die Bemühungen von Bundeskanzler Adenauer nach fast 13 Jahren Kriegsgefangenschaft endlich frei. Vergeblich bemühte er sich zusammen mit anderen zur Zwangsarbeit Verurteilten darum, als „Opfer des Stalinismus" anerkannt und entschädigt zu werden: „Daß wir damit bei unseren Politikern auf offensichtlich taube Ohren stoßen, schmerzt!" Er studierte an der Bergbauschule Essen, arbeitete als Schießmeister bei Thyssen im Schachtbau und war als Selbständiger zuletzt im Ostexport tätig. Er verstarb am 8. Januar 2001.*

## Wilhelm Gereke: Bis zur letzten Patrone[4]

*Wilhelm Gereke war Angehöriger der 2. Batterie des Artillerie-Regiments 171 der 71. Infanterie-Division.*

Als sich im November 1942 die russischen Panzerspitzen auf der Donhöhe bei Kalatsch die Hand reichten und für die 6. Armee der Kessel um Stalingrad geschlossen war, glaubte niemand, daß dieser Zustand lange anhalten würde. Der erste Teil unserer 2. Batterie war in den Urlaub gefahren und noch nicht zurückgekehrt. Die Feuerstellung befand sich in der Nähe der Kirche mit Schußrichtung zur Wolga. Batterieoffizier war Oberwachtmeister Grunewald. Unsere B-Stelle war das Badehaus[5], wo vor unserer Einnahme ein russischer Regiments- bzw. Divisionsgefechtsstand gewesen war.

---

4 Der Bericht wurde in „Das Kleeblatt" (Mitteilungsblatt der Angehörigen der 71. Infanterie-Division), 135. Folge, Nr. 2, 29. Jhg., April 1985, und 136. Folge, Nr. 3/ 29. Jhg., Juli 1985, veröffentlicht.

5 Lt. Dr. Wigand Wüster (Brief, veröffentlicht in „Das Kleeblatt", 136. Folge, Nr. 3/29. Jhg., Juli 1985) befand sich die komfortable B-Stelle der 2. Batterie „in den Trümmern eines Geschäftshauses westlich oberhalb des Bahnhofsgeländes. Das Badehaus (Wannen- und Duschbäder) lag aber in der nahegelegenen Feuerstelle der Batterie. Es

Die Sicht war weit über die Wolga. Bei klarem Wetter konnten wir beobachten, wie der Russe jede Menge Artillerie in Stellung brachte. Unser Batteriechef, Oberleutnant Wüster[6], befand sich im Urlaub; die Batterie wurde von Leutnant Hildebrand geführt. Dieser wurde kurz darauf Abteilungsadjutant, und Leutnant Beigel übernahm die Batterie.

Ich verrichtete meinen Dienst auf der B-Stelle in der Vermittlung und auf vorgeschobene Beobachtung (VB) als Funker bzw. Fernmelder. Alle zehn Tage gingen Wachtmeister Specht und drei Mann auf VB. Die VB-Stelle lag an einer Balka in der Nähe der Wolga. Der Feind lag uns auf 15 Meter gegenüber. Da alles einzusehen war, ging es vom Bahnhof nur in Laufgräben, die ständig unter Granatwerferbeschuß lagen. Die Batterie wurde immer wieder ausgekämmt; jeder, der entbehrlich war, wurde zur 1. Batterie versetzt. Diese besaß keine Geschütze mehr und war als Artillerie-Kompanie an der Wolga infanteristisch eingesetzt.

Am 17./18. Dezember kam der Befehl heraus, alles, was nicht dringend gebraucht wurde, zu vernichten. Wir übernahmen noch zwei Geschütze und marschierten zur Südfront, wo schon Panzer zusammengezogen worden waren, um auszubrechen, der 4. Panzerarmee entgegen. Noch hatten wir fast nichts vernichtet, als der Befehl widerrufen wurde.

Ende Dezember, Anfang Januar wurde Oberleutnant Wüster eingeflogen. Leutnant Beigel übernahm die Stabsbatterie. Der Abteilungsgefechtsstand war in der ehemaligen Spritfabrik an der Straße vom Flugplatz zum Roten Platz untergebracht. Abteilungskommandeur war Hauptmann Langner.

Anfang Januar wurde ich von der VB-Stelle zum Abteilungsgefechtsstand versetzt. Die Wolgafront war zu dieser Zeit noch verhältnismäßig ruhig. Von unserer Seite wurde mit Artillerie nur mit besonderer Genehmigung auf erkannte Ziele geschossen und höchstens drei Schuß, während der Russe auf den einzelnen Mann mit der ganzen Batterie vom jenseitigen Wolgaufer schoß. Es lag Schnee, und es herrschte starker Frost, minus 25–30 Grad Kälte, herrliches Wetter für die feindliche Luftwaffe, die den ganzen Tag am Himmel war.

Die ehemalige Kommandantur Mitte war als Lazarett eingerichtet und mit Verwundeten überbelegt. Das Lazarett, weithin mit einem roten Kreuz auf weißem Grund sichtbar gemacht, wurde von russischen Bom-

---

bot durch seine stabile Bauweise bis in den letzten Kampfminuten in den späten Mittagsstunden des 31. Januar 1943 wie ein Betonbunker guten Schutz, als die Batterie bereits von den Russen überrannt worden war; eine Insel in der vorbeifließenden Flut der Angreifer, deren Untergang für jeden erkennbar unvermeidlich war. Dennoch wurde mit Infanteriewaffen weitergekämpft, ohne daß sich die Badehausverteidiger über Sinn und Nutzen ihrer Verhaltensweise Gedanken machten oder in ihrer dumpfen Verzweiflung Rechenschaft ablegten“.

6 Siehe dessen ausführlichen Bericht.

benflugzeugen angeflogen und mit Phosphorbomben dem Erdboden gleichgemacht. Die Kämpfe in der Steppe näherten sich dem Stadtrand, und Verwundete und Versprengte strömten in die Ruinen der Stadt. Auf unserem Gefechtsstand waren Angehörige sämtlicher Divisionen vertreten. Die Verwundeten wurden von unserem Abteilungsarzt Dr. Hengst versorgt. Wir gaben diesen Kameraden, die tagelang nichts zu essen gehabt hatten, von unserer geringen Verpflegung noch ab.

Am 20. Januar 1943 wurde der Regimentsgefechtsstand zu uns verlegt. Regimentskommandeur war Oberstleutnant von Stumpff[7], Adjutant Hauptmann Schmidt. Am 28. Januar hatte der Russe südlich von uns die Wolga erreicht, so daß für uns keine Verbindung mehr nach Süden bestand. Zu diesem Zeitpunkt war das ehemalige GPU-Gefängnis, das an der Zarizaschlucht lag, voll mit deutschen Gefangenen. Am Abend desselben Tages verabschiedete sich Hauptmann Schmidt. Er wollte sich mit einigen Offizieren wolgaabwärts zur Kaukasus-Armee durchschlagen[8].

Am 29. Januar wurde auf unserem Gefechtsstand die Marketenderware, von der noch ein Rest vorhanden war, auf alle Angehörigen gerecht verteilt. Die noch vorhandene Kaltverpflegung war schon am Vorabend ausgegeben worden. Am Nachmittag fuhr noch ein deutscher Panzer 4 auf der Straße vor und nahm die feindlichen Granatwerfer und die Infanterie unter Feuer. Als der Russe ihn ausgemacht hatte, schoß er mit der gesamten Artillerie, wobei der Abteilungsgefechtsstand mit vernichtet wurde. Nachdem Oberstleutnant v. Stumpf und Hauptmann Langner gefallen waren[9], setzten wir uns bei anbrechender Dunkelheit seitlich in einen anderen Keller ab, der schon von Angehörigen sämtlicher Divisionen besetzt war, darunter auch der Rest des Jagdgeschwaders Udet unter Hauptmann Dr. Mundscheit. Die vordere Linie wurde von uns stützpunktartig besetzt. Der Russe ging in der Nacht links vorbei, so daß wir uns jetzt in einem kleinen Kessel befanden.

Nachdem wir unsere Munition verschossen und die Handfeuerwaffen unbrauchbar gemacht hatten und daher ein Weiterkämpfen sinnlos war, begaben wir uns am Morgen des 30. Januar 1943 in Gefangenschaft.

---

7 Oberst Karl-Lebrecht von Stumpff war seit dem 1. Oktober 1942 Kommandeur des Artillerie-Regiments 171, vorher von dessen III. Abteilung. Am 3. August 1942 wurde er mit dem Deutschen Kreuz in Gold ausgezeichnet.

8 Laut Wigand Wüster war dieser Versuch erkennbar aussichts- und sinnlos, eben auch nur ein Verzweiflungsakt. Der Chef der 3. Batterie (Hauptmann Siewecke?) versuchte ebenfalls, sich durchzuschlagen, als seine Batterie bereits überrannt worden war. Er wollte nach Westen und blieb verschollen.

9 Laut Schreiben von Dr. Wigand Wüster (in „Das Kleeblatt“, 136. Folge, Nr. 3/29. Jhg., Juli 1985) haben sich Oberst von Stumpf (zuletzt noch befördert), sein Adjutant und der Kommandeur der II. Abteilung in ihrer Verzweiflung auf dem Abteilungsgefechtsstand der I. Abteilung selbst erschossen.

Beim Erreichen der feindlichen Stellung wurden uns von der kämpfenden Truppe Zigaretten und Zigarillos angeboten, die aus unserem von den Russen erbeuteten Verpflegungslager stammten. Von dieser Truppe wurde uns nichts abgenommen. Mit den Worten „Woina kaputt, skora damoi!" wurden alle Gefangenen, etwa 250 Mann, zu einer Kolonne zusammengestellt, und mit einem Posten als Bewachung ging der Marsch in südliche Richtung. Als der Posten nach 1 ½ km wieder abgelöst wurde, begann das große Filzen, an dem sich auch Zivilisten beteiligten. Alles, was sichtbar war, wurde uns abgenommen. Wir hatten nun die südliche Ausfallstraße erreicht und marschierten in Richtung Beketowka. Auf dieser Straße wurden wir von einer russischen motorisierten Einheit überholt. Wer nicht schnell genug zur Seite sprang, wurde überfahren.

Nach einigen Kilometern bogen wir von der Straße zur Bahnlinie Stalingrad–Beketowka ab. Hier wurden wir an einem Bahnwärterhaus verpflegt. Für acht Mann gab es ein Brot und dazu für jeden einen Salzhering. Das war für die nächsten acht Tage unsere Verpflegung! Als wir zur Straße zurückkehrten, wurden wir schon von einer russischen Einheit erwartet. Hier wurde uns das Letzte abgenommen; einigen Kameraden wurden die Stiefel ausgezogen, so daß sie bei minus 30 Grad Kälte barfuß im Schnee standen.

Am Abend erreichten wir das Lager Beketowka und wurden hier auf die Häuser verteilt, die ohne Fenster und Fußboden waren. Da man uns unsere Decken abgenommen hatte, mußten wir bei der Kälte auf dem Steinboden schlafen.

Im Lager Beketowka waren 50.000 Gefangene. Dort kamen aus Hunger die schlimmsten Dinge vor. Das Lager besaß zwei erbeutete Opel-Blitz-LKW, die den ganzen Tag die Verstorbenen in die nahegelegenen Schluchten fuhren. Man hatte auch eine Küche eingerichtet, die aber für die vielen Gefangenen nicht ausreichte, so daß man, wenn man Glück hatte, einmal in der Woche etwas zu Essen kriegte.

Ende Februar wurden wir verladen, 80 bis 100 Mann kamen in einen Waggon, der mit Pritschen ausgestattet war. Für die Notdurft stand ein 30 mal 30 cm großes Loch zur Verfügung, das in den Fußboden gesägt worden war. In der Ecke stand ein Ofen, für den einige Kloben Holz zum Verfeuern bereitlagen. Zum Zerkleinern des Holzes diente eine stumpfe Schiene. Als Verpflegung bekamen wir zwei Scheiben Hartbrot und dazu wieder einen Salzhering, aber auf der ganzen Fahrt nichts zu trinken. Hatte der Zug Aufenthalt, wurden die während der Fahrt Verstorbenen hinausgereicht und neben den Bahndamm gelegt. Als wir unseren Bestimmungsort erreicht hatten, wurden wir ausgeladen und auf die Lager „Bauer" und „Neumann" aufgeteilt, die in der wolgadeutschen Republik lagen. Wer nicht mehr laufen konnte, wurde mit den Ochsenschlitten, von russischen Frauen gelenkt, ins Lager gebracht. Die Frauen waren Zivilgefangene, deren Lager sich ebenfalls in der Ortschaft Bauer befand. Bauer war ein sehr schöner Ort. Da die Bewohner Verbannte waren, hatte man aus ihm mehrere Gefangenenlager gemacht. Von den 1000 Kriegsgefangenen, die hier untergebracht waren, starben an manchen Tagen bis zu 30 Mann, die meisten an Fleckfieber, Dystrophie und Ruhr. In den ersten Wochen war kaum einer arbeitsfähig. Einen Arzt gab es im Lager nicht, nur eine russische Schwester, die dem Sterben machtlos gegenüberstand.

Im März wurde das Lager „Neumann" aufgelöst; die noch Lebenden kamen ins Lager „Bauer". Nun waren wir ungefähr 50 Arbeitsfähige und wurden beim Bau einer Kolchose eingesetzt. Im September 1943 wurde auch das Lager „Bauer" aufgelöst; wir, noch 70 Arbeitsfähige und 150 Kranke, der Rest von 2000 Mann, wurden nun in das Lager Wolsk verlegt.

## Dietrich Goldbeck: Die letzten Tage der Panzerjägerabteilung 160[10]

*Dietrich Goldbeck wurde am 15. April 1914 in Gumbinnen/Ostpreußen geboren. Nach seinem Studium als Bauingenieur in Hannover und Danzig legte er 1939 das Staatsexamen ab. Bereits 1935–1937 diente er in der Wehrmacht, zunächst bei einer Panzerjägerabteilung in Goldap; dann war er Angehöriger der Panzerjägerabteilung der 60. Infanterie-Division (mot.). Nach seiner Entlassung aus sowjetischer Kriegsgefangenschaft im Juni 1948 arbeitete Dietrich Goldbeck in der großväterlichen Bautischlereifirma in Bielefeld, zuletzt bis 1982 als Geschäftsführer. Er wurde mit dem Bundesverdienstkreuz ausgezeichnet und verbringt in Bielefeld seinen Ruhestand.*

Als die Russen in den Tagen zwischen dem 19. und 21. November 1942 in der Nordostecke des großen Donbogens und südlich der Stalingrader Vororte Beketowka und Krasnoarmejsk durchbrachen und die 6. Armee einschlossen, befand sich die Panzerjägerabteilung 160 in folgender Lage: Die 1. Kompanie, geführt von Oberleutnant Mähl, hatte mit ihren 5 cm-Kanonen gedeckte Feuerstellungen in stützpunktartiger Zusammenfassung von mindestens zwei Geschützen über die ganze Breite des Divisionsabschnittes in der Nordriegelstellung nördlich der Bahnlinie, die von Gumrak, im Bogen nach Osten verlaufend, zum Traktorenwerk führte. Die 2. und 3. Kompanie unter Oberleutnant Hackert

10 Abschrift einer Niederschrift aus dem Jahre 1948; maschinengeschriebener Text aus der unveröffentlichten Geschichte der 60. Infanterie-Division (mot.)

und Oberleutnant Creutzburg[11] waren mit ihren 7,62 cm-Panzerjägerkanonen – auf Selbstfahrlafetten – in Lauerstellungen etwas rückwärts gestaffelt, zum Teil in heizbaren Geschützbunkern, um bei Panzerwarnung sofort fahrbereit zu sein. Die Gefechtsstände der Abteilung und der Kompanien befanden sich in einer Schlucht etwa zwei Kilometer südlich der Eisenbahnlinie in der Nähe des Divisionsgefechtsstandes.

Im gesamten Divisionsabschnitt herrschte Ruhe; der Boden war gefroren. Überall war man mit dem Ausbau der Winterstellungen und Unterstände beschäftigt. Ein Vorkommando war bereits zur Vorbereitung der Quartiere im Auffrischungsraum am Donez, da wir täglich auf die Herauslösung für den Winter warteten. Seit Oktober waren entsprechend einem großzügigen Plan der Division ständig viele Abteilungsangehörige auf Heimaturlaub; eine merkliche Belebung der Stimmung unter den Leuten trat ein, da sie meistens 20 und mehr Monate ohne Urlaub gewesen waren, soweit sie nicht zum Ersatz der letzten Zeit gehörten. Viele Soldaten waren an der seit September in der gesamten Gegend epidemieartig auftretenden Gelbsucht erkrankt – die auch mich fast den ganzen Oktober hindurch an die Pritsche gefesselt hatte – und befanden sich in rückwärtigen Lazaretten. So ging die Abteilung personell bereits stark geschwächt in den Endkampf. Die damalige Stärke dürfte höchstens 280 bis 300 Mann, wahrscheinlich weniger, betragen haben.

An der Erkundung des Breitstellungsraumes zum Ausbruch aus dem Kessel Mitte Dezember nahm ich selbst teil und sah dabei, daß die Armee noch über recht ansehnliche Panzerkräfte verfügte, unter ihnen einige Versuchsausführungen von 12,5 cm- und 10,8 cm-Kanonen – gepanzerten Schiffsgeschützen. Während dieser ganzen Zeit war es in unserem eigenen Abschnitt recht ruhig zugegangen – im Gegensatz zu dem immer noch in Bewegung befindlichen Westabschnitt, wo die Russen häufig mit Panzern angriffen –, und wir hatten laufend an der Verbesserung der Stellungen gearbeitet. Darüber hinaus waren in unserer rückwärtigen Gegend von OT-Formationen Versuche zur Anlage neuer Stellungslinien gemacht worden. Mit den Teilen der Division, die sich außerhalb des Kessels im großen Donbogen und in Stalino als Rückkehrer vom Urlaub und Genesene bei den Auffrischungsraum-Vorkommandos ansammelten, bestand Funkverbindung.

Unsere Hoffnungen richteten sich nun auf das neue Jahr, denn an ein unglückliches Ende unserer Einschließung dachte niemand. Überall wurde sogar das Weihnachtsfest vorbereitet und, so gut es ging, wurden Verpflegungsmittel aus den Vorratsausstattungen bereitgestellt, um während der Feiertage möglichst auch den letzten Mann satt zu bekommen.

---

11 Oberleutnant Karl Wilhelm Creutzburg (* 14. März 1914 in Eisenach) verstarb am 26. April 1943 im Kriegsgefangenenlazarett Arsk.

Der Abteilungskommandeur, Major Reimann, fuhr am 24. Dezember sämtliche Feuerstellungen in den vorderen Linien ab und verteilte überall Zigaretten, Schokolade und auch noch etwas Branntwein, ehe er am Abend in unserem Gefechtsstand zur fröhlichen kleinen Weihnachtsfeier des Gefechtsstandes- und Nachrichtenpersonals erschien. Zum letzten Male waren wir unbesorgt, heiter und hoffnungsvoll in Gedanken bei unseren Lieben daheim, im Unterstand dicht um das strahlende Weihnachtsbäumchen gedrängt. Etwas Heimatpost und die Glockenklänge der deutschen Dome aus dem Lautsprecher ließen uns die bittere Wirklichkeit vergessen.

Erstaunlich war in dieser Zeit die Haltung der bei der Abteilung zu Hilfsarbeiten aller Art eingesetzten „Hilfswilligen" [„Hiwis"], russischen Kriegsgefangenen. Hauptsächlich bei den Trossen, aber auch bei den Gefechtsständen der Einheiten, zum Holzhacken, Stellungsausbau und auch zum Wäschewaschen sowie in der Fahrzeug-Instandsetzung wurde, in eigenen Unterständen wohnend, eine ganze Anzahl von Gefangenen beschäftigt. Diese waren über unsere nun schon über einen Monat währende Einschließung genau im Bilde; trotzdem zeigten sie ohne besonderes Antreiben unsererseits keinerlei Absichten, etwa auszureißen, und verrichteten selbst bei schlechtester Verpflegung nach wie vor ihre Arbeit. Sie wußten außerdem ganz genau, daß sie es bei der Truppe erheblich besser hatten als in den Gefangenen-Sammelstellen und hatten vor nichts mehr Angst, als wieder dahin entlassen zu werden. Noch später, im Januar, gab es Überläufer in unserem Abschnitt, wo durch entsprechende Rufer dazu aufgefordert wurde. Nach den Aussagen der so Gefangenen hatte sich das an der gesamten Nordfront herumgesprochen, und sie scheuten selbst 30 Kilometer lange Wege nicht, um hier überzulaufen. Als ich die beim Abteilungsgefechtsstand befindlichen „Hiwis" am Heiligen Abend nach einer kurzen Ansprache über die Bedeutung und den Sinn des Weihnachtsfestes mit einer kleinen Spende von Zigaretten und erbeutetem Machorka bedachte, waren sie sichtlich erschüttert, und einer von ihnen gab diesen Gefühlen in ein paar Dankesworten Ausdruck, in denen er sagte, sie wüßten wohl, daß es uns schlecht gehe, weil wir eingeschlossen seien; sie seien jedoch fest entschlossen, bei uns zu bleiben, selbst wenn wir untergehen würden! Dann luden sie mich ein, in ihrem Erdloch mit ihnen zusammen zu rauchen und ihren Liedern zuzuhören.

In der Nacht zum 1. Weihnachtsfeiertag griffen die Russen im rechten Teil des Divisionsabschnittes heftig an und erzielten einen beträchtlichen Einbruch, der nur unter äußerster Anstrengung und schmerzlichen Verlusten wieder bereinigt werden konnte. Der Druck hielt auch in den nächsten Tagen an, und um die Jahreswende mußten einige kleine, aber in dem weitwelligen Steppengelände wichtige Hügel aufgegeben werden. Hierbei hatte auch unsere Abteilung personelle und materielle Verluste. Da nun nur noch sehr notdürftige und ungeschützte Stellungen vorhanden waren, nahmen bei dem langsam schlechter werdenden Kräftezustand die Erfrierungen erheblich zu. Trotzdem war bei uns die Lage noch ausgezeichnet im Vergleich zu den an der West- und Südfront eingesetzten Divisionen, die seit Beginn der Einschließung immer in Bewegung und deshalb fast ohne Möglichkeit waren, sich Stellungen auszubauen. Diese Divisionen waren der zunehmenden Winterkälte und den eisigen Schneestürmen der Steppe ausgesetzt. In dieser Zeit gab es bei uns viel Leben durch wechselnde Zuteilungen von Pak[12] der verschiedensten Divisionen, um unsere Abwehr zu verstärken. Auch hierdurch wurde die Verpflegungslage immer angespannter.

Am 10. Januar begannen die Russen ihren Großangriff zur Vernichtung des Kessels an mehreren Stellen, nachdem die Armee die Übergabe abgelehnt hatte. In schweren Kämpfen und mit großen Verlusten konnten wir sie in unserem Abschnitt zunächst aufhalten; jedoch mußten auch wir unsere besonders im Westteil des Divisionsabschnittes noch guten Stellungen, in denen wir den Winter [bis dahin] ganz gut durchgehalten hatten, etwa am 15. Januar aufgeben, als die Westfront unter Aufgabe des Flugplatzes Pitomnik schließlich bis an die Bahnlinie bei Gumrak zurückwich.

Wegen der personellen Verluste lösten wir in diesen Tagen unsere 3. Kompanie auf; ihre Mannschaften wurden auf die 1. und 2. Kompanie verteilt. Der bisherige Kompaniechef, Oberleutnant Creutzburg, erhielt die Aufgabe, mit Troßteilen die immer schwieriger werdende Versorgung der Abteilung durchzuführen. Der diensttuende Spieß, Feldwebel Wohlfahrt, blieb zunächst mit den gesamten Personalpapieren der Kompanie beim Abteilungsstab. Trotz der nun außerordentlich ernst gewordenen Lage der Armee auf dem verengten Raum glaubten wir immer noch, uns auch bis zum Frühjahr kämpfend halten zu können! Viel Material mußte stehen gelassen und vernichtet werden; auch die Verluste an Menschen wurden immer empfindlicher.

Aber mit erstaunlichem Kampfgeist wurde bei allen Truppen das letzte herausgeholt, um die jetzigen Kesselfronten zu halten. Ein Flugplatz am Westrand der Stadt sicherte uns noch die Verbindung mit der Nachschubbasis bei Stalino; Verwundete wurden noch zu Tausenden ausgeflogen. Über die Funkverbindung mit unseren Auffangstellungen am Donez hörten wir von Zeit zu Zeit von unseren Urlaubern und Genesenen, die von den Offizieren der Abteilung wie den Leutnanten Köppen und Ellerbrock, später auch Oberleutnant König, zusammengefaßt und im Rahmen der Abwehrkämpfe im großen Donbogen mit neuen

12 Pak = Panzerabwehrkanonen.

Geschützen ausgerüstet und großenteils bei der 6. Panzer-Division eingesetzt wurden. Über die Gesamtlage der Südfront und die strategische Aussichtslosigkeit eines baldigen Entsatzes der 6. Armee waren wir bei der Truppe nicht orientiert; weit verbreitet war noch bis zuletzt die Ansicht, die deutsche Panzerspitze der Entsatzarmee habe bei Kalatsch den Don schon wieder überschritten und sei in heftigen Kämpfen mit den Russen an der Westseite des Kessels.

Als wir am 15. Januar den Abteilungsgefechtsstand notdürftig im Tatarenwall ostwärts von Gumrak untergebracht hatten, wo es noch einen mehrtägigen Halt gab, teilte mir der Abteilungskommandeur, ganz mutlos von einer Kommandeurbesprechung zurückkommend, mit, daß wir alle Hoffnung aufgeben müßten. Von der zurückweichenden deutschen Südfront trennten uns jetzt mindestens 300 Kilometer, und die Rückwärtsbewegung sei im Augenblick noch nicht aufgehalten, sogar der Kaukasus drohe abgeschnitten zu werden! Ich wollte es nicht glauben und versuchte, ihm Mut zu machen.

Von diesem Augenblick an war in steigendem Maße eine gewisse Apathie bei der höheren Führung festzustellen, obwohl die Truppe trotz unglaublicher Zustände immer noch kampffähig war und in täglichem Ringen beträchtliche Abwehrerfolge erzielte. Schon konnten aber die Verwundeten nicht mehr alle untergebracht werden, und Versprengte und offensichtliche Deserteure lungerten planlos im Hintergelände herum. Bei der Aufgabe unserer Troßstellung westlich der Gumraker Bahnlinie gab es ein Gefecht, weil der Befehl zum Abbau zu spät kam. Während in großer Eile die Marschbereitschaft hergestellt wurde, hielt Oberleutnant Flieger, der Verpflegungsoffizier, mit allen freien Leuten – Kraftfahrzeugschlossern, Waffenmeistergehilfen – vom Rande der Troßbalka aus die vorrückenden russischen Infanteriegruppen auf und rettete damit für die letzten Tage der Abteilung die wichtigsten Munitions-, Kraftstoff- und Verpflegungsbestände. Dafür erhielt er noch am 1. Februar das EK II; auch eine ganze Anzahl unserer bisher ja nie in eigentliche Kampfhandlungen verwickelte Troßsoldaten und Handwerker wurden für ihren Mut und mannhaften Einsatz ausgezeichnet.

Die letzte, bittere Periode, der Endkampf am Westrand des nördlichen Vorortes Barrikady, begann. In etwa zweitägigen Rückzugsgefechten, noch mit wenigen Geschützen und Fahrzeugen ausgestattet, erreichten wir eine Schlucht westlich Barrikady, in der einige von Nachschubeinheiten früher angelegte Unterstände das Rückgrat unserer schnell aufgeworfenen Schneestellungen, wenige hundert Meter westlich auf dem mit Gestrüpp bewachsenem Hange, bildeten. Als wir dort einrückten, war der Stalingrader Kessel bereits in drei Teile aufgespalten. Wir befanden uns im nördlichen, unter dem Befehl von General Strecker[13], dem Kommandieren General des XI. Panzerkorps. Trotz aller furchtbaren Kampfbilder dieser Tage, in denen Verwundete und vom Hunger Erschöpfte den Anschluß an ihre Einheiten verloren und zu Tausenden am Rande der Straßen, auf den Schneewüsten und in verlassenen Stellungen und Unterständen erfroren und umkamen oder schließlich dem Feinde in die Hände fielen, was auch nichts anderes bedeutete als umzukommen – trotz der jedem einzelnen immer klarer werdenden Hoffnungslosigkeit unserer Lage wurde immer noch verbissen gekämpft. Leute, die jetzt noch keine Verwundung oder Erfrierung davongetragen hatten, gab es kaum mehr. Wenn die Russen zum Angriff antraten, lag der letzte kampffähige Mann hinter seiner Schneemauer und schoß mit dem harten Mute der Verzweiflung. Die schwerer Verwundeten wurden in einem größeren Unterstande einige hundert Meter rückwärts untergebracht, von dem auch der Abteilungskommandeur den letzten Einsatz leitete. In der Nähe befanden sich auch die Gefechtsstände des Infanterie-Regiments 92 (mot.) und der Division. Die letzten Fahrzeuge, die wir noch bisher hatten mitnehmen können, wurden uns in kurzer Zeit aus der Luft zusammengeschossen. Eigene Flugzeuge wurden immer seltener, da der letzte Flugplatz inzwischen aufgegeben worden war. Nur in der Nacht brummten über uns die Versorgungsflugzeuge, die ihre Ladung über unseren Stellungen, leider auch oft beim Feind, und auf einem markierten Abwurfplatz am Traktorenwerk abwarfen.

Während dieser letzten Tage war es kaum mehr möglich, sich bei Tage im Freien zu bewegen. Der russische Einschließungsring hatte sich derart verdichtet, daß auf jeden einzelnen Mann geschossen wurde. Bei uns mußte mit der letzten Infanteriemunition sehr gespart werden; schwere Waffen waren nur noch vereinzelt vorhanden, oder wir hatten keine Munition mehr. Unseren in der Schlucht liegenden, infanteristisch eingesetzten Teilen mußte das Nötigste an Essen und Munition nachts mit Handschlitten zugeführt werden.

Am 30. Januar setzte eine fürchterliche Bombardierung und Beschießung unserer Stellungen ein. Aus dem Lautsprecher des Wehrmachtsempfängers in unserem Bunker hörten wir, daß die beiden anderen Kesselteile Süd und Mitte den Widerstand aufgegeben hätten. Man sang uns das Nibelungenlied unseres Endkampfes. Noch konnte ich mir das Ende nicht so recht vorstellen. Bisher hatten wir den unmittelbar in unserem Abschnitt Gefallenen immer noch eine, wenn auch notdürf-

13 Generaloberst Karl Strecker (* 20. September 1884 in Radmannsdorf, † 10. April 1973 in Riezlern/Österreich) war schon im Ersten Weltkrieg Generalstabsoffizier. Am 1. Juni 1942 wurde er Kommandierender General des XI. Armeekorps, mit dem er am 2. Februar 1943 im Nordkessel in sowjetische Kriegsgefangenschaft geriet, aus der er erst 1955 entlassen wurde. Auszeichnung mit dem Ritterkreuz

tige, Bestattung gewähren können; jetzt hörte alles auf. Die gezielten 7,62 cm-Panzersprenggranaten krepierten am laufenden Band auf unserer Bunkerdecke, die glücklicherweise stark genug war. Den vielen Verwundeten, zwischen denen wir jetzt mit der Vernichtung unseres gesamten Aktenmaterials begannen, konnte nicht mehr geholfen werden. Die letzte Feldküche war zerschossen worden; auf dem Bunkerofen wurde in Raten das Essen für die Männer in der Schlucht gekocht.

Am 1. Februar griffen die Russen nach stärkstem Vorbereitungsfeuer und Luftbombardierung zweimal an. Unter Aufbietung unserer letzten Kraft wurde der Angriff abgewiesen, obwohl mehrere KW I-Panzer zwischen unseren Schneestellungen unbehelligt hin- und herfahren konnten. Wie wir am nächsten Morgen selber feststellen konnten, als man uns durch diese Linien in die Gefangenschaft führte, hatten die Russen riesige Menschenverluste; die Schneedecke war mit Leichen übersät.

Wir waren am Ende! In der Nacht ging der Divisionsbefehl an alle Einheiten, die letzten Waffen zu vernichten und dem für den nächsten Morgen erwarteten russischen Angriff keinen Widerstand entgegenzusetzen. In dieser Lage bliebe uns als ehrlichen Kämpfern nichts übrig, als die Gefangenschaft auf uns zu nehmen; daher sei es auch verfehlt, aus Furcht vor der ungewissen Zukunft etwa selber Hand an uns zu legen.

Seltsamerweise verlief die Nacht ausgesprochen ruhig. Selten ratterte ein MG in der Ferne. Wir verteilten den Rest unserer Konservenverpflegung, kochten die ganze Nacht hindurch, was der Ofen hergab, vernichteten Waffen und Material und bereiteten uns auf die Gefangenschaft vor, so gut wir es zu können glaubten. Kurz vor dem Morgengrauen trafen unsere Kameraden aus der vorderen Stellung bei uns ein, um das Ende mit uns zusammen zu erleben. Während der ganzen Nacht hörten wir unseren Totengesang aus dem Lautsprecher.

Gegen sechs Uhr morgens – es war schon ziemlich hell – kamen die Russen vorsichtig in Schützenkette über das Vorfeld; kein Schuß fiel. Am Unterstand der 92er wehte ein weißes Tuch. Nach kurzer Zeit erschienen einige in glänzendweiße Schneehemden gekleidete Maschinenpistolenschützen vor unserem Bunker. Während ich ihre mißtönende Aufforderung vernahm, daß alle herauskommen und draußen antreten sollten, zertrümmerte ich mit dem Klauenbeil unseren Empfänger und verließ dann als einer der letzten den Unterstand. Draußen waren bereits alle angetreten – etwa 70 Mann, viele mit erheblichen Verwundungen und Erfrierungen und erwarteten schweigend den Befehl zum Abmarsch. Der Abteilungskommandeur konnte noch einen Abschiedsgruß an alle richten. So endete am 2. Februar 1943 der Kampf unserer Panzerjägerabteilung in Stalingrad.

## Gottfried Greve: Das Ende im Nordkessel[14]

*Gottfried Greve wurde am 12. Januar 1915 in Bochum geboren. Er begann ein Studium der Theologie in Breslau, Leipzig und Erlangen, das durch die Einberufung zur Wehrmacht in Stettin und danach mehrfach unterbrochen und erst 1951 mit dem 2. Examen beendet werden konnte. In Stalingrad war er als Leutnant Angehöriger der Nachrichten-Abteilung 194 der 94. Infanterie-Division, mit der er schon den Frankreichfeldzug mitgemacht hatte.*

Ende Oktober 1942 war ich noch einmal für drei Wochen auf Heimat-urlaub gewesen. Am letzten Urlaubstag, dem 9. November, hörte ich noch in der Führerrede die vermessenen Worte: „Wo der deutsche Soldat steht, da wird ihn keine Macht der Erde wieder wegbringen!" Oft genug, als wir später in der Tatarensteppe hinter Stacheldraht sehnsüchtig nach Westen schauten, mußten wir voller Erbitterung an diese Worte denken. Auf der Rückreise zur Front kamen mir ernste Gedanken. Was würde der Winter bringen? Im ersten russischen Kriegswinter war ich um Haaresbreite der Gefangenschaft entgangen. Jetzt standen wir an der Wolga, und die Kämpfe waren härter denn je. Da war mir ein rechter Trost das Lied „In allen meinen Tagen", das mir nach kurzem Verwandtenbesuch auf der Durchreise zurück zur Front die liebe, fromme Hausmutter zum Abschied gelesen hatte. Da heißt es in einer Strophe: Bin ich in wilder Wüste, so bin ich doch bei Christo, und Christus ist bei mir der Helfer in Gefahren, der kann mich doch bewahren, wie aller Orte, so auch hier.

Auf dem großen Umschlagbahnhof Jassinowataja im Donezbecken mußte ich umsteigen. Des großen Urlaubsandranges wegen sollten wir dort drei bis vier Tage auf den Weitertransport warten. Eigenmächtig drängte ich mich aber in den schon überfüllten Zug nach Stalingrad, ohne den erforderlichen Stempel auf meinem Urlaubsschein; als Offizier würde man mich wohl nicht hinaussetzen. Nicht genug damit, verließ ich in der Donsteppe den Zug und legte die letzte Strecke, sonst zwei Tage Bahnfahrt, in wenigen Stunden mit einem zur Front fliegenden Sanitätsflugzeug zurück, getrieben von dem Drang, möglichst rasch wieder zu meinen Leuten zurückzukehren. So kam ich gerade zur rechten Zeit, um mit der gesamten Armee überraschend eingekesselt zu werden! Hätte ich mich der Ordnung gefügt und in Jassi gewartet, so wäre ich außerhalb des Kessels geblieben. War es ein eigener Weg, oder war es so Gottes Wille, daß ich gerade richtig zur Einschließung kommen sollte? Zuerst machte ich mir bittere Vorwürfe über meinen vorschnellen Eifer,

14 Der Bericht lag mir gedruckt ohne Angabe der Quelle vor.

und nur langsam wurde ich still, hielt mich dann aber daran: „Gott sitzt im Regimente und führet alles wohl.“

Als Führer des bespannten Zuges der Divisions-Nachrichtenabteilung, besonders für den Bewegungskrieg vorgesehen, hatte ich zunächst mit meinen Leuten eine ruhige Zeit. Aus unseren mit vieler Mühe ausgebauten Winterquartieren waren wir verdrängt; dort saßen jetzt die Russen. So mußten wir uns neue Bunker in der offenen Steppe bauen. Allen bösen Ahnungen zum Trotz gingen alle willig und mit Eifer an die Arbeit. Überhaupt blieben unsere Leute bis zum Schluß verständig und pflichtbewußt, wenn sich die Lage oft auch sehr verzweifelt gestaltete. Da war etwa der alte, biedere Obergefreite Tr., der mit einem Splitter in der Schädeldecke zum Ausfliegen auf den Flugplatz geschickt wurde. Nach vier Tagen meldete er sich freiwillig bei mir wieder zurück.

Der Plan, auszubrechen, wurde überall mit Freude aufgenommen. Alles war vorbereitet, da kam der Führerbefehl: „Aushalten, ihr werdet rausgehauen!“ Mit welcher Spannung verfolgten wir die Nachrichten von dem Herannahen der Entsatzarmee – 60 Kilometer vor dem Kessel blieb der Vormarsch stecken.

Um Weihnachten war es klar: Wir sind abgeschrieben! Der Kessel wurde langsam, aber stetig immer enger. Als Nachrichtentruppe waren wir über die Lage ständig gut unterrichtet. Bald stellte sich Mangel am Notwendigsten ein, der immer drückender wurde: Verpflegung, Bekleidung, Bewaffnung, alles fehlte. Die Luftwaffe, die uns versorgen sollte, brachte meist nicht den zehnten Teil der erforderlichen Versorgungsmengen heran. Die Kälte wurde unerträglich. Was sollte werden? Da wir genug Pferde hatten, spürten wir zunächst keinen Hunger; ja, wir konnten benachbarten Einheiten und dem Verpflegungsamt reichlich Pferdefleisch abgeben. Ich war so stolz darüber gewesen, daß ich den anstrengenden Vormarsch durch die wasserarme Steppe ohne Verluste für meinen Pferdebestand, 110 Tiere, überstanden hatte, was mir ein besonderes Lob eintrug. Nun wanderte ein Pferd nach dem anderen in die Feldküche. Es war ein erbarmungswürdiger Anblick, wie die treuen vierbeinigen Kameraden, die schon durch Frankreich marschiert waren und uns so viele tausend Kilometer weit nach Osten getragen hatten, immer schwächer wurden, da ihnen als Futter nur noch das überall wachsende Wermutkraut gegeben werden konnte. Die kleinen wendigen Panjepferdchen fraßen sich gegenseitig vor Hunger Mähnen und Schweifhaare ab.

Weihnachten kam. Zum ersten und einzigen Mal gab es im Kessel Post aus der Heimat, das schönste Geschenk. Anschaulicher als die Erinnerung gibt ein Brief vom 27. Dezember aus dem Kessel an meine Eltern in Bochum-Hamme wieder, wie es zum Christfest bei uns aussah: „Da wir ja auf die Weihnachtspäckchen nicht rechnen konnten, haben wir uns selbst aus Weizenschrot etwas ‚Kuchen‘ gebacken. Einen Apfel hatte ich mir noch aufgespart, der dann in drei gleiche Teile geteilt wurde ... Von 15 bis 19 Uhr bin ich am Heiligen Abend durch die Bunker gegangen und habe überall ein paar Worte gesagt; einzelne Leute hatten schon ein bißchen Trost nötig, doch im allgemeinen waren sie sehr verständig. Dabei konnte ich auch einige Beförderungen und Auszeichnungen bekanntgeben, worüber sich die Betreffenden sehr freuten, und jedem einen Brief aus der Heimat mitbringen ... Mir hat der Rundgang trotz des Schneesturms viel Freude gemacht. Um 19 Uhr ging dann das Feiern im eigenen Bunker los. Gebratene Pferdeleber und Hirsebrei bildeten das Festmahl. Dann wurde unser Kiefernbäumchen angesteckt. Ich las den beiden Bunkerkameraden das Weihnachtsevangelium vor und sprach einige besinnliche Worte. Und dann sangen wir zu dritt Weihnachtslieder, weniger schön als laut, aber voll Freude und Inbrunst. Wir sprachen viel von der Heimat, unseren Verhältnissen und der nächsten Zukunft. Es war eine selten frohe Stimmung über dem allen, trotz der übergroßen Primitivität. Ich las beim brennenden Bäumchen etwas aus August Winnigs[15] Buch ‚Die Hand Gottes‘ vor, wo er beschreibt, wie er am Heiligen Abend im Schneesturm im Harz auf dem Weg nach Hause fast umgekommen wäre. Die Beschreibung der Naturgewalten und seiner geistigen Verfassung dabei paßte so recht für uns ... Es war für unsere Verhältnisse ein schönes Fest, das uns Gottes Güte hat erleben lassen, für das wir ihm von ganzem Herzen danken. Nicht leichtsinnig, aber im Vertrauen auf Gott, unseren Herrn, der ja doch noch immer im Regimente sitzt, will ich dem Kommenden entgegensehen. Leicht werden die vor uns liegenden Wintermonate nicht sein, doch wenn Er seine Kraft und Hilfe uns nicht versagt, wird alles zum guten Ende kommen. Ich kann ja auch noch nicht klagen; wie viele Kameraden, besonders bei der wackeren Infanterie, müssen anderes durchmachen. Der Gedanke an sie beschämt mich immer wieder ...“ So weit der Brief an die Eltern.

Der Silvesterabend brachte den Befehl zur Auflösung unserer verbrauchten Division und Eingliederung der Reste in sogenannte Alarmeinheiten, Formationen, die aus allen Waffengattungen bunt zusammengestoppelt und meist nur noch mit Gewehr und wenigen Patronen ausgerüstet waren. Da gab es ein großes Abschiednehmen unter den alten Kameraden, die zum Teil seit September 1939 Freud und Leid des Feldzuges miteinander geteilt hatten, und jeder, auch der einfachste Mann, spürte: Das ist der Anfang vom Ende!

In einem improvisierten Kursus wurde ich einige Tage mit 15 jüngeren Offizieren aller Waffengattungen für die Infanterie umgeschult. So

15 August Winnig (* 31. März 1878 in Blankenburg, † 3. November 1956 in Bad Nauheim) war Journalist, Gewerkschafter und Schriftsteller.

hoffnungslos auch die ganze Lage war, man tat nach besten Kräften, was sich noch tun ließ. In diesen Tagen begann der Russe die große Offensive von Westen her; gleichzeitig bekamen wir strengste Kälte. Der Flugplatz Pitomnik, in dessen unmittelbarer Nähe wir lagen, fiel in Feindeshand. Damit hörte die an sich schon völlig unzureichende Versorgung fast ganz auf.

Unerwartet wurde ich von einer aus Resten eines Panzer-Regiments bestehenden Kampfgruppe als Nachrichter angefordert. Mein Vorgänger hatte die Spannungen nicht mehr ertragen können und zur Pistole gegen sich gegriffen. Der Glaube an Führer und Reich konnte bei solcher Belastung am allerwenigsten Trost und Halt bieten. Je mehr es dem Ende zuging, desto mehr häuften sich ähnliche Fälle. Wer wollte es wagen, sich zum Richter über sie zu erheben, die das taten?

Der Dienst bei der neuen Einheit ließ mir Tag und Nacht keine Ruhe. So blieb auf diese Weise aber auch keine Zeit zum Grübeln; das war ein Segen. Mit nur drei Leuten hatte ich die Leitungen unseres ganzen Abschnittes, die dauernd unter Beschuß lagen, instand zu halten. Von ihrer Betriebsfähigkeit hing oft alles ab. An Schlaf war nicht zu denken.

Eines Nachts – ich war allein auf Störungssuche gewesen – blieb ich auf dem langen Rückmarsch im Schneesturm liegen. Schlafen, nur schlafen! Zwei Pioniere, die den gleichen Weg hatten, halfen mir weiter, sonst wäre ich einen sanften Schneetod gestorben. Oft ertappte ich mich später bei dem Gedanken: „Wärst du doch damals eingeschlafen!"

Einer meiner Helfer fiel durch einen Splitter in die Stirn; wir konnten ihm kein Grab im hartgefrorenen Boden schaufeln. In jenen Tagen wurde von jedem einzelnen Mann Unendliches geleistet. Über die Sinnlosigkeit des ganzen Geschehens durfte man nicht nachdenken. Schneewüste, ein paar Ruinen, und in verschneiten Erdlöchern bis zum Äußersten entschlossene Männer, die, ausgehungert und ausgezehrt, mit erfrorenen Gliedmaßen doch nicht vom Platz wichen. Und davor die gewaltige Übermacht, der Russe mit seinem nervenzerreißenden „Urräh!". Wofür wurde noch gekämpft? Rettung gab es nicht mehr, ein Sinn ließ sich nicht erkennen, aber Ungewisses, Schreckliches drohte. So kämpfte man für den Augenblick, ohne Hoffnung, aber mit hartem Willen.

Da kam der Großangriff der Russen in unserem nördlichen Abschnitt, Panzer an Panzer, dazwischen alles schwarz von brüllenden Schützen. Da half auch kein harter Wille mehr; in aufgelöster Flucht ging alles zurück, hinein in die Trümmerstadt. Am Abend fanden sich die versprengten Häuflein unserer Kampftruppe in einer Schlucht am nördlichen Stadtrand wieder zusammen. Ich fand eine alte Leitung im Schnee, schloß den geretteten Feldfernsprecher versuchsweise an und bekam auch Verständigung, freilich niederschmetternde Nachrichten: Stalingrad-Mitte und -Süd hatten mit Generaloberst Paulus schon kapituliert! Unvergeßlich der Befehl des Führers unseres Armeekorps, das sich in dem winzigen Nordkessel noch bis zum 2. Februar hielt: „Kameraden, es ist uns befohlen, bis zur letzten Patrone auszuhalten. Gott befohlen, meine Männer!" Das war unser Todesurteil.

Die nächsten Tage in Kellern und Ruinen waren die Hölle. Aus allen Rohren wurden wir bepflastert; die Flieger bombardierten uns ohne Pause. Wir hockten da und warteten auf das Ende. Zahlreiche Versprengte irrten umher, grau im Gesicht, die erfrorenen Glieder mit Deckenresten umwickelt. Sie bettelten um einen Bissen Brot. Der Verpflegungssatz in diesen letzten Tagen war: 35 g Brot, 50 g Büchsenfleisch und 15 g Weizenkörner für die Suppe. Wasser dazu lieferte der mit Splittern und Schutt verunreinigte Schnee, den man in Zeltbahnen zusammenkratzte. Neben unserem Keller hatte ein Oberarzt als rühmliche Ausnahme einen Verbandplatz eingerichtet und war Tag und Nacht unermüdlich bei der Arbeit. Auch über meine vereiterte und stinkende Hand erbarmte er sich.

In diesen letzten Tagen konnte ich Gott nur um einen gnädigen und schnellen Tod bitten. Ich lief wohl auch bewußt unvorsichtig draußen herum, aber obwohl unmittelbar neben mir Kameraden fielen, traf mich auch nicht ein Splitter – es war einfach nicht zu begreifen! Da kam mir das Psalmwort in den Sinn: „Ob tausend fallen zu deiner Seite ..." Sollte ich etwa hier noch einmal herauskommen?

Am 30. Januar hörten wir aus einem Wehrmachtslautsprecher in unserem Keller unsere eigene Gedenkrede, große Worte von Opfer und Treue usw. Die Wirkung war verschieden, aber in jedem Fall erschütternd: hier wilde Verzweiflung, dort Resignation, flammende Wutausbrüche, da wieder herzzerreißendes Gelächter, bei manchem aber auch ein stilles Sichschicken in diesen schweren Weg.

Am Abend kamen zwei Kameraden zu uns, die den Russen in die Hände gefallen waren. Sie berichteten von guter Behandlung und reichlichem Essen. Dann hatte man sie zu uns zurückgeschickt. Sie wurden bestaunt wie Wundertiere. Der Russe behandelte also die Gefangenen als Menschen – oder war's nur eine List, um uns zu falschem Vertrauen zu verleiten? Manche redeten irre vor Hunger, Kälte und Angst.

An einem jener Tage gab mir Gott ein Zeichen, daß er mich trotz allem nicht verlassen hatte: Ich stolperte über einen Trümmerhaufen und stieß an eine Konservenbüchse; sie war noch halb gefüllt mit Schmalz. Ich mußte an Elias und die Raben denken. Dieser Fund bedeutete mehr als endlich wieder einmal den Hunger stillen zu können.

Am 1. Februar fragten wir uns immer wieder: Warum kommt der Russe nicht? Zum Schießen hatten wir nichts mehr – nun mußte doch das Ende kommen! Einzelne versuchten, über die Wolga nach Osten auszubrechen. Viele wurden dabei erschossen; der Rest kam 14 Tage später, halb verhungert, mit schweren Erfrierungen zu uns ins Lager. Und mancher verwendete die letzte Kugel für sich selbst.

Am Nachmittag des 1. Februar traf eine Fliegerbombe unser letztes Fahrzeug, unseren leeren Fourierwagen. Unseren Fourier, einen jungen, frischen Obergefreiten, zogen wir mit schweren Verletzungen, am Rückgrat gelähmt, unter den Trümmern hervor. Wir legten ihn auf eine Pritsche im Keller. Da lag er stumm, nur die großen Augen wanderten unablässig von einem zum anderen. Am nächsten Morgen war der Russe da – endlich! Ich ging als letzter aus dem Keller, strich dem Fourier noch einmal über die Stirn und sagte ihm ein gutes Wort zum Abschied – für diese Erde –, aber seine Augen verfolgten mich noch lange.

Vor unserem Keller standen die Russen, die Maschinenpistolen im Anschlag. Stumm traten wir zur Marschkolonne an; wir waren wie benommen. Die meisten hatten nur den leeren Brotbeutel und eine Decke als Gepäck, aber man ging schwer, wie unter einer Zentnerlast. Hinaus ging's in die unendliche Schneewüste nach Norden, die schwarze Schlange der Gefangenen reichte bis zum Horizont. Über uns kreisten einige deutsche Fernaufklärer. Das war der letzte Gruß der Heimat.

*Gottfried Greve wurde 1948 schwerkrank aus sowjetischer Kriegsgefangenschaft entlassen und war bis 1978 als Pfarrer in Bad Schwartau tätig. Er starb am 8. Juli 1984 in Bad Bevensen.*

## Joachim Heil: Einflug in den Kessel ohne Befehl[16]

*Joachim Heil war bis September 1942 Chef der 13./Infanterie-Regiment 211 der 71. Infanterie-Division, danach Regiments-Adjutant.*

Mein Kommandeur, Oberst Barnbeck[17], hatte mir freigestellt, ob ich im Oktober oder Weihnachten auf Urlaub fahren wollte. Ich wählte Oktober/November und geriet so auf der Rückreise in die Kesselbildung. Mit mir zusammen befand sich auf der Hin- und Rückreise

16 Der Bericht beruht auf einer Zusammenfassung aus zwei Briefen vom 7. Juli und 24. Juli 1982 an Helmut Schröder und wurde in „Das Kleeblatt", 126. Folge, Nr. 1/27. Jhg., Januar 1983, veröffentlicht.

17 Hermann Barnbeck (* 7. Oktober 1894 in Rösehöfe/Krs. Bückeburg, † 25. Oktober 1944 in Minden) nahm am Ersten Weltkrieg teil, den er als Leutnant beendete. 1936 als Hauptmann zur Wehrmacht, 1941 Oberstleutnant, 1942 Oberst. Zum 1. April 1942 Kommandeur des Infanterie-Regiments 211; am 29. Oktober 1942 mit dem Ritterkreuz ausgezeichnet. Im Dezember erkrankt, 1944 Divisionsführer-Lehrgang.

unser Regimentsarzt. Er hieß Dr. Arno Scharf und war früher Arzt unseres II. Bataillons.

In dem Sammelpunkt unserer Division trafen wir Oberleutnant Jensen von der Aufklärungs-Abteilung und einen Obergefreiten mit einem Auto unserer Division. Wir nahmen das Auto in Beschlag und klapperten damit alle Flugplätze und Stäbe ab, um in den Kessel zu kommen. Bei diesen Fahrten fanden wir das Dorf, in das unsere Artillerie die Pferde in das Winterquartier gebracht hatte. Der als Ortskommandant eingesetzte Veterinär wies uns Quartier zu und bat Dr. Scharf, im Revier zu helfen, da dort großer Andrang herrschte und dort auch die Bevölkerung betreut wurde.

Oberleutnant Jensen brachte dann von einer Erkundungsfahrt die Nachricht mit, der Kessel solle in den nächsten Tagen von Südwesten aus geöffnet werden. Er hatte Vorausabteilungen der 6. Panzer-Division getroffen. Wir fuhren nach Morosowskaja, um erneut den Versuch zu machen, einzufliegen. Uns wurde bedeutet, das sei unmöglich. Wir würden im Kessel erschossen, wenn wir ohne Befehl einfliegen würden. Wir versuchten es immer wieder, aber ohne Erfolg.

Endlich, am 12. Dezember, ließ uns der Ia eines Fliegerkorps in Morosowskaja zu dem Bunker auf dem Rollfeld fahren, in dem die Flugzeugführer auf ihren Einsatz warteten. Er hatte gesagt, er könne niemandem befehlen, uns mitzunehmen. Wenn wir Flugzeuge fänden, die das täten, wolle er das zwar nicht verhindern, er selber aber wisse von uns nichts.

Es war eine He 111-Staffel. Die Flugzeugführer hatten schon früh am Morgen einen Einsatz geflogen. Ich fand eine Besatzung, deren Bordschütze dabei verwundet worden war, und die mich an seiner Stelle mitnehmen wollte. Leider hatte man diesem Bordschützen den Fallschirm nicht abgenommen; so war für mich keiner vorhanden.

Gegen 11 Uhr starteten wir mit vier Bomben und zwei Säcken Post. Ich durfte nur meine Kartentasche und ein Brot mitnehmen – alles andere blieb auf dem Flugplatz und ging verloren. Wir warfen unsere Bomben – ich hätte zwischen Freund und Feind nicht unterscheiden können –, doch über die Bordverständigung wurde mir erklärt, sie hätten bestens gelegen. Ohne Luftkampf, aber unter starkem Flakfeuer – das uns jedoch keinen Schaden zufügte – erreichten wir Pitomnik.

Der Flugzeugführer hatte mir versprochen, ohne die vorgeschriebene Platzrunde zu landen, damit ich das Flugzeug verlassen könne, ehe die Platzaufsicht erschien. Wir stießen aus den Wolken direkt runter auf den Platz und landeten. Dafür bekam der Flugzeugführer einen Verweis. Aber ich konnte die Maschine ungesehen verlassen, was noch dadurch erleichtert wurde, daß wir bis kurz vor einen Pulk Verwundeter ausrollten, die ausgeflogen werden sollten und die Maschine sofort umringten.

Als die Platzaufsicht dann mit Feldjägern angefahren kam, ging ich auf den Hauptmann zu und stellte mich als Abholer meiner Division vor, der einen Chirurgen und einen Minen-Spezialisten abholen solle. Kein Mensch fragte nach einem schriftlichen Befehl. Ich sah aber auch nach einem Stabsangehörigen aus, hatte ich doch keinen Mantel an und trug eine weiche Feldmütze und Handschuhe. So lief im Kessel bei der Kälte kein vernünftiger Mensch mehr herum!

Mit der dritten Maschine kam Dr. Scharf, und mit der fünften landete Oberleutnant Jensen. Sie hatten auch keine Schwierigkeiten. Auf einem Lastwagen mit Holz fuhren wir dann nach Stalingrad hinein, nachdem ich vorher unseren Ia, Oberstleutnant von Below[18], angerufen hatte, der zunächst sprachlos war, dann aber schnell schaltete und uns sagte, wohin wir fahren sollten. So kamen wir in den Kessel. Dr. Scharf starb später in Gefangenschaft; über den Verbleib von Oberleutnant Jensen kann ich nichts sagen. Ich selbst war bis Sommer 1949 in Gefangenschaft.

## Hans Krumfuß:
## Bis zum bitteren Ende[19]

*Hans Krumfuß war Feldwebel in der 3. Kompanie der Panzerjägerabteilung 171 der 71. Infanterie-Division.*

Unsere Panzerjägerabteilung 171 lag im November 1942 in gut ausgebauter Stellung in Stalingrad-Süd, an der Wolga, Front ostwärts. Der Gefechtsstand lag in der Zarizaschlucht, die zur Wolga führte. Unser Kommandeur war Oberstleutnant Wildhagen. Unsere 3. Kompanie – Kompanieführer Leutnant von Alten – lag mit allen 12 Geschützen und MG am südlichsten Teil der Front in Minina. Hier befand sich auch der Kompanie-Gefechtsstand mit Teilen des Trosses, Schreibstube und Spieß, der Rest des Trosses mit Schirrmeister, Rechnungsführer, Tankstelle und die gesamten Trosse der anderen Kompanien bis 25 km westlich von Stalingrad. Wir waren weit auseinandergezogen und hatten mit den anderen Kompanien wenig Kontakt. Die Kompanie in Stalingrad lag in einem Stadtteil, der zum Teil noch von der Zivilbevölkerung bewohnt und nicht allzusehr zerstört war. Wir mit unserer Werkstatt hatten uns in Sowjetskij einen Bunker gebaut und mit Holz aus Stalingrad

18 Hugo Günter von Below war ein Bruder von Hitlers Luftwaffen-Adjutanten Nicolaus von Below; er geriet am 2. Februar in sowjetische Kriegsgefangenschaft.

19 Der Bericht wurde in „Das Kleeblatt“ (Mitteilungsblatt der 71. Infanterie-Division), 163. und 164. Folge, im April und August 1993 veröffentlicht.

etwas wohnlich gemacht. Auch wohnte die Bevölkerung noch in ihren Häusern, und wir hielten mit ihnen gute Nachbarschaft.

Anfang November kam ein Divisionsbefehl: Alle Troß- und Gefechtsfahrzeuge, die voraussichtlich in der kommenden Zeit nicht zum Einsatz gelangen würden, seien splittersicher einzugraben. Die Motoren, soweit sie reparaturbedürftig waren, mußten ausgebaut und transportfähig gemacht werden; sie sollten angeblich in der Heimat überholt werden. Also ging es los! Ein Teil der Kameraden hob große Gruben aus. Meine kleine Werkstatt mit zwei Schlossern und zwei russischen Kriegsgefangenen begann mit dem Ausbau der Motoren. Die Bretter für die Holzverschläge holten wir aus den Ruinen der Stadt.

Am 20. November waren wir soweit. Wir packten unseren 3,5-Tonnen-Opel voll, und mit den anderen Troßfahrzeugen der Abteilung machten wir uns auf den Weg. Als Beifahrer wurde mir Feldwebel Stiller zugeteilt, ein Kamerad aus meiner aktiven Dienstzeit, worüber ich mich sehr freute. Die Fahrt ging nordwestlich nach Kalatsch über den Don, vorbei am Feldlazarett Marinowka und dem Feldflugplatz. Nach mehrstündiger Fahrt erreichten wir den Zielort, dessen Namen ich vergessen habe, der aber einen Bahnanschluß besaß. Unsere Motoren wurden hier verladen. Weil ein Novembertag schon sehr kurz war, mußten wir uns nach einem Quartier umsehen; eine Unterkunft war schnell gefunden. Dort fanden wir noch Kameraden von der nördlichen Riegelstellung, die allerhand Bedrohliches zu berichten wußten. Sie erzählten von Durchbruchsversuchen der Russen bei den italienischen Divisionen und schweren Abwehrkämpfen an der Nordflanke von Stalingrad. In unserem Quartier kam bedrückte Stimmung auf. Mein Kamerad Stiller und ich nahmen unsere Decken und legten uns in eine Ecke zum Schlafen.

In der Nacht wurden wir plötzlich durch Granat- und MG-Feuer aus dem Schlaf gerissen. Die Russenfrauen in unserem Hause schrien und weinten: Die Ruskis kommen! Wir beide natürlich raus; auf den Straßen ein wüstes Durcheinander. Wir hatten in diesem Tumult Mühe, unseren LKW wiederzufinden, aber wir fanden ihn unversehrt. Nun aber nichts wie weg, doch in welche Richtung? Bei unseren Gesprächen mit den Kameraden war das Wort Kalatsch gefallen. Sollte der Weg dahin schon versperrt sein? Also bogen wir nach Südwest Richtung Tschir ab und vom dortigen Bahnhof wieder nach Osten Richtung Stalingrad. Später erfuhren wir, daß wir die falsche Richtung genommen hatten: Die Kameraden der anderen LKW waren nach Westen gefahren und so nicht in den späteren Kessel geraten. Als wir durch Tschir fuhren, entdeckten wir auf dem Bahnhof riesige Lager mit Verpflegung. So im Vorbeifahren sahen wir große Stapel Käserollen liegen. Später, während der Zeit der Einkesselung, mußten wir oft noch sehnsüchtig an die Massen von Verpflegung denken.

Nun also gaben wir Gas Richtung Osten. Die Rollbahn war ruhig, nur in der Ferne hörten wir heftiges Artilleriefeuer. Wir fuhren in flottem Tempo; auf einmal tauchten neben der Rollbahn kleine Trüppchen deutscher Soldaten auf, zum Teil ohne Waffen und in desolatem Zustand. Auf unsere Fragen hin beichteten sie, sie seien Nachschubeinheiten. Plötzlich seien in der Nacht russische Panzer in ihr Dorf eingebrochen, hätten die Häuser in Brand geschossen und alles niedergewalzt, was ihnen in den Weg kam. Nur durch schnelle Flucht hätten sie ihr Leben retten können. Ich forderte sie auf, mit uns nach Stalingrad zu fahren; bei diesem Wort lehnten sie entsetzt ab. Wir beschrieben ihnen den Weg zum Bahnhof Tschir und sagten, dort seien noch keine Russen. Schockiert setzten wir unsere Fahrt fort.

Jetzt tauchten auch russische Frauen und Kinder mit Bündeln auf, in denen sich ihre Habseligkeiten befanden. Sie gingen schweigend und ängstlich an uns vorbei. Jetzt hieß es also aufpassen. Endlich tauchte ein Wegweiser nach Sowjetskij auf; wir waren am Ziel. Leider waren die Russen schon vor uns da! Es waren Panzer; sie schossen wild in den Ort hinein. Die Häuser brannten. Da unser Troß an der entgegengesetzten Seite des Ortes lag, mußten wir nun von der Rollbahn herunter und uns im großen Bogen von hinten nähern. Glücklicherweise kamen wir unbemerkt heran. Feldwebel Stiller machte sich auf die Suche nach seinem Haufen. Bei meinem Troß fand ich außer unseren russischen „Hiwis" – allen voran unser Schlosser Alex, ein patenter Kerl – niemanden mehr vor. Ich versuchte, ihm klarzumachen, sie seien jetzt frei, ihre Kameraden seien jetzt da. Zu meiner Überraschung zeigten sie keine Freude darüber, sondern bestürmten mich, sie doch mitzunehmen. Als ich unsere beiden Russen aufsteigen ließ, waren im Nu noch zehn weitere von ihnen dabei!

Inzwischen wurde die Lage immer brenzliger. Die Russen schossen alles zusammen; überall brennende Fahrzeuge. Mehrere Wagen wurden in voller Fahrt erwischt – die armen Kameraden! Nun wurde es aber höchste Zeit. Ich fuhr gleich mit dem LKW in das Gelände, weil die Rollbahn nicht sicher genug war. Es war eine fürchterliche Fahrt; hinter uns das brennende Dorf, vor uns die wüste Steppe. Aber wir schafften es, wenn auch der Wagen oft umzukippen drohte, weil er keine Sitze hatte, so daß die Russen bei großen Schlaglöchern alle auf eine Seite rutschten. Wie lange wir damals gefahren sind, weiß ich heute nicht mehr; jedenfalls kam es mir wie eine Ewigkeit vor.

Endlich tauchten die rauchenden Ruinen von Stalingrad auf. Die Russen ließ ich absteigen, nur unsere zwei blieben bei mir. Mein erster Weg führte mich zum Abteilungsgefechtsstand in der Zarizaschlucht, und ich meldete mich bei Oberstleutnant Wildhagen. Als sie meinen Bericht hörten, und daß ich als einziger aus dem Troß der 3. Kompanie mit einem LKW und russischen Hilfswilligen dem Chaos entronnen war, wollten sie es nicht glauben. Ihnen war in Stalingrad von einer Einkesselung noch nichts bekannt. Mir selbst ist es bis heute noch unbegreiflich, wie so etwas bei unserer deutschen Wehrmacht passieren konnte! Der ganze Abteilungsstab war einfach sprachlos. Oberstleutnant Wildhagen sagte dann zu mir: „Krumfuß, so schlimm wird das sicher nicht sein, und in kurzer Zeit wird die Sache ausgebügelt sein. Fahren Sie zu Ihrer Einheit zurück und melden Sie sich bei Ihrem Kompaniechef!"

Ich machte mich auf den Weg zu unserer Kompanie und wurde dort mit Freuden empfangen. Unser Chef, Leutnant von Alten, begrüßte mich recht herzlich; er sagte, sie hätten mich schon aufgegeben, aber der Rest des Trosses sei schon vorher angekommen. Er meinte dann, die ganze Lage sei recht undurchsichtig. Mit der Schirrmeisterei war es jetzt wohl vorbei, denn wir besaßen nur noch vier Halbkettenfahrzeuge, einen Küchenwagen und meinen 3,5-Tonner. So machte Leutnant von Alten mich zu seinem Kompanietruppführer; das war ich schon Jahre vorher gewesen.

Die Front war, außer dem täglichen Artilleriefeuer, in dieser Zeit ziemlich ruhig. Nach einigen Tagen war dann die ganze Lage deutlich: Die Russen waren mit starken Panzerverbänden durch die rumänische Division Richtung Kalatsch durchgestoßen; im Norden durchbrachen russische Panzer die Front bei den italienischen Divisionen und stießen nach Süden vor. Mit der Einnahme von Kalatsch war die Einkesselung beendet. Natürlich wurde jetzt ein Teil unserer Truppen von der Wolgafront abgezogen, um eine neue Abwehrlinie nach Westen aufzubauen. Dann schneite es; es gab weder Winterbekleidung noch Filzstiefel. Es stellte sich heraus, daß alle Bekleidungsbasen außerhalb des Kessels lagen. Die Einheiten, die vorher in ausgebauten Unterkünften lagen, mußten jetzt im Westen einen Verteidigungsring aufbauen und Stellungen graben, um dem Druck der Russen zu widerstehen.

Unsere Kompanie mußte einen Zug Pakgeschütze mit Halbkettenfahrzeugen unter Führung von Feldwebel Taubert an die nördliche Riegelstellung abgeben. Wir sahen diesen Zug nie wieder! Nur Feldwebel Taubert sah ich beim Ende des Kampfes verwundet in einem Lazarettkeller, ein armes Häufchen Elend und nicht mehr ansprechbar.

In unserer Kompanie begann jetzt schon die erste Rationierung der Verpflegung: täglich nur noch 400 Gramm Brot und absolute Benzinsperre. Wir mußten jeden Tag zu Fuß unsere Stellungen mit Verpflegung und Munition versorgen. Täglich beharkten uns jetzt russische Tiefflieger, sogenannte Schlächter. In unserem Abschnitt befand sich eine Vierlingsflak. Diese wagte gar nicht mehr zu schießen, um unsere Stellungen nicht zu gefährden. Mit unserer Luftversorgung schien es nicht so recht zu klappen; für unsere Jäger war es wohl zu weit, unsere Versorgungsflugzeuge zu schützen. Viele Ju's wurden abgeschossen. Nachts kam dann noch der „U. v. D.“; so nannten wir einen kleinen russischen Doppeldecker. Der sah von oben das Feuer in den Schornsteinen und schmiß dann im Sturzflug kleine Bomben ab.

Ende Dezember wurden erneut die Brotrationen gekürzt. Inzwischen war der Troß nicht untätig gewesen. Vor unserer Nase lag der große Getreidesilo; da mußte doch etwas zu holen sein! Mit ein paar Russen aus unserer Umgebung und einem Panjewagen zogen wir los zum Silo, wo schon reges Leben herrschte. Wir luden ein paar Säcke Korn auf, und dann ging's zurück. Die Russenfamilien erboten sich sofort, es zu mahlen. Sie hatten eine große, aber recht primitive Handmühle, die von Männern gedreht werden mußte, was sehr anstrengend war. Nun wurde Tag und Nacht gemahlen. Abends lösten die Landser die russischen Zivilisten ab, und wir waren an der Reihe. Das Schönste war, daß wir in unserer Kompanie einen Bäckermeister hatten; das erste ofenfrische Brot aßen wir mit einer wahren Andacht, seit Monaten zum ersten Mal! Leider hatte es einen großen Fehler: es schmeckte bitter. Der Bäcker fand dann heraus, daß das Korn nicht gereinigt war und Wermutkörner dazwischen enthielt. Aber besser bitteres Brot, als gar keines! Auch die Bevölkerung in unserer näheren Umgebung wurde damit versorgt.

Vor Weihnachten erreichte uns der Befehl, alle Papiere der Schreibstube zu verbrennen, da ein Ausbruch eventuell bevorstand. Unser General von Hartmann befahl alle Schirrmeister und Werkstattmeister zum Rapport. Die Zusammenkunft fand in einem noch erhaltenen Schuppen statt. Der General ging aufrecht durch unsere Reihen, fragte hier und da nach dem Dienstalter, sah nach unseren Tapferkeitsmedaillen, war sehr freundlich zu uns und erklärte dann, warum er uns zusammengerufen hatte: Wir stünden wahrscheinlich vor einem Ausbruchsversuch aus dem Kessel. „Zu diesem Zweck muß ich von Euch wissen, wie es mit den Kraftfahrzeugen aussieht. Haben wir noch genügend einsatzbereite Fahrzeuge? Wie sieht es mit Öl und Kraftstoff aus? Ich bekomme von den Einheiten genug Meldungen darüber, aber diesmal will ich es von Euch wissen!“ Wir waren von der Eindringlichkeit seiner Rede beeindruckt. So hatte ich noch nie einen General reden hören. Er fragte einige von uns nach ihren Ansichten. Zum Abschied gab er jedem von uns die Hand und sah uns dabei fest in die Augen.

Zurück bei der Kompanie berichtete ich unserem Kompaniechef von der Unterredung mit dem General. Daraufhin sagte er mit ernstem Gesicht: „Mein lieber Krumfuß, inzwischen ist ein neuer Führerbefehl gekommen; Stalingrad muß gehalten werden! Die Befreiuungsarmee ist zwar im Anmarsch, aber man beabsichtigt, nur einen Versorgungsschlauch zu schaffen.“

Es wurde Weihnachten; keine Post. Unsere Weihnachtspäckchen lagen außerhalb des Kessels und wurden an die dortigen Kameraden verteilt. Dann hatten wir aber doch noch eine kleine Freude: Von einer pferdebespannten Einheit kamen Soldaten und fragten, ob sie an unserer Küche zwei kleine Pferde schlachten dürften. Sie waren versprengt und besaßen keine Küche mehr. Unser Spieß gestattete es, und wir bekamen dafür eine Zunge und eine Leber. Für uns bedeutete das zwar nur einen kleinen Leckerbissen, aber wir freuten uns trotzdem.

Am Heiligen Abend schoß der Russe uns ein Weihnachtslied. Es wurde immer kälter; die Wolga war längst zugefroren. Die Russen konnten jetzt ihren Nachschub über das Eis kommen lassen. Dann kam die große Enttäuschung: Der Heeresbericht meldete, die Manstein-Armee sei selbst in eine russische Umklammerung geraten und mußte nach schweren Verlusten nach Süden ausweichen. Ein neuer Führerbefehl besagte: Stalingrad sei unter allen Umständen zu halten, damit russische Kräfte gebunden würden und die Kaukasusarmee nicht gefährdet würde. Das war das Ende für uns; die 6. Armee wurde geopfert!

Zur Jahreswende 1942/43 veranstalteten die Russen ein bombastisches Feuerwerk, wie ich es wohl nie wieder in meinem Leben sehen werde. Ein glühender Ring von Norden nach Süden, und sogar jenseits der Wolga eine Feuerkette. Jetzt sahen wir unseren Einschließungsring! Welch eine Munitionsverschwendung – aber sie hatten es ja.

Am 1. Januar hörten wir von unserem Infanterie-Regiment 211, daß besoffene Russen in Kompaniestärke einen Einbruch hatten erzwingen wollen. Gerade in diesem Abschnitt aber lag eine schwere MG-Kompanie unserer Infanterie. Der russische Angriff blieb im Feuer der MG's liegen. Die Russen müssen grausame Verluste erlitten haben.

Immer mehr Versprengte kamen jetzt von der Westfront. Die Soldaten konnten sich in ihren Schneelöchern ohne jede Winterbekleidung nicht halten; sie mußten zurückweichen. Alle Einheiten waren auseinandergerissen worden. Die meisten hatten Erfrierungen an den Füßen und viele keine Schuhe. Die Füße waren mit Lumpen und darüber mit Stücken von Zeltbahnen gegen die Nässe umwickelt; es war ein trauriger Anblick. Verpflegung hatten sie seit Tagen nicht mehr bekommen.

Mitte Januar wurde die Verpflegung noch einmal gekürzt. Schon längst erreichte uns die nötige Verpflegung nicht mehr. Den Flugplatz Pitomnik hatten wir verloren, der in Gumrak war auch schon gefährdet. Dort lag ein großes Feldlazarett, von dem die Schwerverwundeten mit den leeren Transportflugzeugen aus dem Kessel geflogen wurden. Von der Division kam ein neuer Befehl: Die Trosse, Werkstätten, Verwaltung usw. hätten ihre Mannschaftsbestände zu durchforsten und alle, die ein Gewehr tragen könnten, den Kampfverbänden zuzuführen. Wenn nötig, müsse mit den Leuten kurzfristig der infanteristische Einsatz geübt werden. Also teilte man uns 20 Mann zu, darunter auch fünf Stabsfeldwebel von den Feldjägern sowie einen Veterinär-Leutnant. Leutnant von Alten übergab mir den Haufen; ich sollte mit Hilfe zweier Unteroffiziere und einem Obergefreiten eine Kampftruppe daraus machen – zur größten Verwunderung der russischen Bevölkerung, die unserer Kriegsspielerei befremdet zusah. Nach einigen Tagen hatten wir mit den Resten unserer Kompanie eine Art Alarmeinheit beisammen.

Inzwischen hatten die Russen ein Kapitulationsangebot gemacht, das aber auf Befehl Hitlers abgelehnt wurde. Der Oberbefehlshaber, Generaloberst Paulus, zog um diese Zeit in die Nähe des Roten Platzes. Dort standen zahlreiche große Ruinen, deren Kellerräume noch unversehrt waren. Der Platz lag im Befehlsbereich unserer Division; daher mußte unsere Kompanie zwei Pakgeschütze mit Bedienung zum Schutz des Oberbefehlshabers abstellen.

So vergingen weitere Tage. Überall in unserem Abschnitt tauchten Rumänen auf. Sie hatten ihre Waffen schon weggeworfen, besetzten die letzten noch brauchbaren Häuser und belästigten die Zivilbevölkerung.

Am 25. Januar erreichte uns der Einsatzbefehl. Der Kompaniechef rief die Unteroffiziere zusammen und gab ihnen den Befehl, am Südhang eine Auffangstellung zu beziehen und so lange zu bleiben, bis die Reste der Nachbar-Division, einer sogenannten Leichten Division mit zwei Regimentern, bei uns eintrafen und übernahmen. Nach dem Eintreffen dieser Division sollten wir uns in unsere alten Stellungen in Stalingrad zurückziehen.

Unser kleiner Haufen wurde in zwei Züge eingeteilt. Einen Zug übernahm Leutnant von Alten, einen ich. Dieser Zug bestand meist aus neuen Leuten; nur zwei Unteroffiziere, der Rechnungsführer Gert Rüppert und der Waffen-Unteroffizier Fritz Meier waren alte Kameraden. Nach kurzem Marsch erreichten wir unsere Stellung. Es handelte sich um einen Graben mit kleinen Bunkern, den schon die Russen zur Verteidigung der Stadt gebaut hatten. Er lag in einer Obstplantage mit vielen kleinen Bäumen. Hinter ihnen erblickten wir die Dächer eines kleinen Dorfes, dessen Namen mir entfallen ist. Die Stellung war gar nicht übel: Überall gab es kleine Bunker, sogar mit Lehmböden. Es wurde ein ruhiger Tag. Ab und zu kam ein Trupp Rumänen, die alle erbärmlich aussahen und um etwas Brot bettelten. Ein Major, den wir als solchen gar nicht erkannt hatten, trank mit Leutnant von Alten noch einen Schnaps und berichtete, die Russen seien ihnen dicht auf den Fersen und wir sollten gut aufpassen.

Die erste Nacht verlief ruhig. Es hatte wieder geschneit. Am Morgen kam unsere Verpflegung. Die Suppe war vom Vortag und natürlich gefroren, und wir mußten sie auftauen. Wir erhielten auch weniger Brot, weil sich unser Bäcker mit uns im Einsatz befand. Es wurde sehr, sehr kalt; der einzige Schutz für den Kopf war ein dünner Kopfschützer unter dem Stahlhelm. Fausthandschuhe hatten sich die Soldaten aus alten Lumpen selbst genäht. Insgesamt war es ein trüber Tag.

Gegen Mittag sahen wir von weitem eine größere Kolonne herannahen. Erst das Fernglas gab uns die Gewißheit, daß es deutsche Soldaten waren. Aber wie sahen sie aus! Vorneweg marschierten ein paar Offiziere, dann etwa 40 Mann, bewaffnet und in noch leidlichem Zustand; doch dann kam in unregelmäßigem Abstand Trupp auf Trupp, zu zweit oder dritt untergehakt und ohne Waffen, sich gegenseitig stützend, um den Kopf eine Wolldecke geschlagen, Verwundete auf Krücken humpelnd; der ganze Haufen [bestand aus] ca. 100 Mann. Leutnant von Alten und ich sahen uns erschüttert an. Das also war die neue Auffangfront, die Leichte Division? Der Major trat zu uns und stellte vor: der Rest der Division! Die Kolonne kam zum Stehen, und die Soldaten fielen reihenweise um und schliefen ein – ein trauriger Anblick! Auch hier besaßen viele nicht einmal Schuhzeug, sondern nur Lumpen und Teile von Zeltbahnen um die Füße gewickelt.

Der Major hatte nur ein müdes Lächeln im Gesicht, als ihm Leutnant von Alten den Befehl übermittelte, er müsse mit seinen Leuten die Stellung übernehmen. Er sagte zu meinem Chef: „Sie sehen doch selbst, daß wir dazu nicht in der Lage sind!" Nun wurden die Schläfer mit dem Versprechen hochgerissen: „Jungens, nach ein paar hundert Metern kommen Häuser, und es gibt etwas zu essen!" Ein Unteroffizier dieser Truppe berichtete mir, sie seien schon zwei Tage ohne Essen und Schlaf unterwegs. Nach vielen Ermunterungen und Befehlen setzte sich der traurige Zug wieder in Bewegung in Richtung Stalingrad. Unser Kompaniechef beriet sich mit den Unteroffizieren und mir. Wir gelangten zu dem Entschluß, erst einmal abzuwarten und zu sehen, was auf uns zukommen würde.

Nachmittags wurde es diesig, und heftiges MG- und Gewehrfeuer aus dem vor uns liegenden Ort setzte ein. Wir hörten Schreie von Frauen und sahen Häuser brennen. Die Russen kamen! Mehrere T-34 und ein Rudel Infanteristen näherten sich langsam. Durch das Fernglas sahen wir Infanteristen mit langen Wintermänteln, Filzstiefeln und Pelzmützen. In dem Glauben, daß sie keinen Gegner zu fürchten hätten, rückten sie langsam schreiend und schwatzend auf uns zu. Leutnant von Alten befahl, äußerste Ruhe zu bewahren und sie auf Schußweite herankommen zu lassen; mit einem Schuß werde er das Feuer freigeben. Es war für uns ein verteufeltes Gefühl und für die meisten Soldaten aus den Trossen und Schreibstuben wohl das erste Mal in ihrem Leben, daß sie auf Menschen schießen mußten. Dann schossen wir; die Russen waren völlig überrascht und gingen sofort in Deckung. Plötzlich schoß hinter uns ein deutsches Geschütz, das wir gar nicht bemerkt hatten. Es war eingegraben und für die Luftabwehr vorgesehen. Jetzt wurden die Russen unsicher und zogen sich zurück. Da wir Munition sparen mußten, verhielten wir uns ruhig.

Nach etwa einer Stunde vernahmen wir plötzlich Motorengeräusche: Die Panzer kamen! Unablässig feuernd, wälzten die sich durch die Baumpflanzung. Für uns bedeutete es das Aus, denn wir besaßen keine panzerbrechenden Waffen. Leutnant von Alten gab den Befehl: Jeder gehe nach seinem Ermessen zurück; sammeln am Südende von Minina. Ich solle den Rest übernehmen. Er selbst wolle mit sieben Mann versuchen, die Front zu durchbrechen und sich nach Westen durchschlagen. Mit einem Händedruck nahmen wir voneinander Abschied. Es war jetzt auch höchste Zeit.

Nur noch Unteroffizier Meier befand sich bei mir, die anderen waren schon verschwunden. Jetzt entdeckten wir die T-34, auf deren Geschütztürmen die rote Fahne wehte; wir machten uns davon. Dabei fiel Meier in ein Granatloch und lag bis zum Hals im Schnee. Beim Versuch, ihn herauszuziehen, verlor ich meine MP, die im tiefen Schnee verschwand. Dann kamen wir an einem Flakgeschütz vorbei. Der Geschützführer bat mich, ihm von draußen die Entfernungswerte zu den Panzern anzugeben. Er wollte mit Steilfeuer auf die Panzer schießen. Als wir erwiderten, die Panzer seien schon da, schloß er sich mit seinen zwei Kameraden an, und wir erreichten keuchend mit letzter Kraft die ersten Häuser von Minina. Dort war der verlorene Haufen der Nachbar-Division in Stellung gegangen. Der Major sagte zu mir: „Besorgen Sie sich erst mal ein Gewehr; es liegen genug herum!" Uffz. Meier und ich betraten ein Holzhaus, das von Rumänen belegt war. Auf dem Flur lagen Waffen aller Art; die Rumänen hatten den Krieg schon auf ihre Art beendet. Wir suchten uns Gewehre und Munition heraus und machten uns auf, die Reste meiner Kompanie zu finden, aber niemand war mehr zu sehen. Als wir in die Nähe unserer alten Stellung gelangten, lief mir mein treuer Alex von unserer Werkstatt entgegen. Er hatte einen kleinen Handschlitten bei sich, auf dem sich auch meine Packtasche mit Reservewäsche und Rasierzeug befanden. Die Freude war groß! Der Hauptfeldwebel hatte mit unserer Feldküche Stellungswechsel machen müssen und Alex als Einweiser für den neuen Platz zurückgelassen. Voller Freude schenkte ich ihm meine Taschenuhr, die sowieso in russische Hände fallen würde.

Beim Troß wurden wir freudig empfangen. Hier traf ich auch einen Teil meiner Alarm-Kompanie. Unsere restliche Kompanie besaß nur noch ein Pakgeschütz und ein MG. Den Rest des Trosses überließ ich nun unserem armen Spieß, der mir leid tat. Er war vor drei Monaten erst aus der Heimat vom Offizierslehrgang gekommen, um bei uns seine Fronterfahrung zu machen, ehe er Offizier wurde. Ich selbst wollte aber nicht beim Troß bleiben und zog mit einem unserer Kradmelder in unsere Geschützstellung. Zu meiner größten Überraschung traf ich dort meinen Kameraden Stiller als Geschützführer an unserem letzten Geschütz. Nebenan befand sich ein MG mit zwei Soldaten. Nun bestand meine Kampftruppe noch aus sieben Mann und zwei Feldwebeln, an Geschütz und MG Tag und Nacht ein Posten. Verpflegung kam täglich aus der Küche; sie bestand nur noch aus einer undefinierbaren dünnen Suppe und 100 Gramm Brot.

Feldwebel Stiller und ich streiften am Tage viel umher. Überall in den noch heilen Kellern lagen Verwundete, zum Teil ohne medizinische Versorgung und Verpflegung. Weil die restlichen Einheiten und die Versprengten nirgendwo unterkommen konnten und deshalb keine Verpflegung erhielten, gingen sie auf Raub aus und überfielen Feldküchen und Nachschubeinheiten. Beim Rundgang durch diese Kellerquartiere entdeckten wir einen guten alten Bekannten: es war der ehemalige Fahrer unseres früheren Abteilungskommandeurs. Früher war er ein guter Athlet gewesen und ein Baum von einem Mann. Hier lag er nun, ein Häufchen Elend mit zwei Lungendurchschüssen. Als er mich sah, fing er zu weinen an. Er sagte: „Hier liege ich nun einsam und von aller Welt verlassen!" Der im Bunker tätige Arzt meinte, er werde bald sterben. Es war entsetzlich und wurde immer schlimmer; unser Verpflegungsschlitten wurde überfallen. Ab sofort begleiteten ihn immer zwei Mann mit schußbereiter MP.

Ein junger Leutnant von der Flak besuchte uns mit einem großen Rucksack. Er wollte von mir wissen, wie er durch die Minensperre an der Wolga gelangen könne. Ich machte ihm klar, daß nicht wir die Minen gelegt hätten und es außerdem Schnee und viele neue Trümmer unmöglich machten, irgendwelche Minen zu entdecken. Daraufhin begann der kleine Leutnant zu weinen: Er hatte mit einem Schlag seine ganze Geschützbedienung verloren und war mit seinen Nerven am Ende. Wir überredeten ihn, bis zum Ende bei uns zu bleiben, da genügend Platz vorhanden war. Als er seinen Rucksack auspackte, kamen lauter leckere Sachen heraus, die wir schon seit Wochen nicht mehr gesehen hatten. Alles wurde kameradschaftlich geteilt, und wir hatten einen wahren Festtag!

Zwei Tage später kam ein Hauptmann der Artillerie zu uns herein; auch er bat mich um Führung durch das Minenfeld. Als er mir erklärte, er müsse Vermessungen für seine Geschütze durchführen, entgegnete ich ihm, es gebe doch für seine Geschütze mangels Munition nichts mehr zu schießen. Der Hauptmann gab mir recht; er fühle sich aber als Offizier verpflichtet, wenigstens einen Ausbruchsversuch zu machen, ehe er in russische Kriegsgefangenschaft gerate. Ich schüttelte den Kopf. Der Hauptmann ging mit mir in den Bunker zurück und sprach eine Weile mit dem Leutnant von der Flak. Danach packten beide ihre Rucksäcke und verabschiedeten sich mit Händedruck.

Inzwischen hatten wir den 29. Januar 1943. Als ich am Abend mit einem Gefreiten vom Verpflegungsempfang zurückkehrte, empfingen mich ernste Gesichter. Feldwebel Stiller verkündete, sie hätten über unsere Lage nachgedacht und seien zu dem Entschluß gekommen, nicht in russische Gefangenschaft zu gehen und lieber den Tod zu wählen. Alle sechs seien sich einig; ob ich auch mitmachen wolle? Ich dachte in diesem Moment an General von Hartmann, der inmitten seiner Infanterie am Bahndamm einen russischen Angriff abgewehrt und den Soldatentod gefunden hatte. Ich sagte also nein, selber Hand anlegen wollte ich nicht. Daher beschlossen wir, ich solle sie verlassen, wenn es soweit sei.

Die Verpflegung ging jetzt fast vollständig zu Ende. Da wir schon seit einer Woche keinen Flugplatz mehr besaßen, kamen die Ju 52 nur noch nachts. Man hatte am Roten Platz ein geräumtes Gelände mit roten Lampen umstellt, und in dieses erleuchtete Viereck warfen die Maschinen im Tiefflug Versorgungsstücke und Kisten mit dem Fallschirm ab. Dabei ging natürlich viel daneben. Alle, die noch laufen konnten, krabbelten in den Trümmern umher und suchten nach etwas Eßbarem. Am Abend des 29. Januar kam ein Hauptmann von der Division und überreichte mir das EK I und noch drei EK II für drei Gefreite.

Der 30. Januar kam. Am Abend ging ich noch mit Feldwebel Stiller in den Nachrichtenbunker, wo es ein Radio gab. Eine Rede Hermann Görings zum 10. Jahrestag der nationalsozialistischen Machtergreifung durch Hitler wurde übertragen. Wir kamen gerade noch rechtzeitig, während Göring sprach. Wörtlich sagte er: „Der Kampf um Stalingrad ist nunmehr zu Ende. Die 6. Armee hat heldenhaft gekämpft, bis zum letzten Mann und bis zur letzten Patrone und wird als unsterblich in die Geschichte eingehen!“ In diesem Moment flog ein Stiefel gegen das Radio und die Stimme verstummte. Die Stimme eines Soldaten ertönte: „Die Schweine erklären uns schon für tot, und wir sitzen noch hier mit 100.000 Mann und hoffen immer noch auf Rettung!“ Schweigend verließen wir den Bunker, und Feldwebel Stiller sagte: „Jetzt ist es soweit, mein lieber Hans, mach's gut. Sollte es Dir gelingen, doch noch in die Heimat zurückzukehren, vergiß uns nicht und sage allen, wie schmählich eine ganze Armee sinnlos geopfert wurde, nur weil gewisse hohe Offiziere der deutschen Armee Befehle eines österreichischen Gefreiten höher achteten als das Leben von 100.000 jungen Menschen!“ So schied mein Kamerad Stiller von mir. Ich holte meine wenigen Habseligkeiten aus dem Gefechtsstand und ging zu den beiden Gefreiten am MG, die wie ich noch leben wollten.

In der Nacht zum 31. Januar gab es überall in unseren Stellungen Schießereien; Handgranaten detonierten. Im Morgengrauen rief ein Russe in unseren Bunker: „Kamerad, ruki werch!“ Wir legten die Waffen ab und traten mit erhobenen Händen ins Freie. Die Russen waren sehr fröhlich und freundlich zu uns; für sie bedeutete es ja einen großen Sieg. Ein junger russischer Leutnant sagte auf deutsch: „Krieg aus, Hitler kaputt!“ Nun begaben wir uns zu einem Sammelplatz und wurden nach Waffen durchsucht. Später kam ein Kommissar und forderte mich auf, mitzukommen. Ich dachte, er wolle mich erschießen: Er hielt mir seine Pistole in den Rücken und befahl mir, in unseren Gefechtsbunker zu gehen. Da lagen sie nun, meine sechs Kameraden, mit durchschossenen Schläfen und regten sich nicht mehr. Der Kommissar hielt einen Finger an seine Schläfe und rief: „Durag, durag!“ Später erfuhr ich, das heißt Dummkopf. Wortlos kehrten wir zum Sammelplatz zurück, und ich trat wieder in die Reihen. Nun hieß es, in Fünferreihe in die Gefangenschaft abzumarschieren. Die Morgensonne strahlte bei minus 40 Grad Kälte und eisigem Wind vom Himmel.

Ich dachte an daheim. Meine Mutter hatte heute Geburtstag, sie wurde 63 Jahre alt. Die ganze Familie würde beim Kaffee sitzen, und Mutter würde sicher sagen: „Was macht wohl unser Hans in Rußland? Er hat schon lange nicht mehr geschrieben …“

## Gert Pfeiffer:
## Der Nordkessel gibt auf[20]

*Gert Pfeiffer wurde am 8. Oktober 1913 in Sarow geboren. 1937 trat er in die Wehrmacht ein. Als Hauptmann im Infanterie-Regiment 92 (mot.) der 60. Infanterie-Division nahm er an den Kämpfen um Stalingrad teil. Am 3. August 1942 wurde ihm das Deutsche Kreuz in Gold verliehen Nach seiner Heimkehr im Jahre 1949 trat er 1955 in die Bundeswehr ein. Als Oberstleutnant (ernannt am 3. Mai 1962) war er zuletzt Kommandeur des Panzergrenadier-Bataillons 72 in Hamburg-Fischbeck. Nach seiner Pensionierung 1971 verbrachte er seinen Lebensabend in Buxtehude, wo er am 2. Januar 1998 verstarb (→ Bildtafel I).*

Den Stalingrader Kessel erlebte ich im offenen Feld in der Nordriegelstellung. Nach Ausheilung meiner dritten Verwundung war ich im August 1942 zu meiner Division zurückgekehrt, wurde sofort als Führer der sogenannten Divisions-Troß-Kampfgruppe eingesetzt, hatte die Trosse erst einmal praktisch unter meinen Befehl zu stellen und wurde bei Einbrüchen zweimal mit ihnen eingesetzt.

20 Der Bericht wurde in „Unsere 16.“, Folge 179, 46. Jhg., Januar 1998, S. 4–6, publiziert.

Ende September hatte ich den Regimentsadjutanten des I.R. 92, Hauptmann von Reibnitz[21], abzulösen, da er für den erkrankten IIa der Division einspringen mußte. Zu diesem Zeitpunkt war bereits unser III. Bataillon, am Divisionsflügel im Westen an der Grenze zur 113. Infanterie-Division, eingesetzt, an einem Großkampftag von ca. 400 auf 30 Soldaten dezimiert worden, wobei die Panzerabteilung 160 über 50 Panzer abschoß. Trennungslinie zwischen den beiden Divisionen war die Bahnlinie Stalingrad nach Nordwest Richtung Moskau. Die sowjetische Führung wollte den Kessel von Nordwest her öffnen, hatte mit Schwerpunkt beim dritten Bataillon angegriffen und einen tiefen Einbruch erzielt, füllte aber diese Lücke nicht aus, weil sie durch flankierendes deutsches Feuer von West und Ost wirkungsvoll beherrscht wurde. Als einziger Rundum-Kampfstand existierte im Niemandsland nur noch der ehemalige Bataillonsgefechtsstand, auf dem ich als eine meiner ersten Handlungen eines Nachts den Bataillonsführer aufsuchte, meinen Greifswalder Freund Hauptmann Otto Meyn. Es war ein gespenstischer Weg allein in dunkler Nacht, denn ich wollte keinen Melder gefährden. Meyn fiel wenige Tage später mit seinen letzten Soldaten. Er hatte es abgelehnt, eine Ausweichstellung weiter südlich zu beziehen.

Unser Regiment, in der Nordriegelstellung links – westlich – an das Schwester-Regiment 120 am Tatarenwall und rechts – östlich – an die Reste der 16. Panzer-Division angelehnt, hatte eine Frontbreite von etwa 3,5 km. Die Kraftfahrzeuge waren etwa 2 km südlich behelfsmäßig eingegraben. Das II. Bataillon war links unter Führung von Hauptmann Hirsch[22] am Nordrand einer tiefen Balka und das I. Bataillon rechts unter Major Thurner an einem flach nach Norden abfallenden Vorderhang in überwiegend offener Lage eingesetzt. Die Kompanien hatten sich in Panzer-Deckungslöchern zu zweit eingegraben und besaßen keine durchgehende Stellung. Die Gefechtsstände lagen überwiegend in vorderer Linie. Mit den eingegliederten Resten der 13. und 14. Kompanie des Kradschützenzuges und des Pionierzuges mögen die Gefechtsstärken je Bataillon bei 400 Köpfen gelegen haben.

Groß war die Sorge um Wasser, Stellungsbaumaterial, später auch um Heizmaterial, auch für die Feldküchen, denn in der Steppe gab es kein Holz, und die ausgebauten Eisenbahnschwellen nahmen rasch ab.

Nach Vernichtung des III. Bataillons griffen die Russen kaum noch massiver als in Kompaniestärke und nur vereinzelt mit Panzern an. Einmal „rammelte“ ein russischer Panzer Major Thurners Gefechtsstand fast zusammen, und der blieb nur durch ein Wunder am Leben. Wir

21 Hauptmann v. Reibnitz verstarb am 6. November 1994 in Bonn.

22 Hauptmann Hirsch verstarb 1943 im Offizierslager Jelabuga; Major Thurner ist vermißt.

hatten den Eindruck, daß der Feind nach „weichen“ Stellen suchte. Bis zum 24. Dezember konnten alle Angriffe – auch mit wirkungsvoller Hilfe unserer I. Abteilung des Artillerie-Regiments 160 südlich von uns – abgewehrt werden, wobei immer einmal wieder Panzerdeckungslöcher verlorengingen. Personellen Ersatz gab es bald nicht mehr, denn unsere Trosse waren bis auf den letzten Feldwebel und den Waffenmeistergehilfen, den Feldkoch sowie Kranke und Leichtverwundete ausgekämmt und hatten mit Versorgungsproblemen reichlich zu tun.

Die Division führte uns ab und zu kleine Gruppen ausgekämmter Soldaten in der Nacht zu, und diese Unglücklichen hofften, noch etwas besser verpflegt zu werden. Jedoch bekam jeder, vom Regimentskommandeur bis zum Gefangenen, das Gleiche, die Gefangenen allerdings keine Rauchwaren, die in kleinsten Rationen noch vorhanden waren. Ablösen und Aufwärmen konnte nur das II. Bataillon; beim ersten ging das nur im Krankheitsfall, der sehr bald eintrat. Bis zur Kesselschließung hatten sich die Ausfälle in Grenzen gehalten, danach stiegen sie aber rasch an.

Der Regimentsgefechtsstand lag etwa 300 Meter hinter dem I. Bataillon am flachen Hinterhang, in seiner Höhe eine Werferbatterie, ein Vierlingsgeschütz und eine Kanone 8,8 cm der Fla-Waffe, die einmal einen durchgebrochenen russischen Panzer auf 30 Meter abschoß. Der Vierling schoß einmal eine „Rata“ ab, deren Pilot noch abspringen konnte und im unübersichtlichen Gelände nach einem Schußwechsel von uns gefangen[genommen] wurde. Alle Unterstützungswaffen waren auf Zusammenarbeit angewiesen, zuverlässig und wirkungsvoll im Einsatz, die Raketenwerfer gegen erkannte Bereitstellungen.

Die Notdurft mußten alle, auch der Oberst, auf freiem Feld verrichten. Als mir dabei eines Morgens ein russischer Feldkabel-Bautrupp unter Führung eines Oberleutnants in die Arme lief, konnten wir – gerade [selbst] noch mit notdürftig hochgezogener Hose in den Fernmeldebunker entkommen – die Russen gefangennehmen.

Versorgt wurde bei Dämmerung – das I. Bataillon nur bei Nacht – durch ein Kraftfahrzeug pro Bataillon, das Waffen und Munition brachte und Verwundete und Kranke mitnahm. Reibungen gab es reichlich genug dabei! Hygienische und Gesundheitsprobleme einschließlich Verlausung nahmen rasch zu, zumal es keinen Wäschewechsel gab. Nur die Hoffnung, die Einschließung würde kein Dauerzustand sein, ließ uns alle Unzulänglichkeiten ertragen. Allerdings bedrückte uns die Lage der Soldaten beim I. Bataillon zunehmend schwer. Rasch nach der Einschließung mußte die Verpflegung gekürzt werden. Am 24. Dezember gab es pro Mann nur noch eine Scheibe Brot, einen Pferdefleischklops und zwei bis drei Stück Rauchwaren.

Am Morgen des Heiligen Abend wurde ich zum Divisions-Gefechtsstand befohlen, um den Bereitstellungsraum für den Ausbruch der Division nach Südwest zu erkunden. Zu diesem Zeitpunkt war der Entlastungsangriff der Armeegruppe Hoth etwa 50 km von Südwesten her an den Kessel herangekommen, konnte aber von den Sowjets gestoppt werden. Unterwegs gab mein Kübelwagen den Geist auf, und ich mußte einen Beiwagenfahrer mit vorgehaltener Pistole zwingen, mich in die Südwestecke des Kessels zu bringen.

Das Ergebnis der Erkundung war niederschmetternd: Nie hätte die Mehrzahl unserer Soldaten zu Fuß den Kessel mit Waffen und Munition durchqueren und danach kämpfen und nach Südwesten Gelände gewinnen können! Dazu war die Masse der Soldaten schon zu sehr geschwächt, und Radfahrzeuge – nur einzelne würden dann noch laufen – waren nicht einzusetzen. Ich selbst wie auch der Fahrer war an diesem Tage ohne Verpflegung aufgebrochen und hatte mir vom Regiments-Gefechtsstand eine Büchse mit 100 Gramm Scho-Ka-Kola von der Verfügungsreserve von fünf Büchsen, für jeden Melder sichtbar gelagert, eingesteckt, um nicht schlapp zu machen. Ich wußte, daß nicht mehr alle Verwundeten ausgeflogen werden konnten. Ausbrechen und den Rest der Verwundeten liegenlassen? Nie mehr wären deutsche Offiziere und Sanitätsoffiziere vertrauenswürdig gewesen!

Als ich mich, bereits im Dunkeln, auf dem Divisions-Gefechtsstand zurückmeldete, waren die Würfel schon gefallen: Das „Unternehmen Wintergewitter", der Ausbruch aus dem Kessel, war abgebrochen worden. Einzelheiten berichtete mir Vetter Reibnitz. Da ließ mich zum ersten Mal im Krieg die Selbstbeherrschung im Stich, und ich weinte, auch vor Wut und Erschöpfung, von der Führung so getäuscht worden zu sein. Den Soldaten der Nordriegelstellung wäre ein Ausbruchsversuch am 25. Dezember ohne Schande[23] nicht mehr gelungen.

Zum Kampfgruppen-Gefechtsstand zurückgekehrt – aus dem I.R. 92 war durch Unterstellung von Resttruppenteilen die „Kampfgruppe Finck" geworden –, war zu entscheiden, ob in den Abendtee am Heiligen Abend etwas Rum gegeben werden sollte; der befragte letzte Arzt des Regiments wollte das aufgrund des Schwächezustandes der Soldaten nicht allein entscheiden. Ich ordnete das an, und die Nacht verlief ruhig.

Als ich am 25. Dezember bei erster Dämmerung beunruhigt vor den Unterstand trat, hörte ich aus der Richtung des I. Bataillons Gewehrschüsse und Handgranaten-Detonationen. Beim sofortigen Anruf meldete sich das Bataillon nicht mehr. Alarm für den Regimentsführer, alle Bunker, auch die Werferbatterie und die Fla-Geschütze war die Folge. Doch alle hatten ja nachts Posten zu stehen und waren schon alarmiert. Und da taumelten auch schon die ersten Soldaten des I. Bataillons, meist

23 Gemeint ist wohl das als schmachvoll erachtete Zurücklassen von Verwundeten und wertvollem Material.

waffenlos, über die Höhe vor uns. Der Russe hatte sie im frühen Morgengrauen mit blanker Waffe angegriffen und geworfen – kein Wunder bei diesem Kräfteverfall! Nur wenige Kameraden konnten sich retten; ihre Offiziere sahen wir nie wieder. Das Sperrfeuer der Artillerie war zu spät gekommen.

Oberst Finck, der ja das Regiment nicht kannte, befahl, die Bunker des Gefechtsstandes und der angrenzenden Unterstützungswaffen als vordere Linie zu halten. Eine andere Möglichkeit hätte es auch nicht gegeben. Nach wenigen Tagen mußte der Kampfgruppen-Gefechtsstand an die Westgrenze in offene Kampfstände im Tatarenwall verlegen, weil Führung in der vorderen Linie nicht mehr möglich war.

Schon Tage vorher hatten sich die Russen in unsere Fernsprechleitung reingehängt und störten uns nachts immer wieder mit drohenden und demoralisierenden Zwischenrufen, schon für Offiziere nicht angenehm und für mithörende Fernmeldesoldaten psychologische Kampfführung. Unheimlich war auch ein „Frontenwechsler"; ein Hüne von Mann ohne Rangabzeichen, den uns die Division mit dem Auftrag zuleitete, ihn mit keinem Wort zu befragen und zum Russen durchzuschleusen.

Auch im Tatarenwall konnten wir nicht bleiben und verlegten ca. 600 Meter zurück in den halbfertigen Ausweich-Gefechtsstand, den ich von einem Dutzend gefangener und übergelaufener Russen – die gab es noch! – unter Aufsicht eines unserer Unteroffiziere hatte anlegen lassen. Es waren erweiterte „Maulwurfslöcher" mit Behelfs-Kanonenöfen samt Abzügen, sicher gegen Beschuß und geeignet für Fernmeldeverkehr. Jedoch wurde Feldkabelverkehr immer schwieriger, denn Störungssucher konnten wir nicht mehr einsetzen.

Die Russen empfingen die gleiche kärgliche Verpflegung wie wir und mußten sich neue Löcher für die Nacht buddeln; als ich aber von einem ersten Fall von Kannibalismus hörte, setzte ich sie nachts nach Norden in Marsch.

Inzwischen waren uns weitere ausgekämmte oder „Rest"-Soldaten zugeführt worden, darunter auch ein paar Dutzend Rumänen. Gefallene Kameraden blieben liegen, Verwundete schafften wir zurück. Jedoch hieß es bald, die aufnehmende Sanitäts-Kompanie könne sie nur noch in Zelten unversorgt auf die eiskalte Erde legen.

Hart ostwärts von uns unternahmen Reste eines Schützenpanzer-Bataillons der 16. Panzer-Division unter Hauptmann Dörnemann[24] in den ersten Januartagen einen Angriff mit begrenztem Ziel auf eine Höhe, von der aus der Russe den Kessel weit einsehen konnte. Doch wurde der

---

24 Heinz Dörnemann (∗ 20. Februar 1910, † 2001) war Kommandeur des Kradschützen-Bataillons der 16. P.D.; zuletzt Major. Auszeichnung: Ritterkreuz am 28. November 1943.

Angriff erwartungsgemäß abgewiesen. Danach wurden uns einige dieser übriggebliebenen Schützenpanzer unterstellt und sicherten von einem Hinterhang aus.

Nur vorsichtig drückten die Russen von Norden her nach. Als sie aber eines Nachts nach kurzem Schußwechsel auf unserem Ausweich-Gefechtsstand standen, mußten wir fluchtartig die Erdlöcher räumen, wobei auch der Führer des Kriegstagebuches, der kranke Leutnant Linke, samt KTB [Kriegstagebuch] verlorenging, da jeder nur blindlings in die dunkle Nacht stürmte. Das II. Bataillon, das noch in seiner Stellung lag, konnten wir noch benachrichtigen, dann aber gingen Führung und Versorgung verloren, und nur ein paar Soldaten des Kampfgruppen-Gefechtsstandes blieben noch zusammen. Das muß sich zwischen dem 12. und dem 15. Januar zugetragen haben.

Das letzte Fahrzeug des Regiments, ein Funkwagen, blieb noch fahrbereit, nahm den blindgeschossenen Ordonnanzoffizier – einen Leutnant – auf und brachte ihn noch nach Stalingrad-Nord, doch erlebte er die Kapitulation seines Regiments nicht mehr, auch der Nachrichten-Offizier Oberleutnant Harscheidt nicht, der uns so vorzügliche Dienste geleistet hatte.

Von nun an kämpften und zogen wir uns einschließlich des Regimentsführers zu Fuß über die verlassenen Stellungen und Trümmer fremder Truppenteile auf Stalingrad-Nord zurück; immer in Sorge, nachts nicht von den Russen überrascht zu werden. Wovon wir gelebt haben, weiß ich nicht mehr! Die Soldaten des Stabes durchsuchten die Stellungen nach Eßbarem und beteiligten sich an der Jagd nach nachts abgeworfenen Verpflegungsbomben. Sie gaben auch uns davon ab, aber ich bekam kein Brot, sondern nur salzige, fette Hartwurst, Schokolade und Drops; alles geeignet, bald verstopft oder durchfallkrank zu werden, da es nur Schneewasser gab.

Kesselschlachten hatte ich mehrfach in Rußland erlebt, aber nicht im Winter. So grauenhaft hatte sich das wohl keiner von uns vorgestellt: Hunderte, ja Tausende von Toten, Verwundeten, Erfrierenden, Unversorgten, zum Teil noch in Richtung Stalingrad kriechend, aber oft nach Verwundungen unverbunden. Ich sah das Elend nur über der Erde, was sich aber unter der Erde abspielte, ist unbeschreibbar. Es gab ja keine Versorgung mehr, kein Wasser, kein Verbandmaterial; ich selbst hatte mein „Verbandpäckchen am Mann", das einzige, wohl zehn Tage vorher irgendwo eingesetzt. Oberst Finck und ich, dazu ein Melder und ein Funker mit intaktem Funkgerät, kapitulierten mit den allerletzten Teilen der 6. Armee am 2. Februar 1943 früh total erschöpft, verdreckt und verlaust in einem Erdloch irgendwo am Westrand von Barrikady im Nordkessel, nachdem ich das laufende Funkgerät zweimal durchschossen hatte. Ein russischer Major sprang mit der Pistole in unseren Behelfsunterstand, nachdem ich den Melder angewiesen hatte, einen weißen Stoffetzen ans Gewehr zu binden und das sichtbar hochzuhalten. Der Russe schleuderte mein ihm zugereichtes Koppel mit Pistole zu Boden und kommandierte: „Na wjerch!" – „Nach oben!"

Dann stolperten wir ein paar hundert Meter zu zweit bis zu einem größeren abgedeckten Erdloch, wurden hineingenötigt und von einem russischen Oberst, Kommandeur eines Moskauer Garderegiments – wie er uns später durch einen Dolmetscher erklärte –, nicht unfreundlich in Empfang genommen. Er nötigte uns, auf deutschen Feldstühlen Platz zu nehmen, und bot uns eine deutsche Feldflasche mit Wodka an. Als Oberst Finck ablehnte, meinte der Russe, wir hätten wohl Angst vor Gift, und trank zuerst. Wieder lehnte Oberst Finck ab, aber ich trank, obwohl ich dicke Blasen wie bei Gletscherbrand an den Lippen hatte. Der russische Oberst wischte den Flaschenhals mit der Hand ab und schraubte zu. Bald darauf brachte eine Ordonnanz zwei Kochgeschirrdeckel voll Hirsebrei, und ich aß meinen Deckel leer. Auch Tee bekamen wir noch.

Der russische Oberst ließ uns durch seinen Dolmetscher, einen jungen Offizier, seinen Ärger wissen, weil wir seinem Verband bis zum Schluß unnötige Verluste zugefügt hätten, und wir würden wohl noch schlechtere Zeiten als im jetzigen Augenblick erleben, aber am Leben bleiben und nach Kriegsende die Heimat wiedersehen. Er verhielt sich im Ganzen wie ein korrekter höherer Offizier, im Gegensatz zu dem, was wir später erlebten. Damit waren wir bei ihm entlassen.

Schon eine halbe Stunde später wurden wir bei einem russischen Troß erst einmal total ausgeplündert, und damit begann der unbeschreibliche Leidensweg in die Gefangenschaft, die nur jeder fünfzehnte Stalingrader, etwa 6000 von 91.000, überleben sollte.

## Eberhard Pohl: Abwehrschlacht bei Baburkin[25]

*Eberhard Pohl, Kommandeur des I. Bataillons des Grenadier-Regiments 134 der 44. Infanterie-Division, wurde am 23. November 1908 in Sagan/Krs. Sprottau geboren. Am 17. Dezember 1942 erhielt er das Ritterkreuz. Seinen Lebensabend verbrachte er in Ottobrunn, wo er am 16. April 1997 verstarb.*

25 Der Bericht wurde unmittelbar nach der Rückkehr aus sowjetischer Kriegsgefangenschaft im Winter 1953/54 niedergeschrieben, am 12. März 1962 korrigiert und im Mitteilungsblatt der 44. Division Nr. 115, Mai 1989, publiziert.

Das I. Bataillon des I.R. 134 lag im rechten Abschnitt des Regiments bei Chmelewski am Don, etwa 60 km von Kalatsch, in Abwehrstellung. Auf dem wie bei allen russischen Flüssen stark überhöhten Westufer boten sich gerade für die schweren Waffen ausgezeichnete B-Stellen. Unangenehm waren die vielen Schluchten, die Balkas, die vom Fluß her in unsere Tiefe verliefen, in gleicher Weise die Ostausgänge der Dörfer Chmelewski und Simowski, die infolge ihres flachen Auslaufens dem Gegner guten Einblick in die Dörfer gewährten. Gegenüber, im zum Teil unübersichtlichen Kesselgelände, hatte der Russe nur schwache Kräfte. Trotzdem bedingte der etwa 6 km breite Abschnitt des Bataillons bei Nacht erhöhte Wachsamkeit, da immer wieder an den verschiedensten Stellen feindliche Spähtrupps auf Booten den nur 150 Meter breiten Fluß überquerten, eigene Spähtrupps, Feldküchen, die nachts die Stützpunkte versorgten, überfielen und uns so ständig in Atem hielten.

Der Stellungsabschnitt gliederte sich in kleine Gruppenstützpunkte, jeder mit Unterstand, Graben und Horchpostenstellung und je Gruppe zwei Maschinengewehre, Telefonanschluß, Schießtische usw. Die Erfahrungen des ersten Winters waren zweckmäßig zur Anwendung gekommen, und so konnte man – normale Kampfverhältnisse vorausgesetzt – beruhigt in den Winter gehen.

Das Wetter war bis zum 22. November so mild, daß Winterbekleidung noch nicht ausgegeben worden war. Die verstärkte, auf Zusammenarbeit angewiesene Artillerieabteilung des Artillerie-Regiments der 44. Infanterie-Division hatte ein dichtes Beobachtungsnetz eingerichtet, und darüber hinaus besaß jeder Stützpunkt auf Millimeterpapier gezeichnete Geländeskizzen mit eingetragenen Hauptschußrichtungen der Artillerie, so daß jeder Stützpunkt selbst lenken und korrigieren konnte. Jeder Mann hatte zwei Decken; die Bunker waren geheizt und Verpflegung durch zusätzliche Schlachtungen sichergestellt.

Seit Oktober war beobachtet worden, daß der Russe Infanteriekräfte von der Don-Front in unserem Abschnitt abzog und dafür motorisierte Stalinorgeln und Artilleriefeuer gegen unsere Stellungen einsetzte. Beim Bataillon führten wir zu unregelmäßigen Zeiten bei Nacht mit sämtlichen im Feuerplan vereinigten schweren Waffen Feuerüberfälle durch, um eventuelle Angriffe des Feindes zu stören. Aber aus dem Verhalten des Feindes vor der Front des I.R. 134 konnte man auf derartige Angriffsabsichten nicht schließen.

Inzwischen war leichter Schnee gefallen. Seit dem 19. November hörte man in nördlicher Richtung starken Gefechtslärm, vor allem stundenlanges Artillerie-Massenfeuer. Die Artillerieabteilung der Division wußte, was los war. Wir alle hatten ein unheimliches Gefühl. Noch vier Wochen vorher hatte ich bei einer Offiziersbesprechung im Gelände auf die schwierige Lage des „Balkons Stalingrad" hingewiesen, falls der Feind mit starken Angriffskeilen zum umfassenden Angriff antreten würde.

Am 22. November war die Vereinigung der starken sowjetischen Angriffsgruppen bei Kalatsch gelungen. Dort war die Donbrücke infolge der Nichtorientiertheit der Besatzung der Stadt den Russen unversehrt in die Hände gefallen. Der russische Stoß hatte mühelos die schwächsten Stellen der deutschen Front durchbrochen, wo im Norden und Süden die Rumänen standen. Gegen die starken russischen Panzer- und Kavallerieverbände waren die Rumänen waffenmäßig nicht in der Lage, wirksamen Widerstand zu leisten.

Kam das alles für die Führung überraschend? Für uns jedenfalls nicht! Seit Wochen hatten wir gemeldet, daß der Russe Truppen zu anderer Verwendung aus der Front abzog. Stukaflieger und Aufklärer hatten die großen Truppenzusammenziehungen nördlich und südlich Stalingrads gemeldet. Aber nichts geschah zu ihrer Bekämpfung, uns allen unverständlich!

Am 22. November wurde ich um 20.30 Uhr zum Regimentskommandeur befohlen. Laut verabredetem Stichwort liefen damit im Bataillon die Vorbereitungen für eine Verschiebung der Truppe an: Einziehen der Fernsprechleitungen, Ausgabe der Winterbekleidung, Beladung der Panzerfahrzeuge – der große Troß befand sich mit den Pferden etwa 150 km weiter westlich – und Fertigmachen zum Sammeln bei den Kompaniesammelstellen. Lediglich eine Sicherungsbesatzung blieb in Stellung. Auf dem Tisch des Regimentskommandeurs stand meine schöne Geburtstagstorte, die wir am nächsten Tage gemütlich zu verzehren gedachten. Dazu kam es nicht mehr ...

Der Russe hatte bei Kalatsch den Ring um uns geschlossen. Die 44. Infanterie-Division, von ihren Versorgungseinheiten abgeschnitten, sollte an den Übergangsstellen bei Peskowatka und Wertjatschi kämpfend auf das Ostufer des Don gehen und die Kampfgruppe Stalingrad verstärken. Je Bataillon sollte eine Kompanie bis 4 Uhr des 23. Novembers in den alten Abschnitten bleiben und dann Anschluß zur Truppe gewinnen. Das I.R. 134 war sofort aus den bisherigen Stellungen herauszuziehen und auf nach der Karte bestimmten Wegen Richtung Wertjatschij in Marsch zu setzen.

Die Truppe wurde unterrichtet, alles Notwendige befohlen, und ohne jede Sprengung von Bunkern oder Stellungen setzten sich die Einheiten bei leichtem Schneefall in der Nacht vom 22. auf den 23. November in der befohlenen Richtung in Bewegung. Die Stimmung war schlecht; jeder wußte, was es im Winterkampf bedeutete, gute Stellungen verlassen zu müssen. Was würden wir wiederfinden, wie würde sich die Lage gestalten?

Es wäre für uns in dieser Nacht ein leichtes gewesen, den noch schwachen Ring der Russen zu sprengen und Anschluß nach Westen zu gewinnen, aber es sollte nicht sein! Es wurde Tag. Wir mochten wohl 20 km marschiert sein, mitunter von den „Rollbahnkrähen" beworfen, als plötzlich aus nordwestlicher Richtung Truppen in olivgrünen Uniformen auf uns zukamen – ohne Waffen und Fahrzeuge, die Offiziere in PKW voraus. Da die Sicht schlecht war und wir noch nicht erkennen konnten, um wen es sich handelte, ließ ich vorsichtshalber die Maschinengewehre in Stellung bringen. Es waren unsere Verbündeten, die Rumänen! Panikartig ergossen sich diese Haufen über die Donübergänge Richtung Stalingrad.

Im Gelände von Wertjatschij wurde ich durch General von Lenski[26], den späteren Landesverräter, als Brückenkopfbesatzung eingesetzt. An den Übergangsstellen war alles verstopft, und der Russe rückte verteufelt nahe. Also Entschluß zum Gegenangriff, und das am Geburtstag! Der Angriff mußte mit Unterstützung der 16. Panzer-Division und der Artillerie in einem Tal geführt werden. Dort lag kein Schnee; es war feucht, und es gab wenig Deckung. Also hieß es: Tarnanzüge umdrehen, was über eine Stunde dauerte. Dann ging es los – es klappte gut, aber wir mußten die Nacht auf freiem Feld verbringen, nur mit Decken zugedeckt. Ich selbst kletterte auf einen Panzer, den ich aber wegen der Kälte sehr bald verließ.

Inzwischen hatte sich der Ablauf an den Übergangsstellen eingespielt, und wir konnten nun die vorgesehene Brückenkopfstellung einnehmen. Das Eis des Don war noch zu schwach, um außerhalb der Brücken ein Überqueren des Flusses zu ermöglichen. Am nächsten Tage, dem 25. November, ließen wir die Brücken hochgehen und richteten uns in den alten russischen Stellungen am Ostufer zur Verteidigung ein. Der Feind saß haushoch über uns auf den Höhenstellungen des Westufers, und wir empfingen seinen Segen aus erster Hand. Auf den Straßen, die nach Stalingrad führten, standen einzelne Panzer und Sturmgeschütze zur Sicherung der nach Osten zurückweichenden Truppen. Das I.R. 134 erhielt vom Divisionskommandeur den Befehl, in einer nach der Karte bezeichneten Linie etwa 5 km westlich Baburkin eine neue Abwehrstellung mit der Front nach Westen einzunehmen. Die Versorgung der Division sollte von nun an durch die 6. Armee erfolgen.

---

26 Arno von Lenski (* 20. Juli 1893 in Czymochen/Ostpreußen, † 4. Oktober 1986) beendete den Ersten Weltkrieg als Oberstleutnant. 1938 Oberst; im September 1942 übernahm er als Generalmajor das Kommando über die 24. Panzer-Division. Nach der Gefangennahme am 2. 2. 1943 Mitglied von NKFD und BdO, 1944–45 Studium der Gesellschaftswissenschaften an der Antifa-Schule Krasnogorsk. 1949/50 stellvertr. Vorsitzender der NDPD in der DDR; 1952 Generalmajor der Kasernierten Volkspolizei. 1958–67 Mitglied der Volkskammer.

Ich fuhr voraus und konnte mich in dem Steppengelände, das mit einer Schneedecke überzogen war, kaum zurechtfinden. Da weit und breit keine Anhaltspunkte zu finden waren, einigte ich mich schließlich mit dem Kommandeur der Artillerieabteilung auf einen Geländeabschnitt, in den die Truppe, die zum Teil immer wieder zum nachrückenden Feind hatte Front machen müssen, eingewiesen wurde. Der Divisionskommandeur erschien und bezeichnete eine völlig deckungslose Fläche – das nächste Dorf lag etwa 5 km weiter ostwärts – mit einer langen Telegrafenstangenreihe als meine neue HKL. Ich war sprachlos und bedeutete ihm, daß man hier in der Schneewüste ohne unmittelbare Anlehnung an ein Dorf nicht verteidigen könne. Es seien keine Sprengmittel vorhanden, um in die Erde hineinzukommen usw. Achselzucken; die Armee habe diese Linie befohlen! Es war wieder einer jener Augenblicke, in dem man an der Führung verzweifelte. Und wie es immer war: Der Regimentskommandeur mußte es ausbaden und sich, auf sein Vertrauensverhältnis zu seinen alten Kämpfern stützend, einen gangbaren Weg suchen, um aus einer unmöglichen Lage das Möglichste herauszuholen.

Ich war außerordentlich erregt, daß man aus dem letzten Winter so wenig gelernt hatte. Meine Annahme, daß die Armee irgendwelche Stellungen mit der Front nach Westen hatte vorbereiten lassen – schließlich mußte sie der ganzen Lage nach doch mit der „Insel Stalingrad“ rechnen –, erwies sich als Trugschluß. Daß man an der angewiesenen Stelle nicht verteidigen konnte, lag auf der Hand. Meine wiederholten Vorschläge, die HKL am Westrand Baburkins entlanglaufen zu lassen, wurden zurückgewiesen. Mit Rücksicht auf die Nachbarn, die in einer ähnlich ungünstigen Stellung saßen, konnte man ohne einheitliche Führung nichts ändern.

Nachdem alle Mannschaften und Fahrzeuge eingetroffen waren und die Stimmung beim Anblick der neuen „Stellung“ noch tiefer gesunken war, machten wir uns an die Arbeit. Trotz aller Müdigkeit mußten wir so schnell wie möglich unsere Abwehrbereitschaft herstellen. Als erstes ließ ich die Telegrafenstangen absägen, die dem Feind willkommene Richtpunkte gewesen wären. Kompanieabschnitte wurden eingeteilt, und alles begann, so gut das mit den wenigen Werkzeugen möglich war, sich in die gefrorene Erde einzugraben. Das gelang innerhalb von 24 Stunden auf etwa 50 cm. Im rechten Teil der Stellung lag die Höhe 124,5. Dieser kleine Buckel, vielleicht drei Meter hoch, beherrschte in dem flachen Gelände sogar den Flugplatz Pitomnik in 18 km Entfernung. Er war der Magnet, der alle B-Stellen anzog. Daß er keine Lebensversicherung darstellte, lag auf der Hand. In ihn trieben wir Stichgräben und setzten die B-Stellen der Artillerie und der 13. IGK darauf. Der rechte Nachbar, das II. Bataillon des I.R. 134, hatte bisher nur schwache Vorkommandos in dem neuen Abschnitt eingesetzt, da sich die Masse des Bataillons mit dem scharf nachdrängenden Feind herumschlagen mußte.

In der Nacht zum 1. Dezember war endlich alles am befohlenen Platz. Troßfahrzeuge und Küchen waren indessen in das Dorf Baburkin abgeschoben worden; der Bataillonsgefechtsstand lag hinter der Mitte der HKL etwa 250 Meter hinter der 1. Kompanie. Bevor wir beim Bataillonsstab in die Erde hineinkamen, hatten wir zum Schutz gegen die Kälte Zelte aufgeschlagen. Nach Auslegen des Nachrichtennetzes und Herstellen der Funkverbindungen versuchte jeder so rasch wie möglich in die Erde hineinzukommen. Kaum hatte ich mich nach Organisierung der Abwehr und Ablaufen der Stellungen mit meinem Adjutanten und einigen Meldern in meinem Zelt hingelegt, als ein einzelner feindlicher Granatwerferschuß in den Bataillonsabschnitt fiel, der das Zelt der Nachrichtenstaffel traf. Zwei Tote und vier Verwundete blieben zu beklagen – eine Mordsschweinerei, die eine Panik auslöste. Natürlich waren alle Drahtverbindungen zum Teufel. Die Kompanien riefen erregt durch die Dunkelheit, was passiert sei. In einer kleinen Mulde hatte ich ein Verwundetennest mit meinem tüchtigen Dr. Apfelthaler[27] einrichten lassen. Da wir in dem deckungslosen Gelände keine Fahrzeuge oder Pferde unterbringen konnten, mußte erst über das Regiment per Telefon ein Fahrzeug angefordert werden. Die Strippenzieher hatten es in dem deckungslosen Gelände besonders bei Nacht schwer, sich zurechtzufinden.

Das Dorf Baburkin war schon längst in die Erde verbaut worden. Es stand kein Haus, nur Bunker. In ihm lagen rückwärtige Einheiten der Armee, die von uns aus Platzmangel weiter nach Osten gedrückt wurden.

In den Morgenstunden des 1. Dezember setzte ein Artillerie-Massenfeuer ein, wie wir es bis dahin noch nicht erlebt hatten. Vier Stunden zischten die Stalinorgeln, heulten die Granaten, die Luft zitterte, und vom Himmel schien ein Vorhang von Rauch und Qualm Freund und Feind zu trennen. Die Verluste waren hoch, denn wir waren ja noch gar nicht richtig in die Erde hineingekommen. Schwache feindliche Angriffe wurden zurückgeschlagen; leider fiel dabei auch einer meiner besonders

---

27 Oberarzt Dr. Erich Otto Apfelthaler (∗ 23. August 1916) aus Wien hatte erst am 23. November 1939 die Approbation als Arzt erhalten und war Bataillonsarzt des I. Btl./I.R. 134. Über sein weiteres Schicksal ist mir nichts bekannt. Der Tod seines Bruders Oberarzt Dr. Hans Apfelthaler (∗ 30. Juni 1914), 1940 approbiert, ist in dem Buch von Hans Dibold „Arzt in Stalingrad“ beschrieben.

tüchtigen Kompanieführer, Ritterkreuzträger Oberleutnant Vormann[28], der im Anschlag stehend freihändig auf die Russen schoß.

Die nächsten Tage wühlten wir uns weiter in die Erde. Panzerabwehr und ein lückenloses Netz von B-Stellen aller Waffen wurden aufgebaut, Flak in günstigen Hinterhangstellungen bereitgestellt, dazu die IGK meines lieben Kameraden Oberleutnant Jordan. Als personelle Verstärkung erhielt ich eine Kompanie Rumänen, mit denen ich allerdings nicht viel Freude erlebte. So konnte ich die Kompanien endlich etwas in die Tiefe staffeln. Aus Baburkin wurde nachts Holz, Blech usw. herangefahren, und allmählich boten die kleinen Gräben mit ihren notdürftig überdeckten Ecken den Männern wenigstens den notwendigsten Schutz. An Waschen oder Rasieren war natürlich nicht mehr zu denken. Eine Handvoll Schnee tat es auch.

Bis zum 4. Dezember ging alles gut. Die Rumänen hatte ich in meine Einheiten mit eingegliedert; ihr Kompanieführer befand sich hinten beim Troß und ließ sich nur nachts bei mir sehen, um die Verluste zur Kenntnis zu nehmen. Er erhielt übrigens doppelte Verpflegung, einmal von uns und dann über eine rumänische Dienststelle. Unsere warme Verpflegung wurde nachts, wenn es nicht zu hell war – und wie oft haben wir diese Stalingrader Nächte verflucht! –, mit der Feldküche etwa 400 Meter hinter unsere Stellungen herangefahren. Ein Kochgeschirr Pferdefleischsuppe und 300 g Brot pro Nase, das war alles.

Am 4. Dezember setzte ein Großangriff der Russen mit riesiger Artillerievorbereitung und Einsatz von Flammenwerfer-Panzern ein. Auf den Panzern saßen Stoßtrupps; sie wurden zwar von uns abgeschossen, aber es gelang dieser Übermacht, das rechts von mir kämpfende II. Bataillon unter Hauptmann Schida[29] niederzuwalzen und auch meine rechts eingesetzte Kompanie zu vernichten. Der Kompanieführer, Hauptmann Schmid, wurde dabei verwundet. Es war das typische Bild eines Großkampfes. Überall, auch hinter uns, fuhren die feindlichen Panzer mit ihren todbringenden Waffen umher; andere brannten, abgeschossen, aus; alle Leitungen waren zerschossen oder zerfahren, Pakgeschütze niedergewalzt, und die Funkverbindung war unterbrochen. Hier liefen eigene Leute zurück, dort stürmten Russen mit MG und MP feuernd gegen uns. Eigene und feindliche Artillerie knallte in uns hinein.

Auf meinem Bataillonsgefechtsstand lag alles mit Gewehren im Anschlag. Kaltblütig schossen wir jeden Panzerfahrer ab, der zur Orientierung aus der Luke schaute, und streckten mit wohlgezielten Schüssen

28 Oberleutnant Johann Vormann (* 15. September 1912), Chef der 10. Kompanie, hatte das Ritterkreuz am 10. September 1942 erhalten. Lt. Kriegsgräberliste des Volksbundes fiel er am 1. Dezember 1942.

29 Major Roland Schida (* 6. August 1911 in Buchweiß), seit 1. 10. 1942 Kommandeur des II. Bataillons des I.R. 134, fiel am 4. Dezember 1942 bei Baburkin.

jeden nieder, der uns zu nahe kam. In dieser höchsten Gefahr mußte jeder Schuß ein Treffer sein! Die Lage hatte sich so entwickelt, daß man keinen Ausweg mehr sah. Nach den Vorschriften hatte der Soldat in der Verteidigung seine Pflicht bis zum letzten Atemzug zu erfüllen, um durch sein Ausharren Kräfte zu binden und anderen Truppenteilen die erforderliche Bewegungsfreiheit des Handelns zu ermöglichen. Und doch war noch nicht alles verloren! Von Baburkin aus hatte der Regimentskommandeur die Vorgänge beobachtet und eine Sturmgeschützabteilung des Majors Bochum[30] sowie eine Pionier-Kompanie zu Hilfe geschickt. In letzter Minute hatte man noch Sprit erhalten, und los ging die Jagd. Die Hilfe erschien im rechten Augenblick. Es gelang, den Russen die verlorene Höhe 1240 wieder zu entreißen. Dabei fiel mein Adjutant Leutnant Pfisterer, dem ich ausdrücklich verboten hatte, den Angriff mitzumachen. Die Sturmgeschütze schossen noch eine Anzahl Panzer ab. Natürlich gingen durch ihre Bewegungen die letzten längeren Drahtstücke meiner Telefonkabel zum Teufel, aber das ließ sich ersetzen.

Als etwas Ruhe eintrat, versuchte ich, mir einen Überblick über die Lage zu verschaffen. Vom rechten Nachbarn, dem II. Bataillon, war nichts mehr vorhanden, der Kommandeur mit der Masse seines Bataillons in der Stellung gefallen. Einige Versprengte fanden sich später wieder bei mir ein. Einige Gefangene entführte der Russe mit seinen Panzern nach Westen. Meine rechts eingesetzte 1. Kompanie war fast völlig aufgerieben; im Bataillon gab es große Ausfälle; der linke Flügel war noch intakt. Mir war klar, daß ich die Höhe nicht würde halten können, dazu war sie zu exponiert. Ich beschloß daher, eine HKL etwa 250 Meter ostwärts von ihr am abfallenden Hang aufzubauen, um dem Feind durch Scharfschützen jede Beobachtungsmöglichkeit zu nehmen. Wer auf der Höhe saß, wurde vom Gegner heruntergeschossen. Nach rechts verkürzte ich die Front, schloß mich der Artillerie-Abteilung der 113. Division an und hatte in der Mitte einen starken, etwas zum Feind vorspringenden MG-Stützpunkt mit vier Maschinengewehren. Links blieb alles unverändert.

Am 5. Dezember hörten wir erneut feindliches Panzergeräusch. Ein Angriff gegen uns wurde jedoch nicht gestartet; anscheinend schleppte der Russe seine zerschossenen Panzer ab. Wir hatten am 4. Dezember erstmalig mit Hafthohlladungen gute Erfolge ohne eigene Verluste erzielt. Mein Gefechtsstand lag nun in der HKL des Bataillons; mit Rücksicht auf die gespannte Lage wollte ich ihn jetzt nicht mehr verändern. Nachdem es mir gelungen war, wieder eine gewisse Ordnung in den

30 Gerhard Bochum, Kommandeur der Sturmgeschütz-Abtlg. 177 (mot.), war am 4. Oktober 1940 zum Major befördert worden. Er überlebte die Kriegsgefangenschaft; am 1. 4. 1943 zum Oberstleutnant befördert.

Haufen zu bringen, schickte ich meinen Nachrichten-Staffelführer zu einer kleinen Bodenwelle etwa 500 Meter hinter mir, wo zwei abgeschossene T-34 standen. Dort sollte er möglichst unter den Panzern die Möglichkeit zum Aufbau eines Bataillonsgefechtsstandes erkunden. Er kam mit der Meldung zurück, die Panzer seien besetzt. Ich gab ihm noch einige Leute mit, die mit Handgranaten die Nester ausräuchern sollten. Nach der ersten Handgranate ergab sich die Besatzung. Mit schweren Erfrierungen, rabenschwarz, verwundet und voll Angst, erschossen zu werden, kletterten sie aus ihrem ungemütlichen Versteck. Meine Absicht, den Gefechtsstand zurückzuverlegen, brachte ich mit Rücksicht auf die Kampfmoral der Truppe doch nicht zur Ausführung.

Zur Abwechslung wurde uns das Schauspiel eines Luftkampfes geboten. Solange noch der Flugplatz Pitomnik in unserer Hand war, konnten wir noch mit dem Einsatz eigener Jäger rechnen. Der abgeschossene russische Pilot schwebte an seinem Fallschirm auf die eigene Stellung zu. Durch schnellen Zugriff unserer Leute wurde er aber doch unser Gefangener! Bei Dunkelheit ließ ich ihn zu mir führen. Mein Erdloch war mit einem Stück Blech abgedeckt; in der hinteren Ecke befand sich eine kleine Feuerstelle aus einigen Steinen, und vor dem Einschlupf hing ein Stück Sacktuch. Am Rand flackerte ein Hindenburglicht; man glaubte immer, es werde jeden Augenblick ausgehen. Ich betrachtete den Flieger. Von früheren Fällen her wußte ich, daß die russischen Flieger im Winter wundervolle Pelzstiefel trugen. Dieser Mann hatte nur wollene Tücher um seine Beine gewickelt. Wo waren seine Stiefel? Er gab an, keine gehabt zu haben. Ich glaubte ihm nicht und dachte, man habe ihn eingeschüchtert und ihm die Stiefel weggenommen. Daher schickte ich einen Melder, der dabei verwundet wurde, zu der betreffenden Kompanie und ließ mir von deren Chef schriftlich melden, daß der abgeschossene Flieger tatsächlich keine Stiefel angehabt hatte.

Die Kampftätigkeit blieb weiter normal. Der russischen Infanterie war vorläufig die Lust zum Angreifen vergangen. Freund und Feind trennten kaum 100 Meter. Wir alle waren noch immer der Meinung, daß Ersatzkräfte aus westlicher Richtung zu uns unterwegs seien und damit unser Ausharren noch einen Sinn habe. Erbeutete deutsche Leuchterkennungssignale, mit denen der Russe auf den Donhöhen umherschoß, bestärkten uns in unserer Annahme. Nachts kam es mitunter vor, daß Russen bei unseren Feldküchen mit nach Verpflegung anstanden! Beide Parteien trugen weiße Tarnanzüge, wobei die Russen immer die saubereren anhatten.

Am 7. Dezember erhielt ich vom Divisionskommandeur den Befehl, Soldaten rückwärtiger Dienste – Trosse, Bau-Bataillone, Artilleristen usw. – auszubilden, um mit ihnen die Ausfälle der Infanterie zu decken. Da sah man Bilder! Leute, die ihr Gewehr seit Jahren nicht gereinigt hatten, die im Kriege noch nie einen Schuß abgegeben hatten und mir versicherten, sie könnten nichts sehen usw. Ich konnte sie trösten, daß sie bald mit dem Russen so nahe zusammentreffen würden, daß sie ihn nicht übersehen könnten. Mit einem kleinen Stamm bildeten wir die Männer im Nahkampf aus. Natürlich ging alles im scharfen Schuß.

Am 17. Dezember wurde mir das Ritterkreuz verliehen. Am Abend erhielt ich ein kleines Päckchen, das in schmutziges, braunes Papier verpackt war. Auf das Papier hatte General Paulus mit Bleistift einige Worte der Anerkennung geschrieben. In dem Päckchen befanden sich ein Kommißbrot und eine Büchse Heringe in Tomaten.

Am 10. Dezember kam plötzlich ein Anruf vom Regiment und bald darauf ein Kübelwagen mit dem Befehl, ich solle sofort zum Regiment zurück. Das Bataillon sei im Zurückgehen auf Baburkin. Ich fuhr wie ein Besessener in Richtung der Bataillonsstellung. Was war geschehen, und wie war es gekommen?

Als meinen Stellvertreter hatte ich Hauptmann von H.[31] eingesetzt, der vor Schließung des Kessels auf Urlaub gegangen und nach Stalingrad eingeflogen worden war. Bei dieser Gelegenheit hatte er noch einen Sack mit Weihnachtsgeschenken mitgebracht. Ich glaubte schon, mich in ihm doch getäuscht zu haben, hatte ich ihn doch nie besonders geschätzt; er schien mir zu sehr Poseur und Schauspieler. Bei Ordensverleihungen hatte ich ihn immer zurückgesetzt, bis mir mein Regimentskommandeur deswegen Vorhaltungen machte. Nach seinem Einflug wollte ich schon meine Ansicht korrigieren und glaubte, ihm früher wohl Unrecht getan zu haben.

Ich fuhr also bis zu den ersten zurückflutenden Teilen meines Bataillons. Der Russe knallte mit Stalinorgeln dazwischen, aber sonst war weit und breit kein Feind zu sehen! Mit lauter Stimme gelang es mir, das Bataillon aufzuhalten, neu zu ordnen und in einer günstigeren Stellung einzusetzen. Als die Männer mich wiedersahen, ließen sie sich sofort vertrauensvoll führen. Führung ist eben in erster Linie eine Vertrauenssache! Von Hauptmann von H. fehlte jede Spur. Ein Mann, der in einem Granattrichter volle Deckung genommen hatte, war jedoch auf keine Weise zum Verlassen dieses Loches und zu weiterem Vorgehen zu bewegen. Wütend brüllte ich auf ihn ein; plötzlich hörte ich ein Rauschen in der Luft. Blitzschnell warf ich mich hin und konnte gerade noch sehen, wie die Granate in das Loch schlug, in dem der Feigling seine Deckung zu finden hoffte …

Zwei Tage später traf ich Hauptmann von H. beim Regimentsgefechtsstand in der Schlucht von Baburkin. Er war ohne Kopfbedeckung

31 Der Name ist hier aus begreiflichen Gründen nicht genannt (Anmerkung des Schriftleiters der 44. I.D.).

und völlig durcheinander. Bei dem russischen Massenfeuer hatte er anscheinend die Nerven verloren, war ohne Mütze und Koppel vom Bataillonsgefechtsstand hinüber zum rechten Nachbarn weggelaufen, der Artillerie-Abteilung der 113. Division. Seinem Beispiel waren die Schwachen und Feigen gefolgt, und bald war das ganze Bataillon nach hinten geströmt und hatte dabei mehr Verluste erlitten, als wenn es in der Stellung geblieben wäre.

Am Abend traf ich mit Hauptmann von H., meinem Regimentskommandeur und dem Kommandeur der Artillerieabteilung, mit einem Major Steffens, auf dem Regimentsgefechtsstand zusammen. Sofort machte ich Hauptmann von H. Vorhaltungen wegen seines Handelns. Plötzlich verschwand er nach draußen, ein Schuß fiel, und bald darauf kehrte er mit dem Bemerken zurück, ein Flieger habe ihn ins Bein getroffen. Wir alle blickten uns ungläubig an; ich nahm von H. die Pistole aus der Tasche, und siehe da: Frischer Pulverschleim im Lauf! Ich sagte ihm sofort auf den Kopf zu, er habe sich selbst ins Bein geschossen, und wollte ihn auf der Stelle erschießen. Oberst Boje entriß mir die Pistole und wollte die Sache untersuchen lassen. Von H. verschwand bald darauf in dem benachbarten Lazarettbunker der Sturmgeschützabteilung. Von deren Arzt ließ er sich einen Schein ausstellen und flog noch in der Nacht aus dem Kessel aus, in den er nur eingeflogen war, um den Ruhm in Anspruch nehmen zu können, als Stalingradkämpfer zu gelten.

Am 8. Januar regnete es Flugblätter vom Himmel: Das Kapitulationsangebot der Russen. Unter anderem wurden sofortige normale Verpflegung, Versorgung der Verwundeten, Belassen der Waffen der Offiziere und baldige Rückkehr nach Kriegsende in die Heimat zugesichert. Der Inhalt des Flugblattes wurde belacht und vom Kommando der 6. Armee abgelehnt. Deutsche Emigranten und Überläufer forderten an Lautsprechern der russischen Front unermüdlich zum Überlaufen auf. Die Truppe ließ sich trotz der üblen Lage nicht erschüttern und beeinflussen. Niemand dachte daran, daß die Armee von Hitler derart verlassen und eines vagen Prestiges willen geopfert werden würde!

Am 10. Januar 1943 brach die Hölle los: Der Großangriff des Feindes begann. Noch heute sehe ich einen Unteroffizier mit seiner MG-Gruppe vor mir, der in der Nordwestspitze unserer Dreiecksstellung eingesetzt war. Am Abend vorher hatte ich mit ihm noch über die Lage gesprochen, daß wir den Kessel wahrscheinlich würden verkleinern müssen. Ein Ausweichen auf den Westrand von Baburkin wäre die Folge. Er sah mich ganz ruhig an und sagte nur: „Herr Major, aus dieser Stellung gehe ich nicht mehr zurück, mag kommen, was will. Wenn wir weiter nach Osten müssen, dann fallen wir umso sicherer dem Russen in die Hände. Ich sterbe lieber hier!“ Ich lag mit meinen Stabsangehörigen mit dem Gewehr in der Hand in der Stellung und blickte immer wieder nach links zu meiner schweren MG-Gruppe. Gurt auf Gurt ging durch den Kasten; zuletzt schlugen unsere Leute mit dem Kolben und dem Spaten um sich, dann wurde es still.

Wir knallten ab, was möglich war; jeder Panzerführer, der zu früh seine Luke öffnete, jeder Russe, der sich uns ungedeckt näherte, wurde ein Opfer unserer Kugeln. Alle Verbindungen waren gerissen. Fast zweifelte man selbst, ob man noch lebte. In dieser Verfassung überraschte uns die Nacht. Nach Absprache mit dem Regimentskommandeur wurde die Stellung der Kampfgruppe des I.R. 134 auf den Westrand von Baburkin verlegt. Hier stand noch eine 2 cm-Flak, außerdem der Kommandeur der Panzerabwehrabteilung der 44. Division mit einigen 7,62 cm-Geschützen, die an erbeutete Jeeps gehängt waren. Einige Haubitzen waren noch feuerbereit – es ging also noch.

Plötzlich erreichte mich ein Anruf aus Pitomnik. Mein alter Kamerad, Luftwaffenmajor Freudenfeld, rief mich vom Flugplatz an, ich möchte ihn doch bald einmal aufsuchen. Er hatte durch Armeebefehl anläßlich meiner Ritterkreuzverleihung von meinem Hiersein gehört und wollte mich sehen. Der Zufall hatte uns auf allen Kriegsschauplätzen in den unmöglichsten Lagen zusammengeführt. Freudenfeld leitete in Stalingrad den Ein- und Abflug der Versorgungsmaschinen. Noch in der Nacht sauste ich mit Genehmigung meines Kommandeurs mit einem Volkswagen zu ihm.

Die Fahrt dorthin war schaurig. Zur besseren Markierung der Fahrbahnen in der Schneewüste waren Pferdebeine mit den Hufen nach oben in den Schnee gesteckt worden. Es dauerte eine Weile, ehe ich mich in Pitomnik zum Bunker Freudenfels durchgefragt hatte. Der Flugplatz sah furchtbar aus. Überall lagen Trümmer abgeschossener oder beschädigter Flugzeuge. In der Mitte hatte man zwei riesige Zelte für Verwundete aufgeschlagen. Immer wieder wurden Schneisen freigemacht, um eintreffenden Maschinen noch das Landen zu ermöglichen. Oft gelang es den Russen, unsere Maschinen durch gleiche Funkfeuer zu sich zu ziehen. Oft landeten die Maschinen zwischen den Fronten, und ein heißer Kampf tobte um den wertvollen Inhalt, der für Freund und Feind in gleicher Weise lebensnotwendig war. Meist siegte der Russe, der die Maschinen mit seinen T-34 abschleppte.

Freudenfeld sprach mit mir über die Lage und war sehr erstaunt, daß ich über die Tatsachen nichts wußte. Es gab für die Kämpfer von Stalingrad keine Rettung mehr; das Kriegsglück hatte sich gewendet. Der Fall des Flugplatzes Pitomnik war nur eine Frage der Zeit. Er lag bereits unter beobachtetem Artilleriefeuer von Norden und Westen.

Die Unterredung mit Freudenfeld beeindruckte mich derart, daß ich noch in der Nacht zu meinem Divisionskommandeur Generalleutnant Deboi[32] ins Rossoschkatal fuhr und mich mit ihm und seinem Ia, Oberstleutnant Radtke[33], unterhielt. Beide fielen aus allen Wolken. Die Armee hatte ihre Division absichtlich nicht von dem Ernst der Lage unterrichtet, und nun saß der Divisionskommandeur wie versteinert, als er von mir die Hoffnungslosigkeit unserer Lage erfuhr.

Der Ring um uns zog sich von Tag zu Tag immer fester zusammen. Baburkin mußte aufgegeben werden, und am 16. Januar[34] ging Pitomnik verloren. Damit war das Schicksal der 6. Armee besiegelt. Die kleinen Flugplätze von Gumrak und Stalingradskij waren nicht als Ersatz anzusprechen. Die HKL lief jetzt mitten über den Flugplatz. Die Flieger sprengten die letzten intakten Maschinen, und wir waren froh, daß wir diese ungünstige Stellung am nächsten Tag verlassen konnten.

Bei klarer Sicht sah man nun, wie sich aus verschiedensten Richtungen Kolonnen deutscher Soldaten zur Stadt hin bewegten. Der Feind knallte mit seiner Artillerie dazwischen und hatte in der Luft sowieso die Alleinherrschaft. Ein erschütterndes Bild dieser Lage: Am Wege lag eine Gruppe deutscher Soldaten, die von einer Fliegerbombe getroffen worden war. Verschiedene hatten Glieder verloren; das Blut war zu Eis gefroren, niemand hatte sie verbunden, niemand von der Straße geschafft. Alle Kolonnen waren an ihnen vorübergezogen, in dumpfer Ausweglosigkeit mit sich selbst beschäftigt. Ich ließ die Leute verbinden, legte sie zusammen und ließ einen Sanitäter bei ihnen, bis ein LKW käme, um die Unglücklichen mitzunehmen. Es kam kein LKW mehr!

Der ständige Kampf auf Leben und Tod hatte uns vergessen lassen, daß wir uns schon wochenlang nicht mehr gewaschen und rasiert hatten, daß wir keinen Schlaf mehr hatten finden können und daß ein großer Teil von uns schon schwere Erfrierungen hatte.

Nach der Aufgabe von Pitomnik gingen wir durch zahlreiche Schluchten auf Gontschara, wo wir erneut verteidigen sollten. In diesen Schluchten hatten die rückwärtigen Teile der Armee zahlreiche Bunker angelegt. In einem Flakbunker berichteten uns Flaksoldaten, daß sie jede Woche sieben Sack Post für die Abteilung erhielten, darunter Illustrierte; sogar Achsen für die LKW wurden eingeflogen. In der gleichen Zeit erhielt

32 Heinrich-Anton Deboi (* 6. April 1893 in Landshut, † 20. Januar 1955 im Lager Woikowo) beendete den Ersten Weltkrieg als Oberleutnant und wurde in der Reichswehr 1925 Hauptmann. 1934 Major, zu Kriegsbeginn Oberst; am 2. Mai 1942 wurde er als Generalmajor Kommandeur der 44. Infanterie-Division, mit der er am 29. Januar in sowjetische Kriegsgefangenschaft geriet. Auszeichnungen: 1942 Deutsches Kreuz in Gold und Ritterkreuz.

33 Oberstleutnant Radtke wird seit dem 28. Januar 1943 vermißt.

34 Dieses und die folgenden Daten bis zum 31. Januar wurden verändert, da die vom Autor angegebenen Daten nicht stimmen konnten. Z. B. wurde der Verlust von Pitomnik auf den 14. 1. gelegt, der Einsatz bei Gumrak auf den 25. 1. datiert; dieser Flugplatz wurde aber schon am 22. 1. von den Sowjets eingenommen.

die 44. Division insgesamt drei Sack Post – so war die Versorgung der Infanterie!

Etwa am 21. Januar gingen wir bei Gumrak in Stellung. Immer noch strömten Truppen und Versprengte aus westlicher Richtung nach Stalingrad. Alle Leute, die ich noch für einsatzfähig hielt, spannte ich in die Verteidigung mit ein. In einer Nacht erschienen von der russischen Seite her zwei deutsche Soldaten mit Broten; sie sollten uns damit zum Überlaufen ködern. Andererseits liefen wieder Russen zu uns über! Es waren zwei nach Sibirien strafversetzte Kulaken, die 1942, als die Lage an der russischen Front sehr ernst gewesen war, aus den Lagern entlassen und an die Front geschickt worden waren. Sie hatten ihrer Führung nicht geglaubt, daß wir eingeschlossen seien; vielmehr meinten sie, sie seien selber eingeschlossen! Ich mußte die Leute bei Dunkelheit wieder zurückschicken, denn wir hatten ja selbst nichts mehr zu essen.

Am 22. Januar lief wieder ein Angriff mit T-34 gegen uns. Die Panzer fuhren auf den Rändern der Schlucht, in denen wir unsere Stellungen hatten, und überflügelten uns, so daß wir in der Falle saßen. Wie die Hasen rannten wir zwischen den aus allen Knopflöchern knallenden Panzern hindurch. Dabei wurde mein lieber Kompaniechef Hauptmann Schmid durch die Splitter eines Panzergeschosses an der Hand schwer verwundet. Ich hielt später einen LKW an, der Schmid zum Flugplatz bringen sollte. Eine Bescheinigung zum Ausfliegen hatte ich ihm noch schnell ausgeschrieben. Wie ich viel später erfuhr, kam er auch mit einer Maschine weg, erreichte aber leider nicht das Ziel, da die Rotkreuzmaschine von den Russen abgeschossen wurde.

In den Schluchten bei Gumrak befanden sich viele Bunker mit Verwundeten, die sich teilweise später den Russen ergaben, zum anderen Teil mit uns zurückgingen. Auch sogenannte Versprengte, besser gesagt Feiglinge, saßen mit zusammengeraubten Lebensmitteln und Verpflegungsbomben in versteckten Bunkern und erwarteten hier das Ende Stalingrads. Besonders die Rumänen zeichneten sich in dieser Beziehung unrühmlich aus.

Seit Tagen hatten wir keine Unterstützung durch eigene Artillerie. Als der Russe uns in der Gontscharaschlucht mit MP-Kompanien angriff, wurde ich am 23. Januar durch einen Oberschenkelschuß verwundet. Wir mußten der Übermacht weichen. Alles, was sich von unseren Leuten, sei es krank oder verwundet, in den Bunkern noch aufhielt, wurde von den Sowjets niedergemacht. Ich wußte, daß am Flugplatz Gumrak Flak stand. Die mußte jetzt in den Endkampf mit eingreifen, wenn der Russe zum Stehen gebracht werden sollte. Ich wies das Bataillon zur Verteidigung des Westrandes von Gumrak ein und begab mich zum Führer der Flak. Der fiel aus allen Wolken, als ich ihm die Lage schilderte. Er hatte noch keine Meldung, daß der Russe bereits Gontschara besetzt hatte. In Kürze senkten sich alle Rohre zum Endzielbeschuß, und so gelang es, den Russen vorläufig zu stoppen. Ich suchte einen Verbandplatz und fand keinen; die vorhandenen waren überfüllt, die Verwundeten lagen unversorgt vor den Türen. Medikamente und Verbandmaterial waren verbraucht.

Glücklicherweise traf ich bei einer Russenbude Hauptmann Brand von unserer Artillerieabteilung, der noch eine Feldküche unter Dampf hatte. Er war am Arm verwundet worden und wollte von Stalingradskij ausfliegen. Tatsächlich schaffte er es auch; seine Armverletzung war eigentlich nicht so schlimm. Mit einigen Verwundeten meiner Kampftruppe irrte ich nun weiter Richtung Stalingrad und landete schließlich auf einem Regimentsgefechtsstand der 100. Division bei der Fliegerschule. Hier wurde ich endlich verbunden.

Die in diesem Abschnitt eingesetzten deutschen Truppen machten noch keinen zerrupften Eindruck. Kein Wunder, denn seit dem 22. November hatte der feindliche Druck auf der Westfront des Kessels gelegen. Am 25. Januar fand ich in einem Bunker einige verwundete Leute meiner Kampfgruppe in der Nähe des GPU-Gefängnisses. In diesem Keller fanden lange Auseinandersetzungen zwischen den Generälen von Seydlitz, Daniels[35], Lenski, Deboi und anderen über die Lage statt, insbesondere darüber, ob man kapitulieren sollte oder nicht. Paulus hatte, besonders durch den Chef seines Stabes gedrängt, jede Kapitulation abgelehnt. Jetzt aber war der Punkt gekommen, an dem dem ungleichen Kampf ein Ende gemacht werden mußte. Wir verfügten weder über Flugzeuge, Panzer noch Artillerie. Hinter einigen Ruinen lagen noch deutsche Soldaten, die mit ihren Gewehren ungedeckte Ziele bekämpften. Der Russe fuhr vor unserer Stellung an der Zarizaschlucht mit großen roten Fahnen und Lautsprechermusik umher; es war der reinste Hohn.

Als ich am 26. Januar im GPU-Keller General von Seydlitz fragte, ob die Führung nun dem ungleichen Kampf durch einen klaren Befehl ein Ende zu bereiten beabsichtige, erhielt ich zur Antwort: „Die Truppe hat am morgigen Tage den russischen Angriff noch anzunehmen und dann den Kampf einzustellen!" Ich verstand eine solche Sprache nicht und beriet mich mit meinem Regimentskommandeur, der neben mir krank im Keller lag. Ihn hatte der sinnlose Kampf seelisch stark mitgenommen. Ich mußte ihm ausreden, daß der Selbstmord in dieser Lage die einzige Lösung sei.

---

35 Alexander Edler von Daniels (* 17. März 1891 Trier, † 6. Januar 1960 Bielefeld) beendete den Ersten Weltkrieg als Oberleutnant. 1922 Hauptmann, 1932 Major, 1938 Oberst; am 1. April 1942 übernahm er als Generalmajor das Kommando über die 376. Infanterie-Division und wurde am 1. Dezember zum Generalleutnant befördert. Aus sowjetischer Kriegsgefangenschaft wurde er erst am 12. Oktober 1955 entlassen. Auszeichnungen: 1941 Deutsches Kreuz in Gold, am 18. Dezember 1942 Ritterkreuz.

Bei der Entschlußlosigkeit der Führung blieb die letzte Entscheidung – wie bei den meisten Einsätzen in Rußland – dem Regiments- bzw. Bataillonskommandeur überlassen. Oberst Boje fuhr am 29. Januar mit seinem PKW unter weißer Flagge zum Russen hinüber und nahm zwecks Einstellung des Kampfes in unserem Abschnitt Verbindung auf. Weiter südlich von uns hatten schon mehrere Divisionen den Kampf eingestellt. Die eigenen Nachbarn waren verständigt, und kurz darauf kam Boje mit einem russischen Hauptmann, der gleich ein Kabel ausgerollt hatte, zurück und leitete die Kapitulation ein. Bei der Fahrt hatte der Oberst einen Schuß in den Fuß erhalten. Alle Soldaten, von denen die Masse durch Erfrierungen und Verwundungen sowieso kampfunfähig war, begrüßten es dankbar, daß endlich klare Verhältnisse geschaffen wurden. Am Morgen war bei unserer Kampfgruppe die letzte Pferdefleischsuppe ausgegeben worden. Munitionsersatz war nicht mehr möglich. Was war in einer solchen Lage denn noch zu tun? Die letzte Patrone war praktisch verschossen, das Ende der Schlacht um Stalingrad war gekommen.

Paulus schien wert darauf zu legen, es unter keinen Umständen vor dem 30. Januar zu einer Kapitulation kommen zu lassen. Am 31. Januar ging der letzte Funkspruch der 6. Armee an das Führerhauptquartier. Der Generalfeldmarschall setzte sich in seinen PKW und fuhr in Gefangenschaft. Einzelne Leute saßen mit zusammengeraubten Lebensmitteln noch bis zum 7. Februar in Verstecken, bis sie durch sowjetische Truppen aufgestöbert wurden. Ich selbst kehrte nach mehr als zehnjähriger Gefangenschaft nach Deutschland zurück. Im Jahre 1949 hatte man mich wegen angeblicher Greueltaten der 44. Division zu 25 Jahren Zwangsarbeit verurteilt; ich zählte zu den Glücklichen, die im Jahre 1953 entlassen wurden.

## Franz Rechberger:
## Als Melder in Stalingrad[36]

*Franz Rechberger wurde am 20. Mai 1922 in Hagenberg/Oberösterreich geboren. Bis zu seiner Einberufung zur Wehrmacht war er als Landarbeiter tätig; in Stalingrad war er Angehöriger der 7. Kompanie des II. Bataillons des Jäger-Regiments 54 der 100. Jäger-Division. Nach seiner Entlassung aus sowjetischer Kriegsgefangenschaft am 31. September 1947 war er zunächst nicht arbeitsfähig. Später arbeitete er in einer chemischen Fabrik, zuletzt als kaufmännischer Angestellter. Seit*

36 Der Bericht wurde in der Festschrift zum 40. Treffen des Jägerregiments 54 (11. bis 13. August 1989) abgedruckt.

*1982 bezieht er seine Altersrente und lebt heute in Wiener Neudorf im Ruhestand.*

Bis zu meiner Gefangenschaft am 31. Januar 1943 war ich dem II. Bataillon als Melder unter Feldwebel Darsow zur 7. Kompanie eingeteilt. Eigentlich hätte ich am 11. November über Tschir in ein Lazarett fahren sollen, um meine juckende, eitrige Hautkrankheit behandeln zu lassen. Diese hatte ich mir in Stalingrad als Folge der hygienischen Verhältnisse eingehandelt. Wir waren wochenlang nicht aus Wäsche und Schuhen gekommen. Meine Lymphknoten waren stark angeschwollen und schmerzten derart, daß ich kaum noch laufen konnte.

Am 10. November meldete ich mich in der Stellung ab und fuhr mit dem Essenwagen zum Troß zurück. Am nächsten Tag meinte Unterarzt Dr. Ellinger[37], diese Krankheit sei sehr langwierig und bedürfe unbedingt eines Lazarettaufenthaltes. Der Obergefreite Paul Glauer, Melder wie ich, meinte dagegen, es sei ratsam, hierzubleiben. Ich möge lieber bei einer 70jährigen Russin und ihren beiden Enkelkindern Quartier nehmen, um mich dort auszuheilen. Kamerad Paul hatte mich in der Vergangenheit schon sehr oft mit seiner Fronterfahrung gut beraten; also folgte ich ihm auch diesmal. Hätte ich damals gewußt, daß wir zehn Tage darauf eingeschlossen sein würden, hätte ich mich ganz bestimmt für das Lazarett entschieden!

Am 15. Januar kehrte ich wieder zu meinen Kameraden in die Stellung zurück. Meine Krankheit war natürlich noch nicht ausgeheilt; dies sollte sich später in der Gefangenschaft für mich beinahe als lebensgefährlich erweisen. Das II. Bataillon lag zu dieser Zeit beiderseits einer der zahlreichen Balkas, die wie alle von Westen in Richtung Wolga nordnord-westlich der Höhe 102 verliefen.

Am Abend des 26. Januar setzten wir uns bei starkem Schneesturm nach Süden ab. In der Nähe der Fliegerschule gingen wir mit Richtung nach Norden neuerlich in Stellung. Am Abend des 28. Januars hieß es, wir würden weiter im Südosten eine zurückgezogene Stellung beziehen.

In diesen Tagen zog sich der Kessel um uns immer enger zusammen. Den Kampfgruppen wurde es freigestellt, sich aus dieser aussichtslosen Lage auf eigene Faust nach Westen durchzuschlagen. Sechs Kameraden und ich faßten den Entschluß, dies in der kommenden Nacht zu versuchen. Jedoch wurde nichts daraus, weil wir plötzlich einer Kampfgruppe zugeteilt wurden.

Am 29. Januar abends führte uns ein Unteroffizier wieder in eine Stellung an einem Hang. Wir wußten nicht, ob wir dort Nachbarn hatten

37 Unterarzt Dr. Karl Ellinger (* 20. November 1917) war Bataillonsarzt im Regiment 54 der 100. Jäger-Division. Seit Januar 1943 wird er in Stalingrad vermißt.

und wie weit der Russe vor uns lag. Am nächsten Morgen sahen wir, daß sich der Russe nicht weit vor uns befand und sehr aktiv war. Er brachte Munition nach vorne und achtete dabei nicht auf Deckung. Daraus schlossen wir, daß er sehr bald angreifen würde.

Etwa um 11 Uhr vormittags setzte leichtes Granatwerfer- und MG-Feuer ein. Rechts von uns, hinter einer Hausruine, setzten sich soeben ungefähr 200 Landser, eine Stange mit einem weißen Tuch schwenkend, in Richtung der Russen ab. Als wir das sahen, überlegten wir kurz, was wir jetzt am besten tun sollten. Ergeben wollten wir uns nicht; daher stürmten wir im Zickzacklauf den hinter uns liegenden Hang hinauf, um in einem Laufgraben Deckung zu finden. Der Russe feuerte mit MG hinter uns her, doch meine Kameraden Hintermüller, Lords und ich erreichten den Graben unverletzt.

Für die folgende Nacht, die unsere letzte in Freiheit werden sollte, krochen wir bei einem Kameraden einer Mot-Einheit in einem Bunker unter, der eher eine Erdhöhle im Hang einer Balka als eine sichere Stellung war. Dennoch fühlten wir uns relativ geborgen, fanden wir dort doch den Luxus eines Ofens und etwas Holz vor.

Wir tauten jetzt unsere letzten Konserven auf, die wir zwei Nächte vorher erbeutet hatten, als sie von einem tieffliegenden Flugzeug lose in den Schnee abgeworfen worden waren. Dazu genossen wir noch einen „Spezialkaffee", den wir aus den letzten Bohnen im Brotbeutel, die wir mit der Axt zerrieben hatten, mit Schneewasser aufkochten. Dann legten wir uns hin, um ein wenig zu schlafen und Kräfte für das Kommende zu sammeln. Vorher hatten wir noch die Soldbücher und Auszeichnungen verbrannt.

Infolge der Strapazen schliefen wir so schlecht, daß wir den Aufmarsch von 20 russischen Panzern überhörten, die bis an den Rand unserer Balka herangefahren waren. Groß war daher unsere Überraschung, die vielen Panzer am Morgen in einer Reihe ausgerichtet zu sehen. Die Rohre zielten waagerecht über unsere Köpfe hinweg in Richtung Balkarand, jedoch fiel kein Schuß.

Unser Kamerad von der Mot-Einheit stieg trotz dieser Situation seelenruhig den Hang hinauf, um bei seiner Einheit nachzusehen, ob es etwas Neues gebe. Als er zurückkehrte, berichtete er uns, daß zwischen Paulus und den Russen Kapitulationsverhandlungen stattfänden. Seine beste Nachricht aber war, daß die Feldküche heute zum wohl letzten Mal aus allen verbliebenen Resten ein Mittagessen kochen würden. Wir sollten zusehen, etwas davon zu bekommen.

Ich nahm unsere Kochgeschirre und stieg auf gleichem Wege wie unser Kamerad zur Feldküche hinauf, die Panzergeschütze hinter meinem Rücken. Oben sah ich eine Anzahl LKW, darunter einen mit dem dampfenden Eintopfkessel am hinteren Ende der Ladefläche. Der Koch hatte alle Hände voll zu tun, sich der vielen Kochgeschirre zu erwehren, die ihm entgegengedrängt wurden. Als ich die vielen Menschen sah, die sich hier um die Feldküche drängten, sank meine Hoffnung, auch etwas zu bekommen, auf Null.

In diesem Augenblick feuerte einer der Panzer, und die Granate traf den vorderen Teil des Küchen-LKWs. Ich machte kehrt und rannte in Richtung Balka und Panzer, zu meinen auf's Essen wartenden Kameraden zurück. Vor dem Rande der Balka schaute ich mich im Laufen noch einmal um und bemerkte, daß aus dem Vorderteil des LKWs Rauch, aus dem Hinterteil aber der Dampf der heißbegehrten Suppe aufstieg. Weit und breit war kein Landser mehr zu sehen!

Kurz überlegt rannte ich zurück, sprang zum Kessel hinauf, tauchte die drei Kochgeschirre in den dicken Eintopf, schöpfte sie so voll, daß es noch außen hinunterlief, und wetzte in Richtung Balka zurück. Während die Landser bei der Feldküche erst langsam aus ihren Deckungen krochen, war ich schon längst mit der heißbegehrten, nahrhaft dampfenden Beute zu meinen Kameraden im Bunker unterwegs.

Nach einiger Zeit kehrte unser Mot-Kamerad von seiner Einheit mit der Nachricht zurück, Paulus habe kapituliert, und wir alle müßten in Gefangenschaft. Als pflichtbewußter Soldat wollte er noch schnell den Motor seines Kraftwagens unbrauchbar machen. Während er noch grübelte, ob er Vorschlaghammer oder Handgranate nehmen sollte, schien es mir im Hinblick auf meine kranken Füße zweckmäßiger vorzuschlagen, zu viert in die Gefangenschaft zu fahren anstatt zu marschieren! Gesagt, getan: Wir saßen auf. So fuhren wir vier Kameraden mit unserem Kübelwagen im Schrittempo inmitten der vielen ungezählten Schicksalsgefährten einer ungewissen Zukunft in Gefangenschaft entgegen.

Als wir dem ersten Russen begegneten, einem Offizier, stieg dieser, ohne anhalten zu lassen, mit seinen langen Beinen behende in den fahrenden Kübelwagen. Unter Hup-Signalen, auf Anordnung des Offiziers, ging es schneller voran, und wir überholten die langen Kolonnen der in Richtung Nordost aus der Stadt strömenden Gefangenen.

Nach einigen Kilometern, etwas außerhalb der Stadt an einer Straßengabelung, war dann unsere bequeme Reise zu Ende. Der Russe ließ anhalten und forderte uns drei 54er mit einer Handbewegung zum Aussteigen auf. Da standen wir, während er mit unserem „Gastgeber" von der Balka als Fahrer weiterfuhr! Im gleichen Moment, da er hupend losbrauste, wurden wir schon von einigen Russen umringt, die mit lautem „Urr jest!" und „Maschinka jest!" Uhren und Feuerzeuge abkassierten.

So begann jetzt auch für uns der sechstägige Todesmarsch, der mit Recht auch heute noch so benannt wird. Unzählige Kameraden sollten ihn nicht überleben; sie starben an Erfrierungen aller Grade, und wer nicht mehr mitmarschieren konnte, starb unter den Kugeln der rücksichtslosen Begleitmannschaften. Auf diese tragische Weise mußten auch wir unseren Kameraden Lord aus Ostweide/Schlesien zurücklassen. Seine Erschöpfung war so groß, daß nicht einmal unser Appell, an seine wartende Frau und die beiden Kinder zu denken, ihn nochmals auf die Beine bringen konnte.

Mein bester Kamerad und Freund, Josef Hintermüller aus Linz, erreichte nach sechs Tagen mit schweren Erfrierungen an beiden Füßen mit mir gemeinsam das Lager „Ilmen". Ende Februar oder Anfang März starb auch er. Plötzlich war ich unter so vielen Männern einsam und fühlte mich sehr verlassen; ich hatte keine Menschenseele aus früheren Tagen mehr, auf die ich bauen konnte. Nach vier Jahren und acht Monaten der Gefangenschaft hatte ich das große Glück, meine Heimat und meine Lieben wiederzusehen.

## Karl H. Schwarz:
## Die letzten Tage des XI. Armeekorps[38]

*Karl H. Schwarz, Jahrgang 1914, war Hauptmann im Stab des XI. Armeekorps unter Generaloberst Strecker und vom 3. Februar 1943 bis 24. Dezember 1949 in sowjetischer Kriegsgefangenschaft.*

Am 1. Juli 1942 wurde ich als Waffen- und Geräteoffizier (WuG) zum Stabe des XI. Armeekorps versetzt, nachdem ich einen Monat vorher zum Hauptmann befördert worden war. Damit unterstand ich dem Quartiermeister, Oberstleutnant i. G. Karl Ulreich, in dem Korps, das am 1. Juni von General der Infanterie Karl Strecker übernommen worden war.

Nach einem Urlaub in der Heimat sollte ich mich, wie auf dem Urlaubsschein vermerkt, am 12. Dezember wieder zu meiner Einheit in Marsch setzen. So bestieg ich am folgenden Tage meinen Zug an die Front. Das Erstaunliche war, daß niemand von den Gerüchten wußte oder sprach. Wie, dachte ich, ist es möglich, daß vier Wochen lang ein so bedeutendes Ereignis wie die Einschließung einer Armee einem ganzen Volk verborgen bleiben kann?

Diese Ungewißheit wurde aber sehr bald beseitigt. In Dnjepropetrowsk hielten wir neben einem nach Deutschland zurückkehrenden Lazarettzug, der mit Verwundeten aller Einheiten der 6. Armee überladen war. Von denen, die noch sprechen und sich auf ihre Heimfahrt freuen konnten, erfuhren wir dann vieles über die traurige Wirklichkeit.

---

38 Der Bericht wurde in „Unsere 16.", Folge 193, 49. Jhg., im Juli 2001 veröffentlicht.

Was mit uns geschehen würde, erfuhren wir bald danach, als alle Offiziere ins Sammellager Rostow dirigiert wurden, wo alle Offiziere, die ihren Urlaub beendet, und auch Versprengte, deren Einheiten aufgelöst oder in der Kesselschlacht vernichtet worden waren, nach ihren Einsatzmöglichkeiten registriert wurden. Mein Zimmergenosse war Hauptmann Ott. Wir hatten uns schon am zweiten Tag gemeldet und gebeten, zu unseren Truppenteilen im Kessel zurückkehren zu dürfen. Die Antwort war immer die gleiche: „Was die 6. Armee braucht, sind Infanterie-, Pionier- und Nachrichtenoffiziere und danach gar nichts! Was wollen Sie im Kessel? Es gibt keine Waffen und keine Munition mehr, die zu verteilen wären. Vergessen Sie Ihren Auftrag! Nur wenn jemand aus dem Kessel angefordert wird, kann er damit rechnen, eingeflogen zu werden."

Die Tage im Sammellager vergingen weiterhin im ewig gleichen Rhythmus: Frühstück, Lagebesprechung, Befehlsempfang, Freizeit mit Schach, Kino oder Theater und Schlafen bis zum nächsten Frühstück; nur zum Weihnachtsfest wurde die Eintönigkeit unterbrochen. Am Morgen danach meldete ich mich beim Oberquartiermeister, berichtete ihm von unseren Erlebnissen und erreichte so wenigstens, daß die, die in den Kessel einfliegen mußten, vorher mit Winterbekleidung versorgt wurden. Die Lager waren voll von Mänteln, Pelz- und Filzstiefeln, und vom Kommandierenden General bis zur letzten Ordonnanz waren alle, einschließlich der rückwärtigen Dienste, bestens versorgt, nur der Landser in der vorderen Linie, der in offener Steppe oder, wenn er Glück hatte, in einem Loch in der hartgefrorenen Erde aushalten und kämpfen mußte, der hatte nichts, was ihn warm hielt.

Diese Zustände und das Nichtstun gingen Hauptmann Ott und mir langsam auf die Nerven. Als unser Schlafgenosse, ein Artillerieabteilungs-Kommandeur, von seiner Division im Kessel angefordert wurde und einflog, baten wir ihn, den WuG der Armee anzurufen und unseren Einflug zu veranlassen, da wir beide zu unseren Kameraden zurück wollten. Am 27. Dezember erhielten wir den Befehl zum Einflug; einen Tag später wurden wir nach Nowotscherkassk gebracht, wo ich mich kurz beim Ia meldete, um zu fragen, ob irgend etwas für General Strecker vorliege. Ein Ordonnanzoffizier erklärte mir die derzeitige Lage, und mir wurde klar, daß die Überlebenschancen der 6. Armee von Tag zu Tag geringer wurden und daß man – ohne dies auszusprechen – für unsere Armee keine Hoffnung mehr sah. Als der Chef des Generalstabes Generalmajor Schulz erfuhr, ich würde zum XI. Korps einfliegen, ließ er mich kommen, drückte mir eine Dose Ölsardinen in die Hand und sagte: „Schwarz, geben Sie das meinem Freund Strecker und sagen Sie ihm, das sei alles, was ich für ihn tun könne. Viel Glück!"

Am 29. Dezember war es dann soweit. Da immer mit Feindbeschuß gerechnet werden mußte, legte die Besatzung unserer Ju 52 ihre Fallschirme an, und als wir nach unseren fragten, wurde uns nur erwidert, daß Fluggäste die nicht brauchten! Daraufhin klemmte ich mich in das Cockpit hinter den Piloten, um herauszufinden, was ich wohl tun müsse, falls wir abgeschossen würden und die Besatzung ausstiege. Gott sei Dank blieb uns das erspart. Das Wetter war so schlecht, daß die Russen wohl keine Lust zum Fliegen verspürten, und die explodierenden Granaten der russischen Flak sahen wir nur in einer Entfernung, aus der sie uns nicht schaden konnten. Auch der Flugplatz von Pitomnik lag in dichtem Nebel, und da eine Landung nicht möglich war, wurde die Verpflegung an einer Stelle abgeworfen, an der der Berechnung nach der Kessel hätte liegen sollen. Am frühen Nachmittag waren wir wieder zu Hause.

Zwei Tage später gingen wir erneut durch die gleiche Zeremonie, aber erst am 3. Januar war Pitomnik klar, und wir konnten landen. Ich wurde von Oberleutnant Lex abgeholt, meldete mich bald danach bei General Strecker südlich der Höhe 137 vom Urlaub zurück und übergab ihm die Sardinenbüchse von Generalmajor Schulz[39] mit dessen exakten Worten. Danach meldete ich mich bei meinem Quartiermeister, Oberstleutnant Ulreich, und mein „alter Haufen“ hatte mich wieder. Die Freude aller war groß! Ich glaube, daß mit meiner Ankunft ein Schimmer neuer Hoffnung alle belebte, denn wenn jemand jetzt noch von „draußen“ einflog, konnte die Situation ja nicht so dramatisch sein, wie man sie selbst empfand. Diese kleine Zuversicht wollte und konnte ich nicht zerstören.

In den folgenden Tagen beschäftigten mich dann Bestandsmeldungen von den noch existierenden Waffen und der noch vorhandenen Munition. Ich besuchte die Munitionslager bei Pitomnik und Gumrak und die untergebenen Divisionen. Die Versorgungslage war katastrophal! Die täglichen Bedarfsmeldungen liefen mit dem Wissen, daß nichts getan werden konnte, bei der Armee ein. Die Hälfte unserer schweren Waffen war ja schon am 28. November verlorengegangen, und Munition für Waffen konnte nur kurzfristig aus den Lagern an die Einheiten verteilt werden, die sie gerade am dringendsten benötigten, vorausgesetzt, daß gerade ausreichend Benzin zum Transport vorhanden war.

Nach Ablehnung des russischen Kapitulationsangebotes startete der Russe am 10. Januar seine Offensive von Nordwesten, Westen und Sü-

---

39 Karl Friedrich Wilhelm Schulz (* 15. Oktober 1897 Polnisch-Nettkow/Schlesien, † 30. November 1976 Freudenstadt) war im Ersten Weltkrieg Leutnant. 1939 Oberstleutnant, 1941 Oberst, war er als Generalmajor vom 27. November 1942 bis 1. März 1943 nacheinander Chef des Generalstabes der Heeresgruppen Don und Süd. 1945 wurde er als General der Infanterie Oberbefehlshaber der Heeresgruppe Süd. Ritterkreuz 1942, mit Eichenlaub 1944 und Schwertern 1945.

den, um den Kessel weiter einzuengen und den Abstand von den Heeresgruppen Don und A zu erweitern. Die Verluste an Menschen und Material bei unseren Divisionen waren gewaltig. Am 12. mußte das Korps seinen Befehlsstand nach Gorodischtsche verlegen; am 15. lag das erste Artilleriefeuer auf dem Flugplatz Pitomnik, und am nächsten Tage wurde er von einer russischen Panzerspitze genommen. Von 14 Flugzeugen wurden acht zerstört; nur sechs von ihnen konnten sich im letzten Augenblick nach Gumrak absetzen, wo fünf beim Landen zu Bruch gingen.

Schon vor dem Fall von Pitomnik hatten sich Soldaten, die von vernichteten Truppenteilen übriggeblieben waren, andere Versprengte, aber auch Deserteure zu Gruppen zusammengefunden, um abgeworfene Verpflegungsbomben zu bergen und ihren Inhalt in alten Unterständen oder verlassenen Bunkern unter sich zu verteilen. So kam es, daß die noch kämpfenden Soldaten häufig nicht einmal die ihnen zustehenden 50 Gramm Brot erhielten.

Da sich immer mehr solcher Gruppen bildeten, erschien am 14. Januar bei unserem Stab ein Pionierleutnant, der mit seinen Leuten beauftragt war, die Versorgungsbomben zu sammeln, zu lagern und bis zur Verteilung zu bewachen. Er verlangte von unserem Quartiermeister die Erlaubnis, die Marodeure, die immer zahlreicher und frecher wurden, standrechtlich erschießen zu dürfen. General Strecker wurde informiert, und es wurde entschieden, alle mit dem Einsammeln der Bomben Beauftragten durch Armbinden deutlich zu kennzeichnen, aber von der Waffe nur zur Selbstverteidigung oder bei Nötigung Gebrauch zu machen. Nicht völlig damit einverstanden, kehrte der Pionierleutnant wieder zu seinem schweren Posten zurück.

Am 17. Januar ließ General Strecker bekanntgeben, am folgenden Tage werde die letzte Post in die Heimat abgehen. Wer noch schreiben wolle, solle es jetzt tun. Da ich am Tage darauf zum Munitionslager in Gumrak mußte, gab er mir den Auftrag, diese letzte Privatpost des Stabes einem der voraussichtlich letzten Flugzeuge mitzugeben. Generalarzt Dr. Spiegelberg[40], der den Verwundetensammelplatz bei Gumrak inspizieren wollte, schloß sich mir an.

Am 18. morgens zogen wir dann auf geliehenen Skiern mit dem Marschkompaß quer durch das Gelände los. Die verschneite Landschaft, deren Kriegswunden durch Neuschnee sanft überdeckt waren, konnte an einen friedlichen Winterurlaub denken lassen. Wir waren nachdenklich, wußten wir doch, daß unsere Tage so oder so gezählt wa-

---

40 Dr. Hans Spiegelberg (* 9. November 1889 Elbing, † 5. Januar 1975 Lütjensee); Studium und Promotion in Berlin, aktiver Militärarzt im Ersten Weltkrieg, danach Praxis in Danzig. 1926 zur San.-Abtlg. 46 in Wuppertal. 1937 Oberfeldarzt, 1940 Oberstarzt, war ab 17. Januar 1942 Korpsarzt des XI. A.K. Nach seiner Gefangennahme wurde er noch 1944 zum Generalarzt befördert.

ren. Ich erwähnte, daß ich meinem Leben eher ein Ende machen wolle, als den Russen Gelegenheit zu geben, mich so zu schlachten wie die Soldaten, die ich in einem Schlachthaus vor Charkow gesehen hatte. „Das dürfen Sie nicht!“ sagte Dr. Spiegelberg, und er erzählte mir die Geschichte von dem Leutnant, der mit seinen Leuten in einem Bunker von den Russen überrannt worden war. Nach einigen Tagen und ohne Glauben an eine mögliche Befreiung tötete er sich selbst. Am nächsten Tage kamen die deutschen Truppen zurück, die Soldaten wurden befreit, aber dem Leutnant wurde ein ehrenhaftes Begräbnis wegen „Fahnenflucht“ verweigert. Diese Erzählung beeindruckte mich sehr, und dieser Augenblick ließ mich entscheiden, alles zu tun, um wieder in die Heimat zurückzukehren.

Als wir uns Gumrak näherten, änderte sich das Bild der Landschaft entscheidend. Auf und neben den Straßen lagen Hunderte steifgefrorener toter Soldaten, die der sanfte Schnee leicht bedeckt hatte, außer dort, wo Panzer und Fahrzeuge die glasharten Knochen zersplittert hatten und nur Haufen grauer Uniformen und schwarze Blutflecken andeuteten, daß hier einmal ein Mensch gelebt und geatmet hatte.

Dr. Spiegelberg vereinbarte mit mir Zeit und Ort, wo wir uns zu unserer gemeinsamen Heimfahrt wieder treffen würden. Ich begab mich zum Kommandeur des Flugplatzes, zeigte ihm die Briefe und erwähnte den Wunsch von General Strecker. Er begleitete mich zu einem Flugzeug, eines von vielen, die an diesem Tage in Gumrak gelandet waren, und übergab dem Flugzeugführer den großen Umschlag. Der kurze Weg erschien mir wie ein Spießrutenlaufen. Vor dem Flugzeug lagen, knieten und standen Hunderte von Verwundeten, die uns mit feindseligen Augen anstarrten. Gewiß dachten sie, hier könnten ihnen zwei Offiziere ihre letzte Chance streitig machen, in die Heimat oder wenigstens in Sicherheit zu gelangen. Ein Feldwebel dirigierte mit eiserner Autorität: Zuerst die auf den Tragen; dann wurde das Flugzeug mit Menschenleibern vollgestopft, bis kaum noch die Tür verriegelt werden konnte. Auf solch kurzer Piste und so überladen, ging es mir durch den Kopf, kann das Flugzeug nie abheben! Aber der Pilot schaffte es, und mein einziger Gedanke war: Möge er glückhaft irgendwo wieder landen! Dabei dachte ich nicht an unsere letzten Briefe, die sowieso wegen „staatlicher“ Kontrollen ihr Ziel nie erreichten.

Ein anderes Bild verankerte sich noch unauslöschlich in meinem Gedächtnis. Als ich zum Munitionslager ging, bemerkte ich neben der Straße einen liegengebliebenen LKW. Auf dem Trittbrett hockte ein Soldat mit einem vereisten ganzen Kommißbrot zwischen den erfrorenen Händen, und mit in die Ferne gerichteten schon toten Augen nagte er erfolglos an diesem letzten Schatz. Die nächste Stunde würde er nicht mehr überleben, und andere würden kommen, ihm Brot, Mantel und Mütze wegnehmen und auch auf den Tod warten.

Im Munitionslager erhielt ich Listen mit dem neuesten Bestand und traf danach Dr. Spiegelberg, der die Verwundeten in der Sammelstelle hilflos ohne Arzneimittel hatte zurücklassen müssen. Nachdenklich und schweigsam kehrten wir nach Gorodischtsche zurück. Ich rief die Armee an und bat um Verlegung der Munition nach Stalingrad, weil ich glaubte, Gumrak werde sich nicht mehr lange in unserer Hand befinden. „Dafür haben wir leider keinen Brennstoff mehr!" Die LKW konnten nicht mehr fahren, und die Pferde waren alle schon lange geschlachtet und gegessen worden.

So blieb eben alles, wie es war. Am 22. Januar fielen Gumrak und am 23. Stalingradskij und damit die letzte Flugverbindung mit der westlichen Welt. Am 25. Januar übergab Paulus die russischen Kriegsgefangenen an die Rote Armee; am gleichen Tag sandte der „Führer" einen Funkspruch: „Verbiete Kapitulation. Die Armee hält ihre Position bis zum letzten Mann und zur letzten Patrone!"

Wir waren aufgegeben und wußten es! Vielleicht war das auch der Grund, weshalb Offiziere und Mannschaften ohne Befehle, nur der Gewohnheit von Disziplin und Erziehung folgend, Taten vollbrachten, die nie in einem Bericht erschienen oder erscheinen würden. Es war aber auch die Zeit, zu welcher sich der verantwortungsbewußte Divisionskommandeur des IV. Korps[41] mit den Resten seiner Soldaten den Russen gefangen gab, um seine Leute vor einem unsinnigen, unnötigen Tod zu bewahren. Und es war die Zeit der verzweifelten Ausbrüche in die unendliche, weiße Steppe Rußlands, die Zeit der unglaublichsten Gerüchte und Parolen. So glaubten viele, auch in unserem Stab, daß Funkgeräte abgeworfen würden, mit denen Gruppen bis zu 30 Mann Flugzeuge heranrufen könnten. Aber kein Funkgerät wurde abgeworfen, und kein Flugzeug erschien mehr außer einem, das noch zwei Tonnen Verpflegung abwarf.

Über Ausbrüche diskutierten alle und jeder. Die meisten waren davon überzeugt, es sei unmöglich, ohne Nahrung und Munition bei der herrschenden Kälte die Einschließung durch die Russen zu durchbrechen. Aber es gab auch solche, die daran glaubten, es wagen zu können. Von unserem Stab machten sich mit Genehmigung von General Strecker am 29. Januar der O2, Oberleutnant Pöthke[42], mit dem Adjutanten unseres Artilleriekommandeurs, Oberleutnant Lex, bei einbrechender Dunkel-

41 Kommandierender General des IV. Armeekorps war General Pfeffer; vorzeitig gab allerdings nur Generalleutnant Schlömer mit seinem XIV. Panzerkorps am 29. Januar auf.

42 Oberleutnant Hans Reinhold Pöthke (∗ 29. November 1909 in Plappeville) verstarb am 11. Juli 1946 im Lager Jelabuga.

heit auf, um die Route entlang der Wolga zu erkunden. Nach etwa vier Stunden kehrten sie zurück und meldeten, am Westufer der Wolga sei jeder Bunker und jedes Erdloch mit Russen gespickt und daß Posten in Hörweite, wahrscheinlich in Erwartung solcher Ausbrüche, die Wolga überwachten. Damit starb auch bei unseren Optimisten die Hoffnung, bis jemand die Idee hatte, einen russischen Beutewagen fahrbereit zu machen und mit Benzinfässern und -kanistern zu beladen. Die Offiziere, die den Ausbruch wagen wollten, lägen mit Planen zugedeckt zwischen den Fässern, während zwei „Hiwis" Fahrer und Beifahrer wären. Die „Hiwis" hatten aus Angst vor ihren Landsleuten gebeten, bei uns bleiben zu dürfen, als die russischen Kriegsgefangenen ausgeliefert worden waren, und sie waren bereit, den LKW durch die russischen Linien zu schleusen. Mit Begeisterung wurde ein Wagen fertiggemacht, beladen und Planen organisiert, aber bevor noch die begrenzte Teilnehmerliste aufgestellt war, zerstörte eine feindliche Zufallsgranate diesen letzten Traum mit einem riesigen Feuerzauber. Schicksal oder Zufall?

Am Abend des 25 Januar war der gesamte Stab des Artillerie-Regiments der 71. Infanterie-Division beim Regimentskommandeur versammelt. Nach einem „Hoch" auf Deutschland erschossen sich alle Offiziere auf ein letztes Kommando. In aussichtloser Lage erschoß sich auch General Stempel[43] in seinem Quartier.

Schon am 27. Januar war das XI. Korps in den Keller der Fabrik 2 des Traktorenwerkes im Norden Stalingrads umgezogen. Am 28. war der Kessel nach einem Angriff auf die Höhe 102 im Nordwesten von Stalingrad aufgespalten worden, nachdem sich diese Absicht schon am Tage vorher klar gezeigt hatte. Damit befanden sich das XI. Korps im Nordkessel, Reste von vielen Divisionen in der Mitte und der Armeestab mit anderen Resten im Südkessel.

Am Abend des 28. Januar wurde die Teilung des Kessels an die Heeresgruppe mit der Absicht gemeldet, am Nordrand und im westlichen Vorfeld eine neue „Verteidigungsfront" aufzubauen. Unwillkürlich kam mir das Bild von einem gerade getöteten Huhn vor Augen: Den Kopf hatte es verloren, aber seine Flügel schlugen noch und seine Beine zuckten, als ob es seinem Schicksal noch entfliehen könne und wolle. So war es mit unseren Resten. Reflexbewegungen kündeten den nahen Tod an.

General Strecker hatte klare Absichten in bezug auf die Pflichten gegenüber seinen Soldaten und seinen Vorgesetzten: „Wir haben nicht das Recht zu tun, was wir wollen! Gehorsam ist die Pflicht eines jeden Sol-

43 Richard Stempel (* 18. Juni 1891 Chemnitz, Suizid 26. Januar 1943 in Stalingrad) wurde 1937 Oberst; ab 1. April 1942 war er als Generalmajor Kommandeur der 371. Infanterie-Division. Am 1. Dezember 1942 wurde er noch zum Generalleutnant befördert. Er erschoß sich, weil er irrtümlich annahm, sein Sohn sei gefallen. Auszeichnungen: Deutsches Kreuz in Gold 1942.

daten! Ich kann nicht einsehen, warum ‚Soldatsein' bei den Generalen aufhören soll. Nur Paulus kann den Befehl zur Einstellung des Kampfes geben. Ich bin gegen unnötige Opfer, aber Gehorsam und Disziplin sind Voraussetzungen für jede menschliche Gemeinschaft!" Wieviele den Kampf bis zur letzten Patrone kämpften, werden wir nie erfahren, aber der, der auf den Befehl bestanden hatte, befolgte ihn selbst nicht. Paulus und General Schmidt ergaben sich am 31. Januar den Russen.

Am 30. Januar nachmittags wurde ich alarmiert. Eine Bombe, die nicht explodiert war, war in dem Raum neben der Unterkunft von General Strecker eingeschlagen. In diesem Raum hatten wir Reste von Infanteriemunition, Handgranaten und 3,7 cm-Flak gelagert, und es war nicht vorzustellen, was für ein Feuerwerk wir erlebt hätten, wäre die Granate explodiert. Aber sie lag friedlich zwischen den Munitionskisten, auch wenn sie ein rundes Loch ins Dach geschlagen hatte. Ich entschärfte die Bombe und meldete General Strecker, der sich an das andere Ende des Kellers zurückgezogen hatte, alles sei wieder sicher. Dabei hörte ich, daß das Radio eingeschaltet war und alle lauschten. Es war der Raum, in dem die Offiziere des Quartiermeisterstabes und des Artilleriekommandeur-Stabes untergekommen waren und in dem auch ich eine Pritsche hatte. Als aus dem Radio die Stimme des Reichsmarschalls Göring ertönte, verließ General Strecker schweigend den Raum.

Am 1. Februar waren wir mit General Strecker im Nordkessel allein – wir, daß hieß außer dem Stab des Korps noch die übriggebliebenen Teile der 16. und 24. Panzer-Division und die Reste der 76., 113. und der 389. Infanterie-Division und anderer, die sich um das Traktorenwerk gruppiert hatten. Gegen Abend rief uns General Strecker zusammen und sagte: „Generaloberst Paulus und alle, die im Südkessel noch am Leben waren, haben sich dem Russen ergeben. Unsere Lage ist aussichtslos. Deshalb, als oberster Befehlshaber im Kessel, gebe ich Ihnen die Freiheit, sich von jetzt ab so zu verhalten, wie es Ihnen Ihr Gewissen vorschreibt. Jede Verteidigung ist sinnlos!"

Am 2. Februar morgens begann der Kampf der Russen gegen die letzte Bastion um das Traktorenwerk. Aber unsere Überreste hatten ihre letzte Munition verschossen, und der Russe wußte, daß das noch Existierende ihm auch ohne Kampf in den Schoß fallen würde. So kam es, daß ein Aufklärungsflugzeug am frühen Nachmittag der Heeresgruppe meldete: „In Stalingrad keine Kampftätigkeit mehr!"

Alle, die vom Korpsstab noch lebten, hielten sich im Keller auf. Da es nur noch Stunden dauern konnte, bis auch wir von den Russen vereinnahmt werden würden, vernichteten wir unsere Waffen: Wir zerlegten unsere Pistolen und Gewehre in ihre Einzelteile und warfen sie in alle Himmelsrichtungen. Das Gleiche geschah mit den Funkgeräten bis auf eines, mit dem wir bis zuletzt noch für alle Fälle die Verbindung mit der

Außenwelt aufrechterhalten wollten. Am Abend des 2. Februar bereitete sich dann jeder auf seine Art auf die bevorstehende Gefangenschaft vor. Ich besaß noch einen alten Schlafsack, den ich aufschnitt und mit Nadel und Faden in einen warmen Umhang mit Kapuze umgestaltete. In den nächsten Tagen würde die Kälte unser ärgster Feind sein, und so sah jeder zu, daß er mit den letzten Vorbereitungen den sicherlich langen und kalten Marsch überstehen konnte, so gut es ging. Die letzten, noch vorhandenen Verpflegungsbüchsen wurden gleichmäßig verteilt, und wir genossen den heißen Tee, den irgend jemand auf dem selbstgebastelten Benzinfaß-Ofen bereitet hatte. Jemand hatte auch das Funkgerät eingeschaltet, und zwischen den Gesprächen hörten wir Musik aus der Heimat, die dann von den „Nachrichten an die Wehrmacht" abgelöst wurde. In dieser Sendung grüßten die in der Heimat ihre Angehörigen und Freunde, die an irgendeiner der fernen Fronten hoffentlich noch leben würden. Wir alle lauschten schweigsam, aber plötzlich hoben sich alle Köpfe: „Dem Oberleutnant Pöthke läßt seine Frau mitteilen, daß er Vater eines gesunden Sohnes geworden ist!" Die Nachricht ließ alle aufspringen. Wir zogen Pöthke von seiner Pritsche, jemand brachte einen Rest Cognac aus einem heimlichen Versteck, und wir stießen auf das Wohl von Vater, Sohn und Frau an. „Anstoßen" konnte man es wohl nicht nennen, wenn eine Flasche von Mund zu Mund gereicht wurde, aber Freude und Begeisterung waren deshalb nicht geringer, und manches Auge wurde dabei feucht. Das große Ereignis wurde sofort General Strecker gemeldet, der in unserer Bude erschien und Pöthke mit ernsten, bewegten Worten gratulierte. Leider hatte Pöthke nicht das Glück, seinen Sohn zu sehen: Im Juli 1946 starb er nach einer Operation im Offizierslager Jelabuga.

Kurz darauf – alle sprachen noch durcheinander – nahm mich General Strecker zur Seite und sagte: „Schwarz, Sehen Sie doch mal nach, was draußen noch los ist!" Ich stieg die Stufen aus dem Keller hinauf und blieb kurz im Eingang stehen. Der große Platz vor dem Werk lag im Dunkeln. Ich bemerkte keine Bewegung, nur hin und wieder stieg irgendwo hinter den schwarzen Ruinen auf der anderen Seite des Platzes eine Leuchtrakete hoch und beleuchtete einen Teil der schneebedeckten Fläche taghell. Etwa 50 Meter vor unserem Kellereingang war tags zuvor unsere letzte 3,7 cm-Pak in Stellung gegangen. Im Schutz von Trümmern und ausgebrannten Fahrzeugen erreichte ich sie und die zwei Mann Bedienung. Ich erfuhr, daß seit Einbruch der Dunkelheit alles ruhig war. Nur ab und zu hörten wir in der Ferne einen einzelnen Gewehrschuß. Die Munition war bis auf wenige Granaten verschossen. Ich sagte ihnen, daß General Strecker jede weitere Verteidigung als sinnlos ansah, daß sie die Pak durch Ausbau einiger Teile gebrauchsunfähig machen und sich danach in unserem Keller melden sollten. Wieder zurück, meldete ich alles dem General, der einen Ordonnanzoffizier kommen ließ und ihm befahl: „Stellen Sie Posten ohne Waffen an den Eingang zum Keller. Wenn Russen erscheinen, sollen sie sofort zu mir gebracht werden!"

Nach kurzem, unruhigem Schlaf war es dann am 3. Februar[44] nach Tagesanbruch soweit. Russische Soldaten wurden vor General Strecker gebracht, und der Dolmetscher machte ihnen klar, daß der Kommandierende General des Nordkessels nur mit einem General der russischen Streitkräfte verhandeln würde. Die Soldaten verschwanden, und nach kurzer Zeit erschien ein russischer Stabsoffizier, der General Strecker mit Oberst i. G. Großcurth[45] bat, ihm zum russischen Hauptquartier zu folgen. Gegen Mittag kehrten beide zurück. General Strecker rief den Stab zusammen und teilte uns mit, er habe vom russischen General die Zusage erhalten, der gesamte Stab könne auf eigenen Fahrzeugen in die Gefangenschaft gefahren werden, dazu stünden aber leider keine russischen Fahrzeuge zur Verfügung.

Ich erhielt den Auftrag, so viele Lastwagen wie möglich fahrbereit zu machen, und mit Feuerwerker, Waffenmeister und Mechanikern machten wir uns an die Arbeit. Auf dem großen Platz vor unserem Keller lagen viele zerschossene LKW; als wir einen fanden, dessen Motor noch in Ordnung war, bauten wir die noch gute Batterie eines anderen ein, füllten das restliche Benzin von anderen in den Tank und ersetzten die zerschossenen Reifen mit noch brauchbaren. Aber es war klar, die Chancen, einen zweiten Wagen fahrbereit zu machen, erschienen sehr gering. Ich brachte den Wagen zum Kellereingang und meldete dem General, es werde wahrscheinlich der einzige bleiben, der noch fahren könne. Er bedankte sich, und ich ging zu meinen Leuten zurück, um mit ihnen weiter zu suchen. Vielleicht hatten wir ja doch noch Glück.

Kurze Zeit später sah ich, wie der fertige Wagen schon mit Offizieren beladen wurde. Ich trat hinzu, als Oberleutnant von Platen auf dem LKW mit einer Liste in der Hand sagte: „Dieser Wagen ist voll, Schwarz, Sie stehen nicht auf der Liste, wir fahren los!" Das war ein Tiefschlag! Da war ich in den Kessel zu meinen Kameraden eingeflogen, hatte ihnen einen fahrbaren Untersatz hervorgezaubert, und nun war darauf kein Platz für mich mehr verfügbar. Ich schämte mich nicht der Tränen, die mir in die Augen stiegen. Später, mit Distanz und dem Wissen, daß fast alle, die auf diesem Wagen mitfuhren, das Jahr 1943 nicht überlebten,

44 Der Nordkessel ergab sich am Morgen des 2. Februar, so daß die übrigen Angaben um einen Tag zurückdatiert werden müssen.

45 Helmuth Groscurth (* 16. Dezember 1898 in Lüdenscheid, † 7. April 1943 in sowjetischer Gefangenschaft) nahm ab 1916 als Kriegsfreiwilliger am Ersten Weltkrieg teil und wurde danach in die Reichswehr übernommen. 1939–40 als Oberstleutnant Chef der Abtlg. Heerwesen im OKH. 1940–41 Ia der 295. Infanterie-Division; 1943 als Oberst Chef des Generalstabes des XI. Armeekorps. Er war aktiver Widerstandskämpfer.

fragte ich mich natürlich, ob das Schicksal nicht wieder seine Hand im Spiel hatte.

Aber auch etwas anderes geschah an diesem Tage, das mir etwas Zuversicht und Glauben an die Menschen wiedergab. Als wir noch in den zerstörten LKW nach Brauchbarem suchten, näherte sich meinem Waffenmeister ein russischer Soldat und nahm ihm die Armbanduhr ab. Nicht weit davon stand ein russischer Major mit blondem Lockenkopf, blauen Augen und einer makellosen Uniform, kaum einem der Russen ähnelnd, wie wir sie kannten. Ich machte ihm eine Andeutung in die Richtung meines Waffenmeisters, aber er hatte alles schon gesehen und sprach den Soldaten an, der ihm aber keine Antwort gab. Der Major wiederholte scharf einen Befehl, worauf sich der Soldat umdrehte und dem Major verächtlich vor die Füße spuckte. Ein neues Kommando des Majors – der Soldat ging mit einer eindeutigen Geste weiter. Daraufhin zog der Major seine Pistole, erschoß den Soldaten, nahm ihm die Uhr aus der Tasche und reichte sie dem Waffenmeister zurück. So etwas hatten wir nicht für möglich gehalten! Alle, die es gesehen hatten, schauten sich nur ungläubig an. Zu jener Zeit waren die russischen Soldaten nur ihren eigenen, direkten Vorgesetzten verantwortlich; eine Situation, die nicht viel später aber geändert wurde. Ich salutierte dem Major, der, wie sich später durch unseren Dolmetscher herausstellte, Sibirier und für unseren Abtransport in die Gefangenschaft verantwortlich war.

Zwar hatten wir keine Fahrzeuge mehr fahrbereit machen können, aber mit neugefundener Zuversicht ging ich zurück in den Keller, um als Rangältester den Übriggebliebenen zu sagen, sie sollten sich für den Marsch in die Gefangenschaft fertigmachen und bereithalten. Langsam wurde es 14 Uhr, wir jedoch hatten noch immer keinen Befehl zum Aufbruch erhalten. Mit dem Dolmetscher näherte ich mich dem Major, um zu erfahren, was mit uns geschehen solle. Er teilte mir mit, wir würden losmarschieren, sobald das Begleitpersonal eingetroffen sei. Ich bat ihn noch, den Begleitmannschaften zu befehlen, entlang unseres Weges die Ausplünderung durch russische Soldaten zu verhindern, was er mir versprach. Nachdem ich in den Keller zurückgekehrt war, traten wir gegen 15 Uhr an, und damit begann der schwere Marsch in die Gefangenschaft. Wie erwartet, warteten Hunderte von Russen in den Schluchten entlang unseres Weges darauf, uns zu filzen, aber die Bereitschaft unserer Posten zum Schießen schreckte alle zurück. So waren unsere 130 Mann wohl die einzigen, die dank des sibirischen Majors von den uns Erwartenden bewundert wurden, weil wir alle unsere spärlichen Besitztümer hatten behalten können. Zum Dank hatte ich dem Führer unserer Begleitmannschaft eine Taschenlampe mit grünem, gelbem und rotem Licht geschenkt und hatte Mühe, ihn davon abzuhalten, mich zu umarmen und zu küssen, so dankbar war er! Meine Leute wies ich an, sich unter die anderen Gefangenen zu verteilen, um zu vermeiden, daß sie auf dem Weitermarsch nicht auch noch ihre Stiefel und andere Habseligkeiten verloren. In der Sammelstelle wurden unser Name und die Dienststelle vermerkt; dann warteten wir auf den nächsten Tag, an dem der Marsch durch die hochverschneite Steppe beginnen sollte. Die 6. Armee und damit mein XI. Armeekorps waren gestorben.

TEIL 3

# Todesmärsche und Todeslager

*Eine schier endlose Kolonne von deutschen Kriegsgefangenen auf dem Marsch in eines der „Todeslager", in denen viele durch Krankheit und Unterernährung innerhalb kurzer Zeit verstarben.*

## Franz Baumeister:
## Im Todeslager[1]

*Franz Baumeister wurde am 6. Oktober 1922 in Eichstätt geboren. Nach vorübergehender Tätigkeit in einer Fabrik wurde er zur Wehrmacht eingezogen und war Angehöriger der 13. Kompanie, Infanterie-Regiment 211, 71. I.D. Nach seiner Entlassung aus sowjetischer Kriegsgefangenschaft im Jahre 1949 arbeitete Franz Baumeister zunächst als Maurer, später, nach einer Umschulung, als Elektriker. Seit 1985 verbringt er seinen Ruhestand in seiner Heimat Eichstätt.*

Die 6. Armee hatte den Kampf eingestellt. Befehlsgemäß meldete sich die Kampfgruppe Nesemann[2] (13/211) in der Stärke von 72 Mann und zwei Offizieren den russischen Offizieren der Fronttruppe. Nach der Entwaffnung begann sofort die große Filzung: Ring, Bleistifte, Uhren, Federhalter usw. wechselten den Besitzer. Wir waren froh, wenn uns noch das Kochgeschirr und eine Wolldecke blieben. Dann wurden wir auf einen Platz getrieben, der sich immer mehr mit Soldaten füllte. Die Russen trieben alle zusammen, die sie noch in den Kellern fanden. Was für Gestalten! Verwundete, Kranke, Halberfrorene, alle zerlumpt – ein Bild des Jammers! Wir wurden in Fünferreihen formiert, weitergeschoben, von den Russen wieder visitiert und nach allem Möglichen durchsucht. Wer noch etwas Verpflegung besaß, verzehrte sie, denn auch die nahm man uns noch weg.

Es war später Nachmittag, als sich der lange Zug nach Süden durch die Zarizaschlucht in Bewegung setzte. Flankiert von den russischen Bewachern mit schußbereiten Gewehren und aufgepflanzten Bajonetten quälten wir uns durch den Süden von Stalingrad. Zurückgebliebene Zivilisten versuchten, uns Wolldecken, Mäntel, Wäschebeutel und dergleichen wegzunehmen. Nur in der Anwesenheit russischer Offiziere lag eine gewisse Sicherheit gegen diese Nachplünderung. So marschierten wir bei bitterer Kälte in die Nacht hinein. Dazwischen stundenlanges Stehen, dann plötzlich „Dawai, dawai!“. Militärfahrzeuge jagten uns von der Straße in den tiefen Schnee, die Bewacher dann wieder zurück auf die Straße. Gehbehinderte mußten wir unterhaken, Ermattete mitschleppen, denn die Wachposten machten mit den Liegengebliebenen keine großen Umstände.

Am Morgen erreichten wir das Lager Beketowka, das schon mit vielen Gefangenen angefüllt war. Nach einer nochmaligen Filzung nach

---

1 Der Bericht wurde in „Das Kleeblatt“, 160. Folge, Nr. 2/36. Jhg., April 1992, veröffentlicht.

2 Leutnant Walter Nesemann (∗ 20. Februar 1911 in Lübbinschen-Guben, † 6. Mai 1943 [lt. Kriegsgräberliste des Volksbundes im Lager Jelabuga]).

Waffen wurde der unendlich lange Zug ins Lager entlassen. Es war ein großes Terrain, mit Stacheldraht und Wachtürmen umgeben. In der Mitte befanden sich drei oder vier große Fabrikhallen, noch im Rohbau, ohne Fenster und mit blankem Boden, auf die wir verteilt wurden. Unsere Halle hatte einen Anbau, den wir mit unserer Gruppe belegten, soweit diese noch bestand, denn der Nachtmarsch hatte uns auseinandergebracht. Da immer noch mehr Gefangene eintrafen, wurde die Halle ebenso wie die anderen Gebäude drückend voll.

Am nächsten Tag fanden eine Einteilung in Hundertschaften und endlich eine Brotverteilung statt: je zehn Mann ein Laib nasses Brot. Zu dieser Zeit wußten wir noch nicht, daß der flüssige Brotteig in Formen gebacken wurde. Am folgenden Tage hieß es, bei der täglich zweimal stattfindenden Zählung seien nicht so viele Gefangene da wie Brot verteilt worden sei, und so ließen die Russen die Brotverteilung eben ausfallen. Erst am dritten Tage erhielten wir wieder eine Ration.

Ein ausgedienter Eisenbahnwaggon wurde von uns mit abgebrochenen Taschenmessern seiner brennbaren Teile beraubt, um Feuer machen zu können. Auf der anderen Seite des Lagers hatte man Feldloren unterbaut, in denen Kleiesuppe gekocht wurde. Wegen der vielen Gefangenen gab es nur jeden dritten Tag einen Kochgeschirrdeckel mit warmer Kleiebrühe. Die kalte Verpflegung bestand aus einem Würfel gepreßter Hirse von der Größe einer Streichholzschachtel. Sanitäre Einrichtungen gab es überhaupt nicht: Jeder verrichtete seine Notdurft da, wo gerade Platz war.

Wasser und Holz waren das nächste Problem. Wer noch Kraft hatte, stellte sich am südlichen Lagertor an, entweder auf der Holz- oder der Wasserseite. Wer Glück hatte, war beim zweiten Schub von je 50 Mann dabei, denn rücksichtslos wurde schon um die Plätze gekämpft. Beim Holzkommando konnte man in den Wolga-Auen dürres Holz sammeln, doch leider ließen uns die Posten nicht lange Zeit dazu. Zum Wasserholen wurden wir an einen Nebenarm der Wolga geführt. Wegen der starken Kälte war das Wasserloch jeden Morgen zugefroren. Meist hatte die erste Gruppe Zeit, das Eis mit den Stiefeln aufzuhacken, damit der zweite Schub an das Wasser herankam. Dabei kam es zu richtigen Raubtierszenen, so daß oft die Posten dazwischengehen mußten. Nur wenn eine Gruppe zusammenhielt, konnte sie noch etwas erreichen; aber wie viele waren schon entkräftet und hilflos! Mit bestem Willen konnte man nicht mehr jedem helfen, denn auch die eigenen Kräfte nahmen rapide ab.

In den ersten Tagen wurden auch die Offiziere von den Mannschaften getrennt. So sah ich Leutnant Nesemann zum letzten Mal. Der Tod hielt jetzt reiche Ernte, und wer das nicht selbst erlebt hat, dem kann man es kaum schildern – er wird es nicht glauben. Hunger, Ruhr, Typhus und

Erfrierungen, alles kam nun zusammen. Ohne daß man eigentlich krank war, wurde man allmählich so schwach, daß man sich kaum mehr auf den Beinen halten konnte. Hier sah ich eines Tages beim Wasserholen einen Toten liegen, dem man mit einem scharfen Gegenstand das Fleisch am Gesäß und am Oberschenkel abgetrennt hatte.

Die vorher überfüllten Hallen leerten sich zusehends. Welche Arbeit machte es, einen Toten wegzuräumen! Da wir zu entkräftet waren, um ihn zu tragen, schleiften mehrere Kameraden ihn gemeinsam wie ein Stück Vieh zum Panzergraben, der als Totenkuhle diente. Dort lagen sie schichtweise übereinander. Eines Nachts brannte neben unserer Halle eine Holzbaracke ab, die als Krankenrevier diente. Niemand entkam dem Flammeninferno, niemand konnte helfen. Konnten wir uns wegen Wassermangels und der Kälte nicht waschen, versuchten wir uns wenigstens in der Mittagszeit zu lausen – soweit es ging und wir noch genügend Kraft dazu hatten. Nach etwa drei Wochen wurden Brot- und Suppenzuteilungen etwas regelmäßiger, war doch ein Großteil der Gefangenen inzwischen verstorben.

Anfang März hieß es, das Lager werde geräumt. In der Nähe verlief die Eisenbahnlinie; dort wurden wir auch bald verladen. Dabei gab es ein großes Durcheinander. Nichts ging: hundertschaftsweise zählen, einladen, wieder ausladen, wieder abzählen, wieder einladen; alle drängelten, denn jeder wollte von diesem Todeslager weg! Bei diesem Durcheinander wurde die 13/211 auseinandergerissen. Zugweise versuchten wir, noch einen Zusammenhalt aufrechtzuerhalten. Da wir nachts verladen wurden, verloren wir einige wieder aus den Augen. Je 50 Mann wurden in die kleinen Waggons hineingepfercht. Keine Öfen, nichts zu trinken, die Luken vernagelt, die Notdurft durch eine kleine Rinne, alle mit angezogenen Beinen. Am folgenden Tage blieb der Zug noch stehen; Salzfisch und Trockenbrot war die Verpflegung. Dann begann die Fahrt ins Ungewisse. Den Obergefreiten Becker ließen wir als Toten zurück. Bei den täglichen Zählungen wurde nur noch nach den Toten gefragt, die wir aus dem Waggon warfen. Während der Fahrt konnten wir feststellen, daß es Richtung Norden durch Stalingrad ging.

Am vierten Tage wurden morgens die Türen aufgerissen und wir zum Aussteigen aufgefordert. War das eine Qual! Wir standen außerhalb einer Bahnstation; es war sehr kalt, und es lag eine geschlossene Schneedecke. Unser trostloser Zug formierte sich und marschierte los. Als nach etwa einem Kilometer eine Wasserquelle sichtbar wurde, stürzten sich alle auf das Wasser. Diesmal hatten die Posten Einsehen und ließen uns gewähren. Ich trank ein ganzes Kochgeschirr aus; ohne diese Labung hätte so manch anderer und ich den kommenden Marsch nicht durchgehalten, so schwer hatte uns der Bahntransport mitgenommen. Die Posten trieben uns unermüdlich an. Der Zug schwankte wie eine Ziehharmonika hin und her; wir hakten uns einander unter und schleppten uns mühsam weiter. Überflüssige Klamotten wurden weggeschmissen. Marschpausen wurden zwar eingelegt, doch das Aufstehen war noch schwerer als langsames Marschieren. Viele mußten liegengelassen werden, weil man sie nicht mitschleppen konnte. Schüsse fielen. Wir wußten nicht, war es eine Warnung oder tödlicher Ernst?

Den ganzen Tag über grauer Himmel, ringsum Schnee, kein Baum und kein Strauch. Es wurde Abend, als das Gelände in eine Senke überging und wir ein Dorf erblickten. Die Posten sagten uns, hier sei das Lager. In der Mitte des Dorfes befand sich eine Schule, ein Steinbau, zu dem uns der Posten führte. Jeder fiel vor Müdigkeit sofort um, denn es dauerte noch eine Weile, bis sich alle gesammelt hatten. Zu meinem Schrecken stellte ich fest, daß ich die Sprache verloren hatte; meine Stimmbänder versagten ihren Dienst. Die Kranken blieben in der Schule; alle anderen kamen ins Lager, das aus der Dorfstraße und der rechten und linken Häuserreihe bestand, die man einfach mit 2,50 Meter hohem Stacheldraht eingezäunt hatte. Das Dorf lag an einem mäßig abfallenden Südhang. Unmittelbar an der Südseite begann eine Schlucht oder Balka, wie man sie russisch nannte. Es war ein Dorf der Wolgadeutschen, die man 1941 nach Sibirien verbannt hatte. Es hieß Schuk.

*Franz Baumeister blieb dort bis Mai 1943, als die letzten 326 von anfangs 1600 Gefangenen des Lagers in ein neues Lager „Pfeifer" verlegt wurden. Anfang Juli wurden die Überlebenden ins Lager „Kamenka" gebracht, ebenfalls ein wolgadeutsches Dorf. Von dort wurden sie mit einem Dampfer stromaufwärts über Saratow nach Wolsk ins Lager „Bolschewik" transportiert.*

## Fritz Ecker:
## Ein weiter Weg[3]

*Fritz Ecker war Angehöriger der 5. Batterie des Flak-Regiments 3 der 9. Flak-Division.*

Stalingrad, 31. Jänner 1943. Seit gestern schauten wir mit banger Erwartung von unserem hartgefrorenen Unterschlupf, in welchem sich auch eine Anzahl Schwerverwundeter befand, in die nahegelegene Schlucht hinunter, von der uns nur knappe 100 Meter trennten. Die

3 Der Bericht erschien in „Stalingradbund Österreich", Nr. 21, 9. Jhg., Januar 1991; Nr. 25, 10. Jhg., April 1992.

Russen hatten da unten Stellungen bezogen. Was hielt sie noch zurück, die Anhöhe zu stürmen und uns kampfesmüde Soldaten zu kassieren?

Jedem von uns war es schon zur Gewißheit geworden, daß der Kampf um und in Stalingrad dem Ende zuging und von keiner Seite mehr Hilfe und Rettung aus der trostlosen Lage zu erwarten war.

Warum zögerte der Russe noch? Erwartete er etwa noch eine kampfstarke Truppe, wo nur mehr kriegsmüde, ausgehungerte und frierende Soldaten waren?

Es war uns allen schon so gleichgültig geworden, mochte kommen was immer; nur sollte diesem unerträglichen Zustand rasch ein Ende gesetzt werden. Wir hatten den Tod beinahe täglich in meist grausamer Gestalt wüten gesehen – und waren verschont geblieben, obwohl wir ihn oftmals herbeigesehnt hatten. Das Weiterleben schien uns schrecklicher zu sein als das Sterben. Wir wußten nicht, was uns erwartete: Tod oder Gefangenschaft, die schließlich, wie man uns gesagt hatte, das gleiche bedeuteten.

Was zählte noch der Befehl Hitlers: Stalingrad wird gehalten bis zum letzten Mann, bis zur letzten Patrone! Wir hatten längst erkannt, welches Spiel man mit uns trieb. Einer Prestigefrage opferte man bedenkenlos eine ganze Armee bzw. was davon noch übrig war, Hunderttausende junger Menschenleben, eine Elite von Soldaten, die Tag um Tag in gutem Glauben dem Vaterland „auf dem Felde der Ehre" dienten. Nun hatten wir den Glauben an Vaterland, Heldentum und Ehre verloren.

Es mußten diese Erkenntnis und die strafende Gerechtigkeit früher oder später kommen, denn auch wir trugen einen Teil Schuld an dem Krieg in diesem fremden Land. Uns allein jedoch traf die Strafe! Die Anstifter dieses Weltkrieges saßen im Trockenen und schrieben, ohne mit der Wimper zu zucken, die 6. Armee ganz einfach ab. Wir waren nur Figuren und Zahlen, mit denen man nach Belieben fungierte. Doch was nützte jedes Denken und Grübeln; man hatte es uns schon in der Rekrutenzeit abgewöhnt.

Seit Wochen lebten wir schon von einer unscheinbaren Menge Proviant; die Verpflegung wurde zu Beginn der Einkesselung auf 50 und bald darauf auf 25 Prozent herabgesetzt – die uns in völlig ungenügender Weise Flugzeuge in den Kessel brachten. Die „Verpflegungsbomben" wurden zumeist nachts abgeworfen; eine Landung der Flugzeuge war nach Aufgabe des letzten Flugplatzes nicht mehr möglich. Unser Gepäck, soweit noch vorhanden, hatten wir schon längst weggeschmissen, das Gewehr und ein paar Patronen waren noch geblieben. Wir benötigten sie nicht mehr und warfen sie in den Schnee.

Was würde nun geschehen? Es war unwahrscheinlich ruhig, kein Schuß war zu hören. Die Uhr zeigte halb 11 vormittags. Plötzlich war es soweit. Die Russen kamen! War das nun das Ende? Wir blieben ganz ruhig. Wie oft hatten wir schon auf das Ende gewartet; nun war es Wirklichkeit geworden.

Die Russen näherten sich im Laufschritt, voran ein junger Leutnant, der auf uns zustürmte, ihm nach eine Gruppe Soldaten; alle in ihrer Winterbekleidung: kurze weiße Pelzmäntel, Pelzmützen und Filzstiefel. Sie waren mit Maschinenpistolen bewaffnet. Der Anführer rief uns schon von weitem in gebrochenem Deutsch zu: „Kameraden, Krieg kaputt! Heute 10 Uhr Paulus kapituliert!“ Nun wußten wir auch, warum es seit einer Stunde so ruhig war. Die russischen Soldaten umringten uns; ihr Offizier bot uns deutsche Beutezigaretten „Milde Sorte“ an und war sicherlich stolz, seine deutschen Sprachbrocken unterzubringen. In aller Freundlichkeit: „Uhrr jest?“ Und schon hatten unsere Uhren, Fotoapparate, Ringe und sonstige Wertsachen den Besitzer gewechselt. Feldflaschen, Decken und einige persönliche Sachen durften wir vorläufig behalten. Es ging alles sehr rasch. Wir wurden aufgefordert, uns unten in der Schlucht zu sammeln, wo wir von der russischen Feldküche heißen Tee – Tschai – bekommen würden. Nun waren wir Kriegsgefangene – Woina plenny!

Gegen Abend waren es bereits viele Tausende, die den Marsch in die Gefangenschaft formierten, Offiziere an der Spitze. Es ging Richtung Gumrak, eine Bahnstation 6 km westlich von Stalingrad, wo wir in einer Balka, in der wir vor kurzem noch in Stellung gelegen waren, die Nacht verbringen würden. Es war eine jener eisigen Nächte – minus 30 Grad –, an die wir uns nie gewöhnen konnten, die der Russe leichter ertrug. Auf beiden Seiten der Schlucht standen Wachposten, die jeden, der es wagte, sich dem Hang zu nähern, unbarmherzig erschossen. Wir zogen trotz der bitteren Kälte die Stiefel von den halberfrorenen Füßen. Viele hatten als Schutz gegen Frostbeulen Lappen und Fetzen um die Füße gewikkelt. Die Mäntel wurden ausgezogen und einige als Unterlage auf den Schneeboden gelegt; mit den übrigen Mänteln deckten wir uns zu. So lagen wir dichtgedrängt, Mann an Mann, um so durch die Körperwärme ein wenig geschützt zu sein und nicht zu Eisklumpen zu erstarren. Es gelang mir sogar, bei dieser Temperatur vor lauter Müdigkeit und Schwäche einzuschlafen.

Endlich kam der Morgen. Mit steifen Knochen erhob ich mich vom eisigen Lager. Die Hälfte der Kameraden blieb liegen: erfroren! Der Hunger machte sich immer mehr bemerkbar. Manche versuchten, mit den russischen Wachposten Tauschgeschäfte zu machen: Ringe, Taschenmesser, Feuerzeuge und dergleichen für ein Stücklein Brot, für eine Zigarette. Die Posten beteiligten sich aber nur einseitig an diesen „Geschäften“; anstelle von Brot gab es nur einen Fußtritt oder einen Kolbenhieb mit der Waffe. Im Laufe des Vormittags hieß es antreten. Wir marschierten an einer Feldküche vorbei, wo jeder Gefangene eine Schnitte Brot, einen

Salzfisch und eine kleine Prise Zucker bekam. Wer hätte gedacht, daß diese „Mahlzeit“ vier Tage lang anhalten mußte?

Und nun ging es wieder Stalingrad-Mitte zu. In breiten Reihen zog sich eine endlose Schlange von Kriegsgefangenen durch das vereiste Steppengebiet in Richtung Wolga, wo einige Monate vorher die langgezogene Stadt, von der nur mehr Trümmer, kaum mehr Häuserruinen, vorhanden waren, noch Wirklichkeit war. Plötzlich hieß es wieder kehrt: denselben Weg noch einmal. Der „Einmarsch“ der zerlumpten deutschen Soldaten in Stalingrad wurde für die sowjetische Wochenschau gefilmt! So marschierten und humpelten wir weiter. Jeder versuchte, an die Spitze der Kolonne zu kommen, denn jeder, der infolge von Verwundung oder Schwäche zurückblieb, wurde unbarmherzig erschossen. So erhöhte sich das Tempo unseres Marsches immer mehr, da jeder nach vorne drängte.

2. und 3. Februar: Unser Marsch in die Gefangenschaft schien kein Ende mehr zu nehmen. Wohin würden wir gebracht? Vor Müdigkeit und Hunger waren wir kaum mehr in der Lage, einen Fuß vor den anderen zu setzen …

## Bernhard Henze: Wir landeten im Lager Beketowka[4]

*Bernhard Henze stammte aus Celle und war Angehöriger des Infanterie-Regiments 211 der 71. Infanterie-Division.*

Stalingrad hieß das Ziel unserer Division, als wir in der Nacht vom 1. zum 2. Juni 1942 bei Karobotschkino, etwa 15 km östlich von Charkow, zu unserer Sommeroffensive 1942 antraten. In schnellem Vormarsch ging es unserem Ziel entgegen, und kein Hindernis war stark genug, um nicht nach kurzem Kampf genommen zu werden. Nach zweimaliger Überquerung des Oskol ging es über Millerowo–Oblinskaja–Tarzienska dem Don entgegen, dem ersten großen Flußhindernis, das sich uns in den Weg stellte und das wir Anfang August in der Nähe vom Bahnhof Tschir erreichten. Hier legte unsere Infanterie eine kürzere Pause ein und ging am Westufer des Don in Stellung.

Nicht lange sollte der Aufenthalt dauern. Die ersten Einheiten der Division setzten am 26. August um 3.00 Uhr nach kurzer, aber starker Artillerievorbereitung mit Sturmbooten etwa 15 km nördlich von

4 Der Bericht wurde 1947 nach der Rückkehr aus sowjetischer Kriegsgefangenschaft geschrieben und in „Das Kleeblatt“, 177. Folge, Nr.1/42. Jhg., Dezember 1997, posthum veröffentlicht.

Kalatsch über den Don. Weiter ging unser unaufhaltbarer rascher Vormarsch durch die Steppe zwischen Don und Wolga, Stalingrad entgegen. Die Front bildete hier ein großes Hufeisen, an dessen Spitze wir uns befanden. Erst die tiefen Schluchten kurz vor der Stadt verlangsamten etwas unser Vorrücken, hielten es aber nicht auf. Schon in den ersten Septembertagen erblickten wir am Horizont das Glitzern des Wassers der Wolga und davor das sich entlang der Wolga erstreckende Stalingrad. Je näher wir der Stadt kamen, desto ungestümer war unser Vorwärtsdrängen, war es doch unser und unserer Vorgesetzten Wunsch, daß Stalingrad am gleichen Tag wie 1941 Kiew in unsere Hände fiel.

Leider ging dieser Wunsch nicht in Erfüllung, denn durch die heftigen Kämpfe in dem schluchtenreichen Gelände vor der Stadt wurde unser Vormarsch behindert, womit wir nicht gerechnet hatten. Zuletzt mußten sogar Stukas eingesetzt werden, um den Feind zu vertreiben, der sich in den Schluchten festgekrallt hatte.

Mitte September erreichte unser rechter Nachbar, das Infanterie-Regiment 194, das über den Flughafen und die Kasernen in Stalingrad eingedrungen war, als erste Einheit der Division die Wolga. Unser Ziel war Stalingrad-Mitte. Nach einigen Tagen harter und erbitterter Straßen- und Häuserkämpfe am Krankenhaus, GPU-Gefängnis und Theater hatten wir unser Ziel, die Mitte der Stadt, erreicht. Nachdem wir Mitte September unseren ersten Regiments-Gefechtsstand in der Nähe des Krankenhauses eingerichtet hatten, siedelten wir in den letzten Tagen des Monats in die riesigen Kellergewölbe des GPU-Gefängnisses um. Hier richteten wir uns für den kommenden Winter ein; dabei erhielten wir unseren endgültigen Abschnitt für den Winter 1942/43 zugewiesen und mußten den schönen Keller wieder verlassen. Am 1. Oktober bezogen wir unseren neu ausgesuchten Gefechtsstand im Vorort Minina im Süden der Stadt. Hier quartierten wir uns im Ringofen der Ziegelei ein. Seine Unterteilung ergab eine gute, warme und sichere Unterkunft. Wir richteten uns so gemütlich wie nur möglich ein, konnte sich doch niemand vorstellen, hier jemals wieder lebend herauszukommen.

Am Morgen des 22. November wurde unser Regiments-Kommandeur zu einer Besprechung beim Divisionskommandeur befohlen. Sie fand auf dem Regiments-Gefechtsstand des Infanterie-Regiments 191 statt. Gegen 13.00 Uhr kehrte der Kommandeur von der Besprechung zurück, versammelte sofort nach seiner Rückkehr Offiziere und Schreiber seines Stabes im Geschäftszimmer und teilte uns zum erstenmal mit, daß seit heute morgen der Ring um Stalingrad durch die Russen geschlossen sei. Alle wichtigen Papiere und Dokumente müßten sofort zur Vernichtung vorbereitet werden. Wir bereiteten nun alles zur Verbrennung vor, waren jedoch guter Dinge und der festen Überzeugung, der Einschließungsring werde bald wieder gesprengt. Die Vernichtung der Papiere und Akten wurde dann in den letzten Novembertagen durchgeführt; darunter auch unser wertvolles Kriegstagebuch. Manche erinnerungswürdige Aufzeichnung war für immer verloren!

Als erste Einschränkungsmaßnahme der Armee wurde eine Rationierung der Verpflegung eingeführt. Das machte sich bei uns nicht besonders bemerkbar, da in unserem Abschnitt der größte Getreidesilo an der Wolga stand, der mit Weizen gefüllt war. Daraus wurde jetzt jede Nacht Weizen abgefahren und in den Mühlen in unserem Abschnitt zu Mehl gemahlen. Wenn auch die Getreideabfuhr aus dem Silo von den Russen gestört wurde, die auf der Wolgainsel saßen, hatten wir dadurch doch keine Verluste. Das Mehl wurde zum Backen und Verdicken der Suppen verwendet. Wir alle besaßen privat einen Vorrat für uns und bereiteten damit abends in unseren Unterkünften Mehlsuppen und Plinsen. Gekocht und gebruzzelt wurde in fast jedem Bunker, half das doch, die Verpflegung zu strecken.

Wenn es auch an unserem Abschnitt, der Wolgafront, verhältnismäßig ruhiger als an der Westfront war, so versuchte der Russe doch, auch hier zu stören. Neben täglichem Artilleriefeuer unternahm er in den ersten Dezembertagen einen Durchbruch im Abschnitt unseres II. Bataillons, der ihm auch gelang; der Feind brach bis zur Lederfabrik ein. Nach einigen Tagen heftiger Kämpfe, bei denen schwere Waffen, Sturmgeschütze und Flammenwerfer eingesetzt wurden, gaben die Russen die eroberte Stellung wieder auf und zogen sich über Nacht in ihre Ausgangsstellung zurück. Während es hier am Tage nur Störfeuer vom Ostufer und hauptsächlich von der Wolgainsel her gab, hatten wir jede Nacht Fliegerbesuch.

Immer größer wurden die Anforderungen; an der Westfront mußten viele Lücken geschlossen werden. Lehrgänge wurden angesetzt, um die Angehörigen der rückwärtigen Einheiten in kurzer Zeit mit den Aufgaben der Infanteristen vertraut zu machen. In unserem Abschnitt hatten wir die Westfront bei Woroponowo zu stärken. Kompanien ehemaliger Artilleristen, Angehörige der Bäckerei und Werkstatt-Kompanien sowie der Trosse wurden als Infanterie eingesetzt. Am 24. Dezember mußten wir das III. Bataillon abgeben. Es wurde im Norden bei der Fabrik „Barrikady“ eingesetzt; in den ersten Tagen hörten wir noch etwas von ihm, später nichts mehr.

Wir konnten ein verhältnismäßig ruhiges Weihnachtsfest verleben, wenn auch die Päckchen aus der Heimat wegen der Transportlage ausblieben. Das hinderte uns nicht daran, das Fest so schön wie möglich zu feiern. Aus der Umgebung der Stadt hatten wir Weihnachtsbäume besorgt und Lichter selbst gegossen. Baumschmuck liehen wir soweit wie möglich von russischen Zivilisten aus, da deren Weihnachtsfest erst am 6. Januar gefeiert wurde. So leuchteten in vielen Bunkern und Unterkünften die Lichter der Weihnachtsbäume, in Hunderten von Bunkern an der Wolga und der Steppenfront erklangen an diesen Tagen die schönen alten Weihnachtslieder.

Die Russen störten unseren Frieden kaum. Zur Jahreswende 1942/43 begrüßten sie uns mit einem Feuersegen. Um Mitternacht dachten wir an unsere Lieben daheim, und in vielen Bunkern wurde auf ihr Wohl ein Glas geleert. Wir gedachten auch unserer gefallenen Kameraden und wünschten uns ein glückliches 1943 und baldige Rückkehr in die Heimat.

Nachdem Anfang Januar das Ultimatum der Russen, im Glauben an unseren Sieg, von General Paulus abgelehnt worden war, begannen die Russen mit ihrer Offensive; langsam, aber unaufhaltsam wich die Front Richtung Stadt zurück. Am 24. Januar war der Ring um Stalingrad so eng geworden, daß wir unsere Stellung in Minina aufgeben mußten. In der Nacht zogen wir uns zunächst bis zum Bahngelände zurück, wo wir in den frühen Morgenstunden wieder Stellung bezogen. Gegen Mittag wichen wir bis zum „Roten Haus" zurück. Das II. Bataillon wurde am Nachmittag des 25. am Bahndamm gegenüber des Silos nochmals eingesetzt, da die Russen überraschend vorgestoßen waren. Es kam zu einem erbitterten Kampf um den Bahndamm, in dessen Verlauf der Divisionskommandeur von Hartmann und der Kommandeur der II/211, Hauptmann Schmelz[5], fielen.

Am Abend wurde auch das „Rote Haus" in Brand geschossen. Im Keller befand sich unser Gefechtsstand, den wir deshalb verlassen und uns nach Stalingrad-Mitte zurückziehen mußten. Hier auf dem letzten Gefechtsstand erlitt Major Bayerlein einen Nervenzusammenbruch und erschoß sich. Er hatte das Regiment erst am 1. Januar von Oberst Barnbeck übernommen, der aus Krankheitsgründen Stalingrad verlassen hatte. Wir Zurückbleibenden verloren nicht nur einen guten Kommandeur, sondern einen guten Freund, denn das war er uns allen geworden.

Bei Einbruch der Dunkelheit verließen wir auch diesen Gefechtsstand und wichen bis zum Regimentsgefechtsstand des Infanterie-Regiments 191 zurück, wo wir die Nacht verbrachten. In dieser Nacht machte auch dessen Kommandeur, Oberstleutnant Corduan[6], seinem Leben ein Ende. Am Morgen des 26. Januar zogen wir uns bis zur Zarizaschlucht zurück. Die Straßen waren von zurückweichenden Soldaten aller Dienstgrade überflutet. Unsere stolze Division, die während des Westfeldzuges den Namen „die Glückhafte" erhalten hatte, war zerschlagen worden.

---

5 Hauptmann Fritz Schmelz (* 30. Juni 1911 Wuppertal-Barmen, † 29. März 1943 [lt. Kriegsgräberliste des Volksbundes im Lager Frolowo]) wurde am 25. Januar 1943 mit dem Deutschen Kreuz in Gold ausgezeichnet.

6 Oberstleutnant Kurt Corduan (* 3. Juli 1899 in Berlin-Steglitz, † 26. Januar 1943 [Suizid]) war Kommandeur des Infanterie-Regiments 191.

Nur das Infanterie-Regiment 194 war noch als Einheit vorhanden, und sein Kommandeur hatte die Führung der Division übernommen. Hierhin zogen wir Übriggebliebenen uns zurück und bildeten nun die 2./194.

Die zwei folgenden Tage, der 27. und der 28. Januar, waren für uns Ruhetage; in der Nacht zum 29. gingen wir in der Zarizaschlucht in Stellung. Die Russen griffen pausenlos an. Wegen Munitionsmangels konnten wir nur mit Karabiner- und MG-Feuer antworten.

Am Nachmittag des 30. Januar gelang den Russen der Durchbruch. Gegen 19 Uhr kam der Befehl, bis zum „Roten Platz“ zurückzugehen. Von 50 Mann erreichten ihn nur 18, die übrigen Kameraden waren gefallen oder verwundet und konnten nicht zurückgeschafft werden. Jeder mußte jetzt um sein Leben laufen!

Auf dem „Roten Platz“ verbrachten wir die Nacht auf den 31. Januar in einem der großen Geschäftshäuser. Es war die letzte Nacht vor dem Marsch in die Gefangenschaft. Wir empfingen die Verpflegung aus der deutschen Feldküche, von der die letzten noch vorhandenen Vorräte ausgegeben wurden und wir uns noch einmal sattessen konnten. Die Nacht verbrachten wir in banger Erwartung, denn wir wußten ja nicht, ob das, was unsere Propaganda uns jahrelang mitgeteilt hatte, oder das, was die Russen uns über Grabenlautsprecher und Flugblätter versprochen hatten, die Wahrheit war.

Am Morgen des 31. Januar zerstörten wir unsere Waffen und zogen uns zum Divisionsgefechtsstand in die Keller des Kaufhauses am „Roten Platz“ zurück, gleichzeitig Gefechtsstand des I.R. 194 mit Generalmajor Roske, der unser neuer Divisionskommandeur war. Hier befand sich auch der Gefechtsstand von Generaloberst Paulus.

Als wir quer über den „Roten Platz“ unserem befohlenen Ziel zuliefen, begegnete uns ein Zug Russen unter dem Befehl eines Oberleutnants. Erst als dieser von einem Posten erfuhr, im Keller des Kaufhauses befänden sich die Gefechtsstände von Paulus und Seydlitz, ging er in den Keller hinein. Wir wurden einem russischen Feldwebel als Kriegsgefangene übergeben. Schneller und besser als befürchtet waren wir in Gefangenschaft geraten! Für uns war der Krieg zwar vorbei, aber wir hatten keine Ahnung, was uns erwartete. Wir ahnten noch nicht, daß Stalingrad der Anfang der Niederlage Deutschlands war.

Um 5.30 Uhr morgens trat ich also mit etwa 50 Kameraden den Marsch in die Kriegsgefangenschaft an. Nachdem wir angetreten und gezählt worden waren, wurden wir nach nicht mehr vorhandenen Waffen durchsucht. Anschließend wurden uns Wertgegenstände wie Uhren, Ringe, Füllfederhalter, Messer usw. abgenommen. Auf allen Straßen nach Süden marschierten deutsche Kriegsgefangene einem unbekannten Ziel entgegen. Das Bild, das sich bot, kann man sich kaum vorstellen. Auf dem Marsch kamen wir an unseren früheren Kampfplätzen vorbei und sahen die furchtbaren Zerstörungen, die der Krieg hier angerichtet hatte. Alle Industrieanlagen lagen in Trümmern, die großen Geschäftshäuser und Wohnblocks waren zerstört oder ausgebrannt. Wo vorher Holzhäuser gestanden hatten, war alles dem Erdboden gleich, und es gab keine Spuren davon, daß diese Gegend einmal bebaut gewesen war. Die uns begleitenden Wachposten sagten uns, wir hätten etwa 25 km zu marschieren. Der Weg kam uns unendlich lang vor, den wir an diesem klaren und kalten Wintertag zurücklegen mußten. Bald entdeckten wir am Horizont einen größeren Ort. Lange Kolonnen Gefangener, deren Spitze schon diesen Ort erreicht hatte, während sich das Ende noch in Stalingrad befand, schleppten sich dem Ziel entgegen. Schon auf diesem Marsch lernten wir die Unberechenbarkeit der Russen kennen. Unser Trupp gelangte verhältnismäßig gut zu unserem Ziel; andere erlebten auf dem Marsch Grauenhaftes, wie wir später hörten. Sie wurden unterwegs von russischen Zivilisten geschlagen und mit Steinen beworfen, ohne daß die Wachposten eingriffen. Die uns begleitenden Posten verhielten sich jedoch korrekt und verhinderten jeden Angriff von Zivilisten.

Um 16 Uhr an diesem 31. Januar hatten wir unser Ziel erreicht. Es war ein Barackenlager ca. 25 km südlich von Stalingrad im Ort Beketowka, das als Sammellager diente. Die ersten Gefangenen waren hier schon ab dem 26. Januar eingetroffen. Dies war der erste Tag, an dem die Russen eine solche Masse gefangennahmen. Das Lager bestand aus etwa 30 Baracken, von denen die Hälfte zweistöckig war; Holzbaracken in schlechtem Zustand, die früher Unterkünfte für russische Soldaten gewesen waren; Fenster, Türen und Öfen fehlten oder waren kaputt. Wir wurden in einer zweistöckigen Baracke untergebracht und richteten uns in einem Raum mit 46 Mann wohnlich ein, indem wir vor die fehlenden Fenster und Türen Decken bzw. Zeltbahnen hängten und den Ofen reparierten, damit wir wenigstens heizen konnten. Das Holz zum Heizen mußten wir uns nachts unter Lebensgefahr besorgen, da die Posten auf jeden schossen, den sie beim Holzholen ertappten. Das Holz nahmen wir von anderen Baracken, wo wir die Bretter abrissen.

Das Sammellager war mit 40.000 Gefangenen einschließlich Wehrmachtsbeamten und Offizieren stark überbelegt. In einer Baracke, in der normalerweise 150 Mann untergebracht werden konnten, lagen jetzt 1000 Kameraden! Wie bei uns war es überall. Diese Masse sollte von einer nur provisorisch aufgebauten Küche verpflegt werden, weil die eigentliche Lagerküche, die auch nicht ausgereicht hätte, in der Nacht nach unserer Ankunft ausbrannte. Bei einer ordentlichen Küchenleitung hätte es dennoch klappen müssen, aber bei dem russischen Organisationstalent ging es natürlich nicht. Die Russen hatten für die große Zahl der Gefangenen aus Stalingrad keine Vorbereitungen getroffen. Die Verpflegung, für uns ohnehin auf das Allernötigste beschränkt, traf erst in

Beketowka ein, als viele Kameraden schon verhungert oder in andere Lager verlegt worden waren. Das wurde uns später von Kameraden berichtet, die noch einige Monate länger in Beketowka geblieben waren.

Die erste Verpflegung erhielten wir am 6. Februar in Form einer Scheibe Trockenbrot. Später gab es Frischbrot in vorgeschriebener Tagesmenge, für vier Mann ein Brot, also für jeden 400 Gramm. Oft gab es aber auch viel weniger; an manchen Tagen teilten sich 16 oder 18 Mann ein Brot! Während unseres Aufenthaltes im Lager erhielten wir nur an drei Tagen die vorgeschriebene Brotmenge.

Mit der warmen Verpflegung war es noch schlechter gestellt. Am 10. Februar wurde zum erstenmal eine dünne Mehlsuppe ausgeteilt, von dieser Brühe für sechs Mann ein Kochgeschirr voll. Warmes Essen gab es nur alle drei oder vier Tage. Das Essenfassen war mit großen Schwierigkeiten verbunden. Es mußten immer vier Mann zusammen gehen. Einer nahm vier Kochgeschirre, während die anderen mit dicken Knüppeln bewaffnet waren, um Überfälle auf die gefüllten Kochgeschirre abzuwehren, die aufgrund des Hungers häufig erfolgten. Stundenlang, oft halbe Tage, mußten wir an der Küche warten, bis wir an die Reihe kamen. Oft hatten wir dann noch Pech, weil es keine Suppe mehr gab. Auch am nächsten Tag konnten wir nicht damit rechnen, etwas zu bekommen. Zu trinken gab es meistens gar nichts; nur zwei- bis dreimal in der Woche konnte aus einem Bach außerhalb des Lagers Wasser geholt werden. Es war aber untrinkbar und nur zum Waschen zu gebrauchen. Daher waren wir gezwungen, Schnee aufzutauen, der ja reichlich vorhanden war. Das wurde aber mit Widerwillen getan und auch nur, wenn es unbedingt nötig war, denn niemand war sicher, daß nicht jemand seine Notdurft im Schnee verrichtet hatte – Latrinen gab es auch nicht.

Jetzt setzte der Hunger ein. Falls es doch noch jemand geschafft hatte, einen Rest Verpflegung aus Stalingrad hierher zu retten, wurde er bei den Posten oder der russischen Zivilbevölkerung gegen Brot eingetauscht. Als die Tauschobjekte zur Neige gingen, wurde der Hunger so schlimm, daß einzelne das Fleisch von toten Kameraden aßen. Zuerst fingen rumänische Gefangene damit an, später taten es auch die Deutschen.

Aufgrund von Hunger, der Unsauberkeit und des Mangels an Latrinen brachen sehr bald Krankheiten im Lager aus. Täglich mußten neue Krankenbaracken eingerichtet werden. Viele starben dennoch, weil es an Medikamenten und Verbandmaterial fehlte. Tausende erkrankten an Typhus, Fleckfieber und Lungenentzündung. Von den Russen wurde kaum etwas dagegen unternommen, obwohl es bei gutem Willen möglich gewesen wäre. Auch in den Baracken starben viele durch den Hunger. Im zweiten Sammellager, einer ehemaligen Fabrik in Beketowka, war es noch schlimmer; die Sterbeziffern waren viel höher als bei uns.

Anfang März setzten zu unserer Freude die ersten Abtransporte ein. Wir waren froh, daß die Zeit in diesem Elends- und Hungerlager nun auch für uns beendet sein würde, obgleich wir nicht wußten, wohin es gehen würde und was uns noch bevorstand. Schlechter konnte es nicht mehr werden, eher besser, da wir in kleineren Lagern untergebracht werden sollten.

Endlich, am 8. März 1943, kam auch unsere Baracke an die Reihe. Am Nachmittag mußten wir uns marschfertig machen. Jeweils 50 Mann kamen in einen Eisenbahnwaggon, in dem Holzbohlen zum Sitzen angebracht waren. Jeweils fünf Mann konnten Platz nehmen. Nachts wurden die Bohlen zusammengeschoben, und wir legten uns auf den Boden. Da lagen wir wie die Heringe, aber wenigstens warm, denn heizen konnten wir trotz des vorhandenen Ofens mangels Heizmaterials nicht.

In der Nacht fuhr der Zug ab, einem unbekannten Ziel entgegen. Unsere Stimmung war aber besser als auf dem Marsch nach Beketowka. Während der Bahnfahrt erlebten wir die erste große Überraschung: Wir erhielten Verpflegung! Täglich gab es sechs Scheiben Hartbrot, einen Becher Hirse, einen Eßlöffel Salz, fünf Gramm Butterschmalz und 200 g Salzfisch. Nach den Wochen des Hungers wurde tüchtig hineingebissen. Auch zu trinken gab es etwas, wenn auch nur Wasser, mit dem wir unsere Feldflaschen und Kochgeschirre füllen konnten. Von der Hirse kochten wir uns unterwegs einen Brei. Zum Feuern zerkleinerten wir die Holzbohlen in unserem Waggon, denn trotz der Filzaktion hatten es manche Kameraden geschafft, Messer an den Russen vorbei zu schmuggeln. Die Bahnfahrt dauerte einschließlich der vier Tage, an denen wir auf freier Strecke standen, sieben Tage.

In der Nacht des 16. März erreichten wir unser Ziel und wurden auf freier Strecke ausgeladen. Wir mußten noch sechs Kilometer über verschneite Felder laufen. Diejenigen, die infolge Schwäche oder Verwundungen den Weg nicht zurücklegen konnten, wurden mit Pferdeschlitten transportiert. Unser Transport hatte aus 2000 Mann bestanden; leider waren in unserem Waggon neun von 50 Mann gestorben, in einigen Waggons aber mehr als die Hälfte.

Am frühen Morgen erreichten wir in der kalten Winternacht unser Ziel. Es war das Lager „Bauer“, das in dem gleichnamigen Dorf lag.

*Es folgt ein längeres Kapitel über das Lager Bauer, die Lager in Wolsk und ein Bericht über Henzes längere Behandlung im Gefangenenlazarett der Stadt. Wegen Arbeitsunfähigkeit wurde er schon im Juli 1945 entlassen und traf am 3. August in Deutschland ein.*

# O. Hoffmann:
## Die ersten Monate der Kriegsgefangenschaft[7]

*Oberleutnant Hoffmann war Chef der 2. Kompanie der Nachrichtenabteilung 160 und zum Zeitpunkt seiner Gefangennahme Ic im Stabe der 60. Infanterie-Division (mot.).*

Ich geriet am letzten Tage des Widerstandes in Stalingrad, dem 2. Februar 1943, in Gefangenschaft. Damals war ich Ic im Stabe der 60. Division und hatte soeben den letzten Befehl meines Divisionskommandeurs an das Infanterie-Regiment 120 überbracht, am nächsten Morgen die Waffen zu strecken, da keinerlei Verpflegung und Munition mehr vorhanden war. Danach meldete ich mich beim Divisionskommandeur ab und unternahm bei Einbruch der Dunkelheit zusammen mit zwei Kameraden, Oberleutnant Steuer vom Kradschützen-Bataillon 160 und Oberleutnant Altmann vom Pionier-Bataillon 160, einen Ausbruchsversuch aus dem Kessel, der allerdings schon in den Morgenstunden des nächsten Tages mißlang. Zwar kamen wir durch die russische Hauptkampflinie und gelangten bis in das Hinterland, wurden aber am nächsten Morgen von einem russischen Kommando in Stärke von etwa 15 Mann, die das Gelände durchstreiften, festgenommen.

Bei der Gefangennahme wurde ich sofort gründlich durchsucht. Alles wurde mir abgenommen, was ich auch an persönlichen Gegenständen besaß, wie Truppenausweis, Fotos usw. Dann wurden wir drei durch das Kommando von vier Russen gesondert abtransportiert. Strikt wurde uns verweigert, uns in irgendeine der uns begegnenden Gefangenenkolonnen hineinzuschieben; an diesem Morgen hatte sich der Rest der Stalingrad-Armee im Nordkessel ergeben. Allem Anschein nach hatte man uns eine Sonderbehandlung zugedacht. Wir wurden wohl für besonders gefährlich gehalten, weil wir hinter den russischen Linien aufgegriffen worden waren, und hatten sicher Glück, nicht sofort erschossen zu werden. Die Russen, die uns gefangengenommen hatten, hielten uns wahrscheinlich für höhere Offiziere und glaubten, sie müßten diesen besonders wichtigen Fang ihren Vorgesetzten vorführen.

Natürlich ahnten wir drei sehr bald, daß man irgend etwas Besonderes mit uns vorhatte. Daher versuchten wir, möglichst schnell in irgendeine der Kriegsgefangenenkolonnen einzutauchen. Dies glückte uns sehr bald! Uns begegnete eine Gruppe, zu der auch eine größere Zahl Männer meiner alten 2. Kompanie der Nachrichtenabteilung 160 gehörte. Schnell verständigten wir uns untereinander und verschwanden

7 Der Bericht („Auszug aus einem Protokoll") wurde als Typoskript in die nicht veröffentlichte Geschichte der 60. Infanterie-Division eingefügt.

in dieser Kolonne, ehe sich die russischen Posten versahen. Da wir alle gleichmäßig unrasiert, dreckig und abgerissen aussahen, fanden unsere Begleitposten uns nicht mehr heraus!

Während dreier Tage marschierten wir jetzt in einer großen Kolonne von rund 500 Kriegsgefangenen von Stalingrad-Nord über Bolschaja Rossoschka – einem Ort, der einmal Mittelpunkt der Nordriegelstellung gewesen war – in Richtung Donhöhenstraße nach Kisljakow. Dieser Marsch bleibt mir als ein Elendsmarsch unvorstellbaren Ausmaßes in Erinnerung.

Unsere Begleitposten, übrigens nicht besonders zahlreich, hatten offensichtlich selbst keine Ahnung, welchen Weg sie nehmen sollten. Offenbar waren sie nur angewiesen worden, immer an den Leichen entlang zu marschieren, die bereits von den vor uns diese Straße entlanggezogenen Kriegsgefangenenkolonnen hinterlassen worden waren. Auf diesem Wege von Stalingrad bis Kisljakow auf einer Strecke von kaum 120 Kilometer Länge lag oft alle zehn Meter ein Haufen von 15 bis 20 toten deutschen Soldaten, die unterwegs erfroren liegengeblieben oder erschossen worden waren. Wieviel Tausende dort gelegen haben mögen, kann ich nicht mehr abschätzen, aber ich erinnere mich genau, daß mich diese Beobachtung ungeheuer beeindruckte!

Marschiert wurde folgendermaßen: Vorweg ging ein kleines russisches Kommando, dann folgte die Kolonne der Gefangenen, rechts und links hin und wieder von einem russischen Soldaten begleitet. Wir besaßen durchweg keine geeignete Winterbekleidung; vielen waren die Filzstiefel ausgezogen worden, die uns die Wehrmacht teilweise geliefert hatte, so daß diese Soldaten auf Socken oder barfuß marschieren mußten! Es war ausgesprochen kalt; wenn auch die Temperatur am Tage bis nahe unter den Gefrierpunkt anstieg, so fiel das Thermometer nachts doch wieder bis auf minus 20 Grad ab. Kein Wunder also, daß ein großer Teil von uns schon an Erfrierungen zugrunde ging und liegenblieb. Am Schluß der Marschkolonne ging ein russisches Kommando von fünf bis sechs Mann mit Maschinenpistolen. Wer hinter diesem Schlußkommando begann zurückzubleiben, wurde ohne Federlesen erschossen und vermehrte so die Haufen von Toten, die schon längs des Weges als Spuren anderer Kolonnen lagen.

Soweit ich mich erinnere, bewältigten wir diesen Marsch in drei Tagen. Grausam waren die Nächte; sobald es anfing, dämmrig zu werden, hieß es 100 Meter rechts in die kahle, verschneite Steppe hineintreten. Dort standen wir Kriegsgefangenen in einem Block im Schneefeld zusammengedrängt, dem eisigen Steppenwind ausgesetzt, und warteten bis zum Morgengrauen, ohne daß wir auch nur irgendein Feuer machen konnten; somit hatten wir nicht die geringste Gelegenheit, uns zu wärmen. Durch den langen Marsch waren wir natürlich total erschöpft und hatten Hunger, so daß wir abends unbedingt schlafen wollten und mußten. Sehr bald teilten wir es so ein, daß die eine Hälfte von uns auf dem Schnee lag und irgendwie schlief, während die andere Hälfte sich wach- und warmzutrampeln versuchte. Nach jeweils einer halben Stunde bekam der Schlafende von seinem Kameraden kräftige Tritte. Sobald ersterer mühsam wach war, trampelte dieser sich warm, derweil der Kamerad vor Erschöpfung zusammenbrach und eine halbe Stunde schlief. Danach verrichtete der andere an ihm das gleiche Werk, indem er seinerseits den jetzt Schlafenden „hochtrat". Länger als eine halbe Stunde konnte nämlich niemand nachts bei dieser eisigen Kälte schlafen, ohne Gefahr zu laufen, zu erfrieren! Im Morgengrauen kamen die restlichen russischen Begleitposten, die sich über Nacht abgelöst hatten, wieder zurück, und der Marsch wurde fortgesetzt. Die Posten hatten wohl irgendwo in einer Hütte Gelegenheit zum Aufwärmen gefunden. Auf diese Weise brachten wir immerhin drei Nächte auf dem Hinmarsch und nochmals auf dem Rückmarsch zu!

Verpflegung bekamen wir erst am zweiten Tage, und zwar Suchari, das bekannte russische Trockenbrot, das erst gekaut werden kann, nachdem es ein bis zwei Stunden lang im Munde mit Speichel eingeweicht worden ist. Außerdem erhielten wir ein Stück luftgetrockneten Fisch von der Konsistenz eines Polizeiknüppels. Erst wenn ich mehrere Stunden darauf herumgekaut hatte, bekam ich etwas davon weich und konnte es essen. Dieser Fisch war vorher in einer Salzlauge eingemacht gewesen, so daß wir natürlich einen ungeheuren Durst bekamen – aber zu trinken gab es nichts! Wir versuchten, den Durst mit Schnee zu stillen; da dem Schnee aber alle Salze fehlten, war es so kaum möglich, den Durst zu stillen, unter dem wir alle schrecklich litten.

Während des Marsches fanden mein Freund Oberleutnant von Ketelhodt[8] von der Nachrichtenabteilung 160 und ich bei Bolschaja Rossoschka unter dem Schnee gefallene Pferde. Die Tiere mußten wohl schon etwa seit Beginn der Frostperiode tot sein, waren aber noch nicht aufgedunsen. Bei einem Halt war es uns durch Zufall gelungen, ein Beil zu organisieren. Damit konnten wir einem dieser Pferde eine Hinterkeule heraushauen und diese dann bis nach Kisljakow tragen. Dort teilten wir diese Keule mühsam mit einem Taschenmesser, das wir auch irgendwo auftreiben konnten, in kleine Würfel, etwa in der Größe von Maggiwürfeln. Auf einem ganz kleinen Spirituskocher, der sich dann auch irgendwie „einfand", versuchten wir, diese Fleischwürfel weichzu-

8 Christian Ulrich Frh. von Ketelhodt (geb. 17. August 1906 in Frankenhausen, verstorben am 7. Februar 2011 in Nordhorn) studierte 1925–1927 in Göttingen Landwirtschaft. 1939 zur Wehrmacht eingezogen, 1946–1949 in verschiedenen Lagern, im Dezember 1949 aus der Kriegsgefangenschaft entlassen. Danach Leiter der Auslandsabteilung einer Bergbaufirma in Bentheim.

kochen, damit wir einmal ein bißchen Fleisch mit Brühe essen konnten. Auch dann war es kaum möglich, diese Reste der Keule zu verzehren. Also aßen wir jetzt Anfang Februar das Fleisch von Pferden, die unserer Rechnung nach wahrscheinlich im Oktober getötet worden waren!

Diese Verpflegung war unter aller Kritik; wir bekamen so wenig, daß wir mit Mühe und Not am Leben erhalten wurden. Zwar war der Ernährungszustand der Armee ohne Zweifel am Ende des Kampfes um Stalingrad schon größtenteils sehr schlecht, verhungert war aber bis zur Kapitulation niemand[9]. Möglicherweise waren unsere Widerstandskräfte dadurch doch schon soweit geschwächt, daß wir nachher in der Kriegsgefangenschaft den großen Krankheiten, die uns befielen, nicht mehr gewachsen waren; es waren keine körperlichen Reserven mehr vorhanden. Die Frage, wer am widerstandsfähigsten war, war meiner Beobachtung nach weder bezüglich des Alters noch des Körperbaues zu beantworten. Vielmehr zeigte sich, daß derjenige die besten Chancen hatte, durchzuhalten, der über genügend seelische Kräfte und Reserven verfügte. Wer sich aufgab, wer verzweifelte, für den war gerade in den ersten Monaten der Kriegsgefangenschaft der Tod die Folge.

Auf dem Hinmarsch überschritten wir den Don und erreichten auf der Donhöhenstraße bei Kisljakow das erste sogenannte Durchgangslager. Dieses „Lager“ bestand nur aus drei oder vier kleinen Bauernhäusern, die mit einem Zaun umgeben waren und in denen es so eng war, daß wir in dem Haus, in dem ich mit vielen Kameraden einen Monat lang hausen mußte, nicht alle gleichzeitig liegen konnten! Wieder mußten wir es so einteilen, daß ein Drittel stand und je ein weiteres Drittel saß oder lag. So standen, saßen oder lagen wir einen Monat lang immer in diesem „Rollensystem“! Waschen war ausgeschlossen, dazu gab es keine Möglichkeit. Verpflegung gab es einmal am Tage – eine dünne Wassersuppe. Die Folge war, daß wir, die wir ohnehin nicht mehr allzu kräftig waren, ganz enorm geschwächt wurden.

Dabei geschah es dann auch, daß einer unserer Kameraden, Leutnant Gräser von der Nachrichtenabteilung 160, an Lungenentzündung erkrankte. In diesen Monaten gab es keinerlei ärztliche Betreuung durch die Russen und auch keine Medikamente. Also konnten wir nichts anderes tun, als diesen Schwerkranken auf dem Boden liegen zu lassen. Wir hielten bei ihm Wache; eine weitere Hilfe war nicht möglich, und er starb infolge dieses Fehlens jeglicher medizinischer Betreuung. Bei diesem Krankheitsfall erlebten wir zum ersten Mal Ärzte, die ihrer Berufspflicht nicht genügten und Medikamente so lange zurückhielten, bis

9 Das trifft nicht zu. Der Bericht des Pathologen Dr. Girgensohn, der zu dieser Untersuchung in den Kessel eingeflogen worden war, kommt bei seinen Sektionen eindeutig zu dem Schluß, daß im Dezember/Januar Hunger eine Todesursache gewesen war.

sie sie gegen Brotportionen tauschen oder für günstigere andere Fälle verwenden konnten. Nun, diese Versager gab es in der Gefangenschaft bei Männern aller Berufssparten. Wie anders zum Beispiel ein Arzt wie Dr. Kohler[10], der sich für seine kriegsgefangenen Kameraden in hervorragender Weise so voll einsetzte! Die Sterblichkeit in diesem Lager in Kisljakow war trotz allem relativ gering.

Anfang März wurden wir wieder zusammengetrieben und marschierten den Weg zurück, den wir seinerzeit gekommen waren. Der Frühling war noch keineswegs da, und es ging jetzt in Richtung Stalingrad. Die Marschbedingungen waren dabei ganz ähnlich wie beim Hinmarsch, aber unser aller Kräftezustand war nach diesem Monat mit völlig unzureichender Verpflegung wesentlich schlechter. Infolgedessen war der Ausfall an Kriegsgefangenen, die liegenblieben, auch viel größer. So erfror mein eigener Bursche, Martens, auf diesem Marsch. Bevor ich meinen Ausbruchsversuch gewagt hatte, hatte ich ihm meine Filzstiefel gegeben, weil ich damals geglaubt hatte, mit Lederschuhen besser marschieren zu können. Diese Filzstiefel waren Martens bei der Gefangennahme von den Russen sofort ausgezogen worden, so daß er nur auf Socken wandern konnte und sich sehr rasch beide Füße völlig erfroren hatte. An diesen Erfrierungen ging er elend zugrunde.

Durch Zufall waren von meiner alten Einheit in Kisljakow Oberleutnant von Ketelhodt, ein weiterer Leutnant und ich zusammengetroffen. Dieser verhältnismäßig kleine Leutnant brach auf dem Rückmarsch nach Beketowka zusammen und erklärte heulend, er könne nicht mehr weiter, er habe Schmerzen in den Leisten und so weiter. Eine ganze Tagesetappe schleiften wir ihn hinter uns her, indem wir die Arme anwinkelten, ihn mit dem Gesicht nach rückwärts einhängten und seine Beine nachschleifen ließen. Damit er aber überhaupt wieder auf die Beine kam, ohrfeigten und „beutelten“ wir ihn zunächst einmal, sonst wäre er sicher liegengeblieben. Diesen Kameraden schleiften wir bis Stalingrad zurück, wo wir einen Ruhetag hatten. Bis Beketowka kam er dann wieder leidlich mit eigener Kraft weiter; sicher retteten wir ihn auf diese Weise vor dem Tode, aber so etwas konnten wir natürlich nur mit einem Kameraden machen, da wir beiden anderen auch schon so schwach waren, daß wir uns selbst kaum auf den Beinen halten konnten.

10 Dr. Ottmar Kohler (∗ 19. Juni 1908 Gummersbach, † 28. Juli 1979 Idar-Oberstein), der berühmte „Arzt von Stalingrad“, studierte Medizin in Rostock, Wien und Köln, wo er sein Examen ablegte. 1933–38 chirurg. Weiterbildung im Krankenhaus Köln-Merheim. 1939–1943 arbeitete er als Chirurg auf dem Hauptverbandplatz der 1. Sanitäts-Kompanie der 60. I.D. In sowjet. Gefangenschaft war er als Lagerarzt in zahlreichen Gefangenenlagern eingesetzt und erwarb sich einen legendären Ruf nicht zuletzt durch die Behandlung auch tausender Sowjetbürger. Nach der späten Heimkehr 1954 zunächst Oberarzt in Köln, war er 1957–1973 Chefarzt des Krankenhauses Idar-Oberstein. 1953 Bundesverdienstkreuz und die Paracelsus-Medaille der Deutschen Ärzteschaft.

Bei diesem Marsch zurück über Stalingrad bis Beketowka gingen wir drei Kameraden am Ende der langen Kolonne fast unmittelbar etwa zwei Schritt vor dem russischen Schluß- bzw. Erschießungskommando. So mußte ich persönlich erleben, was mit all denen geschah, die am Schluß der Kolonne weiter zurückblieben. So bat uns Oberstleutnant Schüch von unserer Heeresflakabteilung der 60. Infanterie-Division inständig, auch ihn mitzuschleppen, weil er keine Kräfte mehr habe. Wir hatten aber schon unseren Kameraden und konnten einfach nicht noch einen zweiten Menschen mitschleppen. Wir versuchten nochmals, ihn aufzurichten, ihm zuzureden und ihn wieder auf die Beine zu bekommen; aber alles half nicht, er brach wieder zusammen und blieb am Schluß des Marschbandes liegen. Dann mußten wir mit ansehen, wie ein paar Schüsse aus der Maschinenpistole eines russischen Postens seinem Leben ein Ende machten und er dort als einer der Unzähligen am Rande dieses Elendsweges liegenblieb. Das war nun das Schicksal eines mir persönlich bekannten Soldaten; die meisten anderen, denen es ähnlich ging und deren Tod wir miterlebten, kannten wir nicht. So wurde mir erklärlich, wie die vielen Leichenhaufen auf diesem langen Wege zustande kamen!

Der Durchmarsch durch Stalingrad bleibt mir noch ganz grauenhaft in Erinnerung. Wir durchzogen die Stadt in ihrer gesamten Nord-Süd-Ausdehnung und machten sogar eine Nacht Station in einer Ruine, einem katakombenartigen Keller. Alle Straßen, durch die wir marschierten, waren Anfang März mit Hunderten, ja Tausenden von Leichen Gefallener oder Verstorbener übersät, die nun gefroren in den groteskesten Stellungen im Trümmerschutt herumlagen – eine gespensterhafte Totenstadt! Deutsche Kriegsgefangene waren dabei, die Leichen zusammenzutragen. Sie wurden auf das Eis der Wolga gefahren, auf Scheiterhaufen gelegt und verbrannt; dabei durchbrachen die Leichenhaufen das schmelzende Eis und wurden ins Kaspische Meer hinausgetrieben.

Am zweiten Tag der Gefangenschaft waren von meiner alten Nachrichtenabteilung 160 von dem Bestand, den wir im Endkampf um Stalingrad hatten, doch immerhin noch nahezu alle Mann am Leben gewesen; vom Spieß angefangen gut und gerne 15 bis 20 Unteroffiziere und vielleicht noch 100 Mann. Von diesen Leuten überlebte kein einziger, weder der Spieß noch irgendeiner der Unteroffiziere, noch irgendeiner der Mannschaften. Wir haben in ganz Deutschland rundgefragt: Am Leben blieben nur einige Offiziere. Wir wurden ja am zweiten oder dritten Tag der Gefangenschaft von den Soldaten abgesondert und konnten deren Schicksal nicht mehr verfolgen; was mit ihnen geschah, erfuhren wir nicht. Anscheinend gingen sie entweder auf dem Marsch oder in Arbeitslagern während des Krieges zugrunde.

In Beketowka wurden wir das erste Mal in ein richtiges Quartier, in das Theater, gelegt. Dort warteten wir drei Tage, bis ein Transportzug eintraf, der uns aufnehmen sollte. Bei der Verladung hatten wir einen unheimlichen Durst; einerseits gab es nichts zu trinken, und andererseits hatten wir immer wieder diesen furchtbar salzigen Trockenfisch gegessen. Auf dem Bahnsteig tranken wir die Pfützen aus – um die Mittagszeit hatte es ein wenig getaut –, obwohl diese mit einem leichten Ölfilm bedeckt waren.

Im Transportzug schoben wir Konserven- oder unsere Gasmaskenbüchsen an einer Schnur durch die kleine Ladeluke des Viehwagens hinaus und ließen sie neben dem Bahndamm entlangschleifen, um in ihnen etwas schmutzigen Schnee einzufangen. Diesen Schnee tauten wir und bekamen auf diese Weise im Laufe eines Tages – jeder einmal – ein klein wenig Schneewasser als Getränk, denn ein anderes gab es zunächst nicht. Vielleicht zwei- oder dreimal während der acht bis neun Transporttage bis hinauf in die Tatarenrepublik erhielten wir überhaupt etwas zu trinken! In diesem Zug wurden wir in 15-Tonner-Viehwagen eingepfercht und lagen dort mit 42 bis 44 Mann. In der Mitte stand ein kleiner Kanonenofen, obwohl es nichts zum Heizen gab. Während der gesamten Transportzeit wurden wir nur ein- oder zweimal für ganz kurze Zeit aus dem Waggon hinausgelassen, die übrige Zeit waren wir immer wie Tiere eingepfercht. Die Notdurft mußte durch eine kleine Öffnung in der Tür verrichtet werden. Das ließ sich natürlich nur in begrenztem Maße tun, da innerhalb kurzer Zeit die ganze Geschichte festfror, so daß wir ständig einen furchtbaren Gestank im Wagen hatten. Die Verpflegung bestand wieder nur aus Trockenbrot (Suchari) und lufgetrocknetem gesalzenem Fisch.

In Kisnjer, einer Bahnstation in der Tatarischen Republik an der Strekke von Kasan nach Swerdlowsk im Uralvorland, stiegen wir aus und hatten noch einen dreitägigen Fußmarsch von rund 80 Kilometern vor uns. Bei mir brach jetzt Flecktyphus aus; außerdem hatte ich mir schon beim Ausbruchsversuch aus Stalingrad die Füße erfroren und war daher nicht mehr lauffähig. Den ganzen Februar über hatte es im Lager Kisljakow keine ärztliche Versorgung gegeben; auch hatte ich seitdem die Stiefel nicht ausgezogen. Als ich dies im Zug zum ersten Mal tat, stellte ich fest, daß der ganze rechte Vorfuß schwarz war, die Knochen wunderbar weiß bloßlagen und alles in Fäulnis übergegangen war.

Nun war ich nicht mehr in der Lage, die Stiefel wieder anzuziehen, außerdem war mein Kräftezustand so schlecht, daß ich aus dem Waggon herausgehoben werden mußte und ein Marsch zu dem 80 km entfernten Lager völlig unmöglich war. So mußte ich mich jetzt von meinen Freunden trennen und sah einem ungewissen Schicksal entgegen.

Man erklärte uns, es gäbe in dieser Gegend ein richtiges Kriegsgefangenenlazarett, was wir nach der uns bisher zuteilgewordenen Behandlung für gänzlich unglaubhaft hielten. Aber es half ja nichts: Ich mußte abwarten, was nun kommen würde. Drei Waggons sollten zurück zu diesem Lazarett fahren. Wegen Entkräftung war ich nicht mehr in der Lage, in einen Waggon hineinzusteigen, sondern mußte draußen so lange warten, bis irgendwelche Männer so hilfreich waren, mich hineinzuheben. Dann fuhren wir ein Stück in Richtung Kasan zurück bis nach Arsk; dort wurden wir auf Schlitten verladen und in dieses Kriegsgefangenenlazarett geschafft; es war tatsächlich ein richtiges Lazarett mit russischen bzw. tatarischen Krankenschwestern, russischen Ärzten, einer einigermaßen geregelten ärztlichen Versorgung und sogar der Möglichkeit zu operieren.

*Hoffmann blieb ein halbes Jahr in diesem Lazarett, wo ihm bei Kerzenlicht und ohne Betäubung die Zehen des rechten Fußes amputiert wurden. Eine russische Ärztin bewahrte ihn vor einer Amputation des Fußes. Später erkrankte er an Ruhr, Hungerödemen, vorübergehender rechtsseitiger Lähmung und Gehörlosigkeit. Im Herbst 1943 wurde er in das Offizierslager Jelabuga verlegt, wo er viele seiner Kameraden wiedersah.*

## Gerhard Philipp Humbert: Als Gefangener bei General Tschuikow[11]

*Gerhard Philipp Humbert wurde am 16. März 1916 in Halle/Saale geboren. 1935–1937 absolvierte er eine landwirtschaftliche Ausbildung und leistete danach seinen Wehrdienst. Oberleutnant Humbert war 1. Ordonnanzoffizier im Stab des IV. Armeekorps.1947 wurde er bereits aus sowjetischer Kriegsgefangenschaft entlassen. Nach seiner Heimkehr 1948 leitete er als Major der Bundeswehr 1960 und 1964 Reserveübungen. 1948–1951 war er als Assistent beim Wirtschaftsrat in Frankfurt/Main und beim 1. Bundestag tätig; ab 1951 arbeitete er als Manager in der Industrie. Nach seiner Pensionierung verbrachte er seinen Ruhestand in Ittenbach/Siebengebirge. Am 4. August 1999 verstarb er in Siegburg.*

Um es vorwegzunehmen: Stalingrad war und brachte nicht *die* Kriegswende, wie oft gesagt wird. Es wurde nur manches sichtbarer

11 Der Bericht wurde einem Vortrag Gerhard Philipp Humberts mit dem Titel „Stalingrad – 40 Jahre danach“ entnommen, den er am 18. Januar 1893 im Lions-Club Bonn gehalten hatte und dessen unveröffentlichtes Typoskript mir vorlag.

für breitere Teile der Bevölkerung. Auch hat es nie eine „Kapitulation von Stalingrad“ gegeben, wie oft und immer wieder behauptet wird. Es gibt keine Kapitulationsurkunde! Die 6. Armee wurde nach und nach überwältigt.

Während wir damals froh waren, die guten Quartiere des Donez-Industriegebiets erreicht zu haben und diese halten zu können, traf uns eine „Führer-Weisung“ jäh wie der Blitz: Alle Armeen, Korps und Divisionen sollten aus ihren Verbänden schnellbewegliche und nur leichtbewaffnete Vorausabteilungen bilden, die in einem überraschend zu führenden Sturmangriff über fast 700 Kilometer hinweg „im Handstreich“ die Stadt Stalingrad einnehmen sollten!

Der Gegner wurde wie folgt beschrieben: Marschall Timoschenko[12] wird mit seinen angeschlagenen Resttruppen und Arbeiter-Bataillonen kaum nennenswerten Widerstand leisten können. Mein Generalstabschef kommentierte nur: Totaler Irrsinn!

Aber dennoch: Der Zielpunkt Stalingrad blieb erhalten und wurde für uns zum Inhalt vieler Studien. Diese ergaben alle, daß das deutsche Heer die Stadt an der Wolga nicht zwingend zu erobern brauchte. Es hätte genügt, den Don und den Donbogen zu bekommen. Von hier aus kann man leicht aus der Luft den Bahn- und Schiffsverkehr bei Stalingrad sperren – im Winter friert die Wolga sowieso zu. Ganz anders blieb der politische Aspekt. Es zeigte sich mehr und mehr, daß für Hitler die Stadt Stalins zu einer fixen Idee wurde!

Im Frühsommer 1942 setzten sich dann die frisch aufgefüllten deutschen Verbände im Süden der Ostfront mit zwei Heeresgruppen erneut in Marsch. Der Hauptstoß ging in Richtung Kaukasus und Baku-Öl; der zweite mit der 6. Armee in Richtung Donbogen und weiter auf Stalingrad. Mitten in diese angelaufene Bewegung fummelte das nach Winniza in die Ukraine vorverlegte Führerhauptquartier hinein und befahl, die 4. Panzerarmee des Generaloberst Hoth, die den unteren Don bereits Richtung Kaukasus überschritten hatte, habe nach Nordosten abzudrehen, um aus der Kalmükensteppe heraus auch Stalingrad anzugreifen! Wenn schon, so hätte man Paulus mit seiner 6. Armee auf die Stadt und Hoth mit seiner Panzerarmee auf die beherrschenden Höhen bei Sarepta, 20 km südlich an der Wolga, ansetzen müssen. Jeder junge Leutnant wäre beim Taktikunterricht auf der Kriegsschule mit der nunmehr befohlenen Leistung durchgefallen; von einem Hauptmann auf der Kriegsakademie ganz zu schweigen!

---

12 Semjon Konstantinowitsch Timoschenko (* 18. Februar 1895 in Furmanowka/Bessarabien, † 1. April 1970 in Moskau) war Mitarbeiter Woroschilows beim Aufbau der Roten Armee; 1940/41 sowjetischer Kommissar für Verteidigung. Er kommandierte 1941–1942 nacheinander die Mittel-, Süd- und Nordfront. 1949–1960 Oberbefehlshaber im Wehrkreis Weißrußland.

Damals riß ich vor lauter Wut über diese Fehlleistung meine Lagekarte vom Tisch und schickte sie nach Hause. Es war der 29. August 1942; an diesem Tage hatte die 4. Panzerarmee nochmals umgruppiert, ließ von den Sareptahöhen gänzlich ab und schwenkte nun auch noch voll auf die Stadt ein. Zu gewinnen war diese Schlacht mit den viel zu schwachen Kräften und den viel zu großen Wahnvorstellungen sowieso nicht.

Mein damaliger Kommandeur, General von Schwedler[13], sagte das im Herbst 1942 ganz offen: „Entweder wir bekommen mehr kampfkräftige Truppen, um einen solchen Auftrag ausführen zu können, oder schickt mir eine Ju, damit ich nach Hause fliegen kann!" Die Ju kam, und er flog nach Hause.

Mühsam nur fraßen sich die Verbände der 6. und 4. Panzerarmee über die Vororte in den Kern der Stadt, an deren nördlichstem Punkt die ersten deutschen Panzer bereits am 23. August die Wolga erreicht hatten. Zermürbende Einzelkämpfe wurden um jedes Haus geführt. In großen Gebäuden saßen in verschiedenen Stockwerken oft eigene Leute und der Feind – mal der oben, mal der andere, ebenso erbarmungs- wie sinnlos das Ganze. Über allem Qualm und Rauch der brennenden Fabriken und Öltankanlagen, in die die Stukas Bomben warfen. So vergingen ohnc jede Atempause August, September, Oktober und der halbe November. Aus dem glühendheißen Steppensommer war ein kälter werdender Herbst geworden, und ein harter Winter stand vor der Tür. Die Truppen bluteten mehr und mehr aus; Ersatz kam kaum noch nach.

Rückwärts gestaffelt hatten inzwischen rumänische und italienische sowie ungarische Truppen Abwehr und Flankendeckung übernehmen müssen – man hielt diese Abschnitte für weniger gefährdet; Abschnitte von vielen hundert Kilometern Länge in unserem Rücken waren also „fest" in den Händen unserer damaligen „Achsen-Freunde", die miserabel ausgerüstet und für einen harten Winterkampf in Rußland nicht ausgebildet waren. Und so war es auch nicht überraschend, als zur Zeit des ersten Schnees am 18. November die Rote Armee in einer großen Zangenbewegung von Norden und Südosten her den Gegenangriff startete – genau an den „weniger gefährdeten" Abschnitten.

Die vor und in der Stadt stehenden deutschen Verbände blieben dort weiter mit Blick nach Osten festgehalten; die bisher deckenden Seitenflügel klappten mehr oder weniger geordnet nach innen ein, um nunmehr in einem Einigelungsring eine Verteidigung „ringsum" aufzubauen. Da

---

13 Viktor von Schwedler (* 18. Januar 1885 in St. Goarshausen, † 30. Oktober 1954 in Freiburg/Breisgau) nahm am Ersten Weltkrieg teil. 1932 Oberst, 1934 Generalmajor, 1936 Generalleutnant, 1938 General der Infanterie. 1939 bis zum 18. Oktober 1942 war er Kommandierender General des IV. Armeekorps, danach Befehlshaber im Wehrkreis IV. Nach der Versetzung zur „Führerreserve" 1945 in alliierte Kriegsgefangenschaft. Ritterkreuz am 29. Juni 1940.

mein Korps mit vier Divisionen den Abschnitt südlich der Zariza hielt, oblag es uns, alle dort ankommenden Truppenteile neu zu ordnen und in die neuen Verteidigungsabschnitte einzugliedern.

Das sah folgendermaßen aus: Der kommandierende General, jetzt General Jaenecke[14], und ich hockten vor unseren Karten, in die wir von Minute zu Minute sich ändernde Meldungen und Truppenangaben eintrugen, die sofort per Telefon in irgendwelche Befehle umgesetzt werden mußten. Der Chef des Generalstabs war ausgefallen, der Nachfolger noch irgendwo unterwegs. Der Ia und der Ic, die beiden anderen Generalstabsoffiziere, waren zu den beiden uns unterstellten rumänischen Divisionen entsandt worden, damit wir überhaupt noch wußten, wo die waren. Dieses Treiben ging so ohne Pause drei Tage lang Tag und Nacht. Zuerst half noch starker Kaffee, dann mußte Pervitin helfen.

Von den Fenstern der kleinen Kate, in der wir hausten, sah man weit in die immer weißer werdende Steppe hinaus. Truppen hatten wir keine mehr vor uns. Wenn man irgendwo draußen im Nebel einen Panzer vorbeifahren sah, so konnte man nur hoffen, daß es ein eigener war!

Am 23. November vereinigten sich die beiden sowjetischen Angriffsspitzen hinter uns bei Kalatsch am Don – die Falle war zu. Die Armeestäbe von Paulus und Hoth hatte es tief im Hinterland erwischt, und sie waren erst einmal davongestoben. Paulus flog später in den Kessel hinein, Hoth blieb draußen.

Was tun? Allgemeine Ansicht der verantwortlichen Führer: Umformieren und Ausbruch der 23 Divisionen im Stoßkeil Richtung Südwesten zur 4. Panzerarmee. Doch da kam auch schon der Befehl von Hitler: Die 6. Armee bleibt, wo sie ist, sie wird aus der Luft versorgt und, wenn notwendig, später entsetzt. Daß dies nicht gutgehen konnte, wußte jeder von uns, der nur einigermaßen eine Vorstellung davon hatte, was eine über 350.000 Mann starke Armee im Winterkampf braucht, und der die Entfernungen, die überbrückt werden mußten, einzuschätzen verstand.

Aber wie das im Leben so ist: Nach dem ersten Schlag kümmerte sich jeder erst einmal um das Nächstliegende. Das ging den Russen ebenso wie uns. Jeder versuchte, wieder Luft zu holen, sich die Wunden zu lekken und sich an dem Platz einzurichten, wo es ihn hingeworfen hatte.

---

14 Erwin Jaenecke (* 22. April 1890 in Freren/Krs. Lingen, † 3. Juli 1960 in Köln) beendete den Ersten Weltkrieg als Oberleutnant und wurde danach Angehöriger der Reichswehr. 1936 Oberst, stellt er 1942 als Generalmajor die 389. Infanterie-Division auf. Nach kurzer Verwendung als Kommandierender General des LXXXVI. A.k. wurde er Ende Mai 1943 Oberbefehlshaber der 11. Armee im Kuban-Brückenkopf; 1944 Generaloberst. Bereits im Ruhestand, geriet er am 12. Juni 1945 in sowjetische Kriegsgefangenschaft, aus der er erst im Oktober 1955 zurückkehrte. Am 9. Oktober 1942 erhielt er das Ritterkreuz.

Natürlich war es nun auch wichtig, daß alle Kriegstagebücher fein säuberlich aufeinander abgestimmt wurden, denn in den Tagen der „Wilden Sau“ hatte niemand welche geführt. Ich mußte dem Armeestab für die Phase der Einigelung das Konzept dazu schreiben. Was wurden da alles für Wünsche an mich herangetragen! Mein Glaube an solcherlei Dokumente ist seither begrenzt.

Ordentlich wurden alle durch das Chaos der Angriffstage durcheinandergewirbelten Truppenteile in neue und zweckmäßige Unterstellungsverhältnisse gebracht, d.h. die Befehlsgebung geregelt. So kam auch jetzt erst unser IV. Armeekorps, das zur 4. Panzerarmee gehört hatte, zur 6. Armee.

Mein sehr praktisch denkender Kommandierender General ordnete dabei als erstes an, daß die uns aus dem Donbogen „zugewehte“ 1. Rumänische Kavallerie-Division alle ihre Pferde bei unseren Schlächterei-Kompanien abzugeben habe. Futter wäre für die armen Tiere sowieso nicht dagewesen, und ihr Schlachtwert verfiel täglich. Um Kühlkammern brauchten wir uns nicht zu bemühen – „Väterchen Frost“ sorgte dafür. So hatte die Armee bis in den Januar hinein wenigstens etwas, um die katastrophale Verpflegungslage zu mindern.

Während uns das Abgeschnittensein von allen Verbindungen mit der 3000 Kilometer entfernten Heimat mehr und mehr bewußt wurde und uns das Ungewohnte erschreckte, geschah aber auch folgendes: Eines Tages tauchte aus der Steppe, über die ständig in ein bis zwei Meter Höhe im Wind feinster Schnee stiebte, vor den Fenstern unserer Kate in Rakotino ein mit einem alten Klepper bespannter Panjeschlitten auf – eine Erscheinung wie das Geisterschiff im „Fliegenden Holländer“. Auf dem Schlitten saß ein alter Herr. Man hatte ihn als Hauptmann verkleidet; es war ein Kunstmaler, den das Propagandaministerium in Berlin zu uns entsandt hatte, um Schlachtenbilder in Stalingrad zu malen! Der gute Mann hatte sich in der Kalmükensteppe, als der Zug nicht mehr weiterfuhr, den Schlitten mit dem alten Kalmüken organisiert und war nun vier Tage und Nächte mit diesem Kerl durch die verschneite Steppe gezottelt. Dabei war er quer durch den Angriffskeil von zwei russischen Panzerarmeen gefahren, ohne daß ihn jemand angehalten oder auch nur richtig bemerkt hatte. Alle Panzer, die er und der Kalmüke im stiebenden Schnee hatten auftauchen sehen, hatten beide selbstverständlich für deutsche Panzer gehalten. Als wir ihm sagten, er sei in einem Kessel, fiel er fast in Ohnmacht. Zum Malen kam er bei uns nicht. Wir entledigten uns dieses unnützen Essers und ließen ihn als Kurier ausfliegen. Dem Kalmüken gaben wir eine Flasche Schnaps und schickten ihn nach Hause, wo immer das war.

Obwohl wir nur wenig oder kaum etwas zu essen hatten – an Getränken mangelte es bei unserem Korps nicht. Ein Marketenderzug aus

Frankreich hatte am Vorabend des sowjetischen Angriffs den mitten in der Kalmükensteppe liegenden Bahnhof Tinguta erreicht. Nie werde ich diesen lieblichen Namen vergessen! Man mag sich denken, mit welchem Todesmut *dieser* Bahnhof so lange verteidigt wurde, bis auch die letzten Kisten aus den Waggons entladen und in Sicherheit gebracht worden waren! Unsere Intendantur führte darüber natürlich genau Buch, denn alles mußte ja ordentlich bezahlt werden; eine Flasche Heidsieck Cordon Rouge kostete für uns zwei Mark. Noch zwei Monate später, als alles längst ausgetrunken war und uns das Ende in den Trümmerruinen der Innenstadt bevorstand, mußte ich mich damit noch einmal befassen: Der Korps-Intendant kam mit sorgenvoller Miene und offenbarte mir, daß er noch auf 300.000 Mark säße, die dem Erlös der Sendung entsprachen. Wohin mit dem Geld?

Er schlug vor, das Geld zu verbrennen und darüber ein Zeugenprotokoll zu machen. Dann sollte man dem Generalquartiermeister in Berlin über Funk Kenntnis von dieser Aktion geben. „Die können dann doch dafür neues Geld drucken", sagte er wörtlich. Und so wurde es gemacht, wennschon ich persönlich glaubte, daß „die da" zu Hause auch ohne solche „Deckungsvorschläge" neues Geld drucken würden! Also: zu trinken hatten wir, auch zu rauchen.

Zunehmend stabilisierte sich die Lage im Kessel der „Festung Stalingrad", wie man recht großmäulig in der Heimatpropaganda sagte. Der Reichsmarschall Göring hatte durch seinen Stabschef Jeschonnek[15] Hitler die Luftversorgung der 6. Armee zugesagt. Halten konnte er diese leichtfertig gegebene Zusage nicht. Jeschonnek erschoß sich einige Monate später. Trotz aufopfernden Einsatzes der fliegenden Verbände kamen nur wenige Mengen der benötigten Verpflegung, Munition, Treibstoffe und Ersatzteile bei uns im Kessel an. Aufgrund der sich auch außerhalb des Kessels verschlechternden Lage mußten die Basen der Luftwaffe immer weiter nach Westen und Süden verlegt werden. Die Versorgungsentfernungen wurden dadurch maßlos überdehnt, der Nutzeffekt der Maschinen immer geringer und die Ausfälle immer höher.

Von allen Führungsebenen aus wurde die Armeeführung gedrängt: Handelt, solange es noch geht! Doch da erwies sich Paulus, den Hitler erst einmal bei Beginn des Kessels zum Generalobersten befördert hatte, als der falsche Mann auf einem solchen Platz. Dieser hagere, magenleidende, nervöse Typ des mehr auf Studien ausgerichteten Generalstabsoffiziers sah sicher sehr wohl, *wie* verheerend die Lage war. Aber er hatte nicht die robuste Art eines Heerführers, wie sie sein verstorbener Vor-

15 Hans Jeschonnek (* 9. April 1899 in Hohensalza, Suizid am 18. August 1943 in Goldap) nahm als Offizier der Fliegertruppe am Ersten Weltkrieg teil. 1938 Oberst, 1939 Generalmajor, ab Februar 1939 Generalstabchef der Luftwaffe. 1940 General der Flieger und 1942 Generaloberst und Chef des Luftwaffen-Führungsstabes.

gänger Generalfeldmarschall von Reichenau[16] gehabt hatte und wie man sie hier jetzt brauchte. Paulus hatte nie zuvor ein Korps, eine Division oder selbst nur ein Regiment im Felde befehligt. Sein letztes Truppenkommando war 1934 als Führer einer Kraftfahrabteilung gewesen!

Immer und immer wieder verbot Hitler ein selbständiges Handeln, d.h. ein Ausbrechen der Armee aus dem Umklammerungsring. Ich war dabei, wie mein kommandierender General, Erwin Jaenecke, der mit Paulus persönlich befreundet war und ihn duzte, ihn bei uns im Korps-Gefechtsstand in die Mangel nahm und ihm auch deutlich seine Verantwortung für die zigtausend Männer schonungslos vor Augen hielt. Er massierte seinen Druck auf Paulus dann mit den Worten: „Paulus, schlag Deine Funkgeräte zusammen! Brich mit der Armee aus, wie es Litzmann tat und damit der ‚Löwe von Brzeziny' wurde. *Du* mußt der Löwe von Stalingrad werden!" Hier spielte Jaenecke auf den Ausbruch des Generals von Litzmann[17] im August 1915 aus dem „Galizischen Kessel" an, den dieser gegen die Weisungen der deutschen und österreichischen Heeresleitungen wagte, erfolgreich durchführte und damit Tausenden von Männern das Leben rettete.

„Erwin, Du hast recht. Ich muß und werde es tun", war die müde Antwort. Zwei Stunden später hörten wir aus dem Armeehauptquartier dann eine noch müdere Stimme am Telefon: „Wir werden nochmals im Führerhauptquartier um Handlungsfreiheit bitten." Da meinte Jaenecke nur: „Das ist das Ende!"

Und so kam es dann auch. Der Entlastungsstoß des Generaloberst Hoth in der zweiten Dezemberhälfte, von dem sich Hitler ein Wunder versprach, blieb ca. 100 km vor Stalingrad liegen. Einige Panzer kamen bis auf knapp 60 km heran. Viele glaubten schon, den Kanonendonner der Befreier zu hören, doch waren es wohl meistens die gegen Hoth gerichteten sowjetischen Geschütze, die wir vernahmen. Hitler hatte bereits bei seiner Novemberrede im Münchner Bürgerbräukeller mit der Einnahme von Stalingrad geprahlt. Jetzt wollte er sich auf keinen Fall selbst desavouieren – so fiel der Volkstribun Hitler dem „Feldherrn" Hitler in den Rücken, und wir mußten das bezahlen, der größte Teil von uns mit dem Leben.

---

16 Walter von Reichenau (* 8. Oktober 1884 in Karlsruhe, † 17. Januar 1942 in Poltawa) war im Ersten Weltkrieg Generalstabsoffizier und 1934 Chef des Wehrmachtamtes. 1935 Generalleutnant, 1936 General der Artillerie, 1940 Generaloberst und Oberbefehlshaber der 6. Armee im Frankreichfeldzug. 1940 Generalfeldmarschall; ab 3. Dezember 1941 Leitung der Heeresgruppe Süd. Ritterkreuz am 30. September 1939.

17 Karl Litzmann (* 22. Januar 1850 in Neu Globsow, † 28. Mai 1936 ebd.) war 1902–1905 Direktor der Preußischen Kriegsakademie und wurde 1905 wegen Meinungsverschiedenheiten in den vorzeitigen Ruhestand entlassen, 1914 aber reaktiviert, zuletzt General der Infanterie. 1914 Pour le Mérite, 1915 mit Eichenlaub.

Es ist heute müßig, auf das spätere Memoirengefecht der beiden Marschälle Paulus und von Manstein einzugehen. Gewiß ist nur: Manstein *im* Kessel wäre ausgebrochen! Die Argumentation von Paulus und seinem Generalstabschef Schmidt[18], man habe die Lage außerhalb des Kessels nicht gekannt und daher nicht selbständig handeln können, mag vordergründig anhand der verbliebenen Kriegstagebücher, Befehle etc. stimmen. *Tatsächlich* ist das jedoch nicht so; der Grund dafür ist ganz einfach: Innerhalb des Kessels hatten wir 22 Divisions-Nachrichtenabteilungen, dazu noch fünf Korps-Nachrichtenabteilungen und die der Armee. Im Kessel lag unter dem Schnee unser gut funktionierendes Telefonkabelnetz. Das heißt, unsere Funker hatten nichts zu tun – bis auf die Armeefunkstelle, die die Funklinien zur Heeresgruppe und zum Oberkommando des Heeres hielt. Es gab sogar noch in der ersten Zeit ein geheimes Kabel nach draußen, das die Russen noch nicht entdeckt hatten. Da hörte eben der eine Teil unserer Funker den russischen Funkverkehr um uns herum ab, und der andere Teil hörte mit, was unsere Kameraden außerhalb des Kessels da im Süden und Westen herumfunkten. Die entsprechenden Geheimschlüssel hatten wir ja noch! Mehrmals am Tag wurde mir das „Außenfunkbild" vorgelegt, das ich dann dem Chef des Generalstabs und dem Kommandierenden General vortrug. Wir wußten also *genau*, was sich da draußen im Raum des Kaukasus und des Donezgebietes tat. Seit jeher gab es bei uns neben dem offiziellen auch noch den „kleinen Dienstweg", der oftmals schneller, natürlich aber immer aktenlos funktionierte.

Bereits zu Weihnachten 1942, als die offizielle Propaganda von draußen immer noch tönte „Haltet aus, der Führer haut Euch raus!", wußten *wir* es besser: Hoth war abgeschlagen worden und befand sich auf dem Rückzug. *Alle* im Abschnitt Süd verantwortlichen Luftwaffengenerale haben Paulus und seinem Generalstabschef klar gesagt, die Versorgung aus der Luft sei eine Utopie. Paulus wußte also genau, daß der ihm gegebene Befehl zum Ausharren auf einer Lüge beruhte – er hätte handeln *müssen*!

Die Situation im Kessel war mit Beginn des Jahres 1943 noch kritischer geworden. Auf keiner Ebene war auch nur eine Minimalversorgung mehr möglich. Die Armee blutete im wahren Sinne des Wortes aus, denn ab Ende November waren zwar Verwundete ausgeflogen worden, aber Ersatz kam für sie nicht herein.

---

18 Arthur Schmidt (* 25. Oktober 1895 in Hamburg, † 5. November 1987 in Karlsruhe) beendete den Ersten Weltkrieg als Leutnant. 1928 Hauptmann, 1934 Major, 1940 Oberst, 1942 Generalmajor. Am 15. Mai 1942 wurde er Stabschef der 6. Armee und am 17. Januar 1943 zum Generalleutnant befördert. Erst 1955 aus sowjetischer Gefangenschaft entlassen. Ritterkreuz am 6. Januar 1943.

Am 9. Januar kam ein sowjetischer Parlamentär mit Trompeter und weißer Flagge und überbrachte ein Kapitulationsangebot des Beauftragten des Oberkommandos der Roten Armee, Generaloberst Woronow[19], und des Oberbefehlshabers der Don-Front, General Rokossowskij[20]. Dieses Angebot war vorher mit Stalin persönlich abgestimmt worden und war an Generaloberst Paulus gerichtet, der es ablehnte.

Zu dieser Zeit betrug die Tagesration im Kessel 75 g Brot, 24 g Gemüse, 12 g Fett, 11 g Zucker, 200 g Pferdefleisch mit Knochen – besser Knochen mit Pferdefleisch –, 9 g Getränke und eine Zigarette. Oft fehlte das Salz zum Kochen, also gewiß keine Basis für einen Kämpfer, der Tag und Nacht bei härtester Kälte im Einsatz sein soll! Seit langem kam keine Post aus der Heimat, und nur gelegentlich gab es die Möglichkeit, ein Lebenszeichen nach Hause zu schicken. Munition und Treibstoff wurden immer weniger und konnten kaum noch ersetzt werden.

Am 10. Januar ging dann ringsum ein gewaltiges, konzentriertes Artilleriekonzert los, für das die Russen seit jeher bekannt waren. Entgegenzusetzen hatten wir kaum noch etwas. Als dann aber Panzerrudel an allen Fronten auftauchten und die Sowjets schon glaubten, nun sei alles zu Ende, da holten sie sich erst noch einmal tüchtig eine „blutige Nase". Reihenweise wurden von den letzten Flak- und Panzerkanonen die weißgetünchten T-34 abgeschossen und blieben brennend im fahlen Licht der winterlichen Steppe liegen. Der geplante Sturm stockte. Doch es war nur ein letztes Aufflackern unsererseits gewesen, ein Atemholen für zwei, drei Tage. Aus der Steppe heraus drängten jetzt alle unsere dort verbliebenen und versprengten Truppenteile in die Ruinen der Stadt hinein. Auch der letzte Keller, die letzte Ruine gaben noch vermeintlichen Schutz vor Kälte und dem eisigen Wind der gnadenlosen Steppe. Das Thermometer sank auf minus 30 Grad.

Die Sowjets gingen jetzt nur noch sehr vorsichtig vor; sie trauten den Deutschen auch hier noch so manche Überraschung zu, auch wollten wohl viele in dieser letzten Phase nicht mehr unbedingt zum seligen Helden avancieren! Währenddessen aber ging in den Ruinen der Innenstadt das Sterben weiter; um jeden Meter wurde nach wie vor zäh gekämpft. In den Tagen zwischen dem 15. und dem 20. Januar verstärkten die Sowjets von allen Seiten ihren Druck, der sich in vermehrter Lufttätigkeit

19 Nikolaj Nikolajewitsch Woronow (* 5. Mai 1899 in St. Petersburg, † 28. Februar 1968 in Moskau) wurde 1940 Generaloberst und 1944 Marschall. 1941–1943 stellvertretender Volkskommissar für Verteidigung, 1941–1950 Oberbefehlshaber der Artillerie.

20 Konstantin Konstantinowitsch Rokossowskij (* 21. Dezember 1896 in Warschau, † 3. August 1968 in Moskau) wurde 1941 Generalleutnant, 1943 Generaloberst und 1944 Marschall der Sowjetunion. 1942/43 war er Oberbefehlshaber der Donfront; 1949–1956 polnischer, danach bis 1962 stellvertretender sowjetischer Verteidigungsminister.

mit kombinierten Panzervorstößen zeigte. Das Wetter war aufgeklart, sonnig, und die Temperaturen lagen bei 25–30 Grad unter Null; nachts war es oft kälter. Mehrere Fliegerbomben trafen die Erdbunker unseres Korpsgefechtsstandes etwa 10 km westlich des Wolgaufers. General Jaenecke wurde dabei verwundet; er wurde noch am 22. Januar mit einer der letzten Maschinen ausgeflogen[21].

Danach verschlug es uns in die Trümmer der südlichen Stadt. Diese letzten Rückzüge waren schon nicht mehr geordnet; zunehmend machte sich ein Chaos breit. Einzelne Kommandeure gaben ihren Stäben und einzelnen Truppenteilen „Handlungsfreiheit“ – den meisten war die Munition ausgegangen. Abenteuerliche Vorstellungen herrschten zum Teil vor: Man wollte kleine, winterlich mit Skiern ausgerüstete Kampfgruppen bilden und mit diesen versuchen, sich nachts durch die russischen Linien zu schleichen, um dann fernab der Rollbahn einen Weg nach Westen zu suchen. Auf diese Weise verkrümelten sich viele. Ich habe von keinem gehört, der durchgekommen ist.

Tag für Tag wurde der enge Ring um uns noch enger. Alles löste sich in Einzelschicksale auf im Umfeld von Kälte, Hunger, Bomben und Granaten, Verzweiflung, Betrug, Hoffnung und immer stärker aufkommenden Läusen, Krätze sowie Tod. Aber auch dieser hatte noch tausenderlei Gesichter! So zum Beispiel dieses:

Der Kommandeur eines Artillerie-Regiments bestellte alle seine Offiziere zu sich. Gemeinsam trank man die letzten Flaschen leer, dann das Kommando: „Pistolen raus – an die Schläfe. Es lebe Deutschland – Feuer!“ Und die Soldaten in diesem Abschnitt hatten keine Offiziere mehr. Das wirkte wie ein Schock auf uns, trotz der ständigen Diskussion über die Frage: Wie machen wir es? Jetzt wußten wir: *So* geht es nicht!

Am Morgen des 26. Januar meldete mein Kommandierender General, nunmehr General der Artillerie Pfeffer, an die Armee: „Das IV. Korps besteht nicht mehr. Es wurde im Kampf überwältigt, nachdem die Munition verschossen war. Ich selbst werde mich mit dem Rest meiner Offiziere in die vorderste Linie auf den Bahndamm südlich der Zariza begeben, um dort bis zuletzt zu kämpfen!“ Dann brachen wir auf.

---

21 Sein Nachfolger wurde Max Pfeffer (∗ 12. Juni 1883 in Geldern, † 31. Dezember 1955 Lager Woikowo). Er beendete den Ersten Weltkrieg als Hauptmann; 1927 Major, 1933 Oberst, 1939 Generalleutnant, am 22. Januar 1943 General der Artillerie. Ritterkreuz am 4. Dezember 1941.

General Pfeffer ging mit den Generalen von Hartmann[22] und Wulz[23], seinem Generalstabschef und mir auf den Kamm dieses Bahndammes. Hier lagen noch verstreut einige MG-Nester. Ein anderer Divisionskommandeur, der nach der langen Kampfzeit nicht mehr glaubte, seine Nerven fest genug in der Hand zu haben, um den Männern draußen ein Vorbild zu sein, meldete sich vorher bei seinem Kommandierenden General ab, ging in ein Nebenzimmer und erschoß sich.

Nun standen wir fünf dort ohne jede Deckung aufrecht auf dem Bahndamm, die ersten Strahlen der kalten Morgensonne im Rücken, den Karabiner oder die Maschinenpistole in der Hand. Rückwärts, in Deckung, waren jeweils die Burschen in Funktion als Büchsenspanner. Wir hatten bestes Licht zum Suchen, Zielen und Treffen. Das Erstaunliche war: Ein ganzes sowjetisches Bataillon blieb dort stecken, weil da so ohne jede Deckung fünf Leute standen, die sich um nichts ringsum kümmerten, schossen und trafen!

Das ging so an die zwei Stunden. Dann hatten wir einen in den Trümmern versteckten Scharfschützen zu spät bemerkt. Ehe es ihn erwischte, traf er einen Meter neben mir den General von Hartmann. Seine Leute zogen ihn zurück und vergruben ihn im Schnee gleich hinter dem Bahndamm.

Wenig später erschien der Ia der Armee mit dem strikten Befehl von Paulus: Der General Pfeffer mit seinen Offizieren solle sich zwecks Übernahme anderer Aufgaben sofort bei ihm melden! Der alte Pfeffer rang lange mit sich; schließlich gehorchte er doch, und wir verließen den Bahndamm.

Eine Stunde später standen wir im Halbdunkel eines Kellers in der Ruine des Kaufhauses am Roten Platz im Zentrum der Stadt Paulus gegenüber. Aber der magenkranke Mann mit dem ausgemergelten, gelben und stets zuckenden Gesicht sagte kaum ein Wort. Er war in den letzten zwei Wochen, seit ich ihn nicht gesehen hatte, noch mehr verfallen.

Unser nächstes Ziel war das GPU-Gefängnis, ehemals eine Hochburg der Sowjetmacht. Was wir hier sahen, war grauenvoll: abgerissene, halb verhungerte Verwundete lagen dichtgedrängt und schutzlos zwischen den hohen Mauern des Gefängnishofes. Im Inneren debattierten einige

---

22 Alexander von Hartmann (* 11. Dezember 1890 in Berlin, gefallen am 26. Januar 1943 am Bahndamm Zarizaschlucht) beendete den Ersten Weltkrieg als Hauptmann; 1931 Major, 1937 Oberst, 1941 Generalmajor, am 1. Dezember 1942 Generalleutnant und posthum General der Infanterie. Er war seit 28. März 1941 Kommandeur der 71. Infanterie-Division. Auszeichnungen: Ritterkreuz am 8. Oktober 1942.

23 Hans Wulz (* 1. Oktober 1893 in Neubreisach, † 10. Dezember 1975) war 1912–1919 Offiziersanwärter. 1942–1943 war er in Stalingrad als Generalmajor Artillerie-Kommandeur des IV. Korps. In Gefangenschaft trat er dem BdO bei und 1951 der SED; 1952 Generalmajor der NVA und 1955–1956 Chef des Standortbereiches Berlin-Ost.

Kommandeure der hier liegenden Divisionen und Regimenter. Irgendwie versuchten sie zu revoltieren und endlich Schluß zu machen. In dem verrückten Treiben stolperte auch immer noch ein russischer Major herum, der als Parlamentär gekommen war und einen Brief seines Generals fest in den Händen hielt, den er nur persönlich an Paulus übergeben dürfe. In dieses Szenario kam dann auch noch Paulus selbst; er schickte als erstes den Russen unverrichteter Dinge mit seinem Brief wieder zurück, rüffelte dann die Aufsässigen, wies allen noch einmal ihre Verteidigungsaufgaben an und teilte meinen Generalstabschef und mich noch dem General von Seydlitz zu, der zwei Tage vorher seine Generalstabsoffiziere mit Skiern in die weite Steppe hatte ziehen lassen – die sie nie wieder hergab.

Im Bunkerstollen einer Balka, dicht bei der ehemaligen Kathedrale, fand ich mich wieder als OI, Adjutant – und alle übrigen – des LI. Armeekorps, dessen Truppenteile nur noch schwer auszumachen waren. In diesem Bunker befanden sich die beiden Kommandierenden Generale Pfeffer und Seydlitz, der Kommandeur der 295. Infanterie-Division, Generalmajor Korfes[24], die beiden Generalstabsoffiziere Crome[25], Dissel[26] und ich, im Nebenraum noch drei oder vier andere Ordonnanzoffiziere der Division und der Korpsveterinär – warum der noch im Kessel war, blieb allen unerfindlich! Nur Dr. Korfes kann es gewesen sein, der dem Schriftsteller Theodor Plievier[27] schon 1943 die Ereignisse und Gespräche in diesem Bunker mehr oder weniger in die Feder diktiert hat. 30 Seiten lang schildert dieser Autor des bekannten Romans „Stalingrad" genau die nervöse Atmosphäre der letzten Tage. Ich bin darin der „Hauptmann, noch ein zartwangiger, eben beförderter Hauptmann, der doch sonst ein Gesicht wie eine Blume hatte und nun völlig entblättert und verstört war"! Die anderen Insassen des Bunkers wurden im Roman in verschiedene Figuren aufgesplittert. Wir waren ja auch alle innerlich zerrissen und uneins mit uns selbst.

---

24 Dr. Otto Korfes (* 23. November 1889 in Wenzen/Krs. Gandersheim, † 24. August 1964 Ostberlin) beendete den Ersten Weltkrieg als Hauptmann; 1920–1935 Archivar im Reichsarchiv, danach bis 1937 im Kriegsgeschichtl. Forschungsamt des Heeres; bis 1939 als Oberstleutnant Kommandeur eines Infanterie-Bataillons. In Stalingrad war er als Generalmajor Kommandeur der 295. I.D.; 1943 trat er dem Nationalkomitee und dem BdO bei. 1952 in der DDR Generalmajor und bis 1956 Leiter der Histor. Abtlg. der HV Org. MdI. der Kasernierten Volkspolizei (→ Bildtafel XVIII).

25 Johannes Crome wurde 1935 Hauptmann, am 1. Januar 1943 Oberst und war Stabschef des IV. Armeekorps. Bis 1955 in sowjetischer Gefangenschaft, war er danach für den BND tätig.

26 Oberstleutnant Gerhard Dissel war Ia der 295 Infanterie-Division.

27 Theodor Plievier (* 12. Februar 1892 Berlin, † 12. März 1955 Avegno b. Lugano) nahm 1918 am Matrosenaufstand teil und erlebte Hitlers Rußlandfeldzug als Emigrant in Moskau. Er schrieb die Dokumentationsroman-Trilogie „Moskau", „Stalingrad" und „Berlin".

„Erschießen oder nicht erschießen“ ging das Hin und Her in den Gesprächen zwischen den Offizieren. Nach dem schon erwähnten Ende des Offizierskorps eines ganzen Regimentes im Süden der Stadt hatte Paulus befohlen: „Ein Offizier hat auch in solcher Lage das gleiche Schicksal zu tragen wie seine Truppe!“ Aber auch das wurde befohlen: „Kapituliert wird nicht. Jeder Mann muß eine Festung sein, solange er Munition hat. Erst wenn er überrollt ist, hat er das Recht, sich zu erschießen!“ Eine fast gleichlautende Version dieses letzten Befehls gab es übrigens auch auf der sowjetischen Seite.

Seydlitz zeigte eine gute äußere Haltung. Eine Revolte war für ihn noch Landes- und Hochverrat! Seinem markanten Gesicht merkte man nichts an. In Wirklichkeit resignierte er völlig und war ratlos, ob der Nachfahre des Siegers von Roßbach und Zorndorf das Ende von Stalingrad überleben dürfe oder nicht. Ich glaubte damals nicht, daß er in Gefangenschaft gehen würde. Der alte General Pfeffer saß da und fragte immer wieder: „Warum hat Paulus uns nicht anständig auf dem Bahndamm sterben lassen?“ Er beneidete Hartmann um seinen schnellen Tod. Dr. Korfes gebärdete sich theatralisch. Er berauschte sich geradezu an dem tragischen, aber heldenhaften Ende der „Festung Stalingrad“: „Was wir hier erleben, könnte doch alles auf einer Bühne gespielt werden!“ Er griff sich eine Maschinenpistole und machte mit ein paar Männern einen Stoßtrupp irgendwohin; dann wieder redete er von Nibelungentreue gegenüber dem Führer. Kurze Zeit später saß er aber wieder zusammengesunken im engen Bunker und las Lebensweisheiten aus dem „Faust“ vor. Wenige Monate danach war dieser Mann einer der eifrigsten Agitatoren für die Sowjets und später eine Säule beim Aufbau der Nationalen Volksarmee und der Nationaldemokratischen Partei der DDR. Der Pfarrersohn Crome entzog sich der Situation und vertiefte sich in das Neue Testament.

Die Soldaten draußen waren da weit schlimmer dran. Sie lagen bei 30 Grad Kälte in Schneelöchern zwischen den Ruinen. Es war kein Salz zum Kochen mehr da. Schmutziger Schnee wurde zusammengekratzt und zusammen mit dem gefrorenen Fuß eines Pferdes in den Kessel getan. Mit Heißhunger stürzten sich alle auf diese Brühe.

Ab 28. Januar gab es drei Kessel in Stalingrad. Nur vereinzelt erreichten uns noch abgeworfene Versorgungsbomben; die meisten landeten bei den Russen. Der 30. Januar brachte den dramatischen Höhepunkt. In der geladenen Atmosphäre platzten die Charaktere hart aufeinander, als durch den Äther am 10. Jahrestag der „Nationalen Erhebung“ aus Berlin Hermann Görings Stimme kam. Es war die Leichenrede auf die Stalingradkämpfer. Wir konnten uns anhören, wie wir bis zum letzten Mann abgeschrieben wurden. Das war gleichsam die freundliche Aufforderung, uns nun selbst zu entleiben – „wie das Gesetz es befahl“. Korfes allerdings war von Görings Vergleich mit den Thermopylen-Helden sehr beeindruckt. Was hier in Stalingrad im Kleinen geschah, könne sich leicht im größeren Maßstab auf den Trümmern Deutschlands wiederholen, meinten Pfeffer, Seydlitz und Crome. Schließlich schlug der alte Pfeffer mit der Faust auf den Tisch: „Für diesen böhmischen Gefreiten erschieße ich mich nicht!" Dieser temperamentvolle Ausbruch des alten Herrn war wie ein reinigendes Gewitter.

Eine Hoffnung allerdings hatten wir in dieser Stunde: Daß die Opfer von Stalingrad vielleicht zu einem Fanal für eine offene Auflehnung gegen Hitler und seine Anmaßung als „größter Feldherr aller Zeiten" werden könnten. Daß dies nicht geschah, ist erwiesen – es kam der „Totale Krieg".

Schon während der Göringrede war ein T-34-Panzer oben am Rand unserer Schlucht erschienen. Auf Deutsch schallte es gegen den Bunkereingang: „Ergebt euch!" Über Draht bekam ich von draußen ähnlich lautende Berichte und die bange Frage: Was sollen wir tun?

Einige Male brach die Stimme am anderen Ende der Leitung mitten im Satz ab.

Plötzlich stand am Morgen des 31. Januar im Vorraum ein sowjetischer Major und verlangte die Kapitulation. Seydlitz lehnte ab: „Unterschrieben wird nichts! Jeder geht für sich persönlich in Gefangenschaft!" General Pfeffer ging als erster, dann Korfes; da knallte es im Nebenraum – ein älterer Hauptmann hatte sich erschossen. Dem sowjetischen Major wurde es jetzt zu mulmig, und er trieb zur Eile. Zwischen meinen Fingern hielt ich zwei Eierhandgranaten. Ich fürchtete, daß ich mir später Vorwürfe machen würde, nur aus Feigheit in Gefangenschaft gegangen zu sein. Mit einem freundschaftlichen „Komm, Philipp" entwand mir Crome die Dinger. Halbwegs betäubt ging ich die ersten Schritte ins Leben zurück.

Als erstes kamen wir zu einem völlig betrunkenen sowjetischen Divisionskommandeur; dieser General umarmte Korfes als seinen wochenlangen Widersacher. Beide wechselten freundliche Komplimente über die Güte ihrer Truppen.

Unser Marsch ging weiter über die Schutthalden Stalingrads zur Wolga hinunter. In der offenen Feldstellung kamen wir in ein weitverzweigtes Bunkersystem, das in das steile Wolgaufer hineingegraben worden war. Dort mußten wir in einem kleinen Raum warten. Die anderen trugen warme Schneeanzüge mit Kapuzen und Filzstiefeln. Ich hatte keine solche Winterbekleidung abbekommen und stand mit Schirmmütze und in meinem eigenen Pelzmantel mit aufgenähtem Kragen aus zwei roten Fuchsfellen da. Ein Dolmetscher kam, musterte uns und gab mir ein Zeichen, mitzukommen. Es war klar: Die jüngste Charge wurde von der hohen Generalität getrennt! Ich wurde durch einen dunklen Stollen geführt, das bange Gefühl im Rücken, jeden Moment erledigt zu werden. Zu meiner großen Überraschung fand ich mich plötzlich in einem überhell erleuchteten Raum wieder, an dessen Wänden mir bekannte Lagekarten hingen! Im Halbrund waren mindestens zwanzig hohe sowjetische Offiziere aufgebaut wie zum „Klassenfoto"; sitzend in der ersten Reihe: die Generalität. In der Mitte in napoleonischer Siegerpose Generaloberst Wassilij Tschuikow[28], der spätere Marschall; eine robuste Gestalt in Lederjacke und engen Filzstiefeln.

Der Dolmetscher begann zu meiner Verblüffung: „Sind Sie General von Seydlitz?" Ich: „Nein!" Ein unwilliger Blick von Tschuikow. Dolmetscher: „Sie sind General Pfeffer?" Ich: „Nein!" Jetzt begann die Sache *mir* Spaß zu machen!

Schnell folgte die Frage des Dolmetschers: „Aber dann sind Sie General Korfes?" Ich wieder:

„Nein!" Jetzt fluchte Tschuikow laut, und das schöne Arrangement war total verpatzt. Inzwischen, äußerst unruhig geworden, fragte der Dolmetscher: „Wer sind Sie dann?"

„Oberleutnant Humbert", antwortete ich bescheiden und hielt das auch für völlig ausreichend, denn meinen zusätzlichen Hauptmannstern hatte ich mir in der Eile des Gefechts noch nicht angeheftet. Dem Dolmetscher stand die Angst vor dem Unwillen seines Oberbefehlshabers im Gesicht, als er dieses „Oberleutnant" mit „Podpolkownik" – Oberstleutnant – seinem hohen Herrn übersetzte. Damit rettete er vorerst etwas die Situation, und ich kam durch seine Lüge für die nächste Zeit mit in die Sammelstelle der Generale.

Um weitere Mißverständnisse zu vermeiden, wurden jetzt alle fünf, die draußen gewartet hatten, während mich mein schöner Fuchspelz in diese fast komische Situation gebracht hatte, hereingeführt. Die Empfangsgruppe rangierte sich neu ein. Stolz verkündete Tschuikow, Marschall Paulus sei auch in Gefangenschaft. Paulus sei nicht Marschall, lächelten wir. „Doch, seit gestern abend ist er es!" belehrte er uns. Hitler hatte wohl geglaubt, Paulus per Funk gleichzeitig mit dem Marschallstab auch die Pistole in die Hand drücken zu können.

Mit Tschuikow, der kurz beim Militärattaché in Washington und später einige Zeit bei Tschiang Kai-Shek gewesen war, konnte ich mich auf englisch direkt verständigen. Der Dialog verlief etwa so: „Warum sehen Sie so schlecht aus?" „Nichts zu essen!" „Eine törichte Maßnahme. Ein General muß mehr denken und mehr arbeiten, also

28 Wassilij Iwanowitsch Tschuikow (* 12. Februar 1900 Serebrjannyje Prudy b. Moskau, † 18. März 1982 Moskau) wurde 1940 Generalleutnant und ab 1941 Oberbefehlshaber der 64. bzw. 62. Armee; 1944 und 1948 „Held der Sowjetunion". 1949 Oberster Chef der SMAD (sowj. Militäradministration). Ab 1961 Mitglied der ZK der KPdSU. 1955 Marschall der Sowjetunion. 1961–1972 Chef der sowjet. Zivilverteidigung.

auch mehr essen! Warum sind Sie nicht ausgeflogen worden?" „Ein Offizier darf seine Soldaten nicht verlassen." „Das ist dumm. Die Soldaten können allein sterben. Hitler ist ein Narr. Spezialisten müssen immer in Sicherheit gebracht werden. Hier – und er wies auf seinen Stabschef –, General Krylow[29] wurde aus Sewastopol ausgeflogen. Jetzt half er, Sie hier zu schlagen. Im Mai werden wir in Berlin sein!" „Das glaube ich nicht!" „Nun gut, es kann September werden", und so fort.

Tschuikow sträubten sich allerdings die Haare, als Korfes reichlich schnell die geistige Brücke Hitler/Stalin gehen wollte und über den Dolmetscher verlauten ließ, es sei bedauerlich, daß Hitler und Stalin nicht den Weg hätten finden können, gemeinsam gegen die kapitalistische Welt vorzugehen. Er grollte und verbat sich, Hitler und Stalin in einem Satz zu nennen! Das Thema wurde schnell gewechselt. Tschuikow stellte fest, wir würden als Kriegsgefangene entsprechend der Genfer Konvention behandelt werden, obwohl die Sowjetunion der Konvention nicht beigetreten sei. Mit höflichem Bedauern sprach er auch von der Bestimmung, die Gefangenen hätten allen ihren Besitz abzugeben. Dieser würde in Beuteln bis zu unserer Entlassung verwahrt.

Doch seine Generale verstanden wohl kein Englisch: Sie versorgten sich jedenfalls vor unseren Augen gleich mit Uhren, Füllfederhaltern usw. Ich hatte solchen Kram nicht mehr bei mir, nur eine Nagelfeile. Das glitzernde Ding wurde allseits bewundert. Tschuikow kam dazu und meinte anerkennend: „Oh, ein Kulturinstrument!" Als solches durfte ich es behalten. Korfes „Faust"-Ausgabe bekam dieses Prädikat nicht, es ging den Uhrenweg.

Drei stramme Mädchen in Uniform brachten belegte Brote und Tee mit Wodka. Tschuikow wünschte guten Appetit. Da bemerkte ich hinter den Generalen, die inzwischen die Mädchen recht derb tätschelten, einen Fotografen; sofort hielt ich die Hände vors Gesicht. Tschuikow zog mich an den Haaren hoch und fragte: „Was tun Sie da?" „Ich möchte nicht als essender Offizier auf einem Flugblatt zu sehen sein!", antwortete ich. Ein Blick von Tschuikow, und der Fotograf verschwand. Später kam er wieder, und da mußten wir stillhalten. Aufnahmen davon gibt es noch, auch in Büchern.

Die Hauptsammelstelle der gefangenen Generale lag in der Nähe des Hauptquartiers von Marschall Rokossowskij wenige Kilometer nordöstlich des Donbogens. Wir sechs bekamen dort ein kleines Einraumhaus mit dem obligatorischen Ofen in der Mitte. Auf diesem saß Tag und Nacht ein kirgisischer Soldat und beobachtete uns; weitere zehn Solda-

29 Nikolaj Iwanowitsch Krylow (* 29. April 1903 in Galjajewka, † 9. Februar 1972) war 1938 Oberst; 1941 Generalmajor, 1943 Generalleutnant, 1944 Generaloberst und 1962 Marschall der Sowjetunion. 1942/43 war er in Stalingrad Stabschef der 62. Armee. 1945 „Held der Sowjetunion".

ten bewachten das Haus rund um die Uhr. Die Marschälle Woronow, Rokossowskij und andere kamen uns besichtigen und sprachen mit uns, darunter auch der rundliche Armee-Kommissar Nikita Chruschtschow, der später als Kremlchef Stalin entthronen sollte.

Doch nach einigen Tagen wurde ich nun endgültig abgesondert – auch ein „Oberstleutnant" hatte auf Dauer im Generals-Kraal nichts zu suchen! In einem recht aufwendigen Einzeltransport wurde ich in das Dörfchen Kissljakow gebracht, etwa 30 km westlich des Don. Hierhin hatte man ca. 16.000 Stalingrad-Gefangene über 120 Kilometer weit bei 30 Grad Kälte durch die schneeverwehte Steppe getrieben – ohne jede Versorgung! Was ich dort sah, ist unbeschreiblich. Das Inferno hatte die menschliche Existenz weit unter das vorstellbare Maß gedrückt und total paralysiert. Mit vor Hunger und Erschöpfung weit aufgerissenen Fieberaugen vegetierte hier die Kreatur. Teilweise schon ein Hindämmern, teilweise aber auch erwachende Gier des Wahnsinns, die auch die Grenze zum Kannibalismus nicht mehr kannte. *Das* war also die in der Propaganda und in den offiziellen Äußerungen und Kapitulationsangeboten der Roten Armee zugesagte Gefangenenaufnahme und -betreuung! Es war schon fast wie ein Hoffnungsschimmer, als wir erneut aus diesen Löchern getrieben wurden.

Dieses Mal ging es denselben Weg durch die vereiste Steppe zurück nach Stalingrad. Vier Tage dauerte dieser Elendsmarsch.

Verfehlen konnte man den Weg nicht: Er war markiert von den erstarrten und verstümmelten Leichen der schon auf dem Hinweg Umgekommenen. Wer sich nicht hatte weiterschleppen können, der hatte den Genickschuß bekommen. So war es auch jetzt. Bei Marschpausen pferchte sich alles in Gruppen zusammen. Wer dabei außen zu liegen kam und einschlief, hatte wenig Chancen, den Weitermarsch noch zu erleben.

Der Marsch endete in Beketowka, 15 km südlich von Stalingrad. 75 Prozent von uns waren – buchstäblich – dabei auf der Strecke geblieben. Bei Beketowka war der Hauptsammelplatz der gefangenen Deutschen, Rumänen und Kroaten. Allein hier starben in den ersten drei Wochen etwa 40.000 Kriegsgefangene. Das entsprach in etwa unserer „Verlustrate" und die der anderen Auffanglager.

Beketowka war der Verladebahnhof. Ein kleiner, verriegelter Waggon faßte 56 Mann, alles Offiziere, die meisten inzwischen fleckfieber- oder ruhrkrank. Ab und an bekamen wir Salzfische und einen Sack Trokkenbrot hineingeworfen. Wasser gab es nicht. Als die Durstqualen unerträglich wurden, brachen wir eine zugenagelte Luke auf. An zusammengebundenen Gurten ließen wir die Kochgeschirre im schmutzigen Schnee des Bahndamms schleifen, das gab Wasserersatz! Nur mit angezogenen Beinen konnten wir liegen. Das dauerte 16 Tage – da lebten noch 43 Mann in meinem Waggon.

Ein 90 Kilometer langer Fußmarsch folgte. Da wir inzwischen von der Roten Armee an das NKWD übergeben und namentlich registriert worden waren, wurden die Liegengebliebenen nicht mehr sofort erschossen, sondern auf Schlitten verladen, auf denen sie sich dann meistens die Glieder erfroren. So blieb es beim gleichen Ergebnis.

Wir hatten das „wärmere" Klima des über tausend Kilometer südlicher liegenden Stalingrad mit dem um diese Zeit noch harten Winter des tatarischen Landes am nördlichen Ural vertauscht. Die ehemalige Klosterstadt Jelabuga an der Kama war zur Aufnahme für das Gros der gefangenen Stalingrad-Offiziere vorgesehen. Abseits der einst im byzantinischen Barock erbauten Bischofsresidenz lagen wir in einem 1917 liquidierten Nonnenkloster nördlich der Stadt. Wenn auch in den ersten Tagen pausenlos Entlausungen durchgeführt und Millionenheere von Läusen vernichtet wurden, war die bereits ausgebrochene Fleckfieberepidemie nicht mehr einzudämmen. Sanitäre Hilfsmittel fehlten fast völlig.

Das Lager wurde hermetisch abgeriegelt, auch das russische Personal war auf Gedeih und Verderb zu den Kriegsgefangenen gesperrt. Russische Ärztinnen – sogenannte Feldschere – und deutsche Ärzte kämpften verzweifelt gegen die Epidemie an, der sie schließlich oft selbst erlagen. Nur 80 von 1094 in Jelabuga damals registrierten Gefangenen wurden offiziell nicht krank. Ich rechnete dazu, obwohl auch ich Fleckfieber hatte, das aber wegen einer länger zurückliegenden Impfung nicht voll durchschlug. Bei Ende der Epidemie zählten wir 608 Opfer – von 1094. Hatte Goebbels mit seiner Propaganda doch recht gehabt? Das fragten wir uns jetzt manchmal. Und irgendwie – so gespenstisch es klingen mag – hatte er in diesem Fall nicht einmal gelogen!

## Hans Kurz:
## Die Todesmärsche nach Dubowka und Beketowka[30]

*Hans Kurz wurde am 25. Mai 1897 in Köppeldorf/Thüringen geboren. Nach der Schule absolvierte er eine Ausbildung zum Kunstmaler an der Kunstschule Hamburg, anschließend an der Industrieschule in Sonneberg. Am Ersten Weltkrieg nahm er als Kavallerieoffizier teil. Nach einer Tätigkeit als freier Künstler war er von 1925–1935 Zeichenlehrer an der Granitbildhauerschule in Wunsiedel. Danach wirkte er als Archi-*

30 Erschienen in „Woina Plenny. Skora Domoi", Erinnerungsgabe zum zehnjährigen Bestehen des Bundes ehemaliger Stalingradkämpfer e. V. Deutschland, 1968.

*tekt im In- und Ausland. In Stalingrad kam er als Hauptmann bei der 113. Infanteriedivision in sowjetische Kriegsgefangenschaft. Nach seiner Heimkehr 1949 war Hans Kurz als Architekt, Bildhauer und Maler in Bayreuth tätig, wo er ab 1970 im Ruhestand lebte und am 10. März 1981 verstarb (→ Bildtafel XVII).*

Der Weg in die Gefangenschaft war wohl das Härteste, das ich je in meinem Leben erfahren sollte. Waffenlos jeglicher Willkür eines fremden asiatischen Volkes ausgeliefert zu sein – durch die Einkesselung von Stalingrad schon schwer angeschlagen, da kaum noch Verpflegung abgeworfen wurde, und durch Hunger sehr entkräftet, ganz abgesehen von den schweren seelischen Belastungen, einen tagelangen Marsch durch tiefen Schnee und bittere Kälte durchzustehen – erfordert alles an Lebenswillen, was der Mensch überhaupt noch aufbringen kann. Über kilometerweite Schneeflächen, ohne nur ein Haus, einen Wald oder irgendeinen Geländepunkt zu sehen, wälzte sich der Zug der Gefangenen von Stalingrad gegen Nordosten in eine ungewisse Zukunft.

Rechts und links des Marschweges konnten wir sehen, daß unsere mongolischen und tatarischen Konvois mit Marschunfähigen nicht lange verhandelten; auch hörten wir immer wieder Karabiner- und Pistolenschüsse. Vollkommen nackte Leichen, halb von Schnee verweht, lagen da. Die Russen hatten jeden auf dem Marsch Erschossenen sofort ausgezogen, denn der Russe konnte alles brauchen. Wir sollten in der Folgezeit noch so manche Erfahrung machen. Was würde uns noch alles bevorstehen?

Wichtig war vorerst, durchzuhalten: Nur nicht umsinken, nur auf den Beinen bleiben, weiter marschieren, Kameraden stützen, die schlapp machen wollten. Eingehängt zu dreien, zu vieren wankte der Zug durch Schnee und tiefe Schneewehen, durch eisigen Steppenwind. Noch war der Geist der Kameradschaft ungebrochen; abwechselnd wurden die Kameraden, die an der Seite gehenden, in die Mitte genommen, denn wer außen marschierte, hatte nicht nur tieferen Schnee und den immer wehenden Eiswind zu überwinden, er mußte auch so manchen Gewehrkolbenschlag mit den Anfeuerungsrufen „Dawai, dawai" hinnehmen.

Schon waren wir an diesem Tage etwa zehn Stunden marschiert, und die Nacht war angebrochen. Auf einer großen, freien Fläche wurde das erste Mal haltgemacht. In wenigen Augenblicken sanken alle in den tiefen Schnee. Vorsichtige trampelten sich erst ein Loch, ehe sie sich niederließen. Man hatte da doch noch ein bißchen Schutz vor dem schrecklichen Eiswind. Mancher hatte noch etwas zu essen, das er verstohlen zum Munde führte. Viele hatten nichts. Als nach Stunden der Marsch weiterging, stellte sich heraus, daß das Aufstehen sehr schwer war und es besser gewesen wäre, wenn wir weitermarschiert wären. Auch unter der Unterkühlung der Muskeln hatten wir schwer zu leiden. Es dauerte lange, bis der Zug wieder in ein gleichmäßiges Weiterwanken kam. Diese Nacht wurde durchmarschiert.

Gegen Morgengrauen erreichten wir ein Lager, das wir schon kilometerweit sahen: es hieß Dubowka und war 50 Kilometer von Stalingrad entfernt. Als wir dort eintrafen, waren schon viele Baracken belegt. Die vorhandenen, zweistöckig übereinandergebauten Pritschenplätze reichten natürlich nicht aus, so daß der Fußboden mit erschöpften Kameraden dicht belegt war, um wenigstens im Sitzen nach den Strapazen des Marsches etwas auszuruhen. Auch das Ausbleiben der Verpflegung zehrte sehr an unseren Kräften. Am Vormittag wurden einige Offiziere zum Wasserholen herausgeholt. Wer einigermaßen intakt war, nahm sich sechs Kochgeschirre – andere Behälter standen ja nicht zur Verfügung – und ging zum Wasserholen. Das war also für uns der erste Lichtblick; es sollte also doch etwas gekocht werden!

Der Zug der Wasserholer bewegte sich Mann hinter Mann zum unteren Ende des Lagers. Aus einem Loch, das ins Eis geschlagen worden war, wurden nun die Kochgeschirre gefüllt und in die Küche getragen. Mein Kamerad, Veterinär Dr. Reiche, war auch dabei. Er erzählte mir, was sich beim Wasserholen alles zutrug. Wir waren ja nicht die einzige Baracke, in der gekocht werden sollte; alle übrigen hatten den gleichen Auftrag.

Obwohl russische Posten um das Wasserloch standen, kam es zu schweren Schlägereien; sogar Tote lagen da. Wir erfuhren, daß in dem Lager auch Mannschaften lagen, die aber durch Stacheldrahtverhaue von den Offizieren getrennt waren. Niemand durfte an diese Stacheldrahtverhaue herantreten, damit keine Verständigung mit unseren Männern möglich war. Der Russe hatte immer höllische Angst vor Meuterei und Ausbruch – er sagte, wenn man den deutschen Landsern ihre Offiziere nehme, seien sie leichter zu behandeln. Die Offiziere würden die Mannschaften aufwiegeln.

Nun waren wir sehr gespannt, wie wohl unsere erste Gefangenenkost aussehen würde. Nun, nach vier bis fünf Stunden – es fing schon an, wieder dunkel zu werden – bekam jeder eine Kelle grauer, undefinierbarer Brühe, die widerlich schmeckte; aber sie war heiß, und das war ihr größter Vorzug.

In diesem Lager herrschte ein ständiges Kommen und Gehen. Große Kolonnen wurden auf dem Lagerplatz zusammengestellt und marschierten wieder ab. Es stellte sich heraus, daß es nur Mannschaften waren, die in ein Arbeitslager kommen sollten. Obwohl nun einige Baracken geleert waren, wurden wir nicht verlegt; nach wie vor mußte ein großer Teil der Kameraden auf dem Fußboden weiterkampieren. Natürlich wurden tagsüber und auch nachts Pritschenplätze stundenweise geräumt, um den am Fußboden Sitzenden einige Stunden Schlaf zu gewähren. So verbrachten wir einige Tage in Dubowka.

Eine Baracke war schon mit Kranken belegt worden, die unser Abteilungsarzt, Dr. Sixt[31], betreute, früher Badearzt in Bad Mergentheim. Er berichtete, schon viele Kameraden seien an Erschöpfung gestorben und er habe auch keine Arzneimittel, um wirklich helfen zu können. Die Verpflegung sei unzureichend; auch fehle es an Heizmaterial, so daß die Kranken sich nicht einmal wärmen könnten. Das wenige vorhandene Holz würde für die Küche gebraucht. Dr. Sixt blieb als Arzt in Dubowka, als wir abtransportiert wurden. Später erfuhren wir, daß auch er in Gefangenschaft verstorben war. Auch mein Regimentskommandeur, Major Meier, starb an Erschöpfung.

Wir wurden verlegt, und es ging die Parole um, wir kämen wieder über Stalingrad nach Süden in ein Lager. Das war für uns eine schlechte Nachricht: Nochmal den Weg zurück nach Stalingrad, dann durch die über 25 Kilometer lange Stadt an der Wolga entlang! Wo das andere Lager sein sollte und wie es hieß, wußte niemand. Das bedeutete für uns weitere unabsehbare Marschstrapazen, ohne Verpflegung und ohne Wärme. Noch einmal über das ganze Schlachtfeld von Norden nach Süden? Das war fast zuviel für uns. Nun kam zur Strapaze des Marsches noch die seelische Belastung – an den Stellen vorbei, wo liebe Kameraden gefallen waren, wo der Kampf getobt hatte: Jetzt das alles noch einmal zu sehen und das alles in Gedanken noch einmal zu erleben, war grausam.

Der Marsch durch den tiefen Schnee zurück nach Stalingrad kostete wieder vielen Kameraden das Leben. Vorne an der Spitze marschierten einige Unvernünftige, die noch gut zu Fuß waren und dicke Rucksäcke besaßen, wahrscheinlich voll mit Lebensmitteln. Die Russen drängten, um schnell vorwärts zu kommen, rechneten aber nicht mit den vielen Kranken und Erschöpften, die das Marschtempo nicht durchhalten konnten. So riß die Marschkolonne immer wieder auseinander.

Der Postenführer schrie nach hinten, daß aufgeschlossen werden müsse. Das war das Signal für die Konvois, wieder die Gewehrkolben sprechen zu lassen. Ich hatte einen Kameraden untergehakt, um ihn mitzuschleppen, so daß es fast unmöglich war, mit ihm das Tempo zu beschleunigen. Er wankte und fiel öfter hin; ich half ihm immer wieder auf die Beine und stützte ihn, so gut es eben ging. Außerdem kam mir noch ein weiterer Kamerad zu Hilfe, der sah, daß der Konvoi in bedrohliche Nähe kam. Wir nahmen ihn nun in die Mitte und schleiften ihn mehr, als daß er lief, aber wir wurden doch immer wieder von anderen

31 Stabsarzt Dr. Hans-Walter Sixt (geb. 14. Mai 1911 in Schenkenzell/Württemberg) verstarb am 27. August 1943 im Lager Wolsk).

Kameraden überholt, die schon die Gewehrkolben der Russen verspürt hatten und daher vorwärtsdrängten. Gerade waren wir am Ende des Zuges angelangt, hatten unseren Kameraden wieder aufgerichtet und seine Arme um unsere Schultern gelegt, als der Russe, der die ganze Situation gesehen hatte, mit einem schweren Kolbenschlag grausam auf den Kopf unseres Kameraden einschlug. Uns beide scheuchte der Russe weg – dann hörten wir den Schuß: Der Kamerad brauchte also nicht mehr nach Stalingrad zurück.

Von der Höhe von Spartakowka aus sahen wir Stalingrad liegen. Aus der Ferne und bei den letzten Sonnenstrahlen machte das Schlachtfeld einen grandiosen Eindruck. Wir konnten Richtung Süden bis zu den Getreidesilos blicken. Auch das Kaufhaus, in dessen Keller sich der letzte Gefechtsstand von Generalfeldmarschall Paulus befunden hatte, konnten wir deutlich erkennen. Nach rechts hin konnte man bis nach Gorodischtsche sehen. Nun führte uns der Weg zum Steilabhang der Gorodischtsche-Schlucht, ein einziges Fallen und Gleiten, bis wir unten angelangt waren. Auf der Talsohle konnten wir uns wieder etwas erholen und auf die letzten Nachzügler warten, denn jetzt begann erst die weitaus größere Anstrengung; wir sollten auf der anderen Seite den Steilhang wieder hoch! Die einzige Brücke von Spartakowka nach Stalingrad-Nord über die Schlucht war zerschossen und in Brand geraten, also mußte die Schlucht eben auf diese Weise überwunden werden.

Wir suchten den gangbarsten Weg, sollten jedoch bald merken, daß es so etwas nicht gab. Hatten wir uns mühsam einige Meter hochgearbeitet, kam eine vorauskletternde Gruppe ins Rutschen und riß die darunter Steigenden wieder mit in die Tiefe. Das wiederholte sich dutzende Male, bis auch die Russen zu der Einsicht gelangten, daß eine so schwer angeschlagene Marschkolonne dieses Hindernis nicht überwinden konnte. Daher wurde in der Talsohle in Richtung Gorodischtsche weitermarschiert. Wegen der Anstrengungen, das Steilufer zu überwinden, ging nun der Marsch sehr langsam weiter. Weil es stockfinster und überhaupt kein Weg vorhanden war, wurde das Marschieren immer mehr erschwert. Der Umweg über Gorodischtsche bedeutete für uns zusätzliche 15 Kilometer. In Gorodischtsche bot nur die Kirche eine Übernachtungsmöglichkeit, war jedoch mit Kranken und Entkräfteten überfüllt. Die Kirche war vorher Hauptverbandplatz gewesen; die Lazarettinsassen waren vom Russen liquidiert worden[32]. Nun lagen wieder

32 Im Doppeldorf Gorodischtsche-Alexandrowka hatten sich die Hauptverbandplätze von sechs Rest-Divisionen unter dem Kommando von Oberfeldarzt Dr. Werner Gerlach (1903–1982), Divisionsarzt der 16. P.D., eingerichtet. Sie wurden von der 2. Sanitäts-Kompanie 194, der 2. Sanitäts-Kompanie 16 und der 2. Sanitäts-Kompanie 305, betrieben. Dr. Erich Weber und Dr. Gerlach berichten, keinen der Verwundeten später wiedergesehen zu haben. Hingegen wurde Dr. Rudolf Hein (1917–2005) am 2. Februar

zu Hunderten Kranke und Marschunfähige darin. Wir mußten daher weitermarschieren und erreichten in der Nacht den Hügel „Akropolis". Den Namen hatte dieser Teil von Stalingrad während des Kampfes als Tarnbezeichnung erhalten. Die Holzhäuser der Russen waren durch Kampfeinwirkung verbrannt, die gemauerten Kamine waren jedoch stehengeblieben und ragten säulenartig in den Himmel.

Im Osten stieg bereits das Morgenrot auf, als wir diesen Kampfabschnitt durchquerten. Alte Stellungen und Erdlöcher, in denen wir gelegen hatten, erkannten wir sofort wieder. Da standen noch zwei vorgezogene Geschütze mit aufgesprengten Rohren meiner ehemals 5. Batterie, die die Kanoniere mit der letzten Granate gesprengt hatten. Diese Batterie hatte mein Freund Wehrfritz[33] aus Nürnberg geführt, weil ich zum Regimentsstab versetzt worden war. In einer Sandkuhle standen noch einige französische Beutegeschütze, für die keine Munition mehr vorhanden gewesen war und die deshalb noch zur Kampfzeit unbrauchbar gemacht worden waren. Über die „Akropolis" fiel der Weg direkt zum Traktorenwerk ab. In den Kellern dieses Riesenwerkes, von denen nur noch die Grundmauern und die stark zerschossenen Mauern einiger Fabrikhallen standen, hatten wir unsere letzten Stunden vor der Gefangennahme zugebracht, um wieder etwas aufgewärmt immer wieder erneut zu kämpfen. In den Kellern und unterirdischen Montagegängen hatten Hunderte von Verwundeten und Toten gelegen.

Als wir jetzt das Traktorenwerk erreichten, sahen wir, daß auf dem Freigelände große Haufen von Toten übereinandergeschichtet lagen: Die Russen ließen demnach die Keller ausräumen. Ich suchte den von uns angelegten Friedhof, fand ihn aber nicht mehr, denn kein Kreuz war mehr zu sehen. Die Russen hatten mit Panzern alles niedergewalzt. Da krampfte sich mein Herz zusammen, und mit zusammengebissenen Zähnen ging es in die Keller des Werkes, um einige Stunden Ruhe zu haben.

Den Nachmittag und die folgende Nacht blieben wir wie tot liegen, um am frühen Morgen unseren Marsch fortzusetzen. Auch den Leichentransport konnten wir dort beobachten. Russenweiber führten ein Kamel, an das die Leichen mit Stricken angebunden waren, schleiften sie durch den Schnee zur Wolga und legten sie dort auf das Eis des Flusses.

---

1943 mit weiteren Ärzten von den Russen eingesetzt, um etwa 300 unversorgt dort zurückgelassene Verwundete einer „abgerückten" Sanitätseinheit zu versorgen. Siehe Werner Gerlach, „Das dunkle Tal", Berlin 2006, Paul Wappler, „Überleben in Stalingrad", Berlin 2006, und Rudolf Hein in „Zurück aus der Hölle", Band 2, S. 641–678, alle aus der von mir herausgegebenen Reihe „Die Ärzte von Stalingrad".

33 Oberleutnant Georg Wehrfritz (* 19. Juni 1921 in Nürnberg, † 17. Oktober 2006 ebenda) gehörte in Jelabuga zu den Offizieren des Strafblocks 6. Nach dem Krieg war er als Kaufmann tätig.

Eine tatarische Art der Bestattung – wenn das Eis der Wolga brach, war die Beerdigung vollzogen!

Nun ging der Marsch an der Brotfabrik und am Metallurgischen Werk vorüber zur Zarizaschlucht, dann durch den Mittelabschnitt zum Südabschnitt, an den großen Getreidesilos vorbei bis zum Stadtende. Dort wurden wir nachts in einem kalten Ringofen einer Ziegelei untergebracht. Da es in einem solchen Ofen immer zieht, suchte ich nach einer zugfreien Stelle. An einer Wand wurde ich schließlich fündig und machte einige Kameraden darauf aufmerksam. So legten wir uns eng aneinander in den Ziegelstaub und schliefen rasch ein. Da es während des ganzen Marsches natürlich keinerlei Verpflegung gegeben hatte, plagte der Hunger uns sehr.

Am Morgen wurde von den Russen die Parole ausgegeben, wir hätten nur noch sechs Kilometer bis Beketowka zu marschieren, dann gebe es Suppe und Kascha; wir sollten uns nur beeilen, dann brauchten wir nicht mehr zu hungern. Ein Ziel lag vor uns, wir marschierten los, aber nach den ersten zehn Kilometern – ein Soldat kann Wegstrecken sehr genau schätzen! – fiel die Hoffnung auf Essen ins Wasser. Von Beketowka war nichts zu sehen, aber es gab wenigstens eine bessere Marschstraße, die zum Teil mit Schneepflügen vom tiefen Schnee befreit worden war. Weiter ging es zwischen hohen Schneemauern, die noch den Vorteil hatten, daß sie uns vor dem schneidenden Wind schützten.

Immer mehr Ruhepausen mußten eingelegt werden, weil auch die Russen selber einsahen, daß wir ohne Verpflegung nicht so gut laufen konnten. Bei jeder Ruhepause stürzte sich ein Heer von Russen auf uns, um uns auszuplündern. Eine wollene Decke, ein Paar deutsche Reitstiefel, eine Feldflasche und so manches andere fanden ihre Liebhaber. „Urr“ stand natürlich an erster Stelle!

Ich hatte mir schon in Gorodischtsche, um nicht ständig auszurutschen, um einen Stiefel Telefondraht gewickelt, der sich als gute Bremse erwies. Das ewige Ausrutschen im Schnee hatte viele Kräfte verzehrt und die Müdigkeit sehr gesteigert. Mit dem Telefondraht, der in großen Mengen herumlag, lief es sich zwar ungewohnt, aber deutlich besser, und ich gewöhnte mich schnell daran. Bei jeder größeren Ruhepause verbesserte ich die Umwickelung, um gut und beschwerdefrei marschieren zu können.

Neben mir saß mein Freund Wettengel aus Wunsiedel, der sich für die Gefangenschaft seine besten Reitstiefel angezogen hatte. Diese gefielen aber auch einem Russen, der sie ihm auszog. Wie gut, daß der arme Kerl noch ein Paar Schuhe besaß, sonst hätte er im Schnee in Strümpfen weitermarschieren müssen! Meine Stiefel wurden von den Russen auch gemustert, aber sie sagten „kaputt“ und gingen gleich weiter; also hatte mein Telefondraht gleich zwei Vorteile gehabt!

Beketowka war wohl das katastrophalste Lager, das wir je zu sehen bekamen. Die Baracken waren nur zum Teil mit Pritschen versehen; in den meisten gab es nur leere Räume ohne jede Heizung, mit zerbrochenen Fensterscheiben und viel Unrat auf dem Fußboden. In den Gängen lagen die Exkremente von Gefangenen, die nicht mehr in der Lage waren, die Latrinen zu benützen. Viele benützten eben den Gang auch aus Furcht, in die Latrinen zu fallen, weil sie sich nicht einmal mehr auf den Knien halten konnten. Wir sahen unten in der Latrine einige Kameraden liegen, die dort elend zugrunde gingen. Es war einfach unmöglich, sie zu befreien: Die Gruben waren tief, Stricke und Seile nicht vorhanden und die Kameraden zu schwach, um sich selbst zu erheben. So mußten wir ohnmächtig zusehen, wie das Leben dieser Unglücklichen erlosch.

Im ganzen Korpus, wie die Russen die Baracken benannten, stank es ganz fürchterlich. Sehr viele hatten schon Durchfall – erste Zeichen dafür, daß sich eine Seuche stetig ausbreitete. Es wurde uns klar, daß nur wenige das Lager verlassen würden, denn wie sollte sich ein Gefangener vor der großen Seuchengefahr schützen? Nur eiserne Disziplin und Sauberkeit konnten uns retten. Schwach gewordene Kameraden wurden daher nun mit zwei bis drei Mann zur Latrine getragen; ständig waren einige Kameraden bemüht, den Fußboden sauber zu halten. Zwei unserer noch Kräftigsten organisierten sogar einen Ofen und ein Stück Rohr. Da weder Kniebogen noch Schornstein vorhanden waren, wurde der Ofen etwas höher gestellt und das Stück Rohr zum Fenster hinaus gesteckt. Gegen „Urr“ wurde Holz eingetauscht. Zum Sauberhalten des Fußbodens war natürlich nichts vorhanden; da die dazu benötigten Werkzeuge wie Schaufel, Besen oder Putzlappen fehlten, mußten Mäntel und Uniformstücke Verstorbener verwendet werden. Das große Sterben war an der Tagesordnung, so daß die am Anfang starke Überbelegung sich von selbst regelte.

Jeden Tag fuhr vor unserem Korpus ein Panjefahrzeug vor, auf das wir die Toten der Nacht legten. Anfangs waren es meist zwei bis drei Mann; allmählich wurden es jedoch beängstigend mehr und mehr, so daß wir uns ausrechnen konnten, wann die Baracke wieder neu belegt werden konnte, wenn das so weiterging. Im gesamten Lager wurden täglich 50 bis 60 Kameraden und mehr auf eine Anhöhe von Beketowka hinaufgefahren. Dort wurden die nackten Leichen zu je hundert Mann im Viereck aufeinander geschichtet, um den Russen das Zählen zu erleichtern. Diese im Viereck aufgetürmten Leichenhaufen zu sehen war ein gräßlicher Anblick! Viele dieser Vierecke waren schon rechts und links der Totenlagerstraße aufgeschichtet, als die Parole umging, alle Marschfähigen würden abtransportiert, da im Lager die Fleckfieber- und Bauchtyphusseuche ausgebrochen sei.

Nie mehr später in der Gefangenschaft habe ich ein Lager mit so großer Freude als Beketowka verlassen. Von später nachkommenden Kameraden erfuhren wir, daß dort 42.000 Kameraden gestorben waren!

## Josef Mairinger: Sie verreckten zu Tausenden[34]

*Josef Mairinger, geb. am 20. Oktober 1922 in Frankenburg/Österreich, war in Stalingrad als Gefreiter beim Flak-Regiment 37, 9. Flak-Division, eingesetzt (→ Bildtafel I).*

Ein sehr interessantes Erlebnis hatten wir mit den Do-Geräten („Stukas zu Fuß")[35] in der Kalmükensteppe. Vor uns lag ein weitgezogener Hügel, sehr kalksandig, auf dem die Front mehrmals hin- und herging; einmal waren die Russen oben, dann wieder unsere Panzer. Unsere Panzer wagten es nicht, über diesen Hügel durchzubrechen, da die Russen eine Flakbatterie mit den 8,8 cm-Kanonen besaßen – die gleichen wie unsere.

Einige der Panzer der 16. Panzer-Division, der wir als Vorausabteilung unterstellt waren, hatten schon Treffer abgekriegt. Zur Panzerabwehr kamen dann die Do-Geräte nach vorn zur Anwendung; die Männer zogen diese kleinen Dinger an uns vorbei. Wir lachten über diese Blechröhren, die wie auf ein Pflugrad aufgebunden waren. Einige hundert Meter vor uns gingen sie in Stellung, in einem Seitenabstand von ungefähr 30 Metern etwa 12 Geräte. Wir warteten gespannt, was da jetzt kam. Der Kommandeur stand mit seinem Sprechrohr etwa 20 Meter hinter der Linie und schrie: „Alles fertig, 12 Schritte zurücktreten, volle Deckung!" Und nach einer Weile: „Feuer frei!"

Die Staubwolke, welche diese Raketengeschosse hinten hinaus in die Luft geblasen hatten, waren mehr als haushoch. Momentan standen wir in einer Staubwolke, rannten zu unseren Fahrzeugen, drehten die Fenster zu und warteten diesen Zauber ab. Als der Lärm abgeklungen

---

34 Der Bericht ist dem Buch „Meine Jugend in Stalingrad. Erinnerungen", Eigendruck o. J., entnommen, das 1981/82 verfaßt wurde. Publikation mit Genehmigung des Autors.

35 Genannt nach Generalmajor Walter Robert Dornberger (* 6. September 1895 in Gießen, † 27. Juni 1980 in Obersasbach), Chef der Raketenabteilung des Heereswaffenamtes. Es handelte sich um einen sog. Nebelwerfer, hier wahrscheinlich um das schwere Wurfgerät 40 mit dem 28 cm-WK-Spr, einem Treibsatz der 15-cm Werfergranate 41 mit einem überkalibrierten Sprengkopf von 1,26 m Länge; der auf Druckwirkung ausgelegte Gefechtskopf trug 50 kg Sprengstoff. Die große Flächenwirkung aufgrund der erheblichen Streuung brachte der Waffe den Namen „Stuka zu Fuß", wegen des Abschußgeräusches auch „Heulende Kuh" ein.

war und die Sandwolke sich verzogen hatte, hieß es: „Los jetzt, vorwärts, marsch!“ Unsere Panzer voraus, wir hinterher. Als wir den Hügel kampflos hinter uns hatten, sahen wir ein Leichenmeer! Die Do-Geräte hatten dort wahrscheinlich zum ersten Mal Preßluft-Sprenggranaten eingesetzt. Die Wirkung war brutal – bei jedem Einschlag war im Umkreis von 50 m jedes Lebewesen kaputt!

Die Leichen standen im Schützengraben, lehnten am Ufer mit dem Gewehr im Anschlag; Blut lief aus Mund und Nase. Von der Weiberflak waren alle tot. Es lagen so viele Leichen herum, daß man nicht ausweichen konnte; wir mußten einfach darüberfahren. In der nächsten Nacht warfen die russischen Flugzeuge Flugblätter ab: Sollten wir noch einmal solche Sprenggranaten verwenden, kämen sie sofort mit Gas! Danach sahen wir diese „Stukas zu Fuß“ nie wieder.

Unvergeßlich bleibt mir die Donüberquerung. Dort hatten unsere Pioniere in einer knappen Stunde über den 200 Meter breiten Don unter ständigem Flugzeug-Bordwaffenbeschuß eine Pontonbrücke geschlagen. In jedem zweiten Ponton befand sich ein Pionier, der die Löcher wieder zustopfte, die die Flieger geschossen hatten. Nachdem unsere 2 cm-Vierlings-Geschütze den Brückenkopf gebildet hatten und den russischen Jagdflugzeugen so richtig „Feuer unter den Arsch“ gaben, konnten wir die Brücke einigermaßen risikolos überqueren. Es war nicht leicht, unsere schweren 8,8 cm-Kanonen mit den 18 Tonnen schweren Zugmaschinen über die im Fluß frei im Wasser schwimmende und wackelnde Brücke zu lotsen.

Eine schwere Aufgabe stand uns bevor, denn der Flugplatz Pitomnik war unser Ziel. Dessen Verteidigung war sehr zäh, und es dauerte einige Tage, den Flugplatz von den Russen zu säubern; einige Male brachen sie wieder durch. Inzwischen war es August geworden; im September stießen wir bis an die Vororte von Stalingrad vor. Da es keinen Widerstand gab, zogen wir uns zunächst zurück, um uns auf die Einnahme der Stadt vorzubereiten. Als wir uns aber am nächsten Morgen wieder den Vororten näherten, gab es eine saftige Begrüßung.

Es war der 21. September 1942, als wir die Wolga erblickten. Eines unserer Geschütze schoß auf der Wolga ein russisches Kanonenboot ab. Daher kam aus dem Führerhauptquartier als Belohnung eine Kiste Sekt, eine große Menge Zigaretten, Schokolade und Bonbons. Unser Befehl war, den Russen den Rückzug nach Norden abzuschneiden, was wir auch prompt ausführten. Anfangs gab es schwere Kämpfe; Ende September ließen sie nach.

Bei einem der Kämpfe, bei denen unsere 8,8 cm-Kanonen bis auf die eine des Geschützführers, Wachtmeister Gemünden, ausfielen und auch er nur noch allein am Geschütz stand, ließ er die Panzer bis auf acht Meter vor das Geschütz herankommen, das er nun allein bediente. Innerhalb einer Viertelstunde schoß er 24 T-34-Panzer mit 27 Schuß ab, wurde dafür zum Leutnant befördert und am 12. Oktober mit dem Ritterkreuz ausgezeichnet. Er erhielt vier Wochen Sonderurlaub und eine Italienreise mit seiner Familie. Als er zurückkehrte, waren wir schon eingekesselt, und er mußte einfliegen.

Auch ich hätte Anfang November in den Urlaub fahren sollen; ich hatte den Urlaubsschein schon empfangen und wollte mich beim Schreibstubenwagen, der noch hinten bei Kalatsch lag, abmelden. Mein Batteriechef, Oberleutnant Friedrich Mayer, ersuchte mich, einen anderen Kraftfahrer zuerst fahren zu lassen, bei dem es zu einem Todesfall in der Familie gekommen war; beide konnte er uns mangels Kraftfahrer nicht weglassen. Ich fuhr wieder zurück an die Wolga; gleich ging es wieder los auf Störungssuche, die immer wie ein Himmelfahrtskommando war. Wenn keiner mehr fuhr – der junge Spund, der Mairinger, fuhr. Der Schirrmeister, Oberwachtmeister Lintner, sagte einmal vor allen Leuten: „Bin neugierig, wann ich für Mairinger und seinen Wagen eine Vermißtenanzeige machen muß!"

Unser Troß und die Küche befanden sich etwa 80 bis 90 Kilometer weiter hinten bei Peskowatka. Der Küchenwagen erschien in der Woche höchstens zweimal mit Verpflegung, mit der man schon sparsam umgehen mußte. Oft waren unsere beiden russischen Hiwis Sascha und Petro unsere Rettung: Sie brachten einigemal volle Mehlsäcke daher; wo sie diese erhalten hatten, wußten wir nicht.

Nachdem Leutnant Gemünden wieder eingeflogen worden war, bildete er sofort einen Vorposten. Nachts schlich er sich mit einem Funkgerät vor in die Hauptkampflinie, kroch in einen ausgebrannten russischen Panzer und leitete für unsere Geschütze das Feuer für den indirekten Beschuß des Traktorenwerkes Dzerschinsky in Stalingrad-Nord.

Kurz vor Weihnachten kam der Befehl vom Führerhauptquartier: Alles einigeln, vorbereiten auf Winterstellungen, Stellungskrieg! Mit meinem Wagen und den beiden Russen fuhr ich in einen Vorort, um Bauholz für unsere Bunker zu holen. Dort wurden unzählige Häuser einfach abgerissen. Auf dieser Strecke lag ein sehr gefährliches Stück, das von der überschweren Artillerie eingesehen wurde. Als wir diesen Abschnitt passieren wollten, kam ein russischer Tiefflieger auf uns zu. Schnell sprangen wir aus dem Auto, wollten weglaufen und Deckung suchen, aber es war schon zu spät; ich erinnere mich nur mehr an fürchterliches Krachen und Hitze, dann war ich wahrscheinlich einige Zeit bewußtlos. Die beiden Russen, die auf der anderen Seite des Wagens abgesprungen waren, hatten keinen Schaden erlitten; sie zogen mich aus dem Erdreich und brachten mich zum Auto. Als ich wieder zu mir kam, sah ich, daß ich mit ein bißchen Nasenbluten und dem Schrecken davongekommen war. Einige Wochen konnte ich noch schlecht hören. Mit dem vielen, schönen Bauholz von einem ziemlich neuen Dachstuhl bauten wir einen schönen Bunker; neben ihm gruben die Russen zwei Meter in eine Böschung hinein ein Loch und um die Ecke eine Höhle, in der die beiden splittersicher hausten. Sie luden mich einige Mal ein, mit ihnen in die Höhle zu kommen, wo sie mit mir über alles sprachen. Wir wurden ehrliche Freunde. Petro war ein robuster Mechaniker und wahrscheinlich ein zäher Kommunist, Sascha ein zarter und intelligenter Weißrusse und in der Nähe von Stalingrad zu Hause. Wenn er zurück überlaufen würde, würde er sofort erschossen oder zu lebenslanger Zwangsarbeit in Sibirien verurteilt.

Am 3. Dezember befand ich mich mit meinem Wagen hinten beim Troß, der in Dmitrijewka lag. Dort hatte ich drei Autos, deren Fahrer gefallen waren. Darunter war ein Ford V8, ein geschlossener Kastenwagen, der für uns Verpflegung und Sanitätsmaterial geladen hatte. Der Sanitätsgefreite Alois Deimling war für den Wagen verantwortlich, traute sich aber nie, damit zu fahren. Am Ortsrand, wo ein 2 cm-Vierlingsgeschütz stand, ließen wir den Wagen stehen. Nachts um halb elf hörte man „Alarm!" schreien. Ich sprang aus meinem Wagen, in dem ich schlafen wollte, und sah einen Posten, der von der Feuerstellung zurückkam und verzweifelt rief: „Von dieser Richtung hört man ein ganz starkes Quietschen und Knistern im gefrorenen Schnee, das müssen sehr viele Russen sein!" Nach kurzer Zeit hörte man es schon bis an den Ortsrand. Schnell lief ich zum Ford und startete; der Motor lief kurz, starb aber sofort wieder ab. Da die Batterie zu schwach war, sprang ich schnell aus dem Wagen, hob die Motorhaube und steckte die Kurbel ein. Wie es der Teufel wollte, fiel diese unter den Motorblock in das Schutzgehäuse. Als ich auf die Stoßstange stieg und mich tief bückte, um mit der Hand von oben hinunterzugreifen, böllerte die Vierlingsflak und schoß nahe an meinem Hintern vorbei. Danach glückte mir der Start, und ich fuhr zum anderen Ortsende. Am Morgen schauten wir uns die Stelle nochmals an; der Schnee war mehr rot als weiß durch das viele Blut; Tote lagen stellenweise übereinander. Sie hatten kurz hintereinander in drei Wellen angegriffen, und alle waren niedergemäht worden.

Wir mußten weiter in Richtung Nordriegelstellung. In einem Dorf wurden wir abgefangen und mußten dort viele Telefonleitungen reparieren; unser Bautrupp war nun schon auf vier Mann geschrumpft. In der Nacht gab es wieder von allen Seiten Alarm, dann hörte man aber doch zwischen den Häusern ein Rauschen und Schneeknistern. Plötzlich brannte mitten im Ort ein Haus; der Ort wurde durch die hohe Flamme hell beleuchtet und man sah, was los war. Viele Leute in Uniform liefen herum und sprangen von einem Eck zum anderen. Weil dort ungarische, rumänische und italienische Einheiten lagen, deren Uniformen eine ziemlich gleiche Farbe hatten, konnte man schlecht erkennen, ob es sich nicht doch um Russen handelte. Da wurde einfach durcheinander geschossen, mit Gewehrkolben geschlagen – ein grausamer Nahkampf, bei dem es schien, als ob sich die Russen in nächtliche Überfälle einübten.

Weihnachten nahte, und wir waren froh, Bunker und Splittergraben fertig zu haben, um so einigermaßen feiern zu können. Für mich war ein Paket von der NSV[36] dabei, das unter anderem einen Schal zur Winterbekleidung enthielt, vermutlich aus einem alten Vorhang gemacht. Das empfand ich als reinen Spott, knüpfte ihn auf einen Stock, heftete einen Zettel mit der Aufschrift „Wir danken unserer NSV" daran und steckte ihn vor unserem Bunker in den Schnee. Ein Funkwachtmeister befahl mir, das Fähnchen verschwinden zu lassen, wenn ich nicht vor das Kriegsgericht kommen wollte.

Da die Russen wieder an mehreren Stellen durchgebrochen und mit starken Panzerverbänden und überschwerer Artillerie gekommen waren, die von jenseits der Wolga herüberfeuerte, auch Il 2-Flieger, amerikanische B2 und Nachtaufklärer, wurde unsere Arbeit nun recht umfangreich: Kabel legen, Störungen suchen, Verwundete versorgen. Mit einem mitgeschleusten Sanka fuhr ich sehr viel und kam auch mit einem Sanitätsoffizier ins Gespräch, der mich ganz dringend bat, zu ihm als Schirrmeister zur Luftwaffensanitätsabteilung 115 zu kommen. Da ich aber nur Gefreiter war, würde ich einen solchen Posten ohne Beförderung zum Unteroffizier nicht einnehmen können. Unser Schirrmeister, Oberwachtmeister Lintner aus Mannheim, sagte zu mir: „Wenn Du den Krieg überleben willst, dann bleib, was Du bist!" Er war damals um die 40, Automechanikermeister, ein ausgesprochen ruhiger, ehrlicher, gütiger und sympathischer Mann, dem ich sehr viel Schönes und Gutes zu verdanken hatte und der wie viele Tausend andere sein gütiges Leben für sein Vaterland in Stalingrad opferte.

In der Nacht zum Heiligen Abend gab es an mehreren Stellen schweres Artilleriefeuer, Stalinorgeln und Bombenhagel. Man wußte nicht, wo unsere Flugzeuge geblieben waren; unsere Flakkanonen wurden immer weniger, und mit Munition mußte sparsam umgegangen werden. Unsere Küche erhielt einen Bombenvolltreffer: fünf Tote, drei Leute von uns und zwei Hilfsrussen, genannt „Hiwis". Die Küche war in die Luft geflogen; am Heiligen Abend gab es nicht einmal Kaffee.

Um den 8. Januar wurde die Front etwas ruhiger; da warfen die russischen Flugzeuge Unmengen von Flugblättern ab. Es war ein Ultimatum: In deutscher Schrift stand darauf, wir sollten uns am 9. Januar um 10 Uhr ergeben, an der Spitze ein Mann mit weißer Flagge; sollte keine Flagge vorhanden sein, genüge auch ein weißes Hemd. Falls wir das

36 Nationalsozialistische Volkswohlfahrt, 1932 als lokaler Selbsthilfeverein in Berlin gegründet.

Ultimatum ablehnten, würden die Russen am 10. Januar Punkt 6 Uhr den unbarmherzigen und totalen Vernichtungskampf beginnen. Auf diesen Flugblättern stand auch, daß wir Österreicher mit dem Hitlerkrieg endlich Schluß machen sollten; es sei nur mehr ein sinnloses Hinopfern. Es gab Flugblätter, auf denen die Österreicher separat benannt und aufgefordert wurden, überzulaufen. Das untere Eck rechts war zum Abtrennen gestrichelt, da stand „Propusk“, Passierschein. Das sollte man abtrennen, einstecken, mitnehmen und bei der Gefangennahme vorweisen, dann würden wir sofort in gute Lager gebracht werden und gutes, ausreichendes Essen und eine geregelte Arbeit bekommen. Es war ein Risiko, solch einen Zettel abzutrennen und mitzunehmen; man würde bestimmt wegen Feigheit vor dem Feind oder Verrat vor das Kriegsgericht kommen.

Dieser 8. Januar war sehr ruhig. Aber um so spannender war, was unsere Generäle und das Führerhauptquartier entscheiden würden. In der Nacht zum 9. Januar merkte man schon, was kommen würde: Sämtliche erreichbare Artillerie und Flakkanonen wurden in Richtung Höhe 102 befohlen, und am 9. Januar 10 Uhr bekamen sie alle „Feuer frei“. Dieser 9. Januar war dann ruhig; man hörte weder Schüsse noch Panzer, noch Flugzeuge. Man war wieder gespannt auf den 10. Januar. Wie auf dem Flugblatt angekündigt, auf die Sekunde genau um 6 Uhr, ging es rund um den ganzen Kessel los. Artillerie, Stalinorgeln, Panzer, panzerfaustähnliche Raketen, Flugzeuge; es läßt sich auf dem Papier nicht schildern, was jetzt los war.

In dieser Nacht war ich hinten in Dmitrijewka und schlief ein bißchen in meinem Bautruppwagen. Schon in den ersten Minuten schlug eine Panzergranate in ein Holzhaus ein; gleich einige Meter daneben stand ich mit meinem Wagen und wollte gerade abhauen. Da ich wußte, daß sich unser Truppenarzt, Dr. Finsterer aus Wien, ein sehr schneidiger, junger Arzt und Sohn eines Professors, in diesem Haus befand, sprang ich schnell aus meinem Wagen und lief in das Haus. Der Truppenarzt saß auf einer Bank und hatte am Kopf einen fingergroßen Holzsplitter stecken, den er vom Panzereinschuß abbekommen hatte. Schnell entfernte ich den Splitter und legte einen Kopfverband an. Dann hauten wir beide Richtung Nordriegelstellung ab, er mit dem Sanka, ich mit dem Bautruppwagen. Es war eine mörderische Fahrt durch den Bombenhagel. Als wir ungefähr um die Mittagszeit die Nordriegelstellung erreichten, konnten wir uns nur mehr um die Schwerverwundeten kümmern; die Toten und die Telefonkabel mußten wir zurücklassen. Auch unsere 8,8 cm-Geschütze hatten schwere Ausfälle, die Vierlingsgeschütze waren schon auf dem Weg in Richtung Stadt und gingen weiter hinten in Stellung, um den noch einsatzfähigen 8,8 cm-Geschützen Feuerschutz zum Stellungswechsel zu geben.

Um etwa 5 Uhr nachmittags kamen russische Panzer an unserer Feuerstellung vorbei. Dort holten wir Verwundete, die in den Splittergräben lagen, und ausgefallene Geschütze. Da sahen sie Leutnant Gemünden, der als Vorposten vorne in einem ausgebrannten russischen Panzer gesessen hatte, wie er hinten auf einem russischen Panzer hing und so wieder in unsere Linie gelangte. Als sie ihn entdeckten, schrien sie ihm zu, und er haute sich auch gleich in den Splittergraben. Unser großes Glück war, daß die Panzer in eine andere Richtung abschwenkten. Jetzt konnten wir bei Dunkelheit die Verwundeten und Leutnant Gemünden zu unserem Troß bringen, der ebenfalls Richtung Stalingrad die Stellung wechselte. Leutnant Gemünden war über das ganze Gesicht käseweiß. Er wurde vom Abteilungskommandeur empfangen, sofort zum Oberleutnant befördert und mit dem Eichenlaub zum Ritterkreuz ausgezeichnet.

Die Kämpfe in der Zeit bis zum 29. Januar waren so brutal, daß man sie nicht beschreiben kann. Zur Verteidigung blieben uns nur noch einige MG und einige Karabiner übrig; ich bekam ein tschechisches MG in die Hand gedrückt. Für mich war es nicht leicht, jetzt als Infanterist auf Russen zu schießen. Die Verpflegung wurde nun so knapp, daß Einheiten ohne Autos und somit ohne Gelegenheit, Verpflegung zu organisieren, buchstäblich in den Schützengräben, Löchern und Kellern verhungerten oder aus Schwäche erfroren. Wieviele es waren, weiß niemand. Bei Temperaturen zwischen minus 30 bis 40 Grad hatte die Infanterie noch dazu schlechte Winterbekleidung. Am Stadtrand von Stalingrad brachten uns I-Gruppenmänner[37] zwei 18er-ZKW mit reparierten 8,8 cm-Kanonen; sofort wurden zwei Bedienungsmannschaften zusammengewürfelt.

Da ich aber noch zwei Wagen zu fahren hatte, gehörte ich Gott sei Dank nicht dazu; meinen Bautruppwagen und den Ford V8 stellte ich nun nahe am Stadtrand in der Zarizaschlucht ab. Hinten oben befanden sich leere Kisten als Sitzgelegenheiten, nachdem wir am 10. Januar beim Verlassen unserer Stellung alles nicht unbedingt Nötige hatten wegwerfen müssen. Der Truppenarzt fuhr den Sanka selbst bis an die Schlucht, weil sein Chauffeur Hermann Reichl mit dem Arztwagen mehrere Wochen weit hinten in der Armeewerkstatt gewesen war. Ich mußte hauptsächlich Verwundetentransporte durchführen.

Mit dem Arzt fuhr ich in eine Feuerstellung, um einen Verwundeten zu holen. Als wir dort ankamen, sah ich ihn schon im Schnee liegen. Ich wendete gleich den Wagen, ging zu ihm hin und hob mit beiden Händen seinen Kopf etwas an. Während ich so auf den Arzt wartete, bemerkte ich in etwa 200 bis 300 Meter Entfernung einen schwarzen Punkt; es dürfte der Turm eines russischen Panzers gewesen sein. Im gleichen Augenblick gab es einen Blitz und das Geschoß flog dem Verwundeten

37 „I“ meint hier wohl Instandsetzung.

durch den Kopf, mir durch Hände und Füße und weiter hinter uns in den Schnee, ohne zu explodieren. Den Toten hauten wir schnell in den Wagen, und dann nichts wie weg!

Bei einer Fahrt mit Verwundeten zum Flugplatz Gumrak sah ich einen Landser der 100. Jäger-Division im Schnee sitzen, der schwer verwundet zum Flugplatz kriechen wollte. Weil er vor Erschöpfung nicht mehr weiterkonnte, wollte er seinem Leben ein Ende machen. Grade hatte er eine russische Eierhandgranate abgezogen, die aber nicht losging. Als ich ihn fragte, was er da mache, antwortete er: „I kann nimma und das Luada geht a net los!“ Ich nahm ihm die Granate aus der Hand und warf sie in den Schnee. Er war ein sehr junger Gebirgsjäger, und als ich ihn hochhob, bemerkte ich, daß sein Fuß nur noch an der Hose hing. Ich setzte ihn zu mir ins Führerhaus; er war sehr ruhig und jammerte kaum. Hinten im Wagen saß einer mit einem Streifschuß an den Fingern und schrie und schrie; auch ich hatte einen Steckschuß in meinem linken Unterschenkel. Der Unterarzt gab mir einen Verwundetenzettel mit einer Bestätigung, denn viele kamen zum Flugplatz mit einem blutigen Verband und wurden ausgeflogen, obwohl ihnen nichts fehlte. Da das bald aufflog, durfte man nur mit einer Bescheinigung vom Arzt ins Flugzeug steigen. Oft waren die, die selbst nicht einsteigen konnten, die armen Teufel, denn Tag und Nacht fanden sich so viele Verwundete ein, daß die Flugzeuge von den noch Gehfähigen regelrecht gestürmt wurden, nachdem sie entladen und zum Transport der Verwundeten freigegeben worden waren. Beim Start hingen sogar an Fahrgestell und Rumpf Leute, die natürlich bald herunterfielen, weil die Hände sofort abfroren. Dem mitgenommenen Landser half ich in die Maschine, gab ihm mein Verwundetenanhängsel und meine Heimatadresse und bat ihn, daheim alle zu grüßen. Erst nach meiner Heimkehr erfuhr ich, daß er nicht angekommen war und wahrscheinlich abgeschossen worden war.

Unser Ford V8 in der Zarizaschlucht hatte noch sehr viel Diätverpflegung geladen. Der Sanitätsgefreite Alois Deimling, der bis heute vermißt wird, hatte Gott sei Dank so viel Verständnis, uns den Wagen freizugeben; es sei großer Unsinn, wenn die guten Sachen den Russen in die Hände fielen. So hatten wir für einige Tage Reis, Trockenmilch, Kakao, Pudding, Schokolade, Haferflocken, Bonbons usw.; wohl auch mit ein Grund, daß ich die ersten zehn Tage in der Gefangenschaft überlebte.

Noch ein Bild des Grauens: Am Flugplatz Gumrak lud ich Verwundete ein. Da stand eine He 111, die mit Verpflegung, Verbandmaterial und Munition eingeflogen war. Zum Rückflug wurde sie mit Verwundeten und Kranken beladen. Da standen noch drei Sanitätstragen mit Schwerverwundeten, die in der Maschine keinen Platz mehr gefunden hatten. Als das Flugzeug wegrollte, war wahrscheinlich ein Rad eingefroren und blockierte. Die Maschine schwenkte direkt seitlich ein und fuhr genau über die drei Tragen mit den Verwundeten. Auch ein Leutnant war dabei, der schrie noch: „Dieser Vogel hätte uns hinausbringen sollen, der hat uns jetzt woanders hingebracht!"

So um den 20. Januar herum war ich mit meinem Wagen wieder in der Zarizaschlucht. Das war ein ziemlich sicherer Platz, ein in Jahrhunderten tief ausgeschwemmter Graben, in dem sehr viele Fahrzeuge standen. Weil es keine Aussichten mehr gab, jemals wieder aus dem Kessel herauszukommen, stöberte ich in meinen Privatsachen herum und vergrub die Stiefel, eine Kommissarnadel und eine russische MP im Schnee. Als ich gerade meinen Verband wechseln wollte, hörte ich Flieger und Flakschüsse; sofort stieg ich aus meinem Wagen und sah ein russisches Flugzeug genau auf mich zukommen. Ich duckte mich bei meinem Wagen, da es vor den Bomben meist Bordwaffeneinschläge gab. Bei der Beobachtung des Flugzeuges stellte ich fest, daß schon sechs oder sieben Bomben heruntergefallen, aber nicht explodiert waren. Das mußten lauter Blindgänger – oder Zeitzünder sein! Nur einige Sekunden später, als die erste Bombe explodiert war, schlug ½ Meter neben mir eine Bombe ein. Da ich jetzt die Zeitzünder erkannt hatte, machte ich mich auf und davon. Kaum war ich 20 Meter weg, flog mein Wagen in Trümmern in der Schlucht herum. Mein Schutzengel hatte mir wieder das richtige eingegeben!

Nun waren wir nur noch 40 bis 50 Mann. Die meisten Fahrzeuge und Geschütze mußten gesprengt werden. Wir wurden einer Kampfgruppe namens Dietrich zugeteilt und standen jetzt wie Infanteristen mit MG, Karabiner und Handgranaten in den Schützengräben. Unsere Flieger sah man nicht mehr; warum sie uns im Stich gelassen hatten, wußten wir nicht. Flak, Artillerie und Panzer hatten fast keine Munition mehr. Die Landser waren total ausgehungert und abgekämpft; Generaloberst Paulus gab aber immer noch nicht auf. Es schien wirklich so, als ob wir bis zum letzten Mann und bis zur letzten Patrone kämpfen müßten. Die Russen wurden immer stärker – man konnte deutlich erkennen, daß ganz frische sibirische Elitetruppen eingesetzt wurden, die eine extrem gute Winterbekleidung hatten und wie die Wölfe daherkamen. Wenn sie gejagt wurden, dampften sie wie Pferde.

Die ganze Nacht hörte man die russischen Panzer brummen, die Geschütze und Stalinorgeln schossen pausenlos Tag und Nacht. Wir sprangen von einem Loch ins andere. In der Stadt war es dann noch schlimmer, weil man Angst hatte, verschüttet zu werden.

Am 20. Januar[38] kam vom Führerhauptquartier ein Funkspruch, daß die vier Ritterkreuzträger sofort zum Flugplatz kommen sollten, die Flugzeuge stünden zum Ausfliegen bereit. Der Gefreite Eugen Klein aus Mutterstadt sollte sie dorthin fahren. Am 21. Januar um ca. 4 Uhr früh kamen der Abteilungskommandeur, Major Gaiduß, und ein Oberleutnant von der 2. Batterie, auch ein Ritterkreuzträger, wieder bei uns an. Sie erzählten, daß der Gefreite Klein unterwegs aus dem Auto geschossen wurde, und so fuhren sie selbst weiter. Als sie am Flugplatz ankamen, standen drei richtige He 111 da. Ein Unteroffizier der 3. Batterie und Oberleutnant Gemünden stiegen sofort ein, dazu alle Verwundeten, die noch einen Platz fanden, und das Flugzeug rollte sofort ab. Major Gaiduß, wie immer ein guter Mann, ließ die Schwerverwundeten, bei denen es um ihr Leben ging, sofort einsteigen. Als die dritte He 111 abrollte, war wahrscheinlich ein Rad eingefroren und blockierte. Die Maschine kam von der Rollbahn ab, fuhr mit einem Rad in den Schützengraben, wobei ihr die Stützachse abgerissen wurde. Dann sank sie zu Boden, rutschte noch ein Stück im eisigen Schnee dahin und blieb dann liegen. Alle stiegen daher gleich aus und liefen schnell zum Auto, einem Kfz 15, weil sie damit rechnen mußten, daß die Russen den Flugplatz jeden Moment überfallen würden. So fuhren sie im Bomben- und Granatenhagel zu uns zurück.

Am 29. Januar um 6 Uhr früh zählten wir nur noch 26 Mann von der Abteilung 1/49 des Flak-Regiments 37; wir waren ohne Verpflegung, ohne Verbandmaterial und ohne Munition. Major Gaiduß sagte: „Was wollen wir denn noch? Ergeben wir uns, es wird das Beste sein!" Er gab jedem einzelnen von uns die Hand und bedankte sich dafür, daß wir so tapfer gewesen waren. Die Tränen standen ihm in den Augen. Der Abteilungsschreiber, der nie an der Front zu sehen gewesen war, brachte mir meine Beförderung und Auszeichnungen, die ich sofort im Schnee vergrub. Wir befanden uns unter einem gemauerten Gewölbe, der Einfahrt zu einem größeren Gebäude; alles andere war nur mehr ein Trümmerhaufen in der Nähe des berühmten Bahndammes. Wir sahen hin zum Roten Oktober und in der anderen Richtung zum GPU-Gefängnis. Die Russen lagen auf der anderen Seite des Bahndammes; wer sollte jetzt mit weißem Hemd vorangehen? Als wir aus unserem Unterschlupf heraustraten, standen schon eine große Menge ausgekämpfter, ausgehungerter

38 Die vom Autor angegebenen Daten wurden korrigiert: Der Funkspruch am 27. Januar – Oberleutnant Gemünden war schon am 20. Januar ausgeflogen worden – kam nicht aus Stalingradskij, sondern von Gumrak. Daher konnten Major Gaiduß und seine Begleiter auch nicht am 29. Januar zurückkehren, wie Mairinger schreibt, da Gumrak schon am 22. Januar und Stalingradskij am 23. Januar von den Russen eingenommen worden waren.

und zum Teil verwundeter oder mit Erfrierungen humpelnder Soldaten zur Gefangennahme bereit.

Es dauerte nicht lange, so kamen die ersten Russen über den Bahndamm herüber, lauter stämmige Burschen, bei denen sich auch sehr viele Frauen in Uniform befanden. Sie zogen MG, Granatwerfer und kleine Öfen auf kleinen Schlitten hinter sich her. Ich muß sagen, diese Russen waren einigermaßen human und sahen, welch ausgehungerte Krüppel wir waren. Sie durchsuchten uns zwar, schlugen uns aber nicht.

Nach etwa einer halben Stunde begannen die russischen Stalinorgeln nochmal zu schießen. Wir waren schon froh gewesen, den Krieg hinter uns zu haben, wieder einmal aufrecht gehen zu können und vielleicht sogar bald etwas zu essen zu bekommen. Statt dessen schlugen nochmals einige Granaten direkt unter uns ein! Fünf von uns wurden verwundet; auch Russen erwischte es, unseren Funkwachtmeister Schuh am Kinn, einen am Ohr, einen am Oberschenkel und mich am linken Oberarm, aber nicht am Knochen. So bemerkte ich es erst, als das Blut unten am Ärmel herauslief.

Schnell suchte ich mir ein Loch, wo ich in Deckung gehen konnte, um mich zu verarzten. Gott sei Dank war es nur ein Splitter von einer Stalinorgel. Als ich in das erste Loch kroch, einen ziemlich großen, finsteren Keller, kam mir ein bestialischer Gestank entgegen, ein richtiger Leichengeruch, von Leichen, die schon mehrere Tage da unten gelegen hatten. Der Sani, der sich noch dort befand, berichtete, es seien an die hundert Tote und ganz schwer Verwundete, die nicht einmal Wasser hätten. Er hatte eine geballte Handgranatenladung bereitgelegt und meinte, das sei doch das Beste für diese leidenden Kameraden. Ich kletterte schnell raus und fand zum Glück gleich ein paar Trümmerhaufen weiter wieder einen Kellereingang, in den ich über den Schutthaufen hineinkroch – es war das gleiche Bild! Tote, halb verhungerte, Verwundete, Erfrierungen – ein unbeschreibliches Bild! Aber ich konnte meine Feldbluse, in der sich ein gutes Verbandpäckchen befand, ausziehen und mich selbst verbinden. Es gab ein heilloses Durcheinander; die Russen schrien immer etwas, aber niemand konnte soviel Russisch, um zu verstehen, was sie wollten. Das änderte sich erst, als ich meinen Kameraden Willi Koss wiederfand, der in einem Loch seine Verbände wechselte und der Russisch sprechen konnte. Willi hatte alle Zehen erfroren und war gehunfähig, weil ihm zwei Tage vorher zwei Zehen amputiert worden waren. Er übersetzte, wir sollten in Viererreihen antreten und sofort alle Waffen abgeben. Wenn ab jetzt jemand mit einer Waffe erwischt würde, würde er sofort erschossen.

Nach 1 ½ Stunden schrien die Russen: „Dawai, chaiti!“ – Losgehen! So humpelten einige tausend ausgekämpfte, ausgehungerte, halberfrorene, mit allen möglichen Fetzen eingewickelte und vom Vaterland im

Stich gelassene Gefangene stadtauswärts Richtung Westen in die Gefangenschaft. Mein guter Kamerad Willi Koss, Bauer aus Schneidemühl, humpelte nur auf den Fersen, ohne Schuhe oder Stiefel, bei 35 bis 40 Grad unter Null, nur mit Fetzen um die Füße gewickelt, die wir von den Toten genommen hatten, aus Mänteln und Hemden, die wir in Streifen gerissen hatten. Weil ich sofort erkannte, daß Willi so nicht weiterkommen würde, nahm ich seine linke Hand, hing sie mir um den Hals, und griff über seinen Rücken unter seine rechte Schulter; so gingen wir einige Kilometer. Auf einmal waren wir beide in der Kolonne ziemlich weit zurückgefallen, wo die Russen oft „Dawai, dawai!“ riefen. Hin und wieder hörte man auch einen Schuß, denn alle, die nicht mehr weiterkonnten und einfach im Schnee liegenblieben, bekamen einen Genickschuß, wurden etwas zur Seite gezogen und liegengelassen.

Für uns beide war es oft ein Glück, wenn unterwegs mehrmals eine Durchsuchung stattfand, denn es standen häufig Zivilisten und Soldaten oder sogar 12- bis 13jährige Buben am Wegrand und begannen bei uns zu plündern; dabei kam die Kolonne für einige Zeit zum Stehen. Da die Russen sahen, daß die Füße meines Kameraden einbandagiert waren und mein Mantel durch den Oberarmdurchschuß zerfetzt und der Ärmel noch voller Blut war, sagten sie meist „Idi, idi“ – Geht, geht zu uns. So rückten wir in der Kolonne wieder weit nach vorne. Ein junger Lausbub riß mir den Brotbeutel herunter und nahm mir mein Brot von der Größe zweier Zündholzschachteln heraus. Ein älterer, uniformierter Russe bemerkte das, nahm dem Buben das Brot gleich wieder ab, verabreichte ihm einige saftige Ohrfeigen und gab mir das Brot gleich wieder zurück – es gab also auch unter den Russen gute Menschen! Alle Uhren waren uns bei der Gefangennahme abgenommen worden, es sei denn, man hatte seine Uhr so gut versteckt wie ich. Ich hatte sie, meine Firmuhr, mit einer Schnur in ein Knopfloch vom Trikothemd gebunden und zwischen meine Füße hängenlassen. Als auch das nicht mehr half, wurde sie mir abgenommen. Die Gegenwehr gab ich auf, weil der Russe mich schlagen wollte. Bei den unzähligen Durchfilzungen wurde aber immer wieder etwas zum Abnehmen gefunden. Bei der Gefangennahme waren Russen herumgelaufen, die eine Menge Uhren auf den Armen trugen, die sie den Gefangenen abgenommen hatten.

Bis in die späte Nacht hinein gingen und gingen wir, ohne Essen und Trinken, immer weiter nach Südwesten. Soweit man sehen konnte, gab es kein Haus und kein Dorf, nur ausgebranntes, liegengelassenes Kriegsmaterial und das weite Schneefeld der Kalmükensteppe. Es ging immer weiter nach Südwesten; es war schon ganz finster, als wir etwa um 22 oder 23 Uhr ein Dorf erreichten. Dort gab es eine ehemalige Kirche, die auf einer Seite als Gemüsekeller und auf der anderen als Pferdestall gedient hatte. Hier durften aber nur die Verwundeten oder die mit

Fußerfrierungen für einige Stunden Unterschlupf nehmen; alle anderen mußten im Schnee sitzen, bis es hell war. Dann wurde der Marsch ohne Essen und Trinken weiter Richtung Süden fortgesetzt. Viele standen nicht mehr auf – sie waren erfroren; leicht verständlich, wenn man ausgehungert in Gefangenschaft geriet und dann noch bei 40 Grad Kälte 30 bis 40 Kilometer marschieren mußte. Willi und ich hatten auf einer Holzbrücke, wo sonst Pferde gestanden hatten, Platz gefunden. Wir schliefen sogar im Sitzen, denn es war seit langem die erste Nacht ohne Kanonendonner und Bombenhagel. Als es wieder hell wurde, schrien die Posten: „Dawai, na uliza!" – Los, auf die Straße! Gleich gingen wir wieder ziemlich weit nach vorne, denn wir würden unterwegs doch wieder weit zurückfallen. Willi wurde immer schwächer; auch ich spürte verheerende Schmerzen im ganzen Rücken, da er den ganzen Tag an meiner Seite hing. Nicht lange, so hörte man ganz hinten die Russen wieder „Dawai, dawai!" rufen und auch wieder Genickschüsse für jene, die vor Erschöpfung liegenblieben. Bald waren Willi und ich auch wieder weit hinten angekommen, die Schüsse waren schon ganz nah, als Willi zu mir sagte: „Sepp, laß mich sitzen, schau hin, es ist ja nur ein Genickschuß, und alles ist vorbei!" Sofort antwortete ich: „Willi, schau nicht hin, auf, gehen wir wieder!" Zum Glück gab es wieder Durchsuchungen und Plünderungen, so daß wir wieder weit nach vorne gelangen konnten. Die gesamte Kolonne kam ja nun schon immer langsamer vorwärts. So humpelten wir den ganzen Tag und die ganze Nacht hindurch, ich schätze, wieder 30 bis 40 Kilometer.

Als es hell wurde, sahen wir, daß wir in einem Gefangenenlager angekommen waren, einem freien Schneefeld am Ortsrand von Beketowka; kein Haus, kein Dach, nur ein notdürftiger Zaun und einige Steinhaufen. Auf einer Seite stand eine etwa 20 m hohe Mauer im Rohbau, sicher eine Baustelle für etwas Größeres. Auf einer anderen Seite ragten Drähte und Wasserleitungsrohre in die Höhe. Dort hieß es: Los, hinsetzen, bis Brot kommt! Wir mußten in Hundertschaften antreten, uns in Viererreihen wieder hinsetzen und warten, bis alle eingeteilt waren. Es dauerte den ganzen Tag, bis die 47.000 Mann in Hundertschaften aufgeteilt waren. Endlich kam ein Lastwagen, ein amerikanischer Studebaker, mit Brot beladen. Man begann mit dem Brotverteilen, ein Kastenbrot mit 1 ½ kg für vier Mann. Gefangene wurden gesucht, die etwas Russisch verstanden, und solche, die noch halbwegs auf den Füßen standen und bei denen auch ich war. Wir mußten dann das Brot verteilen; von jeder Hundertschaft wurde ein Hundertschaftsführer ernannt, der verantwortlich war, daß jeder sein Brot bekam. Nicht lange dauerte es, bis der Lastwagen leer war. Etwas mehr als eintausend Leute hatten ein Brot erwischt; die restlichen 46.000 mußten die nächsten acht Tage Schnee und Eis lutschen, um nicht auszutrocknen. In dieser Woche gab es ein-

oder zweimal einen Eßlöffel schwarzen Mehles, sonst nichts! Wir buddelten uns so tief wie möglich in den Schnee und setzten uns ganz eng nebeneinander, immer zwischen die Füße, um einander etwas Wärme abzugeben. So konnten wir doch ein wenig schlafen.

Da die Gefangenen immer weniger wurden, gab es dann viele Mäntel zum Unterlegen und zum Zudecken. Die Bekleidungsstücke wurden auf große Haufen geschmissen. Wer auf Nummer sicher ging, wartete ab, bis einer starb, der weder Typhus, Flecktyphus oder Wolhynisches Fieber hatte, sondern verhungert war. Mein dicker Wachmantel, mit dem ich in Gefangenschaft geraten war, eignete sich sehr gut als Decke. Eines Nachts wurde ich auf einmal wach und spürte am Körper eisige Kälte. Zu meinem Schrecken sah ich, daß der Mantel weg war, und erkannte sofort, daß er mir gestohlen worden war. Was sollte ich jetzt tun? Würde ich erfrieren? Sollte ich in der Finsternis ohne Mantel herumstöbern und suchen? Tagsüber hatte ich mir von einem Toten einen gewöhnlichen Mantel genommen und dachte, wenn es hell wäre, würde ich den Burschen schon finden. Trotz aller Aufmerksamkeit fand ich meinen Wintermantel nicht mehr und mußte somit annehmen, daß ihn ein Russe gestohlen hatte.

Wenn es morgens hell wurde, merkte man, daß man mitten unter den Toten saß. Vom 2. Februar bis Mitte Mai verhungerten oder erfroren innerhalb von dreieinhalb Monaten in allen drei Lagern 45.000 Gefangene! Keinen von ihnen hörte man irgendwie jammern, stöhnen oder sonst irgendwie schreien – alle schliefen aus Schwäche ein, erfroren oder verhungerten.

Besonders an einen Sanitätsunteroffizier erinnere ich mich, der so richtig phantasierte, bevor er starb. Er sah deutsche Truppen, die uns befreien sollten, daherkommen und sagte mit immer schwächer werdender Stimme: „Da kommen's, die holen uns raus. Gebt's dem da 500 Mark, dem gebt's 1000 Mark und dem auch 100 Mark!" Ich habe heute noch das Bild vor meinen Augen, wie er die Hände ausstreckte, um die vermeintlichen Befreier zu empfangen, bis er nach einer Weile zusammensank und in die ewige Armee eintrat.

Ende der ersten Woche wurden einige Feldbahnloren aufgestellt, wie wir sie zu Hause aus Bergwerken kannten. Dann wurden große Bausteine aufgeladen, und jeden Tag mußten 200 bis 400 Mann über die zugefrorene Wolga marschieren. Da dort auch eine große Insel lag, war oft bis zu sechs Kilometer weit zu laufen, bis man passendes Holz fand. Jeder mußte ein bißchen Holz unter dem Arm tragen; wer keines hatte, durfte nicht ins Lager zurück. In diesem Buschwerk, das sehr schwer zu brechen war, mußten wir alles mit bloßen Händen abbrechen, da weder Hacke noch Säge vorhanden waren; dürres Holz war überhaupt nicht zu finden. Oft fanden wir leere Konservendosen, viele amerikanischer Herkunft, die alle aufgehoben, mit den Fingern ausgewischt und ins Lager mitgenommen wurden, weil sie als Eßgeschirr dringend benötigt wurden. Die schönen deutschen Kochgeschirre waren den meisten abgenommen worden.

Am 8. Februar gab es aus den Feldloren die erste warme Suppe, ganz durchsichtig und mit Fischgeschmack, einen guten halben Liter pro Mann. Vielleicht nur jeder zehnte erwischte etwas Fisch; es dauerte immer zwei Tage, bis man wieder an der Reihe war. Den zweiten Tag gab es dann zur Suppe auch Brot, und dann regelmäßig jeden zweiten Tag ein faustgroßes Stück Brot. Einige Tage später kam die Suppe täglich. Wirklich schwierig war es ja, Wasser zu bekommen, da der Schnee im Lager schon zu sehr verschmutzt und das Eis auf der Wolga etwa 60 cm dick war und durchgehauen werden mußte. Das Verteilen von Suppe und Brot konnte wahrscheinlich in den beiden anderen Beilagern – dem Barackenlager mit 2000 bis 3000 und dem Bahnhofskorpus mit ca. 1000 Mann – in der Ortschaft Beketowka viel besser und schneller geregelt werden, weil die Zahl der Gefangenen dort viel niedriger war als in unserem Steinlager. Außerdem waren sie unter Dächern der Kälte und dem Schnee nicht so ausgesetzt wie wir. Ein Dr. Falkenstein[39] aus Niederösterreich entfernte mir im Lager Korpus 2 den Steckschuß und die Läuse und verband die Wunde.

Wenn man in unserem Lager die Gelegenheit zur Flucht nutzte, war das ein Wettlauf mit dem Tod. Da die Russen die zurückkehrenden Holzholer nicht zählten, war es sehr leicht, abzuhauen. Einige Wochen lang kehrten da schätzungsweise täglich 30 bis 40 Mann nicht mehr ins Lager zurück, sondern marschierten in Richtung der wolgadeutschen Stadt Saratow weiter. Das war einige Wochen lang Tagesgespräch, und fast jeder, der Flucht im Sinne hatte, suchte Kameraden, die mitgehen würden. So traten auch an mich zwei mir bis dahin nicht bekannte Kameraden heran: Der Weg nach Saratow sei nur einige hundert Kilometer weit und dort seien alles Wolgadeutsche, die uns bestimmt weiterhelfen würden. Ich lehnte ab, weil ich mich zu schwach fühlte und Willi nicht im Stich lassen wollte; fliehen würde ich erst mit ihm zusammen, wenn seine Füße wieder verheilt waren. Nach meiner Heimkehr erfuhr ich, daß die beiden Kameraden seither vermißt waren.

---

39 Oberarzt Dr. Albert Falkenstein von der 2. Sanitäts-Kompanie der 371. Infanterie-Division (* 19. Februar 1905, † am 19. Juni 1963) geriet am 25. Januar 1943 in Gefangenschaft. Dort war er in verschiedenen Lagern als Arzt eingesetzt, wurde nach einem Lagerstreik in Usta zu zehn Jahren Zwangsarbeit verurteilt und kam ins Lager Workuta. Nach seiner Rückkehr wie vor dem Krieg praktischer Arzt in Herzebrock-Clarholz, arbeitete er später an dem Bericht der Maschke-Kommission über die Gefangenschaft mit. Seinen Stalingrad-Bericht habe ich in Band I von „Stalingrad. Zurück aus der Hölle", S. 471–519, Berlin 2006, veröffentlicht.

Da ich in Beketowka immer noch einer der Beweglichsten war, wurde ich zum Totenkommando geholt. Die Leichenhaufen wuchsen immer mehr, gleichzeitig wurden die für so ein Kommando Arbeitsfähigen immer weniger. So bekamen wir zu zweit ein ca. zwei bis drei Meter langes Wasserleitungsrohr in die Hand gedrückt; dann hieß es „Dawai, dawai!". Wir mußten die Stange unter den Toten durchschieben, aufheben und die Leichen aus dem Lager hinaustragen, wobei einer die gefrorenen Leichen halten mußte, und in den ganz in der Nähe liegenden berühmten Panzergraben hineinwerfen. Vorher wurden alle Leichen nackt ausgezogen, Uniformen, Unterwäsche und Schuhzeug sortiert und auf große Haufen geworfen. Schon am zweiten Tag mußten wir Verstärkung bekommen, weil wir es nicht mehr schafften – obwohl die Leichen alle nur höchstens 40 Kilo wogen. Jetzt gingen vorne und hinten je zwei Mann. Es dauerte aber nur einige Tage, bis wir immer wieder zusammenbrachen und es auch auf diese Weise nicht mehr ging. Daher mußten wir den Leichen einfach Stricke um den Hals binden und sie hinausziehen. Dabei brauchte es bis zu 15 Mann, um so ein Knochengerüst hinauszubringen, und dennoch fielen immer wieder welche hin.

Als der Panzergraben bis Ende Februar voll und der Weg zu weit war, stapelten wir schließlich die Leichen gleich außerhalb des Zaunes wie Holzscheite. Vorerst bestand keine Seuchengefahr, weil noch immer starker Frost herrschte und die Leichen immer wieder schnell vom Schneesturm verweht wurden.

Schon längere Zeit grassierte die Ruhr. Als dann noch Fleckfieber, Wolhynisches Fieber, Flecktyphus und Paratyphus ausbrachen, starben jeden Tag Hunderte, und die Arbeit beim Totenkommando wurde nun auch äußerst gefährlich, da wir die nackten und oft auch ganz blauflekkigen Leichen mit bloßen Händen berühren und wegschaffen mußten. Sehr bald erwischte es auch den einen oder anderen vom Totenkommando, der dann wie die anderen hinausgebracht wurde. Vom Totenkommando traf ich bis heute nur einen Überlebenden wieder; vom Gräberkommando überlebte offensichtlich niemand.

Mitte März kam dann Tauwetter. Kann sich jemand vorstellen, wie es aussah, als der Regen den Schnee von den Leichenhaufen herunterschmolz und hier Hände, dort ein Kopf mit offenen Augen oder Füße herausschauten? Auch wegen des bestialischen Leichengestanks bekamen jetzt auch die Russen höllische Angst, von Seuchen befallen zu werden. Daher wurde beschlossen, die Leichen so schnell wie möglich wegzuschaffen. Sofort wurden Gräberkommandos aufgestellt, die etwa vier Kilometer südwestlich von Beketowka entfernt auf einer kleinen Anhöhe große Gruben ausheben mußten, acht bis zehn Meter im Durchmesser und zwei Meter tief, so daß 8000 bis 9000 in einem solchen Loch Platz fanden. Dieses Gräberkommando, dem ich selbst ungefähr zwei

Wochen angehörte, war immer 40 Mann stark. Starben welche, mußten immer gleich andere nachrücken. Oft marschierten Kameraden mit, die so krank waren, daß sie kaum die Schaufel tragen konnten. Der Boden war dort ganz leicht und sandig, und der Wind blies oft mehr Sand in die Grube, als wir hinausschaufeln konnten, oder er blies uns den Sand in die Augen. Das Kommando führte ein Fliegerleutnant aus Köln. Auf dem Weg zu dieser Arbeit stand einmal eine Frau neben dem Weg im Schnee. Plötzlich sprang sie auf einen Gefangenen zu, der kaum noch gehen konnte, und schrie: „Das ist der, der meinen Mann umgebracht hat, das ist der, der ihn erschossen hat!" Sie riß ihm die Schaufel aus der Hand und wollte auf ihn einschlagen. Beide Posten sprangen sofort dazwischen und klärten den Fall. Der Gefangene konnte beweisen, daß er nie dort gewesen war, wo das passiert sein sollte, und wir konnten unseren Weg fortsetzen.

Als einige Gruben fertig waren, kamen die Russen mit Lastwagen. Für jeden LKW wurden sechs bis acht Mann zum Leichenladen bestimmt. Da zu solch schwerer Arbeit niemand zu finden war, mußte auch ich wieder mithelfen. Dies wurde die grausamste Arbeit meines Lebens! Weil wir zum Hinaufwerfen zu schwach waren, mußten wir die Leichen mit bloßen Händen über Bretter auf die LKW hinaufziehen. Unterwegs zu den Gräbern hatten wir auf den Leichen zu sitzen oder zu stehen. Der Gestank, der währenddessen aus ihnen entwich, war unbeschreiblich! Die an Fleckfieber Verstorbenen waren obendrein noch ganz blau. Wenn man das alles mitmachte und mit ansehen mußte und darüber nachdachte, stieg des öfteren der Gedanke auf, ob es denn einen Herrgott geben konnte, der da zusah und das alles zuließ! Oft beneideten wir die, die es schon überstanden hatten. Immer wieder waren es ein Freund oder der Schutzengel Marianne, die mir die Kraft gaben, alles zu tun, um durchzuhalten. Es war nur diese Kraft, die mich diese Krankheiten überstehen ließ. Brot und Suppe drückte ich bei Krankheiten mit aller Gewalt hinunter, um zu überleben, mit dem Gedanken, daß ich wieder heimkehren wollte. Beim Toten- und Gräberkommando gab es in der Küche aus den Feldbahnloren immer Nachschlagsuppe.

Mitte Februar während meines Totenkommandos sah ich ein schauderhaftes Bild: Im Lager gingen ein tschechischer und ein italienischer Gefangener umher und boten „Kamelfleisch" an. Ich nahm es sogar in die Hand und überlegte, ob ich es gegen eine Brotportion tauschen sollte; es wäre der mehrfache Nährwert gewesen, und durch Abkochen mit Schneewasser hätten mein Kamerad Willi und ich zusätzlich eine warme Suppe. Weil es aber so widerlich aussah – rötlich, ein fingerdicker Fleck, wie eine ausgebreitete Hand –, nahm ich es aber nicht und aß also lieber das Brot. Als ich mit den Toten zum Panzergraben fuhr, sah ich, woher die Fleischhändler das Fleisch bezogen hatten: Unten an der hartgefrorenen Wand des Panzergrabens stand aufrecht eine Leiche, nackt wie alle anderen. Das Fleisch beider Oberschenkel war vom Knie bis zum Hinterteil herausgeschnitten! Nun war ich froh, daß ich das Fleisch nicht genommen hatte, und nochmals froh, als ich erfuhr, daß die Russen die beiden im Panzergraben erwischt und vor dem Lagereingang erschossen hatten.

Ende Februar oder Anfang März bekamen die Russen wegen der vielen Toten Angst, daß sie sich einmal dafür verantworten müßten. Da sie es nicht wahrhaben wollten, daß so viele verhungert waren, wurde ein Sektionskommando aufgestellt. Zwei rumänische und zwei deutsche Ärzte wechselten sich ab. Wir sechs oder acht Gefangenen hatten die nackten Leichen auf einen Tisch mit einer großen Steinplatte zu legen. Die Ärzte schnitten den gesamten Körper der Leichen auf und stellten die Todesursache fest, bei weit mehr als der Hälfte die Diagnose „Dystrophie", also: verhungert! Die meisten Leichen mußten wir mit gewöhnlichem Draht wieder zusammenheften und in den Panzergraben hinausschaffen.

Mitte März nahmen die Krankheiten seuchenartige Formen an. Jeden Tag gab es 100 bis 300 Tote. Es wurden aber immer weniger gemeldet, damit mehr Brot ins Lager geliefert wurde und die Arbeitenden so mehr bekamen. Manchmal lagen von den Toten, aber auch von den Schwerstkranken, die nicht mehr essen konnten, Brotportionen im Schnee. Diese zu essen, war äußerst gefährlich, denn die meisten waren zu diesem Zeitpunkt bereits mit Seuchen infiziert. Was tat man aber nicht alles aus Hunger?

Da zu dieser Zeit wir noch Beweglicheren beim Toten- und Gräberkommando bzw. beim Holzholen derart überlastet waren, kippten viele vor Schwäche um. Ich sah, wie ein ziemlich junger Russe beim Verladen der Toten mit seinem Gewehrkolben auf einen Kameraden einschlug, der einfach nicht mehr zugreifen konnte. Wir ersuchten ihn, den Mann ins Lager zurückzuschicken; er antwortete, er habe sechs Mann übernommen und müsse sechs Mann wieder abgeben. Beim Abladen bei den Massengräbern konnte der Kamerad wieder nicht zugreifen. Der Russe fluchte grausam, sprang auf den LKW und schrie noch ein paarmal „Dawai, dawai!". Der Kamerad konnte aber wirklich nicht mehr, und der Russe, vielleicht halb so alt wie der Gefangene, schrie – auf deutsch übersetzt –: „Du verfluchter deutscher Hund, ich werd's dir schon zeigen!" Mit dem Gewehr versetzte er dem Kameraden einen so gewaltigen Hieb, daß der ins Massengrab stürzte. Da der Chauffeur offensichtlich auch ein Deutschenhasser und bewaffnet war, trauten wir uns nicht, etwas zu unternehmen. Jeder von uns dachte: Man müßte dem Schweinehund die MP aus der Hand schlagen und ihn auch in die Grube werfen!

Einmal wurde ich in das Bahnhofslager Korpus 2 geholt, wo ich für einige Tage für elf Ärzte, meist Deutsche, als Putzer dienen und ihre Liegestätten, gewöhnliche Holzpritschen, den Fußboden, Tische und Sessel mit kaltem Wasser waschen sollte, denn warmes Wasser gab es nirgends. Einige Tage tat ich das gerne, weil hin und wieder etwas zu essen abfiel. Das Bahnhofslager war viel schöner, mit einem Dach über dem Kopf; in manchen Räumen lag sogar Stroh auf dem Fußboden. Es war als Feldlazarett für die Russen eingerichtet worden. Da ich an Händen und Brust schon wieder Flecken bemerkte, vermuteten die Ärzte und ich selbst wieder Flecktyphus. Die Wachposten brachten mich zurück ins Steinlager, wo ich nur noch fünf oder sechs von meiner Einheit fand; alle anderen waren weggestorben.

Ein älterer, uniformierter Russe kam ins Lager und suchte sich einige noch gehfähige Gefangene aus, um sie als Arbeitskommando in die Stadt mitzunehmen. Weil es bei so einer Tätigkeit hin und wieder etwas zu essen gab und er mich mit „Du Njemezkij?“ anredete, antwortete ich sofort: „Njet, Austrizkij, wot charosche, charosche, Austrizkij!“ Sofort wollte er in gebrochenem Deutsch wissen, ob ich noch weitere Österreicher kenne. Ich sagte „Ja, ja“, und so nahm er mich und drei weitere Österreicher mit.

Er führte uns zum Südrand von Stalingrad, wo früher einmal sein Haus gestanden hatte, dem Trümmerhaufen nach ein größeres Gebäude. Er zeigte uns, was wir zuerst wegräumen sollten; dabei stießen wir auf die Kellertüre und räumten den Eingang frei. Der Russe betrat dann mit uns den Keller, ließ uns hinsetzen und fing an zu erzählen: Er habe sich Österreicher mitgenommen, weil er im Ersten Weltkrieg in Tirol in Gefangenschaft gewesen und es ihm dort sehr gut gegangen sei. Jetzt wolle er auch, soweit es ihm möglich war, die Österreicher leben lassen! Während wir im Keller mit den Aufräumarbeiten beschäftigt waren, schnitt er Gurken in Scheiben, buk sie in einer Pfanne und gab uns zu essen. Ich kann nicht ausdrücken und schildern, wie uns damals ums Herz war! Er erzählte uns auch, daß seine Frau im Bombenhagel umgekommen war und seine Kinder, ein Bub und ein Mädel, in der Roten Armee dienten. Noch heute wünsche ich diesem gütigen Russen, daß der liebe Gott seine Kinder heimkehren ließ. Er holte uns noch einigemal zu ähnlichen Aufräumarbeiten, und jedes Mal fiel etwas zu essen ab.

Bei jeder Gelegenheit suchten wir nach Essen wie hungrige Hunde; auch wenn es nur ein Fischkopf oder Kartoffelschalen waren – man freute sich über jede Kleinigkeit. Einmal muß ich etwas Verdorbenes erwischt haben, denn ich bekam auf einmal fürchterlichen Durchfall. Ich hatte eine riesige Angst, an der Ruhr infiziert zu sein, an der sehr viele starben; sie machten Fürchterliches mit, und meist ging auch Blut ab. Sehr viele konnten alleine nicht mehr hoch, einige fielen vor Schwäche in die Latrine. Für sie gab es keine Hilfe mehr. In der Latrine lagen Geldscheine in rauhen Mengen, denn das war die einzige Verwendung, die man für sie noch hatte.

Viel schlimmer war der Durst. Einige Male bekam ich bei Arbeitskommandos von den Russen Wasser, wodurch ich wahrscheinlich auch an Ruhr erkrankte. Hinter einer Mauer befand sich ein Bombentrichter, aus dem dicke Drähte und ein Wasserleitungsrohr in die Höhe ragten. Da kam zeitweise auch etwas Wasser an. Ich hielt mein Kochgeschirr darunter und hatte Glück, daß es für ein paar Schlucke reichte. Das Wasser war in Ordnung, und so füllte ich das Kochgeschirr und nahm es mit zu meinem Liegeplatz, wo mein Kamerad Willi immer auf mich wartete. Andächtig schluckten wir das köstliche Naß; wie durch ein Wunder besserte sich dadurch mein Durchfall.

Anfang März, als es noch eisigkalt war, wurde ein Transport nach Sibirien zusammengestellt. Ich wußte, daß sich viele freiwillig gemeldet hatten, konnte aber nicht genau sagen, wie viele Gefangene ausgesucht wurden. Da ich Angst hatte, wenn ich schon den Namen Sibirien hörte, ließ ich mich vor dieser Kommission nicht blicken. Einige hundert wurden in gewöhnliche Viehwaggons verladen, und weg waren sie. Ob einer von ihnen überlebte, weiß ich nicht; bei den Treffen von Bünden ehemaliger Stalingradkämpfer gab es von keinem von ihnen eine Nachricht.

Mitte März erschienen viele Russen, auch Frauen, mit Ponyschlitten und suchten aus den vielleicht noch 20.000 Gefangenen 100 heraus, um sie auf die Schlitten zu verladen; auch mein guter Kamerad Willi Koss war dabei – das war nun der Abschied. Eine russische Frau, die wahrscheinlich eine Art Buch führte, ruhig, ehrlich und keine Deutschenhasserin, die einen weißen, wahrscheinlich Krankenschwesternmantel unter dem Überwurf trug und die ich schon vom Brotverteilen her kannte, hatte mich auch schon „Josef" genannt. Ihren richtigen Namen hatte ich allerdings nicht verstanden. Auf meine Frage, was mit diesen Gefangenen geschehe, antwortete sie, man brächte sie in ein Hospital, sehr weit weg, wohin man einige Wochen unterwegs sei. Ich erschrak sehr, weil ich wußte, daß viele das bei dieser Kälte, auf einem gewöhnlichen Schlitten und womöglich ohne Decken, nicht überstehen würden. Für gut genährte und an solche Fahrten gewöhnte Russen war es bestimmt kein Problem. Als die Frau nach etwa drei Wochen zurückkehrte, fragte ich sie, wie das Befinden der 100 Kameraden sei, zumal sie selbst Erfrierungen im Gesicht zeigte. Ihren Notizen nach waren 60 Kameraden unterwegs erfroren, darunter auch Willi Koss, für die sie die Todesmeldungen machen mußte. Mir war es, als seien meine Mutter oder mein Vater gestorben, aber es schüttelte mich wieder eine Kraft, daß ich überleben und heimkommen müsse.

Einmal bekamen wir einen Bogen Schreibpapier und ein Kuvert, um nach Hause zu schreiben. Es hieß, wir könnten alles draufschreiben, es werde sicher befördert. Wohl jeder dachte, sie würden uns reinlegen, und man schrieb etwas von Hunger und Kälte. Dann wurde mit der Aufnahme der Personalien begonnen. Einige antworteten nicht, als nach der Nation gefragt wurde. Ein Dolmetscher fragte, ob man beim deutschen Militär war. Da die meisten Österreicher mit „Ja" antworteten, verlängerten viele dadurch ihre Gefangenschaft um zwei Jahre. Als ich an der Reihe war, schrieb ich sofort „Österreicher", denn schon von den Flugblättern und beim Ultimatum konnte man deutlich entnehmen, daß die Russen Österreich noch anerkannten. Einige lachten mich deswegen aus und spotteten: „Was bildet sich denn der ein, es gibt ja schon lange kein Österreich mehr!" 1947 wurden alle entlassen, die als Österreicher geführt wurden – die Deutschen aber erst 1949!

Es war nun schon April, als unsere Ärzte die Russen überzeugten, uns in eine andere Gegend zu bringen, da hier alle würden sterben müssen. Ich hörte selbst, wie sie ihnen einredeten, sie bräuchten Wald und frische Luft. Waldluft werde uns wieder aufbauen und das Massensterben aufhören. Die Bitte fiel auf fruchtbaren Boden, so daß bald die Nachricht eintraf, wir würden in eine Waldgegend verlegt. Alle hofften, es werde bald geschehen, aber es dauerte noch einmal einen Monat. Es war Mitte Mai, schon ganz warm, und es gab schon keinen Schnee mehr, als ein Transport mit 1500 bis 1800 Gefangenen zusammengestellt und zum Bahnhof getrieben wurde. Die meisten der Kameraden mußten wir führen, manche sogar zu zweit, so schwach waren sie; fast alle waren nicht mehr alleine gehfähig! Bis heute bleibt mir das unvergeßliche Bild, wie wir die armen Geschöpfe in die Waggons begleiteten und die Russen beiderseits mit schweren Maschinengewehren in Stellung waren, damit keiner davonlaufen konnte. Zu unserer großen Überraschung waren es keine Viehwaggons, sondern richtige Personenwagen mit dreistöckigen Pritschen, die mit dünnen weißüberzogenen Matratzen, Kopfkissen und Wolldecken ausgestattet waren. Wir trauten unseren Augen nicht – es handelte sich sicherlich um einen Lazarettzug! Es dauerte den ganzen Tag bis in die Nacht hinein; noch in der ersten Nacht gab es Essen – wieder eine große Überraschung. Es bestand nicht aus dünner Suppe, sondern es gab auch dicke, sämige fette Suppe und dann einen großen Schöpfer mit einer Art Gulasch. Leider mußte ich zusehen, wie auch meine Portion gegessen wurde, weil ich einen so heftigen Malariaanfall bekam, daß ich nichts essen konnte. Die Schwestern sagten, ich hätte über 40 Grad Fieber.

Die Fahrt mit diesem schönen Lazarettzug dauerte einige Tage und Nächte. Das Essen wurde jeden Tag pünktlich serviert, aber jeden Tag auch weniger und weniger gut. Das neue Lager hieß Pestragi, wirklich ein Waldlager mit Holzbaracken und schön unterteilten Grünflächen. Schon aus dem Waggonfenster konnte man sehen, daß da eine Feldküche stand und mehrere Krankenschwestern, ganz in Weiß, beschäftigt waren. Sofort spürten wir, daß dort ein anderer Wind wehen würde! Hier standen keine MG-Posten, sondern nur Begleitposten. Es dauerte sehr lange, bis wir alle die Waggons verlassen hatten und an einem freien Platz antraten. Jeder mußte an der Feldküche vorbeigehen und das Eßgeschirr in der Hand halten; eine Schwester nahm es, und eine zweite schöpfte aus dem Feldküchenkessel eine Kelle voll schönes dickes Gulasch. Wie lachten unsere Herzen – es roch nach langem wieder einmal nach Heimat!

*Am 4. Oktober 1947 traf Josef Mairinger nach 4½jähriger Gefangenschaft auf dem Linzer Bahnhof ein. Später übernahm er als Landwirt den väterlichen Hof in Frankenburg, wo er heute seinen Lebensabend verbringt.*

## Hubert Menzel:
## Endkampf im Nordkessel und Todesmärsche[40]

*Hubert Erich Robert Menzel wurde am 31. August 1908 in Bischwitz/Schlesien geboren. 1927 trat er als Freiwilliger in das Heer ein und wurde 1928 zum Fahnenjunker befördert. 1931 Leutnant, 1933 Oberleutnant, 1937 Hauptmann und 1941 Major. Als Ia der 16. Panzerdivision geriet er am 2. Februar 1943 im Nordkessel von Stalingrad in sowjetische Kriegsgefangenschaft; 1944 wurde er noch zum Oberstleutnant befördert. Unrechtmäßig zu lebenslanger Lagerhaft verurteilt, wurde er erst am 16. Oktober 1955 über Friedland mit den letzten Kriegsgefangenen entlassen. 1957 trat er als Oberstleutnant in die Bundeswehr ein, wurde 1958 zum Oberst befördert und war bis 1966 als Berufssoldat tätig, zuletzt im NATO-Hauptquartier in Heidelberg. Seinen Lebensabend verbrachte er in Walldorf; er verstarb am 23. Februar 2004 in Braunschweig (→ Bildtafel XVIII).*

Am 23. Januar 1943 nachmittags traf überraschend ein Befehl des Korps ein zum sofortigen Zurückgehen aller Divisionen der Nordfront über Gorodischtsche auf den Westrand von Stalingrad. Nur ein Bewegungsstreifen wurde zugewiesen. Widerstandslinien konnten gar

40 Der Bericht erschien in „Der Kamerad", Mitteilungsblatt des Kameradschaftsbundes der 16. Panzer-Division, Nr. 17, 5. Jhg., im Juli 1957, und in „Unsere 16.", Folge 144, 37. Jhg., April 1989.

nicht mehr befohlen werden, da die ganze West- und Südfront unter schwersten Feindangriffen zusammengebrochen und im Zurückfluten auf Stalingrad war. Das war nun eine neue Lage: Es mußte gehandelt werden; Resignation und Hadern mit dem Schicksal halfen nichts! Vorbefehle gingen schleunigst heraus, denn bis zum Einbruch der Dunkelheit blieb nur noch kurze Zeit. Vorbereitungen zur Zerstörung aller nicht beweglichen Fahrzeuge und Waffen sowie der Unterkünfte mußten getroffen werden. Nun waren wir froh, daß der Balkaweg nach Gorodischtsche schon erkundet und festgelegt worden war. Pioniere gingen an die schwierigen Stellen voraus, Nachtruppen unter Major Dormann[41] sollten am Feind bleiben. Täuschung des Gegners war von Wichtigkeit, denn wenn er in das Absetzen hineinstieß, bevor wir in die Schlucht eingefädelt waren, gäbe es eine Katastrophe. Würde die Truppe, die fast alle erprobten Führer schon verloren hatte, das noch schaffen?

Nach Einbruch der Dunkelheit lösten sich die Kampfgruppen vom Feind. Ab und zu ratterte ein Maschinengewehr und war etwas Motorengeräusch zu hören, sonst kein Laut, kein Licht. Wir standen wie auf Kohlen – merkte denn der Russe gar nichts? Die größte Sorge waren die nicht transportfähigen Verwundeten; seit dem Verlust des Flugplatzes konnte die Armee sie uns nicht mehr abnehmen. Wir konnten ihnen nicht helfen; sie mußten zurückbleiben. Gute Nacht, Kameraden, gebe euch Gott, daß es schnell geht, wir kommen bald nach!

Schon zogen die ersten Teile in die Schlucht hinein. Das Unwahrscheinliche glückte: In hervorragender Disziplin löste sich die Truppe unbemerkt vom Feind. Die Pioniere beendeten den Einbau von Schikanen in die verlassenen Bunker. Erstaunlich war es, wie viele Fahrzeuge plötzlich noch fahren konnten. In irgendeinem Winkel hatten die meisten Kraftfahrer doch noch einen Kanister Betriebsstoff für den äußersten Notfall. Das war ganz gut, warf aber alle Berechnungen über das Abfließen über den Haufen.

Bis Mitternacht war alles eingefädelt und rollte oder marschierte auf dem Balkaweg nach Gorodischtsche. Vorn feuerten noch die Nachtruppen und setzten sich vor Tagesanbruch abschnittweise nach Südosten ab. Am 24. Januar früh kamen wir durch Gorodischtsche. Zum ersten Mal erlebte die Kampfgruppe hier Auflösungserscheinungen. Führerlose Einheiten und Versprengte fluteten nach Osten, Fahrzeuge stauten sich, Verwundete flehten um Mitnahme auf Fahrzeugen. Der Steppenweg nach Stalingrad war eine einzige gemischte Kolonne; hier konnte man

41 Hermann Wilhelm Dormann (∗ 11. Oktober 1912 in Westerkappeln, gefallen Ende Januar 1943 in Stalingrad) war Kommandeur der II. Abtlg. des Panzergrenadier-Regiments 79 der 16. P.D. Auszeichnungen: Deutsches Kreuz in Gold am 16. März 1942, Ritterkreuz am 4. Jänner 1943.

sich nur eingliedern und mitrollen. Die Division konnte nicht mehr führen. Die Einheiten hatten ihr Ziel, also fuhr der Stab voraus.

In Stalingrad erwarteten uns neue Befehle des Korps: Aufbau einer neuen Hauptkampflinie längs der Balka, etwa ein Kilometer westlich des Stadtrandes. Wieder sollte die Division in der Mitte zwischen der 24. Panzer-Division und der 60. Infanterie-Division stehen. Der Divisionsgefechtsstand wurde in den Keller einer Silikatfabrik am westlichen Stadtrand gelegt. Ab 24. abends war die Division wieder einsatzfähig. Im neuen Abschnitt lag bereits das Feldersatz-Bataillon der 305. Infanterie-Division, das gern übernommen wurde; eine Sanitäts-Kompanie der 389. Infanterie-Division wurde zugeführt und links daneben eingesetzt. Die Teile der Division trafen ein, wurden aufgenommen und im wesentlichen unter Oberst Reinisch im rechten Teil des Abschnittes an der Balkagabel eingesetzt; sie hatten wieder Anschluß an die 24. Panzer-Division. Auch zur 60. Division wurde der Anschluß unter Einschieben der Reste des Panzer-Regiments 2 unter Hauptmann von Cramon[42] hergestellt.

Am 25. Januar war tatsächlich eine neue Front am Westrand von Stalingrad aufgebaut. Von allen Einheiten hatten sich Teile wieder eingefunden. Major Zinkel[43] hatte es geschafft, drei Geschütze seines III./Panzer-Artillerie-Regiment 16, der einzigen noch artilleristisch eingesetzten Abteilung, mitzubekommen. Auch zwei Panzer waren wieder da, nunmehr allerdings völlig unbeweglich. Major Dormann kam mit einem Häuflein seiner Nachtruppen erschöpft an; sie waren drei Tage und drei Nächte ohne Unterkunft und Verpflegung durch den weglosen Schnee gestapft und hatten noch die Waffen mitgebracht. Der Gegner drängte zunächst nur zögernd nach. Im Abschnitt Reinisch und beim Feldersatz-Bataillon 305 wurden feindliche Vorstöße abgewehrt. Im übrigen herrschte in dieser Zeit Ruhe; der Schwerpunkt der Kämpfe lag jetzt in der Mitte und im Südteil des Kessels.

Am 24. Januar stieß der Russe erstmalig von Westen zur Wolga durch und teilte damit den Nordkessel von der Masse der 6. Armee ab. Die Versorgungslage trieb zur Katastrophe: Ab 25. Januar konnten nur noch 100 Gramm Brot für die Grabenstärken ausgegeben werden, alle übrigen erhielten nur noch 50 Gramm. Etwas Verpflegung wurde fortan nur noch nachts mit Versorgungsbomben abgeworfen. Trotz scharfer Erfassung war es unvermeidlich, daß sich Verhungernde daraufstürzten und

42 Manfred von Cramon war Kommandeur des II. Btl. des Panzer-Regiments 2 und führte am 25. Januar 1943 das halbe Regiment. An diesem Tage mit dem Deutschen Kreuz in Gold ausgezeichnet.

43 Erwin Zinkel (* 12. Februar 1905 Mülheim, † 23. Februar 1968 Köln) war Kommandeur der III. Abtlg. des Panzerartillerie-Regiments 16; in Gefangenschaft war er im Block VI in Jelabuga. Deutsches Kreuz in Gold 27. Oktober 1942.

zu schlingen begannen. Die Munition war zu Ende, der Nachschub hatte aufgehört. Die Division bildete Erfassungskommandos, die hin und wieder in den Ruinen und alten Stellungen etwas Infanteriemunition fanden.

Am 26. Januar war ein in der Front eingesetztes Rumänen-Regiment geschlossen zu den Russen übergelaufen. Dort brach die Front jetzt auseinander; am 27. Januar wurde der Kessel nochmals in einen Mittel- und Südteil aufgespalten. Nun konnte es nicht mehr lange dauern. Die Kräfte nahmen jetzt zusehends ab, vielfach setzte die Apathie des Hungerns ein.

Am 28. Januar setzte das Artillerie- und Granatwerferfeuer auch bei uns wieder ein. Der Russe griff mit Infanterie und Panzern an und wurde abgewiesen. Neue Feuervorbereitung, neue Angriffe – noch einmal standen die Reste der Division und der unterstellten Einheiten schwerste Abwehrkämpfe mit Erfolg durch! In nächtlichen Gegenstößen wurden noch einmal die Russen, die zum Teil mit Panzern in die Stellungen eingebrochen waren, wieder hinausgeworfen. Wir wußten selbst nicht, woher wir die Kraft noch nahmen, dieses zu leisten. Letzen Endes war es nur noch das instinktive Gefühl, den Kameraden neben sich nicht im Stich lassen zu können. Aber die blutigen Verluste ließen die Zahl der Kämpfenden schnell auf ein Minimum absinken.

Trotz Aufopferung der Ärzte war das Schicksal der Verwundeten grauenhaft. Sie konnten kaum noch verpflegt werden. Der „Schnellhefterblock“, ein Block großer, noch leidlich erhaltener Häuser in unserer Nähe, war übervoll mit Verwundeten und Kranken belegt. Nun lag er unter schwerstem Beschuß, Brände brachen aus, andere Unterkünfte waren nicht vorhanden. Schwer war auch das Elend der Versprengten. Luftwaffentrupps meldeten sich bei uns, die bei uns kämpfen wollten. Dafür aber wollten sie etwas zu essen haben. Wir konnten es ihnen nicht geben, also zogen sie verzweifelt weiter. Alle Löcher lagen voll Verwundeter, Erschöpfter und Zusammengebrochener; niemand konnte mehr helfen. Der Divisionsbunker war voll mit Verwundeten belegt, der Stab war in ein kleines Nebengelaß gedrängt. Der Feind ging 1 km vor unserer Hauptkampflinie offen spazieren und baute in Ruhe seine Waffen hinter Schneewällen gegen uns auf. Wir sahen alles genau und konnten uns nicht wehren.

Am 30. Januar setzte schweres Artilleriefeuer ein. Die Truppe ertrug es mit stoischer Ruhe – zu Gemütsbewegungen fehlte die Kraft. Wozu auch? Es war ja doch bald zu Ende! Das einzige, was uns noch zusammenhielt und dem Leben einen Wert gab, war die Kameradschaft. Wer sie aufgab oder verlor, war dem Nichts ausgeliefert. Am Abend hörten wir die Rede Görings zu unserem heroischen Untergang. Ein bitteres Gefühl kam hoch: Uns war nicht heroisch zumute; wir hatten getan, was getan werden mußte, das war alles! Und das Sterben war doch nicht so einfach, wie es der Redner zu wissen vorgab. Es dauerte lange, bis man sich innerlich damit abgefunden hatte, daß es aus war. Dann aber gab es ein merkwürdiges Gefühl der Freiheit und Losgelöstheit, bis man in irgendeinem Winkel des Herzens doch wieder ein Fünkchen Hoffnung und Lebenswillen entdeckte.

Am 31. Januar kapitulierte Feldmarschall Paulus am Roten Platz im Südkessel. Einen Tag später schlug auch für den Nordkessel die Stunde, in dem die 16. Panzer-Division immer noch kämpfte. Schwere Feuer- und Kampftätigkeit lebte noch einmal rundum auf. Noch einmal wies die Division feindliche Angriffe in der Front ab – es war ja fast ein Wunder! Links von uns wurde die 60. Infanterie-Division im Verlaufe eines Tages überrannt und hörte in den Abendstunden auf zu existieren. Es gab keine Verbindung mehr; ein entsandter Spähtrupp meldete, daß der Russe mit dem Sammeln der gefangengenommenen letzten Reste der Division, fast nur noch Verwundeter, beschäftigt war. Auch rechts von uns, bei der 24. Panzer-Division, hatte der Russe einen tiefen Einbruch erzielt. Am Traktorenwerk wurde noch gekämpft. Unsere Kampfgruppen vorne meldeten schwere Verluste und fehlenden Anschluß nach rechts und links.

Die letzte Munitionsbestandsmeldung der ganzen Division an diesem Tage nachmittags lautete: Insgesamt noch zwei Kisten Infanteriemunition (gefunden), zwei Schuß Aufschlagzünder für leichte Feldhaubitzen. Alle waren wir uns darüber klar, daß es jetzt zu Ende ging. Aber noch einmal regte sich der Lebenswille. Die Stellung vorne war am Abend nicht mehr zu halten; sie wurde noch einmal bis an die zerstörten Häuser der Silikatfabrik zurückgenommen. Wieder glückte das Unternehmen. Die ganze Nacht waren Hauptmann Schmitz[44] und Oberleutnant Brendgen[45] vom Regiment 79 unterwegs, um die letzten Reste, kaum noch eine Kompanie, in die Stellungen einzuweisen. Der gesamte Nordkessel war nun nicht mehr als 400 bis 500 Meter breit! Links von uns war nichts mehr.

In der Nacht zum 2. Februar drang der Russe links von uns weit ins Hintergelände ein. Die letzten Reste der Panzernachrichtenabteilung 16 und des Divisionsstabes versuchten noch, uns durch einen Entlastungsstoß in den früheren Abschnitt der 60. Division etwas Luft zu verschaffen, wurden aber zersprengt. Kurz vor Tagesanbruch warf sich Major Dormann mit einigen Verwundeten noch einmal der Umklammerung von links rückwärts entgegen. Es war zwecklos; er stieß nur noch in

44 Ein Hauptmann Schmitz war IIa der 16. Panzer-Division und verstarb 1943 in sowjetischer Gefangenschaft.

45 Franz Brendgen war O1 der 16. Panzer-Division. Am 6. November 1942 erhielt er das Deutsche Kreuz in Gold.

Gruppen von Verwundeten und Gefangenen hinein, die gesammelt wurden und zwischen der russischen Kampftruppe herumstanden. Er kam allein zurück.

Mit Tagesanbruch des 2. Januar vollendete sich auch das Schicksal der 16. Panzer-Division. Der Russe hatte offenbar den Widerstandsherd der Division erkannt und rollte nun mit Panzern und Infanterie die letzten Teile der Kampfgruppen und auch der Gruppe am Divisionsgefechtsstand von hinten und von der Südflanke auf. Der letzte Akt des Dramas lief mit großer Geschwindigkeit ab. Die zwei Kisten Munition waren längst verschossen, das letzte Geschütz hatte die letzte Granate verfeuert. Der Russe war in der Morgendämmerung plötzlich von zwei Seiten über uns. Nach kurzem Kampf war es überall aus; es gab keine Kapitulation. Einige kraftlose Gestalten wurden gesammelt. Die Division hatte ihre Pflicht bis zum letzten erfüllt.

Dem Divisionskommandeur, Generalmajor Angern, gelang es noch durch einen Zufall, durch eine Lücke nach rechts rückwärts auszuweichen. Er versuchte sich mit Oberleutnant Brendgen, den er traf, zum Traktorenwerk durchzuschlagen, wo noch einige Schüsse fielen. Dies erwies sich bald als unmöglich. Er schickte Oberleutnant Brendgen zurück und beschloß, nur von seinem treuen Burschen begleitet, sich über die Wolga nach Süden durchzuschlagen. Brendgen sah ihn hinter einem Schneehügel verschwinden. In einem Heeresbericht vom 5. Januar meldete der Russe, bei der Säuberung des Kampfraumes in Stalingrad unter anderem auch die Leiche eines deutschen Generals gefunden zu haben, bei dem es sich vermutlich um den Kommandeur der 16. Panzer-Division handele.

Bevor Generalmajor Angern versucht hatte, sich zum Traktorenwerk durchzuschlagen, hatte er mich beauftragt, die Übergabe der Verwundeten zu organisieren. Ich eilte hinunter in den Kellerbunker; viel konnte nicht mehr getan werden. Ich gab Anweisung an einen verwundeten Feldwebel zur Übergabe und sprach einige kurze Worte des Abschiedes und des Dankes. Als ich die Treppe wieder hinaufstieg, lief ich in die vorgehaltene MP der Russen – es war aus! Draußen standen schon etwa 20 Mann der Divisionsgefangenen. Das Interesse der Russen galt vorerst nur den Uhren. Meine wurde ich sofort los, die Pistole erst später. Sofort wurden die Offiziere von den Mannschaften getrennt, danach auch die Stabsoffiziere ausgesondert. Nach einiger Zeit waren etwa 180 bis 200 Gefangene gesammelt und eine Kolonne mit den Stabsoffizieren an der Spitze gebildet. Die Bitterkeit wollte uns übermannen – unfrei!

Die Kolonne marschierte etwa zwei Kilometer bis zu einer Stelle, an der eine rote Fahne einen russischen Stab anzeigte, wahrscheinlich den einer Division. Es wurde gehalten. Den Stabsoffizieren und einigen Hauptleuten wurde befohlen, vorzutreten, das Gepäck abzulegen und sich am Rande einer Schlucht mit vier Schritten Zwischenraum aufzustellen. Sowjetsoldaten mit schußbereiter MP stellten sich davor – also Erschießung! Es war aus, kein Wort fiel bei uns, wozu auch! Die seelischen Eindrücke der letzten Stunden hatten uns abgestumpft; wir waren auf alles gefaßt.

Der führende russische Leutnant betrat mit der Fahne den Bunker. Fünf endlose Minuten dauerte es, bis er wieder heraustrat. Ein kurzer Befehl, dann wurden wir Stabsoffiziere wieder gesammelt, nahmen unser Gepäck auf und wurden gesondert abgeführt. Zu 12 bis 15 Mann marschierten wir etwa zehn Kilometer bis Gorodischtsche und wurden dort in ein erhaltenes leeres, aber sauberes Bauernhaus gebracht. Es war seit Monaten das erste Dach über dem Kopf; man konnte auf dem Boden schlafen, es war warm und es gab sogar einen Teller Feldküchenessen. Schnell entstand das Gefühl: Die Gefangenschaft ist vielleicht doch nicht so schlimm!

Am Abend wurden die ersten zur Vernehmung zu einem nahen höheren Stab geführt. Das Gerücht verbreitete sich, wir sollten mit der Bahn abtransportiert werden. Am nächsten Abend wurde auch ich zur Vernehmung geführt. Sie erfolgte durch den Chef des Stabes der betreffenden russischen Armee und wurde von dessen Seite betont freundlich als „Gespräch von Generalstabsoffizier zu Generalstabsoffizier" geführt. Ich blieb kühl, lehnte Auskünfte über militärische Dinge ab, beantwortete Fragen mit Gegenfragen und wurde weggeschickt. Am Abend des nächsten Tages wurde etwa die Hälfte von uns zum Bahnhof gebracht; wir anderen sollten im zweiten Schub folgen.

Die ersteren wurden, wie wir später erfuhren, mit einem Schlafwagenzug vom Schlachtfeld nach Moskau gefahren. In der späteren Kriegsgefangenenzeitung des Nationalkomitees wurde diese Tatsache verherrlicht und verallgemeinert; ein abgedruckter Brief über die Kriegsgefangenschaft in der Sowjetunion begann mit den Worten: „Lieber Ali, Du würdest staunen!"[46] Der berühmte Zug hieß seitdem „Alizug".

---

46 In einem Brief von Generalmajor Dr. Otto Korfes an seinen Schwager und Freund Merz von Quirnheim, genannt „Ali", stand: „Sodann zogen wir in einen früheren Herrensitz um, der von großen Wäldern umgeben und schönen Bäumen beschattet, mit Gelegenheit für Spaziergänge, Tennisspiel, Handball und anderen Sport, fast einem Kuraufenthalt glich." Er wurde in der Zeitung „Freies Deutschland" abgedruckt und erregte besonderes Aufsehen, im Gefangenenjargon „Ali-Brief" genannt. Skepsis, Heiterkeit und Empörung waren das Ergebnis bei den geschundenen Kriegsgefangenen. Als Generalmajor Korfes einmal ein Lager besichtigte, öffnete sich das Tor, und eine Abteilung völlig verelendeter Gestalten stapfte von der Außenarbeit ins Lager zurück. Der General blickte verlegen und fragte seine Begleiter, woher diese Leute kämen. Da richtete sich aus den Reihen der Vorüberwankenden ein junger Offizier auf und rief ihm zu: „Wir kommen gerade vom Tennisspielen, lieber Ali!" (Aus der Divisionsgeschichte der 295. I.D., S. 1190).

Die Russen hätten größere und dauerhafte Erfolge bei den Deutschen gehabt, hätten sie ihr Verhalten den Kriegsgefangenen gegenüber von Vernunft und Menschlichkeit regieren lassen. Ihr Haß, ihr Zersetzungs- und Vernichtungswille trieb zwar schnell Furchtsame und Opportunisten in das von ihnen gegründete „Nationalkomitee Freies Deutschland" bzw. den „Bund Deutscher Offiziere", bei Nachlassen des Druckes aber zerrannen die Erfolge rasch wieder. Wir wurden nicht mehr zum Bahnhof gebracht; ich mußte wohl zu denen gehören, deren Antworten bei der Vernehmung keine Erfolge bei weiterer Bearbeitung versprachen.

Am nächsten Morgen begann auch für uns das Elend; wir marschierten aus dem Bauernhaus ab. Am Ortsausgang wurden wir unter den Augen der Begleitposten zum ersten Mal leicht geplündert. Noch erschien es uns unerträglich, doch bald sollte es uns zur Gewohnheit werden. Noch zweimal wurden wir von den Posten von der Straße ab seitwärts in Mulden geführt. Sofort sammelte sich eine Horde russischer Soldaten, die plündernd über uns herfielen.

Gegen Mittag erreichten wir eine Stacheldrahtumfriedung auf freier Steppe, ein kleines Armee-Pionier-Materialdepot. Der Schnee war bei etwa 10 Grad Kälte metertief. Hier fanden wir etwa 80 bis 100 deutsche kriegsgefangene Offiziere vor. Da keine Unterkunft vorhanden war, waren sie dabei, Wälle gegen den Wind aus Schnee zu errichten und sie durch eine unter dem Schnee gefundene zerrissene Wagenplane abzudecken. Ein altes Benzinfaß wurde als Ofen hergerichtet; mit aus dem Schnee gegrabenen Holzsplittern wurde Feuer gemacht. Abends wurde es bitterkalt, so daß wir uns im Windschutz hockend zusammendrängten. Die Älteren und die Stabsoffiziere wurden bei Dunkelheit in ein Erdloch in der Umfriedung eingewiesen. Es war abgedeckt, einige Pritschen befanden sich darin, und die Körper verbreiteten bald Wärme. Ermüdet sanken wir in den Schlaf.

Das Los der jungen Offiziere, die die Nächte in der Schneeumwallung zubringen mußten, war wesentlich härter. Wir bewunderten ihre stoische Haltung. Alle paar Stunden, Tag und Nacht, wurden wir geplündert. Erstaunlich, was die Russen immer noch fanden und brauchen konnten! Etwas Verpflegung wurde angeliefert, Brot und Trockenfisch, unregelmäßig auch etwas Hirsesuppe. Die Kräfte nahmen ab; ärztliche Behandlung gab es nicht, die ersten Toten wurden morgens herausgetragen und in den Schnee gelegt.

Nach drei oder vier Tagen marschierten wir ab, nachdem etwas Brot und Trockenfisch ausgegeben worden war. Zu uns etwa 100 Offizieren stieß eine Marschkolonne von etwa 150 meist leichtverwundeten Offizieren hinzu.

Der Marsch führte geschlossen nach Westen, drei oder vier Tage bis zum Don. Die Wege waren gefroren und festgefahren, die Kälte nachts schneidend, tagsüber erträglich. Die Nächte verbrachten wir meist in Schafställen und abgedeckten Erdgruben in der Steppe. Nachts wurden wir wieder regelmäßig von eindringenden russischen Soldatenhorden geplündert. Jetzt ging es vor allem um Ringe, die mit vorgehaltener Pistole von den Fingern gerissen wurden. Ob und wie wir verpflegt wurden, weiß ich nicht mehr; der Brotanteil war aufgezehrt. Einmal nächtigten wir in einigen Schuppen, in denen abends etwas warme Suppe ausgegeben wurde. Am nächsten Morgen wurden in größerer Zahl Tote herausgetragen und der Marsch ging weiter. Durst plagte uns. Wir überschritten den Don nach Westen; an einem Eisloch tranken viele Don-Wasser.

Jenseits des Don ging der Marsch nach Nordwesten weiter. Durch Anstrengung, Hunger und Kälte waren wir völlig erschöpft. Noch aber half einer dem anderen, wurden sarkastische Worte der Ermunterung zugerufen. Die Verwundeten schleppten sich oder wurden mitgeschleppt. Die ersten blieben zurück und wurden hinten von den Posten erschossen. Bald wurde uns der Knall der MP zur Gewohnheit.

Nunmehr folgten wir einer Straße, die vor Tagen bereits von einem Gefangenentransport benutzt worden war. Das Bild war grauenvoll: Zu vielen Hunderten lagen Tote auf und neben der Straße! Ein Teil der Leichen war schon gefleddert, Stiefel und Hosen ausgezogen, zum Teil bereits von Raubzeug oder verwilderten Hunden angeschnitten. Zuerst bemühten wir uns noch, die Toten wenigstens von der Straße zu ziehen; bald aber siegte die Erschöpfung, und wir stiegen über die Leichen hinweg.

Nach etwa 100 bis 120 km Marsch in fünf Tagen erreichten wir Kisljakow, ein ehemaliges deutsches Erdbunkerlager. Hier waren bereits einige hundert Kriegsgefangene versammelt, meist Offiziere. Wir wurden in einen Erdbunker eingewiesen und fielen in einen totenähnlichen Schlaf. Dort blieben wir mehrere Tage; täglich wurde einmal Hirsesuppe mit Speck ausgegeben und auch etwas Brot verteilt. Die Lebensgeister wurden wieder wach.

Nach etwa einer Woche marschierten wir wieder ab. Die Kolonne war jetzt 300 bis 400 Mann stark, meist Offiziere. Als Marschverpflegung wurde etwas Brot mitgegeben. Angeblich sollten wir zur Verladung auf die Bahn auf dem ostwärtigen Donufer geführt werden. Der Marsch ging zunächst wieder nach Südosten zum Don, der wieder auf dem Eis überschritten wurde, und wurde zur vollendeten Qual: keine Verpflegung, keine Unterkunft! Zur Nachtruhe wurden wir auf der Steppe eng zusammengetrieben. Wir drängten uns aneinander, jeder hockte sich auf sein Bündel; die Decken wurden als Dach über die Köpfe gelegt. Jeden Morgen blieben mehrere tot zurück; Läuse plagten uns. Meist wurde bis spät in die Nacht oder auch nachts marschiert.

Nachdem wir die Bahnlinie erreicht hatten, rasteten wir längere Zeit. Da es keinen Zug für uns gab, ging der Marsch weiter. Die Begleitposten hatten sich einen Schlitten besorgt und hoch mit Gepäck und Beutegut beladen. Er mußte im tiefen Schnee von Gefangenen mitgezogen werden. Als die ausgezehrten und übermüdeten Körper die Kraft dafür nicht mehr hergaben, prügelten die Posten mit Stöcken auf uns ein. Der Knall der Maschinenpistole beim Zurückbleiben Ermatterter entlockte uns jetzt keine Gemütsbewegung mehr. Jeder wußte: Es konnte bei ihm selbst nur noch kurze Zeit dauern. Ein Arzt schleppte seinen Koffer mit Arzneien mit, half, wo er konnte, und verteidigte ihn, als die Posten ihm den Koffer abnehmen wollten. Sie schlugen ihn und zerschlugen den Koffer. Er zog die Reste an einem Strick hinter sich her und half weiter, selber todmüde.

Nach einer durchmarschierten Nacht rasteten wir in einer Balka, einen Tagesmarsch westlich von Stalingrad. Es wurde Tag, die Sonne wärmte schon ein wenig. Rückwärts krochen wir in in den Hang gegrabene Erdlöcher und schliefen vor Hunger und Müdigkeit.

Am nächsten Morgen wurde der Marsch nach Osten fortgesetzt. Wieder blieben viele tot oder todkrank zurück. Oberst von der Groeben brach in unserer Mitte zusammen. Wir trugen sein Gepäck, führten ihn und trugen ihn zuletzt auf einer Stange. Als wir gegen Abend die ersten Häuser von Stalingrad erreichten, wurde gerastet. Den kranken Oberst von der Groeben übergaben wir einer russischen Ärztin, die dort auftauchte.

Es war Ende Februar – nach etwa 250 Kilometern Marsch kreuz und quer durch die Steppe waren wir nun wieder in den Ruinen von Stalingrad! Eine sehr große Zahl von Gefangenen hatte dieser Vernichtungsmarsch das Leben gekostet. Am Abend wurden wir zu einem Keller unter einer zerschossenen Fabrik geführt und hineingetrieben. Wir fielen mehr hinein, als daß wir hinuntersteigen konnten. Unten erwartete uns ein Inferno.

Der Keller war bereits von rumänischen Gefangenen besetzt, die ihren Platz verteidigten. Eine trübe Kerosinlampe warf einen gespenstischen Schein. Wie Tiere fielen sich die Eindringlinge und die Verteidiger an; es wurde geprügelt, geschrien und geflucht. Auch ich war am Ende meiner Kräfte und brach auf einem Haufen rostigen Eisens zusammen. Als ich wieder zu mir kam, war es stockfinster, aber es herrschte Ruhe. Am nächsten Morgen wurde draußen etwas warmes Wasser als Tee-Ersatz ausgegeben. Wir krochen hinaus und wuschen uns mit Schnee; der Lebenswille erwachte wieder.

Am Nachmittag marschierten wir weiter; nun ging es nach Süden durch die Ruinen der Stadt. Wir sahen unseren Oberst von der Groeben, den wir der russischen Ärztin zur Betreuung übergeben hatten. Totgeschlagen lag er im Rinnstein, nicht weit von unserem Keller! Nach einigen Kilometern wurden wir angehalten: Ein schauerlicher Zug zog an uns vorüber. Es war eine lange Karawane von Kamelen, die jeweils drei bis vier Schlitten hinter sich herzogen. Auf jedem Schlitten lag ein Haufen gefrorener und verkrampfter Leichen deutscher Soldaten. Dies konnten nur die Überreste unserer krank zurückgelassenen Kameraden sein. Allein dieser Zug transportierte schätzungsweise 500 bis 600 Leichen! Die Kamele brüllten ihren klagenden Ruf; die Posten riefen uns höhnische Bemerkungen zu. Dann wurden wir wieder geplündert: Hier ging es vor allem um Stiefel.

Den ganzen Tag lang marschierten wir nach Süden. Zur Nacht wurden wir in ein Bauernhaus zusammengedrängt. Es war so eng, daß wir weder liegen noch kauern konnten, sondern die Nacht stehend verbringen mußten. Der Morgen brachte die Erlösung durch den Weitermarsch. Am Nachmittag trafen wir in Beketowka ein.

Wir wurden nicht in das berüchtigte große Lager geführt, sondern in einem lichtlosen, kalten Kinosaal am Stadtrand untergebracht. Dort legten wir uns auf den Boden und fielen in Schlaf. Der Morgen weckte auch die Lebensgeister wieder. Heißes Trinkwasser wurde ausgegeben, und wir konnten uns mit Schnee waschen. Die Sonne schien; es begann zu tauen. In der Sonne konnten wir unsere Plagegeister, die Läuse, zur Räson bringen, was wenigstens zeitweise Erleichterung brachte. An einer Feldküche wurde Warmverpflegung ausgegeben, dann verteilte man pro Person ein bis zwei Heringe.

Zu dieser Zeit ahnten wir noch nichts von dem Drama, das sich unweit von uns abgespielt hatte. Von Überlebenden hörten wir, daß der größte Teil der Gefangenen des Süd- und Mittelkessels in das Sammellager Beketowka verbracht worden war. Infolge völlig unzureichender Betreuung waren bald Fleckfieber und Typhus ausgebrochen; kompanieweise waren die Kameraden gestorben. Einheiten, die bis hierher noch zusammengehalten hatten, waren innerhalb von Tagen ausgelöscht worden. In etwa zwei Wochen sollen hier vierzig- bis fünfundvierzigtausend Mann gestorben sein!

Bereits nach drei Tagen wurden wir zum Bahnhof gebracht und in einen Transportzug verladen. Aufs engste wurden wir in kleine, geschlossene Güterwagen zusammengepfercht. Die eingebauten Pritschen reichten bei weitem nicht aus; wer einen solchen Platz erobert hatte, verteidigte ihn. Die lichte Höhe meines Platzes betrug nur 30 cm. Durch die Ritzen des Bodens zog es, durch die Spalten der Waggonwand Stob der Schnee von der Seite. Abortvorrichtungen waren nicht vorhanden; die Notdurft mußte auf dem Waggonboden erledigt und mit einem Holzspan durch ein Loch in der Wand nach draußen befördert werden. Da die Mehrzahl an ruhrähnlichen Erkrankungen litt, waren die Verhältnisse im Waggon bald unerträglich. Weil alle Luken geschlossen waren, fuhren wir die ganze Zeit im Dunkeln. Der Tag kündigte sich nur durch Dämmerlicht an, das durch die Ritzen drang. Das Schlimmste war, daß wir uns dadurch nicht mehr von den Läusen befreien konnten und die Plage daher langsam unerträglich wurde.

Je weiter wir nach Norden fuhren, desto kälter wurde es. Zwar war je Waggon ein kleiner Blechofen vorhanden, aber das Holz wurde nur in verschwindender Menge geliefert; zudem fehlte es an Mitteln, um es zu zerkleinern. Täglich wurde zu unregelmäßigen Zeiten Verpflegung in den Waggon geschoben, jedoch viel zu wenig, um den körperlichen Verfall aufzuhalten. Der salzige Trockenfisch verursachte bald unerträglichen Durst. Auf einem größeren Bahnhof, auf dem wir längere Zeit hielten, sahen wir durch die beim Verpflegungsempfang geöffnete Türspalte eine Gruppe hoher russischer Offiziere, die sich nicht weit von uns den Elendstransport ansahen. Auf russisch rief ich ihnen die Bitte um Wasser zu. Eine beleidigende höhnische Antwort eines Generals war die einzige Antwort. Täglich wurden jetzt Tote aus dem Wagen gezogen, so daß genügend Platz entstand, um Wagen für die Schwerkranken einzurichten. Diese wurden von Zeit zu Zeit durch eine russische Ärztin aus den Waggons geholt. In Kasan wurde eine große Zahl von Schwerkranken ausgeladen. Einige von ihnen stießen später geheilt wieder zu uns. Sie waren in einem Kriegsgefangenen-Lazarett ärztlich versorgt worden; die Masse war trotzdem verstorben.

Hunger und Nikotinsucht unter den Gefangenen trieben unschöne Blüten. Den Posten wurden beim Verpflegungsempfang Eheringe, noch vorhandene Uhren und anderes gegen Naturalien angeboten. Die Posten tauschten diese Dinge gegen lächerliches Entgelt ein; auch dieses stahlen sie der Allgemeinheit noch und verschwanden teilweise mit geringer „Anzahlung“.

Am 15. oder 16. März, nach dreizehntägiger, qualvoller Fahrt, öffneten sich an einem klaren, kalten Wintertag die Waggontüren: Station Kisnjer östlich Kasan. Die frische Luft tat gut! Wir konnten aussteigen. Als ich auf dem Bahnsteig stand, versagten die Glieder den Dienst, ich brach zusammen und fiel in einen Schneehaufen. Ich schleppte mich an den Zaun, war aber noch so schwach, daß ich mir nicht vorstellen konnte, noch einmal einen Marsch durchzustehen. Es dauerte lange, bis alle entladen und gesammelt waren; fast alle Gefangenen waren in der gleichen Verfassung. Allmählich kehrten die Kräfte zurück.

Wieder marschierten wir, Richtung Süd und Südost – und merkwürdig, es ging! Während es in Stalingrad zwei Wochen vorher schon getaut hatte, war es hier noch sehr kalt und windig. Drei Tage lang marschierten wir, insgesamt etwa 80 Kilometer. Während die bisherigen Märsche nur als Vernichtungsmärsche bezeichnet werden konnten, verrieten sie jetzt zum ersten Mal Organisation. Die Kolonne wurde erstmalig von einem russischen Offizier geführt und die Begleitposten waren vernünftig. Marschpausen wurden eingelegt, und bei Nacht war Unterkunft vorbereitet worden, meist in Dorfschulen. Regelmäßig wurde verpflegt, das Gepäck von Schwachen und Kranken zum Teil auf Schlitten nachgefahren. Marschkranke, die in erheblicher Zahl anfielen, wurden nicht mehr erschossen, sondern gesammelt und etappenweise nachgeholt. Dennoch erreichte ein beträchtlicher Teil nicht mehr das Lager, sondern starb unterwegs.

Am 18. März trafen wir im Lager Jelabuga ein. Der lange Bahntransport und der erste Monat im Lager forderten noch einmal eine erschrekkende Zahl von Todesopfern. Von den über 2000 Mann, die Anfang März aus Beketowka abtransportiert worden waren, waren Ende April noch etwa 800 am Leben.

## Carl Rodenburg:
## 12 Jahre als Gefangener in der Sowjetunion[47]

*Carl Rodenburg wurde am 17. Mai 1894 in Geestermünde geboren. 1912 trat er dem Infanterie-Regiment 113 bei, mit dem er am Ersten Weltkrieg teilnahm, den er als Oberleutnant beendete. Im Frankreichfeldzug war er Kommandeur des I.R. 20; Anfang 1942 übernahm er als Generalmajor die Führung der 76. Infanterie-Division. Für überlegene Führung und persönliche Tapferkeit erhielt er am 8. Oktober 1942 das Ritterkreuz und nach seiner Beförderung zum Generalleutnant am 1. Dezember 1942 für seine hohe Opferbereitschaft und seine Leistungen noch am 31. Januar 1943 das Eichenlaub zum Ritterkreuz.*

Der russische Großangriff auf den Kessel begann am 10. Januar. Er richtete sich zunächst gegen den westlichen Kesselteil und gewann bei weitgehender Überlegenheit der russischen Kräfte, insbesondere an Panzern und Artillerie, bald Boden. Am 15. Januar wurde die 44. I.D., unser linker Nachbar, von starken Kräften angegriffen; die Lage konnte aber zunächst bereinigt werden. Die Division, bisher nicht angegriffen, war erst am 18. Januar gezwungen, in eine rückwärtige Linie auszuweichen. Zu diesem Zeitpunkt besaß sie noch ihre gesamte Artillerie, die aber, wie bei allen Truppenteilen, nur noch über sehr wenig Munition und über keine Pferde mehr verfügte.

47 Der Bericht wurde dem Buch von Jochen Löser „„Bittere Pflicht. Kampf und Untergang der 76. Berlin-Brandenburgischen Infanterie-Division", Osnabrück 1988, mit Genehmigung des Biblio Verlages entnommen.

Im Rossoschkatal, nahe beim Divisionsgefechtsstand, befand sich eine Heerestransport-Abteilung, die noch über geringe Mengen Kraftstoff verfügte. Mit ihr wurde vereinbart, bei Aufgabe der gut ausgebauten Stellung Teile der Artillerie in die neue Stellung abzuschleppen. Am Mittag des Rückzugstages meldete sich der Artillerie-Regimentskommandeur auf meinem Gefechtsstand mit einer einzigen Feldhaubitze – von ihm, Offizieren und Männern gezogen! Die Transportfahrzeuge seien am Hang abgerutscht und hätten kein Geschütz herausziehen können. Da empfand ich so, als habe er die Fahne gerettet, und drückte ihm die Hand. Beim weiteren Zurückgehen von Linie zu Linie stieß ich bei einer Fahrt nach vorne auf einen schon aufgegebenen Verbandplatz voller nur notdürftig versorgter Verwundeter und Kranker. Sie flehten: „Herr General, bringen Sie uns nach Stalingrad!" Ich konnte tatsächlich noch zwei LKWs auftreiben; aber hatte ich den armen Männern wirklich helfen können? Ich glaube es nicht – sicher kamen sie wie alle in Stalingrad liegenden Kranken und Verwundeten irgendwo in einem Keller elend um.

Den letzten vernichtenden Schlag führten die Sowjets am 25. Januar mit dem Erfolg, daß der Kessel in einen Nord- und einen Südkessel gespalten wurde. Diese Zerteilung bedeutete auch die Aufspaltung der Division in zwei Teile; dazwischen stand der Russe. Es gab keine Frontlinie mehr, sondern nur noch kleine Reste, die sich in Granattrichtern verteidigten. Viele unserer Männer befanden sich schon seit Tagen in Gefangenschaft. Mit meinem Stabe – im ganzen etwa 20 bis 25 Mann – lag ich zuletzt in einer Bodensenke, in der wir seit dem 30. Januar Widerstand leisteten. Am 31. Januar, etwa um 15 Uhr, faßte ich den Entschluß, aufzugeben. Ich ließ zwei Tage vorher gefangene russische Offiziere zu mir kommen und forderte sie auf: „Gehen Sie zur nächsten russischen Dienststelle und sagen Sie, daß wir den Kampf einstellen!" Damit vermied ich es, die weiße Flagge zu zeigen. Eine Viertelstunde später waren die Russen da. Ich nahm Abschied von meinen Männern – ein schwerer Augenblick für uns alle – und wurde mit dem Ia der Division, Oberst Breithaupt[48], von einem russischen Offizier, der höflich und korrekt war, abgeführt, zu einem höheren russischen Stab geleitet und dort untergebracht.

Einige Tage später wurden sämtliche Generale, Generalstabsoffiziere und Kriegsrichter in einem gut ausgestatteten Sonderzug Richtung Moskau abtransportiert. Daraus erklärt sich – was oft abwertend erwähnt wird –, daß die gefangenen Generale in voller Zahl lebend die Gefange-

48 Oberst i. G. Günther Breithaupt verstarb Anfang Februar 1943 auf dem Weg in die Gefangenschaft. Noch am 25. Januar 1943 war er mit dem Deutschen Kreuz in Gold ausgezeichnet worden.

nenlager erreichten, während ihre Untergebenen auf den Todesmärschen zu Tausenden umkamen. Oberst Breithaupt wurde aus irgendeinem mir unbekannt gebliebenen Grunde von mir getrennt. Er mußte das Todesschicksal unzähliger Männer der Division auf dem Weg in die Gefangenenlager teilen. Nach kurzem Aufenthalt in Krasnogorsk und dem Lager Susdal, einer mit gewaltigen Mauern umgebenen alten Festung, wurden die Generale in Woikowo, einem Eisenbahnerheim, untergebracht. Schon in Susdal hatten deutsche Kommunisten Propaganda für ein „Nationalkomitee Freies Deutschland" und einen „Bund Deutscher Offiziere" gemacht und bei einigen Offizieren Interesse gefunden

Das „Nationalkomitee" war eine in Moskau gegründete Vereinigung deutscher Kommunisten unter Führung von Pieck[49], Ulbricht und anderen. Ihm waren schon vor Stalingrad einige deutsche Gefangene beigetreten. An die Generale traten die Russen erst später heran. Sie verlegten einige von ihnen – Seydlitz, Korfes und Lattmann[50] – nach Lunjowo, einem Orte nahe Moskau, und verstanden es, sie für ihre Zwecke dienstbar zu machen. Der „Bund Deutscher Offiziere" wurde erst im Sommer 1943 in Krasnogorsk bei Moskau vom „Nationalkomitee" ins Leben gerufen. Seydlitz übernahm den Vorsitz und wurde gleichzeitig zweiter Vorsitzender des „Nationalkomitees". Zunächst hatten sich die drei Generale nur dazu bereiterklärt, Schreiben an ihnen bekannte höhere deutsche Befehlshaber zu richten, in denen sie dazu aufforderten, den Kampf einzustellen und die Waffen gegen Hitler zu kehren. Da diese Briefe Hitler zur Kenntnis gelangen mußten, hatten die Russen diese drei Generale nun in der Hand und konnten eine härtere Aktion mit der Parole „Übergang zum Nationalkomitee" verlangen. Seydlitz und der „Bund Deutscher Offiziere" beugten sich dieser Forderung, so daß nunmehr mit Flugblättern und durch Frontlautsprecher zum „Übergang zum Nationalkomitee", also zum Überlaufen, aufgefordert wurde; einem Verbrechen, auf dem die Todesstrafe stand und zu dem aufzufordern, Landesverrat war.

---

49 Wilhelm Pieck (* 3. Januar 1876 Guben, † 7. September 1960 Ostberlin) war 1919 Mitbegründer der KPD und 1928–1933 Mitglied des Reichstages; danach bis 1945 Emigration in Frankreich und der Sowjetunion. Seit 1935 Vorsitzender der KPD. 1946–1954 mit Grotewohl Vorsitzender der SED, seit 1949 Mitglied des Politbüros und bis 1960 Präsident der DDR.

50 Martin Lattmann (* 10. Februar 1896 in Freiburg/Elbe, † 11. August 1976 in Ostberlin) beendete den Ersten Weltkrieg als Leutnant; 1925 Oberleutnant, 1930 Hauptmann, 1935 Major, 1939 Oberstleutnant und 1940 Oberst. Am 26. November 1942 wurde er mit der Führung der 14. Panzer-Division befördert und am 1. Januar 1943 zum Generalmajor befördert. In Gefangenschaft war er Mitglied des Geschäftsführenden Vorstandes des BdO. 1948 Rückkehr; 1952 Generalmajor der Volkspolizei, stellv. Chef für Panzerwesen im Innenministerium; 1958 Mitglied der Staatlichen Plankommission der DDR (→ Bildtafel XVIII).

Ich selber hatte in die Angelegenheit Lunjowo vollen Einblick. Gegen meinen ausdrücklichen Willen wurde ich dahin geholt und lebte dort über zwei Monate in selbstverlangter völliger Isolierung. Als ich durch einen Offizier meiner Division erfuhr, daß Seydlitz und ein Teil der Offiziere in ihrer Haltung unsicher geworden seien, nahm ich mit Seydlitz Verbindung auf und riet ihm dringend, den Russen wieder abzusagen, da die Russen und die deutschen Kommunisten die Zersetzung der Truppe verlangten. Gegen seine bessere Einsicht – er gab mir vor Zeugen zu, daß er von den Russen betrogen worden sei – konnte er sich aus seiner Verstrickung nicht lösen. An der deutschen Front hatte diese Aktion nur sehr geringen Erfolg, da sie als Mache der Russen angesehen wurde. In den Gefangenenlagern aber wirkte sie sich verheerend auf die Kameradschaft aus. Es kam, von den Russen gefördert, zu den übelsten Gegensätzen: „Antifaschisten" oder „Aktivisten" gegen „Faschisten". Erstere erhielten, den Russen hörig, die leitenden Stellungen in den Lagerverwaltungen, Küchen und Beständekammern sowie vor allem bei der Führung der Arbeitsbrigaden.

Ich selber wurde wegen Konspiration gegen den Offiziersbund verhaftet. Ich kam aber nicht wie zwei an der Konspiration beteiligte Offiziere ins Gefängnis, sondern wurde in einer Datscha nahe Lunjowo als einziger Insasse und bei guter Behandlung untergebracht. Dort vernahmen mich nach etwa 14 Tagen zwei russische Generale. Ich bekannte mich zu allen Versuchen, dem Offiziersbund zu schaden, und sagte schließlich, daß ich gegen Seydlitz hätte handeln müssen, da er ja das gleiche täte wie der russische General Wlassow[51] in Deutschland! Das frappierte die Russen einigermaßen, oder sie taten nur so. Statt mich aber nun reif für das Gefängnis zu finden, schickten sie mich in das Lager Susdal, wo der Stabschef von Paulus, Generalleutnant Schmidt, schon einige Zeit isoliert, aber gut behandelt, untergebracht war. Meine Ankunft war ihm natürlich nach seinem langen Alleinsein sehr recht, insbesondere auch deshalb, weil ich ihm aus einer täglich gelieferten russischen Zeitung vorlesen konnte. Der russische Tagesoffizier brachte mir auf meine Bitte hin ein dickes Lexikon als „Podarok" – Geschenk.

---

51 Generalleutnant Andrej Andrejewitsch Wlassow (* 1901 in Nischnij Nowgorod, hingerichtet 1. August 1946 in Moskau) war im Dezember 1941 der Verteidiger von Moskau. 1942 stellt er sich nach seiner Gefangennahme den Deutschen zur Verfügung. Hitler schlug die einzige Chance aus, sich mit Hilfe einer von Wlassow aufgestellten Armee aus dem Rußlandfeldzug zurückzuziehen. Als Ende 1944 doch noch in Prag ein „Komitee zur Befreiung der Völker Rußlands" mit mehreren Divisionen einer antisowjetischen Befreiungsarmee an der Seite des Reichs gegründet wurde – damit war das „weiße" Rußland offizieller Verbündeter des Deutschen Reiches! –, war es zu spät; die Wehrmacht stand nicht mehr auf russischem Boden. Von den Amerikanern ausgeliefert, wurde Wlassow mit zehn seiner Generäle in einem Geheimprozeß in Moskau zum Tode verurteilt.

Ich hatte schon frühzeitig mit dem Russischlernen anfangen müssen. Gleich nach dem Ende von Stalingrad saßen wir zu etwa zwölf Generalen in einer scheußlichen, verwanzten Stube. Auf meinen leichtsinnigen Vorschlag, doch etwas tun zu müssen – vielleicht Russisch zu lernen –, wurde ich zum Lehrer bestimmt, da ich es ja vorgeschlagen hätte. Ich hatte keine Ahnung von der Sprache, die anderen aber auch nicht. Ein Soldatenwörterbuch, das einer besaß, kam mir zur Hilfe. Dann arbeitete ich lange Zeit, auch in den späteren Unterkünften, den ganzen Tag, um am nächsten Tage meine Kenntnisse zum Besten zu geben. Inzwischen hatte ich auch ein russisches Lehrbuch bekommen. In Susdal marschierte an jedem Sonntagmorgen die Hälfte der Lagerbesatzung an unserem vergitterten Hause vorbei und sang Soldatenlieder, bis die Russen sie auseinanderjagten.

Schmidt und ich blieben dann in mehreren Offizierslagern zusammen; nach einigen Jahren kamen wir noch mit anderen Generalen, die sich ebenfalls wegen Seydlitz und Paulus unbeliebt gemacht hatten, in das Generalslager Woikowo zurück. Als die Russen 1949 mit der Entlassung der Kriegsgefangenen begonnen hatten und bei der Auswahl der zu Entlassenden den Spitzen der „Antifa“ ein Mitspracherecht einräumten, führte sich wohl eine große Zahl von im Grunde nicht „antifaschistisch“ Infizierten als Mitläufer auf, um so ihrer Heimkehr nicht im Wege zu stehen.

Mitte 1949 wurde ich von dort abtransportiert und in ein Lager in Minsk verlegt. Typisch für die damalige Einstellung kann folgendes Erlebnis gelten: Bei Schluß einer Lagerversammlung verlas der Lagerführer, ein Gefreiter, eine Ergebenheitsadresse an Stalin und ließ über die Annahme abstimmen. Alle Hände gingen hoch! Auf die Frage, wer sich der Stimme enthalte, erhob ich als einziger die Hand. Der Erfolg war ein großes Geschrei aus einer Ecke des Raumes, wo die „Aktivisten“ saßen. Einige Kameraden fragten mich, ob ich verrückt geworden sei, daß ich verneinte. Für mich war es kein großer Verdienst, so zu handeln, da ich das als selbstverständlich empfand und zudem ja annehmen konnte, daß mich die Russen so oder so zu 25 Jahren Zwangsarbeit verurteilen würden.

Ich wurde im Lager hochnotpeinlich mit allen Finessen verhört. Um zu sehen, ob ich mir nicht widerspräche, mußte ich wenigstens fünfmal meinen Lebenslauf schreiben. Schließlich wurde mir vorgehalten, ich hätte Befehle zum Abbrennen von Häusern gegeben. Mein Einwand, wir hätten auf dem Vormarsch jedes Haus gebraucht, wurde nicht akzeptiert. So wurde ich eines Tages in das Minsker Gefängnis eingeliefert. Haarschnitt zum Stiftekopf war die Begrüßung!

Am 15. Februar 1949 wurde ich dann von einem Militärgericht zum Tode, und danach, wegen Abschaffung der Todesstrafe, zu 25 Jahren

Zwangsarbeit verurteilt. Damit war die Behandlung als Verbrecher mit erneutem Haarschnitt, Fingerabdrücken und Fotos von vorne und beiden Seiten fällig. Zwei Beschwerden gegen das Urteil reichte ich ein; beide wurden abgelehnt – die erste an das örtliche Minsker Gericht am 28. Februar, die letztere an das Militärkollegium des Obersten Gerichtes am 9. Februar 1950.

Mitte Dezember 1949 erfolgte nach kurzem, ganz üblem Aufenthalt in einem mit russischen Verbrechern angefüllten Keller, gegen die man die Taschen zuhalten mußte, in einem Gefangenenwagen der Abtransport nach Brest-Litowsk zu acht Mann in einem vergitterten Abteil. Nach dem Aussteigen aus dem Zuge mußten wir, um eine Flucht zu erschweren, in Reih und Glied knien; Hunde umkreisten uns.

Im Gefängnis wurde ich zusammen mit acht deutschen Soldaten und einem Polen als Spion in einer großen Zelle mit entsprechend großem Kübel für gewisse Zwecke untergebracht. Dort begingen wir das Weihnachtsfest 1949: acht Trinkbecher, in Pyramide aufeinandergebaut, und daran mit gespeicheltem Brot – Kopf nach vorne – angebrachte Streichhölzer ersetzten den Weihnachtsbaum, als die Hölzer in der ziemlich dunklen Zelle kurz aufleuchteten. Der Pole war so begeistert, daß er jedem ein Stück Trockenbrot und ein Häufchen Machorka aus einem Paket stiftete, das er unter seiner Pritsche verwahrte.

Im Frühjahr 1950 hieß es wieder „Transport". Er führte bei tagelanger Fahrt – diesmal im Viehwagen – in den Ural in das Arbeitslager Detjerka bei Swerdlowsk, wo wir ziemlich erledigt ankamen. Die schon vor uns eingelieferten Insassen waren ebenfalls zu 25 Jahren verurteilt worden. Einer von ihnen, Hilfsoffizier beim Ic meiner Division, empfing mich mit rührender Hilfsbereitschaft und päppelte mich allmählich mit schon verdienten Arbeitsgeldern wieder auf. Den Russen schwante bald Böses, da er ein renitenter Gefangener war. So wurde ich wiederholt über das vernommen, was ich mit ihm treibe. „Er spricht doch mit Ihnen!" sagten sie. Ich antwortete: „Ja, natürlich spricht er mit mir; er war ja in meinem Stab – aber nur gute Sachen, auch über Sie!" Darauf schmissen sie mich raus und ließen mich schließlich in Ruhe.

Bezüglich Unterbringung und Verpflegung herrschten einigermaßen geordnete Verhältnisse. Die „Antifa" hatte ihre Rolle ausgespielt; bezeichnenderweise befanden sich auch frühere „Antifaschisten" unter den Verurteilten. Der Mohr hatte eben seine Schuldigkeit getan! Die Lagerinsassen, vom General bis zum Schützen, wurden voll zur Arbeit außerhalb des Lagers eingesetzt. Zwischen Offizier und Mann herrschte ein gutes Einvernehmen. Ich selbst, Dystrophiker, wurde zunächst nur zur Arbeit im Lager herangezogen; meine übelste, die ich einige Wochen leisten mußte, war die Reinigung des Treppenhauses der russischen Lagerleitung, das von den Dreckstiefeln der „Blauen", der Politoffiziere, immer wieder neu verschmutzt wurde. Hätte ich mich geweigert, wäre ich in den Karzer gekommen und nach der Verbüßung vor die gleiche Aufgabe gestellt worden. So aber bekam ich bald eine Arbeit auf dem Holzplatz.

Nach drei Jahren im Straflager wurden alle Generale im Generalslager Woikowo zusammengezogen; es galt nun auch als Straflager. Sämtliche zu erledigenden Arbeiten, wie Küche, Holzhacken, Stubenpflege, Gartenarbeiten und einige Male im Herbst Kartoffelernte, wurden von uns durchgeführt. Trotz der erheblich verbesserten Verhältnisse und guter ärztlicher Betreuung hatten wir zahlreiche Todesfälle. Im Oktober 1955 winkte dann allen Generalen, Offizieren und Mannschaften durch Adenauers mannhaftes Eintreten die Heimkehr und die Freiheit.

*Carl Rodenburg verstarb am 5. November 1992 im Alter von 98 Jahren in Greven.*

## Erich Thomas: Ich endete im Gefangenenlazarett Arsk[52]

*Erich Thomas wurde am 27. Januar 1918 in Fuldatal-Ihringshausen geboren. Schon nach dem Abitur meldete er sich zur Wehrmacht, um Berufsoffizier zu werden. Bei Beendigung der Schlacht von Stalingrad Oberleutnant und Chef der III. Batterie im Artillerie-Regiment 29 (mot.) der 29. Infanterie-Division. 1948 kehrte Erich Thomas aus sowjetischer Kriegsgefangenschaft heim und absolvierte eine Lehre zum Holzkaufmann; danach war er leitender Angestellter in der Holzindustrie; zeitweise in Schweden. Ab 1983 verbrachte er seinen Ruhestand in Ihringshausen, wo er am 22. Juni 2002 verstarb.*

Am 12. Dezember 1942 schrieb ich eine Feldpostkarte von Morosowskaja nach Hause mit dem lapidaren Text: „Morgen muß ich fliegen, um zu meiner Einheit zu kommen!“ Ich konnte natürlich nicht im Entferntesten ahnen, welchen tiefgreifenden Einschnitt ich damit in meinem Leben erfahren würde!

Am 21. Juli 1942 war ich beim Don-Übergang bei Zymljanskaja schwer verwundet worden, hatte aber das Glück gehabt, mittags bereits mit einer Ju 52 nach Charkow geflogen zu werden, so daß mir der linke Arm erhalten blieb. Damals war ich als Oberleutnant Adjutant des Kommandeurs der II. Batterie des Artillerie-Regiments 29, Major Schrö-

52 Der Bericht erschien 1988 in den „Falke-Mitteilungen“, S. 16–23.

der, der bei diesem Angriff der Russen neben weiteren Angehörigen der Abteilung fiel, unter anderem Oberwachtmeister Schlitt.

Nach etwa viermonatigem Lazarettaufenthalt und Erholungsurlaub hatte ich mich mit Oberleutnant Wilke, Leutnant Schirmer und „Lonja“ Meyer von Erfurt aus in Lemberg verabredet, und wir fuhren im Urlauberzug gen Osten. Meine Verletzung war zwar bis Ende November nur notdürftig verheilt, aber man ließ mich fahren. In Dnjepropetrowsk fanden wir in der Bahnhofskommandantur Hinweise, daß sich die Angehörigen bestimmter Divisionen dort zu melden hätten. Ein Landser holte für uns Erkundigungen ein: Etwa 22 Divisionen seien zur Zeit „nicht erreichbar“, darunter auch die 29. I.D. (mot.). Wir beschafften uns ein paar Ballen Stroh, fanden einen Munitionstransport Richtung Rostow und quartierten uns bei minus 15 Grad in einem Güterwagen ein.

Nach ein paar weiteren Tagen erreichten wir gut durchgekühlt Rostow. In der Stadt entdeckten wir gleich einen PKW unseres Regiments, der uns zu unserer außerhalb des Kessels liegenden Werkstadt-Kompanie brachte. Hier wiederum trafen wir Faske, den Oberschirrmeister der 3. Batterie. Von ihm erfuhren wir, daß der „General Heldenklau“ umging, um alle fronteinsatzfähigen Kräfte ausfindig zu machen. Er verfrachtete uns in einen versteckt liegenden Raum im Dachgeschoß, wo wir in Ruhe beratschlagten. Nach zwei Tagen waren wir restlos über die Situation informiert; auch, daß die Panzerarmee Hoth gut ausgerüstet angetreten sei, um über Kotelnikowo hinaus den Kessel zu entsetzen bzw. einen Korridor für den Ausbruch freizumachen.

Oberschirrmeister Faske fuhr uns nach Morosowskaja, dem für einen Flug in den Kessel sehr günstig gelegenen Flugplatz. Dort sahen wir gleich beim Eintreffen riesige Lager mit Munition, Bekleidung, Verpflegung und sonstiger Ausrüstung – hätte das doch nur im Kessel selbst zur Verfügung gestanden!

Hier in Morosowskaja trafen wir auch Hauptmann Henz[53] vom Kradschützen-Bataillon, der für die Einnahme der Eisenbahnbrücke von Smolensk das Ritterkreuz erhalten hatte. Er sondierte für uns beim Quartiermeister der 6. Armee, welche Möglichkeiten für den Einflug bestanden. Sein Ergebnis: Vor uns hätten ca. 35 Personen die Einflugerlaubnis; Munition und Verpflegung seien vorrangig. Er selbst habe den Einflugschein.

Daraufhin fuhren wir abends zum Flugplatz und sprachen mit dem Kommandeur des Kampfgeschwaders z. b. V. 55, Major Kühl[54]. Wir ver-

---

53 Wilhelm Henz (* 1. Oktober 1915, gefallen 30. Januar 1943 in Stalingrad) hatte als Leutnant am 8. August 1941 das Ritterkreuz erhalten.

54 Dr. Ernst Kühl (* 18. März 1888 Breslau, † 2. Februar 1972 Münster) studierte Jura in Königsberg und Berlin und diente als Leutnant im Ersten Weltkrieg. 1928 Landrat in Münster. 1936 als Reservist in der Luftwaffe. 1939 kam er als Hauptmann

einbarten den Flug für den nächsten Tag mit der ersten Welle He 111 gegen 9 Uhr, und zwar je Maschine eine Person. Dabei beobachteten wir, daß die Luftwaffe alles und noch mehr tat, um möglichst viele Bedarfsgüter in den Kessel zu fliegen. Nachts flogen sie Kampfeinsätze. Dann schliefen sie ein paar Stunden und flogen tagsüber wieder Versorgung.

Wir trafen schon um 6 Uhr morgens am Flugplatz ein und wurden auf die Maschinen verteilt. Diese wurden noch beladen. Der Flugzeugführer empfahl mir, einen Sack Brot mitzunehmen; meine Leute seien mir dafür bestimmt sehr dankbar, denn sie würden im Kessel furchtbar hungern. Die Maschine war erst am Vortage von der Werft in Nowotscherkassk abgeliefert worden und wurde noch einmal durchgecheckt. Dabei entdeckte man Unstimmigkeiten in der Funkanlage, was zur Folge hatte, daß wir später immer wieder auf Erdsicht fliegen mußten. Beim Flug saß ich dann auf dem Brotsack im Rumpf und mit den Füßen in der Kanzel. Jedes Mal, wenn wir auf Sicht gingen, bekamen wir Feindfeuer. Das Höhenleitwerk wurde beschädigt, und einige MG-Treffer lagen im Rumpf. Die normale Flugzeit für die 175 km lange Strecke betrug etwa 40 Minuten; wir kamen zehn Minuten später an. Schirmer, Wilke und Henz warteten schon auf uns. Ich war froh, wieder festen Boden unter den Füßen zu haben. Das Flugpersonal half beim Entladen, nahm Verwundete auf und war erst wieder erleichtert, wenn die He's abgehoben hatten.

Wir meldeten uns bei unseren Einheiten. Mich holte der Obergefreite Grenzemann ab, ein alter, guter Kamerad. Als scharfsinniger Landser entdeckte er sofort den Sack Brot. Ich klaubte einen Laib heraus; er nahm ihn in seine großen Bauernhände, brach ihn durch, und nach einer halben Stunde war das Brot gegessen, ohne einen Schluck zu trinken.

Zunächst fuhr ich zum Regimentsgefechtsstand und meldete mich bei Oberst Kratsch[55]. Er wollte darüber informiert werden, wie man draußen über den Kessel denke und wie man die Versorgungslage und den Entsatzangriff von Hoth beurteile. Ich sprach meine vorsichtigen Zweifel offen aus. Dann ernannte er mich zum Chef der III. Batterie.

Nach einer halben Stunde war ich in der Protzenstellung, die wir offen anfahren konnten. Was ich dort an Freude über meine Rückkehr erlebte, söhnte mich im Augenblick mit dem Risiko des Einfluges in den Kessel aus und war mir ein Trost in der Zeit der Gefangenschaft. Die

---

zum Kampfgeschwader 55; 1941 als Major Kommandeur von dessen II. Gruppe. 1942 Oberstleutnant und Geschwaderkommodore. 1942 Deutsches Kreuz in Gold und als Oberst Ritterkreuz. 1943 mit dem Eichenlaub ausgezeichnet; 1944 Kommandeur der 3. Flieger-Division und 1945 der 5. Flieger-Division. Aus britischer Gefangenschaft im September 1947 entlassen.

55 Oberst Dr. Günter Kratsch, Kommandeur des Artillerie-Regiments 29, erhielt am 28. Januar 1943 das Deutsche Kreuz in Gold.

Batterie führten ein versetzter Oberleutnant namens Steinert und ein Leutnant Reesemann, der auch die Gefangenschaft mit mir überstand.

Der nächste Weg führte mich in der späten Dämmerung zur Feuerstellung in guter Deckung am Bahndamm Zybenko, also am Südabschnitt. Der Weg dorthin war zum Teil einzusehen. Dort ließ ich mir erst einmal die Haare schneiden, erzählte, was man gern wissen wollte, und marschierte dann im Dunkeln zu der am Vorderhang der Höhe 129 gelegenen B-Stelle. Es wurde eine unruhige Nacht, weil es viel zu berichten gab. Ich schilderte die Situation hoffnungsneutral. In dieser Nacht erkannte ich bereits, daß ich alles tun mußte, um den Männern eine bessere Verpflegung zu beschaffen. Dabei unterstützten mich die alten, mir seit Jahren bekannten Unteroffiziere und Wachtmeister nach besten Kräften. Im Bestand besaßen wir noch einige Pferde, laut Küchen-Unteroffizier Daniel gemäß Meldung an die Abteilung noch acht. In Wirklichkeit waren vier von ihnen schon durch die Feldküche marschiert! Alles in allem war die gesamte Organisation in unserer Division noch sehr geordnet, was Munition, Treibstoff und Verpflegung anging.

In den nächsten Tagen erhielt ich von Oberst Kratsch den Auftrag, die Stellung für den Fall zu erkunden, daß wir unter den ersten wären, die der Panzergruppe Hoth aus dem Kessel heraus bis zum nächsten Flußabschnitt nach Süden entgegenstoßen sollten. Was wir abends und nachts tatsächlich hörten, könnte das Feuer der Panzerschlacht von Aksay gewesen sein, bei der der Vorstoß von Hoth gestoppt wurde, weil die Russen erhebliche Panzerkräfte von Osten her über die zugefrorene Wolga herangeführt hatten. Damit war auch diese Chance für unseren Entsatz vertan, und unser Schicksal nahm seinen Lauf.

Weihnachten war uns klar, daß wir letztlich auf uns selbst gestellt waren. Die Brotration wurde aus psychologischen Gründen erst am 26. Dezember auf 50 Gramm herabgesetzt. Unsere warme Verpflegung konnten wir mit einem Liter pro Tag beibehalten. Die Feldküche achtete auf einen nahrhaften Inhalt.

Zum Weihnachtsfest hatten wir freie Bestände aus der Küche ausgegeben – das von mir mitgebrachte Brot, Knäckebrot mit Scho-Ka-Kola und Kaffee. Die Weihnachtsfeier in den drei Stellungen war für uns nun die vierte Kriegsweihnacht und auch die hoffnungsschwerste. Es wurde viel gebetet! Der überwiegende Teil der Truppe war seit Beginn des Rußlandfeldzuges höchstens einmal im Urlaub gewesen. Das beeinträchtigte nicht nur das psychische Gleichgewicht, sondern hatte auch bereits sichtbare physische Folgen. Ich ließ Briefe schreiben und schickte einen PKW nach Pitomnik, um die Post mit der He 111 des Oberleutnants Schmidt abzuschicken und um zu fragen, ob er noch irgendwo einen Sack Brot habe. Das erledigte Grenzemann und bekam mit der Besatzung der Zugmaschine dafür einen Extra-Brotlaib. Zum Verpflegungsempfang schickte ich aus Sicherheitsgründen die doppelte Mannschaft mit, damit kein Pferd in eine Feldküche wanderte. Eventuelle Unregelmäßigkeiten in punkto Verpflegung waren mir sofort zu melden.

Bei meinem Eintreffen hatte man einen jungen Kanonier mit drei Tagen verschäftem Arrest bestraft, weil er einem Kameraden Brot gestohlen hatte; man hatte ihn – nur mit Wasser versehen – in einen Bunker gesperrt. Vor der Stellung ließ ich ihn sich entschuldigen und versichern, daß er in dieser Lage nie mehr auf einen solchen Gedanken kommen werde. Sein Name erschien später in den Vermißtenlisten, und ich konnte den Angehörigen nur schreiben, er habe an dem fraglichen Tag noch gelebt. Später erlebten wir solche Entgleisungen als Folgen von unsagbarem Hunger in Massen.

Zu diesem Zeitpunkt hatten wir noch durchgehende Fronten und konnten unseren Abschnitt gut gegen alle Angriffe der Russen halten. Außerdem besaßen wir noch Munition, mit der wir natürlich sorgsam umgehen mußten. Es gab ab und an aber auch schon unerfreuliche Ereignisse bei anderen Einheiten.

Anfang Januar erhielt ich den Auftrag, im Abschnitt des Artillerie-Regiments der 376. I.D. die Ablösung dieser ausgebluteten Einheit vorzubereiten. Als ich den Gefechtsstand erreichte, sah ich etwa 20 Tote aller Dienstgrade gut ausgerichtet liegen. Auf meine Frage, ob hier gerade ein Feuerüberfall erfolgt sei, erhielt ich die Antwort, sie seien an Erschöpfung gestorben! Oft mußte ich daran denken, als die Menschen in den ersten Tagen der Kriegsgefangenschaft massenweise starben.

Am 8. Januar führten wir dann den Stellungswechsel von Zybenko nach Dmitrijewka im Westen durch, hart südlich des Kasatschi-Hügels 129, links anschließend an die 44. Infanterie-Division. B-Stelle und Feuerstellung wählte ich nur etwa 100 Meter getrennt voneinander liegend. Ausgebaute Stellungen waren so gut wie keine vorhanden. Tag und Nacht mußten wir uns wechselweise im Bunker aufhalten. Daß man einen OT-Ofen auch mit Munitionsladungen heizen kann, hatten wir hier bei der 376. gesehen und gelernt.

Nach dem durch die Armeeführung abgelehnten Ultimatum der Russen begann am 10. Januar um 9 Uhr in unserem Abschnitt ein Trommelfeuer, wie ich es in Rußland bisher noch nicht erlebt hatte. Geschütze aller Kaliber, Panzer, schwere MG's, Stalinorgeln, Granatwerfer, Bomber und Schlachtflieger hämmerten auf den Abschnitt der 44. I.D. und den unserer Infanterie-Regimenter 15 und 71 ein. Im Augenblick waren wir davon noch nicht betroffen. Wir schauten zu wie auf dem Übungsplatz, denn wir standen in der Flanke der Russen. Ganz klares Sonnenwetter beschien die schaurige Szenerie und ließ jede Bewegung deutlich erkennen. Die Russen marschierten hinter ihren Panzern her wie Ameisen; ein Teil von ihnen schwenkte rote Fahnen.

Wir nahmen die Entfernung zu der leichten Anhöhe, von der sie kamen, konnten Abpraller schießen und erreichten mit der dritten und vierten Lage, daß sie auf einer Breite von 500 Metern verhielten, ehe sie weiter angriffen. Wir also „20 mehr“ und 200 m kürzer, dann wieder „40 weniger“ und 200 m weiter; so erzielten wir einen tollen Erfolg.

Ich hatte vorgebaut. Man erkannte uns natürlich, und beim ersten Schuß der Russen stoben wir weit auseinander und suchten Deckung, um nach einer Feuerpause von etwa fünf Minuten wieder an die Geschütze zu eilen. Das wiederholten wir in Abständen und konnten die Russen ganz offensichtlich damit täuschen. Das Geschütz von Unteroffizier Jäger erhielt einen Volltreffer; Jäger fiel, und alle anderen waren mehr oder weniger schwer verwundet. Sanitätsunteroffizier Kirsch hatte schwere Arbeit, seine letzte bei uns …

In der Dunkelheit kam der Befehl zum Stellungswechsel nach Nowo-Alexejewskij. Hauptmann Kahle[56], als Oberleutnant ehemals Chef der III. Batterie, war morgens bei der Abteilung eingetroffen und sollte Oberstleutnant Wolff als Kommandeur ablösen. Als er die Situation erkannte, stieg er, mit Maschinenpistole bewaffnet, auf einen Panzer und wurde sofort abgeschossen. Auch Oberleutnant Knöchel fiel schwerverwundet in die Hände der Russen. Die Verluste waren erschreckend hoch und konnten nicht mehr ersetzt werden.

Der Rückzug der Abteilung verlief zwar nicht friedensmäßig, aber doch einigermaßen geordnet. Die Russen marschierten mit uns in gleicher Richtung, sie vorwärts und wir zurück. Die Spitze hatte eine Abzweigung verfehlt, so daß die ganze Abteilung kehrtmachen mußte, und das bei minus 30 Grad und tiefem Schnee. Wir kamen mit unserer Batterie noch gut voran, aber Oberleutnant Blüm als Chef der II. Batterie hatte Sorgen mit seiner Feldküche, die von der Straße weggerutscht war. Er bat mich, ihm unsere Ersatzzugmaschine – so etwas gab's auch noch! – zur Verfügung zu stellen, und natürlich wollte ich ihm helfen. Jedoch befahl ich dem Fahrer, dem Obergefreiten Grenzemann, sowie Sanitäts-Unteroffizier Kirsch ausdrücklich, sich nur für die Bergung der Feldküche einzusetzen und dann wieder aufzuschließen. Von keinem sah ich je wieder etwas! Es wimmelte ja nur so von Russen, und sie werden zugepackt haben.

In Nowo-Alexejewskij fanden wir endlich wieder Halt in ausgebauten Stellungen. Offenbar hatte der Feind jedoch die umgebenden Anhöhen besetzt und karrte alles heran, was nur schießen konnte.

In den Häusern am Ortsrand brachte ich die Batterie etwa 200 bis 300 Meter hinter der Infanteriestellung in Stellung. Darüber hatte ich mit Major Stürber vom Infanterie-Regiment 71 eine harte Auseinander-

56 Klaus Kahle hatte am 13. September 1942 das Deutsche Kreuz in Gold erhalten.

setzung. Er verlangte, ich solle die Geschütze in die Linie der Infanterie bringen. Ich blieb hart und setzte mich durch, weil ich die besseren Argumente hatte. Dafür stellte ich zwei Vorgeschobene Beoachter ab; vorsorglich hatte ich mir bei Oberstleutnant Wolff Rückendeckung verschafft.

Früh am nächsten Morgen beobachteten wir am Hang links von uns, wie russische Panzer in unserer Stellung herumkurvten, über den Schneelöchern drehten und alles niederwalzten. Leutnant Dobisch war mit einer Gruppe Artilleristen zur Infanterie abgestellt worden; dabei fielen er und die meisten der anderen auch. Weiter unten am Hang erhielt ein Bunker einen mächtigen Volltreffer. Leutnant von Rochow soll mit drin gewesen sein ...

Mit einigen Männern stand ich an einer Hauswand. Ein Mann aus meinem Heimatort hatte mich ausgemacht: Hunger, erfrorene Füße. Unteroffizier Daniel gab ihm meine heutige Brotration. Wir mußten Kurt Horn mit seiner schweren Rückenverwundung verarzten; glücklicherweise konnte er sie selbst nicht sehen. Da heulte ein schwerer Brummer heran – Volltreffer auf mein KFZ 15, das restlos zerfetzt wurde. Von meinem Gepäck fand ich nichts mehr; Wäsche, Uniformteile – alles weg!

Da konnte ich gerade noch einen Einheitsdiesel mit Verwundeten nach Pitomnik schicken und gab dem Fahrer auf, direkt an eine Maschine heranzufahren. Nach drei Stunden kehrte er zurück. Er hatte sie alle in einem Zelt abgeliefert, weil er an die Maschinen nicht herangekommen war. Auch von diesen Männern hörten wir nie wieder etwas, lasen aber von ihnen – in den Vermißtenanzeigen des DRK. Leutnant Steinert war ebenfalls gefallen.

Am 14. Januar begann bei uns ebenfalls das Trommelfeuer. Unser Stabsarzt Dr. Wiegand war schwer verwundet. Es gelang ihm, von Gumrak aus nach dem Verlust des Flugplatzes Pitomnik am 18. Januar dank der Unterstützung durch Oberstleutnant Wilke, der ebenfalls erneut verwundet worden war, in eine der allerletzten Maschinen verladen zu werden. Dr. Wiegand selbst konnte sich nicht helfen. Wilke und Schirmer waren in meiner Stellung an der Talowoischlucht vorbeigekommen, um mich mitzunehmen, was ich aber abschlug.

Nach zweieinhalb Stunden konnte sich die vorderste Linie nicht mehr halten. Es war kein geordneter Stellungswechsel, den wir vornahmen, aber damit erhielt ich die Batterie, indem ich einen Sammelpunkt Richtung Pitomnik angab, den jedes Fahrzeug versuchen mußte zu erreichen. Die Feldküche hatte ich vorher schon weggeschickt.

Munition besaßen wir jetzt übrigens genug. Unsere Kanoniere waren clever; wir führten vollbeladene LKW fremder Einheiten mit uns. Zu dieser Zeit hatten wir etwa 400 Panzergranaten. Wir gingen zu zwölf Mann zusammen aufrecht einen Hang hinauf, ohne auf Feuer zu achten.

Eine Stalinorgel schien uns zu „meinen", aber wir kamen unversehrt oben an. Dort trafen wir auf den verwundeten Oberstleutnant Wilke.

Geschlafen wurde nur noch stundenweise, und zwar kontrolliert, damit keiner erfror. Und trotzdem passierte es – dann hockten die Betroffenen völlig steif auf den Fahrzeugen. Die Mediziner sagten, es soll ein schöner Tod sein! Die geringe Verpflegung machte sich bemerkbar. Trotzdem standen wir zusammen. In unserem Kreis beobachteten wir keine Disziplinlosigkeiten.

Kurz vor Pitomnik trafen wir die Batterie, die Fahrzeuge aufgeschlossen. Ich entdeckte einen großen Bunker, der für unsere Leute genügend Platz bot. Wir stellten starke Wachen mit halbstündlicher Ablösung aus, und dann ging's rein in den geheizten, mollig warmen Bunker. Ein Major wollte uns zwar nicht haben, aber ich erklärte ihm unmißverständlich, wir würden jetzt für drei Stunden zum Aufwärmen einziehen. Die Leute waren mir dankbar, daß es dann dabei blieb.

Früh am Morgen gegen 6 Uhr saßen wir wieder auf. Pitomnik war kein Flugplatz mehr! Die Kolonnen fuhren kreuz und quer über die Piste; es herrschten eine diffuse Beleuchtung, Schneetreiben und immer dieser erbärmliche Wind. Da hörte ich meinen Namen rufen. Es war Major Hartig, der aufrecht im Wagen stand, die Pistole in der Hand. Das war das Ende – er fuhr den Russen genau in die Arme. Dann traf ich Oberleutnant Hilpert, den Chef der 1. Pionier-Kompanie 29. Er hatte Luftwaffenbunker entdeckt, schön tief, warm und noch beleuchtet. Wir speisten „wie zu Kaisers Zeiten"; ich mußte die Leute warnen, nicht zuviel zu essen, da die Folgen nicht zu ertragen wären. Nach zwei Stunden ging es weiter in Richtung Gumrak an die Ringbahn am Bahnwärterhaus in der auslaufenden Talowoischlucht. Hier fanden wir zum ersten Mal seit Zybenko wieder voll ausgebaute Bunker in den Hängen der Schlucht. Regiments- und Abteilungsgefechtsstand befanden sich ebenfalls hier, etwa 800 Meter von uns entfernt. Zum zweiten Mal mußten wir Leute an die Infanterie abgeben, für uns eine ganz unangenehme Entscheidung. So viele „Neue", die noch nicht bei uns heimisch geworden waren, hatten wir gar nicht. Der Gedanke an diese Abgaben belastete mich.

Leutnant Schäfer fuhr mit einem vollbesetzten LKW geradewegs den Russen in die Arme. Unsere Batterie lag am halben Hang schräg zur Schlucht mit Schußrichtung West, die Bunker genau dahinter. Ich ordnete gründliche Körperpflege an; laufend wurde warmes Wasser bereitet, Läuse wurden gejagt.

Die Feuerkraft der Batterie war jetzt sogar größer geworden: Außer vier LFH 18 und zwei LFH 16 besaßen wir eine 8,8 cm-Flak mit einem Hauptmann Steinhausen, der über einen kleinen Entfernungsmesser verfügte.

In großem Bogen zogen feindliche Kolonnen aller Truppenteile von Westen nach Nordosten in einer Entfernung von etwa vier bis fünf Kilometern an uns vorbei. Eine geschlossene Front existierte auch hier nicht mehr. Zwei Kilometer vor uns lag ein sogenannter „Stützpunkt Waldhausen". In der Nacht ging ich einmal rüber.

Am 21. Januar hatten wir alle Munition herangekarrt. Mit unserem Feuer schwenkten wir von West nach Nordost und hatten dank des E-Messers der Flak sehr guten Erfolg. Oberst Kratsch besuchte unsere Stellung und sagte voraus, was ich selbst schon ahnte: Die Russen würden uns gleich vornehmen. Sie taten es!

Ewig wird die „Uhr von Stalingrad" in meiner Erinnerung bleiben: Rund um die Uhr dröhnte es ohne Unterbrechung aus allen Lautsprechern der Sowjets: „Alle sieben Sekunden stirbt in Stalingrad ein deutscher Soldat. Stalingrad – Massengrab!" Dann sieben eherne Sekundenschläge und wieder: „Alle sieben Sekunden …" Wir hörten es, dachten darüber nach und schoben es weit von uns weg. Aber dann war es wieder da, und wir taten, was uns zu tun aufgegeben war. Ich hielt es für falsch und auch nicht für durchführbar, jeden für sich entscheiden zu lassen, wann es sinnlos würde, sich noch zu wehren.

Über Fluchtversuche zur deutschen Front wurde diskutiert. Viele Versuche wurden unternommen, keiner gelang. 300 Kilometer hätten überwunden werden müssen – unmöglich in diesem körperlichen Zustand, bei dieser Temperatur, bei diesem Wind und bei den Heermassen der Russen! Erschießen? Das sah immerhin eine Reihe von in erster Linie höheren Offizieren als sauberste und endgültige Lösung an. Viele ihrer Namen sind bekannt. Es gab auch zwangsläufig eine Entwicklung zum Zweifel[57] hin, da sie sich so lange über physischen und psychischen Abbau hinzog.

Aber zurück zur Talowoischlucht. Mit Oberwachtmeister Wieters ging ich von unserer Feuerstellung den Hang hinauf zum E-Messer der Flak. Da geschah es: Eine Panzergranate schlug neben uns ein. Als ich aus der Bewußtlosigkeit zu mir kam, hatten mich einige Leute den Hang heruntergezogen und ebenso auch Wieters, der eine große Wunde in der Schädeldecke aufwies. Weil er nicht ansprechbar war, untersuchte man ihn auf weitere Verletzungen. Mein Gesicht war blutüberströmt; eine zweite faustgroße Wunde lag über der rechten Hüfte. Wie bei den ersten beiden Verwundungen spürte ich auch diesmal keinerlei Schmerzen. Dr. Beckenhaub[58] verabreichte mir eine Tetanusspritze, ohne in mein Sold-

57 Nämlich ob man sich erschießen oder in Gefangenschaft gehen soll.

58 Dr. Wilhelm Beckenhaub (* 22. März 1914 Bad König, † 1. November 1987 Schenna b. Meran) studierte Medizin in Freiburg, Hamburg, Halle, Jena und legte 1939 in Heidelberg das Staatsexamen ab. Am 12. Januar 1943 wurde er als Stabsarzt und

buch zu blicken. Diese löste eine entsetzliche Allergie aus; ich bekam Schüttelfrost.

Oberwachtmeister Kölzsch hatte eine riesige Bauchverletzung, die er glücklicherweise nicht sehen konnte. Ich tröstete ihn durch Zeichen. Unteroffizier Heber kam mit dem Borgward, in dem unter anderem das Schreibstubengepäck gestapelt war. Obenauf legte uns Wachtmeister Kupke. Dann fuhr Heber mit dem LKW schräg den Hang hinauf; der Schnee gab nach, der LKW kippte in Zeitlupe um und begrub uns unter sich. Ich bekam keine Luft mehr, doch in diesem schrecklichen Angstgefühl entwickelte ich eine unvorstellbare Kraft. Die schwere Schreibstubenkiste drückte ich zur Seite, und alle drei waren wir wieder frei!

Kupke packte nun Wieters und Kölzsch auf einen Schlitten und zog Richtung Verbandplatz in der Schlucht. Von Männern gestützt, schleppte ich mich bis zum Regimentsgefechtsstand. Man bettete mich, und ich gab meinen Bericht, von Schüttelfrost gepeinigt. Oberst Kratsch ließ mich durch seinen Fahrer zur Ortskommandantur Mitte bringen, wo sich ein Lazarett befand. Dort traf ich Eckstein, auch er verwundet.

Lazarett war gut gesagt! In Wahrheit herrschten dort unvorstellbare Verhältnisse – Leicht- und Schwerverwundete mit zerrissenen Gliedern, entsetzliche Frostschäden, Geruch von faulendem Fleisch, Tote und Sterbende. Wie verschieden doch gestorben wurde! Klagend und betend, schreiend oder leise ohne ein Wort mit gefalteten Händen. Mit einem an beiden Händen Verwundeten vereinbarte ich, daß er mir ein paar Stunden seine Pritsche überließ, damit ich schlafen und mich wieder erholen konnte. Nach drei Stunden machte ich die Pritsche wieder für ihn frei. Irgendwo erhielt ich ein Kochgeschirr mit Essen; davon gab ich ihm zum Dank die Hälfte ab.

Im Keller arbeiteten einige Ärzte wie Maschinen, und doch war ihr Tun nur ein Tropfen auf den heißen Stein. Meine durchbluteten Verbände wechselten sie mir; das war das Letzte, was ich an Versorgung überhaupt erhielt. Das Sekret der Rückenwunde lief in den Stiefel. Irgendwie spürte ich, daß wir hier raus mußten an die frische Luft – zum Glück, denn wenige Tage später ging dieser ganze Bau durch starken Beschuß in Flammen auf und begrub ungefähr 3000 verbrannte Menschen unter den Trümmern.

Eckstein und ich schleppten uns zu den Resten des Regiments, aber dort wollte man uns natürlich auch nicht haben. Also in den GPU-Keller. Dort trafen wir am 26. Januar die beiden Divisionspfarrer Jeschke – katholisch – und Waltemathe – evangelisch. Sie versahen einen schweren

---

Abteilungsarzt von III/A.R. 29 in den Kessel eingeflogen und geriet Ende Januar in sowjetische Kriegsgefangenschaft. Hans Dibold hat ihm in seinem Buch „Arzt in Stalingrad" als „Dr. Becker" ein Denkmal gesetzt. Nach der Heimkehr Allgemeinarzt in Bad König

Dienst, wie ich beobachtete, denn rund um die Uhr wurde hier gestorben!

Der nächste Tag, der 27. Januar, war mein 25. Geburtstag. Jeschke und Waltemathe brachten mir einen Trinkbecher voll getauten Schnees, den ich mir gut einteilte. Wegen des Fiebers machten sie mir damit zur Kühlung auch Stirnwickel. Am selben Tag stellten wir fest, daß durch Edler von Daniels mit einem russischen Major Kapitulationsverhandlungen geführt wurden. Am 28. Januar gingen diese Verhandlungen weiter. Am nächsten Tage trat diese Kapitulation für den Mittelabschnitt in Kraft. Später folgten die Abschnitte Süd und der Nordkessel am 2. Februar.

Am 29. Januar kam das Ende. Die schwankenden Gestalten traten aus dem muffigen, dunklen Keller, durch die Sonne geblendet, ans Tageslicht, und die Kolonne formierte sich. Ein korrekt gekleideter russischer Major nahm uns mit seinen Wachmannschaften in Empfang, und dann setzte sich dieser in russischen Wochenschauen immer wieder gezeigte traurige Zug menschlicher Elendsgestalten in Bewegung. Ich war erstaunt, daß ich bisher immer noch ohne jegliche Erfrierungen geblieben war, trotz einfacher Knobelbecher, normaler Dienstuniform und dünnen Dienstmantels. Heute herrschten minus 30 Grad.

Viele stützten sich gegenseitig. Teilweise hatten sie ihre erfrorenen Füße in Lumpen gehüllt. Offiziere hatten ihre Rangabzeichen abgelegt und gaben sich als Mannschaften aus, letztere hatten Offiziersuniform angelegt. Solange wir durch die Fronttruppen marschierten, herrschte seitens der Russen Disziplin. Aber dann kamen die Trosse! Es gab Übergriffe: Immer wieder stürzten sich Leute auf den Zug der Gefangenen und entrissen ihnen Gepäckstücke. Einer hatte ein großes Küchenmesser, schnitt einem Gefangenen die Rucksackriemen ab und verletzte dabei den Rücken. Ein russischer Offizier sprang herbei und erschoß seinen Untergebenen ohne weiteres Gespräch mit der Pistole.

Als nach etwa sechs Stunden die erste Wachmannschaft abgelöst wurde, häuften sich die Überfälle. Die Kolonne hielt; ein Dolmetscher ging mit einem Soldaten entlang und forderte 20 Uhren, die er nach einigem Zögern bekam. Was sie noch suchten, beobachteten wir schon mit Erstaunen: Gewehrreinigungsketten! Es machte sich gut, mit derartigen „Adjutantenschnüren“ herumzulaufen. Aber keiner von uns hatte natürlich eine solche Kette bei sich. Nach drei Tagen war ich meine Uhr auch los, hatte meine Pistole aber immer noch am Koppel. Keiner wollte sie haben, aber anbieten mochte ich sie auch nicht.

Gefragt waren Stiefel, am besten Reitstiefel. Der Besitzer mußte sie ausziehen. Wenn er einen humanen Tauschpartner erwischt hatte, warf ihm dieser seine leinenen Knobelbecher hin. Leider hatten die Russen jedoch kleine Füße, wie wir mittlerweile festgestellt hatten – oft zu kleine.

Der arme Mensch deutscher Nationalität nahm daher die Stiefel unter den Arm und wurde von den Posten gedrängt, barfuß weiterzumarschieren. Das ging nicht lange, dann hörte man wie so oft in diesen Stunden einen Schuß. Derjenige, dem die Kugel galt, brauchte sich um nichts mehr zu sorgen. Wer zusammenbrach, erhielt den Gnadenschuß. Diese Schüsse häuften sich. Es waren die vielen, vielen Tausende von Vermißten, deren Namen noch nach zehn bis zwölf Jahren in Friedland auf von Angehörigen getragenen Tafeln erscheinen: „Wer kennt …?"

Wir marschierten in die Nacht; es gab viele Pausen. Die Forderungen der Wachmannschaften wurden größer. 35 Grad minus! Die Ermüdungserscheinungen nach dem ersten Tag der Gefangenschaft mit seinen überwältigenden psychologischen Anspannungen vervielfachten sich. Verpflegung gab es nicht. Wir aßen Schnee und warnten uns gegenseitig davor. Aus einem zweistöckigen Haus jagte ein uniformierter Russe auf unsere Gruppe zu. Ich hatte mich in den Schnee gelegt; mein Gepäck bestand aus einer Decke und einem Wäschebeutel. Die Decke wollte er haben! Da stürzte sich Eckstein mit ein paar Mann auf ihn; die Dekke war gerettet! Am nächsten Tag war der Himmel klar. In vielleicht 6000 Metern Höhe kreisten zwei deutsche Aufklärer über Stalingrad. In gut einer Stunde würden sie auf unserer Seite landen und über uns berichten. Wir schickten unsere Gedanken mit ihnen.

Zuerst marschierten wir nach Westen und rätselten, wohin die Reise ging. Jetzt marschierten wir nach Süden. Was hatte man überhaupt mit uns vor? Wo und wie würde man uns umlegen?

Nach vier Tagen war unser erstes Ziel Krasnoarmeisk erreicht. Zwei geräumige Baracken und einige Steinhäuser waren unsere Unterkunft. Wir kamen in eines der Steinhäuser ohne Fenster und Türen, mit Sparschalung zwischen den Balken, manche Räume auch mit Holzfußböden. Unsere Anspannung machte erst einmal einer unvorstellbaren Müdigkeit Platz. Meine Decke mußte für Eckstein und mich reichen. Durch die leeren Fensterhöhlen pfiff dieser ewige, eisige Wind. Mit Schneerollen machten wir die Fenster dicht.

In dem Raum von etwa 2,50 mal 4,50 Meter befanden sich zwanzig Leute. Die vorhandenen Holzpritschen sicherten wir gegen Einsturz. An der einen Seite befand sich ein gemauerter Schornstein. Daran bauten wir einen kleinen, dreizügigen Ofen aus Ziegelsteinen. Dann ging es gleich auf die Suche nach Holz, denn das war in und um Stalingrad knapp. Als der Ofen am folgenden Tage zum ersten Mal brannte, war es für uns schon wohlig erwärmend, nur die Flammen zu sehen.

Eine bescheidene Verpflegung kam in Gang. Von dem üblichen nassen Brot gab es für jeden etwa 300 Gramm, dazu eine warme Brühe, meist eine Fischsuppe. An einer Suppenausgabe stand Hauptmann Lenz von unserem Regiment, wie ich nach ein paar Tagen feststellte. Wie er mir taktlos verkündete, gehe es ihm ganz gut dort, er habe nichts zu klagen.

3000 Deutsche und 1000 Rumänen befanden sich im Lager. Ein Mensch in gutem Zustand wäre mit dieser Verpflegung am Leben zu erhalten gewesen. Aber diese Männer waren ja schon monatelang unter dem Existenzminimum versorgt worden. Jetzt kam die entsetzliche Enttäuschung über die versprochene und nicht eingelöste Entsetzung hinzu. Die dauernde Anspannung löste sich; die langjährig gewachsene kameradschaftliche Umgebung war zerstört; die körperliche Verschmutzung kam hinzu. Zum letzten Mal hatte ich mich drei Wochen vorher waschen können! Ganze Armeen von Läusen fielen über uns her. Der Kampf gegen sie war aber nur eine Beschäftigung, keine Abhilfe. Sobald ein Kamerad gestorben war, verließen die Läuse den toten Körper wie Ratten das sinkende Schiff und stürzten sich auf die noch Lebenden.

Die Durchfallkranken nahmen an Zahl erschreckend zu. Bei der ebenfalls ständig noch zunehmenden Schwäche hielt man sich auf der Latrine bei der Verrichtung der Notdurft gegenseitig fest. Erbsen verdaute in diesem Zustand kein kranker Magen; ganze Erbsen aber konnten herausgepult, im Schnee gesäubert und dem eigenen Magen nochmal angeboten werden. Um das zu verhindern, stellten wir Wachen auf. Jeden Tag starben etwa 30 bis 40 Leute! Die Russen stapelten die nackten Leichen im starken Frost unter freiem Himmel. Nachts gingen russische Soldaten herum und suchten nach Goldzähnen. Kannibalismus soll vorgekommen sein; selbst habe ich ihn aber nicht beobachtet.

Später hörten wir, daß in dem nördlich von uns gelegenen Beketowka ca. 40.000 Gefangene unter gleichen Verhältnissen wie bei uns untergebracht waren. Dort befanden sich auch eine Reihe Angehöriger unseres Regiments wie die Leutnante Fliege, Arend, Sterzing, ferner Dr. Mannel[59] und andere.

Aus unerfindlichen Gründen wurde zu Beginn der Gefangenschaft ein Zug von Gefangenen, zu dem auch unser Kommandeur Oberst Kratsch gehörte, von Stalingrad nach Kalatsch und wieder zurück nach Stalingrad geführt. Man kann sich vorstellen, wie oft dabei ein Gnadenschuß Menschen „erlöste“!

Anfang März stellten die Russen, wie Mannschaften berichteten, einen komfortablen Reisezug mit Schlafwagen für den Abtransport der meisten Stabsoffiziere und Generale nach Moskau bereit. Wir waren sprachlos, aber der Preis für diesen Transport war hoch, und die Russen glaubten, ihn später einfordern zu können. Sie wußten bereits, daß sich

59 Dr. Ernst-Gottfried Mannel (* 8. November 1911 Kassel, † 15. Januar 2010 ebenda) war Adjutant des Divisionsarztes der 29. Infanterie-Division, Dr. Emil Hegmann. 1939 Eintritt in Wehrmacht, Bataillonsarzt im Jägerregiment 15 der 29. I.D. Nach dem Krieg Berater.

viele mit der deutschen Führung Unzufriedene nunmehr in der Gefangenschaft für ihre Ziele einspannen lassen würden.

Hier in Krasnoarmeisk begann im März eine Säuberung. Man suchte nach Mannschaften und Unteroffizieren zum Einsatz in Stalingrad: Minensuche, Aufräumarbeiten, vor allem Bergen von Toten. Im „sozialistischsten" aller Länder machten wir eine für uns unvorstellbare, aber interessante Feststellung: Für Mannschaften und Offiziere gab es verschiedene Verpflegungsstufen, beispielsweise je 40 g Zucker und Fett für Offiziere, je 20 g Zucker und Fett für die Mannschaften! Die Brotration für beide war allerdings mit später 600 g pro Tag gleich.

Ende März 1943 wurden die Offiziere in Güterwagen eines langen Güterzuges verladen, darunter auch die 60-Tonner-„Pullman"-Waggons. Wir lagen auf Pritschen zweifach links und rechts von den Schiebetüren, ungefähr 50 Personen im Waggon. In der Mitte standen ein Kanonenofen und ein Trumm Holz. In der Zerkleinerung des Holzes sahen wir zunächst wieder einmal eine Aufgabe. Ein Kamerad hatte noch ein Küchenmesser gerettet, mit dessen Hilfe sowie mit Energie und Technik wir den Trumm kleinkriegten. Die Türen klafften etwa zehn Zentimeter auf, jedoch war der Spalt durch ein Brett vernagelt. Da hindurch wurde eine Rinne aus zwei zusammengenagelten Brettern geführt – damit war das „Pissoir" fertig. Für mehrtägige Reisen standen aber auch noch andere Bedürfnisse an. Es wurde in eine Konservendose gezielt und der Inhalt dann über die Rinne entleert. Ich war der erste, den der Körper zu dieser Handlung zwang – mit 50 teils scharfsinnigen, teils von Lethargie übermannten Personen als Zuschauern! Nach zwei Tagen waren die Theoretiker sprachlos, wie sie der Durchfall im Griff hatte: sie schafften weder die Dose noch den Fußboden; ergo landete alles in der Hose. Sie schliefen ein, und alles wurde wieder trocken. Ich denke heute noch mit Entsetzen an die beiden ersten Tage dieser Bahnfahrt.

Trinkwasser gab es aus ovalen Kübeln aus der Lokomotive. Durst war wirklich schlimmer als Hunger; die Menschen reagierten unkontrolliert. Glücklicherweise setzten wir uns mit einigen Kameraden mit harter Disziplin in unserem Wagen durch, so daß jeder vor aller Augen zu seiner Portion Wasser kam. Es gab Trockenbrot; gut, daß man stundenlang damit beschäftigt war. Auch gesalzenen Fisch gab es, den wir aus Gründen der Kalorienakrobatik aßen. Unserem Transport gegenüber hatten alle anderen Züge natürlich Vorfahrt. Manchmal stand der Zug den ganzen Tag herum; raus durften wir nicht. Tote wurden auf den Bahnhöfen wie Gepäckstücke herausgerollt. Durch den anhaltenden Durchfall wurde ich immer apathischer; schließlich schwanden mir die Sinne. Als ich wieder zu mir kam, lag ich mit weiteren etwa 100 Männern auf einem Bahnsteig. Das Geschrei von Wachmannschaften hatte mich geweckt. Die Station hieß Arsk. Schwestern prüften, wer noch lebte; der bekam dann einige Brocken Stückzucker, Kipiatok – warmes Wasser, das es auf fast jeder Bahnstation gab – und etwas Brot. Das belebte die Geister zusammen mit dem vielfachen Geschrei, an das sich jeder Rußlandgefangene erinnert. Mit „Dawai, dawai!“ zogen wir in die Nacht hinaus, etwa drei bis vier Kilometer weit mit vielen Halts. Wer nicht mehr konnte, wurde nicht etwa erschossen, sondern auf Schlitten verladen. Das verstanden wir als ein gutes Omen. Schließlich landeten wir vor einem zweigeschossigen lazarettähnlichen Holzbau und weiter in einem Saal, in dem wir dichtgedrängt auf Bänken Platz hatten.

Es begann das Tränken. Junge Mädchen in Schwesterntracht brachten Kochgeschirre voll Wasser, natürlich warm. Ärztinnen und Ärzte kontrollierten alles, so daß wir uns in guten Händen fühlten. Das „Tränken“ dauerte etwa eine Stunde; die Kameraden von bespannten Einheiten meinten, bei Pferden habe das auch so lange gedauert.

Mit vollen Bäuchen, wobei keiner Urin zu lassen brauchte, wurden wir in den nächsten Raum geführt, wo wir sämtliche Bekleidung zur Entlausung ablegten. Soldbücher und Wertsachen wurden einer jüdischen Frau übergeben, die sie in Listen eintrug und quittieren ließ. Einer der Gefangenen drehte durch und beschimpfte sie als Jüdin. Die Russen blieben ruhig, und die Jüdin meinte nur: „Sehen Sie, er ist nicht mehr Herr seiner Sinne und redet Unsinn!“ Wir konnten ihn dann auch beruhigen.

Im Badezimmer standen sechs Badewannen, die per Eimer gefüllt werden mußten. Man stelle sich vor – warmes Wasser! Gewiß stanken wir, und olympische Körper hatten wir ja auch nicht mehr. Wir bekamen Zeit, uns gründlich zu säubern. Eine ganze Reihe von Männern baute ab. Danach kamen wir auf Pritschen und rätselten, was nun geschehen würde. Massage war wohl nicht drin, denn Knochen pur konnte man ja nicht massieren!

Die Mädchen erschienen mit Rasiermessern und entfernten sämtliche Körperhaare. Wo es geboten schien, zogen sie „vorstehende Teile“ auch schon mal hoch und trafen manche uns unverständliche Feststellung. Entehrend, schamlos? Wer physisch so abgebaut hatte, wie wir damals, reagierte nur mehr mit einem Teil seines Geistes.

Nach der Rasur bluteten wir zwar an manchen Stellen, und wenn wir uns so ansahen, überkam uns das Gefühl einer gewissen Minderwertigkeit. Aber ganz hinten im Hinterkopf wuchs ein Tüpfelchen Hoffnung, daß alles wieder zu reparieren sein werde. Wir lachten auch schon einmal über uns, denn wir besaßen ja keinen Spiegel und mußten es dem Nachbarn überlassen, uns zu beschreiben, und da wurden recht derbe oder auch humorvolle Äußerungen laut. Wir kamen aus dem Staunen nicht heraus und vergewisserten uns, daß wir nicht träumten: Jeder erhielt ein Hemd und eine Unterhose, einen leichten Bademantel und leichte Hausschuhe! Die breite Treppe zum ersten Stock schafften wir nach dieser Strapaze nur mit Mühe.

Drei große Räume waren voll mit bezogenen Betten, jeweils mit einem weißen Laken und einer Decke. Wir waren erschöpft; mein Nachbar, ein Hauptmann Dettmer[60], fragte mich, ob das alles Wirklichkeit sei. Ich kniff in meinen Arm und spürte den Schmerz, legte mich hin und schlief sofort ein, bevor es mir vor Erschöpfung schlecht wurde.

Es wurde nach Verwundeten gefragt. Ich meldete mich und wurde von dem russischen Arzt hervorragend versorgt. Zurück zur Essenszeit im Schlafraum servierten uns die Schwestern im Bett: Vorsuppe in einer Holzschale, Kartoffelbrei mit Fleisch und Kraut auf einem Holzteller mit einem Holzspachtel, dann der Clou, Nachtisch aus Trockenobst! Tee konnte jeder haben, soviel er wollte. Wir waren sprachlos und folgerten: Wenn die Russen mit Lebensmitteln für die eigene Truppe und die Bevölkerung knapp waren, dann würde man zum Tode Verurteilte nicht in dieser Form behandeln! Das war eine sehr positive Erkenntnis, mit der wir einschliefen.

Zwei bis drei Stunden später wurde es unruhig im Saal. Der Gang zur Trockentoilette mit Öffnungen im Boden war etwa 40 Meter weit auf der gleichen Etage. Man mußte in die Knie gehen; das war anstrengend, vor allem das Wiederaufrichten. Die Kameraden, denen es am schlimmsten ging, konnten erst gar nicht aus dem Bett aufstehen. Sie nahmen die schöne, weiße Bettwäsche mit, um sie zu säubern, aber es gab ja kein fließendes Wasser. Die nächste Kategorie blieb auf dem Gang immer wieder stehen, um die Schließmuskeln unter Kontrolle zu bringen, um dann kurz vor der Toilette doch noch die große Enttäuschung zu erleben, die zugleich „Erleichterung" war. Nur wenige schafften es bis zum Ziel – noch! Aber auch sie hatten nur eine Schonfrist von ein paar Stunden oder Tagen. Dann hatten auch sie die Ruhr, der Typhus, die Malaria, das Fleckfieber fest im Griff.

Auch die Schwestern wurden mit angesteckt, auch ihnen wurden die Haare geschoren; einige starben innerhalb von acht Wochen. Neue Transporte Schwerkranker trafen ein. Jetzt wurden aus jeweils zwei Betten durch Querstellen und Auflegen von Brettern vier Lagerstätten. Die Zeit der weißen Wäsche war vorbei, das war verständlich. Wir sprachen mit der Ärztin und dem Arzt, entschuldigten uns für diese Entwicklung,

60 Friedrich Dettmer (* 24. Juli 1914) trat 1935 in die Wehrmacht ein und wurde 1937 Leutnant, ab 1938 zur 44. Infanterie-Division. 1939 Oberleutnant, 1942 Hauptmann. Zuletzt Adjutant im Grenadier-Regiment 131 bzw. Kampfgruppe Walther. 1947 Heimkehr; zunächst Tätigkeit in der Landwirtschaft. Im Mai 1956 Flucht aus der DDR; 1958 Eintritt in die Bundeswehr; entlassen als Oberst. Schrieb das Buch „Stalingrad. Ein Rückblick nach 60 Jahren", Nürnberg 2003. Friedrich Dettmer verstarb am 10. Februar 2004 in St. Augustin.

stellten aber auch klar, daß es nicht die Schuld des einzelnen war, etwa aus mangelnder Energie. Wir trafen auf Verständnis.

Durch regelmäßige Entlausung und Baden verbesserte sich die Situation – jedenfalls bei denen, die sie überlebten. Aber die Sterbeziffern waren hoch! Nach wie vor befanden wir uns natürlich in einem entsetzlichen körperlichen Zustand. Anfang Mai 1943 wog ich noch 85 Pfund, wobei ich noch längst nicht am schlechtesten dran war. Aber die Verpflegung wurde noch etwas besser, man konnte etwas aufbauen. Angeblich hatten sich die Amerikaner nach den Gefangenen von Stalingrad erkundigt; auch die gefangenen Generale sollen dies in Moskau getan haben.

An einem schönen, warmen Mai-Sonntag wurden wir in unseren Bademänteln nach draußen geführt. Wir schlichen mehr, als wir gingen. Draußen standen die Posten mit MP's; das paßte wirklich nicht zu uns, denn in diesem Zustand konnte keiner von uns türmen! Unsere Nahrungsmittelchemiker hatten uns längst informiert, was man von dieser schönen Wiese alles essen konnte: Schafgarbe, Löwenzahn, Brennesseln, Wegerich und Sauerampfer.

Nach eine Stunde zogen wir weiter wie eine Schafherde. Die Posten hatten aus Angst die Ärztin geholt, die das „Grasen" aber gestattete. Wir mußten alle lachen, denn der erste Platz war so leergefressen, wie es Schafe kaum besser fertigbringen. Ein Leutnant Wiese hatte wahrscheinlich Hahnenfuß gegessen und Sehstörungen bekommen, die aber wieder vergingen. Aus war es mit dem Grünfutter auf dem Weidetrieb!

Trotzdem war der Hunger nach wie vor groß, und viele starben nach wie vor. Um 12 Uhr gab es Mittagessen. Wer vorher starb, dem drehte man den Kopf zur Seite, damit seine Portion noch auf elf Mann aufgeteilt werden konnte. In einem Fall bemerkte es aber die Schwester und nahm die Portion wieder mit.

Ende Mai wurden wir für einen Transport vorbereitet. Aus den mehrfach entlausten Sachen erhielten wir die nötigen Dinge. Zufällig fand ich meine eigene Feldbluse mit allen Orden wieder; ich war sprachlos, daß es so etwas gab. Im übrigen hatten wir unser Gleichgewicht annähernd wiedergefunden. Es herrschte ein anständiger Umgangston, obwohl auch notwendige Kritik aneinander geübt wurde.

Wir waren keine 29er mehr, sondern Stalingrader aller Truppenteile von 22 Divisionen geworden, verbunden durch das gleiche Schicksal, und standen füreinander ein. Ich bedankte mich noch einmal bei dem Arzt für die uns zuteil gewordene Behandlung unter Ausschöpfung aller seiner Möglichkeiten.

*Erich Thomas gelangte mit dem nächsten Transport nach Kasan und wurde nach vorübergehendem Krankenhausaufenthalt in Kasan ins Offizierslager Jelabuga gebracht. 1946 wurde er nach Kasan ins „Sili-*

*katlager“ verlegt. 1949 wurde er aus sowjetischer Kriegsgefangenschaft entlassen.*

## Robert Wolf:
## Von Beketowka nach Wolsk[61]

*Robert Wolf wurde am 1. August 1914 in Wehrsted geboren. Nach Absolvierung einer Lehre als Schmied wurde er zur Wehrmacht eingezogen und war Angehöriger des 2. Bataillons des Artillerie-Regiments 171 der 71. Infanterie-Division. Er geriet am 30. Januar 1943 als Oberwachtmeister in sowjetische Gefangenschaft, aus der er schon 1946 entlassen wurde. Danach arbeitete er als selbständiger Schmied in Salzdetfurt, anschließend bis 1979 als angestellter Schlosser. Seinen Lebensabend verbrachte er in Bad Salzdetfurth, wo er am 29. April 1996 verstarb.*

Es ist viel über die Helden von Stalingrad berichtet worden. Als Soldat hatte man seine Pflicht zu tun, solange es sinnvoll war. Bei dem Geschehen dort aber zweifelte man an dem Sinn der Kampfhandlungen. Die soldatische Pflichterfüllung und wohl auch der Stolz ließen es nicht zu, entsprechend zu handeln und damit vielen tausend deutschen Soldaten doch noch eine Chance zum Überleben in der Gefangenschaft zu geben.

Verhandlungen russischer Parlamentäre mit unserer Führung wurden abgelehnt. Sie wollte kämpfen bis zum Letzten. Leider konnte vom Kämpfen keine Rede mehr sein; alles drehte sich nur ums Überleben. Neben dem Hunger machte uns der Winter mit 30 bis 40 Grad Kälte schwer zu schaffen. Außer unserer normalen Ausrüstung wie Mantel, Kopfschützer und Handschuhe besaßen wir nichts, was gegen die Kälte schützen konnte. Die in der Heimat für uns gesammelten warmen Sachen erreichten uns an der Front nicht; sie kamen höchstens bis zu den rückwärtigen Diensten. Infolgedessen hatten die meisten Soldaten schon durch Erfrierungen an Händen und Füßen zu leiden. Wir hatten keine schützenden Unterstände und Ruinen, auch war kein Heizmaterial vorhanden, um Feuer zum Aufwärmen zu machen. Rein soldatisch gesehen besaßen wir nichts mehr, um einen Angriff abzuwehren, denn Munition war kaum noch vorhanden. Ich selbst hatte nur noch eine russische Maschinenpistole mit dem runden Magazin und etwas Munition. So spitzte sich die Lage immer mehr zu. Außer einem Schneeloch gab es keinen

61 Der Bericht erschien im Juli 1988 in „Das Kleeblatt“ (Mitteilungsblatt der 71. Infanterie-Division), 148. Folge, Nr. 3, 32. Jhg.

Schutz. Ein Einbuddeln im hartgefrorenen Boden war unmöglich. Wer an Erschöpfung einschlief, war bald erfroren.

Der 30. Januar kam heran. Unser Kompanieführer sollte sich beim Abteilungsgefechtsstand mit der Kompanie zum Einsatz melden. Die russischen Panzer fuhren bereits zwischen den Häuserruinen und schossen auf jeden einzelnen mit der Panzerkanone. Unsere Kampfbereitschaft war inzwischen erloschen; es drehte sich alles nur noch um ein mögliches Überleben. Die Aufforderung, zum Gefechtsstand zu kommen, wurde mit Ablehnung abgewiesen. Ich wurde vom Kompanieführer angesprochen, ihn nicht im Stich zu lassen, und war bereit, mitzukommen. Wer noch mitmachen wollte, mochte folgen. Beim Kommandeur angekommen, meldete der Kompaniechef: „Kompanie mit vier Mann zur Stelle!" Darauf die Frage des Kommandeurs: „Wo sind die anderen?" Die Antwort des Kompanieführers lautete: „Die wollen nicht mehr mitmachen." Darauf die Entscheidung: „Machen Sie, was Sie wollen!" Wir robbten nun um unser Leben, denn überall wurde geschossen, und erreichten, wenn auch frisch verwundet, unseren vorher verlassenen Keller. Der Russe kämmte alle Ruinen durch und gelangte um etwa 15.30 Uhr an unseren Keller. „Ruki werch!" hieß es, und der Weg in die Gefangenschaft begann.

Die erste Aufforderung der Russen an uns lautete: „Urri jest!" So nahm man nicht nur mir, sondern auch allen anderen die Uhren ab, ebenso auch alles Eßbare, von dem wir nur noch ganz wenig bei uns hatten. In Gruppen zu ca. 100 Mann wurden wir durch die russischen Protzenstellungen zurückgebracht, an denen wir jedesmal gefilzt wurden. Vielen wurden die Schuhe ausgezogen, und sie mußten barfuß im Schnee bei 35 Grad Kälte weiterlaufen. Am Schluß des Zuges gingen Russen, die jeden erschossen, der nicht mehr laufen konnte. Deshalb wollte auch niemand hinten den Schluß der Marschkolonne bilden.

Am darauffolgenden Morgen, dem 31. Januar 1943, erreichten wir das Auffanglager Beketowka. Dort wurden alle Gefangenen unseres Abschnittes Stalingrad-Mitte gesammelt. Kaputte Gebäude ohne Fenster und Türen waren die Unterkunft. Schon seit Wochen hatten wir nichts mehr zu essen bekommen. Die Verpflegung, die im Kessel noch ab und zu mit Verpflegungsbomben durch die Ju's abgeworfen worden war, blieb nun gänzlich aus. Beim letzten Male hatten die Ju's die Säcke mit Brot aus der offenen Ladeluke abgeworfen; es war aber nur ein Tropfen auf dem heißen Stein gewesen. Eine Verteilung war unmöglich, nur die Finder hatten etwas davon. Im Gefangenenlager war es nun damit vorbei. Unsere Pferde, soweit sie noch vorhanden waren, hatten wir bereits im Kessel alle geschlachtet und verzehrt.

Hier im Lager gab es nach etwa einer Woche das erste Brot. Sie waren rund, wie ein Pfannenkuchen, und wir mußten uns mit 36 Mann ein Brot teilen. Ein Stück Brot hatte dann die Größe von einem Stück Schokolade. Wasser war ebenfalls nicht vorhanden. Soweit im Lager noch Schnee lag, wurde er weggeleckt. Als bald auch kein Schnee mehr vorhanden war, wurde Eis gekratzt. Als dann von den Russen das erste Wasser in Benzinfässern mit Kamelschlitten ins Lager gebracht wurde, stürzten sich alle darauf. Der Russe haute dazwischen, soviel er konnte, und schlug so manchem die Augen aus.

Tagsüber mußten wir die vielen Leichen aus dem Lager auf freies Gelände hinausschleppen. Später schob man sie in die vorhandenen Panzergräben hinein; über 30.000 sollen es gewesen sein. Die Rumänen, unsere Verbündeten, lagen im Nachbarlager, nur durch einen Draht von uns getrennt. Sie handelten mit „Kamelfleisch"; bald aber stellte es sich heraus, daß es Fleisch von toten Kameraden war!

Anfang März 1943 wurde ein Bahntransport nur aus Mannschaftsdienstgraden zusammengestellt. Angeblich sollten sie in den Ural. Es waren etwa 2000 Mann, von denen man nie wieder etwas hörte. Später hieß es dann, sie seien alle umgekommen, verhungert oder erfroren. Ich selbst degradierte mich nicht und blieb, was ich war, Oberwachtmeister, während einige Unteroffiziere beim Transport der Mannschaften mitfuhren, und das wohl deshalb, weil es anfangs bei den Zurückgebliebenen hieß, alle Unteroffiziere sollten erschossen werden. Damals beneideten wir alle, die im Kessel gefallen waren oder den Freitod gesucht hatten. Mußten wir doch alles ehr- und wehrlos über uns ergehen lassen!

Nach einiger Zeit wurde erneut ein Bahntransport zusammengestellt, angeblich zu einem Arbeitslager. Bei diesem Transport war ich dabei. Mit je 200 Mann kamen wir in einen Waggon. Wir konnten nur stehen und uns nicht hinlegen. Im Fußboden war für die Notdurft ein Loch gesägt worden; aber wer brauchte das schon, bekamen wir doch nichts zu essen und zu trinken. Der Schweiß an den Wänden wurde abgeleckt, um etwas Flüssigkeit zu kriegen. Einmal am Tage hielt der Zug; dann wurden die verstorbenen Kameraden hinausgebracht. Nach mehreren Tagen gab es Platz im Waggon; es waren wohl inzwischen bis zu 100 Tote, die das Endziel des Transportes nicht erreichten. Wie lange wir fuhren, weiß ich nicht genau, denn wir hatten die Zeitorientierung gänzlich verloren. Im Waggon war es fast dunkel, auch tagsüber.

Es mochte wohl fast eine Woche vergangen sein, als wir einen Ort direkt an der Wolga erreichten. Später erfuhren wir, daß es Wolsk war. Hier war unsere Unterkunft ein leeres Gebäude mit Pritschen; es sollte das Arbeitslager sein. Die Verpflegung war wie gewohnt sehr spärlich. Ab und zu gab es mal ein Stück Brot, später sogar Wassersuppe. Die Sterberate war bei uns ausgemergelten Kameraden sehr hoch: Von den angekommenen etwa 1800 Mann starben täglich 15 bis 20 an Entkräftung. Der Pritschennachbar starb über Nacht, ohne daß man etwas davon merkte. Morgens kam der Russe, um die Verpflegungsstärke zu erfragen; da wurden natürlich die über Nacht Verstorbenen mitgezählt. Vorsorglich hatten wir sie mit einem Mantel zugedeckt, erst später wurden sie dann hinausgetragen. Manche hatten in ihrer Tasche noch Familienfotos bei sich. Nur gut, daß ihre Angehörigen nicht wußten, auf welche Weise sie gestorben waren! Die Namen und Adressen konnten wir uns leider nicht merken oder aufschreiben, weil wir nichts zum Schreiben besaßen. Beim nächsten Filzen wäre uns ohnehin wieder alles weggenommen worden.

Ich hatte nur einen Gedanken: So schnell wie möglich stiften zu gehen, sollte sich eine Gelegenheit dazu bieten. Zum ersten gesuchten Arbeitskommando meldete ich mich sofort, um ein Fluchtloch zu finden. Das Kommando, das aus fünf Mann bestand, wurde durch vier russische Soldaten sehr streng bewacht; man konnte keinen Schritt aus der Reihe machen. Die erhoffte Fluchtmöglichkeit sah ich bei diesem Kommando nicht.

Mein Gesundheitszustand war wie bei allen anderen sehr schlecht. Daher hätte ich ohnehin die Strapazen einer Flucht nicht ausgehalten. Ruhr, Typhus und Dystrophie 3. Grades machten mich zwischenzeitlich arbeitsunfähig. Wochenlang schleppte ich als Leichenschlepper die verstorbenen Kameraden zur letzten Ruhe. Alle wurden dort ohne Erfassung ihrer Personalien bestattet – das sind die vielen Vermißten von Stalingrad.

Krank war nach russischer Auffassung nur, wer über 38 Grad Temperatur oder Blut im Schleim oder im Stuhl hatte. Ärztliche Versorgung war nicht vorhanden. Eine Überlebenschance hatten meiner Erfahrung nach nur Kameraden im Alter zwischen 25 und 35 Jahren. In regelmäßigem Abstand machte eine russische Kommission Gesäßbacken-Visite. Wer etwas an den Muskeln angesetzt hatte, war arbeitsfähig. Ich selbst wurde so arbeitstauglich erklärt, obgleich mein Körpergewicht bei einer Größe von 1,78 Metern nur 55 kg betrug. Damit mußte ich dann in einem Steinbruch täglich 18 Kipploren Steine losbrechen und einladen, bei einer täglichen Ration von 200 g Brot und etwas Wassersuppe. Gearbeitet wurde in Wechselschicht auch nachts. Bei diesen hohen körperlichen Belastungen war man natürlich nach einer Woche wieder arbeitsunfähig.

Unter diesen harten Bedingungen hielt ich fast vier Jahre aus, bis ich dann Ende 1946 infolge meines immer schlechter gewordenen gesundheitlichen Zustandes als vollkommen arbeitsunfähig galt und aus der Kriegsgefangenschaft entlassen wurde. So habe ich Stalingrad überlebt und gehöre zu den wenigen Heimkehrern, die von den vielen in Gefangenschaft geratenen Stalingradkämpfern ihre Heimat wiedersehen konnten.

# Kurt Wölk:
## Von Stalingrad nach Usbekistan[62]

*Kurt Gerhard Wölk wurde am 13. Juli 1916 in Allenstein geboren. In Stalingrad war er Hauptfeldwebel der 6. Kompanie des Infanterie-Regimentes 120 der 60. Infanterie-Division (mot.). Nach dem Krieg war er Oberregierungsamtsrat bei der Bundeswehrverwaltung; seinen Lebensabend verbrachte er in Ulmen-Vorpochten; er verstarb am 27. April 1985 in Daun.*

Die 6. Kompanie des Danziger Grenadier-Regiments 120 der 60. Infanterie-Division (mot.), deren Hauptfeldwebel ich war, war seit Ende August 1942 beiderseits des Tatarenwalls unweit des kleinen Ortes Kusmitschi eingesetzt. Es war bei uns in der Schützen-Kompanie üblich geworden, daß die Kompanieführer kamen und gingen. So waren erst vor kurzem Oberleutnant Ott und Leutnant Rühle gefallen und die nachfolgenden Oberleutnante Klauser und Beland durch Verwundung ausgeschieden und auf dem Wege in die Heimat. Jetzt sollte wieder ein „Neuer" vorne sein. Als ich den Kompanie-Gefechtsstand betrat, war es Leutnant Willi Thoms, mein alter Schulkamerad aus Marienburg/Westpreußen. Wie freuten wir uns beide auf eine fruchtbringende und gemeinsame zukünftige Arbeit für die Kompanie! Es sollte nicht lange währen: Als Willi Thoms nach dreiwöchiger Gelbsuchterkrankung gesundete und zur selben Zeit auch zum Oberleutnant befördert wurde, schickte ihn der Bataillonskommandeur, Major Willig, als Vorkommando-Offizier nach Vorstadt am Don. Am 18. November 1942 schüttelten wir uns zum letzten Mal die Hand; auch wir sahen uns nicht mehr wieder. Er fiel später außerhalb des Kessels. Mit ihm waren für die 3. Kompanie Oberleutnant Arndt und die letzten beiden Urlauber der Kompanie gefahren, Feldwebel Jensen und der Sanitäts-Obergefreite Wiese. Auch ihr Glück wurde es nicht, keiner von ihnen erlebte das Kriegsende.

Eines Tages polterte es furchtbar an meiner Bunkertür. Mit viel Krach und Getöse erschien Hans Domnik, Hauptfeldwebel der 3./P.521, einer meiner besten Freunde aus der Friedensgarnison. Seit Jahren hatten wir uns nicht mehr gesehen. Bei meinem Gegenbesuch traf ich weitere gute Kameraden: Paul Bahr und Ernst Wölm[63]. Noch einmal besuchte mich

62 Der erste Teil des Berichtes erschien im Typoskript einer nicht veröffentlichten Geschichte der 60. Division, der zweite Teil (Gefangenschaft) im Heft „Woina Plenny. Skoro domoi", Erinnerungsausgabe zum zehnjährigen Bestehen des Bundes ehemaliger Stalingradkämpfer e. V. Deutschland, 1968.

63 Oberfeldwebel Ernst Wölm (∗ 29. September 1918 in Königsblumenau) wird seit Januar 1943 vermißt; Paul Bahr (∗ 17. Februar 1914 in Schönfelde) fiel lt. Kriegsgräberliste des Volksbundes am 10. Januar 1943 in Stalingrad.

Domnik zur Kesselzeit, er war KOB geworden und nun Zugführer eines Panzerjägerzuges, der aus drei neuen 7,62 cm-Geschützen auf Selbstfahrlafetten bestand. Ich sah ihn noch wie heute stolz und aufrecht im Kommandoturm seines Führerpanzers stehen und durch das Kehlkopfmikrophon seine Befehle an die nachfolgenden Panzerjäger geben. Dann sah ich ihn nicht mehr; er blieb in Stalingrad. Bedeutsam, wie Paul Bahr fiel: Als Kommandant eines Panzerjägers wurde er am 7. Januar 1943 von einer Reihe russischer Christie-Panzer umstellt. Er wurde zusammengeschossen, feuerte aber bis zuletzt. So traf ich Freunde aus der Heimat in Stalingrad.

Aus der Tatsache der Einschließung unserer Armee im Raum Stalingrad machte sich der kleine Soldat zunächst nichts. Auch die Stimmung in der Kompanie blieb vorerst gut. „Wir kommen schon wieder heraus", war die allgemeine Meinung. Es wurde auch bekannt, daß der Armee-Oberbefehlshaber einen Ausbruchsplan für die Armee in Richtung Südwest auf Rostow zu ausarbeitete. Was konnte uns also schon geschehen?

Unsere Männer lagen seit langen Wochen in denselben Stellungslöchern und Unterständen, die sie im September schon in der „Nordriegelstellung" beim Dorf Kusmitschi beiderseits des Tatarenwalls bezogen hatten. An Ablösung war durch die Einkesselung nicht mehr zu denken. Der Zustand der Männer wurde von Tag zu Tag schlechter, zumal auch die Verpflegung immer geringer wurde. Sie starrten vor Schmutz; im Januar 1943 trugen ihre ausgehungerten Gesichter wilde Bärte. Hinzu kam die Läuseplage. Die Pferdebestände wurden bald registriert. Schon im Dezember 1942 wurde Pferdefleisch unser Hauptnahrungsmittel; Brot gab es kaum noch. Unsere Luftwaffe schaffte es nicht mehr, den erforderlichen Verpflegungsnachschub hereinzufliegen. Somit sank die Stimmung der Männer immer mehr. Apathie machte sich bemerkbar. Besonders traf es uns, daß auch die Post aus der Heimat ausblieb. Unsere Kraftfahrzeuge standen etwa 14 km hinter der Front abgestellt und verschneit in ausgehobenen Stellungen, 4 km südlich des Bahnhofes Konnaja.

Die regelmäßige Versorgung der Kompanie lag mir besonders am Herzen. Da kein Betriebsstoff mehr zur Verfügung stand, ließ ich – inzwischen hatte der russische Winter seinen vollen Einzug gehalten – von Görgens, meinem Kompanie-Tischler, und von unserem Pferdehalter Dorneiski einen Pferdeschlitten zusammenbauen, der auch im Dezember noch redlich seine Pflicht erfüllte. Als wir jedoch ein Pferd nach dem anderen schlachten mußten, mußte ich die Verpflegung für die Kompanie täglich durch Kriegsgefangene nach vorn schaffen lassen. Auch das mußte ich schließlich verbieten, denn die Russen waren durch die geringe Verpflegung genauso schwach wie die anderen geworden.

Es gab nicht nur ein Ernährungsproblem. Gleich groß wurden unsere Sorgen hinsichtlich des Heizmaterials. In der Steppe vor Stalingrad wuchs kein Baum und kein Strauch. Obwohl die Armee durch ihre Kriegsgerichte mit schärfsten Strafen drohte, ließ ich meiner Männer wegen, weil es lebensnotwendig war, bei Nacht und Nebel von der Eisenbahn mehr als 100 hölzerne Schwellen ausbauen – ich beteiligte mich dabei –, hortete sie in meinem früheren Pferdebunker und stellte einen Sonderposten davor, der die Weisung erhielt, auf jeden zu schießen, der es wagen sollte, Holz zu stehlen. Brennholz wurde in dieser Zeit genauso gestohlen wie Verpflegung. Immerhin aber hoffte ich, bei der erforderlichen Rationierung mit diesem Holzvorrat bis Frühjahr 1943 auszukommen. Laufend mußte ich Tag und Nacht zu unregelmäßigen Zeiten den, wenn auch geringen Verpflegungsbestand in der Feldküche und unser Holz kontrollieren.

Da die Hauptverbandplätze die Verwundeten wegen Überfüllung nicht mehr aufnehmen konnten, mußten wir einen eigenen Krankenbunker bauen. Zuvor schon hatten wir einen besonderen Badebunker errichtet. Die wenigen Leute beim Troß brauchten sich über Langeweile wirklich nicht zu beklagen. Dem Kompanieführer hatte ich vorgeschlagen, jeweils zwei Mann nacheinander für drei Tage zur Troßstellung zu entsenden. Das wurde auch durchgeführt. Diese Männer atmeten hörbar auf, wenn sie sich nach langer Zeit wieder einmal vernünftig baden, ausschlafen und dann neue Wäsche und Bekleidung anziehen konnten. Die alten Sachen wurden der Läuse wegen verbrannt. So führten wir in der 6./120 eine Ablösung im kleinsten Rahmen durch.

Natürlich wurde die Kompanie nur bei Dunkelheit verpflegt, wie auch die Fahrten hin und zurück ohne Licht durchgeführt werden mußten. Oft saß dann mein Begleiter vorn auf dem Kühler und wies mir durch Armbewegungen den Weg. Später wurde es schwieriger, als wir uns nur noch mit dem Pferdeschlitten nach vorn bewegen konnten.

Am Bahnhof Konnaja – dort sah man nur noch Trümmer – wuchs sogar etwas Gesträuch; wir nannten es „Bürste". Waren wir hier vorbei, nahmen wir Ziel auf den nächsten Richtpunkt, eine abgeschossene Me 109 im Gelände. Unser Weg führte rechts vorbei. Schließlich mußten wir wieder um 90 Grad nach Westen einbiegen, bis sich dann bald die Konturen von drei abgeschossenen russischen Panzern abzeichneten. Hier befand sich unser Verpflegungsstützpunkt. Die Essenholer warteten schon, ihre Essenträger standen auf kleinen, selbstgebastelten Schlitten, da Ziehen nicht soviel Kraft wie Tragen erforderte. Auf dem Rückweg wurden Gefallene und Verwundete mitgenommen.

Mehr und mehr mußte sich im neuen Jahr 1943 jeder in seiner Lebenshaltung einschränken. Unsere Stimmung wurde vom Hunger und der zunehmenden Kälte diktiert. Das Thermometer sank auf 30 Grad unter Null. Wir erlebten Schneetreiben von einer Heftigkeit, die uns den Atem nahm, wenn man nur den Kopf zum Bunker hinausstreckte. Dick vermummt stapften wir durch den hohen Schnee und brauchten lange Zeit über den kleinen Bergrücken, um zu dem etwa nur 50 Meter entfernten Nachbartroß der 8./120 die Verbindung aufzunehmen.

Bei meinen Besuchen im Kompanieabschnitt stellte ich immer wieder fest, wie körperlich schwach die Kameraden geworden waren. Bei einem Angriff der Russen waren sie bestenfalls noch in der Lage, den Finger am Abzug zu krümmen. Körperliche Anstrengungen durften nicht mehr verlangt werden. Ich merkte es auch daran, daß immer nur dieselben Kameraden zum Essenfassen kamen; die meisten zogen es vor, in der Stellung hocken zu bleiben. Die Zustandsberichte der Kompanie an die vorgesetzten Stellen wurden immer mehr zu einem einzigen Aufschrei über eine immer unmenschlicher werdende Situation.

Inzwischen hatten wir zu Beginn des neuen Jahres 1943 einen neuen Kompanieführer bekommen. Es war Oberleutnant Sieg, ein Danziger, an sich ein alter Regimentsangehöriger, denn er war schon 1939 dabeigewesen. Nach dem Frankreichfeldzug war er jedoch zum Ersatzbataillon nach Danzig versetzt worden und war dann zwei Jahre lang beim Verbindungsstab in Finnland tätig gewesen. Jetzt war er kurz vor der Einschließung zu seinem Stamm-Regiment an die Front zurückgekehrt.

Er kam am Silvestertag 1942 zu uns, um ab Januar die Kompanie zu übernehmen. Ich begleitete ihn beim Dunkelwerden zur Stellung. Im dichten Schneetreiben tasteten wir uns von Bunker zu Bunker vor. Oberleutnant Sieg wollte jedem der Männer die Hand drücken. Es mochte Mitternacht sein; das neue Jahr schien für uns beide wenig verheißungsvoll zu sein. Im nächtlichen Schneegestöber verloren wir die Richtung zum nächsten Bunker. Stundenlang irrten wir zwischen den Fronten umher, jeden Augenblick gefaßt, beim Russen zu landen. Doch es ging noch einmal gut; mit viel Glück fanden wir zur eigenen Stellung zurück und waren restlos fertig und erschöpft.

Bis zu den Kompanien hinunter war uns die Absicht des OB zum Ausbruch bekannt geworden. Die vorauseilenden Befehle waren bereits ergangen; zum Beispiel sollte in meiner motorisierten Kompanie die Masse der Kraftfahrzeuge, die seit Monaten ohne Betriebsstoff stillagen, gesprengt werden. In der Tat waren bei anderen Formationen im Kessel im Hinblick auf das totsicher zu erwartende Stichwort „Lösen“ Sprengungen von wertvollem Material schon durchgeführt worden. Bei uns hatte sich der Bataillonsführer, Hauptmann Bergdolt, den Befehl zum Sprengen der Fahrzeuge vorbehalten. So wartete damals jeder sehnsüchtig auf dieses Stichwort „Lösen“, das Freiheit und Weiterleben für die Armee bedeutet hätte. Es kam nicht.

Bei Kesselbeginn hatte uns unser Bataillonskommandeur, Major Willig, verlassen müssen. An der neugeschaffenen Kessel-Westfront kämpfte er mit einem Häuflein Unentwegter, seiner „Kampfgruppe Willig“, einen ungleichen Kampf gegen einen weit überlegenen Gegner. Wie die Löwen wehrten sich diese Männer, doch es nützte nichts: Sie wurden von der „russischen Walze“ langsam, aber sicher zurückgedrängt. Für den heldenmütigen Widerstand erhielt Major Willig später noch das Eichenlaub zum Ritterkreuz.

Leider mußte unser II. Bataillon seinen bewährten Bataillonsarzt Dr. Kossel[64] im Austausch an das Kradschützen-Bataillon 160 abgeben. Beim Zurückgehen auf Stalingrad fiel der neue Bataillonsarzt, Oberarzt Dr. Longree[65].

Der 14. Januar 1943 war ein folgenschwerer Tag für die Kompanie. Was ich lange befürchtet hatte, traf nun ein. Die Kompanie, die monatelang nur noch Stellungskrieg kannte, nur noch zwei schwache Züge hatte und deren Männer kaum noch auf den Füßen stehen konnten, sollten bei etwa 30 Grad Frost aus ihrem Abschnitt herausgelöst, etwa 15 Kilometer zum Nachbarabschnitt marschieren und dort der 16. Panzer-Division unterstellt werden.

Der Regimentskommandeur ließ mich ans Telefon rufen und befahl, das Feldküchenfahrzeug klarzumachen; es sollte die Kompanie zu ihrer neuen Kampfaufgabe begleiten. Ich machte meine Bedenken geltend, die nackten Tatsachen schildernd. Es nützte nichts; Befehl ist Befehl! Bevor ich mit der Kompanie zusammentraf, sollte ich mich noch beim Regimentsgefechtsstand melden. Beinahe 24 Stunden brauchten der Schirrmeister, Unteroffizier Möhlig, und wir anderen, bis wir die Feldküche flott hatten, d. h., der Motor wieder einwandfrei lief und sich der Wagen aus der verschneiten Schlucht herausgearbeitet hatte. Dann meldete ich mich beim neuen Regimentskommandeur, der mich noch nicht kannte. Der Adjutant, Oberleutnant Nehrkorn[66], stellte mich vor. Oberstleutnant Schmidt erklärte mir, warum gerade die 6. Kompanie dazu ausersehen sei, bei der durch starke Verluste sehr geschwächten 16. PD eingesetzt zu werden. Wieder sprach ich vom Zustand der Kompanie, doch ich hatte zu gehorchen.

---

64 Dr. Albrecht Kossel (* 14. August 1912, † April 1999 in Tübingen) studierte Medizin in Danzig, Kiel und München; Examen in Heidelberg. Er wurde im April 1949 aus sowjetischer Gefangenschaft entlassen; später Prof.

65 Dr. Kurt Heinrich Longree (* 3. September 1912 in Immekeppel, gefallen 23. Januar 1943) studierte Medizin in Tübingen, Rostock und Hamburg (1937 Examen und Promotion).

66 Oberleutnant Jürgen Nehrkorn (* 24. September 1915 in Braunschweig, † 5. April 1943) verstarb lt. Kriegsgräberliste des Volksbundes im Lager Frolowo.

Beim Divisions-Gefechtsstand unserer 60. Division traf ich die Kompanie, aber in welchem Zustand! Die Hälfte der Männer war beim Marsch hierher wegen allgemeiner Schwäche und Erfrierungen ausgefallen. Das hatte ich vorausgesehen! Schon heute, am 15. Januar, sollte sich die Kompanie bei der 16. PD melden, um sofort eingesetzt zu werden. Es wurde nichts daraus. Der neue Divisionsführer, Oberst v. Arenstorff[67], war vom Anblick der Leute so erschüttert, daß er allen Männern 24 Stunden Ruhe befahl und 100 Zigaretten verteilen ließ. Lieber hätten die Männer etwas zu essen gehabt, aber auch bei der Division gab es nichts mehr. Die Kompanie wurde gleichzeitig mit Rumänen, Beamten der Feldpost, einigen Artilleristen usw. „aufgefüllt", alles keine Infanteristen. Infanteristischer Einsatz wurde aber am nächsten Tage schon im fremden Gelände bei einer fremden Division gefordert. Die Kompanie mußte in ihr Verderben marschieren. Durch die vielen neuen Leute schien mir die Kompanie fremd geworden; die wenigsten kannte ich noch.

Bei der 16. Panzer-Division wurden wir sofort der „Kampfgruppe Dörnemann[68]" unterstellt. Nach kurzer Erkundung durch den Kompanieführer, Oberleutnant Sieg[69], wurde die Kompanie am nächsten Tage eingesetzt. Pioniere wurden zur Unterstützung zugeteilt. Doch es kam, wie es kommen mußte. An diesem Brennpunkt des Kampfgeschehens in der Nordriegelstellung wurde die 6. Kompanie aufgerieben. Oberleutnant Sieg fiel am 18. Januar durch Kopfschuß, Leutnant Gause wurde am 19. Januar schwer verwundet. Kaum einer der Alten der Kompanie lebte noch; sie waren entweder gefallen, vermißt oder schwer erfrierungskrank irgendwo auf Hauptverbandplätzen.

Ohne den Führer des K 16, Major Warmbold[70], zu fragen, schickte ich einen Melder unmittelbar zum Regiment 120 mit einer ausführlichen schriftlichen Meldung zurück. Gleichzeitig meldete ich mich bei Major Warmbold und bat um Erlaubnis, mit dem Rest der Kompanie, der nur noch aus Verwundeten und Kranken bestand, in den Verband meines Regiments zurückkehren zu dürfen. Leutnant Gause, am ganzen Körper wund und zitternd, seelisch dem Zusammenbruch nahe, stand weinend,

67 Hans-Adolf von Arenstorff (* 18. Oktober 1895 Lohe/Nienburg, † 5. Mai 1952 im Lager Brjanka-Krasnopole) beendete den Ersten Weltkrieg als Leutnant. 1930 Rittmeister, 1935 Major, 1939 Oberstleutnant, übernahm er als Oberst am 13. November 1942 die 60. Infanterie-Division. Er wurde nachträglich am 1. Oktober 1943 zum Generalmajor befördert. Auszeichnung: 1942 Deutsches Kreuz in Gold.

68 Heinz Dörnemann war nach dem Krieg Ehrenvorsitzender der Kameradschaft der 16. Panzer-Division. Er verstarb am 17. Dezember 2001.

69 Oberleutnant Ulrich Hans Sieg (* 7. Februar 1913 in Danzig) fiel am 18. Januar 1943 in Stalingrad.

70 Hans-Joachim Warmbold war Kommandeur des III. Btl., Panzerregiment 2; er wurde am 6. November 1942 mit dem Deutschen Kreuz in Gold ausgezeichnet.

die unhaltbare Situation schildernd und fordernd vor dem Führer der Kampfgruppe. Der war sichtlich beeindruckt, konnte aber nicht helfen.

Da die Kompanie ausgeblutet war, wurde sie am 22. Januar gnädig aus dem Verband der 16. PD entlassen. Unter Oberfeldwebel Klitzkes und meiner Führung kehrte ein kläglicher Rest der Kompanie von Kranken und Verwundeten in den Raum unserer 60. Division zurück. Als wir im Gänsemarsch am Gefechtsstand der 16. Panzer-Division vorbeihumpelten, sah ich mit sehr ernstem Gesicht den Kommandeur, Generalmajor von Angern, vor seinem Bunker stehen. Einige Tage später erschoß er sich.

Ernste Gesichter auch beim Gefechtsstand der eigenen Division. Mit wächserner Gesichtsfarbe saß der Ia, Oberstleutnant i. G. Stübichen[71], auf seinem fahrbaren Gefechtsstand, vor ihm auf dem Tisch eine Reihe von Fernsprechern.

Inzwischen rollte unser Feldküchenwagen mit einer sonderbaren Last über den Tatarenwall zurück in den Raum unserer Division. Unseren toten Oberleutnant Sieg hatten wir mangels besserer Transportmöglichkeit auf dem Holzdach des Fahrzeugs mit Stricken festgebunden, in der Absicht, ihn an der Seite unserer anderen bei Stalingrad gefallenen Kameraden auf dem großen Ehrenfriedhof der Division am Bahnhof Konnaja beizusetzen. Wie ein schwankendes Schiff in wogender See bewegte sich unser Feldküchenwagen mit dem toten Kompanieführer über uns stundenlang durch den hohen Schnee.

Doch infolge der Rücknahme unserer Kessel-Westfront konnten wir nicht mehr in unsere alte Troßstellung 4 km südlich des Bahnhofes zurück. In hellen aufgelösten Scharen strömten uns ununterbrochen Teile der 113. Infanterie-Division entgegen, dazwischen einzelne Teile unseres Danziger Regimentes. Es ging zurück auf Stalingrad. Wir fanden keine Zeit mehr, Oberleutnant Sieg in dem steinhart gefrorenen Erdboden zu bestatten. In Höhe unseres Divisionsfriedhofes befand sich schon der Russe; daher legten wir den starren Leichnam zwischen die Gräber eines Ehrenfriedhofes unmittelbar an der Bahnstrecke westlich von Gumrak. Der Sturm verhüllte ihn im gleichen Augenblick mit einer weißen Schneedecke. Er fand also so ein Schneegrab.

Unmittelbar gegenüber dem Divisionsfriedhof waren 400 Schwerverwundete der Division auf dem Hauptverbandplatz dem Russen in die Hände gefallen. Der Kriegspfarrer Czygan hatte die Schwerverwundeten übergeben. Keinen von allen sahen wir wieder![72]

---

71 Ernst-Gottfried Stübichen wurde am 25. Januar 1943 mit dem Deutschen Kreuz in Gold ausgezeichnet und nachträglich zum Oberst i. G. befördert.

72 Laut Aussage verschiedener Zeitzeugen, u. a. von Dr. Othmar Kohler, wurden die Verwundeten von eindringenden Sowjetsoldaten umgebracht, darunter auch Pfarrer Czygan.

Unser letztes „Fähnlein der sieben Aufrechten" von der 6. Kompanie mußte sich beeilen, um aus dem Feuerraum der feindlichen Artillerie herauszukommen. Wir selbst übernachteten in den Hausresten des Dorfes Gorodischtsche. Hier herrschte ein Gewirr von kreuz- und querfahrenden Fahrzeugen aller Formationen. Am nächsten Tage gab der Bataillons-V-Troß die Reste seiner Verpflegungsvorräte aus. Mehr sei vorerst nicht zu erwarten!

Der 26. Januar war einer der schwärzesten Tage von Stalingrad. Vollkommen regel- und zügelloses Zurückfluten durcheinandergewürfelter Truppenreste von Gorodischtsche zur „Roten Barrikade" im Nordteil der Wolgastadt. Besonders die Rote Luftwaffe machte uns sehr zu schaffen. Wir lagen mehr in Deckung, als daß wir auf der überfüllten und ständig verstopften Rückzugsstraße vorwärtskamen. Mit dem einzigen mir noch übriggebliebenen Fahrzeug der Kompanie, dem Feldküchenwagen, der mit Verwundeten und Kranken überlastet war, fand ich endlich nach langem Suchen ein Plätzchen in einer der Ruinen der „Roten Barrikade". Von drei Seiten halbgebrochener Mauern umgeben, standen wir hier einigermaßen gegen Beschuß geschützt.

Im Keller des Nebengebäudes war eine neue Dienststelle untergebracht, die Meldestelle der 60. Division. Ihr Leiter war unser früherer Bataillons- und Regimentskommandeur, Oberstleutnant von Senfft[73]. Zur Verfügung standen ihm der bisherige Chef der 14. Flak-Kompanie, Hauptmann Philipp, sowie Oberleutnant Lanz, Chef der 1/120, zuletzt Führer der Regimentstrosse. Die Meldestelle war etwa einer Auffangstelle für versprengte Soldaten gleichbedeutend. Das Chaos im Kessel war eigentlich schon da; es herrschte ein unbeschreibliches Durcheinander. Als versprengt konnte sich ein jeder der zweihunderttausend noch lebenden Soldaten der 6. Armee[74] bezeichnen. Immer wieder hieß es beim Befehlsempfang bei Lanz, bei dem sich täglich die Hauptfeldwebel des Regimentes zusammenfanden: Alle einigermaßen gesunden Leute sind nach vorn zu schicken! So wurden laufend alle Dienstgrade von sämtlichen Formationen der Armee zu einer bunt zusammengewürfelten Einheit zusammengestellt und in den aussichtslos gewordenen Abwehrkampf geführt.

---

73 Oberstleutnant Wolfgang Freiherr Senfft von Pilsach (* 23. Januar 1900 in Wegnitz) nahm schon nach dem Abitur mit 17 Jahren am Ersten Weltkrieg teil und absolvierte eine Ausbildung als Landwirt. Kurz vor dem Krieg trat er in die Wehrmacht ein und wurde Berufsoffizier. In sowjetischer Kriegsgefangenschaft trat er dem „Nationalkomitee" bei. Nach seiner Heimkehr am 21. April 1950 wurde er in Berlin Leiter eines Studentenheimes. Er verstarb am 30. März 1968 in Bad Nauheim.

74 Am Ende der Kampftätigkeit gingen ca. 91.000 deutsche Soldaten in die Gefangenschaft.

Menschenunwürdige Zustände! Schon jetzt „verendeten" unzählige Kameraden dort, wo sie gerade vor Erschöpfung umfielen. Man mochte helfen, konnte aber nicht. Verwundete lagen überall im Schnee und wimmerten vor Schmerzen. Dazu die erbarmungslose Kälte, keine ausreichende Unterkunft, kein Verbandsstoff, die Medikamente verbraucht, die Hauptverbandplätze überfüllt, dann der Hunger ...

Einige Versprengte der Kompanie, die auch verwundet oder erfrierungskrank waren, hatten zu uns zurückgefunden; dadurch hatte die alte Kompanie noch eine Stärke von 35 Mann. Doch keiner von ihnen war einsatzfähig! Also gab es für mich als ältesten Dienstgrad der Kompanie nichts mehr zu führen; ich hatte nur noch für Kameraden zu sorgen, die dem Tode geweiht waren.

Bei sparsamster Bewirtschaftung meiner schmalen Verpflegungsbestände hatte ich für die noch lebenden Angehörigen meiner Kompanie noch für einige Tage zu essen. Seit langem gab es fast kein Brot mehr, dafür nur Pferdefleisch. Ferner war ich noch in der Lage, Fett, insbesondere Schmalzfleisch, und viel Rauchware auszugeben. Die Panzer-Sonderausstattung an Verpflegung hatte ich schon seit langem anbrechen müssen.

Am zehnjährigen Gedenktag der „Machtergreifung" durch Hitler, dem 30. Januar 1943, hörten wir noch „lebenden Leichname" in einem Kellerbunker, am Radiogerät sitzend, unsere eigene Grabrede, gehalten von Göring in Berlin. Über seine Vergleiche aus der Antike konnten wir nur grimmig und verbissen lachen! Als letzter Gruß der Heimat und der Ostfront, die sich jetzt weit westlich von uns am Don-Unterlauf befinden mochte, kreisten deutsche Jagdflieger über uns. Es waren die letzten deutschen Flugzeuge, die wir in diesem Krieg sehen sollten. Ich traf Hauptmann Retzerau[75] vom Divisionsstab; er sagte mir die Wahrheit über die Lage und die Zukunft: „Aussichtslos!" und „Gefangenschaft!". Ich konnte es immer noch nicht glauben, und doch, es sollte nicht mehr lange dauern!

Eine Bombe schlug unmittelbar neben meiner Feldküche ein. Die Splitter durchschlugen Fahrzeug und Aufbau, Gott sei Dank nicht durch den Kochkessel, wie wir erfreut feststellten, als wir uns staubbedeckt aus dem benachbarten Keller herausgearbeitet hatten, der uns als Bombenschutz diente. Hauptsache, die Küche war nicht getroffen worden, denn ich hatte außer meinen 35 Kompaniekameraden noch weit mehr als 150 Kranke und nicht mehr einsatzfähige Soldaten des Regiments zu versorgen.

Die Verpflegungsbestände gingen rapide zur Neige. Ich mußte eine ständige Wache auf der Feldküche einrichten. Aus Zweckmäßigkeits-

---

75 Hauptmann Hans Retzerau (∗ 13. Oktober 1893 in Danzig), zuletzt Major, wird seit Januar 1943 in Stalingrad vermißt.

gründen bestimmte ich hierzu die beiden Köche und den letzten Kraftfahrer der Küche, Unteroffizier Möhlig. Arbeiten und schlafen konnte man nur mit griffbereiter Pistole. Nur so war es möglich, uns vor Überfall, Einbruch und Plünderung durch eigene deutsche Soldaten zu schützen.

Einige Tage vorher war noch davon gesprochen worden, ein „Artillerie-Bataillon Fahrenhorst" aufzustellen, Geschütze stünden zu Verfügung usw. Es kam nicht mehr dazu. Bis zum letzten Tage lagen wir unter dauerndem Bomben-, Artillerie-, Granatwerfer- und Panzerbeschuß. Geschwaderweise flogen die Russen ausgerichtet wie zum Paradeflug über uns, um gemeinsam im Reihenwurf ihre Bombenlast auf uns loszuwerden. Kein deutscher Jäger störte sie mehr bei diesem Vorhaben.

In den letzten Januartagen starben die ersten Erfrierungskranken der Kompanie: Unteroffizier Will Arbes, Obergefreiter Wilhelm Krüger und Gefreiter Golla. In der Nacht vom 1. zum 2. Februar sammelten sich zum letzten Mal die gehfähigen Reste der 6/120 an der Feldküche. Ich sprach einige Worte des Abschieds und der Ermunterung. Vielen standen die Tränen in den Augen; sie sahen, was ihnen bevorstand, und ahnten, daß sie aufgrund ihrer Körperschwäche nicht mehr lange die bevorstehenden schweren Strapazen der russischen Gefangenschaft ertragen würden. Ich war noch in der Lage, an jeden Kompanieangehörigen folgendes an Marschverpflegung in die Gefangenschaft auszugeben:

1 Büchse (800 g) Erbsen- oder Bohnenkonserven, 2 Büchsen (je 400 g) und 2 Büchsen (je 200 g) Schmalzfleisch, einige Dosen Marschgetränk, einige Stück Preßkaffee, 30 Zigaretten, drei Zigarren und ½ Päckchen Tabak. Ferner kochte im Kessel die letzte dicke und magenfüllende Pferdefleischsuppe!

Ich ermahnte die Männer noch, mit ihrer Marschverpflegung sparsam umzugehen; sie müßte einige Tage ausreichen. Doch bald sollte ich noch erfahren, daß einige Kameraden in ihrem durchaus verständlichen Hungergefühl sofort alles verzehrt hatten.

In der Nacht zum 2. Februar fand die letzte Besprechung bei Oberstleutnant von Senfft und Oberleutnant Lanz statt. Später, wenige Stunden vor unserer Gefangennahme, sprach Senfft noch einige Worte des Abschieds an die in seiner Umgebung befindlichen letzten Männer seines Regiments. Ergriffen sangen wir in diesem Kellerbunker das Deutschlandlied. Dann befahl er: „Die weiße Fahne wird nicht gezeigt; es wird aber auch nicht mehr geschossen!" So harrten wir der Dinge, die da kommen sollten.

2. Februar 1943 – es war soweit! Auch der „Nordkessel" von Stalingrad brach auseinander. In den Vormittagsstunden holte uns der Russe aus den verlausten und verschmutzten Erdbunkern und Kellerlöchern. Ich wollte noch einmal eine Pferdefleischsuppe, ein Gemisch von aufge-

kochtem Schneewasser und gehackten Pferdeknochen, an die Männer ausgeben, und befand mich mit Uffz. Möhlig und den beiden Feldköchen am Küchenwagen. Die anderen noch lebenden Männer meiner Kompanie hausten mit den kranken und verwundeten Resten des Bataillons in einem größeren Zementbunker in etwa 50 Meter Entfernung, dabei die Leutnante Rüter und Schroer, Kriegsverwaltungsrat Wahl, Inspektor Kriese, Hauptfeldwebel Petersen und andere. Alle diese Bunker und Kellerlöcher in den Trümmern der „Roten Barrikade", in denen noch Leben pulsierte, waren miteinander durch Laufgräben verbunden. Noch einmal erwartete ich meine Männer, wie so oft geduckt hintereinander humpelnd, aus diesen Gräben kommend an der Feldküche, um ihnen die letzte Wassersuppe auszugeben. Es kam aber keiner mehr. Ich habe auch keinen von ihnen wiedergesehen …

Dafür kam ein einzelner Russe, die Maschinenpistole lässig auf der Schulter: „Urr jest?" Wir hoben nicht die Hände, aber auch der Feind hatte keinen anderen Befehl für uns als nur diese Frage nach der Uhr! Ich besaß zu diesem Zeitpunkt drei Uhren, meine Dienstuhr in der Uhrtasche, meinen privaten Reisewecker im Brotbeutel, ein Geschenk meiner Frau, und die Armbanduhr meines letzten gefallenen Kompanieführers Sieg am Handgelenk. Damals bildete ich mir noch ein, später einmal in Deutschland die Uhr als letztes Andenken des Kameraden Sieg den Hinterbliebenen zurückzuerstatten. Innerhalb einer Minute war ich alle drei Uhren los! Meine serbische 9 cm-Pistole, ein Andenken vom Balkanfeldzug, hatte ich schon vorher weit in die Trümmer geworfen. In meinen Fotoapparat, an dem ich sehr hing – er war noch ein Schießpreis aus der schönen Friedenszeit in der ostpreußischen Garnison –, war ich mit dem Stiefelabsatz hineingetreten und hatte darauf eine Kehrtwendung gemacht.

Mit Möhlig, Diesterbeck und Lux-Melcher trottete ich nun gemeinsam in die Gefangenschaft. Die Russen führten die einzeln aufgegriffenen Deutschen in kleinen Gruppen zu einem Sammelplatz. Noch einmal sah ich an der Spitze eines anderen Gefangenenzuges Oberstleutnant von Senfft marschieren; die Pelzmütze auf dem Kopf ging er langsam, sehr ernst und gemessen am Krückstock.

Immer wieder durchsuchte man uns nach Waffen. Dann marschierten wir im größeren Gefangenenzuge bei sonnig-schönem, aber sehr kaltem Winterwetter aus Stalingrad heraus nach Gorodischtsche. Der Zug wandte sich, den charakteristischen Balkas westlich Stalingrad folgend, an verlassenen Unterständen und Bunkern vorbei. Hier und da sahen wir Leichen von Kameraden, die sich erschossen hatten. Sie hatten es vorgezogen, lieber mit jener Masse der 6. Armee vereint zu sein, die bereits unter der Steppenerde um Stalingrad lag, als lebend den Russen in die Hände zu fallen. Viele Offiziere hatte ein Befehl des Feldmarschalls

Paulus davon abgehalten, sich einer alten militärischen Tradition folgend zu erschießen. Er hatte zum Ausdruck gebracht, daß das Leben einem späteren Deutschland, dem deutschen Volk erhalten bleiben müsse.

Die ersten russischen Bewachungssoldaten genossen unsere Sympathie. Es waren Angehörige der 22. Garde-Division. Wir waren erstaunt über diese kerngesunden, kräftigen und flinken Naturburschen, die in einer sehr zweckmäßigen Winterbekleidung und -ausrüstung sehr beweglich waren. Außerdem waren sie mit modernen russischen Waffen versehen; hier und da trug einer eine deutsche Maschinenpistole.

Zunächst also standen wir unter dem Schutz dieser Soldaten, von denen wir den Eindruck gewannen, daß sie uns als unterlegene, aber tapfere Gegner anerkannten. Sie ließen es auch nicht zu, daß uns irgendwelche russischen Troßsoldaten rückwärtiger Einheiten anfielen und uns das letzte Hab und Gut und sogar die letzten Verpflegungsreste nehmen wollten. Ja, sie gingen sogar mit dem Kolben auf ihre eigenen Kameraden los und schlugen, was das Zeug hielt!

Oft machten wir Ruhepausen. Die begleitenden Posten musterten uns interessiert. Unterhaltungen kamen in Fluß. Wo es nötig war, erhielten wir Verbandpäckchen. Sogar Tabak wurde angeboten – nur kein Brot! Dann marschierten wir weiter.

Wir mußten uns in unserer Lebenshaltung grundlegend umstellen. Es gab in den ersten Tagen fast gar nichts zu essen. Man merkte, daß die Russen auf diese ungeheuren Gefangenenmassen – man sprach von mehr als 90.000 Mann – in keiner Weise vorbereitet waren. Sie sahen die Reste der 6. Armee in einem erbarmungswürdigen Sterbezustand. Mag sein, daß es nichts mehr zu helfen gab. Vielleicht stellten sich die Russen als gesundes Naturvolk auf den Standpunkt: Was krank und morsch an uns ist, muß wie in der Natur absterben. Wer den Willen hat, durchzuhalten, mag leben bleiben! Möglich, daß sie so dachten, wir wissen es nicht. Riesige Gefangenenzüge schlängelten sich durch die verschneiten Schluchten und über die öde Steppe. Die Auffanglager füllten sich mit Zehntausenden. So viele Kriegsgefangene wie bei Stalingrad hatte Rußland in seiner Kriegsgeschichte noch nie zu verzeichnen. Wie mochte es stolz diesen Sieg über uns Deutsche in die Welt hinausposaunen!

Die große Stadt am Wolgaknie lag in Trümmern. Ihre Verpflegungsbestände – auch die deutschen Heeresbestände – waren längst aufgebraucht. Im weiten Umkreis der Stadt waren alle Verkehrsverbindungen nachhaltig zerstört. Einzelne von uns kamen zu der Überzeugung, selbst wenn uns der Russe ernähren wollte, er konnte es zu dieser Zeit nicht. Aufgrund seiner Mentalität verfügte er vielleicht nicht über die organisatorischen Fähigkeiten, eine derart große Gefangenenmasse ausreichend zu ernähren. Zudem hatte er andere militärische Sorgen an seiner Front, als sich mit der sekundär gewordenen Angelegenheit eines abgeschlossenen Kampfgeschehens zu befassen. Sei es, wie es sei, die Leidtragenden waren natürlich wir, die Kriegsgefangenen; wir hungerten.

Einmal erschien ein russischer Wachsoldat mit einem Sack voll Trokkenbrot. Er hatte die Absicht, es reell an uns zu verteilen. Es kam aber nicht dazu: Wie eine gierige Meute stürzte sich der Gefangenenhaufen auf diesen Brotsack. Hunderte von hungernden Landsern schlugen sich darum! Die noch kräftigeren blieben Sieger; sie stopften sich den Leib und sämtliche Taschen voll. Die schwachen erhielten kaum etwas oder gar nichts.

Im ersten Gefangenenlager – der Ort sollte Sureikskaja heißen, möglicherweise war es Pogowka oder Pogowskaja – erkannten wir um uns herum die Holzwohnhäuser und Viehställe eines Kolchosbetriebes. Wir wurden in die leeren Viehställe getrieben und waren glücklich, nach langen Tagen und Nächten des Marschierens nun endlich ein wenn auch sehr schadhaftes Dach über dem Kopf zu haben. Ganz eng rückten wir aneinander und wärmten uns so gegenseitig. Der Hunger quälte. Wir kochten uns Schnee zu heißem Wasser auf und tranken es gierig, damit die leeren Eingeweide Beschäftigung hatten. 5000 Mann sollten wir in diesem Auffanglager sein. Wir wurden in Hundertschaften eingeteilt und mit genau 1000 Mann vom Hauptlager abgezweigt, das heißt, wir marschierten einige hundert Meter weiter, wo etwas abseits des Russendorfes ein primitives, von Zivilrussen bewohntes Haus, ein größerer Viehstall und drei kleinere Ställe standen. In der Ferne war eine Windmühle zu sehen. Ganz in der Nähe floß ein etwa 5 Meter breites Flüßchen.

Die Führung der neu eingeteilten Hundertschaften hatten zunächst noch deutsche Offiziere. Eine gewisse Organisation seitens der Russen zur Ordnung unserer unglaublichen Verhältnisse war also angelaufen! Wir merkten es daran, daß wir von nun an zweimal täglich warm, mit sehr dünner Suppe zu je einem halben Liter verpflegt wurden, außerdem mit etwa 300 Gramm Trockenbrot, später 400 Gramm Frischbrot, dann und wann auch einmal 20 Gramm Fisch, 10 g Zucker und 10 g Fett.

Über diese so geringen Verpflegungsmittel waren wir schon sehr glücklich, wenn wir auch nach dem Essen hungriger als zuvor waren. Aber nur diejenigen freuten sich darüber, die den festen Willen und eine bergeversetzende Energie aufbrachten, einst ihre Familien und die Heimat wiederzusehen.

Zu etwa 700 Mann saßen wir zusammengepfercht Tag und Nacht im zugigen Viehstall, durch dessen schadhaftes Dach wir überall den frostklaren Winterhimmel sehen konnten. Der Rest von 300 Mann mußte in den kleinen Nebenställen sein Unterkommen suchen. Auch durch diese Unterkünfte pfiff der kalte Wind. Doch wir waren froh, wenigstens etwas gegen die allgemein anhaltende Kälte und die Schneestürme geschützt zu sein. Vor allem waren wir froh, nicht mehr laufen zu müssen.

Es gehörten starke Nerven dazu, um das jetzige Durcheinander in unseren Viehställen, das heisere Schreien und Schimpfen der hungernden Gefangenen, das Stöhnen und Wimmern der Verwundeten und Kranken mit anzuhören und anzusehen. Weitere unzählige Menschenschicksale endeten hier in unbeschreiblich tiefstem Elend von nie gekanntem oder auch nur geahntem Ausmaße. Das Herz krampfte sich vor Schmerz zusammen beim Erleben dieser einzig großen, ungeheuren Soldatentragödie, doch schien es sich zu verhärten. Kaum eine Träne des Mitleids oder Mitgefühls stahl sich mehr aus den Augen, wenn wir täglich mit versteinertem Herzen, stumm und mit zusammengepreßten Zähnen unzählige tote Kameraden entkleideten, zu einer haustiefen Grube schleiften und die Körper nebeneinander und übereinander schichten mußten.

Tag und Nacht wimmerten Sterbende! Krankheiten traten vermehrt auf, insbesondere die Ruhr breitete sich aus. Die hygienischen Verhältnisse waren grauenerregend. Ein Glück, daß der noch anhaltende Frost in dieser Zeit noch den Ausbruch von Seuchen verhinderte! Außerdem steckten wir immer noch in unserer nunmehr vollkommen verlausten Unterwäsche und Oberbekleidung. In zunehmendem Maße zehrten wir von unserer Körpersubstanz. Wir fühlten, daß wir schwächer und schwächer wurden, und stellten in einer Spiegelscherbe fest, daß die Wangenknochen weit aus dem Gesicht herausragten.

Während der ersten vierzehn Tage war Hauptmann Neupert vom Stab der 14. Panzer-Division unser Lagerführer. Als solcher war er natürlich eine durchaus rechtlose Nebenperson! Zum einen hatte jeder Russenposten – meist kaum der Schule entwachsen – mehr zu sagen, zum anderen war der Begriff Disziplin von den meisten Gefangenen völlig vergessen worden. Sehr oft ergaben sich Reibungen zwischen Offizier und Mannschaft, die sogar zu Tätlichkeiten ausarteten. Daher war es gut, daß die Offiziere und Beamten im Offiziersrang bald von uns getrennt wurden.

Nun wurde ein ehemaliger Gefreiter, der als Volksdeutscher aus der Tschechoslowakei gut Russisch sprach, neuer deutscher Lagerkommandant. Überhaupt entwickelten sich fast ausschließlich sogenannte Volksdeutsche, die meist irgendeiner slawischen Sprache mächtig waren, zu unseren neuen Vorgesetzten. Ihres Sprachverständnisses wegen waren sie den Russen angenehm und wurden mit kleinen Ämtern betraut, bei denen es natürlich auch ausreichend zu essen gab. Die meisten dieser Leute verleugneten dann auf einmal ihr Deutschtum – nie seien sie Deutsche gewesen! Man habe sie gezwungen, sich als Deutsche zu bekennen usw. Jetzt gaben sie gegenüber den Russen diese Erklärung ab, obwohl sie sich in der Wehrmacht als deutsche Soldaten Dienstgrade und Auszeichnungen erworben hatten. Sie bezeichneten sich nun als Tschechen, Jugoslawen, Polen, Rumänen und andere und hatten Glück mit ihrem Verhalten, erhielten Posten als Köche und Brotschneider oder betätigten sich folgerichtig nur an solchen Stellen, wo etwas „Kascha" oder Brot für sie abfiel. Hierzu hätten wir noch nichts gesagt, hätten sich diese Leute uns gegenüber anständig verhalten – aber weit gefehlt! Meist entwickelten sie sich zu Bestien, die uns Deutsche wie vogelfreies Wild behandelten, uns schlugen und traten und mit einer solchen Handlungsweise die übelsten Russen noch übertrafen. Oft mußten wir die russischen Soldaten um Hilfe angehen, um uns vor diesen entarteten Scheusalen in Menschengestalt zu schützen.

Endlich wurden wir von den russischen und deutschen Ärzten für den bevorstehenden Abtransport ins Innere der Sowjetunion gemustert. Nur Transportfähige sollten mit; was aus den anderen werden sollte, wußten wir nicht.

Die erste Etappe zum Verladebahnhof war das große Lager. Am wichtigsten erschien uns der Verpflegungsempfang für die bevorstehenden zwei Tage. Je zwei Mann zusammen erhielten unter anderem ein großes, rundes und sehr frisches Bauernbrot, dessen Backgeruch mir so in die Nase stieg, daß ich sofort meine volle Portion verschlang – danach hatte ich dann zwei Tage lang kein Brot mehr.

Der Transportzug rollte ins Innere Rußlands. Während der ersten Tage starben noch verhältnismäßig wenige Kameraden, dafür in den nächsten Tagen um so mehr. Inzwischen rollten wir tagelang quer durch eine Schneewüste; das Land sollte Kasachstan heißen. Das Ziel unseres Transportes war die Sowjetrepublik Usbekistan. Gewissermaßen über Nacht hatten wir dem russischen Winter den Rücken gekehrt. Wir trauten unseren Augen kaum, als wir am Zielbahnhof die Gegend betrachteten: kein Schnee mehr, mildes Klima! Wir freuten uns darüber, denn hier begrüßte uns tropischer Frühling, und das bedeutete neues Leben! Wenn wir jedoch an den Eisenbahntransport zurückdachten, kam keine Freude auf. Wir stellten fest, daß von der Waggonbelegschaft von 102 Mann am Zielbahnhof nur noch 28 Mann am Leben waren.

## Wigand Wüster:
## Als Artillerist in Stalingrad[76]

*Wigand Wüster wurde am 11. August 1920 geboren. Als Berufssoldat trat er 1938 in die Wehrmacht ein. Im August 1942 machte er als Oberleutnant und Chef einer Artillerie-Batterie der 71. Infanterie-Division den Vormarsch auf Stalingrad mit. Nach einem Heimaturlaub, den er*

76 Der Bericht ist dem Internet unter www.historisches-tonarchiv.de/STALINGRAD/stalingrad-wigandwuester.htm entnommen. Mit freundlicher Genehmigung des Autors. Außerdem schrieb er die Bücher „Überleben? ... war für uns nicht vorgesehen", 2011, und „Die 71. Infanterie-Division 1939–1945", März 2006.

*am 17. November angetreten hatte, flog er Ende Dezember von Salsk in den Kessel ein.*

Als ich in einer großen Baracke Platz zum Aufwärmen gefunden hatte, erklärte sich ein Pilot bereit, mich nach Pitomnik mitzunehmen. Ein größerer Ju-52-Verband sollte bei Dunkelheit den Kesselflugplatz anfliegen. In einer Ju, die mit Treibstoffässern beladen war, fand ich hinter der Führerkabine neben dem Bordfunker Platz. Ich kauerte auf meinem Freßsack, der auch die Kurierpost enthielt, die aber vermutlich jede Aktualität verloren hatte.

Unter uns lag der Don; man konnte die Frontlinien erkennen. Dann erfolgte der Landeanflug auf den Flugplatz Pitomnik. Der Funker wurde nervös und wies auf ein kleines Loch am Rumpf der Maschine. „Zwei-Zentimeter-Flak, eigene, Scheiße – große Scheiße!“ rief er dem Piloten zu. „Noch einen durch die Benzinfässer, dann aber Mahlzeit!“ antwortete der. „Was soll das?“ fragte ich und erwartete keine Antwort. Dann war die Maschine am Boden ausgerollt. Wieder hatte sich ein Russe dazwischengemogelt und Bomben auf die Landebahn geworfen; unsere Flak feuerte dazwischen. Ich war glücklich im Kessel gelandet! Das Flugzeug rollte an den Rand des Flugplatzes, die Ladeluke wurde geöffnet, und die Besatzung warf die Benzinfässer selbst aus der Maschine. Ich kletterte über die Tragfläche heraus, verabschiedete mich und sah mich um. Da kamen zerlumpte, schlecht versorgte Verwundete über das Rollfeld auf uns zu, die in die Maschine wollten, um ausgeflogen zu werden. Die Flieger hatten die Luke aber bereits wieder geschlossen und ließen die drei Motoren an. Schreierei, Kommandos, laute Worte: „Wir lassen uns hier doch nicht zur Sau machen!“ war das letzte, was ich von den Fliegern hörte. Die Motoren heulten auf, und das Flugzeug rollte an. Es startete wohl auf eigene Faust ohne Einweisung oder Kontakt mit der Flugleitung. Die Maschine verschwand in der Dunkelheit, und die schreienden Verwundeten, die zum Teil versucht hatten, sich an das Flugzeug zu klammern, verschwanden wieder. Nur einige krochen auf allen Vieren im Schnee, fluchten und winselten. Sie waren schmutzig, verwahrlost, stoppelbärtig, abgemagert, mit blutigen Verbänden wie Zigeuner vermummt und undiszipliniert. Weit und breit waren keine Ordnungskräfte oder Sanitäter zu erblicken. Solch ein Chaos hatte ich bei der Wehrmacht noch nie erlebt! Grauen mischte sich bei mir mit Mitleid. Ich fühlte mich verlassen und dachte: Wärst du besser draußen geblieben, statt unbedingt hierher zu wollen. So irrte ich umher und fand schließlich den mit einer Zeltbahn verhängten Zugang zu einem niedrigen Erdbunker. Flakfeuer blitzte auf und Bomben detonierten. Ich kroch in diesen Bunker, und ein fast unerträglicher Mief nach Mensch und Essensresten füllte den Raum. Feindseligkeit schlug mir entgegen;

man lachte mich aus, als ich meine Reiseabenteuer schilderte. „Da waren Sie aber ganz schön bekloppt, Herr Oberleutnant. Jetzt sitzen Sie mit uns jedenfalls ganz schön bis an die Ohren in der Scheiße! Rückfahrkarten gibt es nur noch auf Krankenschein – Kopf ab, Bein ab oder so was, und auch dann muß man erst noch einen Flieger finden, in den man hineinkommt!“ meinte ein älterer Stabsgefreiter. Er sagte das keinesfalls aufsässig, sondern eher bemitleidend. Meine Urlaubsreise schien in diesem Chaos ein apokalyptisches Ende zu finden, so schön sie auch begonnen hatte.

Es war die Nacht auf den 29. Dezember; die Panzer waren bereits Tage vorher steckengeblieben. Der Angriff von Süden, der den Kessel aufbrechen sollte, war zu schwach angesetzt gewesen. In Pitomnik herrschte jedenfalls ein undiszipliniertes Durcheinander, es fehlten klare Weisungen. Dennoch rechneten die desillusionierten Bunkerleute nicht mit dem Zusammenbruch der Armee. Draußen fielen immer wieder Bomben. Ich versuchte, die trüben Gedanken zu verdrängen. Mein Vertrauen in die deutsche Führungskunst war noch nicht erschüttert. Übermüdet schlief ich bald ein.

Als ich am nächsten Morgen erwachte, strahlte die Sonne von einem wolkenlosen Himmel über der Steppe. Der Schnee blendete; aus dem Bunker heraustretend, konnte ich die Augen kaum öffnen. Der Spuk der Nacht war vorbei – deutsche Jäger waren in der Luft und kein Russe weit und breit zu sehen. Ich verabschiedete mich von meinen Gastgebern und fand bald zur Flugleitung, wo ein geordneter Betrieb lief. Mit Rücksicht auf meine Kurierpost wurde ein PKW herbeordert, der mich zum Gefechtsstand der 6. Armee bei Gumrak brachte, eine in Erdhänge eingebaute Blockhaussiedlung. Dort herrschte reger Bürobetrieb, allgemeine Geschäftigkeit, Hackenknallen mit zackigem Grüßen. Die Post wurde entgegengenommen, sie war wohl nicht von sonderlicher Bedeutung. Mir wurde erklärt zu warten. Verschiedenen, teilweise mitgehörten Telefongesprächen entnahm ich, daß es um die Aufstellung von Alarmeinheiten ging, die aus dem Boden gestampft werden sollten. Man hielt auch nach Offizieren Ausschau, die als Führer eingeteilt werden konnten. Das war nicht der Sinn meiner Reise gewesen; daher machte ich mich unauffällig aus dem Staube. Im überheizten Bunker hatte stikkige Luft geherrscht; draußen lag Schnee, und es waren 20 Grad unter Null. Auf einer Fahrspur im Schnee wanderte ich mit meinem Sack auf der Schulter in Richtung Fliegerschule. Die Gegend war mir nicht unbekannt, auch wenn sie im Schnee etwas befremdlich wirkte. Ein vorbeifahrender LKW nahm mich mit. In der Nähe des Badehauses konnte ich abspringen. Die Feuerstellung meiner 2. Batterie war unverändert an der alten Stelle verblieben. Als ich im Badehauskeller auftauchte, gab es natürlich ein großes Hallo. Bode war schon vor Tagen eingetroffen; er hatte es mit dem ersten Flug geschafft und erklärt: „Wenn der ‚Alte' nicht kommt, kommt er überhaupt nicht mehr; dann hat es ihn erwischt!" Er war etliche Jahre älter als ich, der ich mit meinen 22 Jahren bei meinen Männern schon „der Alte" war.

Ich begab mich bald zur B-Stelle und nahm den Freßsack mit, weil sie von den mitgebrachten Vorräten nichts abbekommen hatte. Obwohl ich vom Urlaub gut herausgefuttert war, litt auch ich schon am ersten Kesseltag unter den Hungerrationen. Die Batterie schmachtete schon über einen Monat. Meinen Freßsack hielt ich zurück, um in Ruhe über seine Verwendung zu entscheiden. Als erstes befahl ich absolute Gleichbehandlung aller Batterieangehörigen.

Es bedrückte mich, daß der alte Haudegen von Regimentskommandeur entgegen seiner ganzen Art einen so pessimistischen Eindruck machte. In der Protzenstellung herrschten unbefriedigende Zustände; der Spieß hatte sich selbst und seine engsten Kumpane zu reichlich versorgt; das gab schon viel böses Blut. Ich hatte ihn von Anfang an nicht geschätzt und unterhielt mich mit meinem Abteilungskommandeur, einem älteren, akademisch gebildeten Reservisten; wir beschlossen einen Personentausch. Ich bekam für meinen Spieß einen Oberfunkmeister der Stabsbatterie, der mit dem Adjutanten aneinandergeraten war. Er war aufrecht, mutig, bereits mit dem EK I ausgezeichnet worden und hielt die Batterie in der noch auf uns zukommenden schwersten Zeit gut zusammen. Alle paar Tage ließ er sich auf der B-Stelle sehen, ging auch zu den beiden vorgezogenen 7,62 cm-Kanonen an der Wolga und besuchte gelegentlich sogar den Vorgeschobenen Beoachter in seiner Treppenhausruine; das gehörte eigentlich nicht zu seinen Aufgaben. Als ich ihn darauf ansprach, meinte er: „Das mag zwar wenig Sinn haben, aber es ist gut, wenn der Spieß sich auch mal vorne sehen läßt. Dann wissen die, daß ich den Schwanz nicht so schnell einziehe!"

An der Wolgafront der Division blieb die Lage ruhig. Bis auf ein paar Gelbsuchtfälle, die auf dem Luftwege den Kessel verließen, hatte die Batterie während meiner Abwesenheit keine Ausfälle zu beklagen. Daß es ihr so gut ging, hatte sie der Tatsache zu verdanken, daß sie weit in den Osten der Stadt vorgezogen in sicheren Stellungen lag. Der größte Teil der Pferde und Fahrer befand sich weit westlich des Don in Erholungsräumen, weil man sich auf einen Stellungskrieg eingerichtet hatte. Am westlichen Stadtrand in der Balka gab es nur noch einen kleinen Troß mit Spieß, Feldküche und Rechnungsführer. Die wenigen Pferde waren da, um Munition oder Geschütze fahren zu können.

Meinen Freßsack hatte ich für eine improvisierte Silvesterfeier freigegeben und auf die gesamte Batterie aufteilen lassen. Diese Geste kam gut an, obwohl der einzelne nicht viel davon hatte. Wer irgendwie abkömmlich war, begab sich in den großen, freundlichen Keller der B-

Stelle und feierte ein wenig mit. Kaffee und Alkohol waren noch ausreichend vorhanden. Wir hofften auf ein besseres Jahr 1943. Wegen des Zeitunterschiedes sandten die Russen Punkt 23 Uhr deutscher Zeit ein heftiges „Feuerwerk“ herüber. Aus Munitionsmangel antworteten wir nicht, doch der Abend war uns verdorben.

Am 1. Januar gab der Abteilungskommandeur mit Schnaps einen Empfang für seine Offiziere; etwas anderes war nicht mehr vorhanden. Ich war der einzige von unserer Batterie; der Leutnant hatte inzwischen andere Aufgaben erhalten. Es wurde ein fürchterliches Besäufnis; am Ende war ich voll wie eine „Strandhaubitze“. Dem Adjutanten nahm ich allerdings übel, daß er mich gegen Morgen von meinen Leuten mit dem Handschlitten abholen ließ; die hatten mich bisher noch nie in einem solchen Zustand erlebt. Mein anfänglicher Zorn schlug aber bald in Trauer um, denn am nächsten Abend schlug eine Bombe in das Treppenhaus der Schnapsfabrik ein; im Keller befand sich der Abteilungsstab. Der katholische Divisionsgeistliche war dort zu Besuch geladen. Man war gerade dabei, ihn zu verabschieden, als das Schicksal über ihn, den Kommandeur und den Adjutanten hereinbrach; alle drei kamen zu Tode. Bereits am nächsten Tage übernahm ein junger Hauptmann von der motorisierten Artillerie einer fremden Division die Abteilung. Als ich nach einer ersten Besprechung mit ihm zu meiner B-Stelle zurückging, erwischte mich ein Granatsplitter am Arm, doch es war nur ein Kratzer; einen Arzt brauchte ich nicht dafür.

Plötzlich kam noch einmal Bewegung in die Batterie; noch einmal war von Ausbruch die Rede. Nun waren wir hungrig, müde und abgekämpft, ohne Treibstoff und Munition; dennoch gab es allgemeinen Auftrieb. Drei Skoda- und zwei Tatra-Dreiachser-LKW kamen in meine Batterie; sie waren für unsere Geschütze, die Munition, die Küche und das notwendigste Nachrichtengerät bestimmt. Wir erhielten sogar ein paar Granaten an Nachschub, so daß jetzt ca. 40 Schuß pro Geschütz verfügbar waren. 160 Schuß waren besser als gar nichts, und doch war damit Stalingrad nicht mehr zu erobern. Folgende Faustregel galt: Bei sicheren Schießgrundlagen waren 120 Schuß erforderlich, um eine feindliche Batterie niederzuhalten, das Doppelte, um sie niederzukämpfen und zu zerstören. Rechtfertigten die paar Granaten noch die Aufrechterhaltung der 2. Batterie? Die erste hatte man schon zum Infanterieeinsatz herangezogen und an der Wolgafront eingesetzt. Die Infanterie wurde von dort abgezogen und in der Steppe eingesetzt.

Das Löcherstopfen hatte schon seit einiger Zeit begonnen, doch das Vermischen unterschiedlichster Waffenverbände schwächte unseren Widerstand. Wenn es heikel wurde, brauchte man doch den vertrauten Nachbarn, auf den man sich verlassen konnte! Doch ehe der Ausbruch losging, wurde unsere Division nach allen entbehrlich scheinenden Leuten durchgekämmt, um sie an der westlichen Kesselfront in der Steppe, wo der Russe immer wieder Einbrüche erzielte, als Lückenfüller einzusetzen. Unsere 71. Division bot sich für den „Heldenklau" an, da sie an der Wolgafront in ruhiger und sicherer Stellung lag und noch keine Auflösungserscheinungen aufwies. Sogar verpflegungsmäßig ging es uns etwas besser als den anderen: Wir hatten Anteil am von uns eroberten Getreidesilo und konnten als bespannter Haufen gelegentlich ein Pferd schlachten.

Alle Abiturienten wurden als potentielle Reserveoffiziersanwärter herangezogen, aber deswegen nicht ausgeflogen. Der Sinn dieses Vorhabens blieb fraglich, Führungsqualitäten wurden nicht geprüft. Schließlich verschwanden sie im Durcheinander. Die improvisierten Alarmeinheiten wurden mit LKW in die Steppe gefahren; marschieren war für die ausgemergelten Leute zu strapaziös und hätte zu lange gedauert. So verschwanden auch meine LKW und kamen nie wieder zurück, wohl aber die überlebenden abgestellten Leute, die verstört und halb erfroren waren. Obwohl man die infanteristisch unerfahrenen Männer weder ausgebildet noch vernünftig eingewiesen hatte, fuhr man sie in die Steppe; schon hierbei war der erste LKW Opfer russischer Schlachtflieger geworden. Den nächsten holte sich ein Panzer. Eine gedachte Linie im Schnee war die Front und wurde zur Hauptkampflinie erklärt, auf die sich die weiter vorn eingesetzte Infanterie langsam kämpfend zurückziehen sollte. Die meisten Soldaten verfügten über keine Winterbekleidung und trugen ihre dünnen Mäntel und Lederstiefel, in denen erbarmungslos die Gliedmaßen erfroren. Es wurden Deckungslöcher in den Schnee gegraben und, wo es ging, Iglus zum Aufwärmen gebaut – von ausgebauten Stellungen mit sicheren Unterständen konnte keine Rede sein. Hilflose, meist unerfahrene Vorgesetzte waren improvisiert zugeteilt worden. Man kannte einander nicht und hatte weder zwischenmenschliche Beziehungen noch Zuversicht. Als sich dann die im Einsatz befindlichen Infanterieverbände vor den nur mit Panzerunterstützung angreifenden Russen zurückzogen, fanden sie in der neuen befohlenen HKL keinerlei Vorkehrungen für einen Halt. Sobald die vorstürmenden Rotarmisten ernsten Widerstand verspürten, fuhren ihre T-34 heran und schossen die unzureichend gesicherten Widerstandsnester zusammen. Wer liegenblieb, wurde mit den Panzerketten zermalmt. Zerfetzte menschliche Leiber färbten so den Schnee der Steppe blutrot. Die Moral war am Ende!

Ein Grund für Auflösung und Verluste der neu zusammengewürfelten Haufen war auch die Tatsache, daß sich ihre Befehls- und Versorgungswege verwirrten. Den rechten oder linken Nachbarn kannte man nicht; einige Soldaten verschwanden in der Dunkelheit und kehrten zu ihren Stammeinheiten zurück. Auch mancher bewährte Infanterist gab auf und verschwand im Untergrund der zerstörten Stadt; in diesem Chaos fielen sie nicht einmal auf. Überall strömten versprengte Soldaten von zerschlagenen Einheiten und fliehende Trosse in kleineren oder größeren Gruppen führerlos nach Stalingrad hinein, wo sie in den Ruinenkellern Schutz suchten. Hier lagen bereits schon Hunderte von Kranken und Verwundeten. Die Feldgendarmen hatten keine Chance, aus diesem Wirrwarr noch Kampffähige herauszufiltern und erneut zum Einsatz zu bringen. Nur zur Nahrungssuche kamen die sogenannten „Ratten" noch aus ihren Löchern. Wir Einheitsführer von noch intakten Verbänden wurden veranlaßt, immer wieder Leute zum Infanterieeinsatz abzustellen; weigern konnten wir uns nicht. Was tat man also? Man entsandte nicht die tüchtigsten, sondern schwache Leute oder Querulanten, die es überall gab. Sie taten mir immer wieder leid, aber andererseits war ich verpflichtet, die Batterie so lange wie möglich kampffähig zu halten.

Ich sah zu, daß nicht immer dieselben Leute mehrfach auf Himmelfahrtskommando gingen. Es gab sogar ein paar „Urviecher", die sich freiwillig meldeten, um dem hungrigen Alltag der Batterie zu entkommen. Das waren rechte Landsknechte, nicht totzukriegen, mit denen man Pferde stehlen konnte und die fast immer durchkamen. Diese Typen verstanden es sogar noch, aus der Katastrophe ihre kleinen Vorteile zu ziehen. Bei Räumungsaktionen erbeuteten sie in der allgemeinen Auflösung noch so manches Eß- und Trinkbare und so manches aus zerstörten Fahrzeugen am Wegesrand. Im Gegensatz zu den „Ratten" kehrten sie immer wieder zu ihrer Einheit zurück, der sie sich kameradschaftlich verbunden fühlten, und teilten ihre Beute.

Diese ewigen Obergefreiten, die es gar nicht weitbringen wollten, kamen immer zurecht: als Kämpfer routiniert und mit großen Erfahrungen, denen sie ihre überdurchschnittliche Lebenserwartung verdankten. Unsere unerfahrenen Leute gingen meist zum problemlosen Einsatz an die Wolga, wo selten noch etwas passierte.

Unser Divisionskommandeur erreichte so, daß die Division zusammenblieb und nicht weiter zersplittert wurde; das förderte die Kampfmoral und verhinderte weitere Verluste. Nachschub in irgendeiner Form gab es nicht; der Ausbruchsgedanke war gestorben, wir Kesselverteidiger waren inzwischen zu sehr geschwächt. Resignation machte sich nun auch in meiner Batterie breit. Paulus war vor einiger Zeit von Gumrak in unseren Divisionsbereich übergesiedelt; sein neues Domizil war der sichere Keller des Kaufhauses im Stadtzentrum.

Da meine Protzenstellung langsam in den Gefahrenbereich geriet, löste ich sie auf. Die Feldküche und die vier oder fünf Pferde, die halbverhungert herumstanden, brachten wir in das Erdgeschoß des Badehauses. Der Spieß und die Verwaltung kamen zu mir in die geräumige B-Stelle; die Rechnungsführerei war praktisch zum Erliegen gekommen. Für die

7,62 cm-Halbbatterie an der Wolga, zu deren „Chef" ich den besonnenen Stabsgefreiten Eckmann machte, war noch ausreichend Beutemunition vorhanden. Auf der zugefrorenen Wolga ereignete sich nichts; wir beobachteten feindliche Spähtrupps, doch zum Angriff entschlossen sich die Russen hier nicht.

Als ich zum letzten Mal meine „Halbbatterie" an der Wolga besuchte, betrat ich auf dem Weg dorthin den Kaufhauskeller am Roten Platz, in dem im September ein Bataillonsstab unserer Division gelegen hatte. Zufällig traf ich dort mit Oberst Roske zusammen, der damals sein Infanterie-Regiment so geschickt und erfolgreich führte. Ich hatte mehrfach mit ihm zu tun und war von seinem jugendlich wirkenden Elan angetan. Wir wechselten einige Belanglosigkeiten; er meinte, die Luft im „Heldenkeller" sei nichts für uns. Mir kam die aufgesetzte Geschäftigkeit im Kaufhaus irgendwie irreal vor. Noch immer schwirrten die unsinnigsten Parolen durch die Ruinen: Starke deutsche Panzerverbände würden den Kessel von außen aufbrechen. Das sei der Grund für die hektischen Angriffe der Russen; es gelte nur noch wenige Tage durchzuhalten! Doch woher sollten die Panzer kommen, die schon im Dezember den Kessel nicht hatten öffnen können?

In dieser Zeit ging auch der letzte Flugplatz verloren. Aus der Steppe und von Gumrak fluteten unzählige Trosse der zerschlagenen Divisionen in die Stadt. Plötzlich war sogar Treibstoff da! Unaufhörlich rollten Fahrzeuge in die Stadt; graugestrichene Stadtomnibusse, die als Befehlswagen oder Schreibstuben eingerichtet waren, erweckten den Eindruck, in Stalingrad solle ein Omnibus-Linienbetrieb eingerichtet werden. Verpflegung, Spirituosen, Treibstoffässer und Munition – offenbar Schwarzbestände – wurden von Lastwagenkolonnen in die Keller transportiert. Gut genährte Zahlmeister in sauberer Kleidung dirigierten ihre Schätze und verschwanden nur, wenn russische Flugzeuge in den emsigen Güterverkehr hinein hielten. „Was die noch alles haben und mit sich herumschleppen?" staunten die Landser teils neidisch, teils verbittert, weil es angeblich seit Wochen nichts mehr gab.

Die Unterkünfte wurden jetzt knapp in der Stadt. Im großen Keller unter meiner B-Stelle gab es noch immer genügend sichere Unterbringungsmöglichkeiten. Mein Spieß hatte jetzt richtig zu organisieren; er machte eine Art Hotelbetrieb auf. Wer unterkommen wollte, mußte mit Naturalien wie Zigaretten, Schnaps oder Kaffee zahlen, am besten aber mit Lebensmittelkonserven; sie waren die höchste „Währung". Zunächst war mir diese Methode unangenehm, und ich wollte dieses Geschäft unterbinden, doch ich fügte mich, als ich sah, daß unsere neuen „Gäste" durchweg gut versorgt und zum Teilen bereit waren. „Das haben die Schweine doch alles gehamstert, haben uns die ganze Zeit beschissen und wissen jetzt nicht, wohin mit dem Zeug!" meinte der Spieß.

Wenige Tage später kamen auch die abgekämpften Infanteristen, teilweise einzeln oder in kleinen Gruppen, vom Westen her in die Stadt, darunter zahlreiche Verwundete und viele mit ernsten Erfrierungen. Schlapp, mit hohlen Wangen, dreckig und verlaust schleppten sie sich daher, einige ohne Waffen, obwohl sie durchaus noch kampffähig wirkten. Die Armee ging sichtlich ihrer Auflösung entgegen; von Süden her waren die Russen bis zur Zariza vorgedrungen. Trotz des Kapitulationsverbotes war es bereits zu Teilkapitulationen gekommen; vor allem verschreckte Stäbe, aber auch Reste von Kampfeinheiten ließen sich widerstandslos gefangennehmen. Vereinzelt wagten Divisionskommandeure für ihren Befehlsbereich die Aufgabe, denn Sinn hatte unser Widerstand nicht mehr. Jetzt hatte auch Paulus kaum noch Befehlsgewalt und blieb in seinem Keller abwartend sitzen; auch ihm war die Aussichtslosigkeit der Lage nicht entgangen.

An der Zariza wurde die 71. Division mit in diesen Strudel gerissen; unser Divisionsgeneral von Hartmann entschloß sich am 26. Januar zum Freitod. Die Nachricht vom Tod unseres Kommandeurs durchlief die Division wie ein Lauffeuer; seine Tat kommentierte man unterschiedlich, aber ein imponierender Abgang war es auf jeden Fall. Sofort wurde Roske zum neuen Divisionskommandeur bestimmt und zugleich zum Generalmajor befördert. Ihm war es für die letzten Tage zu verdanken, daß die Division nicht wie viele andere völlig auseinanderfiel; kurzfristig gelang ihm sogar noch einmal ein Stimmungsumschwung. Roske war ein Mann nüchterner und klarer Befehle, der wußte, was er wollte, und niemanden über seine Ansichten und Absichten im Unklaren ließ; für den Durchbruch seines Regiments zur Wolga am 14. September hatte er das Ritterkreuz bekommen. In diesen schweren Tagen kurz vor dem Ende mobilisierte er die Truppe noch einmal und bildete aus den Divisionsresten einige Verteidigungszentren. Die Stützpunktkommandanten sollten nach eigenem Ermessen handeln, sobald sie isoliert wären. Zugleich ermächtigte er sie, sich Unterstellungsbefehlen fremder Offiziere zu widersetzen, womit er ihnen die Möglichkeit gab, sich aus dem um sich greifenden Chaos herauszuhalten. Aus eigenem Erleben wußte er, daß jetzt nur noch das Zusammengehörigkeitsgefühl kleiner, überschaubarer Gruppen die Soldaten kampffähig halten würde. Obwohl er seinen Gefechtsstand neben Paulus im Kaufhauskeller beibehielt, handelte er völlig selbständig.

Das hatte auch für mich Konsequenzen: Meine Batterie wurde ein nach Westen ausgerichteter „Igel“. Das besagte: Die Beibehaltung der B-Stelle hatte ab sofort keine Bedeutung mehr. Jetzt waren alle meine Leute in der Badehaus-Feuerstellung vereint. Die Pferde wurden abgeholt und sollten der Verpflegung der Division dienen; nur drei Tiere durfte ich noch behalten. Aus dem restlichen Hafer buken wir Brot, das gar nicht so schlecht schmeckte. Eines der Pferde schlachtete der Koch und verarbeitete es zu Gulaschsuppe. Meine Geschütze wurden nun um 180 Grad nach Westen geschwenkt, woher der Russe zu erwarten war. Um die Geschütze errichteten wir Schutzwälle für die Bedienungen, die mit flachen Laufgräben verbunden wurden. Gleichzeitig ließ ich MG-Nester anlegen, bei tiefgefrorenem Boden ein kräftiges Stück Arbeit. Diese Betätigungen lenkten uns von der verzweifelten Lage ab. Die Fenster im Badehaus wurden bis auf die Schießscharten mit Mauersteinen zugesetzt; an geeignet erscheinenden Stellen hatten wir weitere Scharten durch das Mauerwerk gebrochen.

Unsere Batterie erhielt nun laufend Verstärkung, die besonders verpflegungsmäßig kaum zu verkraften war. Die schweren Batterien der IV. Abteilung, vor allem die Überlebenden meiner früheren 10. Batterie, suchten bei mir Zuflucht. Sie hatte der Russe überrannt, als sie den westlichen Stadtrand erfolglos zu verteidigen suchten. Die Bestände aus dem „Hotelbetrieb" meines Spießes wurden eingesetzt, das zweite Pferd geschlachtet, und zwei Hafersäcke kamen auch noch unvermutet zum Vorschein. Nur ganz selten konnte man bei den Ausgabestellen der Armee noch etwas Verpflegung erwischen; die wenigen Verpflegungsbomben und abgeworfenen Brotsäcke verschwanden bei denen, die sie fanden. Empörung kam auf, als in Verpflegungsbomben auch Toilettenpapier und Kondome gefunden wurden!

Immer noch befanden sich einige russische Hiwis in der Stellung, die zu gleichen Bedingungen mit ernährt wurden. Schon lange hatten wir sie nicht mehr bewacht, und es bestand für sie reichlich Gelegenheit zum Ausreißen. Angesichts der einfallenden russischen Verbände verschwand kaum einer, um sich bei der Roten Armee einzureihen; vielleicht erwartete sie dort auch ein grausames Schicksal. Ein Menschenleben in Stalins Armee zählte praktisch nichts. Jetzt, in der Endphase der Kämpfe, tauchten aus Trümmern und Verstecken russische Zivilisten auf: Alte Männer, Frauen und Kinder, die wir von Anfang an versucht hatten zu evakuieren, hatten wie durch ein Wunder irgendwie überlebt. Bettelnd zogen sie erfolglos auf den Straßen herum; wir hatten aber nichts mehr zu verschenken, denn auch unsere Soldaten brachen vor Hunger zusammen und starben. Dieses Bild war alltäglich. Solange wir konnten, versuchten wir, das Elend der Bevölkerung zu mildern; unsere Leerkolonnen transportierten die Menschen aus dem Gefechtsbereich nach Westen. Diese Leute wurden nicht ausgeraubt, vergewaltigt oder getötet, wie diese Scheußlichkeiten leider später tausendfach an deutschen Flüchtlingen insbesondere vom Mob der Roten Armee verübt wurden!

Unbegreiflicherweise gab es noch in den letzten Tagen einzelne Fälle, daß Russen zu uns in den Kessel hinein überliefen. Was erwarteten sie sich bei uns Deutschen? Offenbar waren die Kämpfe für sie so hart, daß sie nicht an ihren unmittelbar bevorstehenden Sieg glaubten, oder die Behandlung durch eigene Vorgesetzte diese Verzweiflungstat rechtfertigte. Umgekehrt liefen auch deutsche Soldaten zu den Russen über, die mit Flugblättern und „Passierscheinen“ lockten. Niemand versprach sich von russischer Kriegsgefangenschaft Gutes; zu oft hatten wir erlebt, daß Einzelpersonen, kleine Gruppen oder Verwundete bestialisch ermordet wurden, wenn sie denen in die Hände fielen. Dennoch mehrten sich „Teilkapitulationen“ kleiner Einheiten oder sogar ganzer Rest-Divisionen, weil man hoffte, so einer geordneten Gefangenschaft entgegengehen zu können. Da dies meist ohne Absprache oder Information an die Nachbarn erfolgte, war dies für benachbarte, noch kämpfende Einheiten katastrophal, weil sie plötzlich in der Luft hingen und vom Gegner umgangen wurden; außerdem war es streng verboten. Aber wer hielt sich in diesem Tumult noch an Befehle? Kaum einer – die Befehlsgewalt der Armee wurde nicht mehr ernstgenommen. Das hätte Paulus an sich zum Handeln zwingen müssen, doch es geschah nichts.

Die Pferdesuppe meiner Batterie lockte untergetauchte „Ratten“ aus ihren Löchern. Nachts versuchten sie, mein Küchenpersonal zu überwältigen. Wir mußten sie mit der Waffe vertreiben und stellten von nun an eine Wache neben die Gulaschkanone. Das zweite Pferd war erst teilweise verarbeitet worden, und das dritte tappte wie ein Gespenst frei im Erdgeschoß des Badehauses herum und brach oft vor Entkräftung zusammen. Versprengten Soldaten schenkten wir einen Schlag „Klostersuppe“, wenn sie noch ihr Gewehr dabei hatten und einen Rest Kampfbereitschaft zeigten.

Am 29. Januar ging ich noch einmal an die Wolga. Meine „Russen-Halbbatterie“ war einer Infanterie-Kompanie angegliedert worden. Den Leuten ging es den Umständen entsprechend gut, aber sie sahen natürlich auch das unvermeidliche Ende nahen. Einige redeten davon, über das Wolgaeis auszubrechen und in Gruppen auf Umwegen die deutschen Linien zu erreichen. Doch wo waren die? Auf das Eis konnte man durchaus unbemerkt gelangen, doch was dann? Vielleicht 300 Kilometer in geschwächtem Zustand ohne Nahrung durch tiefen Schnee außerhalb der Fahrspuren marschieren? Das konnte niemand überleben! Einige versuchten es dennoch. Ich weiß von keinem, dem das gelungen war. Der Chef der I. Batterie, Hauptmann Sieveke[77], und auch der Regimentsadjutant Schmidt versuchten es und blieben verschollen. Wahrscheinlich waren sie erfroren, verhungert oder getötet worden.

Ich verabschiedete mich von den Leuten. Ob wir uns je wiedersehen würden? Mein Rückweg führte mich über den Roten Platz, auf dem

77 Oberleutnant Hans Joachim Sieveke erhielt als Chef von I/A.R.171 am 28. Januar 1943 das Deutsche Kreuz in Gold.

immer noch eine abgeschossene He 111 lag. Gegenüber im Keller des Kaufhauses Univermag befanden sich Paulus mit seinem Stab und der Gefechtsstand der 71. Division. Was dachten oder taten die Generäle da unten? Vermutlich nichts – sie warteten! Hitler hatte eine Kapitulation verboten, und Weiterkämpfen wurde von Stunde zu Stunde sinnloser.

Ich ging weiter zur Schnapsfabrik, wo mein Abteilungskommandeur noch immer seinen Gefechtsstand hatte, und kam an der Theaterruine vorbei, die nur noch dem Portikus eines griechischen Tempels ähnelte. Ehemalige russische Barrikaden waren wieder hergerichtet worden, um nun vor den Russen zu schützen. Der Endkampf griff auf die Innenstadt über. Im Keller der Schnapsfabrik herrschte eine gespenstische Stimmung. Der Regimentskommandeur, der Kommandeur der II. Abteilung Major Neumann und mein ehemaliger Mit-Fahnenjunker Gerd Hofmann, jetzt Regimentsadjutant, waren anwesend. Alle lärmten unsinnig, waren stark angetrunken und sahen schon beinahe wie Leichname aus. Schnapsflaschen füllten die Tische. Ausführlich wurde erörtert, wer sich alles schon erschossen hatte. Ich wurde zum Mittrinken aufgefordert und hielt zunächst gerne mit. Stumpff fragte: „Haben Sie noch Ihre Batterie, oder ist die auch schon abhanden gekommen? Dann wäre es ja die letzte meines stolzen Regiments, das jetzt auch im Arsch ist!" Als ich mich nach Weisungen erkundigte, schlug es mir trunken entgegen: „Nun stehen Sie hier nicht so blöd herum, setzen Sie sich endlich auf Ihren feisten Arsch und trinken Sie mit uns – wir müssen doch noch die restlichen Pullen leer machen ... Den letzten Tropfen durch die Gurgel und ein dreifaches Sieg Heil auf Adolf den Einzigartigen, den Schöpfer der Witwen und Waisen, den größten Feldherrn aller Zeiten! Kopf hoch, also Prost – so jung kommen wir nicht mehr zusammen!" Ich hatte mich schon gewundert, daß die Pistolen neben den Gläsern lagen. „Wenn wir den Fusel vernichtet haben, na dann, Peng ..." Der Kommandeur der II. Abteilung hielt den Zeigefinger an seine Schläfe: „Peng, und dann ist der große Durst vorbei."

Ich hielt überhaupt nichts vom Erschießen und hatte diesen Gedanken noch nie in Erwägung gezogen. In der stickigen Kellerluft war mir vom Schnapsgeruch fast übel; der Raum war überheizt, die Kerzen hatten den Sauerstoff verbraucht, es stank nach menschlichen Ausdünstungen, und ich hatte Hunger. Nur raus aus diesem Loch! Im Kellergang kam mir Gerd Hofmann nach: „Mensch, Wüster, bleib doch hier, wir kapitulieren nicht, wir müssen doch sowieso verrecken, wenn uns der Russe nicht gleich umlegt! Wir haben uns in die Hand versprochen, daß wir selber Schluß machen." Ich versuchte, ihn von seinem Vorhaben abzubringen, und forderte ihn auf, mit mir zu meiner Batterie zu gehen; die Trinker würden ihn doch kaum vermissen. „So heroisch finde ich es nicht, sich besoffen eine Kugel durchs Hirn zu jagen!" Aber Gerd blieb bei seiner Meute.

An der frischen Luft wurde mir endlich wieder wohler. Auf dem Weg ging es mir durch den Kopf: Die würden zum Erschießen bald viel zu besoffen sein! Aber sie brachten sich dann doch alle um – das berichtete abends der Fernsprecher, der die Leitung zur Abteilung abbaute. Trotzdem war es ein Schock, der zu einem hoffnungslosen Gespräch mit meinem Hauptwachtmeister führte. Langsam begannen auch meine Gedanken um den alles beendenden Pistolenschuß zu kreisen. Vieles sprach für das selbstbestimmte Ende. Aber zum Märtyrer fand ich mich völlig ungeeignet. Mein Hauptwachtmeister brachte mich schließlich mit einem trockenen Landserspruch und einem Schluck aus der Flasche über den Berg: „Man erschießt sich im Leben meist nur ein einziges Mal, wenn man dazu nicht zu dumm ist, was vorgekommen sein soll, Herr Oberleutnant, und was ist hinterher? Mancher hat das dann sein ganzes Leben lang bereut. Da sage ich lieber Prost!" Nach einer Weile fügte er hinzu: „Warum sollen wir dem Russen die Arbeit abnehmen?"

Am 30. Januar 1943 trommelte der Russe von früh an aus allen Rohren, auch in unserem Abschnitt; dazwischen krachten die demoralisierenden Stalinorgeln in unterschiedlicher Nähe. Es gab kaum einmal eine Unterbrechung, in der man die Nase aus dem Loch stecken konnte. Der Schnee um das Badehaus war wie weggeblasen, und die braune Erde des gefrorenen Bodens lag wie eine Staubschicht obenauf. Wir hatten kaum Verluste, da die Betondecken des Badehauses und unsere soliden Erdbunker diesem Feuersturm standgehalten hatten. Ein Kanonier wurde von einem Granatsplitter in den Bauch getroffen und ins Badehaus geschafft; unser Sanitäter befreite ihn mit Spritzen von seinen Schmerzen – eine Überlebenschance hatte er unter diesen Umständen nicht. Wenn er doch nur möglichst rasch sterben würde, um nicht so lange leiden zu müssen, so dachte ich. Selbst auf den Verbandplätzen unter ärztlicher Notversorgung wurde nur noch elend verreckt.

Nachmittags flachte das Feuer der Russen ab; von Westen her näherten sich feindliche Panzer. Rechts von uns befand sich ein Erdhügel über einem Wasserreservoir, der von einer fremden Infanterieeinheit besetzt war. Linker Hand war niemand; dort hatte man schon kapituliert. Vor meiner Batterie wurde in Sichtweite ein russisches Geschütz in Stellung gebracht, das wir mit ein paar Granaten vertrieben. Ein Panzer näherte sich und feuerte eine Granate in die Nähe des Badehauses. Ohne Befehl sprang der Geschützführer, Unteroffizier Fritze, mit seinen Leuten an die Haubitze und bekämpfte den Panzer im Direktbeschuß. Sogar ein „Hiwi" russischer Herkunft war dabei und machte den Ladekanonier. Fritze hatte schließlich Erfolg und traf den Turm des T-34 mit einer 10,5 cm-Granate, doch überraschend fuhr der Panzer wieder an und begann erneut zu feuern. Erst der dritte Volltreffer schlug am Heck des T-34 ein, und der Motor des Kolosses geriet in Brand. Völlig überrascht hatte mich dabei, mit welcher Selbstverständlichkeit meine Leute noch kämpften. Die erfolgreichen Kanoniere freuten sich fast wie Kinder und schienen ihre hoffnungslose Situation für einen kurzen Augenblick zu vergessen. Auch einen weiteren, gewaltigeren Panzer der KW-Klasse schafften wir ohne eigene Verluste.

Leider hatte sich unsere Infanterie vom Wasserreservoir vertreiben lassen, so daß wir in das MG-Feuer der nach dort vorgedrungenen Russen gerieten. Unsere Lage wurde immer aussichtsloser, obwohl inzwischen links von uns eine eigene leichte Batterie mit veralteten LFH-16-Feldhaubitzen in Stellung gegangen war; aber auch sie verfügten nur noch über wenige Granaten. Im Badehaus konnte ich den entbehrlichen Leuten Schutz bieten. Es wurde Nacht, und die Kampfhandlungen schliefen ein. Den kommenden Tag würden wir kaum durchstehen können! Da wir nur noch 19 Granaten hatten, befahl ich vorsorglich, zwei unserer Geschütze zu sprengen. Für jedes Geschütz besaß man eine 1 Kg-Sprengladung, die in Verschlußnähe ins Rohr geschoben werden konnte; mit einer kurzen Zündschnur wurde sie gezündet und das Geschütz durch die Zerstörung von Rohr, Rohrwiege und Verschluß unbrauchbar gemacht.

Plötzlich erschien ein fremder Infanterieoffizier in unserer Stellung und wollte die zweite Sprengung verhindern; er befürchtete, die Russen würden auf die Materialvernichtung aufmerksam und könnten später ihren Ärger an deutschen Gefangenen abreagieren. Nachdem ich auch die zweite Haubitze hatte sprengen lassen, befahl mich der fremde Kommandeur, ein wichtigtuerischer Oberstleutnant, zu sich und befahl mir, noch in der Nacht den Hügel des Wasserreservoirs zurückzuerobern, der die ganze Gegend beherrschte. Außerdem wollte er sich meine Batterie unterstellen, verwies dabei auf seinen höheren Dienstgrad und versuchte mir zu drohen, als ich mich auf meine Selbständigkeit berief. Er ließ auch nicht gelten, daß ich auf die Aussichtslosigkeit hinwies, mit „unausgebildeten" Artilleristen zurückerobern zu wollen, was die Infanterie im Kampf verloren hatte.

Schließlich sagte ich halbherzig zu, stellte einen Trupp von ca. 60 Mann zusammen, suchte einige geeignet erscheinende Unteroffiziere aus und wollte beginnen. „Das kann doch nichts werden", meinte der Spieß, wollte aber freiwillig mitmachen. Bei Vollmond und wolkenlosem Himmel konnten wir zunächst gedeckt vorgehen; der Schnee knirschte unter den Füßen und ließ die Umgebung fast taghell erleuchten. Über den deckungslosen Schnee mußten wir dann den freien Hügel hinauf. Bisher waren die Russen noch nicht aufmerksam geworden – oder waren sie gar nicht mehr oben? „Also, dann los!" rief ich leise und ging hügelan auf die freie Fläche; Angst hatte ich schon dabei. Aber nichts geschah – kein Schuß! Als ich mich umblickte, waren mir nur zwei Mann gefolgt, darunter der Spieß. Daher gingen wir in die Deckung zurück, wo die ganze Meute hockte, nichts sagte und sich nicht rührte. „Was ist, habt ihr keine Lust mehr?“ fuhr ich sie an. „Nein“, kam es aus der hinteren Reihe, „wenn die sich vom Berg runterjagen lassen, sollen sie gefälligst selbst sehen, wie sie wieder raufkommen; wir wollen da doch nicht hin!“ „So, da wollt ihr also meutern? Wollt ihr überhaupt nicht mehr kämpfen? Dann hättet ihr doch heute früh die Panzer nicht mehr kaputtschießen brauchen!“ entgegnete ich und begriff in diesem Moment, daß die Zeit meiner Befehlsgewalt abzulaufen begann. Selbst mit Nachdruck war nun niemand mehr hinter dem Busch hervorzulocken. „An unserem Geschütz bleiben wir und schießen auch zurück, aber Infanterie mit Hurra spielen wir nicht mehr – das ist vorbei!“

Wir machten kehrt, und ich berichtete dem Oberstleutnant vom Mißerfolg meiner Aktion und meiner Vermutung, der Hügel sei unbesetzt. Er gab sich unbeherrscht, krähte von Feigheit und Kriegsgericht. Als er sich schließlich abreagiert hatte, sagte ich: „Ich nehme an, daß wir morgen noch kämpfen werden, auch wenn es nicht mehr viel Sinn hat!“ Jedem war klar, daß der 31. Januar der letzte Tag in „eingekesselter“ Freiheit sein würde. Nach Absprache mit meinem Hauptwachtmeister ließ ich alle noch vorhandene Verpflegung verteilen und wies darauf hin, daß es von nun an nichts mehr geben werde; jeder müsse selber wissen, wie er es sich einteile. Das letzte Pferd lief noch oben auf der Kellerdecke herum, brach zusammen und kam wieder auf die Beine; zum Schlachten war es leider zu spät. Ich ließ alles Gerät außer Waffen und T-Empfänger vernichten. Unser Verwundeter stöhnte und schrie vor Schmerzen, denn der Sanitäter hatte keine Spritze mehr. Wenn der arme Kerl doch endlich sterben würde oder wenigstens ruhig bliebe! Mitgefühl konnte sich erschöpfen, wenn man selbst hilflos wurde. Die lauernde Ungewißheit wurde unerträglich; an Schlaf war nicht zu denken, lustlos wurde ein letztes Skatspiel versucht, was aber auch nicht half. Dann setzte ich mich hin und fraß wie fast alle von meinen Vorräten soviel in mich hinein, wie ich konnte; das beruhigte zunächst, und Haushalten mit der restlichen Verpflegung schien auch sinnlos geworden zu sein.

Auf einmal wurden von meinen aufgestellten Wachposten drei russische Offiziere hereingeführt. Niemand wußte, woher sie so plötzlich gekommen waren. Einer von ihnen, ein Hauptmann, sprach recht gut Deutsch und forderte mich zur Kampfaufgabe auf. Wir sollten unsere Verpflegung strecken, uns mit Getränken versorgen und die Stellung bei Tagesanbruch mit weißen Fahnen kennzeichnen. Der Vorschlag war vernünftig, denn weiterer Widerstand war eigentlich sinnlos, doch wir waren noch unschlüssig. Ich würde den Oberstleutnant und die fremde Batterie neben uns unterrichten müssen. Der Oberstleutnant mußte schon Wind vom Besuch der Russen bekommen haben und zog eine Riesenschau ab: „Verräterei, Kriegsgericht, Erschießung …“ Ich konnte ihn nicht mehr ernstnehmen und wies darauf hin, daß ich den Kontakt zu den Russen nicht gesucht habe, sondern sie von selbst gekommen seien. Ich erklärte meine Bereitschaft, die Russen wieder fortzuschicken, wenn die Infanterie fest zum letzten Kampf entschlossen sei. „Unterlassen Sie endlich die Gerätezerstörerei, damit machen Sie doch die Russen nur verrückt – nachher machen die gar keine Gefangenen mehr!“, rief mir der cholerische Oberstleutnant nach. Sterben wollte er also offenbar nicht. Ich schickte die Russen weg, wobei ich mich auf „höhere Befehle“ berief, die mir leider keine andere Handlungsweise gestatteten. Diese Version erleichterte es mir auch gegenüber meinen Leuten, das Gesicht zu wahren.

Wie gewohnt schalteten wir für den Empfang der Nachrichten den Transistorempfänger ein und hörten außer Nachrichten auch die Rede Görings zum 30. Januar, dem zehnjährigen Jubiläum der nationalsozialistischen „Machtergreifung“. Es war das noch gesteigerte bühnenreife Schwadronieren aufgeblasener Phrasen, welches man früher nicht so abgeschmackt vernommen hatte. Diese Rede empfanden wir als blutigen Hohn auf uns, die man für Fehlentscheidungen der obersten Führung hier verrecken ließ. Thermopylen, Leonidas, Spartaner – wir wollten doch gar nicht mit den Helden des klassischen Altertums konkurrieren! Stalingrad wurde zum Mythos gemacht, noch ehe alle „Helden“ tapfer untergegangen waren. „Der General steht neben dem einfachen Landser, beide mit dem Gewehr in der Hand. Sie verschießen ihre letzte Patrone – sterben, damit Deutschland lebe!“ „Abstellen! Das Arschloch läßt uns hier verrecken, macht Sprüche und frißt sich dabei die Wampe voll. Aber fertig bringt er nichts, der aufgeblasene, bunte Papagei!“ In der Wut wurden noch viele andere Unflätigkeiten herausgeschrien, die auch gegen Hitler gingen. Ja, wir durften als Opfer unverantwortlich leichtfertiger Entscheidungen schon im voraus die Leichenrede auf unseren Tod mit anhören! Diese Geschmacklosigkeit war wirklich nicht mehr zu überbieten! Görings Versorgungsgarantie hatte das Ausbruchsverbot wesentlich beeinflußt. Aus sturer Überheblichkeit wurde eine ganze Armee geopfert! „Wo der deutsche Soldat steht, da kommt kein anderer hin!“ Das hatte sich im vorausgegangenen Winter schon einmal als Irrtum erwiesen, und wir waren auch jetzt schon zu schwach zum „Stehen“ – leere Worte, Phrasen, dümmliches Geschwätz! Wir Soldaten wollten diesen Krieg nicht, wollten nicht auf irgendwelchen Schlachtfeldern dieser Welt verrecken – aber jetzt, hier in Stalingrad, hatten wir die Schnauze gestrichen voll!

Im sicheren Badehaus fragte mich ein älterer Unteroffizier, ein kultivierter Reservist mit erkennbarer Bildung, ob es nun endgültig mit uns zu Ende gehe und ob denn wirklich nicht mehr die geringste Hoffnung bestehe. Wie auch mir selbst konnte ich ihm keine Hoffnung machen; der folgende Tag würde das Ende bringen. Nun ging er ruhig und gefaßt in den Erdbunker an sein Geschütz zurück. Warum hatte er wohl gefragt – war es die Suche nach Bestätigung eines kleinen Hoffnungsschimmers vor dem drohenden, unbekannten Schicksal? Jeder merkte doch, was die Stunde geschlagen hatte!

Funkgeräte, Fernsprecher und anderes Gerät wurden mit der Kreuzhacke zerschlagen, schriftliche Unterlagen der Batterie verbrannt. Endlich starb auch unser Verwundeter. Ich zog mir ein Paar weite lederne Kommißstiefel an, in denen ich ein zweites Paar Socken überziehen konnte, um so beweglicher zu sein. Danach schlief ich unter meinem neuen pelzgefütterten Ledermantel ein, der hier in Stalingrad für einen Frontoffizier unbrauchbar war und der jetzt sicher wie auch mein Leica-Fotoapparat in russische Hände geraten würde. Unbegreiflich, daß mir solche Nebensächlichkeiten durch den Kopf gingen, wo es doch ums nackte Überleben ging! Mit meinem Tod rechnete ich täglich – mochte er möglichst kurz und schmerzlos erfolgen. Vom Gedanken an Selbsttötung hatte mich mein Spieß abgebracht; vielleicht wäre ich aber auch ohne ihn zu feige gewesen.

Der 31. Januar war ein Sonntag; Geschrei weckte mich: „Die Russen sind da!“ Noch im Halbschlaf stürzte ich mit der Pistole in der Hand die Kellertreppe nach oben und schrie unbewußt: „Wer zuerst schießt, lebt länger!“ Ich traf einen Russen, der mir entgegenfiel. Bloß raus aus dem Keller und ran an die Schießscharten im Erdgeschoß, dachte ich. Da standen schon einige Kanoniere und schossen. Ich schnappte mir einen Karabiner und trat an ein Seitenfenster, um in der Morgendämmerung besser sehen zu können. Russen drangen in unsere Feuerstellung ein, und ich schoß. Aus den Erdbunkern bei den Geschützen kamen Kanoniere mit erhobenen Händen. Der ältere Unteroffizier ballerte mit seiner Pistole ziellos um sich; ein Feuerstoß aus einer russischen MP machte ihm ein Ende. War es von ihm Mut, Verzweiflung – wer konnte es wissen? Die Feuerstellung war verloren, meine Kanoniere wurden als Gefangene fortgeführt. Aber das Badehaus wurde noch für kurze Zeit zur „Festung“ und bot jetzt allein Schutz und Sicherheit. Die fremde Batterie links neben uns war ebenfalls überrannt worden; ihr Chef, ein stämmiger Hauptmann, aus dem Mannschaftsstande hervorgegangen, kämpfte sich mit einigen seiner Leute zu uns ins Badehaus durch. Die Schießscharten bewährten sich; wir schossen unaufhaltsam auf alles, was sich draußen bewegte. Einige Gewehrschützen schnitzten für jeden von ihnen getroffenen Russen eine Kerbe in ihren Gewehrkolben. Was mochten sie sich dabei gedacht haben – war es noch einmal eine Selbstbestätigung mit dem Erfolgsgedanken vergangener Tage, und was sollte das alles noch?

Die Russen zogen sich zunächst respektvoll zurück. Einige unserer Maschinengewehre versagten bei der Kälte, weil das Öl steif wurde. Das Gewehr war die geeignetere Waffe. Ich schoß immer, wenn ich ein Ziel wahrzunehmen glaubte, traf aber seltener als erhofft. Infanteriemunition war überreichlich vorhanden, überall standen offene Munitionskisten herum. Die Schießerei lenkte ab, beruhigte sogar irgendwie; ich hatte plötzlich die merkwürdige Vorstellung, in einer Art Zuschauerposition zu sein, und betrachtete quasi alles von außen – eine Situation, die mir fremd und unwirklich vorkam.

Rechts von uns, wo sich die fremde Infanterie mit dem cholerischen Oberstleutnant befand, wurde nicht mehr gekämpft. Dort schwenkte man weiße Wäschestücke an Stöcken und Gewehren. Kolonnen bildeten sich und wurden im Gänsemarsch abgeführt. „Seht euch die Arschlöcher an!“ schrie einer und wollte dazwischen schießen. „Was soll das, laßt sie in Ruhe“, griff ich ein, obwohl mir alles gleichgültig war. Bei 20 Grad unter Null war die Kälte nicht zu spüren. Im Keller aufgewärmte Maschinengewehre und MP funktionierten wieder für kurze Zeit, bis sie abermals erkalteten und ihren Dienst versagten. Vorübergehend trat Ruhe ein. Das Badehaus war zu einer unbedeutenden Insel in der roten Flut geworden, an der vorbei sich die Flut schon in die Stadt hinein ergossen hatte. Seitdem war die klirrende Kälte wieder zu spüren. Ich verteilte Ablösungen an den Schießscharten, damit sich jeder einmal im überheizten Keller bei starkem Kaffee aufwärmen konnte, und frühstückte, was ich noch hatte. An den Schießscharten beobachtete ich einige „Hiwis“, die auf ihre eigenen Landsleute schossen. Was mochte in ihnen vorgehen? Wir hatten uns nicht mehr um sie gekümmert; sie hätten noch in der Nacht verschwinden können; Gewehre und Munition lagen überall herum. Ihr Versuch, den Krieg in unseren Reihen zu überleben, war gescheitert, sie hatten nichts mehr zu verlieren. Trotzdem hielten sie zu uns, selbst auf die sichere Konsequenz hin, bei Gefangennahme durch ihre Leute keine Überlebenschance zu haben.

Der fremde Hauptmann spielte sich auf, obwohl er doch nur unser Gast war, und erweckte den Eindruck, als wolle er jetzt noch siegen. Er hatte vor, aus dem Badehaus auszubrechen, um wieder Anschluß an eigene, noch kämpfende Verbände zu finden. Halbherzig folgte ich seinem Entschluß, obwohl wir kämpfende Einheiten nur noch im Stadtinneren vermuteten. Beim Verlassen des Gebäudes empfingen uns Maschinengewehrfeuer und Granatwerfer, Eisbrocken und Ziegelsplitter trafen mich schmerzhaft. Also stürmten wir zurück ins Haus, was nicht mehr allen gelang; einige blieben tot und verwundet draußen liegen. Dann näherten sich einige Panzer und beschossen das Badehaus. Die dicken Wände hielten dem Beschuß stand, doch wie lange sollte das noch weitergehen?

Die Zeit verstrich erschreckend langsam. Die T-34 rückten immer näher auf uns zu und feuerten nun mit ihren Maschinengewehren gezielt auf unsere Schießscharten. Das bedeutete unser Ende: Wer sich an die Scharten traute, fiel sofort durch Kopfschuß tot um. Es gab viele Tote! In dem Durcheinander tauchten plötzlich unbemerkt russische Parlamentäre im Haus auf. Ein Leutnant, ein Hornist und ein Soldat mit einem weißen Fähnchen an einer Stange standen vor uns. Nur gut, daß keiner von ihnen Schaden genommen hatte, dachte ich. Der Hauptmann machte Anstalten, die Russen zu verjagen, aber unsere Soldaten hatten endlich genug! Sie stellten ihre Gewehre fort und suchten ihre Rucksäkke herbei. Die Schießerei hatte aufgehört, aber ich traute dem Frieden nicht; vor allem der so markige Hauptmann war unberechenbar. Ich sprach mit zwei neben mir stehenden Kanonieren, ob man nicht versuchen solle, durch einen der bis an das Badehaus heranführenden Laufgräben zu entwischen, bevor der so entschlossen wirkende Hauptmann vielleicht noch den Heldentod suchte, um uns dann noch alle mitzureißen. Geduckt rannten wir drei los und verschwanden unbemerkt in den nächsten Trümmern. Nach dem Lauf mußten wir einige Zeit verschnaufen und sahen zum Badehaus hinüber. Dort war der Kampf beendet; die Verteidiger drängten sich im Gänsemarsch durch ein Spalier russischer Soldaten. War es also doch kein heldenhafter Einzug nach Walhall, bevor sich der Vorhang senkte! Wir wären besser beim Haufen geblieben, denn trotz der hohen Verluste kam es nach unseren Beobachtungen nicht zu Brutalitäten der Russen. Vorsichtig schlichen wir Richtung Stadtmitte; es war Nachmittag geworden, und wir wußten zu diesem Zeitpunkt noch nicht, daß sich unser Generalfeldmarschall Paulus von einem russischen PKW in die Gefangenschaft hatte abholen lassen und der Kessel Stalingrad-Mitte aufgehört hatte, zu existieren. Von Haus zu Haus springend und durch die Keller schleichend, kamen wir drei Ausreißer nicht mehr weit. Wir befanden uns in der Nähe meiner alten B-Stelle, als wir, aus einem Keller herauskommend, ein paar Russen vor die in Anschlag gehaltenen MP liefen. Ehe ich so recht begriff, was geschah, war ich meinen Ledermantel los; die Pistole hatte ich beim Erheben der Hände fallenlassen. Sie fand kein Sammlerinteresse. Als mir die weiße Tarnjacke bei der Durchsuchung aufgerissen wurde, kamen die Offiziersspiegel am Feldblusenkragen zum Vorschein. Ein Faustschlag ins Gesicht folgte einem urigen Fluch. Man drängte uns in eine Mauerecke, und mehrere Russen legten ihre Maschinenpistolen auf uns an. Ich war noch nicht wieder richtig zu Atem gekommen, apathisch, aber ohne Angst. „Alles aus, also doch!“ schoß es mir durch den Kopf. „Das hättest du dir ja denken können, daß die sich nicht mit Einzelgängern aufhalten!" Gleichgültig, ohne Empfindung wartete ich eher teilnahmslos auf das große unbekannte Aus, von dem ich keine Vorstellung hatte. Die Frage, ob die Russen uns umgelegt hätten, blieb ungeklärt, denn ein vorbeirollender T-34 hielt an und lenkte die Rotarmisten von uns ab, die miteinander sprachen. Ein ölverschmierter Unterleutnant kletterte aus dem Turm und filzte uns noch einmal gründlich, fand auch meine Leica, mit der er nichts anzufangen wußte, drehte an ihr herum und warf sie schließlich achtlos gegen eine Mauer. Das Objektiv brach heraus; auch meine vollgeknipsten Filme warf er in den Schnee. Mein ganzes Fotografieren war umsonst gewesen! Natürlich waren wir unsere Armbanduhren schon gleich zu Beginn losgeworden. Trotz aller Proteste brachte er auch meinen Ledermantel an sich; an meiner ledernen Kartentasche und deren Inhalt war er nicht interessiert. Doch an meinen gefütterten Lederhandschuhen fand er Gefallen und zog sie fröhlich grinsend an. Als er in seinen Panzer zurückkletterte, warf er mir ein Paar ölverschmierte Pelzfäustlinge zu und ein Säckchen mit russischem Trockenbrot.

Zwischen 20 und 30 deutsche Gefangene wurden an uns vorbeigetrieben; lachend schob man uns dazu. Auf einem Trampelpfad ging es Richtung Westen aus der Stadt heraus. So hatten wir Anschluß an die Gefangenschaft gefunden und waren gar nicht unzufrieden. Die riskante Phase vom freien Kämpfer zum rechtlosen Gefangenen hatten wir hinter uns gebracht. Den Leuten aus dem Badehaus begegnete ich bis auf wenige Ausnahmen so bald nicht wieder. Bei strenger Kälte schien die Sonne vom wolkenlosen Himmel herab, die Lebensgeister kehrten in meinen Körper zurück. Mit allen Kräften wollte ich versuchen, durchzuhalten und am Leben zu bleiben! Zunächst war das harte Trockenbrot, das ich mit meinen beiden Ausreißern teilte, noch wichtiger. Bald wurde nichts mehr geteilt – Hunger machte egoistisch und verdrängte jede Menschlichkeit; von Kameradschaft und Nächstenliebe blieb da nicht viel. Nur die engsten Freundschaften hatten noch Bestand. Daß man mich so arg ausgeplündert hatte, empfand ich nicht mehr tragisch. Es kam sogar ein gewisses Dankbarkeitsgefühl für den blonden, fröhlichen Panzer-Unterleutnant auf, der seine Beute schließlich sogar „bezahlt" hatte: Brot war mehr wert als ein nutzlos gewordener Ledermantel oder eine Kamera, die man doch nicht auf Dauer behalten hätte, und die verölten Pelzfäustlinge, die mir kein Russe wegnehmen wollte, sollten mir noch gute Dienste leisten.

Gruppen und Grüppchen von Kriegsgefangenen wurden durch die Trümmer der Stadt getrieben. Diese Rinnsale flossen dann zu einer gewaltigen Kolonne von einigen Hundert, später Tausenden zusammen. Es ging an niedergekämpften deutschen Stellungen vorbei. Zusammengeschossene oder ausgebrannte Fahrzeuge, Panzer und Geschütze aller Art säumten den Weg aus festgefahrenem und festgetretenem Schnee. Überall lagen steifgefrorene, völlig abgemagerte, unrasierte, oft verkrampfte tote Soldaten herum. Mitunter türmten sich die Leichen zu verschlungenen Haufen, wie vorher zusammengetrieben und mit Maschinenwaffen niedergemäht. Andere wiesen Verstümmelungen bis zur Unkenntlichkeit auf. Diese ehemaligen Kameraden waren tot oder lebendig durch russische Panzer überfahren worden; ihre Körperteile lagen als zerfetzte Eisstücke in der Gegend herum. Das alles nahm ich im Vorübergehen wahr, doch wie in einem Halbtraum verschwammen die grausigen Bilder ineinander, ohne Grauen zu erzeugen. In den Jahren des Krieges hatte ich so manchen Kameraden verloren, hatte Leid und Tod neben mir erlebt, aber nie hatte ich auf engstem Raum so viele getötete Soldaten gesehen! Ich marschierte mit leichtem Gepäck; mein Rucksack ohne nennenswerten Inhalt, die Zeltbahn, eine am Wege aufgenommene Dekke, mein Kochgeschirr und meine Kartentasche waren mir geblieben. Immerhin besaß ich noch eine Dose Schmalzfleisch und einen Beutel mit Zwieback. In den Lederstiefeln war ich gut zu Fuß und hielt mich im vorderen Teil des Gefangenenhaufens.

Bei einem kurzen Halt mußte ich die Hosen herunterlassen, um mich zu entleeren, und erschrak: Die Unterhose war voll von festgetrocknetem Blut. Unbemerkt hatte ich mir wohl beim Durcheinander der letzten Kampfhandlungen einen Splitter eingefangen. Ein Betasten der rechten Pobacke führte schließlich zu dem Ergebnis, daß es nicht so schlimm sein konnte. Es schmerzte kaum bei Druck und blutete nicht mehr. Wieder Glück gehabt!

In der endlosen Gefangenenkolonne schleppten sich viele nur noch mühsam voran. Erst jetzt begriff ich, wie elend und ausgemergelt die Kämpfer waren. Immerhin zehrte ich davon, daß ich im Urlaub sechs Wochen weniger hatte hungern müssen und es als Artillerist besser gehabt hatte als die hilf- und schutzlos ausgelieferten Infanteristen der Steppe. Jetzt sah ich, daß die ausgehungerten, völlig erledigten Gestalten um mich herum kaum mehr in der Lage waren, sich aus eigener Kraft fortzubewegen. In grotesken Vermummungen, teils nur Augen und Nase hervorzeigend, wankte die Masse kolonnenförmig durch den Eiswind in die Steppe. Immer mehr franste der Aufmarsch nach hinten aus. Die wenigen russischen Begleitposten hatten nach und nach ihre vergebliche Schreierei „Bistro!“ und „Dawai“ aufgegeben, mit der sie uns vorangetrieben hatten, und stapften selbst nur noch mürrisch durch den Schnee. Hinten brachen die ersten erschöpften Gefangenen zusammen. Anfangs wurden sie von beherzten, kräftigeren Kameraden noch ein Stück mitgeschleppt; bald aber wurden auch die noch stärkeren mit ihrer Last zu schwach. Meine Kräfte ließen ebenfalls nach, und ich quälte mich nur noch mühsam durch den Schnee voran. Wer allein war, torkelte, brach zusammen und blieb liegen. Der Frost erlöste sie von aller Qual.

Verwundete Kameraden waren von vornherein am meisten gefährdet. Mit Tritten und Kolbenstößen brachten die Russen die Liegenden anfangs für kurze Zeit wieder auf die Beine; dann fielen die ersten Schüsse. Ein Aufschrei ging durch die Gefangenenkolonne. Es mehrten sich laute Proteste, Flüche und die Forderung, stehenzubleiben, um eine Rast zu erzwingen. Es folgten Schläge, Stöße, gewaltsames Wiederantreiben und Schüsse über unsere Köpfe hinweg. Menschlicher Überlebenswille ließ die schwächsten Gefangenen blind nach vorn drängen, um der Tötung durch die Posten zu entgehen. Häufigere Schüsse und schwächer werdende Protestschreie kündeten vom Abstumpfen der Massen. Jeder hatte mit sich selbst zu tun und setzte mühsam Schritt vor Schritt.

Natürlich war ich empört und erregt, daß die Begleitmannschaften die kraftlos zusammenbrechenden Menschen kurzerhand erschossen und liegenließen. Aber ich war klar genug, mich zu fragen, ob die Posten überhaupt anders handeln konnten. Wer liegenblieb, wäre so oder so bald erfroren! Transportmittel standen nicht zur Verfügung. Die Russen hatten mit ihrem Vormarsch nach Westen selber Transportprobleme, und ihre Führung machte sich wenig Gedanken um die auf sie zukommenden Gefangenenmassen. Wir waren ja während unseres Vormarsches 1941 mit der Menge an russischen Kriegsgefangenen auch nicht fertiggeworden – ob unsere Bewacher auch geschossen hatten? Aus anderer Sicht war es vielleicht sogar menschlich, wenn man dem Leidenden mit einem Schuß ein rasches Ende bereitete. Wer weiß, was in dem Schützen vorging, wenn er seine Waffe gegen einen wehrlos am Boden Liegenden erhob? Aber Mitleid konnte sich ein Soldat bei seinem grausamen Handwerk kaum leisten. Solange das Begleitpersonal noch von Fronttruppen gestellt wurde, hatte ich nicht das Gefühl, daß man uns schikanieren, quälen oder systematisch fertigmachen wollte. Diese Soldaten erfüllten ihren Befehl ohne erkennbare Emotionen. Trotz aller rationalen Begründungen bleibt aber Zorn gegenüber den Siegern: In Stalingrad hätten sich die Russen auf die zu erwartenden hohen Gefangenenzahlen vorbereiten und sich auch im voraus über den schlechten Gesundheitszustand ihrer Gefangenen im klaren sein können. Insbesondere hätten sie für die in den Kellern der Stadt verkommenden Verwundeten Vorbereitungen treffen müssen, um sie nicht ihrem Schicksal, dem aussichtslosen Kampf mit dem Tode, zu überlassen. Offenbar hatten sie sich um die Deutschen im Kessel, trotz wohlklingender Kapitulationsangebote, kaum Gedanken gemacht, da es um die Vernichtung der „faschistischen“ 6. Armee ging.

Langsam wurde es dunkel. In der Ferne sah man Leuchtkugeln aufsteigen und das Aufblitzen von Granatabschüssen. Wer kämpfte da noch? Waren die Leuchtkugeln russische Freudenfeuer, oder griffen nun doch noch deutsche Entsatztruppen an? „Die holen uns hier wieder raus“.

„Wenn unsere noch kommen, legen uns die Russen aber vorher um!“ Solche Parolen, Zeichen letzter Hoffnung, nahmen zu, eine unsinniger als die andere. Beleuchtete LKW-Kolonnen kamen uns entgegen, fast wie zu Friedenszeiten. Wie drohende Schatten standen russische T-34 auf der schneeglatten Rollbahn. Kleine Feuerchen unter den Bodenwannen hielten die Motoren warm und startbereit; die Russen kannten ihr „Väterchen Frost“ und konnten mit ihm umgehen. Schließlich trieb man uns in eine größere Balka hinunter, die schon mit Menschenmassen angefüllt war. Alle standen frierend herum und warteten auf das, was weiter geschehen würde. Am oberen Balkarand patrouillierten russische Posten, die ebenfalls froren. Ich war übermüdet, wühlte mich in ein Schneeloch, schob meine Füße mit den Lederstiefeln in meinen leeren Rucksack, rollte mich unter Decke und Zeltbahn zusammen und schlief sofort ein. Als ich erwachte, begann bereits der Morgen zu grauen. Ich war steif und kam nur mühsam auf die Beine. Erstarrt vor Kälte schlug ich die Arme um mich und trampelte mit den Füßen. Die Nacht hatte ich gut überstanden! Es gab viel Lärm, aber keine Verpflegung, auch nichts zu trinken. Viele lutschten Schnee, doch das war riskant. Die Kroaten, die einer österreichischen Division angehört hatten, versammelten sich. Da sie sich sprachlich mit den Russen gut verständigen konnten, versuchten sie, Vorteile für sich herauszuschlagen. Auf ähnliche Gedanken verfielen auch die Österreicher. „Wir bilden einen Marschblock Rot-Weiß-Rot!“ rief ein älterer Rittmeister unentwegt mit Wiener Dialekt – Beck hieß er wohl. „Was haben wir denn mit euch Nazis zu schaffen, die ihr uns überfallen habt, um uns in eure Uniformen und euren Krieg zu pressen?“ Unentwegt schwadronierte er in ähnlichen Phrasen weiter. Sein Tonfall wirkte unerträglich! Schnell versammelten sich etliche Opportunisten um ihn, die Rot-Weiß-Rot dem Hakenkreuz vorzuziehen gedachten; auch ein paar Nicht-Österreicher fanden sich, brachten aber den Dialekt nicht recht hin und wurden verächtlich abgewiesen. „Geht's ihr doch mit eurem Hitler, schaut's, daß ihr weiterkommt, ihr dreckatn Nazis, heim ins Reich mit euch!“ Das alles wurde einem Oberfeldwebel nun doch zu dumm. „Jetzt halt aber langsam deine gottverdammte Schnauze! So laut, wie ihr 1938 geschrien habt, konnte bei uns gar keiner nach dem Führer schreien, den ihr lieben Österreicher uns doch erst beschert habt und jetzt nicht mehr kennen wollt!“ Irgend etwas mußte der Rittmeister erwidert haben, denn plötzlich schlug ihm der Oberfeldwebel mit der Faust ins Gesicht, so daß er in den Schnee stürzte. „Du dreckiges verräterisches Schwein! Trägst eine deutsche Offiziersuniform und kriechst den Russen in den Arsch, ehe sie dich darum gebeten haben!“ Er war wohl selbst erschrocken über seinen Ausfall und wandte sich ab. Nichts geschah, doch mir hatte der Mann imponiert und aus dem Herzen gesprochen. Beck brachte aber seine Rot-Weiß-Roten dennoch zusammen und kooperierte mit den sich jetzt deutschfeindlich gebenden Kroaten, die bis zum Schluß als gute Soldaten auf unserer Seite gekämpft hatten; so unberechenbar waren die Balkanvölker. Die meisten gefangenen Österreicher fühlten sich aber noch als Deutsche! Doch das sollte sich nur allzu rasch ändern – als sie nämlich die Hakenkreuzadler von den Uniformen abtrennten und durch rot-weiß-rote Kokarden ersetzten. Es werden wohl Leute wie Beck gewesen sein, die schon früh dem österreichischen Wappen Hammer und Sichel in die Krallen steckten. Nein, heroisch war das Ende der 6. Armee in Stalingrad nicht; vom deutschen Soldatenstolz war nichts geblieben!

Als wir aus der Balka an den Posten vorbeimarschierten, gab es tatsächlich Verpflegung: ein Häufchen Hirsekörner in die aufgehaltene Hand, mit dem man nichts anfangen konnte. Man kaute die Hirse schließlich trocken hinunter. Außerdem gab es noch einen Suppenwürfel, von dem man nicht abbeißen konnte. Bei einer späteren Rast wurde versucht, trockenes Steppengras zu sammeln und zu entzünden, um die Würfel mit Schneewasser im Kochgeschirr aufzukochen – ein recht hoffnungsloses Unterfangen, denn die Halme ließen sich in der freien Schneelandschaft kaum entzünden und gaben zu wenig Hitze. Als wir herumliegende Autoreifen entzünden wollten, verhinderten die Russen das, und als wir weitergetrieben wurden, war noch nichts gekocht. Die im halbwarmen Schneewasser aufgelösten Würfel versuchte man, so herunterzuschlucken; den Durst mußte der Schnee löschen. Den ganzen Tag schlichen die Kolonnen durch den Schnee dahin; am Ende der Kolonne vernahm man die zur Gewohnheit gewordenen Schüsse.

Die nächste Nacht verbrachten wir wieder im Schnee, um dann am Folgetag ohne Verpflegung weiterzugehen. Mein Schmalzfleisch und meine eiserne Ration Kekse hatte ich längst verzehrt. Als wir durch ein langgezogenes Straßendorf mit elenden Hütten zogen, gab sich die Bevölkerung feindselig. Man beschimpfte uns in unverständlicher Sprache; manche wollten uns anspucken, trauten sich aber nicht nahe genug heran. Wir waren schon ein rechter Elendszug, bei dem man sich nicht vorstellen konnte, daß wir noch wenige Wochen vorher Soldaten einer schlagkräftigen Armee gewesen waren!

Auch die dritte Nacht wurde durchmarschiert. Jetzt versiegten auch meine Kräfte; unter diesen Umständen würde ich nicht mehr ewig durchhalten. Ich kam mit drei unbekannten Leuten aus der Kolonne ins Gespräch. Wir mußten unbedingt ruhen und schlafen – kaum ein anderer Gedanke beschäftigte uns in diesem Moment. Wir wollten versuchen, aus diesem Elendswurm auszubrechen. Die Nacht war sehr dunkel, und es schneite leicht. Am Tage waren wir immer wieder an verlassenen Feldstellungen vorübergekommen. Die ganze Gegend mußte noch voller solcher Gräben und Unterstände sein! Wir kamen überein, uns seitlich abzusetzen und ein Loch zum Schlafen zu suchen, da wir nicht ewig so weitertrotten, schließlich zurückfallen, vielleicht zusammenbrechen und erschossen würden. Gemeinsam kehrten wir linksum und stapften in die dunkle Schneelandschaft hinein. Einige aus der Kolonne riefen hinter uns her; die Russen hatten entweder nichts bemerkt, oder es war ihnen gleichgültig – jedenfalls geschah nichts. Wir vier gerieten bald in kniehohen Schnee, stolperten aber auch bald danach in ein Grabensystem. Hier fanden wir ein überdachtes Loch, in dem einmal ein Fernsprecher gelegen haben mußte, da sich Drahtreste von Fernsprechkabeln und ein vergessener Erdstecker fanden. In der Ferne sah man noch die Lichter vereinzelter Kraftwagen auf der Rollbahn, auf der wir eben noch im großen Haufen mitgezogen waren. Wir verhängten den Zugang mit Zeltbahnen und verkrochen uns dichtgedrängt unter den Decken, um uns gegenseitig zu wärmen. Es wurde eine ganz erträgliche Nacht; nur der Hunger quälte mächtig.

Am anderen Tage schauten wir uns um. In der Ferne erkannten wir den Rollbahnbetrieb. Wir fühlten uns frei und hatten Lust, uns zu den eigenen Linien durchzuschlagen. Wo waren die jetzt, irgendwo im Westen? Zunächst suchten wir Bretterstückchen zusammen, machten ein Feuerchen zum Aufwärmen und schmolzen Schnee im Kochgeschirr; das löschte den Durst und füllte etwas den leeren Magen. Bei Dunkelheit wollten wir losmarschieren und verschliefen noch einmal den ganzen Tag. Als wir unseren Versuch bei Dunkelheit starteten, gaben wir in dem zu hohen Schnee bald wieder auf. Ein Querfeldeinmarsch war aussichtslos, da er zu viel Kraft kostete, die wir nicht mehr aufbringen konnten. Erschöpft kehrten wir wieder zu unserem Loch zurück. Was nun? Wir würden wohl oder übel zusehen müssen, wie der Anschluß an die Kriegsgefangenschaft zu finden war!

Als es wieder Tag geworden war, kehrten wir zur Rollbahn zurück und marschierten an deren Rand nach Westen. In beide Richtungen herrschte lebhafter Fahrzeugverkehr; niemand kümmerte sich um uns abgerissene Gestalten. Schließlich gelangten wir in eine von Russen belagerte Kolchose. Aus Feldküchen roch es nach Suppe, die gerade ausgegeben wurde. Große Zelte waren aufgeschlagen, in denen sich Strohlager befanden. Niemand nahm von uns Notiz. Schließlich reihten wir uns in die Schlange der Essensempfänger ein. Als der Koch uns schon das hingehaltene Kochgeschirr füllen wollte, erkannte er uns als Deutsche und jagte uns fort. Wir drangen in eins der Zelte vor und setzten uns ins Stroh; es war mit liegenden oder hockenden Leichtverwundeten überfüllt. Auch hier blieben wir zuerst unbehelligt; als aber im Zelt die Essensausgabe begann und wir erneut die Kochgeschirre vorstreckten, wurden wir wieder verjagt, dann aber zu einem Offizier geführt. Von den Gesprächen verstanden wir kein Wort, aber man war nicht unfreundlich und schien uns nicht ans Leben zu wollen; nur zu essen gab es nichts! Wir wurden in einen dunklen, abschließbaren Erdkeller eingesperrt, der Vorratszwecken gedient haben mußte. Als sich unsere Augen an die Dunkelheit gewöhnt hatten, suchten wir nach Eßbarem. Aber schon nach vielleicht einer Stunde wurden wir wieder herausgeholt und auf die Ladefläche eines offenen LKW verfrachtet, der sofort mit uns losfuhr. Fahren ist immer besser als Laufen, dachten wir. Auf der Ladefläche standen reichlich braune Papiersäcke. Mit einem im Saum meiner Tarnanzughose verstecktem Taschenmesser schlitzte ich vorsichtig einen Sack auf, der das mir schon bekannte Trockenbrot enthielt. Gierig machten wir uns darüber her und stopften noch Taschen und Rucksack voll, als wir uns gesättigt fühlten. Der geöffnete Sack ließ sich zwischen den anderen tarnen. Vorsicht war geboten, denn immer wieder blickte ein Russe aus dem Führerhaus nach uns, Angst vor Entdeckung kam auf. Als unser Wagen dann an einer endlosen Gefangenenkolonne entlangfuhr, beschlossen wir, abzuspringen und uns einzureihen. Nacheinander ließen wir uns über die Seitenwand zwischen die Gefangenen fallen, rappelten uns hoch und tauchten in der Menge unter. Wir sahen uns nie wieder – das Intermezzo war beendet.

Ich war Gefangener – dieses Mal endgültig! Versäumt hatte ich nichts, war aber satt und ausgeschlafen und besaß sogar noch eine Brotreserve. So marschierte ich etwas hoffnungsvoller weiter, einem ungewissen Schicksal entgegen.

*Wigand Wüster wurde im Januar 1950 aus sowjetischer Kriegsgefangenschaft entlassen. Danach studierte er Jura, bestand nach 6 Semestern sein 1. Staatsexamen und 1957 das 2. Juristische Examen. Bis 1983 war er Staatsanwalt in Aurich. Heute lebt er in München.*

# Verzeichnis ausgewählter Literatur

Da im Verlauf der letzten 60 Jahre Stalingrad-Erlebnisse zu Hunderten veröffentlicht wurden, konnten hier nur die wichtigsten oder längere Beiträge berücksichtigt werden.


Adam, Wilhelm: Der schwere Entschluß. Ostberlin 1965

Angermann, Burkhart: Stalingrad. November 1942 bis Juli 1943. Ein Bericht. Hagen 1949, unveröffentlichtes Typoskript

Arbeitsgemeinschaft „Das Kleeblatt“: Die 71. Infanterie-Division im Zweiten Weltkrieg 1939–1945. Hildesheim 1973

Artner, Josef: Stalingrad und danach. Erinnerungen eines österreichischen Arztes. Wien 2005

Bartov, Omer: Hitlers Wehrmacht. Soldaten, Fanatismus und die Brutalisierung des Krieges. Reinbek 1995

Bauer, Frank: Stalingrad – Massengrab. Militär & Geschichte 2, Heft 7 (2003), 10–21

Bayer, Hans: Geraubte Jugend, 1942–1950. Ludwigshafen 1986. Selbstverlag (?)

Beck, Alois: Bis Stalingrad ... (297. Division). Ulm 1983

Beevor, Anthony: Stalingrad. München 1999

Beiträge zur Geschichte der 60. Inf.-Div. (mot.), später Panz.Gren.-Div. „Feldherrnhalle“. Unveröffentlichtes Typoskript, zusammengestellt 1979

Beyer, Wilhelm Raimund: Stalingrad. Unten, wo das Leben konkret wird. Frankfurt/Main 1987

Bischof, Günter/Overmans, Rüdiger (Hrsg.): Kriegsgefangenschaft im Zweiten Weltkrieg. Eine vergleichende Perspektive. Ternitz-Pottschach 1999

Bismarck, Gottfried v.: Ich war dabei in Stalingrad. Privatdruck, Aachen o. J.

Blank, Alexander: Die deutschen Kriegsgefangenen in der UdSSR. Dem Andenken meiner Mutter Sarah Blank. Köln 1979

Böhme, Kurt W.: Die deutschen Kriegsgefangenen in sowjetischer Hand. Eine Bilanz. München 1966 (In: Zur Geschichte der deutschen Kriegsgefangenen des 2. Weltkriegs, Band III, Hrsg. Prof. Erich Maschke)

Buchner, Alex: Der Sanitätsdienst des Heeres 1939–1945. Wölfersheim-Berstadt 1995

Busch, Reinhold (Hrsg.): Stalingrad: Zurück aus der Hölle. Die Ärzte von Stalingrad, Band 1–3. 25 Stalingrad-Ärzte berichten vom langsamen Sterben der 6. Armee im Kessel und in der Gefangenschaft. Berlin 2006

Busch, Reinhold: Die letzten Tage im Kessel von Stalingrad. Der Untergang der Sanitätseinheiten in Zeitzeugenberichten. Teil 1–4, Wehrmedizin. Monatsschrift, 52. Jhg., Heft 2–5/6, Februar bis Mai/Juni 2008

Busse, Helmut: Soldaten ohne Waffen. Zur Geschichte des Sanitätswesens. Berg am See 1990

Carell, Paul: Die Gefangenen. Leben und Überleben deutscher Soldaten hinter Stacheldraht. Berlin, Frankfurt/Main 1996

Carell, Paul: Stalingrad. Sieg und Untergang der 6. Armee. Sonderausgabe, München 2003

Carell, Paul: Unternehmen Barbarossa. Der Marsch nach Russland. Frankfurt/Main 1963

Cartellieri, Diether: Die deutschen Kriegsgefangenen in sowjetischer Hand. Eine Untersuchung der zwischenmenschlichen Beziehungen in den Kriegsgefangenenlagern. München 1967 (Band II, Maschke)

Craig, William: Die Schlacht um Stalingrad. Der Untergang der 6. Armee. Kriegswende an der Wolga. München 1974

Dahms, Hellmuth Günther: Die Schlacht um Stalingrad. Teil II: Der Kessel und das Ende. Damals 24 (1992), 1068–1084

Deiml, Michael: Meine Stalingradeinsätze. Unveröffentlichtes Typoskript. Pegnitz 2001

Dengler, Gerhard: Zwei Leben in einem. Berlin 1989

Dettmer, Friedrich/Jaus, Otto/Tolkmitt, Helmut (Hrsg.): Die 44. Infanterie-Division. Reichs-Grenadier-Division Hoch- und Deutschmeister 1938–1945. Friedberg o. J.

Dettmer, Friedrich: Stalingrad. Ein Rückblick nach 60 Jahren. Nürnberg 2003

Deutsches Rotes Kreuz, Suchdienst: Zur Geschichte der Kriegsgefangenen im Osten. Teil I: Vom Ort der Gefangennahme ins Kriegsgefangenenlager

Dibold, Hans: Arzt in Stalingrad. Passion einer Gefangenschaft. Salzburg 1949. Neu herausgegeben und erweitert von Reinhold Busch, Berlin 2004

Dibold, Hans: Der Gesundheitszustand der ehemaligen Stalingradkämpfer. Ursachen und Folge. Sonderdruck o. J.

Dieckhoff, Gerhard: 3. Infanterie-Division (mot.). Cuxhaven/Göttingen 1960

Diedrich, Torsten: Paulus – Das Trauma von Stalingrad. Eine Biographie. Schöningh 2008

Dietrich, Werner: Als Arzt in Stalingrad und in 6 ½ Jahren sowjetischer Kriegsgefangenschaft. Berlin 1998, unveröffentlichtes Vortragsmanuskript

Diez, Günther J.: Der Marsch der 6. Armee auf Stalingrad und die Ereignisse in der Gefangenschaft. Wehrmed. Mschr. 33 (1989), 376–382

Diez, Günther J.: Die Verantwortung der Logistik und der Luftwaffenführung für Stalingrad 1942–43. Unveröffentlichtes Typoskript, München 1994

Dirks, Carsten G.: Vor 60 Jahren: Die Schlacht um Stalingrad. Die militärischen Ereignisse und die Versorgung der 6. Armee im Kessel. Vortrag, Augustdorf 19. Februar 2003

Division der Wehrmacht: Die 71. Infanterie-Division, 389. Infanterie-Division, 295. Infanterie-Division, 79. Infanterie-Division. Verlag Books Lc, Bucher-Gruppe, o. J.

Doerr, Hans: Der Feldzug nach Stalingrad. Versuch eines operativen Überblicks. Darmstadt 1955

Ebert, Jens (Hrsg.): Stalingrad – eine deutsche Legende. Vorwort Lew Kopelew. Reinbek 1992

Ebert, Jens (Hrsg.): Feldpostbriefe aus Stalingrad. November 1942 bis Januar 1943. Berlin 2003

Eckart, Wolfgang U./Gradmann, Christoph: Ärztelexikon. München 1995

Einsiedel, Heinrich Graf von: Tagebuch der Versuchung. Berlin, Stuttgart 1950

Epifanow, Alexander E./Mayer, Hein: Die Tragödie der deutschen Kriegsgefangenen in Stalingrad von 1942 bis 1956 nach russischen Archivunterlagen. Osnabrück 1996

Feurich, Joachim: Jeder Held ist anders. Unveröffentlichtes Typoskript, Michelstadt 1991

Fink, Jodok: Wie ich Stalingrad erlebte und überlebte. Bezau 1999, unveröffentlichtes Typoskript

Fischer, Hubert: Der deutsche Sanitätsdienst 1921–1945. 5 Bände + 2 Ergänzungsbände. Osnabrück 1982–1994

Fleischhacker, Hedwig: Die deutschen Kriegsgefangenen in der Sowjetunion. Der Faktor Hunger. München 1965 (Band III, Maschke)

Förster, Jürgen (Hrsg.): Stalingrad. Ereignis – Wirkung – Symbol. München/Zürich 1992

Frieser, Karl-Heinz: Krieg hinter Stacheldraht. Die deutschen Kriegsgefangenen in der Sowjetunion und das Nationalkomitee Freies Deutschland. Mainz 1981

Geist, Georg (Hrsg.): Woina Plenny. Skoro domoi. Erinnerungsausgabe zum 10jährigen Bestehen, Bund ehemaliger Stalingradkämpfer e. V. Deutschland. Erlangen 1968

Gemünden, Otto: Erinnerungen. Unveröffentlichtes Typoskript Ingelheim o. J.

Gerlach, Heinrich: Die verratene Armee. Ein Stalingrad-Roman. München 1957

Gerlach, Werner: Das dunkle Tal. Ein Bericht. Erlangen 1976. Neu herausgegeben und bearbeitet von Reinhold Busch, Berlin 2006

Gerlach, Werner: Die Sanitätsdienste der 16. Pz.Div. bei den Kämpfen um Stalingrad bis zum bitteren Ende. Der Kamerad, Nr. 39, 11. Jhg.; Köln, Januar 1963

Germann, Armin: ... In Russland gefangen. Ilvesheim 1970

Girgensohn, Hans: Als sie einfach starben. Vor dreißig Jahren: Von Hungertod wagte in Stalingrad niemand zu reden. Die Zeit, Nr. 6, 2. Februar 1973

Girgensohn, Hans: Pathologische Anatomie der Gefangenschaftskrankheiten mit Bemerkungen zu ihrer Klinik und zur Frage der Spät- und Dauerschäden. Medizinische Nr. 16, 1959, 761–769

Giulini, Udo: Stalingrad und mein zweites Leben. Begegnungen – Erlebnisse – Eindrücke – Erfahrungen. Neustadt/Landau 1978

Goblirsch, Josef: Lebenserinnerungen. Unveröffentlichtes Typoskript. Hammelburg 2003

Görlitz, Walter (Hrsg.): Paulus. „Ich stehe hier auf Befehl". Lebensweg des Generalfeldmarschalls Paulus. Frankfurt/Main 1960

Goes, Martin: Hungersnot und Hungerkrankheit in Stalingrad. Aschaffenburg 2003

Grams, Rolf: Die 14. Panzer-Division 1940–1945. Bad Nauheim 1957; neu: Dörfler 2004

Grüter, Helmut: Überleben in russischer Gefangenschaft 1945–1953. Hamburg 2002

Guth, Ekkehart (Hrsg.): Sanitätswesen im 2. Weltkrieg. Herford 1990

Haidin, Wolfgang: Stalingrad. Kampf und Gefangenschaft. Aus den Lebenserinnerungen des Josef Schönegger. Steyr 1997

Haidinger, Hubert: Festansprache zum Treffen des Stalingradbundes in Limburg 1992

Hammer, Hilde/Bartsch, Elisabeth: Lexikon des Nationalsozialismus. Begriffe, Organisationen und Institutionen. Reinbek 1999

Hansen, Fritz: Kriegsgefangenschaft als ärztliches Erlebnis. Münchener Med. Wschr. Nr. 11–13, 1951

Harsch, V.: Sowjetischer Sanitätsdienst während der Schlacht um Stalingrad (aus sowjetischer Sicht). Wehrmed. Mschr. Heft 11/1989

Hauck, Friedrich Wilhelm: Eine deutsche Division in Russland und Italien. 305. Infanterie-Division 1941–1945. Dorheim 1975

Haupt, Werner/Scheibert, Horst: Die große Offensive 1942. Ziel Stalingrad. Eine Bilddokumentation in Farbe. Dorheim 1972

Hauschild, Reinhard: Der springende Reiter. 1. Kavallerie-Division, 24. Panzer-Division im Bild. Ernst J. Dohany Verlag, o. J.

Heidrich, A.: „Dem einen fehlte die Kraft zum Schreien, dem anderen zum Schweigen". Probleme des deutschen Sanitätsdienstes in Stalingrad 1942/43, in: W. Christian/St. Meiners/H. Gerngross (Hrsg.): Einsatzmedizin. Erbach 2001

Hilger, Andreas: Deutsche Kriegsgefangene in der Sowjetunion, 1941–1956. Kriegsgefangenenpolitik, Lageralltag und Erinnerung. Essen 2000

Hilger, Andreas/Schmidt, Ute/Wagenlehner, Günther (Hrsg.): Sowjetische Militärtribunale; Band 1: Die Verurteilung deutscher Kriegsgefangener 1941–1953. Köln–Weimar–Wien 2001

Holl, Adalbert: Als Infanterist in Stalingrad. Erlangen 1978

Holl, Adalbert: Was geschah nach Stalingrad? 7 ¼ Jahre als Kriegs- und Strafgefangener in Russland. Duisburg 1965

Huber, Anton: Stalingrad. Erlebnisse beim Vormarsch, in Kessel und Gefangenschaft. Unveröffentlichtes Manuskript. Großkarolinenfeld 2002

Humbert, Gerhard Philipp: Stalingrad – 40 Jahre danach. Bericht eines Augenzeugen. Unveröffentlichtes Vortragsmanuskriptes, Bonn, 18. Januar 1983

Kannnicht, Joachim (Hrsg.): Alte Kameraden. Berichte über Kampf, Begegnungen, Opfer, Gefangenschaft, Danach. Karlsruhe 1991

Karner, Stefan: Im Archipel GUPVI. Kriegsgefangenschaft und Internierung in der Sowjetunion 1941–1956. Wien/München 1995

Kehrig, Manfred: Stalingrad. Analyse und Dokumentation einer Schlacht. Stuttgart 1979

Kisters, Werner: Einer vom Jahrgang 25. Jugend – Krieg – Gefangenschaft – Familie. Krefeld 2002

Klaus, Edgar: Durch die Hölle des Krieges. Erinnerungen eines deutschen Unternehmers an Stalingrad, Gefangenschaft und Wiederaufbau. Berlin 1991

Klee, Ernst: Das Personenlexikon zum Dritten Reich. Wer war was vor und nach 1945. Frankfurt/Main 2003

Kleine, H. O.: Dr. Reuber feiert Weihnacht in Stalingrad (1942). Aus: Ärzte in den Stürmen der Zeit. Ulm 1958

Kirstein, Wolfgang: Rekonstruktion eines Tagebuches. Die 295. Infanterie-Division von 1940 bis 1945.

Kluge, Alexander: Schlachtbeschreibung. Olten/Freiburg 1964

Kluge, Hinrich: Das Leid der Gefangenen. 9 Jahre Lagerarzt in Russland. Eigenverlag, o. J. Neu herausgegeben von Reinhold Busch, Berlin 2004

Knopp, Guido: Die Gefangenen. Der letzte Kampf gegen den Tod. München 2003

Knopp, Guido: Entscheidung Stalingrad. München 1992

Knopp, Guido: Hitlers Krieger. München 2000
Kohler, Ottmar: Festansprache anläßlich des 2. Bundestreffens der Stalingradkämpfer am 8. Oktober 1960 in Limburg an der Lahn. Hrsg.: Bund ehemaliger Stalingradkämpfer, Nürnberg
Kohler, Ottmar: Stacheldraht – Hunger – Heimweh. Das Buch vom namenlosen Soldaten, dem es vergönnt war, die sowjetische Gefangenschaft durchzustehen. 1955
Konsalik, Heinz G.: Stalingrad. Bilder vom Untergang der 6. Armee. München 1981
Koschorrek, Günter K.: Vergiß die Zeit der Dornen nicht. Ein Soldat der 24. Panzer-Division erlebt die sowjetische Front und den Kampf um Stalingrad. Verlag Flechzig, 2009
Kossel, Albrecht: Als Arzt in russischer Kriegsgefangenschaft. Sonderabdruck aus der Vierteljahresschrift für Schweizerische Sanitätsoffiziere, 30. Jhg. 1953, Heft 4
Kreiner, Herbert Oswald: Die letzten Tage in Stalingrad und die langen Jahre in russischer Gefangenschaft. Geschrieben Tuttlingen 1956. Hrsg. Christian Heine. Reutlingen 2002
Krell, Rudolf: Verteidigung im Nordriegel des Kessels Stalingrad vom 21. November 1942 bis 2. Februar 1943. Erinnerungsbuch der 94. Infanterie-Division an die Kriegsjahre 1939–1945, Lieferg. 3. Hrsg. Kameradschaft 94. I.D., 1982
Kruse, Martin (Hrsg.): Die Stalingrad-Madonna. Das Werk Kurt Reubers als Dokument der Versöhnung. Hannover 1996
Krylow, N.: Stalingrad. Die entscheidende Schlacht des Zweiten Weltkriegs. Köln 1981
Kuck, Hero: Vermisst in Stalingrad. Feldpostbriefe – Spurensuche. Hannover 2003
Kunz, Andreas: Vor sechzig Jahren. Der Untergang der 6. Armee in Stalingrad. Militärgeschichte 12 (2002) Heft 4, 8–17
Kurz, Georg: 3002 Tage Russland. Erinnerungen an meine Kriegs- und Gefangenenjahre. Krumbach 1987.

Lang, Karl Norbert: Geschichte der 384. Infanterie-Division 1942–1944. Zur Erinnerung an die gefallenen und vermissten Kameraden. Selbstverlag, 1965
Lang, Martin: Stalins Strafjustiz gegen deutsche Soldaten. Herford 1981
Lehmann, Albrecht: Gefangenschaft und Heimkehr. Deutsche Kriegsgefangene in der Sowjetunion. München 1986
Lemelsen, Joachim: 29. Division. Das Buch der Falke-Division. Bad Nauheim 1960
Lenz, Friedrich: Stalingrad. Der „verlorene" Sieg. Heidelberg 1956
Löser, Jochen: Bittere Pflicht. Kampf und Untergang der 76. Berlin-Brandenburgischen Infanterie-Division. Osnabrück 1988
Lotter, Hans: Neun Jahre Russland – Krieg und Gefangenschaft. Erlebnisse – Begegnungen – Überleben. Utting 1997. Unveröffentlichtes Manuskript

Mairinger, Josef: Meine Jugend in Stalingrad. Erinnerungen. Privatdruck, Frankenburg 1998
Manstein, Erich von: Verlorene Siege. Bonn 1955
Marckstadt, Carl Otto: Fronteinsatz mit dem Feldlazarett 44 (1942/43). Mittl.Bl. 44. I.D., Folge 137, März 1995
Marckstadt, Carl Otto: Vom Don bis Stalingrad. Wehrmed. Mschr. Heft 3/1991
Maschke, Erich: Die Verpflegung der deutschen Kriegsgefangenen in der Sowjetunion im Rahmen der sowjetischen Ernährungslage. München 1965

Mayer, Hein: Die Muse im Gulag. Überlebensstrategien gegen Hunger und Hoffnungslosigkeit. Norderstedt 2006

Menzel, Hubert: Bericht über meine Gefangennahme in Stalingrad bis zum Eintreffen im Lager Jelabuga. Unsere 16., Folge 144/145, 37. Jhg., 1989

Mit der Kamera nach Stalingrad – Filmtagebücher deutscher Soldaten 1941/42 (DVD) Deutscher Buchdienst, o. J.

Mösch, Gerhard: Stalingrad. Ein Erlebnis und seine Konsequenzen. Kassel o. J.

Müller, Klaus Dieter/Nikischkin, Konstantin/Wagenlehner, Günther: Die Tragödie der Gefangenschaft in Deutschland und in der Sowjetunion 1941–1956. Köln, Weimar 1998

Müller-Enbergs, H./Wielgohs, J./Hoffmann, D.: Wer war wer in der DDR? Ein biographisches Lexikon. Berlin 2004

Namen für Rossoschka. Schicksale aus Stalingrad, erzählt von Freunden und Förderern des Volksbundes Deutsche Kriegsgräberfürsorge e. V. Kassel 2007

Napol, Erich: Ein Gebet wird erhört. Tatsachen aus meinem Leben. Berlin 1994

Neidhardt, Hans: Mit Tanne und Eichenlaub. Kriegschronik der 100. Jäger-Division. Graz/Stuttgart 1981

Overmans, Rüdiger: Soldaten hinter Stacheldraht. Deutsche Kriegsgefangene des Zweiten Weltkriegs. Berlin/München 2000

Paal, Erwin: Erlebnisberichte über die Einsätze des 1. Feld-Operationswagens der Deutschen Wehrmacht auf vorgeschobenen Hauptverbandplätzen der San.Kompanie 1 der 16. Panzer-Division. Unveröffentlichtes Typoskript, Münster o. J.

Pätzold, Kurt: Stalingrad und kein Zurück, Wahn und Wirklichkeit. Leipzig 2002

Panke-Kochinke, Birgit/Schaidhammer-Placke, Monika: Frontschwestern und Friedensengel. Frankfurt/Main 2002

Peeters, Dieter: Vermißt in Stalingrad. Als einfacher Soldat überlebte ich Kessel und Todeslager 1941–1949. Berlin 2005

Pensel, Fritz: Am Punkt Null. Der Mensch im Inferno von Stalingrad. Unbek. Veröffentlichung, überreicht vom Verfasser

Peter, Erwin: Sonnenstrahlen im Dunkeln. Die Post der deutschen Kriegsgefangenen in der Sowjetunion. Eigenverlag. Wien 2005

Peter, Erwin: Von Workuta bis Astrachan. Kriegsgefangene aus sowjetischen Lagern berichten. Graz–Stuttgart 1998

Peter, Erwin/Epifanow, Alexander E.: Stalins Kriegsgefangene. Graz 1997

Piekalkiewicz, Janusz: Stalingrad. Anatomie einer Schlacht. Eltville 1989

Plievier, Theodor: Stalingrad. München 1952

Podewils, Clemens: Don und Wolga. Aufzeichnungen aus dem Jahre 1942. München 1952

Pomrehn, Arno/Sänger, Hans/Schaeffer, Hans: Der Weg der 79. Infanterie-Division. Dorheim 1971

Probst, Josef: Von Stalingrad nach Saratow. Auszüge des Typoskript in: Unsere 16., 32./33. Jhg., 1984–85. Unveröffentlichtes Typoskript beim Herausgeber

Ratza, Werner: Die deutschen Kriegsgefangenen in der Sowjetunion. Der Faktor Arbeit. München 1973 (Band IV, Maschke)

Reschin, Leonid: Feldmarschall Paulus im Kreuzverhör 1943–1953. Augsburg 2002

Reschin, Leonid: General zwischen den Fronten – Walter von Seydlitz in sowjetischer Gefangenschaft und Haft 1943–1955. Berlin 1955
Rohden, Hans-Detlef Herhudt v.: Die Luftwaffe ringt um Stalingrad. Wiesbaden 1950
Rühle, Otto: Genesung in Jelabuga. Kessel Stalingrad. Antifa-Schule für ein neues Deutschland. Berlin 1982; neu hrsg. von Reinhold Busch und Hellmut Rühle Berlin 2007

Sänger, Hans (Hrsg.): Bildband 2 der 79. Infanterie-Division. Tapfer und treu, 1939–1945. Verlag Starke, O. A., 1982
Sänger, Hans: Die 79. Infanterie-Division 1939–1945. Dörfler 2004
Sapp, Franz: Verraten, verhungert, vergessen. Gefangen in Stalingrad. Steyr 1992
Sasse, Klaus: Bilder aus russischer Kriegsgefangenschaft. Erinnerungen und Fotos aus Jelabuga und anderen sowjetischen Lagern 1945–1949. Waxmann 1999
Schenck, Ernst Günther: Nie mehr nach Hause. Als Wissenschaftler, Sträfling und Arzt 10 Jahre in sowjetischer Gefangenschaft. Koblenz 1997
Scherzer, Veit: 113. Infanterie-Division. Kiew – Charkow – Stalingrad. Militär-Verlag 2007
Scheurig, Bodo: Verrat hinter Stacheldraht? Das Nationalkomitee „Freies Deutschland" und der Bund Deutscher Offiziere in der Sowjetunion 1943–1945. München 1965
Scheurig, Bodo: Verräter oder Patrioten? Das Nationalkomitee „Freies Deutschland" und der Bund Deutscher Offiziere in der Sowjetunion 1943–1945. Berlin/Frankfurt/Main 1992
Schimak,Anton/Lamprecht, Karl/Dettmer, Friedrich (Hrsg.): Die 44. Infanterie-Division. Tagebuch der Hoch- und Deutschmeister. Wien 1969
Schmitz, Günter: Die 16. Panzer-Division 1938–1945. Dörfler Verlag 2004
Schneider-Janessen, Karlheinz: Arzt im Krieg. Frankfurt/Main 1993
Schober, Karl-Ludwig: Stalingrad. Befreiung in Gefangenschaft. Halle 2002
Schröter, Heinz: Stalingrad ... bis zur letzten Patrone. Osnabrück o. J.
Schüddekopf, Carl: Im Kessel. Erzählen von Stalingrad. München 2002
Schukow, Georgi K.: Erinnerungen und Gedanken. Stuttgart 1969
Schulz, Claus-Dieter: Der zahnärztliche Dienst der Wehrmacht im zweiten Weltkrieg. Bonn 1998
Schulz, Hubertus: Die Aufklärer der 1. Kavallerie-Division, 24. Panzer-Division im Bild. Ernst J. Dohany Verlag 1993
Selle, Herbert: Die Tragödie von Stalingrad. Hannover 1947
Senger, F. M. v./Etterlin jr.: Die 24. Panzer-Division, vormals 1. Kavallerie-Division 1939–1945. Neckargemünd 1962; neu: Dörfler 2004
Simonow, Konstantin: Tage und Nächte. In: Stalingrad. Zürich 1945
Stahlberg, Alexander: Die verdammte Pflicht. Erinnerungen 1932 bis 1945. München 2000
Steidle, Luitpold: Entscheidung an der Wolga. Berlin o. J.
Stockhausen, Hans Ludwig v.: Erinnerungen I – Ritter, Reiter, Russen. Bad Karlshafen 2003
Strassner, P.: Verräter. Das Nationalkomitee „Freies Deutschland" – Keimzelle der sogenannten DDR. München 1960
Strecker, Karl: Von Moskau bis Ischia. Sonderdruck aus „Gen Ostland". Freiburg 1974

Tarnow, Martin: Eine dankbare Würdigung unserer Stabsärzte Dr. Paal und Dr. Weber. Unsere 16., 28/29. Jhg., 1980/81

Toepke, Günter: Stalingrad, wie es wirklich war. Stade 1949

Tschuikow, Marschall W. I.: Stalingrad – Anfang des Weges. Berlin 1961

Ulrich, Bernd: Stalingrad. München 2005

Valentin, Rolf: Das Sterben einer Armee, in: Meinungen zur Kriegsmedizin der vierziger Jahre. Bonn 1996

Volkmann, Hans-Erich (Hrsg.): Das Russlandbild im Dritten Reich. Köln 1994

Waasen, Heinrich Maria: Was geschah in Stalingrad? Wo sind die Schuldigen? Mirabell-Verlag, 1950

Wegmann, Helmut: Stalingrad. Ein Blick zurück aus der Erinnerung. Unsere 16., 50. Jhg., Folge 1 und 2, 2003

Wegner, Bernd: Heldendrama von antiker Größe? Damals 33 (2001) Heft 6, 14–21

Weinert, Erich: Das Nationalkomitee „Freies Deutschland" 1943–1945. Berlin 1957

Weinert, Erich: Memento Stalingrad. Frontnotizbuch. Zusammengestellt von Willi Bredel. Berlin 1960

Weiß, Hermann (Hrsg.): Personen-Lexikon 1933–1945. Frankfurt/Main 2002

Welz, Helmut: In letzter Stunde. Die Entscheidung des Generals Arno von Lenski. Berlin 1978

Welz, Helmut: Verratene Grenadiere. Berlin 1967

Werth, Alexander: Rußland im Krieg 1941–1945. München, Gütersloh 1964

Werthen, Wofgang: Geschichte der 16. Panzer-Division 1939–1945. Bad Nauheim 1958

Wette, Wolfram/Ueberschär, Gerd R. (Hrsg.): Stalingrad. Mythos und Wirklichkeit einer Schlacht. Frankfurt/Main 1997

Wieder, Joachim: Die Tragödie von Stalingrad. Erinnerungen eines Überlebenden. Deggendorf 1955

Wiegand, Erich: Kurt Reuber. Pfarrer, Arzt und Maler. Kassel 2004

Wilcke, Horst: Fahneneid und BdO. Unveröffentlichtes Vortragsmanuskript, Bad Soden-Salmünster 30. April 1983

Will, Erwin: Das Sanitätswesen an der Ostfront. Rückblick und Erfahrungen. Wehrmed. Mittlg., Darmstadt, 1 (1957), 2 (1958)

Wittmann, Fritz: Rose für Tamara. Erlangen 2001

Wolff, Willy: Auf der richtigen Seite. Nationalkomitee Freies Deutschland. Ostberlin 1985

Wüster, Wigand: Die 71. Infanterie-Division 1939–1945. Gefechts- und Erlebnisberichte aus den Kämpfen der „Glücklichen Division". Dörfler-Verlag 2006

Wüster, Wigand: Überleben? … war für uns nicht vorgesehen. Buchwerft-Verlag 2011

Zank, Horst: Stalingrad. Kessel und Gefangenschaft. Hamburg, Berlin, Bonn 2001

*Arthur Krüger, Unteroffizier im Danziger Infanterieregiment (→ S. 116 ff.), gehörte zu den wenigen seiner Kompanie, die Stalingrad überlebten.*

*Oberarzt Dr. Kurt Reuber, Schöpfer der berühmten „Madonna von Stalingrad" (Selbstporträt, gezeichnet im Kessel; → S. 90, → Bildtafeln I, IX)*

*Gert Pfeiffer: Hauptmann im Infanterie-Regiment 92 (mot.) der 60. Infanterie-Division (→ S. 246 ff.)*

*Josef Mairinger, Gefreiter beim Flak-Regiment 37, 9. Flak-Division, durchlebte als Verwundeter und als Mitglied eines „Totenkommandos" Grauenhaftes (→ S. 331 ff.)*

*Friedrich Randhagen, Angehöriger der Werkstatt-Kompanie des Panzer-Regiments 2, 16. Panzer-Division, entkam dem Stalingrader Kessel auf abenteuerliche Art und Weise (→ S. 164 ff.).*

*Der Infanterist Otto Schäfer überlebte wie durch ein Wunder als schwerkranker Infanterist die Hölle von Stalingrad (→ S. 172 ff.).*

*Augenzeuge härtester Kämpfe im Traktorenwerk: der Infanterist Helmut Walz, der dort schwer verwundet wurde (→ S. 187 ff.) (Bild oben).*
*Eine frühzeitige Verletzung wirkte sich womöglich lebensrettend für den Infanteristen Joachim Feurich aus (→ S. 43 ff.), dem damit das Miterleben der Agonie der 6. Armee im Kessel erspart blieb (Bild rechts).*

*Bild oben und Bild unten: Michael Deiml (lks. unten), ausgebildeter Kampfflieger, war an Versorgungseinsätzen für die eingeschlossene 6. Armee beteiligt. Er flog als Bordschütze und Bordmechaniker in einer He 111 (Bild oben; → S. 17 ff.).*

*Beim seinem unter abenteuerlichen Umständen zustande gekommenen Flug aus dem Stalingrader Kessel erkannte Ritterkreuzträger Otto Gemünden, Oberwachtmeister im selben Flak-Regiment wie Josef Mairinger, anhand eines Blicks auf die russischen Linien, daß es für seine Kameraden keine Rettung mehr gab (→ S. 56 ff.).*

*Trotz aller Motorisierung blieben Pferde in Rußland unverzichtbar: ein bespannter Zug in der Steppe auf dem Vormarsch zur Wolga (Bilder: Sedelmaier)*

*Sommer 1942: Die 305. Infanterie-Division auf dem Weg nach Stalingrad (Bild: Grimm)*

*Vormarsch der Artillerieabteilung 100 durch die Steppe (Bild: Wüster; → S. 405 ff.)*

*Kulisse für ein an Dante gemahnendes Inferno: die Trümmerwüste von Stalingrad, aus der die übriggebliebenen Schornsteine wie Mahnmale hervorragen (Bild: Grimm) (Bild oben).*
*Ein Foto des Artilleristen Dr. Wigand Wüster (→ S. 405 ff.), der noch Ende Dezember 1942 in den Kessel eingeflogen wurde: Blick aus dem Schützengraben auf Häuserskelette (Bild: Wüster) (gegenüberliegende Seite)*
*Deutsche Artillerieeinheit beschießt Stalingrad (Bild: Wüster) (Bild unten).*

*Auf dieser und den beiden folgenden Bildtafeln findet sich Fotomaterial, das von Dr. Wilhelm Grosse, dem Kommandeur des Munitions-Bataillons der 16. Panzer-Division, stammt (→ S. 85 ff.):*
*Blick auf das zerstörte Stalingrad (Bild oben)*
*Russische Flüchtlinge auf der Rollbahn bei Stalingrad, September 1942 (Bild unten)*

*In der „Festung Stalingrad": Dr. Kurt Reuber (Mitte)*

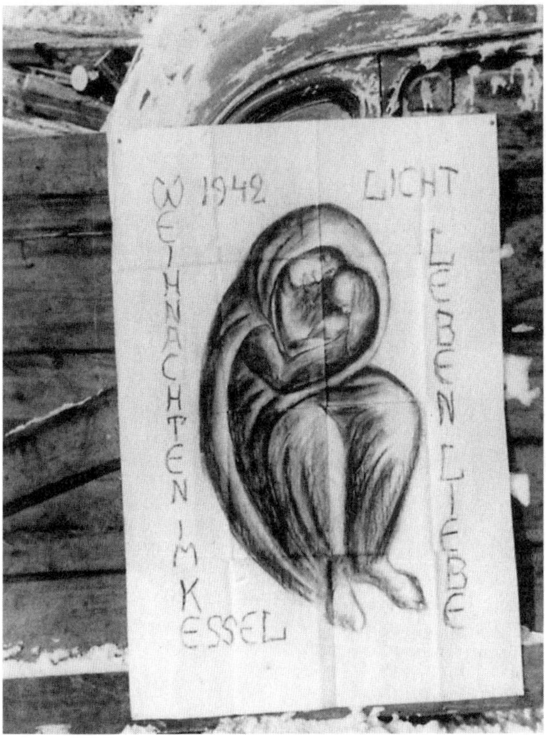


*Lichtpunkt in einer Welt, über die Finsternis gefallen zu sein schien: Kurt Reubers Stalingrad-„Madonna", noch an ihrem ersten Platz vor der Unterkunft*

*In der „Festung Stalingrad“:*
*Bunkerbau (Bild oben)*
*Weihnachten 1942: Das letzte Pferd ist geschlachtet …*
*(Bild unten)*

*Deutsche Infanteristen im hartumkämpften Traktorenwerk*

*Schilder vor Stalingrad; mit einer Umleitungsempfehlung …*

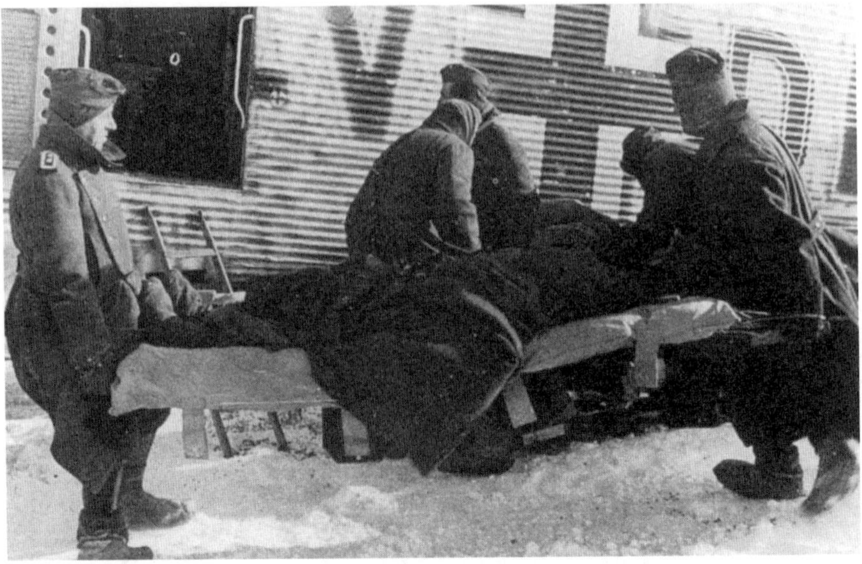

*Wer es schaffte, als Verwundeter ein Flugzeug zu erreichen und beim Rückflug nicht abgeschossen wurde, gehörte zu den Auserwählten, die dem Tod von der Schippe sprangen.*

*Empfand seine Rettung mittels einer He 111, die ihn und andere Kameraden aus dem Kessel flog, als „Wunder“: Hauptmann Jochen Löser, der für seinen aufopferungsvollen Einsatz in Stalingrad am 26. Januar 1943 das Ritterkreuz erhielt (→ S. 133 ff.).*

*Die Luftwaffe leistete mit der Luftbrücke nach Stalingrad mehr als das Menschenmögliche. Dennoch reichte das, was eingeflogen werden konnte, bei weitem nicht aus, um die 6. Armee zu versorgen; etliche deutsche Soldaten starben an den Folgen von Unterernährung. Auf dem obigen Bild: Ju 52 auf dem Flugplatz Tazinskaja (→ Bildtafel XIV), der außerhalb des Kessels als Versorgungsbasis diente. Dieser Flugplatz wurde am 24. Dezember 1942 von den Sowjets eingenommen, wobei auch deutsche Flugzeuge erbeutet werden konnten.*

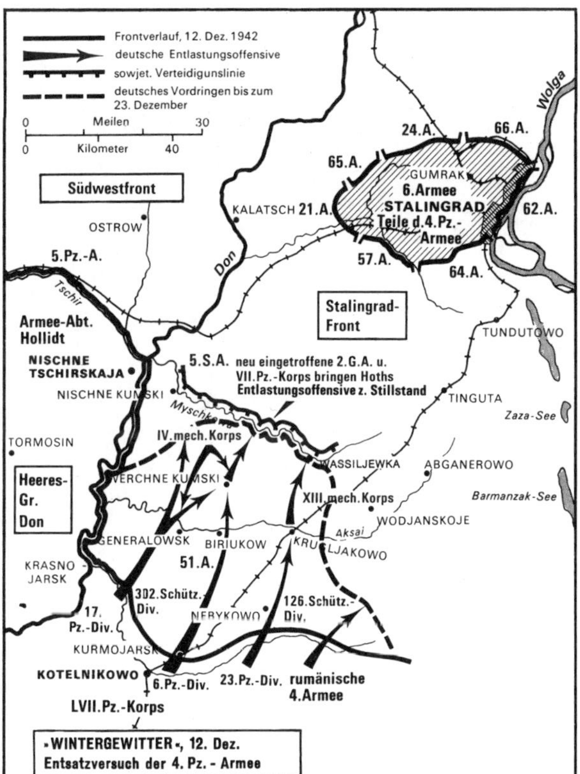


*Bewirkte für kurze Zeit so etwas wie Hoffnung – der Entsatzversuch der Armeegruppe Hoth, der aufgrund der feindlichen Übermacht aber zum Scheitern verurteilt war (→ S. 27).*

*Bild des Chaos auf dem Flugplatz Gumrak (siehe unten): Erfrorene Verwundete vor einer zerschellten Ju 52*

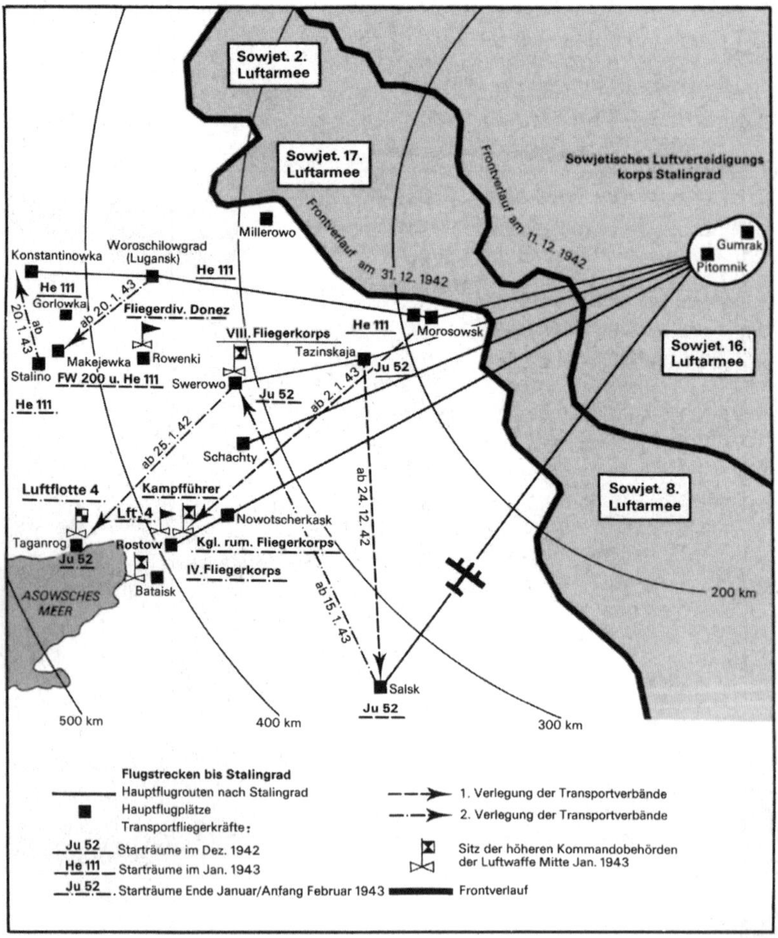


*Luftversorgungsrouten nach Stalingrad*

*Das Univermag-Kaufhaus (→ S. 13, 416) im Süden von Stalingrad unter Beschuß: Hier lag der letzte Gefechtsstand des Befehlshabers der 6. Armee, Generaloberst Friedrich Paulus, den Hitler noch am 29. Januar 1943 zum Generalfeldmarschall beförderte – eine unmißverständliche Aufforderung, sich bei drohender Gefangennahme zu erschießen. Paulus zog zur Empörung Hitlers die Gefangenschaft vor.*

*Paulus fühlte sich an den Befehl Hitlers gebunden, nicht zu kapitulieren. Deshalb ersann er, so urteilte der Militärhistoriker Torsten Diedrich, „für sich die Möglichkeit, als Privatperson in Gefangenschaft zu gehen und die Verantwortung auf die anderen Kesselkommandanten zu übertragen". Ein Verhalten, das in der Militärgeschichte einmalig sei, konstatiert Paulus-Biograph Diedrich. Im Bild: General Alexander v. Hartmann (links) erhält von Paulus das Ritterkreuz.*

*Generalfeldmarschall Paulus entsteigt dem sowjetischen PKW, mit dem er in die Gefangenschaft fuhr.*

*Tod oder doch noch am Leben? Drei deutsche Soldaten im Schwebezustand zwischen Leben und Tod.*

*Das furchtbare Ende der 6. Armee: Leichenhaufen deutscher Soldaten am Ende der Schlacht. Das Sterben ging aber auch nach der Kapitulation auf den anschließenden Todesmärschen und in den Lagern weiter. Nur rund 6000 kriegsgefangene Soldaten sollten die Heimat wiedersehen.*

*Hermann Göring, unter anderem Oberbefehlshaber der deutschen Luftwaffe, hielt am 30. Januar 1943, dem zehnjährigen Jubiläum der nationalsozialistischen „Machtergreifung", die von vielen Stalingrad-Soldaten mit großer Verbitterung aufgenommene „Leichenrede" auf die 6. Armee. Seine überhebliche Behauptung Hitler gegenüber, die 6. Armee könne aus der Luft versorgt werden, hatte maßgeblich zur Tragödie in Stalingrad beigetragen (→ S. 318 f.).*

*Hans Kurz geriet als Hauptmann der 113. Infanterie-Division in sowjetische Kriegsgefangenschaft (→ S. 323 ff.). Nach dem Krieg war er als Architekt, Bildhauer und Maler in Bayreuth tätig. Die Todesmärsche der Reste der 6. Armee in die Lager Dubowka und Beketowka hielt Kurz auf beeindruckende Weise künstlerisch fest (Bild: Kurz).*

*Gezeichnet von einer Schlacht, in deren Endphase und darüber hinaus es leichter war zu sterben als zu leben: Kriegsgefangene der 6. Armee*

*Oberstleutnant Hubert Menzel schilderte die Todesmärsche von Stalingrad mit beklemmender Intensität. Er kehrte nach einem Willkürurteil erst 1955 aus sowjetischer Kriegsgefangenschaft heim (→ S. 352 ff.).*

*Wie Korfes trat auch Generalmajor Martin Lattmann, Kommandeur der 14. Panzer-Division, nach seiner Gefangennahme dem NKFD bei (→ S. 366).*

*Generalmajor Dr. Otto Korfes, Kommandeur der 295. Infanterie-Division: Er schloß sich in Gefangenschaft dem NKFD bzw. dem BdO an (→ S. 317).*

*Hans-Valentin Hube, zuletzt Generaloberst, wurde von Hitler aus dem Kessel befohlen. Die Ju 52, die ihn ausflog, war allein für ihn reserviert (→ S. 184).*

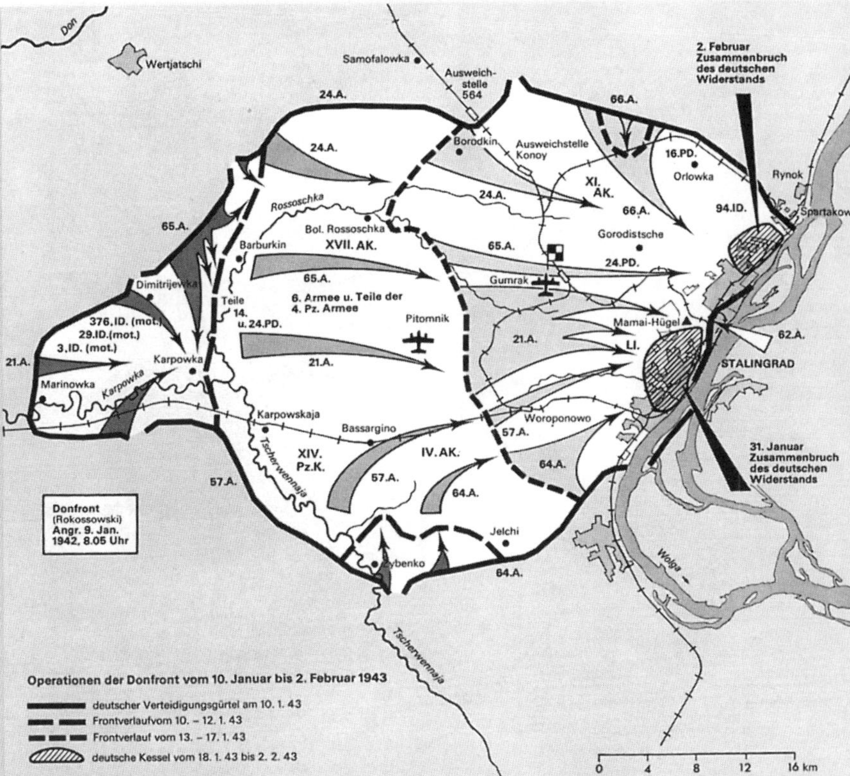


*Karte über die Verhältnisse im Stalingrader Kessel in der Zeit vom 10. Januar 1943 bis zur endgültigen Kapitulation am 2. Februar 1943.*

*Sowjetische Mehrfachraketenwerfer vom Typ „Katjuscha": Auf deutscher Seite wurde dieser Raketenwerfer als „Stalinorgel" bezeichnet, da die Anordnung der Raketen an eine Orgel erinnert und beim Abschuß ein charakteristisches pfeifendes Geräusch erzeugt wird, das sich vielen Landsern unvergeßlich einbrannte* *(→ S. 68)*.

*Karte des Stadtgebiets von Stalingrad: Eingezeichnet sind unter anderem die Punkte der Stadt, um die besonders heftig gekämpft wurde.*

# Namenregister

N. N. = Der Vorname konnte nicht ermittelt werden.